D1927408

Strenggenommen weder Biographie noch Literaturkritik, bedient dieses Buch sich der Jugenderfahrungen von Virginia Woolf, ihrer Jugendschriften, ihrer Darstellung von Kindern und Heranwachsenden in späteren Werken sowie außerliterarischer Quellen, um den »Verrat der Gesellschaft am Kind« (Alice Miller) zu erforschen und verständlich zu machen. Von anderen Biographen bisher gerne übersehen oder verharmlost, steht in Louise DeSalvos Studie über Leben und Werk Virginia Woolfs eine Tatsache im Zentrum: Virginia Woolf war ein Opfer sexuellen Mißbrauchs. Ihre angebliche Geisteskrankheit, ihre Zusammenbrüche und Phobien erscheinen so als eine Reaktion auf ein Kindheits- und Jugendtrauma.
Die Autorin zeigt, wie die viktorianische Gesellschaft mit ihren patriarchalischen Strukturen sexuellen Mißbrauch ermöglicht, ihn sogar strukturell vorbereitet. Mit großer Sensibilität schildert sie die Schicksale der Frauen in Virginias Familie und schreibt damit eine bedrückende Geschichte der viktorianischen Frau. Vor diesem Hintergrund werden Virginia Woolfs prophetische Kraft und klarsichtige Analyse der Ungleichbehandlung der Geschlechter und deren Konsequenzen im Politischen wie im Privaten mit neuer Intensität sichtbar. Louise DeSalvos engagierte und spannend geschriebene Studie regt dazu an, die Werke Virginia Woolfs neu zu lesen und in ihrer abgründigen Vielschichtigkeit erst wirklich zu begreifen.

Louise DeSalvo ist eine der führenden Wissenschaftlerinnen in der amerikanischen Virginia-Woolf-Forschung. Sie war Mitherausgeberin der Briefe von Vita Sackville-West an Virginia Woolf, edierte »Melymbrosia« (eine frühe Fassung des Romans »Die Fahrt hinaus«) und trat mit zahlreichen wichtigen Veröffentlichungen zum Werk Virginia Woolfs hervor. Sie ist Dozentin für Englische Literaturwissenschaft am Hunter College der New York City University und lebt in New Jersey.

Louise DeSalvo

Virginia Woolf

Die Auswirkungen sexuellen Mißbrauchs auf ihr Leben und Werk

Aus dem Amerikanischen von
Elfi Hartenstein

Fischer Taschenbuch Verlag

Die Frau in der Gesellschaft
Herausgegeben von Ingeborg Mues

Veröffentlicht im Fischer Taschenbuch Verlag GmbH,
Frankfurt am Main, April 1994

Titel der amerikanischen Originalausgabe:
»Virginia Woolf – The Impact of Childhood Sexual Abuse
on Her Life and Work«
erschienen bei Beacon Press, Boston
© Louise DeSalvo 1989
Lizenzausgabe mit freundlicher Genehmigung
des Antje Kunstmann Verlages, München
Für die deutschsprachige Ausgabe:
© Verlag Antje Kunstmann GmbH, München 1990
Der Abdruck der Abbildungen erfolgte
mit freundlicher Genehmigung
der Henry W. and Albert A. Berg Collection,
The New York Public Library, Astor, Lenox
and Tilden Foundations
Umschlaggestaltung: Ingrid Hensinger, Hamburg
Gesamtherstellung: Clausen & Bosse, Leck
Printed in Germany
ISBN 3-596-10566-8

Gedruckt auf chlor- und säurefreiem Papier

»Was für ein schreckliches Leben Kinder führen!«
»Ja... Und sie können es niemandem sagen.«
Martin und Rose in Virginia Woolf, *Die Jahre*

Ich glaube, die einzige Hoffnung für diese Welt ist,
alle Kinder aller Länder zusammen auf eine Insel zu bringen
und sie ganz von vorne anfangen zu lassen,
ohne daß sie irgend etwas über dieses abscheuliche
System, das wir hier eingeführt haben, wissen.
Virginia Woolf in einem Brief an
Margaret Llewelyn Davies,
2. Januar 1918

Inhalt

Vorwort *IX*
Danksagung *XIX*

Einleitung *1*

Erster Teil: Ein Familien-Modell *21*
1. Kapitel: Laura, »die Dame vom See« *23*
2. Kapitel: Stella, »die alte Kuh« *49*
3. Kapitel: Vanessa, »die Heilige« *85*

Zweiter Teil: Kindheit *117*
4. Kapitel: Eine Tochter erinnert sich *119*
5. Kapitel: Im Haus des Paterfamilias *163*
6. Kapitel: »Im Anfang war die Kinderstube« *198*

Dritter Teil: Jugendzeit *253*
7. Kapitel: 1897: Virginia Woolf mit fünfzehn *255*
8. Kapitel: Wie Miss Jan sagt *283*
9. Kapitel: Lebensläufe *314*

Epilog *359*

Anhang *365*
Anmerkungen 367
Auswahlbibliographie *400*
Register *421*

Für Robert S. Berlin, von dem ich lernte, mein Augenmerk auf die Welt der Kinder zu richten

Für Jane Marcus, von der ich lernte, Virginia Woolf auf eine neue Weise zu lesen

Für Ernest DeSalvo, der wieder einmal dazu beitrug, daß es zustandekam

und für Jason DeSalvo und Justin DeSalvo, die hoffentlich einmal viele schöne Erinnerungen haben

Vorwort

1962, während meines Studiums am Douglass College bei Carol Smith, habe ich mich zum ersten Mal mit Virginia Woolfs Darstellung von Jugendlichen in *Die Fahrt zum Leuchtturm* auseinandergesetzt. Ich war gerade zwanzig Jahre alt und völlig gefangen von Cam Ramsay, diesem jungen *alter ego* der Autorin. Die anderen Studenten beschäftigten sich mit den Erwachsenen, mit den starken Gestalten von Mrs. und Mr. Ramsay und Lily Briscoe, mit den Problemstellungen des Romans – Vergänglichkeit, Wesen der Kunst, Bedeutung oder Bedeutungslosigkeit der Natur für den Menschen –, ich aber konzentrierte mich ausschießlich auf Cam und die anderen Ramsay-Kinder.[1] Auf der inneren Umschlagseite der Ausgabe des Romans – mit der ich übrigens heute noch arbeite – legte ich mir eine Liste von allen ihren Namen an, um sie mir als Individuen zu vergegenwärtigen: Prue, Nancy, Rose, James, Cam, Jasper, Andrew, Roger.

Etwa fünfundzwanzig Jahre später bin ich wieder auf diese jugendlichen Gestalten in den Romanen von Virginia Woolf zurückgekommen und auch auf Virginia Woolfs eigene Kindheit, ihre Jugendzeit und ihren Eintritt in das Erwachsenenleben. Das vorliegende Buch ist das Ergebnis einer fünfzehnjährigen Forschungsarbeit, während der ich die Entstehungsgeschichte ihres ersten Romans *Die Fahrt hinaus* (mit der jungen Rachel Vinrace als Hauptfigur) beschrieb, eine frühe Fassung dieses Romans – *Melymbrosia* – herausgab, Virginias Freundschaft mit Vita Sackville-West untersuchte, die Briefe Vitas an Virginia mit herausgab und über Woolfs Jugend zu forschen begann, was ich hiermit fortführe.[2]

Mein schon immer vorhandenes Interesse an Woolfs jugendlichen Figuren steigerte sich noch, als ich an einem Essay über

Djuna Barnes' Stück *The Antiphon* saß, in dem ich das dort auftauchende Problem von Vergewaltigung, Inzest und den Mißbrauch von Minderjährigen untersuchte.[3] Mir fiel relativ schnell auf, daß die Bilder, die Barnes für die Instabilität der Welt und die Gefährdungen des Lebens benutzt, denen von Woolf auffallend gleichen – Mrs. Dalloway hat ja z. B. in dem nach ihr benannten Roman ständig das Gefühl, es müsse »gleich etwas Schreckliches geschehen«.[4] Bei Barnes lassen sich solche Gefühle auf die Inzesterfahrungen der Hauptfigur Miranda, auf die Tatsache, daß sie von ihrem Vater Titus vergewaltigt wurde, zurückführen.

Als ich dem, was an Barnes' Sprache am meisten verwirrt und fasziniert, nachging (wie Barnes nämlich bestimmte Bilder einsetzt, um Mirandas Erlebnis gleichzeitig offenzulegen und zu vertuschen), ist mir plötzlich ein Licht aufgegangen – und in dem Moment wußte ich, daß ich mich wieder mit Virginia Woolf beschäftigen wollte, und zwar nicht nur mit ihrer eigenen Kindheit, sondern auch mit der Art und Weise, wie die Welt sich aus dem Blickwinkel von Woolfs jugendlichen Charakteren darstellt. Ich vermutete nämlich, daß Woolf genauso wie Barnes in ihren Figuren zum Ausdruck brachte, wie sie als sexuell mißbrauchtes Kind das Leben erfahren hat – ein Aspekt, den ich bisher nicht ausreichend berücksichtigt hatte. Woolf ist, wie sie sagt, seit sie ungefähr sechs Jahre alt war von ihren Halbbrüdern Gerald und George Duckworth sexuell mißbraucht worden.

Wir wissen heute, daß Virginia Woolfs und Djuna Barnes' Erfahrungen nicht außergewöhnlich sind, sondern sich mit dem dekken, was sehr viele Frauen, die in ihrer Kindheit ein Opfer von sexuellem Mißbrauch und Gewalt wurden, auch so erleben.[5] Woolf und Barnes sind nur zwei von vielen Kindern, die aushalten mußten, was die Psychoanalytikerin Alice Miller in *Du sollst nicht merken* als den ›Verrat der Gesellschaft am Kind‹ bezeichnet – daß ein Kind genau von den Menschen, von denen es Liebe und Geborgenheit erwartet, extreme psychische und physische Grausamkeit erfährt.[6] Auch wenn ich einige von Woolfs Romanen schon dutzendmal gelesen hatte, bevor ich mit dieser Untersuchung begann, waren mir doch als Erwachsener die Kinder in Woolfs Werk aus dem Blickfeld geraten. Aber als ich anfing, mein Interesse auf die Erlebniswelt der Jungen zu konzentrieren, bemerkte ich, daß es wirklich sehr viele junge Menschen in ihren Romanen und Erzählungen gibt und daß Virginia Woolf auch in ihren theoretischen Texten oder in ihrer Biographie über Roger Fry den Auswirkungen der viktorianischen Erziehung nachgeht. Sie weiß sehr viel über diese Art von Kinderstube, über Pädagogik und über geschlechts- und klassenspezifische Prägungen. Und so ist aus meinem ursprünglichen Vorhaben, zu untersuchen, wie Virginia Woolf sexuellen Mißbrauch als Beispiel des gesellschaftlichen Verrats am Kind darstellt, eine Untersuchung geworden, in der auch berücksichtigt wird, welche Auswirkungen viktorianische Erziehungsmethoden hatten, die, wenn auch etwas verdeckt, genauso Verrat am Kind waren – ein Thema, das Woolf recht präzise beschreibt und behandelt.

Es geht mir in diesem Buch nicht darum, Schuld zuzuweisen oder jemanden zur Rechenschaft zu ziehen für das, was Woolf widerfahren ist, oder den anderen Kindern in ihrer Familie oder den jungen Menschen in ihren Büchern. Ich will auch nicht darauf hinaus, daß Virginia Woolf durch ihre Kindheitserlebnisse ein gestörtes Verhältnis zur Welt entwickelt hätte. Es geht mir vielmehr darum, anhand von Woolfs Leben, anhand der Erfahrungen der anderen Familienmitglieder, anhand ihres Romanwerks und ihrer theoretischen Schriften und anhand der Arbeiten moderner Wissenschaftler über Familiengeschichte, sexuellen Mißbrauch und Erziehungsmethoden, herauszuarbeiten, welche Auswirkungen und Erfahrungen eine Kindheit wie die ihre mit sich brachte. Dies ist meiner Ansicht nach insofern wichtig, als wir dann verstehen lernen, was Erziehungsmethoden, die zum Teil heute noch praktiziert werden, an Konsequenzen nach sich ziehen.

Ich verfolge mit diesem Buch zwei Ziele: zum einen will ich mit Hilfe des Werks von Virginia Woolf die Welt der Kinder und Jugendlichen, wie sie sich für Woolf darstellte, umreißen. Zum andern möchte ich ein Bild davon geben, wie Virginia Woolf sich selbst und ihre Kindheits- und Jugenderfahrungen empfand und beschrieb; ich ziehe dazu Werke ihrer eigenen Jugendzeit heran und spätere, in denen sie das zur Sprache bringt. Während meiner Arbeit tauchten noch zwei andere Fragestellungen auf: ich mußte mir ein Bild machen von der Atmosphäre im Stephenschen Familienleben während Woolfs Kindheit; diese Zeit ist durch unzählige Briefe und Erinnerungen anderer Familienmitglieder dokumentiert – es ist die Phase, die heute von Wissenschaftlern als besonders prägend für die Persönlichkeitsentwicklung angesehen wird und über die Woolf selbst sich ja auch äußert; und daneben mußte ich auch die Erfahrungen und Erlebnisse der anderen Stephen-Mädchen, ihrer Halbschwestern Laura Stephen und Stella Duckworth und ihrer Schwester Vanessa Stephen Bell, einbeziehen, um ermessen zu können, wieweit Virginias Leben Teil einer speziellen Familienstruktur war.

Ich gebe Virginia Woolfs Sicht und Auslegung des Reifungsprozesses wieder, wie sie den Schritt vom kleinen zum großen Kind und zum allmählichen Erwachsenwerden empfand. Sie liefert eine überzeugende Analyse der Auswirkungen von Erziehung auf die Persönlichkeitsentwicklung, indem sie die Grundzüge der menschlichen Persönlichkeit und ihrer Handlungen auf die Art der Behandlung, die ein Kind erfährt, zurückführt. Wie andere, die als Kind sexuell mißbraucht wurden, beschrieb auch Virginia Woolf die verheerenden und unauslöschlichen Folgen dieser Erfahrungen auf ihre Psyche, doch sie konnte nicht mit der verständnisvollen Aufnahme rechnen, die heute die, die sich über Gewalt in der Familie aussprechen, finden. Außerdem wußte Virginia Woolf sehr genau, daß die Möglichkeiten, die Kinder zur optimalen Entfaltung brauchen, abhängen von ihrer sozialen Herkunft, von Rasse und Geschlecht, und daß auch das, was rundherum in der Welt geschieht, die Kindheitserfahrungen beeinflußt.

Einleitend stelle ich dar, wie einige ihrer Biographen mit Woolfs Inzesterfahrungen umgehen und welche Folgen sexueller Mißbrauch und viktorianische Erziehungsmethoden nach sich ziehen.

Dann wende ich mich im ersten Teil, ›Ein Familien-Modell‹, Woolfs beiden Halbschwestern, Laura Stephen und Stella Duckworth, und ihrer Schwester Vanessa Bell zu, deren Schicksal ein Licht wirft auf das Schicksal von Virginia Woolf. Durch die Zusammenschau ergibt sich ein Eindruck von der in der Stephen-Familie herrschenden Atmosphäre. Die landläufige Meinung, daß Woolfs Kindheit sich in einer intakten und glücklichen Familie abgespielt habe und daß, was ihr in dieser Familie geschah, ein Ausnahmefall war, wird dabei gründlich widerlegt.

Im zweiten Teil, ›Kindheit‹, untersuche ich Virginia Woolfs Interpretation der eigenen Kindheit und deren Auswirkungen auf ihr späteres Leben. Ich ziehe dazu eine ihrer Jugendschriften heran aus der Zeit vor dem Tod ihrer Mutter, in der sie das familiäre Leben beschreibt, also in einer Phase, die allgemein als idyllisch hingestellt wird, und ich analysiere einige der jugendlichen Protagonisten ihrer späteren Romane. Das 4. Kapitel, ›Eine Tochter erinnert sich‹, greift Woolfs Erinnerungen an ihre spätviktorianische Kindheit und an die Erlebnisse des sexuellen Mißbrauchs auf und erörtert die Folgen. Das 5. Kapitel, ›Im Hause des Paterfamilias‹, behandelt einen Jugendroman, *A Cockney's Farming Experiences*, und seine Weiterführung, *The Experiences of a Pater-familias*, die beide im Grunde genommen ignoriert oder von den Woolf-Biographen als übermütige erste literarische Versuche abgetan wurden. Doch enthalten sie, genauso wie die ersten Schriften der Brontës, sehr anschaulich Woolfs frühe Erkenntnis, daß das Kind in der patriarchalischen Familie schlimmsten Mißhandlungen ausgesetzt ist. Das 6. Kapitel, ›Im Anfang war die Kinderstube‹, untersucht die auffallenden Charakterbilder vieler der in Woolfs Romanen auftauchenden Kinderfiguren und das, was Woolf in ausgewählten theoretischen Texten über Kindheit sagt.

Im dritten Teil widme ich mich dem wohl am besten dokumentierten Jahr aus Woolfs Jugendzeit, ihren Jugendschriften, den von ihr dargestellten Jugendlichen, sowie ihrer Analyse der Auswirkungen von Erziehung auf junge Menschen, wie sie sie in ihren späteren Werken gibt. Das 7. Kapitel, ›1897: Virginia Woolf mit fünfzehn‹, rekonstruiert diese Phase vornehmlich anhand ihres in diesem Jahr geführten Tagebuchs. Das 8. Kapitel, ›Wie Miss Jan sagt‹, verfolgt Woolfs Entwicklung zur Schriftstellerin, stellt Betrachtungen über eines ihrer Werke an, »The Eternal Miss Jan«, über die Existenz eines Gottes und über eine ›Reportage‹, »Terrible Tragedy in a Duckpond« – ein Text, der belegt, wie früh Woolf sich schon mit dem Tod durch Ertrinken beschäftigt hat – die Todesart, die sie bei ihrem Selbstmord 1941 dann gewählt hat. Im 9. Kapitel, ›Lebensläufe‹, stelle ich einige dieser meisterhaft gezeichneten jungen Menschen aus dem Woolfschen Kanon heraus: Cam und James in *Die Fahrt zum Leuchtturm*, die jungen Leute aus den verschiedenen Generationen der Pargiter-Familie in *Die Jahre*, und auch Woolfs Analyse der Kindererziehung. Ich gehe dabei auch auf Woolfs theoretische Texte ein, in denen sie die Erziehung von jungen Frauen und deren Behandlung in der viktorianischen Familie erörtert.

Dieses Buch ist genaugenommen weder eine Biographie noch ist es Literaturkritik. Vielmehr bedient es sich der Jugenderfahrungen von Virginia Woolf und ihrer eigenen Jugendschriften sowie ihrer späteren Werke, in denen sie Kindheit, Jugend und frühes Erwachsensein thematisiert, um den ›Verrat der Gesellschaft am Kind‹ zu erforschen und verständlich zu machen. Es wird deutlich werden, daß Virginia Woolf hierzu einiges beizutragen hat. Ich halte ihre Sicht für visionär. Sie hat die Erkenntnisse, die Wissenschaftler heute hinsichtlich der Bedeutung sexueller Gewalt und ihrer Folgen für die Persönlichkeitsentwicklung haben, ein halbes Jahrhundert vorweggenommen.

Wer sich mit der Situation des Kindes in der Familie beschäftigt, muß auch über die gelegentlich schädlichen Folgen elterlichen Verhaltens sprechen. Man muß aber auch die Ursachen für dieses Verhalten erkennen – sich also vergegenwärtigen, daß auch Eltern Eltern gehabt haben, die Eltern hatten. Alle haben ihre Elternrolle innerhalb eines bestimmten sozialen Gefüges ausgeübt, das, wenn auch mitunter nur indirekt, klar vorgibt, wie Kinder erzogen werden müssen und wie Mütter oder Väter zu sein haben.

Für mich stellt sich Virginia Woolfs Erziehung dar als ein Produkt von sozialen Rollen, von individueller und politischer Geschichte und von dem, was sich an Sozialisationsinstanzen herausgebildet hatte – die patriarchalische Familienstruktur, die Kinderstube –, und viel weniger als ein Beispiel von persönlichen elterlichen Leistungen oder Fehlleistungen. Meiner Meinung nach ist das Leben von Virginia Woolf beispielhaft für die negativen Folgen eines Systems, das den Vater größtenteils von der Erziehung der Kinder ausschließt oder von der Aufgabe entbindet, sich daran zu beteiligen; das die Mutter überlastet; das schlecht bezahlte Unterschichtmädchen zur Kinderpflege heranzieht; das aber dem Vater kraft seiner starken Stellung in der Familie die Möglichkeit gibt, nach eigenem Gutdünken jede erzieherische Maßnahme durchzusetzen; und das auch Eltern, die selbst schwer mißhandelt oder vernachlässigt worden sind, ein unbegrenztes Maß an Liebe, Sicherheit und emotionaler Zuwendung abverlangt. Wenn wir mütterliches und väterliches Verhalten als Folge individueller und politischer Umstände innerhalb einer bestimmten sozialen Schicht und Gesellschaft sehen, lassen sich meiner Meinung nach die negativen Auswirkungen ihrer Art des Umgangs mit den Kindern erörtern, ohne daß man der Gefahr erliegt, Müttern oder Vätern Schuld zuweisen zu wollen.

Meine Beurteilung von Virginia Woolf hat sich im Lauf dieser Jahre weitgehend verändert. Das hat zu tun mit den Erkenntnissen der feministischen Forschung, der Familiengeschichte, der Untersuchungen zur Viktorianischen Zeit und mit dem Wandel innerhalb der psychoanalytischen Theorie, in der für die Erklärung von Neurosen die individuellen Bedingungen stärker gewichtet werden als die Triebstruktur. Dank dieser Entwicklungen ist es jetzt möglich, das Leben von Virginia Woolf in einem breiten Kontext zu begreifen, im Kontext der Geschichte von Frauen, der Kindererziehung im viktorianischen England, der Folgen dieser speziellen Art der Erziehung, wie sie die viktorianische Mittel- und Oberschicht ihren Kindern angedeihen ließ, der Behandlungsweise durch Ärzte, die von den Familien herangezogen wurden, wenn sie eines ihrer Kinder für gestört hielten, der Auswirkungen von Inzesterfahrungen auf die Persönlichkeitsentwicklung. Ich glaube heute nicht mehr wie früher, daß das von Virginia Woolf später gezeigte Verhalten auf eine einzige Ursache zurückgeführt werden kann, schon gar nicht auf eine angeborene Geisteskrankheit. Jeder Versuch, dieses Verhalten als Geisteskrankheit erklären zu wollen, ist überholt: man weiß heute zu viel über das Verhalten von Menschen, die in ihrer Kindheit Opfer von sexuellem Mißbrauch waren. Vielmehr bin ich inzwischen der Meinung, daß ihr Leben, wie auch jedes andere, gesehen werden kann als eine komplexe und kreative Antwort auf bestimmte Bedingungen der Zeit, in der sie aufwuchs, der Familie, in die sie hineingeboren wurde und auf die besonderen Erfahrungen, die sie machen mußte, ebenso wie auf das Fehlverhalten der sie umgebenden Menschen.

Man muß klar sehen, daß, wie das in jeder beliebigen Biographie der Fall ist, einige dieser Faktoren sich auf Woolf stärker ausgewirkt haben als andere – etwa eben die Tatsache, daß sie als Kind mißbraucht worden ist. Und daß dieser Mißbrauch innerhalb einer Familie geschah, in der es noch viele andere Probleme gab, familienspezifische Probleme ebenso wie zeitspezifische. Es war die besondere Struktur der viktorianischen Familie und die in ihr herrschende Einstellung zur Sexualität, die den Kindesmißbrauch bei Virginia Woolf ermöglichten, und die jeden Versuch, durch liebevolle Zuwendung diesen Mißbrauch, nachdem er geschehen war, in seinen Auswirkungen einzudämmen, im Keim ersticken mußten. Es gibt im Gegenteil genügend Hinweise darauf, daß sie noch verschlimmert wurden.

Woolfs Darstellung der Welt des Kindes, des Jugendlichen und des jungen Erwachsenen eröffnet uns wertvolle Erkenntnisse, weil sie bereitwillig über ihre eigene Mißhandlung spricht, über ihr Verhältnis zu ihrer Mutter, ihrem Vater, ihren Geschwistern und über ihre Stellung in der Gesellschaft als ›Tochter eines gelehrten Mannes‹. Sie beschreibt, wie es sich auf ihre Psyche ausgewirkt hat, daß sie als Mädchen in einer Familie aufwuchs, in der die Söhne eindeutig Vorrang hatten. In vielen ihrer Romane greift sie auf diese Themen zurück und sie behandelt sie auch in ihren theoretischen Schriften wie *Ein Zimmer für sich allein* und *Drei Guineen.* Als Kritikerin der Ungleichheit, in der Mädchen und Jungen aufgezogen wurden, war sie eine bedeutende Vorkämpferin, und sie war eine hartnäckige Kritikerin der elitären Funktion des Erziehungssystems. Ihre Erkenntnisse sind heute noch genauso überzeugend und wichtig, wie sie es vor fast einem dreiviertel Jahrhundert waren, als Virginia Woolf sie erstmals veröffentlichte.

Danksagung

Dieses Buch widme ich fünf Menschen, die mich bei der Arbeit unterstützt haben: Robert S. Berlin, meinem Lehrer an der New York University, bei dem ich über Jugend in der Literatur gearbeitet habe; Ernest DeSalvo, der sich wieder einmal jede Version jedes Kapitels angehört und für Klarheit gesorgt hat; Jason DeSalvo und Justin DeSalvo, die mir täglich vor Augen führten, was jungen Menschen wichtig ist und wie sehr sie kontinuierlicher Zuwendung bedürfen, die mir aber auch viel über junge Menschen im allgemeinen vermittelten; und schließlich Jane Marcus, die viele meiner Essays angeregt hat und sich dafür einsetzte, daß ich zu praktisch allen wichtigeren Woolf-Forschern in den USA in Kontakt treten konnte, und deren eigene Arbeiten über mehr als ein Jahrzehnt die Woolf-Schule bestens repräsentierten.

Es war mir vergönnt, viele der hervorragendsten Virginia Woolf-Forscher, -Biographen, -Herausgeber und auch Kritiker, sowie auch Menschen, die über andere Mitglieder der Woolf-Familie arbeiteten, selbst kennenzulernen. Oft konnte ich ihre Arbeiten schon vor der Veröffentlichung für mich nutzen. Aus unzähligen Unterhaltungen, Briefen und Telefongesprächen mit ihnen habe ich profitiert: Elizabeth Abel, Morris Beja, Quentin Bell, Maxine Berry, John W. Bicknell, Margaret Comstock, Blanche Wiesen Cook, Maria DiBattista, Kathleen Dobie, David V. Erdman, Alice Fox, Ralph Freedman, Angelica Garnett, Sandra M. Gilbert, Diane F. Gillespie, Laura Moss Gottlieb, John Graham, Susan Gubar, Jean Guiguet, Ellen Hawkes, Carolyn G. Heilbrun, Elizabeth Heine, Suzette A. Henke, Mark Hussey, Angela Ingram, Judith L. Johnston, Mitchell A. Leaska, Thomas S. W. Lewis, Jane Lilienfeld, Judy Little, Carol Hanbery MacKay, Madeline Moore, Roger Poole, Grace Radin, Sara Ruddick, Sonya Rudikoff, Lucio P. Ruotolo, Josephine O'Brien Schaefer, Beverly Schlack-Randles, Brenda Silver, Mark Spilka, Claire Sprague, Elizabeth Steele, Martine Stemmerick, Susan Merrill Squier, Lola L. Szladits, Ruth Z. Temple, Joanne Trautmann, Stephen Trombley, J. J. Wilson, Elizabeth Wood, Alex Zwerdling.

James M. Haule bin ich besonders verpflichtet: unsere Ferngespräche und der jahrelang geführte intensive Briefwechsel waren mir eine ständige Quelle der Inspiration; dank seiner Arbeit über Konkordanz in Virginia Woolfs Werk lassen sich Textstellen gut lokalisieren. Von Nigel Nicolson wurde mir freundlicherweise eine Durchschrift aller in Vita Sackville-Wests Tagebüchern und Briefen auf Virginia Woolf sich beziehenden Stellen überlassen. Catherine F. Smith ließ mich an ihrem Wissen über Virginia Woolfs Griechenland / Italien-Tagebuch teilhaben. Von Judith Walkowitz erhielt ich Information und Einblick in ihr in Arbeit befindliches Buch über Jack the Ripper. Blanche Cook und Harriet Field haben mich auf Alice Millers Arbeiten aufmerksam gemacht: ihnen bin ich ganz besonders dankbar.

Die Bürde, die diese Arbeit für mich darstellte, wurde mir von Freunden, Angehörigen und Kollegen der Fairleigh Dickinson University, wo ich mit den Untersuchungen begann, und am Hunter College der City University von New York, wo ich sie zu Ende führte, beträchtlich erleichtert: Carol Ascher, Dan Balaban, Richard Barickman, Allan Brick, Jilda Calabrese (†), Nancy Dean, Frances DeSalvo, Radames DeSalvo (†), Janet Emig, David Gordon, Dorothy O. Helly, Alan Holder, Harriet Johnson, Wendell Johnson, David Leverenz, Nick Lyons, Frank McLaughlin, Phyllis Moe, Charles Persky, Ann Raimes, Louise M. Rosenblatt, Mildred und Louis Sciacchetano, Donna Shalala und Susan Shapiro. Besonderen Dank schulde ich meiner Verlegerin Joanne Wyckoff, die mich aufmunterte und unterstützte und deren peinliche Sorgfalt in bezug auf dieses Manuskript mir unermeßlich zustatten kam; Ann Waters, die das Manuskript gelesen und mir wertvolle Anregungen gegeben hat; Thomas Fischer, durch dessen Hilfe dieses Buch besser geworden ist; drei Leserinnen, die nicht genannt werden wollen; Amy Ellis für viel harte Arbeit; dem Werk von T. Walter Herbert über die Familie von Nathaniel Hawthorne, das mich in die Lage versetzte, ähnliche Fragestellungen in bezug auf Virginia Woolf zu überdenken; Katherine Probst für die fast täglich geführten Telefongespräche, die mir viele Ideen lieferten.

An dieser Stelle will ich auch all denen meinen Dank aussprechen, die mir die Gelegenheit gaben, über den Fortgang meiner Arbeit zu berichten und meine Thesen im öffentlich geführten Diskurs zu erhärten: den Organisatorinnen der 1975 an der State University of New York durchgeführten ›Birth of Women‹-Konferenz in New Paltz, wo ich zum ersten Mal meine Arbeit über *Die Fahrt hinaus* vorstellen konnte; David V. Erdman, der anläßlich der Modern Language Association Convention 1979 in San Francisco einen Ausschuß einberief, vor dem ich über *Melymbrosia* sprach; Susan M. Squier für die Organisation eines anderen Ausschusses am selben Ort; den Organisatoren des National Council of Teachers der English Convention in Omaha, Nebraska, 1980, wo ich einen Vortrag über Virginia Woolfs Werke hielt; den Mittwoch-Seminaren an der Fairleigh Dickinson University, die mich 1980 einluden, über die Umsetzung von Virginia Woolfs persönlichen Erlebnissen in ihre Kunst zu sprechen; Jane Lilienfeld für die Einberufung einer Sitzung 1980 während der MLA Convention in Houston, wo ich zum ersten Mal meine Arbeit über Vanessa Bell vorstellte; Jane Marcus, die mir ebenfalls dort die Gelegenheit gab, erstmals meine Untersuchungen über Woolfs intellektuelle Entwicklung vorzutragen; den Organisatorinnen der vom New Jersey Council of Teachers of English geförderten »How Right We Write Conference«, die 1981 an der Paramus High School abgehalten wurde, dafür, daß sie mich baten, über Virginia Woolf als junge Frau zu sprechen; Jane Marcus für die Einberufung eines Forums 1981 zur MLA in New York, bei dem ich zum ersten Mal das Tagebuch von 1897 zur Diskussion stellte; dem Center for the Psychological Study of Arts für die Einladung, vor der Hauptversammlung des Sixth Annual Symposium in Literature and Psychology, SUNY, 1982 in Buffalo zu sprechen, wo ich über *The Myth of Sexual Hysteria* sprach; Jane Marcus als Organisatorin des Virginia Woolf Centenary Symposiums 1982 an der University of Texas in Austin, die mich zu einem Vortrag über die fünfzehnjährige Virginia einlud, in dem ich *Wie Miss Jan sagt* vorstellte; Thomas S. W. Lewis für die Einladung zu einem Vortrag 1982 ans Skidmore College über *Virginia Woolfs Tagebücher und ihre Leser: eine Untersuchung zu Biographie, Sexualität und Sexismus*; das Douglass College ›Virginia Woolf, A Centenary Conference‹, das mich 1982 einlud, über *Children Never Forget* zu sprechen; Hofstra University, der Twentieth-Century Women Writers' International Conference von 1982, wo ich *Virginia, Virginius, Virginity* vorgestellt habe, das später Teil des Kapitels über Woolfs Kindheit geworden ist; Gay Tuchman für die Einladung zur Antwort auf Blanche Cooks Thesen während des Columbia Women's Studies Seminar 1983, als ich über *Overt and Covert Methods of Censoring and Distorting Women's Biographies* sprach, und für die 1985 wiederholte Einladung zu einem Vortrag über das Schreiben von Frauen-Biographien; den Organisatoren der Campus Seminare an der Fairleigh Dickinson University, die mir 1983 Gelegenheit gaben, über die frühen Tagebücher Vorträge zu halten; Phyllis Mannocchi, die mich zu einer Rede vor ›Feminist Fortnight‹ am Colby College 1983 holte, wo ich über *Virginia Woolf's Early Diaries: A Study in Biography, Sexuality, and Sexism* referierte; das Center for the Psychological Study of the Arts, SUNY, Buffalo, das mich 1983 einlud zu einem Vortrag über *Literary Allusion as Self-Disclosure*; den Organisatorinnen der National Women's Studies Association Convention in Columbus, Ohio, 1983 für die Einladung, über Woolfs frühe Tagebücher zu sprechen; und schließlich auch Dorothy O. Helly, die mich 1987 zur Berkshire Conference nach Wellesley holte, damit ich dort über den biographischen Teil dieser Arbeit berichtete.

Viele Themenbereiche dieser Arbeit sind auch in den vier Kursen über Virginia Woolf, die ich während dieser Zeit am Hunter

College an der City University of New York hielt, angesprochen und diskutiert worden. In diesem Zusammenhang möchte ich dem derzeitigen Lehrstuhlinhaber Allan Brick und seinen Vorgängern Charles Persky und Phyllis Moe meinen Dank aussprechen dafür, daß sie mich immer ermutigt und unterstützt haben, Kurse, deren Themen mit meinem jeweiligen Arbeitsgebiet korrespondierten, anzubieten; und selbstverständlich bedanke ich mich auch bei den weit über 150 Studenten dieser Kurse, vor denen ich meine ersten Interpretationen der jungen Menschen in Virginia Woolfs Werk ausbreiten konnte. Ihre Fragestellungen und Ideen haben die meinen beeinflußt und mir Anlaß zur Überarbeitung und Verbesserung gegeben.

Ebenso danke ich allen Herausgebern von Büchern und Zeitschriften, die erste Fassungen dieser Kapitel zum Abdruck gebracht haben. Der Abschnitt über Vanessa Bell aus dem Blickwinkel der Erinnerungen Angelica Garnetts erschien im August 1985 in *Women's Review of Books* in einer anderen Fassung unter dem Titel *Bloomsbury Born and Bred*, wofür ich mich bei Linda Gardiner bedanke. Das Kapitel *1897: Virginia Woolf mit fünfzehn* habe ich für das von Jane Marcus bei der University of Nebraska Press herausgegebene Buch *Virginia Woolf: A Feminist Slant* geschrieben, ich bedanke mich beim Verleger Willis G. Regier und bei T. M. Farmiloe von Macmillan, London, der auch das von Jane Marcus herausgegebene *Virginia Woolf and Bloomsbury: A Centenary Celebration*, das meinen Beitrag *As Miss Jan Says* enthält, veröffentlicht hat. Hier geht es nur um die Herausbildung von Virginia Woolfs schriftstellerischer Identität und um ihren Essay zur Religion. Ich habe dieses Kapitel dem Women's Studies Seminar unter Leitung von Dorothy O. Helly am Hunter College vorgestellt und bin den Teilnehmerinnen, vor allem Joan Tronto, ganz besonders dankbar dafür, daß sie mich aufgrund ihrer Fragen zu einer grundsätzlichen Überarbeitung meiner Sicht in bezug auf die Bewertung von Carol Gilligans Ansatz veranlaßt haben.

Die Arbeit am Manuskript von *Das Tagebuch der Mistress Joan*

Martyn habe ich vor vielen Jahren bei der Durchsicht der frühen Werke von Virginia Woolf begonnen. Damals hatte Lucio Ruotolo eine Forschergruppe für die Sichtung von Manuskripten anläßlich einer von William McBrien besorgten Sonderausgabe von *Twentieth Century Literature* im Herbst/Winter 1979 zusammengestellt, und Susan Squier sollte diese Geschichte herausbringen. Sie hat mich freundlicherweise zur Mitherausgabe herangezogen; ich schrieb dann meinen auf dieser Geschichte basierenden Beitrag *Shakespeares Other Sister* für die von Jane Marcus herausgegebene Sammlung *New Feminist Essays on Virginia Woolf*, die bei Macmillan, London, und der University of Nebraska Press erschien.

Aus den verschiedenen von mir in Anspruch genommenen Bibliotheken ist mir große Hilfe zuteil geworden: von Lola L. Szladits, Kuratorin der Berg Collection an der New York Public Library, die mich ebenso wie Brian McInerney über die Jahre hinweg inspiriert und unterstützt hat; von den Angestellten der Bibliothek der Drew University; von Mrs. McMahon und den Angestellten der Fairleigh Dickinson University Library; von den Angestellten der Bibliotheken am Hunter College und am Ramapo College; von John Burt an der University of Sussex Library und den Angestellten der British Library – um wenigstens diejenigen zu nennen, bei denen ich besonders oft war.

Dank gebührt auch den Verwaltern des Nachlasses von Virginia Woolf für die Genehmigung, aus gedruckten und ungedruckten Werken zu zitieren und die Abdruckerlaubnis für die Fotografien. Für die Zuordnung der Bilder danke ich Frances Spalding, Quentin Bell, Angelica Garnett, Diane F. Gillespie und Jennifer Booth, und Lola L. Szladits für ihre Hilfe bei deren Reproduktion.

Einleitung

Virginia Woolf ist als Kind sexuell mißbraucht worden. Sie hat ihr Leben lang an den Folgen dieses Mißbrauchs gelitten. Adeline Virginia Stephen wurde am 25. Januar 1882 als Tochter von Julia und Leslie Stephen geboren. Zur Familie gehörten bereits sechs weitere Kinder. Beide Eltern waren schon einmal verheiratet gewesen, beide hatten ihre Ehepartner durch Tod verloren. Julias erster Mann, Herbert Duckworth, war 1870, Leslies erste Frau, Minny Thackeray, war 1875 gestorben. Julia und Leslie hatten 1878 geheiratet und das Haus Nr. 22 am Hyde Park Gate bezogen. In diesem gemeinsamen Haushalt lebten auch die Kinder aus den ersten Ehen, Leslies und Minny Thackerays Tochter Laura, die bei Virginias Geburt zwölf Jahre alt war, sowie Julias und Herbert Duckworths Kinder Gerald, Stella und George, die zu diesem Zeitpunkt zwölf, dreizehn und vierzehn Jahre alt waren. Außerdem gab es die gemeinsamen Kinder Vanessa und Thoby, zwei und drei Jahre alt. 1883, als Virginia ein Jahr alt war, wurde noch der jüngere Bruder Adrian geboren. Damit hatte die Stephen-Familie acht Kinder.

Virginia Stephen wuchs in einer Familie auf, in der sexuelle Gewalt und sexueller Mißbrauch weder selten noch ungewöhnlich waren, in der praktisch alle Familienmitglieder in Inzest, Gewalt oder in beides verstrickt waren und beide Eltern eine traumatische Kindheit hinter sich hatten. Das Bild, das sich uns bietet, zeigt eine völlig zerrüttete Familie, in der die Kinder äußerst gefährdet und durch die Ereignisse, die hier untersucht werden sollen, zeit ihres Lebens geprägt waren.

In Virginia Woolfs Roman *Die Fahrt zum Leuchtturm* sagt Mrs. Ramsay sich, als sie über ihre Kinder nachdenkt, »Kinder vergessen (ihre Kindheit) nicht«, sie vergessen ihr ganzes Leben lang nicht, was sie an Gutem oder Schlechtem erlebt haben. Im Jahr vor ihrem Freitod überarbeitete Virginia Woolf ihre Erinnerungen »Eine Skizze der Vergangenheit«, aus denen hervorgeht, daß sie tatsächlich nicht vergessen hat, was ihr als Kind zugestoßen ist. Sie beschreibt die Vergangenheit als »eine breite Straße, die hinter einem liegt, ein langes Band von Szenen, von Gefühlen«; »am Ende der Straße sind immer noch der Garten und das Kinderzimmer«.[1] Sie schildert die Gewalt, die in ihrer Familie in Form von offener sexueller Nötigung, von Wutausbrüchen, körperlicher Gewalt, sexueller Bedrohung, Einschüchterungsmaßnahmen, Entführungen und wahrscheinlich auch Vergewaltigungen ausgeübt wurde.

Praktisch jedes männliche Mitglied des Stephenschen Haushalts bediente sich dieser Maßnahmen, und die Frauen waren alle ohne Ausnahme Opfer von Mißbrauch und sexueller Gewalt – Virginia ebenso wie ihre Schwester Vanessa, ihre Halbschwestern Laura und Stella und auch ihre Mutter Julia. Doch wurden ihre Geschichten verschwiegen, rationalisiert, verändert und zurechtgebogen, und zwar in den Versionen, die man sich innerhalb der Familie erzählte genauso wie in den posthum über sie verfaßten Lebensbeschreibungen.

Alles, was ich hier aufgreifen werde, war irgendwann einmal der Öffentlichkeit bekannt und zugänglich, entweder weil man offen darüber sprach oder weil es in Archiven dokumentiert war. Trotzdem gilt die Stephen-Familie gemeinhin nicht als gestörte Familie, und auch daß es in Virginias Kindheit und Jugend schwierige und möglicherweise schädigende Probleme gab, wird im allgemeinen ignoriert. Stattdessen sieht man Virginia Woolf, wie etwa ihre bislang letzte Biographin Lyndall Gordon, als Kind »umgeben von Liebe und Fürsorge«.[2]

Die Art und Weise, wie Virginia Woolfs Inzesterlebnisse von einigen ihrer Biographen dargestellt werden, ist äußerst befremdlich. Zum Glück gibt es auch ernstzunehmende Versuche, bei denen den Auswirkungen, die diese Erfahrungen auf ihre Persönlichkeitsentwicklung gehabt haben, nachgegangen wird.

Quentin Bell, Virginias Neffe und offizieller Biograph, schildert ihre Inzesterfahrungen in seiner 1972 erschienenen Biographie. Er beschreibt, wie sich nach dem Tod von Virginias Mutter die brüderlichen Liebkosungen von George Duckworth in »ein tückisches erotisches Spiel« verwandelten: er »fummelte offen an ihr herum ...; und das Ausmaß dieser Liebkosungen nahm zu – wie sehr, weiß ich nicht –, wenn George mit der Selbstsicherheit des liebevollen Bruders die Beweise seiner Zuneigung vom Unterrichts- auf das Schlafzimmer übertrug«.[3]

Bell vermerkt zwar, daß Virginia nach dem Tod der Mutter ihre ersten Erfahrungen mit George machte und er erwähnt auch Virginia Woolfs Feststellung, daß George sie bis 1903 oder 1904 belästigte, läßt aber unter den Tisch fallen, daß es sich dabei um einen Zeitraum von neun oder zehn Jahren handelte. Und obwohl er ihre Überzeugung zitiert, George habe ihr »Leben verdorben, noch bevor es überhaupt richtig begonnen hatte«(68), führt er ihre Reaktion auf Georges Verhalten darauf zurück, daß sie »von Natur aus scheu in sexuellen Dingen«(68) gewesen sei, also auf eine Charakterschwäche. Im Zusammenhang mit ihrem ersten ›Zusammenbruch‹ stellt Bell zwar fest, er wisse nicht genug über ihre Krankheiten, um »sagen zu können, ob ihnen ein Jugendtrauma zugrunde lag«(68), aber dennoch beschreibt er diesen ›Zusammenbruch‹ als eine »krebsartige Zersetzung des Geistes, die sie im Alter von dreizehn Jahren (befiel)«(68). Er gibt Virginia also selbst die Schuld an ihrer Reaktion, weil sie »von Natur aus scheu« war in sexuellen Dingen, weil sie an einer »krebsartigen Zersetzung des Geistes« litt – er lastet dem Opfer des Inzests an, wie es reagiert.

Jean O. Love versucht in *Sources of Madness and Art* (1977) Virginia Woolfs frühe und ausgeprägte Abhängigkeit von ihrer Erziehung zu beweisen. In bezug auf die Duckworths stellt sie lapidar fest, »man kann nicht mit Bestimmtheit sagen, daß sexuelle Belästigungen tatsächlich stattgefunden haben. Daß sie nicht stattgefunden haben, läßt sich genausowenig beweisen.« Laut Love ist es gut möglich, daß »es sich hierbei um phantastische Ausschmückungen eines an sich harmlosen Vorfalls handeln könnte, die Virginias Neigung, tatsächliche Ereignisse weiterzuspinnen und umzudichten, verdeutlichen.«[4] Virginia hätte aufgrund eines in ihrer Persönlichkeit zu suchenden Defekts übertrieben: »weil Virginia von George geliebt werden wollte, stellte sie sich vor, er habe erotische Annäherungsversuche unternommen, wo er nur nett und ganz unschuldig liebevoll zu ihr war« und »versuchte, sich wie ein Bruder und nicht wie ein Liebhaber zu verhalten«(207). An späterer Stelle nennt Love Virginia Woolf »von Natur aus« frigide (256), mit einer »Veranlagung, vor Sexualität zurückzuschrecken«(281) und mit einer »angeborenen Scham bezüglich ihrer Geschlechtsteile«(281). Genau wie Bell schreibt Love diese Eigenschaften also einer Veranlagung zu.

Phyllis Rose schwächt in *Woman of Letters: A Life of Virginia Woolf* (1978) Virginias Aussagen über ihre Inzesterlebnisse dahingehend ab, daß sie sie »Geschichten, in die hinein sie ihre Erlebnisse packte« nennt, »Mythen, die sie erschuf«.[5] Hinsichtlich der Duckworth-Szenen bemerkt Rose: »Woolf kann nicht widerstehen, wenn es darum geht, eine gute Geschichte zu erzählen, oder darum, sie beim nächsten Durchgang noch besser als das erste Mal zu erzählen«(ix). Als Beleg für diesen Hang Virginia Woolfs zum Geschichtenerzählen dient Love eine Abweichung, die sie beim Vergleich zweier ›Inzestgeschichten‹ findet: am Ende der einen beschreibt Virginia, »wie ihr Halbbruder George Duckworth eines Nachts zu ihr ins Zimmer kam, um sie mit seinen Zärtlichkeiten zu belästigen. Das Licht war aus und sie fast eingeschlafen und George sagte ihr, sie solle kein Licht anmachen.« Aber später »erzählt Virginia diese Episode noch einmal, nur daß sie dieses Mal im Bett liegt und ›Marius, der Epikuräer‹ liest, als Duckworth hereinkommt und das Licht löscht – eine unbedeutende Änderung vielleicht, doch ist die Wirkung unheimlicher«(ix).

Die Möglichkeit, daß Virginia Woolf zwei verschiedene Episoden erzählen könnte, zieht Rose nicht in Betracht. Was sie feststellt, ist, daß diese Szenen »die wichtigsten Figuren und Ereignisse im

Mythos um Virginias Jugendzeit vorstellen, das Material, das vielen ihrer literarischen Werke als Basis diente«(ix). Sie ist auch überzeugt davon, daß Virginia Woolfs Erinnerungen »eher Mythen als Fakten« darstellen (xi). Die ganzen Erinnerungen sind Erfindung.

Wenn sie sexuelle Belästigungen erinnert, bestätigt das ihrer Meinung nach »eher, daß ihre sexuelle Zurückhaltung bereits vorhanden war, als daß sie dadurch hervorgerufen wurde« (7–18); Virginia Woolfs Abscheu vor dem sexuellen Mißbrauch »ist kulturell bedingt« und keine natürliche oder angemessene Reaktion auf Inzest. Rose sagt damit, daß Inzestopfer den Inzest hauptsächlich deshalb verabscheuen, weil die Gesellschaft ihnen beibringt, so zu reagieren.

Roger Poole beschäftigt sich in *The Unknown Virginia Woolf* (1978) ernsthaft mit dem, was Quentin Bell Virginias ›Wahnsinn‹ oder ihre ›Geisteskrankheit‹ nennt. Er bezeichnet ihre sogenannten ›Zusammenbrüche‹ als emotionale Reaktionen auf den inzestuösen Mißbrauch und schreibt, daß »die Annäherungen von George Duckworth... ein Trauma bei Virginia und ihre Gefühllosigkeit im sexuellen Bereich hervorriefen«,[6] eine »Störung ihres Empfindens für die eigene Körperlichkeit«(112). Er schildert die Bereitschaft von Virginias Mann, Leonard Woolf, sich die in der Stephen-Familie herrschende Überzeugung zu eigen zu machen, Virginia sei verrückt, sie als ›Geisteskranke‹ zu behandeln und insgeheim Ärzte und Angehörige zu konsultieren, ohne weiter nachzuforschen, »warum sich bei seiner Frau solche Symptome von Überlastung zeigten«(130).

In Stephen Trombleys *›All That Summer She Was Mad‹: Virginia Woolf and Her Doctors* wird von einer »Wahrheitskrise«[7] in den Biographien über Virginia Woolf gesprochen. Auch wenn Biographen Virginia Woolf häufig als geisteskrank darstellen, hat nach Trombleys Auffassung keiner von ihnen wirklich den Beweis hierfür erbracht. Trombley versucht herauszufinden, wie die sie behandelnden Ärzte Geisteskrankheit überhaupt definierten, und er kommt dabei zu dem Schluß, daß auch sie »keine brauchbare oder verantwortbare Definition vorweisen können«(297). Seine äußerst bemerkenswerte These ist, daß Virginia Woolfs ängstliches und ›verrücktes‹ Verhalten, das von den Ärzten als Beweis für ihren angeblichen Wahnsinn gewertet wurde, eine Reaktion auf ihre Inzesterlebnisse war. Nachdem sie einmal als verrückt abgestempelt war, wurde sie von den Ärzten mit Medikamenten behandelt, deren »Nebeneffekte... den Symptomen ihrer Zusammenbrüche entsprachen: die Unfähigkeit zu lesen oder sich zu konzentrieren; Depressionen; Angstzustände...; Verwirrtheit; Halluzinationen; Appetitlosigkeit; ›ein trockenes, unangenehmes Gefühl im Hals...‹; Kräfteschwund in den Gliedern« (142). Trombley also führt Virginia Woolfs ›Wahnsinn‹ auf die ihr verordneten Medikamente zurück.

Lyndall Gordons vor kurzem erschienene Biographie über Virginia Woolf (*Virginia Woolf: Leben einer Schriftstellerin*, 1987) ist in meinen Augen ein bedauerlicher Rückfall in die von Bell vertretene Sichtweise, weil sie Virginias Inzesterlebnisse auf eine Weise darstellt, daß sich einem die Haare sträuben. (Und weil Gordon dieses Buch zu einer Zeit verfaßte, als bereits wichtige Untersuchungen über die Auswirkungen von Inzest, die ich an späterer Stelle in diesem Kapitel besprechen werde, erschienen waren.) Nach Gordon »weiß (man) nicht, was wirklich geschah«,[8] doch ist sie überzeugt davon, daß Virginia Woolf es genossen hat. »Wie unbeherrscht und unvernünftig« Georges Verhalten auch war, »für ein Mädchen wie Virginia mag es unwiderstehlich gewesen sein«. Warum? Weil George »als sehr gutaussehend (galt) und seine sinnlichen Lippen im Verein mit seinen beachtlichen Umgangsformen ihn zum Liebling der Damen in der Gesellschaft (machten)«(156).

Gordons Einstellung offenbart, was Louise Armstrong in *Kiss Daddy Goodnight: Aussprache über Inzest* als die beiden schlimmsten Haltungen, die man Inzest gegenüber einnehmen kann, bezeichnet: »sie verführten dazu und es gefiel«, und »alles war nur Phantasie«.[9] Auch Louise Thornton greift in *I Never Told Anyone: Writings by Women Survivors of Child Sexual Abuse* diese von Gordon vertretene, verhängnisvolle und doch viel zu weit verbreitete Sichtweise an, nach der das Kind »eine Komplizin« ist, die »den sexuellen Mißbrauch genießt, auch wenn sie das Gegenteil behauptet«.[10]

Alice Miller benutzt in *Du sollst nicht merken. Variationen über das Paradies-Thema* das Beispiel von Virginia Woolf, um deutlich zu machen, wie Biographen die Folgen von Kindsmißbrauch zu verniedlichen pflegen: »Ihr später auftretender Verfolgungswahn ist zweifellos eine logische Folge dieser Situation (des sexuellen Mißbrauchs), doch dieser Zusammenhang wird hartnäckig ignoriert.«[11] Miller stellt fest, Bell erzähle zwar, Virginia »hätte ›das Gefühl gehabt, George habe ihr Leben verdorben, noch bevor es überhaupt richtig begonnen hatte‹, (dennoch bliebe) ihm der Zusammenhang zwischen dieser Tatsache und ihrer ›rätselhaften‹ Psychose verborgen«(162).

Nach Miller ist es dringend erforderlich, Berichte über körperliche Übergriffe und sexuellen Mißbrauch ernstzunehmen und nicht als Phantasiegebilde abzutun; wenn man ihnen nachgeht, entdeckt man gewöhnlich ein Kindheitstrauma. Allerdings ist sie überzeugt davon, daß in der Wissenschaft einschließlich der Psychoanalyse, Soziologie, Geschichte und der Biographie-Forschung die entscheidende Frage, wie Eltern oder andere Familienmitglieder »mit ihren Kindern in ihren ersten Lebensjahren bewußt und meistens unbewußt umgehen«(19), kaum je gestellt würde.

Die Haltung der Psychoanalytikerin Alice Miller zu Virginia Woolfs Leben fußt auf der Erkenntnis, daß Neurosen sich aufgrund realer Erfahrungen und nicht aufgrund von Wunschvorstellungen herausbilden: eine Neurose entsteht »durch die Unmöglichkeit, erfahrene Traumatisierungen zu artikulieren, und in der Notwendigkeit, diese Erlebnisse zu verdrängen«(68). Der Fall Virginia Woolf zeige, »wie sehr solche Triebdeutungen an der eigentlichen Not und Einsamkeit des Kindes vorbeigehen können«(161). Darüberhinaus bestätigt er Millers Überzeugung, daß sexueller Mißbrauch im Kindesalter sich auf das ganze Leben auswirkt, daß er die fundamentalen Lebenserfahrungen unterhöhlt und vergiftet: die Entwicklung des Ichs und die Bildung eines autonomen Charakters (205).

Die Hauptursache für dieses Leid ist darin zu sehen, daß das Kind von jenen Menschen traumatisiert wird, von deren Fürsorge es abhängig ist, so daß es kein Entkommen gibt, und daß es an die, die ihm Schmerz und Schaden zufügen, emotional gebunden ist. Miller erklärt die komplizierten und widersprüchlichen Reaktionen, die mißhandelte Kinder oft gegenüber ihren Bezugspersonen zeigen (82), ihre Neigung, sie zu idealisieren und zu entschuldigen oder sogar in Schutz zu nehmen. Solche Haltungen und Verhaltensweisen verhindern das Ausleben von Wut und Trauer. Wut wird, obwohl sie »eine adäquate Reaktion auf Grausamkeit«(80) ist, sehr häufig als Beweis für ein gestörtes psychisches Gleichgewicht mißverstanden.

Millers Position entspricht hier nicht derjenigen Sigmund Freuds, der in seiner Triebtheorie Neurosen auf unterdrückte Triebkonflikte zurückführt, sondern sie stützt sich auf die früher von ihm entwickelte ›Verführungstheorie‹, in der er davon ausging, Hysterie sei eine Folge sexuellen Mißbrauchs. 1896 schrieb er: »zugrunde jedes Falles von Hysterie befinden sich... ein oder mehrere Erlebnisse von vorzeitiger sexueller Erfahrung«.[12] Zur Begründung, warum er die Verführungstheorie wieder aufgegeben habe, führte Freud selbst an, er habe nicht glauben können, daß so viele angesehene Männer ihre Töchter sexuell mißbraucht haben sollten. 1897 schrieb er in einem Brief an Wilhelm Flies: »Dann die Überraschung, daß in sämtlichen Fällen der Vater als pervers beschuldigt werden mußte..., während doch solche Verbreitung der Perversion gegen Kinder wenig wahrscheinlich ist.«[13] Daraus folgerte er, daß die Erzählungen seiner Patientinnen über sexuellen Mißbrauch »die Produkte ihrer Einbildung, Ausdruck ihrer eigenen sexuellen Wünsche« waren.[14]

Warum Freud die Verführungstheorie zugunsten der Triebtheorie aufgab, war Gegenstand vieler Untersuchungen. Folgt man Judith Lewis Herman, war Freud nie sehr glücklich mit der Entdekkung, daß sexueller Mißbrauch von Kindern so weit verbreitet war, »weil dadurch das Verhalten von ehrenwerten Familienvätern hinterfragt werden mußte«. Indem er den Schilderungen seiner Patientinnen keinen Glauben mehr schenkte, »gab er auch seinen Anspruch auf, die weibliche Neurose verstehen zu wollen«.[15] Nach Diana E. H. Russell »äußerte Freud, der von eigenen Inzestwünschen gegenüber seiner Tochter und vermuteten inzestuösen Wünschen seines Vaters verwirrt war, als er die Verführungstheorie aufgegeben und die Triebtheorie formuliert hatte, große Erleichterung und sogar ein Gefühl des Triumphes«.[16] Demzufolge stellt also die Triebtheorie eher eine Erfüllung der Freudschen Bedürfnisse als eine Erklärung der Ursachen für das Verhalten seiner Patienten dar.

Die Triebtheorie war zu Virginia Woolfs Zeit und während des Großteils unseres Jahrhunderts bei Ärzten und Psychotherapeuten weit verbreitet und anerkannt. Dies führte dazu, daß kindliche Verhaltensweisen, die auf sexuellen Mißbrauch hindeuteten, als Hinweis auf eine zugrundeliegende Neurose eingestuft wurden; wenn Kinder von Verführung sprachen, tat man dies als Phantasiegebilde ab. Virginia Woolf litt infolge ihres Mißbrauchs an Nervosität, Reizbarkeit, Gefühlsausbrüchen und Wutanfällen, aber das wurde nicht als Reaktion auf das, was ihr widerfahren war, gesehen, sondern als Beweis für ihre krankhafte Veranlagung. In den 53 Jahren, in denen sie unter diesen Symptomen litt, versuchte sie durch Reflexion der eigenen Erfahrungen die Auswirkungen des sexuellen Mißbrauchs zu begreifen. Unterstützt wurde sie dabei von Frauen, die ihr nahestanden, wie ihrer Schwester Vanessa, die offensichtlich versuchte, dem Mißbrauch ein Ende zu setzen, und ihrer Freundin Violet Dickinson, bei der sie emotionale Nähe und Verständnis fand. Virginia wußte, daß sie schwere Störungen davongetragen hatte.

Florence Rush hat festgestellt, daß sich im viktorianischen Zeitalter die Zahl der sexuellen Übergriffe auf Kinder dramatisch erhöht hat.[17] Viele Kindheitsforscher stimmen darin überein, daß die Annahme, viktorianische Kinder seien wohlbehütet gewesen, falsch ist. Einiges weist darauf hin, daß ein Charakteristikum für viktorianische Erziehungsmethoden die institutionalisierte Vernachlässigung ist. Der angesehene Historiker Walter E. Houghton spricht sogar von der »Schreckenswelt viktorianischer Kindheit«.[18]

Die Stephen-Familie verdient insofern genauere Beachtung, weil einerseits aus ihr eine bedeutende Schriftstellerin unseres Jahrhunderts hervorging, und weil andererseits das, was Virginia über ihr Leben in dieser Familie berichtet, hilft, einen bislang ziemlich dunklen Bereich der Geschichte zu erhellen, nämlich das Leben innerhalb der privaten Enklave einer viktorianischen Mittelschichtsfamilie. Was Virginia Woolf widerfuhr, war viel weiter verbreitet als man bisher angenommen hat. Und die Erlebnisse führten zu einem schweren Trauma; sie gleichen, auch in ihren Auswirkungen, denen von anderen Inzestopfern.[19] Virginia wurde zum ersten Mal mißbraucht als sie noch sehr klein war; der Mißbrauch wurde über lange Zeit fortgeführt und ging vermutlich in verschiedenen Variationen vor sich; es bestand ein beträchtlicher Altersunterschied zwischen ihr und ihren Halbbrüdern; sie wurde von Verwandten, zu denen sie Vertrauen hatte, mißbraucht; es war nicht nur eine Person, die sie mißbrauchte, und es wurde außer ihr auch noch ein weiteres weibliches Familienmitglied mißbraucht.

Judith Lewis Herman und Lisa Hirschman stellen in *Father-Daughter Incest* die These auf, die Neigung von Männern zu sexueller Ausbeutung – inklusive Vergewaltigung und Inzest – dürfe nicht als Abweichung von der Ethik fürsorglichen Familienverhaltens verstanden werden, sondern sei eine logische Folge der patriarchalischen Familienorganisation.

Virginia Woolf ist selbst auch zu dieser Einsicht gelangt. Die patriarchalische Familie war die Normfamilie des viktorianischen England; in vielen Bereichen der heutigen Gesellschaft gilt sie immer noch als Ideal.

Innerhalb dieser Familie sind die emotionalen Fähigkeiten der männlichen Mitglieder verkümmert.[20] Inzest ist eine Konsequenz der despotischen väterlichen Herrschaft: die Väter in solchen Familien werden als »perfekte Patriarchen« (71) beschrieben, obwohl sie selbst sich oft als »bedauernswert, hilflos und verwirrt«(76) hinstellen. Söhne haben besondere Vorrechte (73), die Aktivitäten der weiblichen Familienangehörigen werden überwacht und eingeschränkt, die Frauen selbst sind von der Außenwelt abgeschnitten (73); Mütter haben wenig oder gar keine Macht und Selbständigkeit, sie sind häufig depressiv und introvertiert oder durch die Erziehung der vielen Kinder überlastet (78). Dieses Muster ist typisch. Es entspricht genau dem der Stephen-Familie.

Herman weist auch darauf hin, daß Inzest weniger auf sexueller Lust als auf der Ausübung von »Macht und Herrschaft«(87) beruht, und darauf, daß die Männer privilegiert sind. Die Männer in inzestuösen Familien betrachten im allgemeinen die Vorrechte von Vätern und Söhnen sowie die Pflichten von Müttern und Töchtern als naturgegeben. Die Bedürfnisse des Vaters sind denen der Kinder übergeordnet. Die Möglichkeit, »vom Vater könnte erwartet werden, daß er gelegentlich die sorgende Rolle der Mutter übernähme, wird nicht erwogen«(46, 87). In der patriarchalischen Familie besitzt der Vater ungeheure Macht über Frau und Kinder – unbeschränktes Recht auf physische Kontrolle, das Recht, die Verhaltensformen zu bestimmen wie auch sexuelle Rechte.

Der Inzest verdeutlicht eine tiefsitzende Feindseligkeit gegenüber Frauen – allen Frauen –, aber die Mädchen innerhalb der Familie werden zum Opfer, weil von ihnen am wenigsten Vergeltung zu befürchten ist: das »Recht mit untergeordneten Frauen sexuelle Beziehungen aufzunehmen ist... ein eifersüchtig gewahrtes männliches Vorrecht, das durch die ausdrückliche und stillschweigende Zustimmung aller Männer garantiert wird«(56). Inzest kann also als vollkommenster Ausdruck von Misogynie betrachtet werden.[21]

Die von Herman beschriebenen Inzestopfer sehnten sich nach mütterlichem Beistand (88). Als Erwachsene »mangelte ihnen jegliches innere Bild einer angemessen-befriedigenden Mutter, sie konnten sich nur entweder die Idealmutter, die sie selbst sich gewünscht hätten, vorstellen oder die gleichgültige Mutter ihrer Kindheit«(107) – Züge, die wir bei der näheren Beschäftigung mit Virginia Woolfs Reaktionen auf ihre Erlebnisse bis ins kleinste wiederfinden werden.

Inzestopfer empfinden als Erwachsene für ihre Väter und deren Unzulänglichkeiten weit mehr Mitleid als für die ihrer Mütter oder ihre eigenen (82). Eine der erschreckendsten Folgen ist das immer wiederkehrende Gefühl, beherrscht und überwältigt zu werden, das Ichgefühl und die eigene Identität zu verlieren: viele sind »besessen von der Angst, hinter ihrer Fassade verberge sich eine verachtenswerte Person, die einmal zum Vorschein kommen und die Oberhand gewinnen könne«(120). Ihren Ehepartnern räumen sie häufig ungeheure Macht über sich ein (100) – einige sind der Meinung »es sei nur natürlich, von dem Mann, den sie lieben, vollkommen beherrscht zu werden«(103). Vieles in Virginia Woolfs Erwachsenenleben wird im Licht dieser Erkenntnisse verständlich: Kritiker bezeichnen den ›Ich-Verlust‹ als eines der geläufigen Motive in ihrem literarischen Werk, andere, wie etwa Roger Poole, beschreiben das despotische Wesen von Virginias Mann Leonard Woolf und seine Art, ihr Leben zu regeln, von den Schlafenszeiten bis zu ihren gesellschaftlichen Kontakten.

Inzestopfer zeigen häufig eine beeindruckende Stärke; allerdings genießen sie kaum je »die Früchte ihrer harten Arbeit oder gewinnen besondere Befriedigung aus ihren Leistungen oder ihrer Kraft«(107). Vielmehr zwingen sie sich zu immer größeren Leistungen. Hatte Virginia Woolf einen Roman fertiggestellt, konnte sie sich darüber nur selten freuen. Manchmal war sie sich ihrer schriftstellerischen Kraft bewußt, aber viel häufiger brachten ihre eigenen Worte sie zur Verzweiflung. Erst in jüngster Zeit hat man erkannt, bis zu welchem Grad sexueller Mißbrauch in der Kindheit die Lebensqualität des Opfers beeinträchtigt: er ist die Ursache für lebenslanges oder periodisch auftretendes überwältigendes Leid, Beklommenheit, selbstzerstörerisches und selbstverachtendes Verhalten, negative Gefühle gegenüber dem eigenen Körper, Gefühlskälte, Leere und Gleichgültigkeit.

»Ein weit verbreiteter Schutzmechanismus« ist Verdrängung,

hauptsächlich bei den Opfern traumatischer Mißbrauchserfahrungen während der Kindheit (34). Die Erinnerung daran kann bruchstückhaft irgendwann einmal im späteren Leben zurückkommen. Dies erklärt, warum Virginia Woolf, soweit man das weiß, ihren Mißbrauch durch Gerald Duckworth erst ganz spät in ihrem Leben beschrieb, auch wenn einiges darauf verweist, daß sie sich schon früher dunkel an das, was passiert war, erinnerte.

Es kommt vor, daß Inzestopfer übervorsichtig werden oder krankhaft ängstlich; daß sie sich von der Außenwelt zurückziehen; daß sie geisteskrank werden (12), Alpträume oder schwere Schlafstörungen haben (140), an unerklärlichen Kopfschmerzen leiden; daß sie manchmal das Gefühl haben zu ersticken, zu ertrinken oder erwürgt zu werden; daß sie zu viel essen und alles wieder erbrechen, daß sie zu wenig essen; daß sie sich übertrieben kokett geben; daß sie als Jugendliche von zu Hause fortlaufen (12), daß sie sich prostituieren. Frauen, die als Kind mißbraucht wurden, werden wahrscheinlich weniger als andere Frauen in der Lage sein, ihre Töchter vor inzestuösen Übergriffen bewahren zu können (12). Sie haben oft allgemeine und nicht immer erklärbare Gefühle von Angst, Beklemmung und Mißtrauen. Und alle zeigen sie Symptome einer Depression (12, 139).

In den schwersten Fällen (und Virginia Woolf gehörte zu ihnen) neigen diese Frauen dazu, sich selbst zu verunstalten, ihren Körper schwer zu schädigen, sich in Beziehungen einzulassen, in denen sie immer wieder physisch oder sexuell mißhandelt und auch vergewaltigt werden, oder Selbstmordversuche zu unternehmen und freiwillig aus dem Leben zu scheiden. Therapeuten berichten, wie schwierig, wenn nicht ganz unmöglich, es ist, Inzestopfer in Gruppensitzungen dazu zu bringen, aggressive Reaktionen zu zeigen – »was auch immer geschah, sie haben es passiv ertragen«.[22]

Inzest zwingt das Opfer zur Aufgabe des eigenen Selbstwertgefühls und des Glaubens daran, daß es so etwas wie Sicherheit und Geborgenheit gibt und daß die Welt erklärbar und begreifbar ist. Als Kind mißbraucht worden zu sein, von jemandem, der Geborgenheit und Schutz hätte geben sollen, heißt, als zum Mißbrauch geeignet erkannt worden zu sein. Florence Rush stellt fest, daß ein heranwachsendes Kind sein Selbstwertgefühl und Vertrauen »aus der Wertschätzung der Erwachsenen erhält, denen es vertraut und von denen es abhängt« – wenn dieses Vertrauen durch inzestuösen Mißbrauch verletzt wird, kann es praktisch keine positive Identität mehr entwickeln. Das Selbstwertgefühl von Inzestopfern wird so sehr geschädigt, daß sie nicht wissen, wie sie für sich selbst so etwas wie »liebevollen Selbstschutz« entwickeln können.[23] Man hat ihnen ja immer wieder bewiesen, daß sie Schutz gar nicht verdienen. Judith Herman hält Inzest »für Frauen für ebenso schlimm wie eine Verstümmelung der Genitalien oder eine Verkrüppelung der Füße«.[24]

Die negativen Folgen sind lang anhaltend und ernsthaft, auch wenn sie manchmal viele Jahre nicht in Erscheinung treten oder das Opfer noch nicht einmal in einer Therapie in der Lage ist, einen Zusammenhang zwischen seinen Leiden und der Tatsache, daß es mißbraucht wurde, zu sehen. In vielen Fällen sprechen die Opfer nicht über den Mißbrauch, und die Therapeuten schließen nicht von den Symptomen auf eine solche Möglichkeit. Virginia Woolf wußte zwar, daß sie Störungen davongetragen hatte, aber wie viele andere Inzestopfer hatte auch sie keine Ahnung davon, daß viele Symptome der bei ihr vermuteten Krankheiten Ausdruck des erlittenen Traumas waren.

Viele der Frauen, an denen Inzest begangen wurde, berichten von Reaktionen, Gefühlen, Bildern und Träumen, die sich mit denen von Virginia Woolf decken. Eine Frau erzählt, daß sie sich erst als Erwachsene wieder an den Mißbrauch erinnern konnte, als »eine Flut von Bildern, ein Aufblitzen einzelner unzusammenhängender und verwirrender Szenen« über sie hereinbrach. Sie macht sich klar, daß die Erinnerungen genau deshalb in dieser Form auftauchten, weil sie während des Mißbrauchs geschlafen hatte oder im Halbschlaf gewesen war. Wie Virginia Woolf hatte auch sie Angst davor, zu Bett zu gehen.[25] Inzestopfer sprechen auch von einer Blockierung ihrer Gefühle, weil sie sich gegen Gefühle panzern mußten, um ertragen zu können, daß man sie mißbraucht hatte.

Viele Opfer versuchen, dem Mißbrauch ein Ende zu setzen. Da es ihnen nicht gelingt, entwickeln sie ein Gefühl äußerster Ohnmacht. Sie fühlen sich auch von den anderen Familienmitgliedern verraten und sind wütend auf sie, doch können diese Gefühle oftmals nicht zum Ausdruck gebracht werden; manche erzählen, daß sie geglaubt hätten, wenn sie sich jemandem mitteilten, seien sie verantwortlich dafür, falls die Familie auseinanderbräche. Auch wenn niemand sie in Schutz genommen hatte, mußten sie ihre Familie beschützen, was oft heißt, daß sie mit ihren Gefühlen, ihren Schreckvorstellungen und Ängsten ganz alleine dastanden.

Wie Virginia Woolf, die sich beschmutzt gefühlt hatte, schildern auch andere Opfer das Gefühl, »schmutzig«, »befleckt« und »schuldig«(106) zu sein. Eine Frau bezeichnet die Welt als einen entsetzlich unsicheren Ort: »die ganze Erde ist von Rissen überzogen – es gibt viel mehr, als nur die großen Risse«(118). Virginia Woolf benutzt ein vergleichbares Bild: die Oberfläche der Erde verdeckt ein unterirdisches Netz von tödlichen Adern mit hochgiftiger Substanz, die jederzeit und ohne Vorwarnung in den Boden sickern und alles zerstören kann. Ein anderes Opfer spricht von einem Alptraum, in dem es nichts gibt als »ein Paar sich unaufhörlich bewegender Hände und ein unidentifizierbares Gesicht«(162). Virginia Woolf beschreibt einen »bösartigen, zu keinem Körper gehörenden, rauh behaarten Arm, der seine Opfer mißhandelt«.[26]

Daß Virginia Woolf die Überarbeitung ihrer Texte so große Qualen bereitete, war Gegenstand vieler kritischer Betrachtungen. Das Gefühl, sich der Ergebnisse seiner Arbeit schämen zu müssen, wird von vielen Erwachsenen, die in ihrer Kindheit mißbraucht wurden, bezeugt. Andere erzählen von ihren scheinbar grundlosen »Wutanfällen« und von ständiger Niedergeschlagenheit. Wieder andere können, wie Virginia Woolf, sich nicht »im Spiegel ansehen, ohne die Augen niederzuschlagen«[27] – Virginia nannte das ihre »Spiegelscham«, die zweifellos damit zu tun hatte, daß sie sich wegen des Inzests schämte.[28] Eine Frau spricht von dem häufig auftretenden Gefühl, einen Knebel im Mund zu haben[29] – vermutlich eine Folge davon, daß sie zu oralem Sex gezwungen worden war –, das sie hinderte zu essen; von Leonard Woolf wissen wir, wie fürchterlich lange Virginia beim Essen oft brauchte.

Die Vorfälle und Erfahrungen, denen Virginia Woolf in ihrer Familie ausgesetzt war, haben mit Sicherheit ein Trauma hinterlassen. Was sie über Krankheit, Orientierungslosigkeit und das Gefühl der eigenen Wertlosigkeit sagt, deckt sich mit den Aussagen anderer Inzestopfer; auch ihr Selbstmord muß in diesem Zusammenhang gesehen werden. Doch ist ihre Geschichte, wie die vieler anderer Frauen, auch eine Geschichte der Selbstbehauptung. Obwohl sie litt, konnte sie Freude und Glück bewußt erleben – eine ungeheure Leistung.

Virginia Woolf hat über ihren Mißbrauch geschrieben, weil sie verstehen wollte, warum er geschehen ist und wie er sie geprägt hat. Sie schrieb über ihn in ihren literarischen Werken und ihren Essays ebenso wie in ihren Erinnerungen und ihren Briefen. Sie tat dies lange bevor es die heute bestehenden Gruppen gab, die Inzestopfer ermutigen, sich innerhalb des von ihnen gebotenen Schutzraums auszusprechen. Virginia Woolf hatte den Mut zum Alleingang. Ihr Schreiben war ihre Art von Lebensversicherung, ihr Überlebensfahrplan, auch wenn es sie oft peinigte.

In ihrem Nachlaß befinden sich Tagebücher, Erinnerungen, Briefe, Notizbücher und Entwürfe, die Aufschluß geben über ihr Kindheitstrauma und über ihre Art, wie sie damit umging, wie sie darauf reagierte und wie sie es sah. Besondere Bedeutung kommt dabei ihren frühen Tagebüchern zu, eines davon aus dem Jahr 1897, das sie als Heranwachsende führte, und andere, die bis ins Jahr 1909, nachdem sie mit der Arbeit an ihrem ersten Roman begonnen hatte, gehen.[30] Wichtig sind auch die Erzählungen, die sie in ihrer Kindheit und Jugend schrieb. In ihnen spiegelt sich der durch die sexuellen Übergriffe hervorgerufene traumatische Effekt. Darüberhinaus hinterließ sie ihre veröffentlichten Werke und die Entwürfe ihrer Romane, die zeigen, wie sie ihr Kindheitstrauma künstlerisch umsetzte und auf direkte Art und Weise die Mißhandlung von Kindern in ihren Familien darstellte.

In jedem ihrer Romane gibt es ein gefährdetes Kind, das verstoßen wird, mißachtet, mißbraucht oder verraten. Natürlich erleben diese Kinder auch Nähe und Glück, aber das sind vergleichsweise wenige und kurze Momente, so als wollte Virginia Woolf unterstreichen, wie selten dies in der Kindheit der Fall ist. Weil diese außergewöhnlichen Porträts von traumatisierten Kindern in Romane mit vielen anderen Personen eingearbeitet sind, werden sie und die dazugehörigen Geschichten von den Lesern, die sich auf die erwachsenen Protagonisten konzentrieren, oft nicht wahrgenommen oder übergangen, wie ja auch mißbrauchte Kinder oft übersehen, ignoriert oder ihrem eigenen Schicksal überlassen werden.

Manchmal treten diese Kinder nur ganz kurz in Erscheinung – wie das Baby im Kinderwagen in *Mrs. Dalloway*, dessen Kindermädchen auf der Bank neben Peter Walsh sitzt, oder wie die Kinder von Daisy, der Geliebten von Peter Walsh, die sie verlieren wird, wenn sie sich von ihrem Mann scheiden läßt, um Walsh zu heiraten. Manchmal wird ihre Entwicklung aber auch über einen ganzen Roman hin verfolgt, wie bei Jacob in *Jacobs Raum* oder bei Rose in *Die Jahre*. Sie sitzen um den Teetisch herum und bevölkern die Salons und Kinderzimmer der Familien dieses privilegierteren Teils der englischen Gesellschaft, zu dem auch Virginia Woolfs Familie gehörte. Mitunter tauchen sie in der Bibliothek auf. Aber sie spielen auch in den Straßen der weniger vornehmen Londoner Viertel und sie laufen in die Pubs, um ihre Eltern nach Hause zu holen. Alles in allem stellen diese Woolfschen Kinderporträts eine der eindrucksvollsten und bemerkenswertesten Sammlungen über Kinder und ihre Erfahrungen als »Gefangene der Kindheit«,[31] die es in der Weltliteratur gibt, dar.

Ihre Romane verdeutlichen Virginia Woolfs Überzeugung, daß Persönlichkeit und Charakter eines Menschen ein Produkt der individuellen Geschichte sind, und daß diese individuelle Geschichte begriffen werden muß als ein Produkt von Geschlecht, Klassenzugehörigkeit, sozialen Bewegungen und politischer Geschichte. In *Drei Guineen* schreibt sie: »die Psychologie weist uns darauf hin, daß der Lauf der Geschichte nicht ohne Wirkung auf Geist und Körper bleibt«.[32] Damit antizipiert sie Erkenntnisse aus der Entwicklungspsychologie, etwa Arbeiten von Alice Miller, in denen von einer Interdependenz von Erziehungsmethoden, Nationalcharakter und geschichtlichen Ereignissen ausgegangen wird.[33] Über ihre Erinnerungen meinte Virginia Woolf etwas geringschätzig, es handle sich dabei um Erinnerungen, »die immer nur privater Natur sind und vornehmlich Verführungen durch Halbbrüder« darstellen.[34] Doch ist die Tatsache, daß sie so privat sind und von ihrem Kindheitstrauma handeln, gerade wichtig. Sie zeigen nämlich den Versuch, eine neue Art der Geschichtsschreibung durchzusetzen, in der die Geschichte von Frauen und die Geschichte des Individuums Raum erhält, und damit die Tatsache, daß es im Leben von so vielen Mädchen und Frauen immer etwas gab, das verborgen blieb – etwas, »was totgeschwiegen wurde, oder, was auf dasselbe hinauslief, durch Floskeln und Schnörkel verdeckt wurde«.[35] Sie hat diese Zielsetzung zeit ihres Lebens nicht aus den Augen verloren.

Sie war überzeugt davon, daß es möglich ist, Vorkommnisse genau und richtig im Gedächtnis zu bewahren, und sie wußte, daß über Erinnerungen zu sprechen und Geschehnisse aus der Kindheit aufzuschreiben ein radikales Engagement im Sinne der individuellen Geschichte ist, das eine Neuinterpretation der Sozialgeschichte nach sich ziehen muß. Erinnerungen stellten für sie insofern eine radikale Form von Geschichte dar, als sie Schmerz, Trauer, Leid, Erniedrigung, Trauma und sexuelle Gewalt enthalten, die manchmal gerade von den Leuten verursacht werden, die historisch als Helden gelten. Sie hatte sich vorgenommen, aus dem Blickwinkel der Opfer, der Außenseiter eine neue Art von Geschichtsschreibung zu etablieren.

Virginia Woolf war sich bewußt, daß die männliche Geschichtsschreibung die Geschichte der Frauen häufig vergißt oder falsch darstellt. Gegen Ende ihres Lebens verwandte sie einen Großteil ihrer schriftstellerischen Kraft darauf, die alltägliche Erfahrung sexueller Belästigung im Leben von Frauen zu beschreiben. Es ging ihr darum, von der selbst erlebten Ausbeutung zu sprechen, aber gleichzeitig ging es ihr auch darum zu erzählen, daß auch die anderen jungen Frauen ihrer Familie, ihre Schwester Vanessa und ihre Halbschwester Stella Duckworth, dies erlebt hatten.

Sie hat großen Mut bewiesen, als sie über ihre Inzesterlebnisse sprach und schrieb, und über die sexuelle Gewalt, die die Heldinnen ihrer Romane und die historischen Figuren ihrer Biographien erdulden mußten. Heute wissen wir, daß Inzestopfer, die ihr Schweigen brechen, sich großer Gefahr aussetzen.[36]

Aber wie sie selbst es kurz vor ihrem Tod formulierte: »Nur wenn wir zwei und zwei zusammenfügen... zwei Bleistiftstriche, zwei geschriebene Worte, überwinden wir die Zersetzung und errichten ein Bollwerk gegen das Vergessen.«[37]... Virginia Woolf war ihr Leben lang bemüht, jene Worte zusammenzufügen, mit deren Hilfe sie das Gefühl der Zersetzung überwinden und ihr persönliches Bollwerk gegen das Vergessen errichten konnte. Und glücklicherweise können wir diese Worte lesen.

Erster Teil

Ein Familien-Modell

1. Kapitel

Laura, »die Dame vom See«

Die Stephen-Familie gilt fast überall als Musterbeispiel einer lebensfrohen und intakten viktorianischen Familie. Man spricht von ihrer Lebendigkeit, der liebevollen Zuwendung den Kindern gegenüber, dem sicheren ökonomischen und emotionalen Rahmen. Julia Stephen war eine Mutter wie ein Engel, Leslie Stephen ein viktorianischer Patriarch, zwar etwas schwierig im Zusammenleben, aber trotzdem liebenswert, ein treusorgender Vater, der schützend die Hand über sein lebhaftes Haus voller munterer, behüteter Kinder hielt.[1] Die Tatsache, daß Virginia Woolf in ihrer Kindheit von Gerald Duckworth sexuell mißbraucht wurde, wird – und zwar auch von denen, die es überhaupt glauben und ernstnehmen – für eine Ausnahmeerscheinung in diesem ansonsten wohlgeordneten viktorianischen Hauswesen gehalten.[2] Und es besteht auch ein allgemeiner Konsens darüber, daß Virginia Woolfs Kinderparadies zerstört und total umgekrempelt wurde, als 1895 ihre Mutter Julia Stephen starb und, zwei Jahre später, 1897, ihre Halbschwester und Ersatzmutter Stella Duckworth. Virginia war da 13, bzw. 15 Jahre alt.[3]

In Wirklichkeit war die Stephen-Familie bereits vor Virginia Woolfs Geburt, zu der Zeit als ihre Mutter starb, und auch in der Folgezeit fast ständig von Krisen geschüttelt und gebeutelt, und das wirkte sich auf das physische und psychische Wohlbefinden sämtlicher Kinder außerordentlich negativ aus. In ihren Lebenserinnerungen schreibt Virginia Woolf, es habe nichts gegeben, was lange stabil geblieben sei,[4] und die Kinder hätten in einem »Zustand aufregenden Wachstums«[5] gelebt. Doch gab es natürlich auch Phasen besonderer Lebensfreude – hauptsächlich während der Sommermonate, die die Familie in St. Ives verbrachte. Virginia Woolf beschreibt sie mit liebevoller Ausführlichkeit,[6] aber, berücksichtigt man, daß sie in St. Ives zum ersten Mal sexuell belästigt worden ist,[7] muß man sich fragen, wie paradiesisch es dort tatsächlich gewesen sein mag.

Virginia Woolf sagt von ihrer Familie, sie sei »wie ein quietschender, klappriger alter Karren, der dennoch voller frischer junger Geschöpfe war«, und »mühsam ihre Straße« entlangzog.[8] Ich will in diesem und den drei folgenden Kapiteln das Leben der Stephen-Mädchen Laura, Stella, Vanessa und Virginia, das sie in diesem »erbärmlich verrosteten«, »quietschenden alten Karren«, der Stephen-Familie, führten, unter die Lupe nehmen. Dann gehe ich ein auf das von Virginia Woolf zwar erfundene, nichtsdestoweniger äußerst aufschlußreiche Porträt des Familienlebens, das sie als Zehnjährige geschrieben hat, und schließlch analysiere ich die Kinder und Jugendlichen in ihren späteren Werken.

Was Virginia Woolf als Kind erlebt hat, kann nicht losgelöst von dem, was die anderen Mädchen der Familie erlebt haben, betrachtet werden. Denn was mit Laura, Stella und Vanessa geschah, hing mit einem Familienmodell und einem historischen Modell zusammen – der Behandlung von Töchtern innerhalb einer viktorianischen Mittelstandsfamilie.[9] Und das Schicksal ihrer Schwester und Halbschwestern wirkte sich entscheidend auf Virginia Woolfs Kindheit aus. An allen Vieren wird jene Domestizierung des Geistes überdeutlich, die im Mittelpunkt der viktorianischen Töchtererziehung stand. Bei Laura, Stella und Vanessa war dieser Versuch in unterschiedlichem Maße von Erfolg gekrönt. Ihre Familien-Spitznamen verweisen überdeutlich auf die Behandlung, die man ihnen angedeihen ließ: Laura, »die Dame vom See«, isoliert und wie eine Gefangene gehalten, verbannt, unsichtbar; Stella, »die Kuh«, das Urbild der Ernährerin, eine geistlose, unbezahlte Küchenmagd; Vanessa, »die Heilige«, angeblich erhaben über jedes erfahrene Leid und so tatsächlich in der Lage, darüber hinwegzukommen. (Virginia hieß »die Ziege«.)[10]

Nach ihrer Heirat mit Leslie Stephen brachte Julia innerhalb von fünf Jahren vier Kinder zur Welt. 1879, während sie mit Vanessa schwanger war, hatte sie fünf Kinder zu versorgen. Vanessas Geburt war ganz besonders schwierig. Bis Julia dann mit Virginia niederkam, fühlte sie schon die Auswirkungen chronischer Erschöpfung und Überlastung – ein Zustand, der sie bis zu ihrem Tod im Jahre 1895 begleitete. Da war sie 48 Jahre alt.[11]

Selbst wer nur einen flüchtigen Blick auf Julia Stephens Leben wirft, wird gewahr, wie sehr Coventry Patmores Bild der viktorianischen Frau als ›Engel des Hauses‹ die Wirklichkeit entstellt. Zu behaupten, daß die Frau im Haus ein Engel sei, läßt völlig außer acht, daß Organisation und Führung eines Haushalts – im Stephenschen Fall waren es um elf Personen – extrem harte Arbeit bedeutete, auch wenn man Dienstboten hatte.[12]

Welche Behandlung Julia den einzelnen Kindern angedeihen ließ, muß im Rahmen ihrer gesamten familiären Verpflichtungen betrachtet werden. Zu ihrer Zeit hatten die Frauen eben Engel zu sein, denen man beim Einsatz für Haushalt und Familie grenzenlose Kraft unterstellte. Männer betätigten sich in bezug auf die Kinder – wenn überhaupt – relativ wenig. Es gab also für Julia nichts, an dem sie sich orientieren konnte, um ihre eigenen Grenzen abzustecken.

Von daher läßt sich gut verstehen, daß viktorianische Mütter bei der Erziehung ihrer Kinder so besonderen Wert auf Kontrolle legten[13] und daß sie ihre Töchter so früh zur Mithilfe bei der Hausarbeit heranzogen und sie – sogar in einer Familie wie der Stephenschen – davon abhielten, eigene Interessen und Fähigkeiten zu entwickeln.[14] Es leuchtet auch ein, daß Kinder, die sich der Kontrolle entzogen, außerordentlich gefährdet waren.[15] Laura Stephen war so ein Kind.

Zur Zeit von Virginias Geburt herrschte Krieg zwischen Leslie, Julia und Laura:[16] Weil Leslie und Julia nicht zufrieden waren mit Lauras Lesekünsten, hatten sie beschlossen, sie zum Lesen zu zwingen. In einem Brief vom 4. Februar 1882, keine zwei Wochen nach Virginias Geburt, schrieb Leslie an Julia, er halte Lauras Verweigerung für Provokation, für eine Herausforderung seiner männlichen Autorität als Familienoberhaupt. Laut Martine Stemerick glaubte

Leslie, es sei seine »heiligste Pflicht, nach den Glaubensgrundsätzen, in denen er aufgewachsen war, für ›ein gesundes moralisches Klima‹ in seinem Haus zu sorgen.« Lauras Benehmen war seiner Meinung nach unartig und schlecht, also fühlte Leslie sich moralisch verpflichtet, sie zu strafen.[17]

Dieser Kampf mit Laura beschäftigte ihn dermaßen, daß er die Geburt seiner Tochter Virginia kaum erwähnte. Indizien sprechen dafür, daß Virginia unter den Folgen dieses Kampfes zu leiden hatte. Sie wurde z. B. nur zehn Wochen lang gestillt, obwohl Julia dann Virginias jüngeren Bruder Adrian ein halbes Jahr lang stillte. Virginia wurde mit der Flasche gefüttert, weil, wie es heißt, Julia dadurch, daß sie so viel Zeit für Laura brauchte, überlastet war.[18]

Als Kind aus Leslies erster Ehe hatte Laura schlechte Karten. Zwar hatte Julia, indem sie Leslie heiratete, sich auch verpflichtet, für Laura zu sorgen, aber in den Mittel- und Oberschichtfamilien des viktorianischen England war es nicht unüblich, die Kinder aus ersten Ehen viel härter anzufassen als die Kinder der neuen Verbindung. Häufig steckte man sie in Internate und ließ sie weit fort von der Familie durch Gouvernanten und Dienstboten aufziehen.[19]

In der Zeit nach Virginias Geburt war Leslie viel auf Reisen. Seine Briefe an Julia sind voller Klagen über Laura. Ständig erkundigt er sich nach ihr und entwirft Strategien, wie sie zu bändigen und zu zähmen sei. Für Leslie war dieser Kampf mit Laura eine Schlacht. Zeitweise war er davon überzeugt, Laura ›geschlagen‹ zu haben,[20] fragte sich aber immer wieder, ob sie jemals wirklich zu Kreuze kriechen würde. Eine der Strafen, die Julia anwendete, war, Laura zu isolieren und sie ins Bett zu stecken,[21] doch Leslie hielt das für zu wenig streng.

Die beiden gingen also dazu über, Laura mit stärkeren Methoden zu traktieren, um sie gefügig zu machen. Julia war zuerst darauf verfallen, und Leslie, der sich anfangs nicht wohl dabei fühlte, willigte ein. Jedes Mittel wurde recht, um Laura zur Raison zu bringen.[22]

Wahrscheinlich hat Leslie auch körperliche Gewalt gebraucht.

Er erklärte Julia, man solle am besten solche Strafen einsetzen, die man verschärfen oder wiederholen könne.[23] Als Julia ihm von Lauras eigensinnigen Reaktionen berichtet, antwortet er, er wäre gerne zu Hause, um das kleine Biest richtig zu schütteln.[24] Manchmal hat Leslie zwar auch Schuldgefühle, doch üblicherweise macht er Laura selbst für alles verantwortlich; er schreibt, wenn er nur daran denke, welche Behandlungsmethoden Laura ihm abfordere, sei er schon entsetzt.[25]

Fast ein Jahr nach Virginias Geburt ist diese Schlacht immer noch im Gange. Einmal, als Laura beim Lesen nicht steckenbleibt, stellt Leslie das als Sieg dar. Da denkt er kurz, er sei zu Unrecht aus der Haut gefahren, aber es dauert nicht lang, da kündet ein anderer Brief von neuerlichem Krieg und davon, daß Laura wieder bestraft werden müsse.[26]

Ein neues und fürchterliches Stadium dieses Kampfes ist erreicht, als Leslie anfängt, darauf zu bestehen, daß Laura auf seine Strafen nicht mit Jammern und Weinen oder mit Wutanfällen zu reagieren habe: er will Laura jetzt auch für ihre Reaktionen auf die Strafen bestrafen. Er verlangt von ihr, sie solle ihre Strafe stillschweigend hinnehmen, weil er sie nicht weinen hören kann.[27] Aber Laura spricht auf diese Versuche, sie kleinzukriegen, nicht an. Im November 1882 erwähnt Leslie Lauras »schreckliche Ausbrüche«, ihr »Geheul« – und wie sehr ihn ihre Reaktionen in Rage brächten.[28]

Julia und Leslie lösen das Problem letztlich dadurch, daß sie Laura in einen abgelegenen Teil des Hauses, weit fort vom Rest der Familie, verbannen, wo Laura die Jahre von Virginia Woolfs Kindheit verbringt; noch als Virginia sieben oder acht Jahre alt ist und Laura neunzehn oder zwanzig, ist Laura eingesperrt.[29] Für die Familie hat sie aufgehört zu existieren. Solange sie jedoch da ist, ist sie für Leslie Stephen »ein Quelle der Irritation«.[30] Statt zu erkennen, daß die Art, wie er sie behandelt, einer Folterung gleichkommt, schreibt er an Julia, Laura foltere ihn.[31]

Anfang der achtziger Jahre des 19. Jahrhunderts hatte Julia eine

Reihe Kindergeschichten geschrieben. Besonders interessant und im Hinblick auf Lauras Geschichte aufschlußreich ist dabei eine, die »Die geheimnisvolle Stimme« heißt und davon handelt, wie brave Kinder sich zu Strafen stellen sollen.[32] Jemmy Stone, ein kleiner Junge, beschließt, nicht mehr brav sein zu wollen, weil ihm das Bösesein solchen Spaß macht. Obwohl seine Mutter ihm erklärt, daß brave Kinder auch immer glückliche Kinder seien, fühlt er sich jedesmal todunglücklich, wenn er sich anständig und gesittet benommen hat. Aber »wenn ich rein und raus renne und die Türen so fest zuschlage, daß die Porzellanteller an der Wand wackeln und herunterfallen,... dann bin ich so richtig in meinem Element. Am besten also, man ist frech.«[33] Jemmy Stone hört eine Stimme, die ihn fragt, ob er wirklich immer ungezogen sein wolle, und er entgegnet, das einzige, was ihn davon abhielte, sei, daß er immer bestraft würde. Da fragt die Stimme, ob er sich denn, wenn es keine Strafen gäbe, entschließen könne, immer frech zu sein, und verspricht ihm, daß er, was er auch anstelle, niemals dafür bestraft würde.

Jemmy schließt also einen Pakt mit der geheimnisvollen Stimme und entwickelt sich zum Bösewicht. Er brennt Löcher in seine Stiefel, weigert sich, im Kinderzimmer zu frühstücken, bewirft die Katze mit Steinen und tauscht einen Samtanzug gegen ein kleines Äffchen ein, das den ganzen Haushalt auf den Kopf stellt. Mit dem Äffchen versucht er, der Kinderfrau, die sich vor Tieren fürchtet, Angst einzujagen. Er wickelt es ein und versteckt es in ihrem Zimmer. Das Äffchen erstickt dabei. Jem will aber nichts davon wissen, daß es seine Pflicht gewesen wäre, auf das Äffchen zu achten, denn, sagt er, es habe ihm ja gehört und deswegen habe er auch alles mit ihm machen können.

Nach einiger Zeit aber langweilt Jem das alles – hauptsächlich deshalb, weil man ihn ignoriert, während seine Geschwister, die brav sind, Beachtung finden. Da heult er los: »Ach, wenn ich doch nur brav sein könnte... Ungezogen sein ist gar nicht so witzig« (102). Die geheimnisvolle Stimme erklärt Jem, daß es schwierig, wenn nicht überhaupt unmöglich sein wird für ihn, sein freches Verhalten wieder abzulegen. Aber: »wenn du dir große Mühe gibst, wirst du vielleicht wieder bestraft« (103).

Jem bittet seine Tante, ihn zu bestrafen, und sie antwortet, das würde sie mit größtem Vergnügen tun (105). Und, kaum hat Jem seine Strafe bekommen, fühlt er sich viel besser. »In den Blicken von Vater und Mutter liegt jetzt viel mehr Zärtlichkeit« als er seit dem »so lange zurückliegenden Abend, an dem er beschloß, unartig zu sein, wenn er dafür nicht bestraft würde«, gespürt hat. (106)

Was Julia mit dieser Geschichte sagen wollte, ist deutlich – weit mehr, als daß Bravsein belohnt und Bösesein bestraft wird. In dieser Geschichte ist ein Kind ja erst dann wirklich brav, wenn es, nachdem es unartig war, bestraft werden will, bzw. wenn es um diese Strafe sogar bittet. Jemmy, der sich nicht bestrafen lassen will, wird von der Familie behandelt, als existiere er nicht. Einmal, als er ganz böse ist, wird er von einem Verwandten, der wissen will, wer denn dieser kleine Junge sei, nicht einmal erkannt (103).

Wer sich nicht für schlechtes Benehmen bestrafen lassen will, wird nicht einmal als ein menschliches Wesen wiedererkannt: Jems Mutter schaut, »nicht als sei sie verärgert, sondern als würde sie ihn überhaupt nicht wahrnehmen« (93). Julia, so vermute ich, konnte genauso wie Mrs. Stone in »Die geheimnisvolle Stimme« zu Stein werden in Gegenwart eines Kindes, das ihr Mißfallen erregte hatte.

Die Geschichte spiegelt exakt Lauras Geschick wider: Laura war so ein aufsässiges Kind, das sich nicht über Strafe freuen mochte, sondern das so tat, als sei Strafe unberechtigt. Genau wie Jemmy Stone wurde Laura von den Stephens als nicht existent, als Unperson, behandelt. Wie Julia und Leslie den anderen Kindern wohl erklärt haben, was mit Laura passierte – vorausgesetzt sie haben überhaupt den Versuch unternommen, etwas zu erklären?

1887 schickte man die siebzehnjährige Laura aufs Land, wo sie weit weg von ihrer Familie leben sollte. Virginia war zu diesem Zeitpunkt fünf Jahre alt. 1891, mit einundzwanzig Jahren, wurde Laura in eine Anstalt in York gebracht.[34] Nach Julias Tod übertrug Leslie Stella die Verantwortung für sie, und nach Stellas Tod machte er seine Nichte Kate Stephen zu ihrem Vormund.[35] Er selbst fühlte sich dieser Belastung nicht mehr gewachsen.

Aber als Laura noch im Londoner Haus der Familie am Hyde Park Gate lebte, konnte es Leslie »kaum über sich bringen, sie zu sehen, geschweige denn Zuneigung zu zeigen.« Einmal kam es zu einer rührenden Szene, als Lauras Tante Anny (Leslies Schwägerin), die im Umgang mit Laura immer recht liebevoll war, sie besuchte: »das Kind rannte lachend und strahlend auf sie zu, um die einzige Erwachsene, die ihr jemals Liebe gezeigt hatte, zu umarmen«.[36]

Leslie spricht von einer Geschichte, die er Florence Maitland, eine Freundin der Familie, den Kindern erzählen ließ als Virginia fünf Jahre alt war, zu dem Zeitpunkt also, als Laura endgültig entfernt werden sollte: er schreibt, die Kinder hätten sich wohlgefühlt und es sei »sehr komisch« gewesen, ihre Reaktion auf Florences »Gruselgeschichte von den 2 Jungen, die langsam in Stücke gehackt wurden«, zu beobachten.[37] Böse Mädchen schickte man fort; böse Jungen zerhackte man. Was Laura widerfuhr, war ein Beispiel dafür, wie man mit Kindern, die sich nicht fügen wollten, umgehen würde. Die Geschichten über das, was mit solchen Kindern, passierte, waren keine Märchen: sie erzählten, was geschehen konnte, bzw. was tatsächlich geschah.

Im Jahre 1882 und in den darauffolgenden Jahren benutzt Leslie Stephen zur Beschreibung von Lauras Verhalten ganz andere Begriffe als in seinen 1895, nach Julias Tod, abgefaßten Erinnerungen. In den neueren Biographien über Virginia Woolf taucht noch eine dritte Variante auf.

1882 und kurz danach nennt Leslie Laura im allgemeinen ›pervers‹. Aber in seinen Erinnerungen, ungefähr dreizehn Jahre später, spricht er davon, daß Laura an einer angeborenen Geisteskrankheit gelitten habe – eine recht erstaunliche Neuakzentuierung. In neueren Biographien über Virginia Woolf wird Laura als schwachsinnig oder psychotisch bezeichnet,[38] auch wenn Leslie selbst diese Ausdrücke nie gebraucht hat.

Meiner Meinung nach hat Leslie seine Terminologie in bezug auf Laura nicht deshalb verändert, weil er inzwischen zu der Einsicht gelangt wäre, sie sei tatsächlich von Geburt an geistig gestört gewesen, sondern weil er so die Möglichkeit hatte, sein eigenes grausames Verhalten besser zu begründen. Ein Mädchen in einem Haus und später in einer Anstalt einzusperren, weil sie ›verrückt‹ oder ›psychotisch‹ ist, ist bedauerlich, aber diese Behandlung als grausame und ungewöhnliche Bestrafung einzusetzen, weil das Mädchen nicht pariert, könnte für kriminell gehalten werden. Das Englische Parlament hatte im Jahre 1889 ein Gesetz verabschiedet, das Kinder vor Grausamkeit schützen sollte – zum Zeitpunkt, als Laura so bestraft wurde, war es noch nicht in Kraft gewesen, aber als Leslie an seinen Erinnerungen schrieb, hatte es Geltung.[39]

Warum Laura so behandelt wurde, erklärt Leslie damit, daß Laura, auch wenn sie bei ihrer Geburt normal zu sein schien, rückblickend gesehen ganz offensichtlich ein »zurückgebliebenes«, »geistig behindertes« Kind, das »besondere Behandlung brauchte«, war; er erwähnt auch ihre »seltsame Unberechenbarkeit und ihre schwer nachvollziehbare Art zu denken und zu sprechen«.[40]

Früher hat Leslie Stephen Laura nie als dumm oder gar als geistig behindert bezeichnet: wenn er erwähnt, daß sie nicht lesen kann, dann führt er das darauf zurück, daß sie sich weigert, ihre geistigen Fähigkeiten einzusetzen. Tatsächlich spricht er 1884, als Laura vierzehn Jahre alt ist, mindestens einmal davon, welchen Schaden man ihr zufügen würde, wenn man sie mit Geisteskranken zusammensperren würde – er selbst hielt sie also ganz offensichtlich zu diesem Zeitpunkt nicht für geisteskrank.[41] Biographen erklären dazu, Leslie habe sich selbst nicht eingestehen wollen, daß mit Laura von Geburt an etwas nicht in Ordnung war.

Nichts, was über sie zu dieser Zeit bekannt ist, weist auf eine geistige Behinderung hin. Mit sieben Jahren konnte sie lesen; mit elf hat sie *Aladin und die Wunderlampe* gelesen, mit vierzehn *Robinson Crusoe*, mit sechzehn *Alice im Wunderland*. Ihre Schwestern Vanessa und Virginia haben ihr sogar Briefe geschrieben. Es ist die Rede von ihrer Aufsässigkeit und von problematischem Verhalten, aber niemals von Geisteskrankheit: Im Alter von sieben Jahren hat sie Fleisch ausgespuckt; mit vierzehn hat sie sich beklagt, sie würde beim Essen ersticken; als Teenager hatte sie »nervöse Ticks und Sprachstörungen«; manchmal »wurde sie gewalttätig und heulte laut«.[42]

Damals gebrauchte Leslie, wenn er von Laura sprach, nur Begriffe, mit denen er ihr schlechtes Benehmen bezeichnen konnte. Er spricht von ihrer »Trägheit«, ihrem Eigensinn, ihrer »Verbohrtheit« und von ihrer »Perversität«.[43] Später dagegen wird Laura in einer Sprache beschrieben, die auf angeborenen Schwachsinn und Geisteskrankheit schließen läßt. In der Zeit, in der Laura noch im Haus lebte, war von moralischen Fehlern die Rede, aber nicht von Beschränktheit.

Leslie behauptete, es fehle ihr jegliches »moralische Empfinden«; sie sei »eitel«, habe aber einen »guten Charakter«. Bezeichnenderweise stellt er fest, es ermutige ihn etwas, zu sehen, wie Laura »sich ein wenig über sich schämte und sich ›vage‹ klar machte, daß in ihr ›etwas Böses‹ sei«. Ihm war wichtig, daß sie einsah, »wie ›beschränkt‹ sie war, und wie sehr sie diese Beschränktheit mit ihrer ›Perversität‹ verstärkte.«[44]

Warum Leslie Laura für ›pervers‹ hielt, weiß niemand. Was wir aber wissen, ist, daß er Lauras Leseschwierigkeiten auf diese sogenannte Perversität schob und nicht auf ihre Beschränktheit. Laura wollte Leslies Wünschen nicht entsprechen, und es kann sein, daß er sie deshalb für schlecht hielt, aber der Begriff ›pervers‹ wurde eher für viktorianische Kinder gebraucht, die man für ›verdorben‹ hielt, die also ›abstoßend‹ und ›widerwärtig‹ waren.[45]

Nach viktorianischer Sicht ergaben sich Kindheitsprobleme durch die den Kindern »angeborenen Fehler«.[46] Kinder, die »ihre märchenhafte Unbescholtenheit nicht entwickelten, liefen Gefahr, sich einer harten Behandlung auszusetzen«.[47] Lauras Vater glaubte fest daran, in der Tatsache, daß es so schwierig war, sie unter Kontrolle zu halten und ihr Benehmen beizubringen, läge ein Beweis für ihre angeborene Verderbtheit und für ihr schlechtes Wesen.

Der Begriff ›pervers‹ wurde auch für Kinder, die sich selbst befriedigten, gebraucht. Selbstbefriedigung galt als eine unnatürliche sexuelle Praktik, die zum körperlichen oder geistigen Zusammenbruch und sogar zum Tod führen konnte; Kinder, die man dabei erwischte, waren verdorben und schlecht.[48] Der Brief, in dem Leslie erklärt, Laura habe durch ihre Perversität ihre Lernfähigkeit beeinträchtigt,[49] läßt den Verdacht aufkommen, daß Laura beim Onanieren ertappt wurde. Kinder, die onanierten, weil man sie für schlecht hielt, wurden häufig ganz besonders hart angefaßt.[50]

Die viktorianische Pädagogik legte größten Wert darauf, den Kindern Selbstkontrolle einzubleuen. Das entsprach möglicherweise dem in bestimmten Gegenden sich verringernden Glauben daran, daß Kindheit ein Zustand der Verderbtheit sei. Mancherorts wurde jetzt die Einsicht vertreten, der Charakter eines Kindes sei »nicht das Produkt von Sünde oder Verdammnis, sondern von Einflüssen der häuslichen Umgebung«. Es kam also darauf an, dem Kind beizubringen, sein Verhalten zu steuern und zu kontrollieren und seine agressiven Triebe zu unterdrücken. Die Tragödie um Laura war Konsequenz einer Erziehung, in der die Weigerung, sich unterzuordnen, als krankhaftes Verhalten galt, und die jedes Mädchen, das nicht zur Unterwerfung unter den väterlichen Willen bereit war, jedes Kind, das die Norm viktorianischen Verhaltens durchbrach, als ›pervers‹ oder sogar ›verrückt‹ einstufte. Lauras Reaktionen – ihre infantile Art zu sprechen, ihr Stottern, ihre Wutanfälle, ihre Lesehemmungen – waren viel eher logische Antworten darauf, wie man sie als Kind behandelt hatte, wie sie aufgezogen worden war, wie man ihr in der Stephen-Familie mitspielte, als daß man in ihnen Symptome für eine Geisteskrankheit oder ein Krankheitsbild überhaupt erkennen kann.[51]

Zu Lebzeiten ihrer Mutter Minny wurde Laura von einer deutschen Kinderfrau, die Leslie als »recht einfältige Person« beschreibt,[52] betreut. Leslie zweifelte ernsthaft an ihren Fähigkeiten, war aber immer darauf aus, Geld zu sparen, und diese Frau war wahrscheinlich billig. Anscheinend hat sie mit dem Kind nur wenig oder gar kein Englisch gesprochen. (Einem Bericht zufolge hat Laura mit sieben Jahren Deutschunterricht erhalten,[53] vermutlich um sich mit ihrer Kinderfrau unterhalten zu können.) Als Einzelkind hat Laura wohl, abgesehen von der sogenannten Kinderstunde, fast den ganzen Tag mit dieser Frau zugebracht. (In Julias Geschichte »Die geheimnisvolle Stimme« dauert diese Kinderstunde nicht einmal eine ganze Stunde lang, sondern erstreckt sich nur auf dreißig Minuten vor dem Abendessen.)

Nach dem Tod ihrer Mutter wurde Laura fast ausschließlich dieser Kinderfrau überlassen. Entsprechend den viktorianischen Vorstellungen hatten Männer ja bei der Kleinkinderziehung nichts zu suchen. Väter waren Respektspersonen und nicht emotional involviert. Leslie hat sich in der Trauer um seine Frau vollkommen zurückgezogen und dadurch die Situation noch verschlimmert. Für seine kleine Tochter war er so gar nicht mehr erreichbar. Laura hatte ihre Mutter verloren und stand mit ihrem Schmerz ganz allein da, denn der Vater trauerte nicht mit ihr gemeinsam, er half ihr nicht über diese schwierige Zeit hinweg.[54]

Nach Minnys Tod suchte Leslie eine Frau, die die Verantwortung für die Sorge um Laura übernehmen konnte. Minnys Schwester Anny war sehr lieb zu Laura und sehr um sie bemüht, sie mußte jedoch selbst mit ihrem eigenen Leben zurechtkommen und war deshalb nicht ständig oder für längere Zeit um Laura herum, besuchte sie allerdings, wenn sie in Earlswood war, regelmäßig.

Leslie wandte sich in seiner Verzweiflung an seine Schwester Caroline Emelia Stephen und bat sie, bei Lauras Erziehung auszuhelfen. Es dauerte ganze drei Wochen, bis Caroline »unter der Anstrengung, mit beiden, Leslie und Laura, fertigzuwerden, zusammenbrach«.

Auch wenn Leslie »theoretisch sehr unabhängig« war, war er doch im praktischen Leben angewiesen »auf die Frauen in seiner Umgebung«, »die nicht nur für die tägliche Erziehung seiner Kinder, sondern auch für alles sonst im häuslichen Bereich zuständig zu sein hatten«. Er war zwar kein religiöser Mensch, doch war er noch »stark geprägt von der biblischen Idee einer Erbsünde und vom puritanischen Mißtrauen seiner Vorfahren gegenüber Frauen und Kindern.« Caroline behandelte Laura »streng« und »autoritär«. Sie hatte eine feste Meinung in bezug auf das »Sich-Berühren«, und sie war der Ansicht, Kinder sollten lernen, daß ihre Ausbrüche nicht toleriert würden. Leslie war darin ganz ihrer Meinung.[55]

Zwei Jahre lang war Leslie Witwer, dann heiratete er Julia, die ihm bereits aus der Zeit vor Minnys Tod bekannt war. Schon vor ihrer Hochzeit hatte er sich von Julia wegen einer Gouvernante für Laura beraten lassen,[56] und er wußte, daß seine neue Frau die Verantwortung für Laura übernehmen würde.

Von Laura Stephen gibt es nicht wie von Virginia Woolf Lebenserinnerungen, in denen sie ihre Gefühle, ihre Reaktionen auf das, was sie als Kind erleben mußte, beschrieb, oder in denen sie Auskunft gibt darüber, wie sie diese beiden Jahre, in denen sie fast ausschließlich ihrer Kinderfrau überlassen war, empfunden hatte. Mit dem Tod ihrer Mutter hatte sie praktisch beide Eltern verloren. Das und die Tatsache, daß sie als Kleinkind zu wenig Wärme und Geborgenheit erfuhr, um sie das Gefühl, sich wohlzufühlen, entwickeln zu lassen, haben Lauras Psyche zweifellos angeknackst. Als Julia Stephen zu Leslie und Laura kam, hatte Laura wahrscheinlich schon Probleme, wie alle Kinder sie haben, die so lange ohne Nähe und Geborgenheit leben müssen.[57] Und von einem Tag auf den anderen mußte sie mit drei anderen Kindern auskommen, mit einer Stiefmutter, die schnell nacheinander neue Kinder zur Welt brachte, und mit einem Vater, der sich ganz seiner neuen Frau zuwandte.

Viktorianische Kinder durften keine Probleme haben, sie sollten als kleine Engelchen den Erwachsenen Freude machen, sie sollten bescheiden sein und nicht unsicher, unglücklich oder wütend. Wenn Laura ein Verhalten an den Tag legte, das man heute als Forderung nach Zuwendung sehen würde oder als logische Reaktion auf emotionale Vernachlässigung oder als verständliche Regression aufgrund der neuen Ehe ihres Vaters, wurde sie behandelt als sei sie durch und durch schlecht.[58] Viktorianische Eltern waren anscheinend nicht in der Lage, Kindern, die Probleme hatten, zu helfen. Fachleute empfahlen Disziplin, Druck und Kontrolle, sie warnten davor, die Kinder zu verwöhnen, aber schon bloßes Eingehen auf die Bedürfnisse eines Kindes galt als Verwöhnung. Es gab sicher Ausnahmen, doch Abhandlungen über Kindererziehung aus dieser Zeit machen deutlich, daß man Kinder drangsalierte. Man legte so großen Wert auf Kontrolle, daß man Kinder schon mit einem Monat auf den Topf setzte. Wenn es nicht gelang, das Kind auf einen bestimmten Zeitplan hinzutrimmen, griff man im allgemeinen zu Abführmitteln. Und wenn auch hier noch Probleme auftraten, kannte man strengere Methoden.[59]

Laura ist das Kind, das von allen Stephen-Kindern am brutalsten und sadistischsten behandelt worden ist. Leslies Biograph, Noel Annan, schreibt, Leslie sei »ziemlich gewalttätig« und zeit seines Lebens »jähzornig« gewesen. Seine Schwägerin wußte, daß »Leslie mit einem Blumentopf nach seiner Mutter geworfen« habe und daß ihn als Kind niemand bändigen konnte.[60] Aber meiner Meinung nach muß die Art, wie Leslie Laura behandelte, wie er sie tyrannisierte und schikanierte, im Kontext einer Tradition von Schikanen in englischen Schulen betrachtet werden, die per se schon eine institutionalisierte Form der Kindesmißhandlung darstellt. Eltern, die ihre Kinder mißhandeln und schikanieren, sind fast immer selbst als Kinder mißhandelt und schikaniert worden. Was solche Eltern machen, läßt sich, wie E. Milling Kinard feststellt, als »pervertierte Form der goldenen Regel: ›Gib weiter, was du selbst empfangen hast‹« bezeichnen.[61] Ich glaube, Leslie haßte an Laura genau die Verhaltensweisen, die er als Kind auch gehabt hatte und für die man ihm beigebracht hatte, sich zu schämen – daß Laura jetzt also vorführte, was seiner Meinung nach eine Schwäche war.

Leslie hatte als Kind z. B. eine Vorliebe für Dichtung, was einen Arzt vermuten ließ, er laufe Gefahr zu verweiblichen. Er riet deshalb, Leslie in ein Internat zu geben, damit man ihm »den Zucker«

austreibe.[62] Daraufhin kamen Leslie und sein Bruder James Fitzjames Stephen zwar nicht ins Internat, aber als Tagesschüler nach Eton; Leslie war damals neun Jahre alt.

In dieser elitären Institution begegnete man den beiden jedoch mit Verachtung, weil man glaubte, externe Schüler könnten sich die Unterbringung nicht leisten. Die Oberschichtkinder hatten schon eingetrichtert bekommen, alle schlechter gestellten Kinder als Eindringlinge zu betrachten, die ihnen ihre natürlichen Privilegien streitig machen wollten. Leslie wurde vom Tag seines Eintritts in die Schule an »systematisch tyrannisiert«.[63] Was das in seinem Fall konkret bedeutete, läßt sich nur vermuten; daß er täglich eine Tracht Prügel bezog, ist bekannt, aber aus anderen Berichten geht hervor, daß die Brutalität unter den Zöglingen so groß sein konnte, daß sie zur Gefahr für Leib und Leben wurde. Eines der armen Opfer wurde z. B. »buchstäblich skalpiert« und blieb für den Rest seines Lebens entstellt, weil man ihn in eine Decke eingebunden und durch die Gegend geworfen hatte.[64] Anale Vergewaltigung war nichts besonderes; es gab auch die Sitte, sich einen ›Fuchs‹ zu halten – was bedeutete, daß ein älterer Schüler einen jüngeren zu seinem Sklaven machte und dieser ihm sexuell zur Verfügung zu stehen hatte, wobei er auf erbärmlichste Art und Weise geknechtet wurde. Später verhielt er seinerseits sich dann genauso zu den Schülern, die jünger waren als er. Leslies Bruder James Fitzjames hat über seine Eton-Erlebnisse gesagt, er habe dort für sein ganzes Leben begriffen, daß schwach sein bedeutet, das Nachsehen zu haben, und daß Kriegszustand der eigentlich natürliche Zustand sei.[65]

All das geschah mit vollem Wissen und Einverständnis der Eltern. Englische Jungen müssen sich so schon in ganz zartem Alter einer Brutalität ausgeliefert gefühlt haben, die von ihren Eltern, die gar keine Anstalten machten, irgend etwas dagegen zu tun, unterstützt und gutgeheißen wurde. Mißhandlung und sexuelle Nötigung galten als notwendig und sogar als gut. Innerhalb der Schulen riß dieses Verhalten nie ab, weil die Jungen, die so schikaniert worden waren, später selber die jüngeren und schwächeren Knaben schikanierten. Diese institutionalisierte Form des körperlichen und sexuellen Mißbrauchs wurde als notwendig für die »Abhärtung« von Jungen angesehen. Von daher verwundert es nicht, daß Leslie mit Laura so umging und daß Gerald und George mit den Mädchen so umgingen, wie sie es getan haben, denn sie waren alle als Jungen auch brutal behandelt worden. Man fragt sich nur, wie viele andere Kinder, deren Väter eine solche Geschichte hatten wie Leslie Stephen, zum Objekt der väterlichen Agression geworden sind. Elizabeth Stoneman sagt, daß eben diese vom britischen Patriarchat für seine Söhne entwickelte Erziehungsform, bei der »selbstbeherrschte Männer« herauskommen sollen, Männer hervorbringt, die herrschen wollen: in Wahrheit aber sind diese Männer »schwach, unwissend (was ihre Beweggründe und Gefühle angeht) und bemitleidenswert verletzbar... Sie reagieren, sie agieren nicht.« Ihre Stärke ist bloße Fassade.[66]

Was mit Laura Stephen geschah, muß aber auch gesehen werden als das tragische Ergebnis der Kinderstube, einer Einrichtung der viktorianischen Erziehung, mit der die Amme ersetzt wurde und wo jetzt die Arbeitskraft von armen jungen Mädchen, die, weit fort von ihren eigenen Familien, häufig in schlimmsten Verhältnissen lebten, benutzt wurde, um die Kinder der viktorianischen Ober- und Mittelschichtfamilien aufzuziehen. Laut Lloyd de Mause machte die Kinderstube »eine institutionalisierte Form des Weggebens der Kinder« möglich.[67] Die Kindermädchen, die selbst oft noch Kinder waren, waren die jüngsten und am schlechtesten bezahlten Dienstboten in einem viktorianischen Haushalt. Diesen einsamen, gequälten, überarbeiteten und unglücklichen Mägden übertrug man die Verantwortung für die Erziehung und dafür, daß sie bei den Kindern den von ihnen erwarteten genormten und ausgefeilten Verhaltenskodex durchsetzten. Auch wenn wohl kaum damit gerechnet werden konnte, daß sie wirklich in der Lage waren, diese Anforderungen wirklich gut zu erfüllen, tat das das viktorianische Bürgertum. Daß es tatsächlich Kinder gab, die gut behandelt wurden, grenzt an ein Wunder; daß viele Kindermädchen ihre Schützlinge schlecht behandelten oder ignorierten, ist vollkommen verständlich.[68] Nach Meinung von Alice Miller muß man berücksichtigen, »welche Genugtuung es den unterdrückten Dienstboten bereitet haben muß, die Demütigungen, denen sie selbst von ›oben‹ ausgesetzt waren, an die kleinen Kinder, die man ihnen anvertraut hatte, weiterzugeben«.[69]

Wenn das Kindermädchen seine Stellung behalten wollte, mußte es bei seinen Schützlingen auf die an außerordentlich strikten Maßstäben orientierten viktorianischen Verhaltensnormen bestehen. Um die Kinder ruhig zu halten, wurden unterschiedlichste Methoden – etwa Tabletten und sexuelle Stimulation – angewendet. Wenn niemand ein Auge darauf hatte, war es üblich, die Kinder sich selbst zu überlassen. (In Virginia Woolfs Roman *Die Jahre* kommt so eine Szene vor.) Und es war gut möglich, daß viktorianische Eltern nie dahinterkamen, daß ihre Kinder sexuell mißbraucht oder vernachlässigt wurden. Bertrand Russels Mutter, Lady Amberly, ist es, obwohl sie als sehr fürsorgliche Mutter bekannt war, entgangen, daß ihr erstes Kind »fast verhungerte, vernachlässigt wurde und daß man sie belog«. Sie schloß daraus, daß es die Institution der Kinderstube war, die so etwas möglich machte.[70]

Die viktorianische Mittel- und Oberschicht hat das Ideal des guterzogenen Kindes geschaffen. Sie erfand die Kinderstube, um die Kinder aus dem Blickfeld zu haben, und sie erfand die Kinderstunde, um die Illusion aufrechtzuerhalten, die Erwachsenen würden sich tatsächlich um die Kinder kümmern. Doch war, was Eltern und Kinder während der Kinderstunde miteinander machten, so genau reglementiert, so weit entfernt von dem, was zwischen Kindern und Eltern an echten Fragen, echten Gefühlen und Problemen im Umgang miteinander auftaucht, daß man diese Kinderstunde guten Gewissens als bloßes Ritual bezeichnen darf: was es wirklich heißt, elterliche Fürsorge zu zeigen, haben diese Eltern gar nicht gekannt. Viel von dem, was im Umgang mit Kindern anstrengend, unangenehm oder schwierig ist, lag in der Verantwortlichkeit von Frauen einer anderen gesellschaftlichen Schicht.

Es ist bekannt, daß in Lauras Verhalten eine dramatische Verschlimmerung eintrat, als die beiden Haushalte der Duckworth und Stephen zusammengelegt wurden. Sie fiel in »Kleinkindmanieren und Apathie«[71] zurück – sichere Anzeichen von Regression und Depression.[72] Da wir wissen, daß Virginia und Vanessa sexuell mißbraucht wurden, liegt es nahe, zu fragen, ob Gerald oder George Duckworth vielleicht auch Laura belästigt haben.[73] Einige der Symptome, die Laura zeigte – Brechreiz, Wutanfälle und Lesehemmungen, obwohl sie lesen konnte –, treten immer wieder bei sexuell mißbrauchten Kindern auf.

Virginia erzählte Vanessa 1921 in einem Brief, Kate, Lauras Vormund, habe Laura in der Anstalt besucht. (Laura war zu diesem Zeitpunkt zweiundfünfzig Jahre alt.) Kate hätte gesagt, Laura sei immer noch dieselbe und würde unaufhörlich reden. Das meiste sei wirr und unverständlich gewesen, aber einen Satz hätte Laura ständig und deutlich wiederholt, und zwar: »Ich habe ihm gesagt, er soll weggehen.«[74]

Wenn wir der Psychoanalytikerin Alice Miller folgen, müssen neurotische Symptome, etwa sich oft wiederholende Sätze, als Kommunikationsversuche verstanden werden: Könnte es vielleicht sein, daß Laura ihrem Vormund, Kate, die ihre einzige Verbindung zur Welt jenseits der Anstalt war, etwas mitteilen wollte über ihr Leben und über das, was ihr zugestoßen war?

Jahre später, Laura ist vierundsechzig und immer noch in der Anstalt, schreibt Virginia Vanessa von George Duckworths Tod. Und sie zitiert ihren Mann, Leonard Woolf, mit dem Satz: »Wenigstens Laura wäre zu verschonen gewesen.«[75] Wenn man das im Kontext sieht – Georges Tod –, und wenn man bedenkt, daß George Virginia und Vanessa sexuell mißbraucht hatte, bekommt diese Bemerkung eine seltsame und provokative Bedeutung. Denn der Brief läßt vermuten, daß Laura hätte beschützt werden können und daß, was mit ihr geschehen ist, nicht unvermeidlich gewesen ist und daß es irgendwie mit George zusammenhing.

In den Berichten über Annys Besuche bei Laura in der Kinderzeit von Virginia Woolf findet sich ein Hinweis darauf, daß Laura nicht immer schon ein Problemfall gewesen ist. Manchmal, wenn Anny Laura zu einem Ausflug aufs Land mitgenommen hatte, kam es vor, daß sie »durch ein kurzes Aufleuchten ihres früheren Ichs belohnt wurde«. Das deutet darauf hin, daß Laura einmal wirklich ›normal‹ gewesen ist und nicht schon seit ihrer Geburt zurückgeblieben, wie Leslie es ja behauptete.

Allerdings übernimmt Virginia Woolf in ihren öffentlich vorgelesenen Erinnerungen die von ihrem Vater benutzte Bezeichnung und spricht von Laura als einer ›Geisteskranken‹.[76] Doch 1904 schreibt sie in einem Privatbrief an ihre Freundin Violet Dickinson, daß alles, was mit Lauras Geschichte zu tun habe, in der Biographie ihres Vaters eliminiert werden müsse. Und, nachdem sie die Briefe ihres Vaters und seine Erinnerungen gleichzeitig mit der Biographie Frederic Maitlands über ihn gelesen hat: »Ich denke, die Geschichte Lauras ist die tragischste Sache in seinem Leben, etwas was man in der Biographie kaum beschreiben kann. Die Briefe sind voll von Laura.«[77] Virginia meint hiermit die Briefe, in denen Leslie Laura als ›pervers‹ bezeichnet. Aus welchem Grund hätte man Lauras Geschichte, vorausgesetzt Laura wäre wirklich geisteskrank gewesen, nicht in Leslie Stephens Biographie, die Frederic Maitland vorbereitete, aufnehmen sollen? Hätte es nicht das Bild von Leslie Stephen abgerundet, zu wissen, daß er mit den Problemen, die ein zurückgebliebenes Kind bereitet, fertigwerden mußte? Oder ist es so, daß Virginia Woolf eingesehen hatte, daß die Darstellung von Leslies Verhalten gegenüber Laura einer Anklage gleichkam, die eine offizielle Biographie nicht enthalten durfte?

Nach all dem verwundert es jedenfalls nicht, daß Stella in der Familie als Mädchen für alles »die alte Kuh« wurde und Vanessa »die Heilige«. Sie erkauften sich ihr Recht zu bleiben durch vorbildliches Verhalten. Eine Folge davon, daß eines der Kinder der Familie zum Sündenbock gemacht wird, ist ja, daß sich dadurch bei den anderen Kindern sonst scheinbar unmögliche Verhaltensmaßstäbe durchsetzen lassen. Mit Blick auf das, was Laura widerfuhr, wird die Lesewut, die Virginia Woolf während ihrer Kindheit und Jugend an den Tag gelegt hat – »Kind, du verschlingst die Bücher ja«[78] pflegte ihr Vater zu ihr zu sagen –, nur zu verständlich. Für die Kinder sah es so aus, als ob man Laura eingesperrt hatte, weil sie nicht gut genug hatte lesen können und immer steckengeblieben war. Jedesmal wenn Virginia an der Tür zum Arbeitszimmer ihres Vaters klopfte, um ihn um neue Lektüre aus seinem Bücherschrank zu bitten, bewies sie damit ja, daß sie anders war als Laura. Sie konnte nicht als pervers bezeichnet werden. Sie erkaufte sich ihr Recht, zur Familie zu gehören. Sie sorgte dafür, daß man sie nicht wegsperrte und in eine Anstalt brachte.

Ich bin also der Meinung, daß Leslie die Version von Lauras angeborener Debilität aus Gründen der eigenen Rechtfertigung eingeführt hat. Bei genauer Betrachtung enthält seine Erklärung allerdings Widersprüchlichkeiten. Um Lauras Krankheit zu begründen, greift er zurück auf die Familiengeschichte seiner Frau Minny. Er äußert die »leise Befürchtung«, Minny habe »erblich belastet sein können«. Ihre Mutter hatte nämlich nach Minnys Geburt »hohes Fieber gehabt, das auf ihr Gehirn übergegriffen« hatte, so daß sie zu einem Pflegefall wurde. Es ist ja wohl an den Haaren herbeigezogen, eine angebliche Geisteskrankheit seiner Tochter Laura darauf zurückführen zu wollen, daß die Mutter ihrer Mutter *nach* deren Geburt infolge einer Krankheit geistig gestört war. Dazu kommt, daß Leslie überhaupt erst nach dem Tod seiner zweiten Frau Julia und nachdem Laura bereits in Verwahrung gegeben wurde den Verdacht äußert, Minny könnte ›erblich belastet‹ gewesen sein. Der Möglichkeit, daß Laura, falls sie eine Erbkrankheit gehabt haben sollte, sie genausogut von seiner Seite hätte erben können, geht er nirgends nach. Dabei hatte Leslies Vater im Jahr 1824 einen ersten ›Nervenzusammenbruch‹ erlitten, 1832 einen weiteren. Leslies Bruder James Fitzjames Stephen mußte 1891 aufgrund einer Krankheit, die seinen Geisteszustand beeinträchtigte, seine Stellung aufgeben. Von Leslie selbst wurde angenommen, daß er eine Disposition zu nervlichen Zusammenbrüchen mitbekommen hatte, und während Virginias Kindheit ist er ja auch tatsächlich mehrere Male zusammengebrochen.[79] Minny war aber nun einmal tot, und so konnte er ihr die Schuld für Lauras Fehler zuschieben.

Laura als schwachsinnig hinzustellen, bedeutete, daß er und Julia sich nichts hatten zuschulden kommen lassen. Jetzt standen sie sogar irgendwie ganz ehrenhaft da, weil sie versucht hatten, mit ihr klarzukommen und ihr zu helfen. Nichts spricht dafür, daß Leslie sich auch nur im geringsten an dem, was man Laura angetan hat, schuldig fühlte oder daß ihm sein eigenes Verhalten als grausam erschienen wäre. Er scheint selbst mit der Zeit an seine Version geglaubt zu haben. Trotzdem äußert einer seiner Biographen, daß die Tochter, die am stärksten unter Leslie zu leiden gehabt habe, gemeinhin unerwähnt bliebe und daß dies Laura sei.[80]

Wenn meine Rekonstruktion stimmt, dann hat also Virginia die für ihre Entwicklung entscheidenden Jahre ihres Lebens in einer Familie zugebracht, in der ein heranwachsendes Mädchen eingesperrt und schwer mißhandelt wurde. Die Stephen-Familie hatte ihre eigene Verrückte in der Dachkammer.

Laura hat Virginia überlebt und ist 1945 in einem Alter von fünfundsiebzig Jahren in der Anstalt gestorben.[81] Daß das, was ihr angetan wurde, in der Familie nur einem Mädchen geschehen konnte, wird deutlich, wenn man sich die Geschichte der Duckworth- und Stephen-Söhne ansieht. Laura hatte ja nicht als einzige Lernschwierigkeiten. Die Leistungen der Jungen in der Schule waren zwischendurch immer mal wieder schlecht, um nicht zu sagen miserabel. 1883 schreibt Leslie an Julia, George habe ziemliche Schwierigkeiten bei seinen Prüfungen;[82] 1887 führt er Thobys schulisches Versagen auf »Wachstumsprobleme« zurück; 1901 berichtet er, man habe Adrian ins Internat nach Westminster gebracht, weil »seine Fortschritte in der Schule zu wünschen übrig ließen« – was er damit begründet, daß Adrian zu schnell in die Höhe geschossen sei: er sei jetzt über 1 Meter 85 groß und völlig erschöpft. Wenn also die Jungen versagten oder sich daneben benahmen, wurde das entweder übersehen oder mit ihrer körperlichen Entwicklung entschuldigt.[83] Thoby

z. B. hat einmal »einem Spielkameraden erlaubt, ihm ein Messer in die Oberschenkelarterie zu stoßen«;[84] ein andermal hat er »versucht, sich zum Entsetzen der übrigen Jungen laut schreiend aus dem Fenster zu stürzen.«[85] Was auch immer die Mädchen taten, ihr Verhalten wurde viel leichter als ›pervers‹ eingestuft als das der Jungen. Laura war nicht die einzige in der Familie, die sich auffällig verhielt, aber sie war die einzige, die deswegen eingesperrt wurde.

Wie mit Laura verfahren wurde, ließ erkennen, was Virginia selbst zu erwarten hatte – und was sie bis zu einem gewissen Grad dann besonders als Jugendliche auch erlebt hat –, wenn sie den an sie gestellten Ansprüchen nicht gerecht werden oder wenn sie sich nicht konform verhalten würde.[86] Meiner Meinung nach brauchte Leslie in der Familie immer einen Sündenbock, denn kaum war Laura aus dem Haus, knöpfte er sich Virginia vor und fing an, sie ganz ähnlich wie Laura zu behandeln.

Leslies Ausdrucksweise, mit der er Lauras Behandlung rechtfertigte, spiegelt einen Glaubenssatz viktorianischer Erziehung wider, daß nämlich Eltern mit allen Mitteln ihre Kinder zur Raison bringen dürfen, auch mit Gewalt, Brutalität und Medikamenten. Lauras Kindheit war gezeichnet durch Vernachlässigung und Liebesentzug; ihr ganzes Leben war Mißbrauch und Qual. Es dokumentiert auf erschütternde Weise, wie gefährlich die von den Mittel- und Oberschichtsfamilien eingesetzten viktorianischen Erziehungsmethoden sich auswirken konnten, denn Lauras Schicksal liegt in der Behandlung begründet, die ihr als Kind widerfuhr.

Virginia Woolf erwähnt Laura in ihrem umfangreichen Briefwechsel, ihren Tagebüchern, wie auch in den von ihr als Erwachsener geschriebenen Lebenserinnerungen, nur selten. Einige wenige Briefe gibt es: Der eine von 1904 an Violet Dickinson, von dem bereits die Rede war, wo Virginia nach der Lektüre der Korrespondenz Leslie Stephens von dieser größten Tragödie im Leben ihres Vaters spricht. Dann 1921 drei Briefe an Vanessa: einmal geht es dabei um die Kosten für Lauras Unterbringung, zum anderen um den Besuch Kates bei Laura und schließlich darum, daß George

Duckworth die Erwartung ausgesprochen habe, Adrian könnte vielleicht mit seinem psychoanalytischen Wissen »der armen Laura helfen«. Zu guter Letzt existiert noch ein Brief von 1934 anläßlich des Todes von George.[87] In dem Tagebuch, das Virginia Woolf nach ihrer Heirat mit Leonard Woolf geführt hat, gibt es keine Eintragungen über Laura. Als Fünfzehnjährige erwähnt Virginia in ihrem damaligen Tagebuch einen Besuch bei Laura; sie war zu jener Zeit selbst in einer schwierigen Phase,[88] und der Besuch bei Laura muß ihr die Möglichkeit, daß man mit ihr ebenso verfahren könnte, sehr deutlich vor Augen gehalten haben.

Ich habe schon darauf verwiesen, daß in den Briefen an Vanessa, in denen Virginia Woolf Lauras Schicksal als vermeidbar hinzustellen scheint, ein anderes Bild von Laura entsteht als in Virginias Erinnerungen, die sie zum Vorlesen im Freundeskreis geschrieben hat, wo Laura als geisteskrank bezeichnet wird. Die unterschiedliche Darstellung im Privaten bzw. Öffentlichen legt die Vermutung nahe, daß Virginia Woolf die von ihrem Vater erzählte Version bewußt nicht umstoßen wollte. Warum sonst hätte sie Vanessa gegenüber eine andere Interpretation geben sollen? Wenn sie wirklich von Lauras angeborener Krankheit überzeugt gewesen wäre, hätte sie dann nicht Leonards Meinung, man hätte Laura verschonen können, bestritten? Obwohl Virginia Woolf bereit war, das Schweigen zu brechen, das über den sexuellen Mißbrauch an ihr und an Vanessa und über Stellas Schicksal gebreitet war, stand sie in der Öffentlichkeit doch hinter dem, was ihr Vater über Laura behauptet hatte.

Am ausführlichsten spricht Virginia Woolf über Lauras Leben in zwei für den Memoir Club bestimmten Beiträgen, in »Eine Skizze der Vergangenheit« und in »Old Bloomsbury«, die sie beide in ihren letzten Lebensjahren für ein öffentliches Publikum geschrieben hat. Hier gibt sie das Bild von Laura, das ihre eigenen Biographen meist übernommen haben. Laura erscheint als die Geisteskranke mit dem leeren Blick. In »Old Bloomsbury« distanziert Virginia sich von Laura, indem sie sie nicht als die Tochter von Leslie und Minny

Stephen darstellt, sondern als Enkelin Thackerays,[89] so als wäre Laura nicht ihre eigene Halbschwester gewesen.

Als Virginia ungefähr zehn Jahre alt war, hatte sie Laura nach einer Figur der ihr offensichtlich gut bekannten Artussage die »Dame vom See« benannt.[90] Dieser Name taucht in der Zeitung, die die Stephen-Kinder für die Erwachsenen schrieben, *The Hyde Park Gate News*, auf. Wenn Leslie Stephen ein wenig aufmerksamer gewesen wäre, hätte er in diesem von Virginia benutzten Namen leicht die sehr zutreffende Sicht seiner Tochter in bezug auf die Art und Weise, wie man mit Laura innerhalb der Familie umging und auch Virginias damalige Einschätzung von Laura bemerken können. Der Name selbst zeugt von einer erstaunlichen Frühreife Virginias und paßt fast furchterregend gut.

›Die Dame vom See‹ geht auf eine Sage zurück, in der ein Königssohn von einer im Wasser lebenden Fee geraubt und in das Märchenland unter Wasser mitgenommen wird.[91] In einer der Sagen aus dem Artuskreis stiehlt die ›Dame vom See‹ den kleinen Lancelot von seiner Mutter Lady Elaine. Wenn Virginia Laura als die ›Dame vom See‹ bezeichnet, deutet sie damit an, sie sei ihrer eigenen Kindheit durch die Anwesenheit der ›Dame vom See‹ in der Stephen-Familie beraubt worden. In der Artussage ist die ›Dame vom See‹ der Grund für großes Leid und Trauer für Lady Elaine. Virginia war wohl davon überzeugt – oder man hatte es ihr so dargestellt –, daß Laura ihrer Mutter Kummer bereitete; und Leslie Stephen erklärt ja auch in seinen Briefen an Julia, daß Laura mit ihrem Verhalten die Ursache für Julias Depressionen sei, obwohl Julia mindestens seit dem Tod ihres ersten Mannes – höchstwahrscheinlich auch schon viel früher – an Depressionen zu leiden hatte.

Der Name drückt auch eine tiefsitzende und vermutlich nicht eingestandene Wut, die Virginia auf die scheinbare Vorrangstellung Lauras gehabt haben muß, aus. Der Mord an der ›Dame vom See‹ steht in Zusammenhang mit dem Verlust einer Mutter und dem im Reiche Artus' herrschenden Chaos: Balin schlägt der ›Dame vom See‹, die seine Mutter ermordet hatte, vor dem versammelten Hof mit dem Schwert den Kopf ab. Diese Tat ist kennzeichnend für »die überall herrschende Unordnung und das moralische Durcheinander«, für den »anarchistischen Zustand des Reichs«,[92] für den Verlust von Selbstkontrolle, der dieses Chaos verursacht hat. Gut möglich, daß auch die kleine Virginia die ›Dame vom See‹ gerne umgebracht hätte, weil sie der Mutter, die vielleicht verantwortlich gemacht worden war für das Chaos und die Unordnung im Stephenschen Haushalt, so viel Kummer und Leid zufügte.

In der Sage wird Lancelot von der ›Dame vom See‹ in das Märchenland unter Wasser gebracht und dort lebt er glücklich und zufrieden und unbehelligt von den weltlichen Sorgen, die er als Sohn von Elaine und König Ban hätte tragen müssen. Lancelot wird liebevoll von seiner Ziehmutter großgezogen und von Erziehern unterrichtet. Er darf »durch Wald und Feld« ziehen wie es ihm gefällt.[93] Wie wohl Julia und Leslie den Kindern Lauras Verschwinden erklärt haben? Wenn Virginia Laura die ›Dame vom See‹ nennt, so könnte das darauf zurückgehen, daß die Eltern erklärt haben, Laura sei irgendwohin gebracht worden, wo es ganz besonders schön sei, wo sie alles habe, was sie brauche und wo sie sich wohlfühlen könne. Doch läßt der Name auch den Schluß zu, daß Virginia Lauras Weggang so empfunden habe, als sei sie selbst der Familie geraubt worden und als habe der Verlust sie im tiefsten Innern getroffen.

Aus der Sicht eines Kindes muß es so ausgesehen haben, als sei Laura der Grund für das strenge und brutale Verhalten der Eltern – Laura hat, wie die ›Dame vom See‹, das Schwert überbracht. Doch war Laura, genauso wie die Dame, eingeschlossen, unsichtbar, als sei sie unter Wasser oder in einem eigenen Reich. Daß die kleine Virginia sich eines Namens bediente, mit dem sie Laura in eine Welt unter Wasser sperrte, ist insofern aufschlußreich, als das Bild des Sich-unter-Wasser-Befindens, des Ertrinkens, in Virginia Woolfs Leben im Zusammenhang mit ihrem eigenen Leid und Schmerz und im Zusammenhang mit ihrem Wunsch, sich der Gewalt zu entziehen immer wiederkommt. Das Bild Lauras als der unter Wasser gefangenen Dame verweist darauf, daß Virginia ganz tief in ihrem Innern fühlte, wie verwandt sie mit Laura war, daß es eine Blutsschwesternschaft zwischen ihnen gab und daß ihnen letztlich dasselbe Schicksal bevorstand.

2. *Kapitel*

Stella, »die alte Kuh«

Virginias andere Halbschwester war Stella Duckworth, Tochter aus Julias erster Ehe mit Herbert Duckworth. Vergleicht man, was Stella und Laura, die im selben Jahr geboren sind, erlebt haben, tritt eine erschreckende Symmetrie zutage. Stellas Lebensgeschichte ist, wie Vanessa Bells Biograph Frances Spalding zutreffend beobachtet hat, von einer entsetzlichen Hilflosigkeit geprägt.[1]

Stella kam 1869 zur Welt. Ein Jahr später starb ihr Vater. Ihre ganze Kindheit war überschattet von überwältigendem Kummer und tiefer Niedergeschlagenheit, in die Julia nach Herberts Tod gestürzt war. Julia, die zwar an ihren beiden Söhnen George und Gerald mit großer Liebe hing, war nach Herberts Tod nicht mehr fähig, auch Stella die Zuwendung zu geben, die sie brauchte. Stella hatte ihr Leben lang an den verheerenden Folgen zu tragen, sie fühlte sich zu Julia auf eine passive und ergebene Art hingezogen.[2] Weil ihr die Liebe ihrer Mutter entzogen war, kam sie nie von ihr los, versuchte ständig, ihr zu Gefallen zu sein und alles zu tun, um ihre Zuneigung zu gewinnen. Es gelang ihr nie. Leslie Stephen hat dies damit zu erklären versucht, daß »sich sogar über Julias Mutterliebe« in ihrer Witwenzeit »eine Wolke gelegt« habe.[3]

Stella hat Virginia erzählt, daß die Mutter, um ihrer Trauer über Herbert Duckworths Tod Ausdruck zu geben, sich in voller Länge über sein Grab in Orchardleigh zu werfen pflegte.[4] Bei der Hochzeit von Anny Thackeray, sieben Jahre nach Herberts Tod – Stella war damals acht –, habe Julia nach Aussage einer Brautjungfer »ein dikkes schwarzes Samtkleid und einen dichten Schleier« getragen und durch ihre Erscheinung der ganzen Seite des Altarraums, auf der sie saß, einen »traurigen und tragischen« Stempel aufgedrückt. Und Stella habe »genauso tragisch wie ihre Mutter« ausgesehen.[5]

Stellas frühe Kindheit und die darauffolgenden Jahre sind gut belegt. Virginia Woolf vertritt die Meinung, Stella sei sich zum ersten Mal des eigenen Ichs und des Lebens in diesen für die Mutter traurigsten Jahren bewußt geworden.[6] Es ist bekannt, wie »unnachsichtig« Julia zu Stella war und wie wenig sie dem Leid des kleinen Mädchens Beachtung schenkte. Zwar bestritt sie, ihre Söhne mehr zu lieben als Stella, doch gab sie zu, daß sie Stella so hart anfaßte, weil diese ihr mehr »ein Teil ihrer selbst« als eine eigenständige Person zu sein schien.[7]

Diese Identitätsverschmelzung wird in einer von der berühmten viktorianischen Fotografin Julia Margaret Cameron, einer Großtante Virginias, gemachten Fotografie von Julia und den Duckworth-Kindern überdeutlich.[8] Auf diesem in Saxonbury nach dem Tod ihres Mannes aufgenommenen Familienbild sitzt Stella hinter ihrer Mutter. Sie lehnt sich an sie an und hat ihre Hand auf den Arm der Mutter gelegt. Aber Julia ihrerseits berührt sie nicht. Die Mutter blickt streng, die Tochter traurig. Eine von Stellas Locken liegt über Julias Schulter gebreitet, was den Anschein erweckt, als stamme sie von Julia.

Julias Erziehung war alles andere als ideal. Sehr früh hatte sie die Pflege ihrer Mutter übernehmen müssen, die angeblich kränklich – nach Meinung von Jane Lilienfeld jedoch höchstwahrscheinlich drogenabhängig – war. Nicht ihr Vater, der Arzt war, übernahm die Verantwortung für ihre Pflege, sondern Julia. Julias Leben ist ein klassischer Fall von unterlassener Fürsorge und gleichzeitigem Rollentausch: das Kind, das selbst in der Familie keine liebevolle Fürsorge erfahren hat, wechselt über in die Versorgerrolle. Julias Eltern erwarteten von ihr auch nach ihrer Heirat und als sie selbst schon Kinder hatte, daß sie sich weiterhin um sie kümmerte.[9]

Wie Julias Mutter ihre Rolle mit der noch sehr kleinen Julia getauscht hatte und Julia die Mutter ihrer Mutter werden mußte, so verlangte auch Julia von Stella, daß sie in ihrer Familie als kleine Mutter agierte. Der Kindheitsforscher Lloyd de Mause hat herausgefunden, daß dieser Rollentausch auf Fotografien, auf denen das

Kind seine Mutter berührt, sichtbar wird. In unserem Fall berührt Stella Julia, während Julia von sich aus niemanden berührt. Diese Art von Rollentausch, bei dem ein Kind, meistens die älteste Tochter, auf praktischem und auf emotionalem Gebiet die eigentlich den Erwachsenen zukommenden Aufgaben übernimmt, ist gängiges Muster in Familien mit inzestuöser Bindung.[10] Julia hat Stella nicht geliebt. Abgesehen von Laura war Stella das am wenigsten geliebte Kind der Familie. Während es heißt, die vier Stephen-Kinder seien »die reinste Freude« für Julia gewesen,[11] waren ihre Gefühle für Stella viel weniger intensiv.

Stella behielt lebenslänglich ein »Gefühl der Minderwertigkeit, das dazu führte, daß sie von Anfang an im Schatten ihrer Mutter lebte«. Da sie nie die Liebe erfahren hatte, die sie gebraucht hätte, um ein gesundes Selbstwertgefühl entwickeln zu können, wurde sie nicht nur zu Julias Handlangerin, sondern als sie etwa zehn Jahre alt war auch im Stephenschen Haushalt das unbezahlte Mädchen für alles. Daß sie sich widerspruchslos in diese Rolle fügte, hängt sicher damit zusammen, daß an Laura ja schon vorgeführt wurde, was ein widerspenstiges Kind zu erwarten hatte. Unterwürfigkeit wurde ihr systematisch beigebracht. Julia hat Stellas Leistungen nicht gelobt, sondern Stella behandelt, als sei sie »ein langsamerer, weniger tüchtiger Teil« ihrer selbst.[12]

Als Vanessa, das älteste gemeinsame Kind von Julia und Leslie Stephen, geboren wurde, war Stella zehn. Bei Virginias Geburt war sie dreizehn, und mit Virginia hatte Stella jetzt drei kleine Stephen-Geschwister zu versorgen. Dadurch daß sie so viel mitarbeiten mußte, sah ihr Leben ganz anders aus als das der übrigen Kinder. Nach Vanessas Geburt wurde von ihr erwartet, daß sie der Mutter und den Dienstboten zur Hand ging. Was Stella tat, darf nicht unterschätzt werden: sie fütterte die Kleinen, ging mit ihnen und für sie einkaufen, lehrte sie Lesen und Schreiben und beaufsichtigte ihr Spiel. Wenn ihre Mutter, was häufig vorkam, wochenlang außer Haus war, um ihre eigene Mutter zu pflegen oder um in der Armenpflege ›Gutes zu tun‹, schmiß sie den ganzen Haushalt. Stella war es, die Vanessa ersten Musikunterricht gab und sie in die Kunst des Briefschreibens einführte. Stella war es, nicht Julia, die Vanessas Neigung zum Zeichnen erkannte und ihr die ersten Malkreiden gab. Stella war es, die, als Virginia nach dem Tod der Mutter glaubte, einen Mann »vornübergebeugt auf ihrem Bettrand« sitzen zu sehen, tröstete und sagte: »es ist schön, daß sie nicht allein sein muß«.[13] Es scheint, als habe Stella sich mit den Kindern viel mehr abgegeben als Julia. Sie war viel mehr als eine Halbschwester für sie, sie war eine echte Bezugsperson.

Tatsächlich war Stella eine Art Aschenbrödel. Viele Jahre später hat Vanessa geäußert, es erschrecke sie, sich Stellas Leben vorzustellen. Bei all den Verpflichtungen, die nach Julias Tod auf den Seiten von Stellas Tagebuch aufgelistet waren, fragte Vanessa sich ernsthaft, wie Stella es überhaupt habe schaffen können, achtundzwanzig zu werden. Adrian Stephen hatte das Tagebuch gefunden und es Vanessa teilweise vorgelesen. Vanessa beschrieb Virginia in einem Brief in den düstersten Farben die mit Arbeit vollgepackten Tage von Stella, in denen es »nicht einmal das kleinste Lob« für sie gegeben habe.[14] Es ist gut möglich, daß diese chronische Überlastung zu Stellas frühem Tod beigetragen hat, wie es ja auch bei Julia der Fall gewesen war.

Einer der Gründe dafür war, daß Leslie Stephen, wie viele viktorianische Männer, sich nichts dabei dachte, seine Frau in den allerschwierigsten Situationen einfach allein zu lassen, um mit seinen Freunden Ausflüge zu machen. Zum Beispiel kurz nach Virginias Geburt. Gerade da hatten sich die Probleme mit Laura zugespitzt. Leslie verreiste und überließ es Julia oder Stella, mit dem Chaos fertigzuwerden. Wenn er in solchen Krisensituationen (die es ja häufig gab) eine Tour nicht absagen wollte, entschuldigte er sich gewöhnlich damit, daß die Vorbereitungen bei allen inzwischen schon so weit gediehen seien, daß er keinen Rückzieher mehr machen könne, ohne die anderen zu verletzen. Aber war er fort, schrieb er zum Trost und zur Unterstützung von Julia unzählige Briefe, oft zwei oder mehr am Tag, in denen er erklärte, es sei ihm bewußt, in welch schlimmer Lage sie stecke und daß sie überlegen müßten, wie sich diese Misere beenden ließe.[15] Durch diese Briefe hat Leslie sich den Ruf eingehandelt, sich viel mehr als andere viktorianische Väter um seine Kinder gekümmert zu haben.

War Leslie zu Hause, wollte er mit der Kinderstube jedoch nichts zu tun haben. Die Konzeption getrennter Sphären hielt den viktorianischen Patriarchen davon ab, den Dienstboten irgendwelche Anweisungen in bezug auf die Kinder zu geben. Julia brauchte unbedingt jemanden, der ihr unter die Arme griff, und dieser Jemand war Stella. Leslies Freiheit ging zu Lasten von Stellas Freiheit.

Wie viele viktorianische Mädchen hatte auch Stella keine richtige Kindheit und Jugend. Eigentlich besaß sie zeit ihres Lebens sogar weit weniger Freiheit als Julia, die sich ja noch wenigstens alleine entfernen konnte, um die Armen und Kranken zu besuchen. Als Mädchen hatte Stella dazu keine Möglichkeit. Wenn sie ausging, mußte sie als Begleitung eines der kleineren Kinder mitnehmen – was natürlich auch hieß, daß sie niemals ihre Verantwortung für die Kleineren ganz loswurde. Immer wenn sie ihre Besorgungen in den Londoner Geschäftsvierteln machte, hatte sie eines der Kinder im Schlepptau.

Stellas Leben hatte nichts zu tun mit dem Klischee der verwöhnten Mittelschichtstochter. Diese Art von In-Dienst-genommen-Werden assoziiert man gemeinhin mit den Töchtern aus viktorianischen Arbeiterfamilien, wo es nicht selten vorkam, daß schon Zehnjährige den Haushalt ganz allein führen mußten.[16] Es stimmt natürlich, daß Stella Dienstboten zur Verfügung standen und daß es wahrscheinlich auch andere Mädchen gab, die mit ihr dieses Los teilten, aber gemessen an der harten Arbeit, die sie zu leisten und an der Verantwortung, die sie zu tragen hatte, löst sich der Mythos von den durchwegs privilegierten und auf Rosen gebetteten Mittelschichtskindern in nichts auf. Stella hat diese Position innerhalb der Familie wahrscheinlich deswegen zugeschoben bekommen, weil sie als Kind aus erster Ehe weniger wichtig war als ihre kleineren Halbgeschwister, auch wenn ihr Vater viel reicher gewesen war als Leslie und sie eine beträchtliche Mitgift hatte.[17] Ihr Spitzname »die alte Kuh«[18] macht sie zu einem geistlosen, begriffsstutzigen Wesen, gerade gut genug, um die Versorgung der Familie zu übernehmen.

Wieviel Verantwortung man Stella aufbürdete, zeigt sich an einer Situation, die sich 1887 ergab. Virginia war zu diesem Zeitpunkt fünf, Stella war siebzehn. Julia war ans Sterbebett ihres Vaters gerufen worden und nach dessen Tod von ihrer Mutter gebeten (oder genötigt) worden, noch bei ihr zu bleiben. Julia war sechs Wochen lang fort und Stella mußte sie zu Hause vertreten. Leslie schrieb zwar, daß er die Kinder nicht gern alleine lassen würde, unternahm aber doch eine von ihm schon vor dieser Zeit geplante Schottlandreise. Florence Maitland war schließlich als Aushilfe eingesprungen. Leslie hatte Julia unentwegt in seinen Briefen bedrängt, ihm zu bestätigen, daß Stella gut mit den Kindern alleingelassen werden könne. Darauf, daß Leslie seine eigenen Vergnügungen zurückstellte, konnte man selbst in akuten Krisensituationen nicht bauen. Daß Julia sehr häufig die Bedürfnisse ihrer Mutter über die Bedürfnisse ihrer Kinder stellte, muß allerdings auch gesagt werden.

Stella hat für ihre Bemühungen kein Lob geerntet. Julia tadelte sie, wenn sie etwas nicht gut genug gemacht hatte, und auch Leslie kritisierte sie, weil sie »schlechter als Julia« war.[19] Einmal, als Julia verreist war und Stella mit fünfzehn Jahren den Haushalt führen sollte, beklagte Leslie sich in einem Brief an Julia, daß Stella »zu nachsichtig« mit den Kindern war, daß er sich mit ihr nicht unterhalten könne und daß sie nicht daran gedacht habe, ihm Schreibpapier zu besorgen. Wenn Stella ihn versorgte, so Leslie, gehe es ihm schlecht. Als sie sechzehn war, »nannte er sie eine erstklassige Haushälterin, die eine gute Kinderpflegerin abgeben würde, klagte aber darüber, sie würde ihn mit Mißachtung strafen, wenn er einmal etwas herumalberte.«[20]

Von Stella wurde nicht nur erwartet, daß sie in Julias Abwesenheit als Ersatzmutter einsprang, sondern auch, daß sie wie eine Ehefrau für Leslie sorgte, mit inbegriffen seine Ansprüche, für sein Schreibpapier zu sorgen und auf seine Albernheiten einzugehen. Bis zu ihrer kurzen Ehe (in der sie aber auch, wie wir sehen werden, für Virginia verantwortlich war) hatte Stella nicht einmal einen Anflug von Eigenleben, und auch ihre Eheschließung erfolgte viel später als nötig gewesen wäre, weil sie nach Julias Tod ihre kleinen Geschwister betreuen mußte. Die Art und Weise, wie Stella behandelt wurde, ist zwar nicht so offenkundig brutal wie die Lauras, führte aber in der Konsequenz zu einem fast völligen Identitätsverlust.

Stella war gebildet, erhielt jedoch keinerlei Ausbildung, obwohl sie in der Familie das größte musikalische Talent besaß.[21] Julia Stephen war eine überzeugte Vertreterin der »Unantastbarkeit der getrennten Sphären«; Wahlrecht, Beruf oder Universitätsbildung für Frauen sah sie als absolut sinnlos an und verteidigte diese Sicht in »leidenschaftlichen Abhandlungen«. Sie stand fest und treu zum patriarchalischen System. Gemäß ihrer konservativen Haltung war sie der Auffassung, daß, wie die Männer ihrer Klasse das Reich, die Frauen das Haus führen sollten. Im Haus, das einem kleinen Reich gleichkam, hatte eine streng hierarchische Ordnung zwischen den Klassen und Geschlechtern zu herrschen. Für Julia war die Familie »die kleinste Einheit des patriarchalischen Staates«; ihr selbst kam es zu, über Körper und Seele der Familienangehörigen und der Dienerschaft zu bestimmen. Pflicht der Hausherrin war es, zum Wohle der ganzen Familie die Moral des Hauses durch »strenge und gerechte« Grundsätze aufrechtzuerhalten.[22]

In den siebziger und achtziger Jahren des vorigen Jahrhunderts gab es in England eine Bewegung für die Rechte der Arbeiter und Frauen.

Julia Stephen reagierte darauf mit einem Artikel zur Dienstbotenfrage, in dem sie »die alten Grundmuster von Ehrerbietung und Gehorsam, die innerhalb des Hauses das Verhältnis der Klassen bestimmen«, verteidigte. Die Unterordnung von Frauen und Töchtern gehörte ebenso in dieses Muster wie der Glaube an eine Form der Familienführung, die darauf beharrte, »die arbeitende Bevölkerung durch gesetzliche und ökonomische Sanktionen in Knechtschaft zu halten«.[23]

Die Art, wie Julia Stella behandelte, muß in Zusammenhang mit diesem Festhalten an einem nach festen Regeln geordneten Haushalt gesehen werden. Nach diesem Grundsatz stand ihr das Recht zu, Stella Befehle zu erteilen und Stella mußte gehorchen. Gerechtfertigt war das dadurch, daß nur so das »moralische Wohl« der Familie aufrechterhalten werden konnte, ja, das moralische Wohl des Volkes und des ganzen Weltreichs. Sie war überzeugt davon, daß, sobald man gegenüber einer Gruppe von Untergebenen »die Zügel schleifen« ließ, alles in Sittenlosigkeit zerfallen würde. Da die Stärke eines Volkes auf seiner Moral beruhte, mußte jede Lockerung der Kontrolle unweigerlich zu »gesellschaftlichen Konflikten, wenn nicht sogar zur Revolution durch die unteren Stände« führen.[24]

Dabei kommt es gerade durch diese Familienstruktur – sorgfältige und kompromißlose Vorschriften der Eltern für jeden Aspekt des Verhaltens der Töchter – häufig zum sexuellen Mißbrauch innerhalb der Familie.[25] Es ist ja die größte Ironie in bezug auf Julias Überzeugungen und Handlungen, daß sie zwar glaubte, durch die Art ihrer Kontrolle im Hause eine moralische Atmosphäre aufrechtzuerhalten, daß tatsächlich aber Stella durch diese Behandlung derart unterwürfig wurde, daß sie den sexuellen Belästigungen und der Gewalttätigkeit ihres Vetters J. K. Stephen zum Opfer fiel.

J. K. Stephen war der Sohn von Leslies Bruder Fitzjames. Fitzjames hatte seinen Glauben an das Frauen innewohnende Böse bei der Verhandlung des Maybrick-Falles, mit dem er betraut war, verkündet. Bei seinem Resumée erklärte er den Geschworenen ohne jeglichen Beweis, daß die des Mordes an ihrem Ehemann angeklagte Mrs. Maybrick eine Ehebrecherin sei und daß Ehebrecherinnen von Natur aus auch mordeten.[26] Daraufhin wurde er zwar von seinem Richteramt entlassen, aber diese irrationale Argumentation macht deutlich, wie tief der Glaube an die Lasterhaftigkeit der Frau in ihm verwurzelt war.[27] Jane Marcus zufolge geht die Stephensche Misogynie zurück auf den Vater von Leslie und Fitzjames, James Stephen, einen Beamten des Colonial Office, der zu Hause als Tyrann auftrat und in der Öffentlichkeit als »Bauherr einer Ideologie der Unterdrükkung, in der das Modell der häuslichen patriarchalen Tyrannei die Basis bildet für den kolonialen Imperialismus«. Diese Herr / Sklave-Beziehung wurde von seinem Sohn James Fitzjames überhöht als die »Beziehung zwischen einem Vater und Frau und Kindern«.[28]

Virginia Woolf beschreibt ihren Vetter Jem, wie man ihn nannte, als »diese hohe Gestalt mit der tiefen Stimme und den wilden Augen«, die sie immer an einen »gepeinigten Stier« erinnerte.[29] J. K. verhielt sich tatsächlich auch genau nach dem viktorianischen Muster, nach dem männliche Sexualität reine Gewalttätigkeit und dämonische Besessenheit war.[30] Unglückliches Objekt von J. K.s Begierde in der Zeit zwischen 1890 und 1892 war Stella Duckworth. In dieser Zeit tauchte J. K. häufig unangemeldet bei den Stephens auf. Er war »mit seinem ganzen Wahn« hinter Stella her.[31]

Sein Benehmen muß die Familie ziemlich in Aufruhr versetzt haben, denn J. K. war außerordentlich agressiv und feindselig. Die Kinder, vor allem die Mädchen, müssen tief beeindruckt gewesen sein. Virginia Woolf erinnert sich daran, wie J. K. »ins Kinderzimmer hereinzuplatzen und das Brot mit seinem Stockdegen aufzuspießen« pflegte. Seine gewalttätigen Ausbrüche haben die Kinder sicher direkt bedroht, denn Virginia erzählt, daß sie mindestens einmal »durch die Hintertür« hinausgeschickt wurden.[32] Doch Leslie und Julia Stephen weigerten sich hartnäckig, seine Gewalttätigkeit zuzugeben. In Leslies Augen war er »rührend« und »charmant«.[33]

Leslie beschreibt in der Biographie über seinen Bruder, J. K.s Vater, die Anfänge von J. K.s Wahnsinn. Er erzählt kommentarlos, sein Bruder habe »die älteren Kinder, als sie klein waren, vergleichsweise selten gesehen«.[34] Er schildert J. K.s Erfolge als Schüler in Eton und als ›Apostel‹ in Cambridge und stellt fest, J. K. habe den Eindruck gemacht, als sei er »ganz bestimmt zu Höherem berufen«.[35] Diese Hoffnung hat sich jedoch nicht erfüllt. Ende 1886 verunglückte J. K., als er von einer Wasserpumpmaschine einen fürchterlichen Schlag auf den Kopf erhielt.[36] Ab Sommer 1888 stellten sich bei ihm einander abwechselnde Phasen von Erregtheit und Depression ein. Leslie führt dies auf J. K.s Unfall zurück. Doch beharrt er darauf, daß »trotz dieser unglücklichen Zwischenfälle sein liebenswertes Wesen unberührt« geblieben sei. »Es gab niemanden, der bezaubernder gewesen wäre als er.«[37]

Während seiner manischen Phasen verfolgte J. K. Stella mit chronischer und heftiger Leidenschaft. Unlogischer- und unfairerweise mußten die Stephen-Kinder mit dafür sorgen, daß J. K. im Zaum gehalten wurde. Obwohl Vanessa und Virginia gerade zehn bzw. acht Jahre alt waren, hatten sie Anweisung, ihn daran zu hindern, zu Stella vorzudringen. Wenn sie auf ihn trafen, sollten sie sich nicht darauf einlassen, mit ihm darüber zu reden, wo Stella sich gerade aufhielt oder was sie machte.[38]

Diese Vorfälle haben die Kinder wohl ziemlich verstört und ihnen gleichzeitig die Erkenntnis vermittelt, ein in Liebe entbrannter Mann sei auch ein gewalttätiger Mann, ein »gepeinigter Stier« eben, wie Virginia nach allem, was sie beobachten konnte, glauben mußte.

Weder von Julia noch von Leslie wurden Maßnahmen ergriffen, um Stella zu beschützen oder um J. K. davon abzuhalten, die Kinder zu erschrecken und ihn vom Haus fernzuhalten. Julia schien die Bedrohung, die für die Kinder von J. K. ausging, einfach nicht zu sehen, oder falls sie ihr bewußt war, war sie entschlossen, sie zu übersehen und die Kinder weiterhin diesem Risiko auszusetzen. Und, mehr noch, sie hatte für den tobenden J. K. mehr übrig als für die fügsame, gehorsame Stella, für die sie keine Liebe empfand.[39]

Julia »zeigte größte Anteilnahme für sein Schicksal«, sie war ihm »von Herzen zugetan«[40] und tat für ihn, was sie konnte.[41] Obwohl J. K. so gewalttätig werden konnte, daß »sein Club sich gezwungen sah, einen Polizisten vor die Tür zu stellen, der ihn mit Gewalt davon abhalten sollte, hereinzukommen«[42], bestand Julia darauf, daß sie ihm »ihre Tür nicht verschließen« könne,[43] und er hatte, abgesehen von einer sehr kurzen Zeitspanne, weiterhin unbeschränkten Zugang, solange bis er von einem Facharzt, Sir George Savage, in eine Anstalt eingewiesen wurde.[44]

Als J. K. anfing, Stella nachzustellen, war Virginia selbst schon sexuell mißbraucht worden. Was bei J. K.s ungezügelten Anfällen herauskam, war eine Neuauflage der Art von Gewalt, die Virginia selbst schon hatte erfahren müssen. Sie muß sich, wie die anderen Kinder auch, hilflos, alleingelassen und bedroht gefühlt haben, zumal ihre Mutter sich weigerte, diesem furchterregenden und gewalttätigen Mann, der zu dieser Zeit »mit großer Regelmäßigkeit« bei ihnen auftauchte, die Türe zu weisen. Julia war der Meinung, man müßte ihm »Zugeständnisse« machen.[45] Kann sein, daß die Kinder daraus auch die Lehre zogen, daß sie, um Julias Aufmerksamkeit zu bekommen, sich nur wie J. K. benehmen mußten.

Folgt man dem Familienmythos, der sich um die Beziehung von Julia zu J. K. rankt, dann hat, laut Leslie Stephen, Julias »Anmut und Würde« J. K. »in seinen schlimmsten Zuständen« beschwichtigen können. Hier tritt der viktorianische Mythos von der Macht der Liebe einer gütigen Frau, die Erlösung und Verwandlung bringen kann, zutage.[46] Ein Mythos eben, und sehr wenig Wirklichkeit. Wenn auch Julia J. K. ab und zu beruhigt haben mag, hat sie ihn weder verwandelt noch erlöst. Er ist in eine Anstalt eingewiesen worden und hat sich dort zu Tode gehungert. Gestorben ist er am 3. Februar 1892.[47] Sein Tod bedeutete für Julia einen Verlust, den sie »nur sehr schwer verkraften« konnte. Kurz vor ihrem eigenen Tod ist Julia an Jems Todestag noch einmal zu seinem Grab gegangen.[48] Leslie Stephen nennt J. K. Stephens Leben eine wirklich »traurige Geschichte«. Doch in der Zuneigung, die Jem für Julia empfand, sah er »die ganze Kraft seines edlen Wesens«.[49]

Es gibt noch einen anderen Aspekt in der Geschichte von J. K. Stephen, der geradlinig auf seine Haltung gegenüber Stella verweist. J. K. war am Trinity College in Cambridge von 1883 bis 1884 Tutor von Eddy, dem Herzog von Clarence, gewesen. Gerüchte kündeten davon, daß Eddy und sein Gefolge ein »ausschweifendes und lockeres« Leben führten,[50] so daß der Prinz von Wales in den Räumen seines Sohnes auftauchte, um dem nachzugehen. Es besteht Anlaß zu vermuten, daß J. K. in dieser Zeit auf sexuellem Gebiet in Schwierigkeiten geriet, denn es gibt ein Lied, das in Cambridge darüber gesungen wurde. In ihm taucht der Hinweis auf, J. K. habe ein uneheliches Kind gezeugt:

There was a maid of the mountain glen,
Seduced herself with a fountain pen;
The pen it broke and the ink ran wild,
And she gave birth to a blue-black child.

...They called the bastard Stephen

...Stephen was a bonny child
Pride and joy of his mother mild,
And all that worried her was this:
His steady stream of blue-black piss.[51]*

J. K.s Haß auf Frauen wird in einem Gedicht deutlich, das er unter dem Titel »Ein Gedanke« im Februar 1891 in *The Cambridge Review* veröffentlichte:

If all the harm that women have done
Were put in a bundle and rolled into one,
    Earth would not hold it,
    The sky could not enfold it,
It could not be lighted nor warmed by the sun;

* *Ein Mädchen aus der Hochebene hat sich mit einer Schreibfeder entjungfert, dabei ist die Feder kaputtgegangen, die Tinte herausgeströmt und so war das Kind, das das Mädchen zur Welt brachte, ganz blauschwarz... Das Balg wurde auf den Namen Stephen getauft...Stephen war ein prächtiges Kind, Stolz und Freude seiner Mutter, aber was sie beunruhigte, war, daß er immer blau-schwarz pinkelte.*

Such masses of evil
Would puzzle the devil
And keep him in fuel while Time's whiles run.
But if all the harm that's been done by men
Were doubled and doubled and doubled again,
And melted and fused into vapour and then
Were squared and raised to the power of ten,
There wouldn't be nearly enough, not near,
To keep a small girl for the tenth of a year.[52]*

Zu einer Zeit also, da Männer an die Reinheit und Macht einer gütigen Frau glaubten, veröffentlichte J. K. diese Aussage über die den Frauen innewohnende Verderbtheit und über das untadelig moralische Wesen der Männer und ihre Überlegenheit. Und seine Verse fanden großen Anklang in Cambridge. Diese Art von Misogynie wurde dort nicht nur hingenommen, sie wurde gelehrt als »Höherwertigkeit der homosexuellen Liebe gegenüber der heterosexuellen... in der Beschäftigung mit dem alten Griechenland und bestätigt in der bei den Zusammenkünften der ›Apostel‹ vertretenen Philosophie«.[53]

J. K.s Gedichte drücken nicht nur die Überzeugung aus, daß Männer die besseren Wesen seien, sondern, in Mord- und Vergewaltigungsphantasien, auch seinen Frauenhaß. In einem Gedicht, »In den Parkanlagen«, beschreibt er, wie, als er selbst durch die Parkanlagen von Cambridge schlendert, eine Frau in diese männliche Enklave eindringt, die nicht bereit ist, sich länger an die einengenden Verhaltens- und Kleidernormen der echten Dame zu halten.

* *Wenn alle Schlechtigkeit der Frauen zusammengenommen und gebündelt würde, würden Himmel und Erde nicht ausreichen, um dieses Paket zu fassen und auch die Sonne könnte nicht mehr scheinen und wärmen. Diese ungeheuren Verbrechen würden sogar den Teufel erstaunen, denn mit ihnen ließe sich das Höllenfeuer in Ewigkeit schüren. Würde aber alles Böse, das Männer jemals angerichtet haben, dreimal mit sich selbst multipliziert, verschmolzen und angezündet, quadriert und verzehnfacht, würde es dennoch nicht annähernd ausreichen für das, was kleine Mädchen im zehnten Teil eines Jahres anstellen.*

As I was strolling lonely in the Backs,
I met a woman whom I did not like.
I did not like the way the woman walked:
Loose-hipped, big-boned, disjointed, angular.
If her anatomy comprised a waist,
I did not notice it: she had a face
With eyes and lips adjusted thereunto,
But round her mouth no pleasing shadows stirred,
Nor did her eyes invite a second glance.*

J. K.s Reaktion auf diese Frau verdient Beachtung:

I did not like her: and I should not mind
If she were done away with, killed, or ploughed.
She did not seem to serve a useful end:
And certainly she was not beautiful.[54]**

So einfach ist das. Frauen, die sich anders verhalten als Männer es von ihnen erwarten, sollte man umbringen oder Gewalt antun. Dabei zeigt das Gedicht auf paradoxe Weise, daß das angemessene Verhalten für eine Frau zwar Zurückhaltung vorschreibt, gleichzeitig aber auch, daß sie einem potentiellen Bewunderer ›einladend‹ zu begegnen hat. Und daß man sie, wenn der Mann bei ihr nicht landen kann, zur Strafe vergewaltigen oder umbringen soll.

Solche Gefühle hatte also der Mann, dem man gestattete, Stella Avancen zu machen – und sie ist nicht darauf eingegangen. Leslie

* *Ich traf, als ich allein im Park spazierenging, auf eine Frau, die mir nicht gefiel. Ich mochte ihren Gang nicht, sie war nicht geschnürt, grobknochig, unordentlich, eckig.*
Falls sie tatsächlich eine Taille hatte, konnte ich nichts davon erkennen. In ihrem Gesicht gab es zwar Augen und Lippen, aber weder ihr Mund noch ihr Blick wirkten einladend und wohlgefällig.

** *Sie gefiel mir nicht. Und ich hätte nichts dagegen gehabt, wenn man sie aus der Welt geschafft, ermordet oder ihr Gewalt angetan hätte. Sie schien zu nichts nutze. Außerdem war sie nicht schön.*

Stephen hat die Gedichte gekannt, aber anstatt sie schrecklich zu finden, schienen sie ihm »humorvoll« und »verspielt«.[55] In London waren sie Stadtgespräch.[56]

Michael Harrison ist mit der verblüffenden Behauptung in die Öffentlichkeit getreten, J. K. Stephen sei der Massenmörder von Whitechapel, Jack the Ripper, gewesen.[57] Als Indizien hat er Zitate aus J. K.s misogyner Dichtung vorgelegt und in ihnen Übereinstimmungen gefunden mit den Formulierungen, die der Mann benutzte, der sich in schriftlichen Mitteilungen an Scotland Yard selbst als Mörder bezichtigte. Seither wird der Name Stephen in der öffentlichen Diskussion um Jack the Ripper immer wieder genannt.

J. K. war genau zur Zeit der Ripper-Morde, 1891, hinter Stella her. Für die zehnjährige Virginia, die wohl von diesen Morden gehört hatte, weil man in London überall davon sprach und weil auch in den Zeitungen davon zu lesen war, muß die Vorstellung, daß J. K. bei ihr zu Hause Amok laufen könnte, doppelt schrecklich gewesen sein. Und wie erst für Stella, die die Hölle durchmachte, ohne daß jemand eingriff – genauso wie anscheinend niemand in der Lage war, den in Whitechapel losgelassenen Verrückten zu stoppen. Ein Mann, dessen dichterische Phantasie Mord und Vergewaltigung feierte, wurde in der Zeit von Jack the Ripper an Stella herangelassen.

Ich glaube zwar nicht, daß J. K. wirklich Jack the Ripper war, aber ich finde es sehr wohl bemerkenswert, daß er in der Zeit der Ripper-Morde seine Gedichte schreiben und in den Periodika der englischen Oberschicht veröffentlichen konnte. Man muß denken, daß die Ripper-Morde der der herrschenden Ideologie verpflichteten üblichen Verehrung der Frau als ›Engel des Hauses‹ gar nicht widersprachen. Und daß Jack the Ripper eigentlich nur ausführte, was ein hochgeachteter und einflußreicher junger Mann in Cambridge an Mordgelüsten veröffentlichte. Wir werden sehen, daß die von ihm zum Ausdruck gebrachte Gewalt gegen Frauen keineswegs nur Frauen der Unterschicht meinte, sondern daß sie genauso gegen die Frauen seiner eigenen gesellschaftlichen Schicht gerichtet war.

J. K.s Liebesbriefe an Stella zeigen ihn im Zweifel, ob Stella für seine Liebe eigentlich gut genug war. In ein und demselben Brief wechselt er von dem Willen, sie zu verehren, zum Willen, sie zu bestrafen. Er nennt sie »mein Stern« und greift in seiner eigenen widersprüchlichen Art die viktorianischen Floskeln der Liebessprache auf: »Erwarte nicht, daß ein Mann deiner Liebe würdig sein könnte... Es gibt keinen, der wirklich die Liebe einer wahrhaft guten Frau verdient. Und keine Frau, die eines guten Mannes Liebe würdig wäre. Du bist nicht wert, von mir geliebt zu werden... Und deshalb lebe wohl, mein Stern, sei gegrüßt, für deinen Liebsten vielleicht für immer, für dich allerdings nicht, bevor er gestorben ist.«[58]

Es läßt sich unmöglich nachweisen, ob J. K. seinen Haß auf Frauen dadurch ausgelebt hat, daß er Stella vergewaltigte. Es gibt Hinweise darauf, daß er es zumindest versucht hat. Er hat selbst nach den schlimmsten Szenen kein Hausverbot bekommen, weil Julia dem armen Jem nicht ihr Haus verschließen konnte, auch wenn er häufig in einem Zustand krankhafter Erregung am Hyde Park Gate Nr. 22 vorfuhr.[59] Einmal aber ließ man J. K. nicht zu Stella, und es liegt nahe anzunehmen, daß etwas, was die übliche Gewalttätigkeit noch überschritt, geschehen war. Vergewaltigung wird als ›gewaltsame Inbesitznahme‹ definiert; J. K.s Verhalten gegenüber Stella galt als ›gewaltsame Verfolgung‹.[60]

Es gibt weitere Hinweise. Es gibt ein Gedicht in J. K.s Gedichtsammlung *Lapsus Calami* – auch Virginia Woolf besaß ein signiertes Exemplar, das entweder ihrer Mutter oder Stella gehört hatte[61] – mit dem Titel »Der letzte gemeinsame Ausritt«, in dem aus der Sicht einer Frau beschrieben wird, welche Behandlung ihr widerfuhr von dem Mann, auf dessen Aufmerksamkeiten sie nicht eingegangen war. Die Frau erzählt, sie habe die Avancen des Mannes zurückgewiesen in dem Glauben, ihr ›Nein‹ würde ausreichen, ihn von weiteren Annäherungsversuchen abzuhalten: »When I had firmly answered ›No‹, / And he allowed that that was so, /

I really thought I should be free / For good.«* Sie glaubt also, es sei ihr gelungen, den unliebsamen Freier so einfach loszuwerden. Sie dankt dem Mann für sein verliebtes Werben und verspricht ihm, immer an seinem Wohlergehen Anteil nehmen und ihm eine Freundin und Schwester sein zu wollen, auch wenn sie ihn nicht lieben könne.

Damit gibt J. K. wieder, wie es zwischen ihm und Stella stand. Stella hatte genauso wie die Frau im Gedicht seine Werbung abgewiesen. Und genauso wie J. K. ist der Mann im Gedicht nicht bereit, das ›Nein‹ zu akzeptieren. Er verhält sich zwar anständig, lädt die Frau aber noch einmal zu einem allerletzten Ausritt ein. Sie fühlt sich bei dem Gedanken gar nicht wohl, beruhigt sich aber selbst, indem sie sich einredet, daß Reiten ihr ganz guttun werde. Außerdem glaubt sie, nur durch ihre Zustimmung diesen hartnäckigen Verehrer loswerden zu können.[62]

Das Wort ›reiten‹ wird im viktorianischen Sprachgebrauch auch doppelsinnig für ›vergewaltigen‹ eingesetzt. In der viktorianischen Pornographie wurden Frauen als Pferde, die von Männern geritten wurden, gezeichnet. In pornographischen Vergewaltigungsphantasien taucht oft die Frau auf, die wie ein Pferd ›an die Kandare genommen‹ werden muß. Pornographische Romane dieser Zeit zeigen Frauen, die »wiederholt überwältigt und gefesselt werden, damit sie leichter ›zu besteigen‹ sind. Die Opfer sind für diese Behandlung im Endeffekt dankbar, sie finden Gefallen an Peitsche und Riemen und sind stolz darauf, ihren Herren zu Gefallen zu sein.«[63]

J. K. läßt die Frau zwar sagen, sie wolle über das, was dann geschehen sei, lieber nicht sprechen, aber daß sie außer sich vor Ärger gewesen sei, gesteht sie, denn als sie »leaned forward to stir the fire, / He advanced before I could well retire**« – mit dem Ergebnis, daß sie sich in einer Umarmung wiederfand, die ihr unangenehm war.[64]

* *Als ich mit einem strikten ›Nein‹ geantwortet und er begriffen hatte, daß ich das wirklich auch so meinte, dachte ich, damit sei ich frei.*

** *sich vorbeugte, um das Feuer zu schüren, kam er auf mich zu, bevor ich entfliehen konnte.*

J. K. Stephen bedient sich hier der pornographischen viktorianischen Begrifflichkeit, mit der ein analer Koitus angezeigt wird: das nicht zur Hingabe bereite Opfer wird von hinten angegangen, der Rock wird ihr über die Hüften hochgeschlagen und sie wird von hinten genommen.[65]

Die Vergewaltigung, der ›Ritt‹, dauert in J. K.s Gedicht vier endlose Strophen lang, während derer die Frau »erst nur daran denkt, wie sie es anstellen kann, dem Tod zu entgehen«. Während des Aktes versucht sie dann mit allen Tricks, mit ihm zu kommunizieren, um ihn dazu zu bringen, sie als menschliches Wesen wahrzunehmen – ohne Erfolg. Sein Gesicht ist starr, wie er weiter in sie stößt. Auch der Mann empfindet offensichtlich bei dieser Vergewaltigung keine Lust. Ihm geht es um seine Macht und darum, der Frau wehzutun und ihr zu zeigen, daß sie nicht über ihren eigenen Körper verfügen kann.[66]

Da diese Gedichte in der Zeit geschrieben wurden, als J. K. Stella so leidenschaftlich verfolgte, kann man annehmen, daß die in ihnen zum Ausdruck gebrachten Rachegefühle und Vergewaltigungsphantasien seine eigenen Empfindungen, die er aufgrund der Abfuhr durch Stella hatte, wiedergeben. Bemerkenswert ist, daß er, auch nachdem er sich durch seine Veröffentlichungen auf diese Weise zu erkennen gegeben hatte, immer noch an Stella herandurfte. Ist es wirklich möglich, daß die Familie sich durch seinen Charme so hat entwaffnen lassen, daß sie die Botschaft seiner Gedichte gar nicht wahrnehmen konnte? Oder hat sie nicht vielmehr einfach Gewalttätigkeit und männliche Sexualität als zusammengehörig empfunden, so daß J. K. eben nur ein Mann war wie jeder andere, nicht anders und nicht schlimmer als vielleicht Leslie Stephen selbst oder als Jack Walter Hills, der später Stella geheiratet hat? Gab es in der Stephen-Familie vielleicht eine so ausgeprägte Misogynie, daß J. K.s Überzeugungen gar nichts Besonderes darstellten?

Einer seiner Briefe an Stella enthält ein seltsames Postskriptum: »Sei nicht sentimental«, warnt er Stella, »sei nicht nervös, sei nicht überempfindlich, und überhaupt, sei nicht so unvernünftig zu glauben, du habest etwas falsch gemacht, was eigentlich richtig war.«[67] Worauf sich dies bezieht, kann natürlich nicht mit Bestimmtheit gesagt werden. Doch gibt J. K. Stella jedenfalls Anweisungen, wie sie auf etwas, was zwischen ihnen geschehen ist, *nicht* zu reagieren habe. Er scheint ihr einreden zu wollen, sie habe alles richtig gemacht, und sie solle sich nicht von ihrer Überzeugung, sich falsch verhalten zu haben, leiten lassen.

In »Der letzte gemeinsame Ausritt« werden genau diese Gefühle wiedergegeben: die Frau selbst will diesen Ausritt, weil er ihr guttun könnte, und sie wird vergewaltigt, weil sie es eigentlich so haben will. Diese Denkweise ist gang und gäbe in der viktorianischen Pornographie: die immer wieder auftauchende Phantasie der männlichen Oberschicht ist, daß eine Frau, die ›nein‹ sagt, in Wirklichkeit ›ja‹ meint. Frauen haben, was Geschlechtsverkehr angeht, gar keine Wahl, denn sie sind immer bereit, selbst wenn sie denken, sie wären es nicht. Für das Opfer bedeutet dies den »Verlust der Freiheit«. Von der Frau wird erwartet, daß sie ihrem Vergewaltiger hinterher erklärt, sie habe es von Anfang an so gewollt: »die junge Frau soll sich mit der Herrschaft des Mannes abfinden und sie lieben lernen.«[68] So die Aussage in »Der letzte gemeinsame Ausritt« – so auch die Aussage von J. K.s Postskriptum.

Stella Duckworth war also genau zu dem Zeitpunkt gefährdet, da die Mittel- und Oberschicht Londons ihr Augenmerk richtete auf den moralischen Hintergrund der Ripper-Morde; Rippers Opfer waren Prostituierte aus dem Londoner East End, wo viele Wohltätigkeitsinitiativen entwickelt worden waren. Laut Aussage der Historikerin Judith R. Walkowitz trugen die Ripper-Morde dazu bei, daß »Frauen sich ihrer Verwundbarkeit in der urbanen Gesellschaft bewußt« wurden. Eine der Lehren, die sich aus den Morden ziehen ließ und die sich im Denken von Frauen festsetzte, war, daß Städte für Frauen, die es »wagten, sich in der Öffentlichkeit aufzuhalten«, gefährlich waren.[69] Die Ripper-Morde waren »die letzten einer Reihe von Sexualskandalen, die in den 80er Jahren des 19. Jahrhunderts das Leben von Ober- und Unterschicht miteinander verknüpften«; wie andere Vorgänge auch verdeutlichten die Ripper-Morde von neuem, daß Oberschichtmänner ein Doppelleben führten, daß sie ein »System des Lasters, das in den Niederungen der respektablen Gesellschaft blühte« mittrugen. Den Mittel- und Oberschichtlesern erwuchs aus den Ripper-Morden ein »bezeichnendes Stück Sittengeschichte«. Es handelte sich dabei um Frauen, die wirtschaftlich am Ende waren, die ihr ›Frausein‹ für eine nächtliche Unterkunft verrieten und die diese Sünde mit dem Tode zu bezahlen hatten. Zeitschriften bedienten sich der Ereignisse, um sexuell aufreizende Erzählungen zu veröffentlichen über »Sex und Gewalt, männliche Herrschaft und weibliche Passivität und über die Überschreitung der Klassengrenzen durch Männer auf der Suche nach einem weiblichen Lustobjekt«.[70]

Walkowitz verweist darauf, in welchem Ausmaß die Ripper-Geschichten »den männlichen Antagonismus gegenüber Frauen sanktionierten und die männliche Vorherrschaft untermauerten«.[71] Sie zeigt auch, wieviele Männer in Ripper-Manier ihre Frauen einschüchterten und wie wegen der Ripper-Morde viele Frauen praktisch unter ›Hausarrest‹ gestellt und abhängig gemacht wurden vom Schutz durch den Mann.[72]

Jedoch führt Florence Fenwick Miller an, Angriffe auf Prostituierte unterschieden sich nicht von anderen Gewalttätigkeiten, die Männer gegenüber Frauen verübten.[73] Solange aber die viktorianische Mittel- und Oberschicht daran festhalten konnte, daß solche Dinge nur Unterschichtsfrauen passierten, daß all dies also sich nur weitab von der eigenen Umgebung abspielte, mußte, was im Bereich des viktorianischen Mittel- und Oberschichtshauses geschah, kein öffentliches Interesse erregen. Im Lichte der Überzeugung, daß Verderbtheit und sexuelle Gewalt vor allem in der Unterschicht beheimatet seien, konnte die sexuelle Gewalt gegenüber jungen Mädchen der privilegierten Schicht wie Virginia und Stella ungehindert und unbemerkt fortgeführt werden.

Ironisch, tragisch und erschreckend folgerichtig ist es, daß eine viktorianische Wohltäterin wie Julia Stephen in die Armenviertel ging, um dort zu helfen, und daß sie, während sie unterwegs war, drei Mädchen – Stella, Vanessa und Virginia – alleinließ, die genau den sexuellen Belästigungen ausgesetzt waren, die Julia andernorts zu bekämpfen suchte. Ihr Glaube an die moralische Überlegenheit ihrer eigenen Klasse ließ sie das, was im eigenen Haus geschah, nicht erkennen. Es wäre ihr nie in den Sinn gekommen, daß sie selbst mit ihrer Überzeugung die Mißhandlungen ihrer Töchter mit hervorrief, sie hätte im Gegenteil wohl immer behauptet, diese selbst hätten sie herausgefordert oder verdient.

J. K. Stephen starb 1892, Julia Stephen 1895. Diese drei Jahre waren eine – wenn auch sehr kurze – Atempause für Stella, und eine der vergleichsweise weniger schwierigen Phasen ihres Lebens. 1894, als sie fünfundzwanzig war, hielt Jack Walter Hills förmlich um ihre Hand an. Stella wies ihn ab. Entweder weil sie ihn nicht stark genug liebte oder weil sie sich für eine Ehe noch nicht reif genug fühlte. Vanessa Bell hat gegenüber ihrem Sohn Julian geäußert, Stella habe zu Lebzeiten ihrer Mutter deshalb nein gesagt, weil sie »ohne sie nicht leben konnte«.[74]

Julias Tod traf Stella sehr hart. Stella hatte mit angesehen, wie Julias Gesundheit sich mehr und mehr verschlechterte. Sie hatte versucht, »Leslie zu warnen«;[75] sie war überzeugt davon, Julias Tod hätte verhindert werden können, wenn es gelungen wäre, sie davon abzubringen, sich so zu verausgaben.

Nach Julias Tod mußte Stella den ganzen Haushalt und die wohltätigen Pflichten ihrer Mutter übernehmen. Leslie hatte sich in seinem Kummer völlig abgekapselt, er beachtete die Kinder überhaupt nicht und »war nicht in der Lage, irgend etwas selbständig zu tun. Stella mußte Unterwäsche kaufen, Rechnungen bezahlen und sich von ihm vorwerfen lassen, sie habe zu häufig in der Woche Fisch auf den Speiseplan gesetzt«.[76]

Stella war in einer schwierigen und sogar gefährlichen Lage. Sie verkörperte eine weniger bekannte Variante des Aschenputtelmärchens, nach der die Tochter wegen ihrer außergewöhnlichen Ähnlichkeit mit der Mutter zum Objekt der väterlichen Begierde wird. Virginia spricht auch tatsächlich vom »unerlaubten Liebesbedürfnis« ihres Vaters und von Stellas »völliger Selbstaufgabe« in bezug auf Leslies Wünsche.[77]

Leslie ging wohl in der Tat davon aus, Stella würde Julias Platz einnehmen. Kurz nach Julias Tod schenkte er ihr zu ihrem Geburtstag am 30. Mai 1895 eine Kette, »die ich ihrer Mutter anläßlich unserer Hochzeit geschenkt habe«. Was er damit ausdrücken wollte, war: »Wir gehören zusammen«. Stella mußte »seine Trauer und seine Selbstvorwürfe beschwichtigen« und ihre eigene Trauer hintanstellen. Überraschte man sie in dieser Zeit in ihrem Zimmer, war sie meist in Tränen aufgelöst.[78] Aber überraschte man sie mit Leslie zusammen, fand man beide eng umschlungen.[79] Virginia Woolf hat recht ärgerlich darauf verwiesen, daß Stella den Vater verwirrt habe, weil sie sich, als sie in diese Position der Vertrauten geriet, ›blind‹ verhalten habe.[80] Sie hat beider Beziehung deutlich als inzestuös interpretiert.

Von Jean O. Love stammt die scharfsinnige Beobachtung, das Trauma von Julias Tod sei für die Kinder noch dadurch verstärkt worden, daß sie ihren Vater mit Stella häufig in kompromittierendem und verwirrendem Zustand vorfanden. Leslies Ansprüche entfremdeten Stella den Kindern. Er fürchtete, sie genauso zu verlieren wie Julia und gestattete ihr nicht, ihn alleinzulassen. Virginia sagt dazu: »Ich glaube nicht, daß Stella während all dieser Monate auch nur einen Moment außer acht ließ, was ihm im Augenblick nottat.« Leslie erwartete von ihr unausgesetzt Zuwendung und »was sie an Trost zu bieten hatte«.[81] Sie nimmt an, Leslie verlangte Trost auch auf sexuellem Gebiet und Stella habe ihn ihm gegeben. Leslies Briefe an Stella anläßlich ihrer Heirat sind Briefe eines verschmähten Liebhabers und nicht Briefe eines liebenden Vaters.

In gewisser Weise hat Leslie Stella immer romantisiert. Als Vanessa genau an Stellas Geburtstag zur Welt kam, schlug Leslie Julia vor, diese erste gemeinsame Tochter Vanessa zu nennen. Er arbeitete zu dieser Zeit an der Biographie über Swift, in der die beiden

Frauen, die Swift »anbeteten«,[82] Stella und Vanessa hießen; das waren nicht ihre wirklichen Namen, sondern die, die Swift ihnen gegeben hatte. Durch diese Namenswahl macht Leslie deutlich, daß er Julias Tochter Stella als Pendant zu Swifts Stella, für die Swift sein berühmtes Tagebuch geschrieben hatte, betrachtete.

Leslies ungeheure Identifikation mit Swift, »dem berühmten Dekan von St. Patrick«[83], durchzieht seine Biographie fast durchgängig. Er ist fasziniert von der Liebe, die Swift von Stella und Vanessa, den beiden Frauen seines Lebens – die Leslie als »seine beiden Sklavinnen« bezeichnet –, verlangte.[84] In der Behandlung, die Leslie Stella angedeihen ließ, ist tatsächlich eine Art Wiederbelebung der Beziehung zwischen Swift und Stella zu erkennen. Swift hatte Stella seit ihrer Kindheit gekannt und die Macht, die er über sie hatte, dazu benutzt, sie an sein Haus zu binden, in dem er selbst Herr und Meister war – was eine heimliche und romantische sexuelle Beziehung zwischen ihnen einschließen könnte. Leslie geht in seiner Swift-Biographie auch davon aus, daß es sich bei dieser Beziehung um eine sexuelle gehandelt habe, denn in seinen Augen war es unmöglich, daß ein Mann sich auf Dauer in der Nähe einer schönen Frau aufhalten kann, ohne sich in sie zu verlieben und diese Beziehung auch auszuleben. Er schreibt, es wäre seltsam, wenn »ein Mann in der Lage wäre, bloße Freundschaft für eine schöne Frau« zu empfinden und daß »jeder normale Mann, der auf die Art, wie es in *Journal to Stella* beschrieben wird, mit einem hübschen jungen Mädchen Umgang pflegt, sich letztlich in sie verliebt hätte«.[85] Ein Mann, der mit einem Mädchen im selben Haus wohne, könne irgendwann einmal sein Begehren nicht mehr unterdrücken. Und Stella Duckworth war nun genau in dieser von Leslie beschriebenen Lage.

Falls Leslie von dem, was er schrieb, selbst überzeugt war, dann muß es für ihn die natürlichste Sache der Welt gewesen sein, sich als normaler Mann unter diesen Umständen in Stella zu verlieben. Und weil Stella den Bedürfnissen ihres Stiefvaters entsprechen wollte, hat sie erst 1897 geheiratet und ist, um seinen Haushalt weiterhin organisieren zu können, sogar in derselben Straße wohnen geblieben. Genauso wie Swifts Stella ist auch Stella Duckworth für Leslie nach dem Tod ihrer Mutter zum persönlichen Eigentum geworden. Eine Veränderung trat erst ein, als Jack Hills wieder begann, Stella zu umwerben – allerdings nicht, ohne daß Leslie versucht hätte, dies zu vereiteln.

Am 22. August 1896, als die Stephen-Familie sich in Hindhead aufhielt, machte Jack Hills ihr neuerlich einen Heiratsantrag, und jetzt nahm Stella an.[86] Leslie Stephen reagierte schlimm. Er spielte sich auf wie ein enttäuschter Liebhaber und nicht wie ein am Wohle seiner Stieftochter interessierter Ersatzvater. Da er sie nicht verlieren wollte, stellte er die von ihr angestrebte Heirat als einen Akt reiner Selbstsucht dar. Er behauptete, sein Glück werde ihr zunehmend unwichtiger.[87] Er fing an, Jack vor seinen Kindern schlecht zu machen und sprach davon, daß allein schon Jacks Name wie ein Peitschenhieb auf ihn wirke.[88] Er tat alles, was in seinen Möglichkeiten stand, um die Hochzeitsvorbereitungen zu erschweren und die Heirat zu verhindern.

Julia hatte Jack besonders gern gehabt. Er, der sich mit seiner eigenen »mondänen, versnobten« Mutter nicht verstanden hatte, wurde zu ihrem erklärten Liebling.[89] Ein Mann wie Jack durfte Stella den Hof machen. Julia und Stella haben sicher über seine besonderen Vorzüge gesprochen, aber, wahrscheinlich weil Julia »etwas überzogene Vorstellungen hinsichtlich Liebe und Ehe« hatte, fand sich irgend etwas, was angeblich an Jack nicht recht war. (Das mag unter Umständen ein unbewußter Versuch Julias gewesen sein, Stella behalten zu können.) Doch kaum hatte Stella den jungen Mann abgewiesen, war Julia sehr um seine Gefühle besorgt: »daß sie enttäuscht worden waren, tat ihr leid, und so entwickelte sie Jack gegenüber eine rührende Freundlichkeit und setzte alles daran, seinen Kummer zu lindern«.[90] Dabei konkurrierte sie mit ihrer Tochter um die männliche Gunst. Und sie war die Siegerin. Stella war ein Köder, aber Julia war diejenige, die alle Herzen gewann. Julia hatte eine besondere Schwäche für junge Männer, die »ihrer

Meinung nach nicht genug Anerkennung« fanden.[91] Nur hatte sie selbst Stella dazu gebracht, Jack zu wenig zu schätzen. Virginia bemerkt dazu trocken, Stellas erblühende Weiblichkeit, ihre Schönheit und ihre Verehrer hätten »in ihrer Mutter (viele Instinkte), die lange geschlummert hatten (geweckt). Sie liebte junge Männer.«[92]

Es läßt sich nicht entscheiden, ob Stella Jack ihr Jawort schließlich gegeben hat, weil sie ihn liebte oder weil sie dem Stephenschen Haushalt und der unmöglichen und kompromittierenden Lage, in die Leslie sie gebracht hatte, entkommen wollte und weil Jack nach Julias Tod der erste war, der um ihre Hand anhielt. Leslie, dem man in bezug auf Stellas Eheschließung keinen Glauben schenken darf, hat die Ansicht vertreten, Stella habe Jack nie geliebt und Julia habe das gewußt und die Tochter deshalb davor bewahrt, einen Mann zu heiraten, dem sie sich nicht spontan hingeben könne.[93] Aber laut Virginia war Stella in den sieben oder acht Monaten ihrer Verlobungszeit so glücklich wie noch nie, »sie strahlte vor Freude«.[94]

Als Stella am 10. April 1897 in der Kensington Church heiratete, schrieb Leslie, er könne die Gedanken, die ihn bewegten, nicht zu Papier bringen. Das einzige, was er schrieb, war, daß die Hochzeit ihm »viele selbstsüchtige Qualen bereitet« habe, jedoch: »ich wäre ein Unmensch, wenn ich mich wirklich beklagen würde«.[95]

Was für ein Mann war Jack Hills? Und: Waren die paar Monate, die Stella und Jack verheiratet waren, glücklich? Virginia Woolf hat Hills des öfteren als einen durch und durch anständigen Menschen bezeichnet, als »herzlich, aufrichtig, häuslich«, ein »perfekter Gentleman«. Dem Landleben und seinen Vergnügungen – wie etwa Reiten und Fischen – war er sehr zugetan, aber er verstand sich auch auf eine sehr poetische Ausdrucksweise.[96] Nicht nur Stellas Leben, sondern auch das der Kinder ist durch ihn schöner und glücklicher geworden. Er zeigte ihnen, wie man Nachtfalter in Zuckerbehältern fangen konnte, er ging ganz offen auf ihre Fragen über Sex ein, er las Plato mit Virginia, Vanessa und ihrer Kusine Marny Vaughan.[97] Er war die frische Brise in dieser Zeit, die Virginia als die Phase orientalischer Schwermut bezeichnete. Und, wichtiger als alles andere, für Virginia war er Bestandteil von Stellas Glück: sie war überzeugt davon, daß Stella noch einmal »das wunderbare Beben des Lebens« zur Schau trug.[98] Auch sie war zweifellos erleichtert, daß Jacks Gegenwart die verfahrene Beziehung von Leslie und Stella durchbrach.

Doch auch Jack Hills war Sohn einer Frau, die Frauen nicht mochte,[99] und es scheint, als ob Jack etwas davon mitbekommen hätte, und zwar nicht nur vermittels seiner Mutter, sondern auch vermittels der in seiner Umgebung vorherrschenden Frauenfeindlichkeit. In ihrem Tagebuch notiert Virginia über Jacks Mutter: »Zu Nessa hat sie etwas Seltsames gesagt, nämlich daß sie junge Mädchen nicht ausstehen kann, und zwar hauptsächlich mutterlose Mädchen... Das Schlimmste in ihrem Leben sei, daß sie ihre Anmut verlöre. Sie würde niemals ein junges Mädchen bei sich zu Hause dulden.«[100]

Stella war Tochter einer Frau, die ihre Söhne den Töchtern vorzog und die Stellas Verehrer über Stella selbst setzte. Und sie heiratete einen Mann, dessen Mutter genauso dachte wie Julia. Violet Dickinson, eine Freundin der Familie, hat Vanessa noch etwas anderes über Jack Hills erzählt: daß er nämlich, wie ein Kindermädchen es ihr hinterbracht hatte, ein »unermüdlicher Liebhaber« war und Stella während der Flitterwochen sehr wehgetan habe,[101] entweder weil er so heftig war beim Liebesakt oder weil er sie so pausenlos bedrängte. Was daran wahr ist, kann man nicht feststellen, jedenfalls schob Violet Stellas Krankheit, die von den Ärzten für eine Bauchfellentzündung gehalten wurde, auf Jacks Sexualverhalten.

Virginia Woolf erinnert sich an Gespräche über Sexualität mit Jack Hills, nach denen es möglich erscheint, daß etwas in dieser Art geschehen sein könnte. Jack hatte Virginia erzählt, daß »junge Männer dauernd von Frauen sprächen« und daß sie »dauernd Frauen ›hätten‹«. Sie war wohl geschockt und fragte ihn, ob denn nicht sexuelle Beziehungen auch etwas mit Ehre zu tun hätten, worauf Jack ihr antwortete, dies sei nicht der Fall – für Männer seien sexuelle Beziehungen nur Bagatellen und würden ihre Ehrenhaftigkeit »nicht um ein Jota« beeinträchtigen[102] –, jeder junge Mann habe seine Hure.[103]

Virginia Woolf merkt an, daß es für sie gut gewesen sei, von Jack auf diese Art geschockt worden zu sein, doch wußte sie nichts darüber, was Violet Dickinson Nessa über Jack erzählt hatte, andernfalls hätte sie möglicherweise auf Jacks Aussagen über das ›unaufhörliche‹ männliche Bedürfnis nach sexueller Befriedigung anders reagiert. Jack glaubte ganz klar an einen unbegrenzten, ununterbrochenen, unkontrollierten und unkontrollierbaren männlichen Sexualtrieb. Und weil er sich deshalb bestimmt sofort nach seiner Rückkehr aus den Flitterwochen eine Geliebte gesucht hätte, ist es mir unbegreiflich, daß er sich so zu Stella verhalten haben soll, wie Violet es behauptete. Wenn es zutrifft, daß Stellas Krankheit und ihr Tod durch Jacks agressives Sexualverhalten verursacht wurden, dann müssen ihre Flitterwochen eine noch brutalere Wiederholung dessen gewesen sein, was J. K. und Leslie Stella schon angetan hatten.

Am Sonntag, den 25. April 1897 kamen Stella und Jack von ihrer Hochzeitsreise zurück. Am Dienstag erkrankte Stella. Leslies damaligen Aufzeichnungen zufolge schien man sich schnell darüber klar, daß sie eine Bauchfellentzündung hatte.[104] Am Donnerstag war ihr Zustand sehr ernst, aber in der Nacht darauf ging es ihr wieder besser. Ab Sonntag glaubten die Ärzte sie außer Gefahr. Die Schmerzen traten zwar immer wieder auf,[105] aber als Stella am 30. Mai verkündete, daß sie schwanger war, schöpfte man Hoffnung. Doch Stella starb am 19. Juli. Nach Vanessas Aussage war diese Zeit bis zu ihrem Tod gekennzeichnet durch »gräßliche Anspannung, Durcheinander, falsche Behandlung und hoffnungslosen Kampf gegen die Dummheit derjenigen, die das Sagen hatten«.[106] Leslie hat keine Todesursache vermerkt, jedoch in Virginia Woolfs damaligen Aufzeichnungen ist von einer Operation die Rede, die am 18. Juli scheinbar mit Erfolg durchgeführt worden war. Weshalb Stella operiert wurde, geht nicht daraus hervor. Um drei Uhr morgens am 19. Juli, gerade drei Monate nach Stellas Hochzeit, hat man Virginia die Todesnachricht überbracht.[107]

Bezeichnenderweise assoziiert Virginia Woolf rückblickend Jacks Werbung um Stella immer mit dem Auftauchen eines Landstreichers: »Ich erinnere mich an die mondhelle Nacht in Hindhead: der Landstreicher: die Schatten im Garten; Stella & er im Gartenhäuschen; Thoby, der den Landstreicher anbrüllt.«[108] An anderer Stelle schreibt sie, Thoby habe gedacht, sie seien Landstreicher.[109] Es wird deutlich, daß in gewissem Sinne Jack für sie ein Dieb war, der Stella der Familie weggenommen hat; sie betrachtete Jack als Bedrohung für das Wohl ihrer Schwester.

Wie hat sich Virginia zu all dem gestellt? Wie sah sie, wie deutete sie Stellas Leben? Was wußte sie über Stellas Beziehung zu Jack, zu Leslie, zu J. K., zu ihrer Mutter?

In ihren Briefen, Tagebüchern und Erinnerungen spricht sie von Stellas ständiger Sorge und Liebe und von ihrem Edelmut. Eine ihrer frühsten Erinnerungen ist, daß sie mit Stella unterwegs war, um Besorgungen zu machen. Danach »ging sie immer mit mir in eine Konditorei und bestellte mir an einem Marmortischchen ein Glas Milch und Zuckerplätzchen.«[110] Als Fünfzehnjährige beschreibt sie, wie sie in einem Sessel sitzt, den Stella ihr geschenkt habe. Stella hat auch, als sie heiratete, wohl wissend wie schwierig Leslie sich in Geldfragen anstellte, für Vanessa und Virginia eine Taschengeldregelung herausgeschlagen.[111] Virginia erzählt von Spaziergängen mit Stella im Park, von ihrer Hoffnung, einmal der Queen zu begegnen.[112] Als Stella dann krank war, verbrachte Virginia »fast die ganze Zeit« drüben bei ihr.[113] Und sie schreibt, wie großzügig Stella sie immer beschenkt hat, und daß, ganz anders als der Vater, der den Töchtern manchmal etwas schenkte, was er selbst geschenkt bekommen hatte, Stella immer beladen war mit Mitbringseln, wenn sie von einer Reise zurückkam.[114]

Sie spricht sehr liebevoll über sie, obwohl es, als Virginia fünfzehn war und Stella im Sterben lag, zwischen ihnen Krisen gab. Wir werden darauf an anderer Stelle zurückkommen. Als Erwachsene entdeckte Virginia Woolf in alten Briefen, die ihr von Madge Vaughan überlassen worden waren, wie schrecklich Stellas Leben tatsächlich gewesen war. »Hier sind zwei triste Briefe«, schrieb sie 1915 an Vanessa, »Stellas würde ich gerne behalten – so trübselig er auch ist«.[115]

Stellas Spitzname »alte Kuh«, erklärt Virginia, kam zustande, weil Stella sie so an »jene großen weißen Blütendolden – von Holunder oder Wiesenkerbel« erinnerte oder weil sie auch aussah wie »ein weißer, blasser Mond an einem blauen Himmel«.[116] Offensichtlich verband sie Stella mit einer ursprünglichen, natürlichen, lebensspendenden mütterlichen Kraft, schön und zart gleichermaßen. Hätte es Stella nicht gegeben, hätten Virginia, Vanessa und die anderen Stephen-Kinder viel stärker gelitten als es der Fall war. Obwohl selbst noch fast ein Kind, brachte Stella Liebe und Geborgenheit in die Kinderstube, was allerdings zu ihren eigenen Lasten ging. Zweifellos hat Virginia darunter auch gelitten. Stella, die für Virginia so zuverlässig als Mutter einsprang, hat selbst diese Geborgenheit nie erlebt – war es da überhaupt möglich, daß sie die ihr abverlangte Sicherheit und Unterstützung tatsächlich geben konnte? Und mußte nicht Virginia jahrelang mit ansehen, wie Stella von J. K. Stephen gepeinigt wurde – und hatte sie nicht auch Stella und Leslie vor Augen? Nichtsdestotrotz hat Stellas tägliche Fürsorge die spätere Entwicklung von Virginia Woolf stärker geprägt als es Julias kühle und unpersönliche Kontrolle zu tun vermochte.

Wo Virginia Woolf in ihren Briefen und Tagebüchern von Jack spricht, zeichnet sie ihn als »bestimmt, kernig & sehr ehrlich & freundlich«; er erinnert sie an »einen hochwertigen, auf Hochglanz polierten gut eingelaufenen braunen Stiefel« und sie spricht von seinem »bodenständigen Ehrgefühl & seiner Klugheit«. Obwohl er »nach außen hin konservativ« war, haben ihn seine »menschlichen Neigungen« sich »in Richtung Frauenbefreiung« hin orientieren lassen.[117] Einmal faßten Virginia und Jack Hills sogar ins Auge, gemeinsam über das Thema »Meere von Gesprächen und Gefühle ohne Ende« zu schreiben.[118]

Bei drei Gelegenheiten jedoch war Virginia wütend auf Jack. Einmal nach dem Tod ihres Vaters, als sie, um Maitland bei seiner

Biographie zur Hand zu gehen, Leslies Briefwechsel las und aussortierte, und Jacks »dickschädelige Korrektheit« und »wie er es immer schafft, seinen großen Huf draufzustellen« sie zum Platzen brachte.[119] Jack hatte offensichtlich geglaubt, Virginia könnte Briefe auswählen, die ihren Vater in ungünstigem Licht erscheinen lassen würden. Sie schreibt zwar nicht, wie Jack auf diese Idee hatte kommen können, doch hatte sie möglicherweise Briefe kompromittierenden Inhalts von Leslie an Stella gelesen und Jack war besorgt um den guten Ruf seiner verstorbenen Frau, falls Virginia beschlossen hätte, diese Briefe ausschnittweise miteinzubeziehen.

Das zweite Mal geht es um Jacks Verhalten nach dem Tode Stellas. Virginia erzählt, wie Jack seine Gefühle auf ihr und Vanessa ablud. Wie er ihre Hand packte und drückte, wie »er (...) meine Hand (umklammerte)«. Wieder einmal forderte ein Mann nach dem Tod einer Frau Zuneigung und erwartete sie von jungen Frauen. Virginia Woolf spricht hier von »unserer schrecklichen Aufgabe, alle Bruchstücke seines Lebens wieder zusammenzusetzen«. In ihren Erinnerungen vergleicht sie gar die Heftigkeit und Hartnäckigkeit, mit der Jack ihr Handgelenk umklammert hielt, mit George Duckworths Klammergriff um ihren Arm. Jack wollte ihr in diesen Tagen nach Stellas Tod nicht zeigen, wie sehr Stella ihm fehlte, sondern daß »ihn seine sexuelle Begierde zerriß«.[120] Was Jack dem jungen Mädchen hier über die Folgen des Todes einer Frau für ihren Mann vermittelte, deckte sich vollkommen mit allem anderen, was Virginia bereits über männliche Sexualität erfahren hatte. Die tote Stella war jetzt reduziert auf die Funktion, seine männliche Lust aufgefangen zu haben. Es verwundert nicht, wenn Virginia Woolf zeit ihres Lebens heterosexuelle Liebe mit Gewalttätigkeit und Tod in Verbindung brachte: nach dem Tod ihrer Mutter hatte George Duckworth sie sexuell belästigt; nach Stellas Tod hatte Jack sie mit Beschlag belegt und ihr von der alles überwältigenden Macht der männlichen sexuellen Bedürfnisse vorgepredigt. Es gibt eine Stelle, wo Virginia Jack mit den Duckworths in einen Topf wirft und sie alle zusammen »eine Männerplage« nennt.[121]

Virginia Woolf schreibt, Jack habe sich in dem Sommer nach Stellas Tod, als die Familie sich in Painswick aufhielt, über Wochen so aufgeführt. Jeden Abend schnappte er sich Vanessa oder Virginia zu einem Spaziergang und entlud seine ganze Qual auf sie. Die beiden hatten »die Hauptlast seines Schmerzes zu tragen«[122] an diesen, wie Virginia sagt, »schrecklichen Abenden in Painswick«.[123] Zwei Bilder aus diesem Sommer haben sich ihr vor allen anderen eingeprägt, ein »blattloser Baum« und Jacks Hand, die ihre Hand umklammerte.[124] Mit Stella, der ›alten Kuh‹, war auch die Fruchtbarkeit von der Welt verschwunden. Wieder einmal war Virginia ohne weiblichen Schutz der gewalttätigen Sexualität der Stephen-Männer ausgesetzt.

Nicht lange nach Stellas Tod fing Jack an, Vanessa den Hof zu machen. Hier und da heißt es, sie habe ihn geliebt.[125] Warum Vanessa solche Gefühle für Jack empfinden konnte, ist schwierig zu sagen. Ich werde an späterer Stelle darauf eingehen. Was feststeht, ist, daß Vanessa ziemlich genau wußte, daß sie nur durch eine schnelle Heirat vermeiden konnte, in Stellas Position gedrängt zu werden. Allerdings konnte sie Jack in England nicht auf legale Art und Weise heiraten, da es gesetzlich verboten war, daß ein Mann die Halbschwester seiner Frau ehelichte; doch hätte sie mit ihm ins Ausland gehen können. Warum Jack sich Vanessa ausgesucht hat, weiß niemand. Laut Leslies Biograph Noel Annan war Jacks ›sexuelle Frustration‹ nach Stellas Tod der Grund dafür.[126] Jedenfalls läßt Jacks Verhalten auch Violet Dickinsons These plausibler erscheinen.

Vielleicht aber war für Virginia die schlimmste Hinterlassenschaft von Jacks Heirat mit Stella und seinem darauffolgenden Verhalten gegenüber Vanessa der Eindruck, daß Frauen als männliches Lustobjekt untereinander austauschbar seien; daß sein Trieb Jack dazu brachte, eine Frau sehr schnell zu vergessen, die er angeblich geliebt hatte. Die Tragödie um Stellas Tod war, daß Virginia beobachten mußte, wie Jack darauf reagierte. Wenn sie erzählt, Jack sei wieder zu Nessa gekommen, schreibt sie anzüglich, Nessa habe

»wieder den Kanal voll«:[127] Vanessa ist ein Hohlraum, in den hinein Jack seinen Kummer gießt, nichts weiter. Sie erinnert sich auch an Jacks spätere Briefe aus Italien, in denen er schreibt: »Denke nicht, ich hätte Stella vergessen, auch wenn ich andere Frauen geliebt habe.«[128] Sein Verhalten sprach ja Bände.

Als Virginia Woolf 1940 die deutschen Flugzeuge über sich am Himmel dröhnen hörte, notierte sie einen Ausspruch von Jack: »Die Schwachen sind die Übeltäter... die ziellosen Menschen, die sich im Garn verwickeln.«[129] 1940 sah Virginia Woolf Jack als Faschisten, der wie Hitler an das den Schwachen innewohnende Böse glaubte. In dieser Tagebucheintragung bezeichnet sie selbst sich als ›ziellosen Menschen‹, der sich im Garn verwickelt. Sie war überzeugt davon, schwach und, wie Stella, ein Opfer von Jack Hills und dessen abenteuerlicher Männlichkeit gewesen zu sein.

Die Auswirkungen ihrer Beziehung zu Stella analysiert Virginia Woolf zweimal: erstmals als Fünfundzwanzigjährige und später noch einmal, als sie fast sechzig ist. Beide Male denkt sie über Stellas wirkliches Leben nach, sie betrachtet die Beziehung zwischen Stella und Julia Stephen und hinterfragt eingehend ihr Verhältnis zu Leslie Stephen, Jack Hills und J. K. Stephen.

Sie betont, Julia habe Stella zu Unterordnung und Opferhaltung erzogen. Stella sei schon als Kind »unterdrückt« worden, habe immer im Schatten der Mutter gelebt und sich selbst als »minderwertig« gesehen, und dieses Gefühl habe die Mutter ihr auch eingetrichtert und in ihr bestärkt. Virginia spricht auch von den drastischen Folgen, die sich aus der viktorianischen Tradition, Töchter gleichsam als Anhängsel der Mütter großzuziehen, ergäben. Sie sagt, Julia habe Stella »ohne weiteres hingeopfert«.[130] Virginia Woolf verklärt ihre Mutter nicht; sie erläutert, wie es dazu kommt, daß eine sich selbst aufopfernde Mutter in Reaktion auf die von ihr erwartete Fürsorge-Rolle sich ihrer Tochter zuwendet und sie ihrerseits versklavt.

Virginia Woolf sieht, daß Stellas Abhängigkeit von der Mutter dadurch aufrechterhalten wurde, daß Julia Stella einimpfte, sie sei ohne sie nicht überlebensfähig. Stella war »ein Teil ihrer selbst«. Julia war die Sonne, Stella der Mond. Für Stella war die Mutter ein göttliches Wesen und sie selbst die »immer aufmerksame Dienerin«.[131] In dieser Konstellation wiederholte sich das Verhältnis zwischen Julia und ihrer eigenen Mutter, Julia Jackson.

Am Beispiel von Stellas Leben macht Virginia Woolf sich selbst klar, daß zur Entwicklung eines starken Ichs, das eine Frau braucht, um für sich selbst sorgen zu können, notwendigerweise diese, wie sie es nennt, »fast schon überschwengliche«[132] Bindung zwischen Mutter und Tochter verändert werden muß. Erst dann wäre die Mutter in der Lage, für sich selbst zu sorgen und müßte nicht verlangen, daß ihr eigener hoffnungsloser und unerfüllter Wunsch nach Geborgenheit von der Tochter eingelöst würde; es käme darauf an, daß sie ihre Kräfte nicht überforderte, die Bedürfnisse des Mannes nicht über die eigenen stellte und darauf bestünde, daß Männer für sich selbst Sorge trügen. (Soweit, daß sie die Möglichkeit, Männer könnten sich für Frauen zuständig fühlen, in Betracht zieht, geht Virginia Woolf nicht.) So wäre die Mutter auch in der Lage, ihrer Tochter die für sie nötige Bestätigung und Geborgenheit zu geben.

Virginia Woolf betrachtete die Auflösung der Mutter/Tochter-Symbiose als unerläßlich, wenn Frauen aufhören sollten, ihre eigene Versklavung an die Töchter weiterzugeben. Am Beispiel dessen, was mit Stella und ihr selbst nach Julias Tod geschah, macht sie auch klar, daß inzestuöse Übergriffe nur durch eine Veränderung der Mutter/Tochter-Beziehung verhindert werden können.[133] Solange daran festgehalten würde, daß Frauen alleine für die Kinderaufzucht in der Familie verantwortlich seien, könne dieser Teufelskreis, gleichgültig welche politischen Reformen man auch in Gang setzte, nie durchbrochen werden. Stellas Beispiel zeigt ihr, daß es, um die Familienstruktur zu verändern, darauf ankommt, daß Mütter ihre Töchter nicht mehr zum Dienen erziehen, ihnen nicht als vorrangige Pflicht beibringen, auf jeden Wunsch des Mannes einzugehen, das Wohlbefinden von Männern und

Knaben über das von Frauen und Mädchen zu stellen und die Verantwortung für das Wohl von Männern und Knaben den Frauen anzulasten.

Rekapitulierend erklärt sie, wie und warum Stella und sie zu Inzestopfern wurden. Sie führt Stellas Beziehung zu Leslie auf die ihr von Julia anerzogene Unterwürfigkeit zurück und den eigenen erlittenen sexuellen Mißbrauch darauf, daß Leslie die Kinder vernachlässigt und Stella seine Bedürfnisse denen der Geschwister übergeordnet habe. Weil nämlich Stella von Leslie für sich in Anspruch genommen wurde, wurden Virginia und Vanessa zur Zielscheibe von George Duckworth, der, vielleicht in Reaktion auf das Verhalten seines Stiefvaters, seine Wut auf Stellas Position in einen Angriff auf Leslies eigene Töchter umlenkte.

Auch wenn Virginia Woolf Stella vorwirft, es habe ihr an Scharfblick gemangelt, und auch wenn es verständlich und klar ersichtlich ist, daß ihr eigenes Leben zu dieser Zeit, wie sie sagt, »in einem Zustand chronischer Verwirrung« war, hatte Stella doch aus der Affaire mit J. K. Stephen gelernt, daß ihre Integrität, ihr körperliches und seelisches Wohl für die Eltern nicht von Bedeutung waren: ein Mann hatte sich auf brutale Weise, und ohne daß jemand nach den Folgen für sie fragte, an sie heranmachen dürfen. Und weil Stella keinen Schutz und keine Geborgenheit gefunden hatte, als sie es brauchte, war sie nicht in der Lage, sich selbst zu schützen. Julia und Leslie hatten die zwei Jahre andauernde Belagerung Stellas durch J. K. Stephen zugelassen, sie hatten sie, und höchstwahrscheinlich, da er ins Haus kam, wann er wollte, auch sexuelle Belästigungen sogar noch gefördert – wie soll Stella jemals begriffen haben, daß es in ihrer Macht stand, zu einem Mann nein zu sagen? Zu Leslie jedenfalls konnte sie nicht nein sagen.[134]

Stella wurde auf sexuellem und emotionalem Gebiet Leslies Stütze. Virginia muß daraus den Schluß gezogen haben, daß jegliche Art von Verehrung, die Leslie für Julia empfunden hatte, nur fragwürdig sein konnte. Schien sie nicht schnell vergessen, wenn Leslie doch in Stellas Umarmung Trost und Erleichterung suchte?

(Eine Wiederholung dieses Teufelskreises fand dann nach Stellas Tod statt, als Jack Hills sich Vanessa näherte.) Aber verzweifelt, fast hysterisch hielt die Stephen-Familie an ihren Bildern fest: Julia als der von Leslie verehrte ›Engel des Hauses‹, Stella als Jacks angebeteter ›Stern‹. Sie hielt diese Bilder aufrecht, obwohl die Männer kaum abwarteten, bis ihre Frauen unter der Erde waren, um sich an ein neues ›Opfer‹ heranzumachen.[135]

Virginia Woolf und ihre Geschwister verloren mit Julia gleich zwei Elternteile, weil sie auch die Zuwendung von Stella, die ja ihre wichtigste Bezugsperson gewesen war, verloren. Sie wurden mit ihrem Schmerz alleingelassen, denn ihr Vater vernachlässigte sie genauso, wie er das mit Laura nach dem Tode seiner ersten Frau gemacht hatte.

In dieser Zeit begann auch Virginia Woolfs eigener Alptraum von neuem: George nahm seine inzestuösen Übergriffe auf sie und möglicherweise auch auf Vanessa wieder auf. Virginia spricht davon, wie »dieses beklemmende, undurchsichtige Leben« nach Julias Tod »uns dennoch überschwemmte und erstickte und uns blind machte«. Aber: »ein Finger lag auf unseren Lippen«.[136] Weil sie das Schweigen nicht brechen, sich nicht aussprechen konnte, war der Zusammenbruch, den sie erlitt, ein Akt der Verzweiflung. Sie versuchte, koste es was es wolle, in die Intimität dieser hermetisch abgeschlossenen, inzestuös verriegelten »treibhausähnlichen Räume«, ohne die Inzest nicht möglich ist, die Außenwelt in Person der Ärzte, die man zu ihr rief, hereinzuholen.

Der Tod ihrer Mutter hieß für Virginia, sich mit fünfzehn Jahren »dieses Schutzes berauben zu lassen«, »aus diesem heimischen Hafen ausgestoßen zu werden«.[137] Das verwundert nicht. Julia war für Stella eine Art Schutzwall gegenüber Leslie (allerdings nicht gegenüber J. K.; und für Virginia war sie dies gegenüber Gerald auch nicht). Als Julia tot war, gab es für Stella, Virginia und Vanessa nichts mehr, hinter dem sie sich verstecken konnten. Alle drei bekamen die Folgen der Überzeugung zu spüren, nach der Männer ihren Trieb nicht beherrschen können und Frauen durch ihre bloße Anwesenheit Männer schon heiß machen, und nach der das moralische Wohl einer Familie der beständigen Wachsamkeit durch den ›Engel des Hauses‹ bedarf. Virginia Woolf begreift diese Ideologie als Kernstück des sexuellen Mißbrauchs innerhalb der Familie. Es ist die Ideologie, der ihre Eltern anhingen und nach der sie lebten. Inzest ist also nicht eine Verfehlung innerhalb dieser einen Familie, sondern die natürliche, logische und notwendige Konsequenz aus diesem Familien-Kodex.

3. Kapitel

Vanessa, »die Heilige«

1907, als Vanessa sich daran machte, ihre Erinnerungen zu schreiben, in denen sie ihr Leben bis zu ihrem vierzehnten Lebensjahr darstellen wollte, schlug sie Virginia vor, sie solle das für sich doch auch tun.[1] Ihre Beziehung steckte zu diesem Zeitpunkt in einer sehr schwierigen Phase, denn Virginia litt entsetzlich unter dem Gefühl, Vanessa habe sie durch ihre Heirat mit Clive Bell verlassen. An Violet Dickinson schrieb sie, diese Ehe erschiene ihr mitunter »seltsam und unerträglich. Wenn ich sehe... wie dieses komische kleine Geschöpf mit seiner rosa Haut zuckt und sein kleines spastisches Lachen hervorwürgt, frage ich mich, was für ein seltsames Wesen sich da in Vanessas Nähe aufhält.«[2]

Virginia nahm Vanessas Aufforderung an – allerdings wollte sie über Vanessas Leben schreiben. Sie konnte es sich nicht verkneifen, Erinnerungen zu verfassen, die Vanessas eigene übertreffen sollten. Und dadurch, daß sie das Leben ihrer Schwester beschrieb, konnte sie den Versuch machen, Vanessa für sich zurückzuerobern, oder, falls dies nicht gelang, wenigstens den Geist ihrer gemeinsamen Kinderzeit noch einmal beschwören. Clive Bell teilte sie mit, sie habe mit Vanessas Biographie angefangen, doch: »Ich frage mich, warum das alles niederschreiben? Ist mir doch bewußt, daß ich das, was du im Augenblick an deiner Seite hast, nie zurückerobern werde.«[3]

Virginia verfolgte dabei noch eine andere Absicht. Als sie nämlich die Erinnerungen an ihre und Vanessas Vergangenheit zu Papier brachte, schickte sie das Geschriebene nach und nach an Clive Bell, den sie eigentlich damit erreichen wollte.[4] Zwar gibt Virginia in den »Reminiszenzen« selbst vor, sie schreibe sie für Vanessas und Clives ungeborene Kinder, doch da die erste Botschaft, die sie vermittelte, und zwar laut und deutlich im ersten Kapitel, für Clive bestimmt war, ist das nur Pose. Sie sagt da, daß Vanessa und sie ein Liebespaar waren, lange bevor Clive auf der Bildfläche erschien, daß sie sich »zu einem sehr festen Bündnis zusammengeschlossen« hatten, zu einer »Geheimzelle«,[5] wie sie das später nannte. Sie erzählt, wie Vanessa und sie sich getroffen hatten »in dem großen und geheimnisvollen Land unter dem Kinderzimmertisch, wo sich fortgesetzt etwas Abenteuerliches und Romantisches abspielte... wir trieben aufeinander zu wie Schiffe auf einem gewaltigen Ozean.«[6]

Sie schrieb scheinbar in der Absicht, Vanessas Tugenden zu rühmen. Leicht verklärend erzählt sie, wie Julia Stephen Vanessa zulächelte, wenn sie in der Familie die Rolle des Hausmütterchens übernahm und sich um die »kleinen Wesen, die jünger waren« kümmerte, und dabei so besorgt war um das Wohlbefinden der Geschwister, daß sie sogar dem Kindermädchen Anweisungen gab, wie sie Thoby vor dem Essen in seinem Kinderstuhl festbinden sollte. Sie charakterisiert Vanessa als »nach außen hin sachlich und ernst, die Vertrauenswürdigste und immer die Älteste«; sie erwähnt, wie Vanessa manchmal über ihre ›Pflichten‹ jammerte und wie sie es auf sich nahm, ›verläßlich‹ sein zu müssen. Wie ehrlich sie war – so ehrlich, daß die anderen Kinder ihr den Spitznamen ›die Heilige‹ nachriefen.[7] Oberflächlich betrachtet scheint es sich bei Virginias »Reminiszenzen« tatsächlich um ein Porträt von Vanessa, der ›Heiligen‹, zu handeln, das sie an Clive Bell schickte, damit er mit ihr gemeinsam die überragenden Qualitäten seiner Frau feiern könnte.

Allerdings hatte Virginia schon bevor sie mit der Niederschrift begann, geäußert, sie wolle das allgemein verbreitete Bild von Vanessa als einer ›Heiligen‹ berichtigen, das ihrer Meinung nach auch Clive hatte und über das sie sich ziemlich ärgerte wegen der implizit darin enthaltenen Kritik, daß sie selbst weit davon entfernt sei, als heilig zu gelten. Kurz nach der Hochzeit schrieb sie an Clive, es herrsche »allgemein die Überzeugung... daß niemand ihrer würdig sei«; sie wünsche sich Vanessas Porträt »etwas schillernder« und sie fügte ganz offensichtlich sarkastisch an: »Ich knie voller Ehrerbietung den ganzen Tag vor ihrem Schrein. Und ich bin überzeugt, auch aus den Wiesen von Wiltshire (wo Clives Familie wohnte und wo Clive und Vanessa sich aufhielten) steigt Weihrauch.« In einem Brief an Violet Dickinson nennt sie Vanessa jedoch eine »alte Schwindlerin«.[8] Und in den »Reminiszenzen« rächt sie sich an der heiligen Vanessa, indem sie sehr ausführlich und scheinbar ergänzend zu vielen anderen Begebenheiten in Vanessas Geschichte ausführt, wie Vanessa sich nach Stellas Tod gegenüber Jack verhalten hat.

Virginia teilt Vanessas Mann also Einzelheiten über eine frühere Liebesgeschichte seiner Frau mit, Dinge, die ihm vorher vielleicht unbekannt waren. Dabei spielt es keine Rolle, ob und wie tolerant Clive vielleicht gewesen ist, wichtig ist, daß Virginia in die Offensive ging und, im Bewußtsein, Clive würde es lesen und auch Vanessa würde Kenntnis davon nehmen, dieses Bild zeichnete, auf dem die Schwester sich so bereitwillig dem Mann ihrer verstorbenen Halbschwester an den Hals warf. Ihre Worte treffen und sind mit Bedacht gewählt. Sie schreibt, Vanessa habe »seit jeher Zuneigung für Jack« gefühlt und er habe »ohne sich darüber Gedanken zu machen« das Zusammensein mit ihr genossen. Und dann betont sie recht nachdrücklich, daß diese alten Gefühle leicht »Auftakt zu stärkeren und leidenschaftlicheren Gefühlen« sein konnten, »und der Anreiz war stark«.[9] Virginia verdeutlicht damit, daß die heilige Vanessa alles andere als heilig war.

Sie erzählt dann sehr anschaulich, wie George sich nach Julias Tod zu ihnen beiden verhielt, wie sie beide Ziel seiner amourösen Annäherungen wurden – was Vanessa Clive möglicherweise verschwiegen hatte. Sie spricht von Georges »heftigen Gefühlsausbrüchen« und davon, daß er ein »Übermaß an animalischer Vitalität« besaß, das nicht vom Verstand zu steuern war, so daß er sich »unter dem Deckmantel der Selbstlosigkeit« Dinge herausnahm, die ein etwas klügerer Mann »tyrannisch genannt hätte«. George habe sich benommen »wie ein Untier«, auch wenn er »zutiefst von der Reinheit seiner Liebe überzeugt war«.[10]

Daß Virginia damals, 1907, das Schweigen über beider Ausgenutztwerden brach, ist an sich schon erstaunlich – Gewicht erhält es aber noch zusätzlich dadurch, daß sie es ausgerechnet gegenüber dem Mann ihrer Schwester tat. Es scheint so, als wäre es ihr hauptsächlich darauf angekommen, Vanessa dazu zu bringen, weiterhin die Last ihres gemeinsam verbrachten Lebens mit ihr zu teilen. Sie wollte nicht, daß Vanessa sich von ihr zurückzog, daß sie verleugnete, was ihnen beiden geschehen war und daß sie so tat, als habe es nicht stattgefunden, daß sie dem »inneren Tumult« von George »mit unserer gewohnten, tapferen Art« begegnete.[11] Sie wollte, daß Clive die Wahrheit über die Frau, die er geheiratet hatte, wußte, sie wollte zur Geltung bringen, daß das Klischeebild der reinen Frau die Qual und Vergangenheit Vanessas unterdrückte und damit auch nicht erkennen ließ, daß sie beide, aufgrund dieser gemeinsamen Vergangenheit, weniger verschieden voneinander waren als gleich. Daß sie im Kern zusammenhingen und eine Einheit bildeten.

Vanessa hat in einem Brief auf diese Darstellung ihrer Vergangenheit geantwortet. Sie schreibt, sie fühle sich wieder »mitten in diese schreckliche Unterwelt der Emotionen hineinversetzt« und fragt: »Wie sind wir da nur herausgekommen? Heute erscheint mir das alles fast zu gräßlich und unnatürlich, als daß es je hätte stattfinden können.«[12]

Virginia Woolf hat diese Vorfälle erneut öffentlich gemacht, als sie ihr »Hyde Park Gate 22« im Memoir Club vorlas, der seit 1920 bestand und zu dessen Mitgliedern unter anderem ihr Mann, Maynard Keynes und E. M. Forster gehörten. Sie verfolgte damit auch die Absicht, den Unterschied zwischen dem Leben, das junge Männer, und dem, das junge Frauen in der viktorianischen Zeit geführt hatten, herauszustellen. Sie wollte darauf hinweisen, daß, während die jungen Männer dieser Gruppe in Cambridge gewesen waren und dort als Cambridge-›Apostel‹ gelernt hatten, sich vor allem Griechischen zu verbeugen,[13] ihre Schwestern zu Hause saßen und die, wie sie es in einer privaten Erinnerung nennt, »griechischen Sklavenjahre«[14] der Pflichterfüllung und des Dienens durchmachen mußten.

Sie erzählt, wie Vanessa, »in ihrem weißen Satinkleid«, geschmückt mit »einem makellosen Amethyst« und mit »einem blau emaillierten Schmetterling« im Haar – alles Geschenke von George – von ihm mit Liebkosungen überhäuft wurde, »die fremden Blicken nicht ganz verborgen blieben«.[15] Sie wollte damit deutlich machen, daß sie und Vanessa inzestuösen Belästigungen ausgesetzt gewesen waren, die jedem Augenzeugen hätten auffallen können und möglicherweise tatsächlich aufgefallen waren.

Seit 1897, dem Zeitpunkt ihrer Einführung in die Gesellschaft, und mindestens bis 1904 war Vanessa Georges bevorzugte Begleitung bei gesellschaftlichen Anlässen.[16] Nach dem Tod der Mutter, 1895, hatte George sie sich zu seinem Opfer erkoren, und sie blieb es über einen Zeitraum von neun Jahren. Überall tauchte sie neben ihm auf: bei einer Dinnerparty bei Lady Arthur Russel, zu einem Wochenende im Hause der Chamberlains in Highbury,[17] sogar in Paris.[18] Jeden Tag kamen an »Mr. Duckworth und Miss Stephen« adressierte Einladungen. Vanessa versuchte, sich zu entziehen, doch laut Virginia wurde George dadurch nur umso hartnäckiger.[19] Auch wenn sich Szenen ereigneten, nach denen Vanessa vorübergehend ihre Ruhe hatte – etwa die, als George und Vanessa immer wieder im Wagen um den Platz fahren mußten und nicht aussteigen konnten, weil man ihnen noch immer ansah, daß sie miteinander gekämpft hatten –, und auch wenn Vanessa ständig mit ihren Klagen die Schwester ins Vertrauen zog, ließ George sie auch noch 1904 – und nicht selten unter den Augen von Zuschauern – nicht in Ruhe.[20]

Als George 1934 gestorben war, schickte Vanessa ihre Aufzeichnungen über alles, was er mit ihr getrieben hatte, an Virginia. Möglicherweise enthalten sie bestimmte Ereignisse, die Virginia, obwohl sie sicherlich viel wußte, bis dahin nicht kannte. Virginia jedenfalls schrieb Vanessa daraufhin, diese Erinnerungen hätten sie »mit einem derartigen Grauen erfüllt«, daß sie nicht in der Lage sei, »unbefangen damit umzugehen«.[21]

In ihren privaten Erinnerungen drückt Virginia Woolf die Überzeugung aus, Georges Verhalten rühre von »sexueller Eifersucht«[22] her. Angeblich um Vanessa eine gute Partie zu sichern, hatte er sich zu ihrem ständigen Begleiter gemacht. Virginia interpretiert das so, daß er dadurch über ihren Umgang bestimmen und über sie verfügen konnte. In diesem Versuch, Vanessa für sich zu behalten, imitierte George das, was Leslie mit Stella und später auch mit Vanessa gemacht hatte; zudem rief er damit auch die mit Vanessas Namen hintergründig verbundene Bedeutung wieder ins Leben. Vanessa ist, so sieht es ihr Biograph Frances Spalding, »durch ihren Namen grausam gezeichnet«. Swifts ›Vanessa‹, Hester Vanhomrigh, fand ihr Leben lang keine sexuelle Erfüllung; alles, was sie in Folge ihrer Verbindung mit Swift erlebte, war »endlose Qual aus unerwiderter Leidenschaft«.[23]

Was mochte Leslie Stephen veranlaßt haben, sein und Julias erstes gemeinsames Kind Vanessa zu nennen? Die Tatsache, daß der Name, den er für sie ausgesucht hatte, so genau mit ihren Lebensumständen übereinstimmte, läßt vermuten, daß er damit unbewußt den Keim zu etwas legte, was er in ihr entwickeln wollte – eine lebenslange Bindung an ihn vielleicht, sein ›Besitzrecht‹ an ihr, eben so, wie Swift seine Vanessa zu seiner ergebenen Sklavin gemacht hatte. Vielleicht hat er, wie viele andere viktorianische Väter, die sich ihre Töchter im Falle des Todes der Ehefrau als Haushälterin hielten, sich auch unbewußt für seine Tochter ein Leben völliger sexueller Enthaltung gewünscht. Swift beschreibt in *Cadenus und Vanessa*, was er für sie fühlt, »dieses unschuldige Entzücken, das ihn ergriff, wenn er sah, wie die Jungfrau sich in ihr Buch vertiefte«.[24] Swift war sich klar darüber, daß er, solange Vanessa Jungfrau war, keine Konkurrenz zu fürchten hatte und in seiner Unerreichbarkeit das Idealbild des Geliebten verkörperte. Dadurch, daß er sich ihr verweigerte, band er sie umso fester an sich, weil sie sich ihr ganzes Leben lang nach ihm verzehren würde.

Nach Stellas Tod wurde Vanessa »in die Rolle der Gastgeberin und Haushälterin«[25] hineingedrängt. Sieben Jahre lang, bis Leslie starb und sie fünfundzwanzig war und für sich und die Geschwister ein eigenes Haus in Bloomsbury, weit fort von Hyde Park Gate und allem, was damit zusammenhing,[26] führen konnte, stand sie dem väterlichen Hausstand vor und trug »die Hauptlast seiner Forderung, daß sie als Tochter eines berühmten Gelehrten ihr Leben auf seine Bedürfnisse hin zuzuschneiden« habe.[27] »Wenn er traurig sei«, erklärte er, »solle sie auch traurig sein; wenn er ärgerlich werde,... solle sie weinen.«[28] Sieben Jahre lang diente sie ihm und er war zu ihr genauso grausam wie Swift zu ›seiner‹ Vanessa – so grausam, daß sie nach seinem Tod wiederholt davon träumte, wie sie ihn umbrachte.[29] Virginia schreibt in ihren Erinnerungen, daß Leslie »brutal« zu Vanessa war[30] und entschlossen, »Vanessa als nächste zu opfern«.[31]

Um sich einen kleinen Freiraum täglich sichern zu können, den sie zur Weiterentwicklung ihres künstlerischen Talents brauchte, mußte Vanessa, die mit achtzehn Jahren einem viktorianischen Haushalt vorstand, in dem alles sich um die Wünsche und Bedürfnisse des Vaters drehte, von morgens bis abends arbeiten. In dieser Zeit beschreibt Virginia ihn als »den Tyrannen – den anspruchsvollen, heftigen, theatralischen, überschwenglichen, egozentrischen, sich selbst bemitleidenden, tauben, flehenden und wechselweise geliebten und gehaßten Vater«.[32] Diese Ambivalenz des Gefühls unterschied Virginia von Vanessa: Vanessa fühlte Leslie gegenüber reine Wut, nichts sonst.[33]

In dieser Zeit mußte Vanessa sich um die Mahlzeiten kümmern, sie mußte für Virginias Pflege während ihrer häufigen Krankheiten sorgen, sie mußte ihrem Vater Tee zubereiten, weil er das nach den Gepflogenheiten der damaligen Zeit nicht konnte, und sie mußte, wenn er Besuch hatte, für den Fortgang der Gespräche Sorge tragen, denn er selbst, der zunehmend schwerhöriger wurde, war dazu nicht mehr in der Lage. Außerdem mußte sie entsprechend gekleidet beim Dinner erscheinen und ihren Bruder George bei dessen täglichen gesellschaftlichen Verpflichtungen begleiten. Virginia sagt, ständig habe es um etwas, »das uns verwehrt wurde«, Streit gegeben.[34]

Noch in anderer Weise war der Name Vanessa prophetisch.

Ähnlich wie Swifts Vanessa lebte sie einen großen Teil ihres Lebens, von etwa 1914 bis zu ihrem Tod 1961, mit dem Maler Duncan Grant, dem Vater ihres dritten Kindes, der Tochter Angelica, in einer Beziehung, in der es kaum jemals zu sexuellen Kontakten kam.[35] Sie hatte sich mit Duncan zusammengetan, nachdem ihre Ehe mit Clive Bell auseinander- und eine Liebesbeziehung mit Roger Fry zu Ende gegangen war.

Ähnlich wie Swifts Vanessa leiden mußte, litt auch sie in dieser Beziehung zu Duncan Grant, der homosexuell war. Bis zu ihrem Tod aber hat Vanessa sich so gefällig und entgegenkommend verhalten, daß die jeweiligen Liebhaber Duncans lieber bei ihr, beziehungsweise bei Duncan und ihr, einzogen, als daß sie sich außerhalb von Vanessas Reichweite eine eigene Wohnung gesucht hätten. Was Duncans Affairen angeht, blieb sie, so Duncan, »ein Schatz«.[36] Wieder einmal war sie ›die Heilige‹.

Vanessa hatte sich zu einem Zeitpunkt in Duncan verliebt, als er noch in einer sich schon über mehrere Jahre hinziehenden Liaison mit ihrem Bruder Adrian steckte; und sie hatte beschlossen, mit Duncan ein Kind zu haben, als Duncan mit David (Bunny) Garnett liiert war.[37] Vanessa konnte zwar nicht vorhersehen, daß sie sich Ärger und Schmerz damit antun würde, aber unbewußt reproduzierte sie doch Bedingungen, die auf ganz ähnliche Art ihr Gefühlsleben bestimmen sollten, wie sie es als Kind im Elternhaus erfahren hatte.[38]

Vanessas Leben ähnelt in seinem emotionalen Zuschnitt tatsächlich dem, das sie vorher, gefangen von den Anforderungen ihres Vaters, der sexuellen Eifersucht Georges, der sie nicht freilassen wollte, und dem Strom von inzestuösen Gefühlen innerhalb ihrer Familie, in den praktisch alle eingebunden waren, geführt hatte. Zusätzlich wiederholte sich in ihrem Leben an Duncans Seite das durch ihre Mutter Julia Stephen vorgezeichnete Muster ständiger Trauer und tiefster Niedergeschlagenheit. Auch bewies Vanessa in gewissem Sinn Julias Glauben, daß die Gegenwart einer reinen Frau einen Mann verändern könne: man schrieb es unter anderem Vanessa zugute, daß Duncan seinen Alkoholkonsum senkte und daß seine Gefühlsausbrüche zurückgingen.[39]

Kurz nachdem Vanessa schwanger geworden war, war Duncan nicht mehr zu regelmäßigem Sexualverkehr mit ihr bereit. Er schlief kaum mit ihr, und mindestens einmal hauptsächlich deshalb, weil er seinen Geliebten Bunny Garnett eifersüchtig machen wollte. 1918 schrieb er, in der Hoffnung, Bunny würde es später lesen, in sein Tagebuch, er habe »am Samstag mit ihr [Vanessa] gevögelt, sehr zu meiner körperlichen Zufriedenheit. Bei Frauen kann man sehr angenehm und bequem sein Feuer versprühen... Das ist etwas für dich, Bunny!«[40] Vanessa ließ sich von Duncan ungeheuerlich viel bieten, was bei Frauen mit Inzesterfahrungen aber nicht ungewöhnlich ist.[41]

Einmal, als Duncan Vanessa beim Umzug von Haushalt und Kindern helfen sollte, war er so betrunken, daß er im Wagen, mit dem sie fuhren, alles vollkotzte. »Unkontrollierbar eifersüchtig« konnte er werden, wenn einer seiner momentanen Liebhaber für eine dritte Person Interesse zeigte. Als Bunny sich einmal mit Frauen eingelassen hatte (er hatte eigentlich versucht, Vanessa dazu zu bringen, mit ihm zu schlafen, aber sie wollte nicht), entdeckte er Duncan in der Scheune in Charleston »wie er seinen Kopf gegen einen Balken schlug und mit Selbstmord drohte«. Die beiden stritten ständig, lautstark und so heftig, daß sie dann »halbtot vor Erschöpfung« waren.[42] Nach solchen Szenen kam dann Vanessa zum Streicheln und Trösten.

Vanessa hatte sich auferlegt, Duncans schlechtes Gewissen, das er, weil er sie ständig verletzte, ihr gegenüber hatte, zu beruhigen. Sie befürchtete nämlich, daß er sie verlassen könnte, falls er sich wegen seines Verhaltens, oder weil er nicht mit ihr schlafen wollte, Vorwürfe machen würde. Duncan konnte also auf gleichbleibende Gefälligkeiten durch die Frau rechnen, die ihm seinen Haushalt offensichtlich mühelos und kompetent führte, ohne daß von ihm recht viel mehr verlangt wurde, als daß er fortgesetzt seine Zuneigung und ungebrochene Liebe beteuerte, seine unveränderte Hingabe und völlige Abhängigkeit. Für Vanessa zählten seine Worte mehr als sein Verhalten. Und Duncan konnte, da sie für alles sorgte, ungehindert malen und seine Affairen ausleben. Gingen diese gut und zog ein Liebhaber ins Haus zu Duncan und Vanessa, war es ein besonderer Pluspunkt, daß Vanessa sich um beide kümmerte; liefen sie nicht nach Duncans Wunsch, war sie da, um ihn zu trösten. Typisch für die vielen Briefe, die er ihr in ihrer langen Beziehung schrieb, ist jener aus der Zeit gegen Ende ihres Lebens, den er ihr während seiner Affaire mit Paul (Don) Roche schickte: »Ich verlasse mich in allem völlig auf dich. Du tust alles für mich, und ich kann nie etwas für dich tun. Das bedrückt mich.« Und, fährt er fort: »Ich glaube nicht, daß Don in mich verliebt ist, auch wenn er mich liebt... Ich habe in der letzten Zeit viel mit ihm durchgemacht... aber jetzt, denke ich, verstehen wir uns doch recht gut.«[43]

Es heißt, auch Duncan habe Vanessa geliebt, obwohl er nie in sie verliebt war. Was sie ihr ganzes Leben lang verband, war ihre Liebe zur Malerei. Am besten ging es ihnen miteinander, wenn sie malen konnten, Seite an Seite oder auch jeder in seinem eigenen Atelier. Vanessas Problem war, daß sie allerdings sehr wohl in Duncan verliebt war. Duncan seinerseits allerdings schien zu befürchten, daß er, wenn er ihr seine Liebe zeigte, bei ihr eine Leidenschaft auslösen könnte, die ihn auffressen würde.

Als Leslie Stephen in seiner Swift-Biographie Vanessas Worte an Swift zitierte, hätte er damit genausogut die Beziehung seiner Tochter Vanessa zu Duncan Grant umreißen können: »Leg meiner Leidenschaft die kurzen Zügel an, schick mich fort von dir so weit es geht auf dieser Welt und dennoch wirst du nicht die süßen Träume bannen, solang ich über die Erinnerung verfüge.«[44] Vanessa wollte mit Swift immer auch die sexuelle Partnerschaft, und auch Vanessa Stephen hat nie aufgehört, Duncan zu begehren.

Ihrer Tochter Angelica Garnett zufolge (die mit Duncans früherem Geliebten Bunny Garnett verheiratet war), lebte Vanessa deswegen in ›chronischem Unglück‹.[45] Zeit ihres Lebens trauerte Vanessa um etwas, das sie für kurze Zeit mit Duncan erlebte hatte. Ihr

Gefühlsleben unterschied sich also kaum von dem ihrer Mutter. Vanessa versuchte unaufhörlich, Duncan als Liebhaber zurückzugewinnen und sie schrieb ihm, wie leid es ihr tue, daß sie ihn ständig und vor allem nachts damit belästigte.

Ihr Leben mit Duncan Grant unterschied sich nicht sehr von dem, das sie am Hyde Park Gate geführt hatte. Sie konnte zwar nun ungehindert malen, aber trotzdem gaben die Bedürfnisse von Männern den Ausschlag, wie Vanessa ihren Alltag zu Hause einrichten mußte, wobei keiner dieser Männer – erst Clive Bell, später Duncan Grant – sich wesentlich um die Kinder kümmerte.

Als Vanessa 1907 mit der Niederschrift ihrer Kindheitserinnerungen begann, grübelte sie viel über ihre Eltern nach und schrieb an Virginia, es beschäftige sie sehr, ob sie selbst wohl auch als Eltern den alten Fehler wiederholen würden, ihre Kinder gar nicht zu kennen oder nicht zu wissen, was diese tun wollten.[46] Die Verantwortung, die Kinder mit sich brächten, schrieb sie, erfülle sie mit Grauen; zum einen, weil sie sicher sei, daß sie angesichts ihrer eigenen Erziehung gar keine gute Mutter sein könne, und zum anderen, weil sie ihre Kinder bestimmt so ›unvernünftig lieben‹ würde und so ungeheuer abhängig sein würde davon, ihre eigenen emotionalen Bedürfnisse, die in ihrer Kindheit nicht befriedigt worden seien,[47] in ihnen zu verwirklichen – wo doch das ›schreckliche‹ Leben am Hyde Park Gate so sehr von der Kindheit ihrer Mutter Julia bestimmt gewesen war.[48] Damit gestand sie ein, wie schwierig es ist, die eigenen Kinder anders zu behandeln als man selbst behandelt wurde. Angelica Garnett meint dazu, es sei die Tragik von Vanessa Bells Leben gewesen, daß sie immer Gefahr lief, ihren Alltag so zu organisieren, wie sie es als Kind erlebt hatte.

Zwei von Vanessa Bells Bildern vermitteln eine Ahnung von dem, wie ihre Kindheit gewesen sein mag und wie sie selbst sie empfunden hat. In Ergänzung zu den Bildern, die sie für die Kinderzimmer ihrer beiden Söhne und für Omega Workshops gemalt hat, thematisiert sie dabei die Kinderstube. Das erste, *Nursery Tea* (siehe Abbildungsteil), entstand nach der Geburt von Vanessas beiden Söhnen Julian und

Quentin im Jahr 1912.[49] Es war ihr bislang großflächigstes Bild, über das sie an Roger Fry schrieb: »Ich versuche (für mich) ganz neue Wege zu beschreiten.«[50] Die Figuren von zwei Kindermädchen beherrschen das Bild. Sie sitzen einander am Kopf- und Fußende eines rechteckigen Tisches gegenüber und sehen sich an. Auf dem Tisch steht Essen, ein Krug, Gläser, Brot. An jeder Längsseite sitzt ein Kind: das kleinere, ein Junge in einem Kinder-Hochstühlchen neben dem Kindermädchen, das dem Betrachter den Rücken zukehrt; das andere, ein etwas größeres Mädchen, an der Seite des zweiten Kindermädchens. Was sofort ins Auge fällt, ist die Miene des Kindermädchens, dessen Gesicht dem Betrachter zugewendet ist: auch wenn ihre Züge nur angedeutet und nicht voll herausgearbeitet sind, erscheinen sie vorwurfsvoll. Das Skizzenhafte daran verstärkt den Ausdruck des Vorwurfs, denn nicht die tadelnde Miene eines bestimmten Kindermädchens tritt hervor, sondern generell die einer Kinder beaufsichtigenden Person. Die Nurse ist unerbittlich. Sie sieht streng auf das ihr anvertraute Mädchen, aber dieses hat die Augen ausweichend nach unten gerichtet. Dabei allerdings begegnet sie dem Blick des zweiten Kindermädchens, das groß und mächtig mit dem Rücken zum Betrachter dasitzt. Das Mädchen wird von beiden Frauen zurechtgewiesen. Der kleine Junge schaut seine Schwester an. Er lächelt nicht, sondern wirkt eher verwirrt, aufmerksam und als ob er auf der Hut wäre.

Dargestellt ist hier nicht, was Kinder an Unterstützung, Glück und lebendiger Wärme in der Kinderstube finden, sondern vielmehr die sehr aussagekräftige Beschwörung einer Institution, die mehr Schmerz und Qual vermittelt als Lebensfreude. Obwohl die Figuren alle miteinander emotional verwoben sind, bewirkt Vanessa Bells geschickte Plazierung der Tischplatte, daß sie körperlich und bildlich voneinander getrennt sind. Die Gestalten der Kindermädchen dominieren, während die Kinder, isoliert, zusammengeschrumpft und bedeutungsarm, an den Rand gedrängt werden. Das Mädchen ist sogar am rechten Rand der Leinwand abgeschnitten, und der Junge, der in helleren Farbtönen gemalt ist als die übrigen Figuren, findet kaum Beachtung, weil alle Aufmerksamkeit sich auf das Mädchen richtet.

Als Vanessa Bell das Kinderzimmer am Gordon Square für ihre Kinder einrichtete, verzichtete sie bewußt auf die üblichen harmlos-freundlichen Motive. Dagegen finden sich alle möglichen Raubtiere: »Löwen, die auf der Lauer liegen, Zebras und Jaguare, die sich auf Rehe stürzen«.[51] Ihrer Schwester schrieb sie, sie habe das Kinderzimmer mit realistischen Abbildungen von indischen und afrikanischen Tieren ausgestattet.[52] Wahrscheinlich hat sie es so gestaltet, wie sie selbst es erlebt hat. Und zumindest eines ihrer Kinder scheint darauf traumatisch reagiert zu haben: Angelica Garnett beschreibt das Haus als »eine Art versteinerter Zoo«, in dem ein häufig wiederkehrender Traum sie bedrängt habe, »ein gräßlicher Traum von weißhäutigen Kindern, deren Arme und Beine wie kleine Rüben in einem Meer von Blut abgeschnitten wurden«.

Der Entwurf eines Kinderzimmers, den Vanessa für Omega Workshops gemacht hat, ist ähnlich bedrohlich. Die Fotografie einer von ihr gestalteten Zimmerecke zeigt kraftvolle kühne Formen. Eine Wand wird von einem sich in einer Urwaldlandschaft bewegenden Elefanten mit mächtigen Stoßzähnen eingenommen. Virginia Woolf verglich einmal die Liebe, die Vanessa ihr gegenüber empfand mit »einem südamerikanischen Wald mit schlafenden Panthern unter den Bäumen«,[53] was die Vermutung nahelegt, daß sie unbewußt, so einnehmend Vanessa auch war, in ihrer Liebe doch etwas Bedrohliches und Räuberisches wahrnahm. Vanessa selbst hielt Mutterliebe für »eine der schlimmsten Passionen, animalisch und erbarmungslos. Aber wie kann man solchen Instinkten entgehen, wenn man sie hat?«[54]

Auf einem späteren Bild, *The Nursery*, das möglicherweise von Virginias Roman *Die Fahrt zum Leuchtturm*[55] inspiriert wurde, gibt es auch vier Figuren: Kindermädchen, Mutter und zwei Kinder.[56] Auch hier ist das Kinderzimmer ein trauriger Ort.[57] Beide Kinder wenden sich von Mutter und Kindermädchen ab. Das Kindermädchen wirkt unglücklich, ihr Gesicht ist traurig, während sie sich mit automatischen und unbeteiligten Gesten dem von ihr wegstrebenden Kind zuwendet. Auch das Kind scheint nicht glücklich. Die Mutter blickt auf ihren Sohn, dieser schaut weg. Die Kinder sind nackt, die Frauen bekleidet. In diesem mit Spielzeug und Polstermöbeln vollgestopften Raum wirkt die Nacktheit der Kinder fehl am Platz, unpassend und unvereinbar mit den bekleideten Gestalten der Erwachsenen. Nicht Freiheit oder das Fehlen von Zwang wird durch diese Nacktheit ausgedrückt, sondern ganz im Gegenteil erscheinen die Kinder dadurch preisgegeben, verletzlich, ausgesetzt und alleingelassen. Trotz der Gegenwart der beiden Frauen gibt es keine zärtlichen, vertraulichen Gebärden – das Kindermädchen ist mit dem eigenen Kummer beschäftigt, und die »gepflegte Mutter beobachtet zunehmend gleichgültig ihr älteres Kind«.[58] Das Bild zeigt zwar zwei Bezugspersonen, die Kinder könnten aber genausogut alleine sein.

In einem Brief an Duncan Grant erwähnt Vanessa dieses Gefühl der Gleichgültigkeit: »Irgendwie fühle ich mich unberührt«, schreibt sie, »und es ist mir ziemlich gleichgültig, was geschieht – es ist wie damals, wenn man ein Kindermädchen ein Kind malträtieren sah und darauf warten mußte, bis es vorbei war.«[59] Damit ist auch der emotionale Gehalt ihres Kinderzimmer-Bildes wiedergegeben. Sie schreibt, es berühre sie als Mutter nicht, wenn sie ein Kindermädchen ihr Kind schlecht behandeln sähe. Man erwartet aber, daß eine Mutter in so einem Fall zugunsten des Kindes eingreift. Das tat Vanessa offensichtlich nicht. Und das wurde für sie, ebenso offensichtlich, in ihrer Kindheit auch nicht getan. Falls dieses Bild Vanessas Kindheitserinnerungen wiedergibt, wie es bei Virginias Roman *Die Fahrt zum Leuchtturm* der Fall ist, und falls es Vanessas Erlebnisse als Mutter zeigt, dann ist das eine freudlose und grausame Interpretation. Genau wie in *Nursery Tea* sind hier weder Mutter noch Kindermädchen direkt mit dem Kind beschäftigt. Gezeigt wird sehr anschaulich die lähmende Wirkung von Depression, die sich in Gleichgültigkeit ausdrückt. Gezeigt wird auch, wie Depression im täglichen Umgang miteinander über die Generationen hinweg weitergegeben wird.[60]

Auch wenn Vanessa als Mutter eher gleichgültig war, war sie doch nach Aussage ihrer Tochter hinsichtlich ihrer eigenen Erfüllung sehr abhängig von ihren Kindern. Hier wiederholte sie die Mutter/Tochter-Beziehung, wie sie in der Stephen-Familie hauptsächlich zwischen Julia und Stella bestanden hatte. Vanessa wird beschrieben als »unersättlich mütterlich und auf eine unbewußte Art besitzergreifend, die sie für Leid prädestinierte«.[61] Sowohl Angelica als auch Virginia haben die Beziehung zwischen Vanessa und ihrem Sohn Julian eher als eine Liebesbeziehung denn als eine Beziehung zwischen Mutter und Sohn charakterisiert. Vanessa hatte Julian erklärt, sie wäre sehr glücklich, von ihm über seine sexuellen Beziehungen unterrichtet zu werden,[62] und er fühlte sich dazu verpflichtet und beschrieb ihr ausführlichst seine Liebeserlebnisse. Als er sich aber einmal tatsächlich mit dem Gedanken trug zu heiraten, intervenierte sie und brachte ihn wieder davon ab.[63]

Julian liebte seine Mutter, nahm aber doch, in der Meinung, er habe eine gewisse Distanz zu ihr nötig, eine Stellung in China an, um sein »Innenleben etwas zurechtzurücken« und »so etwas wie Seelenfrieden«,[64] der ihm anscheinend mangelte, zu finden. Wie auch seine Schwester Angelica litt er an den Folgen seiner Erziehung. Kurz vor seinem frühen Tod schrieb er an Janie Bussy, er habe sich damit abgefunden, nicht alt zu werden.[65] Aus politischer Überzeugung meldete er sich freiwillig zu einem Sanitätscorps nach Spanien, wurde aber verwundet, als er half, eine Straße, die unter direktem Feuerbeschuß lag, instandzusetzen und sich weigerte, in einem Graben Deckung zu suchen.

Von Vanessa Stephen heißt es, sie sei als Kind sehr niedergeschlagen gewesen. 1894, als Virginia zwölf und sie dreizehn Jahre alt waren, berichtete Leslie, beide seien ernsthaft depressiv.[66] Im selben Jahr hat Thoby sich aus dem Fenster gestürzt – alle Stephen-Kinder litten also unter Depressionen. Ihre Niedergeschlagenheit geht nicht – was allgemein behauptet wird – auf Julias Tod zurück, sondern war, wie man aus zeitgenösssichen Aussagen schließen kann, schon vorher erkennbar. Sicher trafen dabei mehrere Faktoren zusammen, doch mag auch die Behandlung, der die Kinder in der Kinderstube ausgesetzt waren, mit daran Schuld haben. Sie erlebten hautnah, wie man mit Laura und Stella umging, was in ihnen ein Gefühl der Hoffnungslosigkeit erzeugen mußte; wie Julia chronisch depressiv und häufig gar nicht zuhause war; wie Leslie Stephen sich selbst nicht für die Kinder verantwortlich fühlte, wie kindisch er war und wie die Tatsache, daß man ihn als Kind mißbraucht hatte, ihn geprägt hatte; wie die viktorianischen Erziehungsmethoden darauf abzielten, die Kinder lieber in ihren Bedürfnissen zu ignorieren als auf sie einzugehen. Keines der Stephen-Kinder, Vanessa mit eingeschlossen, hat jemals die Aufmerksamkeit, Wärme und Geborgenheit erfahren, die wir heute als unerläßliche Voraussetzung für eine gesunde Vitalität im Erwachsenenleben betrachten. An der Stephen-Familie wird eine sich über Generationen hinziehende depressive Grundhaltung deutlich: sowohl Vanessas Tochter Angelica Garnett wie auch Angelicas Tochter, Henrietta Garnett, haben wichtige Dokumentationen über Depression geschrieben. Und eine bessere Analyse einer lebenslänglichen Depression als Virginia Woolfs »Eine Skizze der Vergangenheit« findet sich wohl kaum.

Auch wenn es Zeiten gab – etwa während sie die Erinnerungen an Vanessas und ihr Leben schrieb –, in denen Virginia sich bewußt war, wie stark ihre Schwester gelitten hatte, neigten doch beide dazu, als Erwachsene ihre Gefühle für sich zu behalten, so daß Virginia völlig falsch darstellte, wie selbstbeherrscht Vanessa war. Vanessa als ›die Heilige‹ entsprach dem Bild, das Virginia von ihr brauchte, das sie haben wollte. In ihr Tagebuch schrieb sie: »Wie ich diese Art, mit dem Leben zurechtzukommen, bewundere – als wenn es etwas wäre, was sich hin- und herschieben ließe, dieser Umgang mit Umständen«.[67]

Als sie erwachsen waren, verließ jede sich darauf, daß die andere stark war, denn sie hatten lernen müssen, daß es verboten oder sogar gefährlich war, wirkliche Gefühle zu zeigen. Anstatt durch das Eingeständnis ihrer Ängste echte Stärke entwickeln zu können, glaubten beide daran, Stärke dokumentiere sich im Verdrängen negativer

Gefühle. Angelica Garnett sagt darüber: »Sie waren sehr, sehr selbstbeherrscht... Wir waren im Umgang miteinander alle sehr wohlerzogen. Wir haben bestimmte Grenzen nie überschritten und unsere Gefühle brodelten zwar unter der Oberfläche, konnten aber nicht ans Licht kommen.«[68]

Diese Einschätzung von Vanessas Selbstkontrolle ist insofern aufschlußreich, weil sie die allgemein vertretene Ansicht, in der Bloomsbury-Gruppe sei alles offen und frei gehandhabt worden, als falsch entlarvt. Noch im letzten Brief Vanessas vor Virginias Selbstmord wird wieder einmal die Notwendigkeit von Selbstbeherrschung thematisiert. Anstatt daß eine Schwester der anderen eigene Gefühle, wie beunruhigend sie auch sein mochten, zugestand, erzählten sie sich typischerweise gegenseitig, daß es darauf ankäme, stark zu sein: »Was sollen wir im Falle eines Einmarsches (der Deutschen) machen, wenn du hilflos und krank bist? Was hätte ich in den letzten drei Jahren gemacht, wenn du mir nicht den Mut und die Freude am Leben gegeben hättest. Du weißt gar nicht, wie sehr ich dich brauche.«[69]

Besonders Vanessa, die so häufig die Verantwortung für Virginias Wohlergehen aufgebürdet bekommen hatte, machte jetzt Virginia für ihr eigenes Wohlbefinden verantwortlich. In der Stephen-Familie hatten die Kinder nicht gelernt, genug emotionale Stärke zu entwickeln, um für sich selber sorgen zu können, ganz im Gegenteil, man hatte ihnen beigebracht, daß nicht sie es waren, die das eigene Wohlergehen steuerten, sondern daß es in der Hand eines anderen Familienmitglieds lag, sie glücklich zu machen. Ihr Wohlbefinden kam nicht von innen, aus ihnen selbst heraus. Vanessa war so hinfällig, weil sie vollkommen darauf angewiesen war, daß andere sie glücklich machten, und wenn sie das nicht taten oder nicht konnten oder nicht wollten, war sie nicht in der Lage, für sich die Bedingungen zu schaffen, die sie für ihre emotionale Ausgeglichenheit brauchte. Betrachtet man Vanessas Leben, sieht es so aus, als habe Vanessa alles, was ihr geschah, akzeptiert und überstanden, weil, was auch immer passierte oder was sie erlebte – hauptsächlich was sie mit George Duckworth erlebte –, sie gar nicht berührte. Im Gegensatz zu ihrer Schwester Virginia, die als ›die Verrückte‹ galt, war sie »eine Schale, randvoll mit goldenem Wasser, das aber nie überfloß«.[70] Doch auch Vanessa war durch ihre Erziehung und durch die Tatsache, daß sie sexuell belästigt worden war, stark geprägt. Ihre Antwort darauf bestand in Rückzug und Depression.

Leonard Woolf war der Meinung, die Ähnlichkeiten zwischen Vanessa und Virginia überwogen ihre Verschiedenheit. Er hielt Vanessas Ausgeglichenheit bis zu einem gewissen Grad für aufgesetzt und glaubte, daß auch sie unter »nervösen Spannungen« litt, »die dem schwankenden Zustand von Virginias geistiger Verfassung vergleichbar« waren.[71]

Nach ihrer Heirat war Vanessa »starken Stimmungsschwankungen ausgesetzt, die sie ängstigten, weil sie fürchtete, die Kontrolle über ihren Verstand zu verlieren«. Ihr Arzt riet ihr, »sich ins Leben zu stürzen«, aber sie glaubte sich »am Rand eines unheimlichen Abgrunds«.[72] Ihre Depression dauerte über zwei Jahre, in denen sie praktisch handlungsunfähig war. Ihr ganzes Leben lang war sie chronisch depressiv. »Selbstbezichtigung und Schüchternheit« wurden ihr, nach Aussage ihrer Tochter, »zur Gewohnheit«.[73] Nach dem Tod ihres Sohnes Julian brach sie völlig zusammen und war auch nie mehr in der Lage, sich von diesem Verlust zu erholen und ihre Gefühle und Zuneigung ganz auf die Welt der Lebenden zu richten. In diesem Punkt ähnelt sie sehr stark ihrer Mutter. Auf den Fotografien und Porträts, die sie in vorgerücktem Alter zeigen, wirkt sie einsam und sehr traurig. Es gibt überhaupt kein Bild von ihr, auf dem sie richtig glücklich aussieht.

Möglicherweise wurde ihre erste schwere Depression ausgelöst von der Art der Reaktion, die ihr Mann Clive Bell und ihre Schwester Virginia auf ihre Schwangerschaft zeigten. Clive hat sich einmal selbst beschrieben als »Flaneur in den angenehmen Gefilden des Lebens«. In einem Gedicht umreißt er seine Psyche: »Ich bin gemacht für Tand, für raschen Witz, für Champagner, ... für Freundschaft, für alles außer für die Liebe«.[74]

Kaum war ihr erstes Kind geboren, kümmerte Clive sich kaum

mehr um Vanessa. Er hatte »Angst vor Unordnung, schreckte zurück vor Zerbrechlichkeit«. Er mochte seinen Sohn Julian nicht auf den Arm nehmen, das Babygeschrei ging ihm auf die Nerven, und so zog er aus dem gemeinsamen Schlafzimmer aus.[75] Ohne es zu wissen hatte Vanessa einen Mann geheiratet, der sehr ihrem Vater glich, welcher auch nicht in der Lage gewesen war, sich direkt und verantwortlich um seine Kinder zu kümmern.

Kurz nach Julians Geburt ließen sich Virginia und Clive miteinander ein. Vanessa geriet ins Abseits und verlor gleich ihre beiden Stützen. Aber sie begehrte nicht auf, bestand nicht darauf, daß dieses sie verletzende Verhalten eingestellt würde. Stattdessen blieb sie höflich und zuvorkommend und zog sich auf ihr Kind zurück.

Die Bedingungen, untern denen die Stephen-Kinder großgeworden waren, hatten den Boden für eine lebenslange sexuelle Konkurrenz bereitet – in Virginias Verhältnis zu Clive kam sie jetzt zum Ausdruck. Warum das so war, läßt sich nicht mit Sicherheit bestimmen, es kann aber damit zu tun haben, daß Virginia und Vanessa wiederholtermaßen hatten beobachten müssen, wie ihr Vater oder andere Männer, etwa Jack Hills, sich so schnell von einer Frau weg und einer anderen zugewendet hatten, daß den Kindern gar keine Chance blieb, untereinander so etwas wie Loyalität zu entwickeln oder das Gefühl, daß es Personen gab, die ›tabu‹ waren, denn letztlich war in dieser Familie niemand tabu. Man hatte ihnen nie gezeigt, daß es angebracht sein könnte oder überhaupt möglich war, sexuelle Wünsche im Zaum zu halten.[76] Was sie erlebt hatten, hatte nichts mit sexueller Freiheit zu tun, sondern es ging nur darum, Sexualität einzusetzen als Mittel, Macht zu zeigen und Macht zu gewinnen. Kinder aus inzestuösen Familien neigen später dazu, jede Beziehung zu sexualisieren, weil das innerhalb der Familie auch so gemacht wurde. Jemanden verführen zu können, wird als gleichwertig mit tatsächlich Macht über jemanden zu haben gesehen, und es hat ganz den Anschein, als habe Virginia zumindest teilweise eben deshalb mit allen ihr zur Verfügung stehenden Mitteln Clive von Vanessa weggelockt.

Es ist in inzestuösen Familien nicht selten, daß die einzelnen Familienmitglieder sehr eifersüchtig aufeinander sind – tatsächlich sind sie alle so unlösbar aneinander gebunden, daß ein Ausbruch aus dem emotionalen Geflecht der Familie unmöglich ist. Mitunter werden Zuwendung und Liebesentzug zur Aufrechterhaltung dieser Bande eingesetzt.

In diesem Fall wiederholten die Erwachsenen die aus der Kindheit bekannte Struktur: Virginia flirtete mit Clive, dem Mann ihrer Schwester; Vanessa ließ sich mit Duncan ein, dem Liebhaber ihres Bruders Adrian; Angelica, die Tochter von Vanessa und Duncan, heiratete Bunny Garnett, den ehemaligen Geliebten ihres Vaters; Virginia behauptete, sie wolle Angelica verführen und schrieb an Vanessa: »Eines Tages werde ich Angelica vergewaltigen«; und Bunny drohte im Scherz an, Quentin zu verführen.[77]

1897 beschreibt die damals fünfzehnjährige Virginia in ihren Tagebucheintragungen Vanessa gleichzeitig als Mitverschwörerin innerhalb der Familie wie auch als ein Objekt größter Eifersucht: Vanessa durfte für ihren Malunterricht das Haus verlassen, während Virginia, die man für krank hielt, zu Hause bleiben mußte und die meiste Zeit des Jahres vom Unterricht ferngehalten wurde. Virginia nahm es Vanessa übel, daß sie ihre Schulfreunde mit nach Hause brachte, sich mit ihnen zurückzog und sie selbst dabei ausschloß. Das Gelächter und die Stimmen, die durch die verschlossene Tür nach draußen drangen, erbosten sie.[78]

Zwar verstärkte die Tatsache, daß sie beide den sexuellen Belästigungen durch George Duckworth ausgesetzt waren, das Band zwischen ihnen, doch paradoxerweise, weil sie um Georges Geschenke rivalisierten, wuchs dadurch auch die Konkurrenz untereinander. Dies ist in Familien, in denen mehr als ein Kind inzestuös mißbraucht wird, ein häufig auftretendes Phänomen, denn wer als Sexualpartner bevorzugt wird, wird mit Geschenken überhäuft, damit er / sie sich weiterhin fügt und sich in einer Position fühlt, um die andere ihn / sie beneiden – aber auch, weil dadurch das, was wirklich passiert, verschleiert werden kann.

George ließ, nachdem Vanessa in die Gesellschaft eingeführt worden war und während all der Jahre, in denen sie seine bevorzugte Begleiterin bei den Bällen und Festlichkeiten in London war, einen wahren Regen von Geschenken auf sie herabprasseln – Opale, Amethysten, Kleider, einen blau emaillierten Schmetterling, eine Araberstute, eine Reise nach Paris.[79] Als Vanessa nicht mehr mitspielen wollte, gab George Virginia zu verstehen, daß er sie auf ähnliche Weise hofieren würde, falls sie etwas Entgegenkommen zeigte, und kaum ließ sie sich darauf ein, schenkte er ihr eine edelsteinbesetzte Maultrommel zum Anstecken.[80]

Virginia und Vanessa erzählten sich gegenseitig, was sich mit George abspielte. 1904 erwähnt Vanessa in einem Brief an Virginia, wie »George mich umarmte und vor allen Leuten zärtlich zu mir wurde«.[81] Nach dem Tod ihres Vaters setzte sie durch, daß George Virginia in Ruhe ließ. Sie sprach mit Virginias Arzt, woraufhin dieser George zur Rede stellte und ihm schwere Vorwürfe wegen seines Verhaltens machte.[82] In der Folge war George aber immer noch hinter Vanessa her, was darauf schließen läßt, daß sie selbst sich seinen Belästigungen weiterhin ergab, damit Virginia nach ihrem Zusammenbruch verschont würde. Vanessas Verhalten – sich für die jüngere Schwester zu opfern – wird häufig in Fallstudien über Inzestfamilien eingebracht.[83]

Da Virginias und Vanessas Beziehung auch körperlich intim gewesen war, sah Virginia in jedem anderen Menschen einen potentiellen Konkurrenten um die Gunst ihrer Schwester. Als Kind hatte sie häufig die Amethystkette Vanessas durch ihre Finger gleiten lassen und dabei bei jeder Perle den Namen eines Freundes oder Verwandten aufgezählt, der ihre Eifersucht erregt hatte.[84] Die Affaire mit Clive war ihre Art, mit der Schwester, weil sie sie verlassen hatte, abzurechnen. Aber auch Vanessa fühlte sich, so gestand sie, verwirrt, wenn sie Virginia an Leonard Woolfs Seite sah.[85]

Noch 1905, als Virginia dreiundzwanzig war, waren die Schwestern körperlich intim miteinander. Als Vanessa für längere Zeit außer Haus war, schrieb sie, Virginia würde sich bei ihrer Rückkehr vermutlich richtiggehend nach ihren Zärtlichkeiten verzehren – »vielleicht, falls du in der Zwischenzeit brav gewesen bist,... bekommst du sie dann wieder«. Doch beide hatten Sexualität nur in Zusammenhang mit Gewalt kennengelernt, und so scheint auch ihre Beziehung alles andere als idyllisch gewesen zu sein; häufig ist ihr körperliches Begehren durchsetzt mit offener Feindseligkeit. Genauso wie Vanessa Virginia ihre Zuwendung versprechen konnte, konnte sie auch schreiben, daß »arme kleine Äffchen« – sie benutzt hier einen von Virginias Kosenamen – »leicht mit Füßen getreten und zertrampelt werden«. Wie sie Virginia als Partnerin erlebte, faßt sie folgendermaßen zusammen: »Solange der Affe [Virginia] alles bekommt, was er haben will, solange er nicht zu sehr stinkt und seine Krallen schön geschnitten hat, ist er für kurze Zeit ein ganz angenehmer Bettgenosse.«[86]

Vanessa Bells Biograph Frances Spalding stellt fest: »Zweifellos war Vanessas Ehe [mit Clive Bell] auf sexueller Ebene ein Erfolg.«[87] Georges ›Übeltaten‹, heißt es, hätten ihr nicht geschadet. Doch Vanessa sah das anders. Nachdem Virginia geheiratet hatte, fragte sie sie in einem Brief, ob sie denn »eine gelehrige Schülerin« sei. Sie selbst, fügte sie hinzu, halte sich »für sehr ungeschickt«, und, ironisch: vielleicht »könnte Leonard mir ein paar Nachhilfestunden geben«.[88] Leonard wiederum ließ Vanessa schriftlich wissen, er sei während der Flitterwochen mit Virginia im Bett nicht sehr zufrieden gewesen und berichtet über »seine Nacht mit dem Affen«. Woraufhin Vanessa erwidert, »er tut mir wirklich leid«. Sie selbst, fährt sie fort, würde sich nicht so dumm anstellen – »er sollte es einmal mit der Peitsche versuchen«.[89]

Daß die beiden sich über die Einzelheiten ihrer jeweiligen heterosexuellen Mißerfolge austauschen konnten, verband sie umso mehr. Allerdings machten sie sich dadurch eher zu Konkurrentinnen als daß sie sich gegenseitig halfen. Auch wenn Vanessa im allgemeinen als eine zu lustvoller Hingabe fähige Frau dargestellt wird, hat sie doch genau wie Virginia den Großteil ihres Lebens sexuell enthaltsam verbracht, was meines Erachtens darauf zurückgeht, daß sie beide über so lange Zeit ungewollte sexuelle Annäherung über sich hatten ergehen lassen müssen. Vanessa glaubte, Virginia habe vorwiegend lesbische sexuelle Neigungen. 1910 fragte sie sie in einem Brief, wann sie sich denn endlich zum Sapphismus bekennen würde.[90] Und sie selbst entschloß sich, indem sie sich an Duncan Grant band, von dem sie wußte, daß er homosexuell war, denn ihr Bruder Adrian hatte ihr sehr genau die Details ihrer homoerotischen Beziehung mitgeteilt,[91] wenn auch vielleicht unbewußt, zu einem Leben ohne heterosexuelle Liebe. Anders als Virginia hatte sie als Erwachsene niemals ernsthafte lesbische Beziehungen.

Vanessas Tochter Angelica Garnett versucht in ihren Erinnerungen, *Freundliche Täuschungen*, ihrem eigenen depressiven Charakter und dem ihrer Mutter auf die Spur zu kommen. Sie beschreibt die Auswirkungen ihrer Kindheit auf ihre Persönlichkeitsentwicklung. Die Haltung ihrer Eltern, sagt sie, sei eine »Bedrohung«[92] für ihr eigenes Wohl gewesen; im Nachdenken über ihre Kindheit und Jugend sei ihr klargeworden, daß »die Vergangenheit fruchtbar oder eine Last sein konnte; daß die nicht voll ausgelebte Gegenwart diese Vergangenheit zur ständigen Bedrohung machen konnte. Und daß Beziehungen, die wir nicht ganz erforscht haben, zu dunklen Gestalten werden können, in deren Schatten wir uns aufhalten«(30).

Das weitverbreitete Bloomsbury-Bild, gegen das Angelica Garnett mit ihren Erinnerungen antritt, zeigt einen Ort, an dem die Säule der patriarchalen Vorherrschaft, die Kernfamilie, ersetzt wurde durch Harmonie, in der man mit seinem Mann, seiner Frau, dem Liebhaber des Mannes, dem Geliebten der Frau, dem eigenen Liebhaber und dem Liebhaber des Liebhabers zusammenlebt, zusammenlebt auch mit einer verhätschelten und geliebten Kinderschar, völlig unbelastet von heterosexuellen Ausschließlichkeitsansprüchen und kleinlicher sexueller Eifersucht, unter der andere, weniger freie Menschen leiden.

Angelica Garnett stellt klar, daß, wenn dieser Mythos auch für die männlichen Bewohner Bloomsburys zugetroffen haben mag, er jedenfalls für ihre Mutter und für sie absolut nicht galt. Dies wird deutlich, wenn man vergleicht, wie Angelica die Situation zur Zeit ihrer Geburt darstellt und wie es sich in Leon Edels *Bloomsbury: A House of Lions* liest. Bei Edel heißt es da:

> »Einige Monate vor Ende des [Ersten Welt-]Kriegs wurde Vanessa schwanger. Daß sie am Weihnachtstag um zwei Uhr morgens, an diesem ersten Weihnachten in Frieden, ein Kind, eine Tochter, zur Welt brachte, schien ihr Teil der allgemein wieder positiven Lage. Es war, als hätte man in Charleston ein Sussexer Krippenspiel inszeniert... In der frostigkalten Morgendämmerung nach ihrer Entbindung hatte Vanessa wohl das Gefühl, Engel hätten ihr beigestanden, denn sie nannte ihre Tochter Angelica... Aus der Liebe zweier Künstler war die Tochter der Bell-Familie geworden, die mit zwei Vätern aufwuchs, mit Duncan in ihrer Nähe und mit Clive, der weiterhin zu Besuch kam und Geschenke brachte.«[93]

Angelica Garnett zitiert dazu die Version ihrer Mutter, wie diese sie in einem Brief dargestellt hatte:

> »Es war höchst romantisch damals – das erste Friedens-Weihnachten und eine wunderschöne mondhelle, eiskalte, mondbeschienene Nacht. Ich erinnere mich, daß ich am Morgen aufwachte... und die Leute, die zur Arbeit kamen, Weihnachtslieder singen hörte... – Klingt das sehr sentimental? Aber all die Schrecknisse hinterher, als sie durch die Idiotie des Arztes fast gestorben wäre und alles häusliche Unheil auf einmal zu passieren schien, waren so übermächtig, daß ich darüber die glückliche Seite fast vergaß. Ich glaube, so schlimm wie damals war es noch nie zuvor in meinem Leben.«(50f.)

Vanessa lag »in einem Haus ohne fließendes Wasser, ohne elektrisches Licht und Telefon« (50). Und sollten auch die Männer der im Bett ruhenden jungfräulichen Mutter Vanessa nach ihrer Niederkunft mit dem Engelskind Angelica zu Füßen gelegen haben, so waren sie doch nirgends zu finden, als Vanessa Hilfe bei den Kindern brauchte. Man hatte Angelicas Halbbrüder Quentin und Julian in dieser Zeit zu ihrer Tante Virginia gebracht und nicht zu ihrem Vater Clive, weil der etwas anderes vorhatte. (Clive hatte ständig etwas anderes vor.) Doch als Leonard darauf bestand, daß Virginia, nachdem sie sich einen Zahn hatte ziehen lassen müssen, das Bett hütete, wurden die Kinder wieder, ohne Rücksicht auf Vanessa, die mit einem offensichtlich mit dem Tode ringenden Baby alle Hände voll zu tun hatte, zu ihr zurückgeschickt. Dabei erwartete Virginia auch noch herzloserweise, von der Schwester mit lustigen Anekdoten über die Mühsal und Plagen ihres Alltags aufgeheitert zu werden, ohne daß das, was Vanessa tatsächlich durchzustehen hatte, zur Sprache kam. Und Vanessa ging darauf ein. Leonard schrieb ihr zurück: »Dein Brief hat sie [Virginia] sehr amüsiert, und sie hätte gern noch einen, in dem du mehr von dir erzählst und von den Problemen mit dem Personal.«[94]

Nach Angelicas Geburt fiel Vanessa in eine immer schlimmer werdende Depression, und niemand nahm sich die Zeit, das zu verstehen; von den Männern in ihrem Leben wurde es als natürlicher Rückzug und nicht als Ausdruck von Überanstrengung und Unzufriedenheit gedeutet.

Angelica weist darauf hin, daß ihre Geburt nicht die erste Situation war, in der Vanessa im Stich gelassen wurde. Auch wenn ihre Ehe mit Clive Bell sie anfangs veränderte, da sie »nicht nur die erlebte Sexualität (überwältigte), sondern die innige Vertrautheit, die ihre Beziehung dadurch gewann«(40), dauerte diese Verliebtheit nicht sehr lange, nämlich nur bis zu Julians Geburt, weil Clive sich danach Virginia zuwandte. Als später »Quentin nicht zunehmen wollte und Vanessa sich deshalb Sorgen machte, war Clive ihr keine große Hilfe« (44). Und kurz nach Angelicas Geburt eröffnete Duncan ihr dann, daß er sich außerstande fühle, weiterhin sexuell mit ihr zu verkehren. In diesem Jahr alterte Vanessa erschreckend. Der aufgestaute, unterdrückte Groll und das Leben in dieser Bloomsbury-Lüge begannen, ihren Tribut zu fordern.

Vanessa Bell ist immer wieder verlassen worden, und immer, wenn sie ein Kind zur Welt brachte, regredierten auch ihre Männer und wurden selbst wieder zu Kindern. Angelica Garnett versucht herauszufinden, wie es kam, daß ihre Mutter Beziehungen aufrechterhielt, die offensichtlich selbstzerstörerisch und masochistisch waren. Sie verfolgt die Spur in Vanessas Geschichte zurück zu der frühen Erfahrung mangelnder emotionaler Zuwendung, zu der auf ihr lastenden Verantwortung und zu der Wiederholung des Verhaltensmusters ihrer eigenen Mutter, die einen unreifen, bequemen Mann geheiratet hatte. Sie begreift, daß Vanessa genau wie ihre Mutter Julia ihren Haushalt »ganz auf den Mann ausrichtet: In Julias Vorstellung waren Frauen, wenn auch nicht Sklavinnen, so doch vom Schicksal dazu ausersehen, ihren besseren Hälften zu dienen« (36). Und Vanessa fühlte sich den Männern, von denen sie verlassen wurde, stärker verbunden als ihrer Tochter, die sie brauchte und die dennoch weniger von ihr hatte als jene.

Das Bloomsbury der Kinderzeit von Angelica Garnett, das möglicherweise den männlichen Bewohnern ein Lebensborn war, war für sie ein »gefährliches Paradies« (163). Als kleines Mädchen wurde sie geliebt, mit Geschenken überschüttet, verhätschelt, gestreichelt, fotografiert und gemalt. Man ermunterte sie, ihre äußere Erscheinung ins Licht zu rücken: »ihre Schönheit wurde ständig bewundert«, womit man ihr suggerierte, daß allein ihr Aussehen genüge, sie glücklich zu machen – eine ganz ähnliche Haltung, wie ihre viktorianischen Vorfahren sie gegenüber der Schönheit ihrer Mutter Vanessa eingenommen hatten. Wie sehr man Angelicas Hang, sich herauszuputzen und in Szene zu setzen, Rechnung trug, wird an einer Situation deutlich, in der Vanessa in einem Kahn auf dem Charlestoner Teich stand, um Angelica, »wie sie in einem weißen Kleid als Ophelia auf dem Wasser trieb«, zu fotografieren.[95]

Angelica sollte Kind bleiben und nicht erwachsen werden. Noch mit siebzehn hatte sie keine Ahnung von Sexualität. Die Ärztin Joan Malleson, zu der Vanessa sie am Tag vor ihrer Aufnahme in die

Schauspielschule geschickt hatte, um sie aufklären zu lassen, »war so verblüfft über die Ahnungslosigkeit dieses siebzehnjährigen Mädchens, daß sie gar nicht in der Lage war, ihr viel zu erklären, so daß Angelica, als sie ging, nicht viel mehr wußte als vorher«.[96] Noch 1940, als Angelica mit zweiundzwanzig Jahren mit David Garnett (dem ehemaligen Liebhaber ihres Vaters) zusammenlebte, den sie später heiratete, schrieb Virginia ihr Briefe im Märchenstil: »Es tobt ein heftiger Sturm, und die Hexerinnen [Virginia und Angelica] treiben in einer donnernden Rhapsodie wilder Wirbel vorbei«.[97]

Angelica Garnett schreibt, man habe sie behandelt wie ein Objekt, ein Spielzeug, eine Verlängerung Vanessas, nicht aber wie eine eigenständige Person mit eigenen Bedürfnissen und Gefühlen und einer Zukunft, auf die sie sich hätte vorbereiten sollen. Zwar hatte sie Mal- und Musikunterricht, ging auf ein Internat und besuchte eine Schauspielschule, und doch wurde sie nicht angehalten, ihre Anlagen und Talente für einen Beruf weiterzuentwickeln, mit dem sie ihren Lebensunterhalt verdienen und sich selbst am Leben halten konnte. Wenn irgend etwas sich ihr als zu schwierig darstellte, riet Vanessa ihr immer, es fallenzulassen, anstatt daß sie ihr geholfen hätte, die Sache durchzustehen. Ihre Lehrer, erzählt Angelica, seien so fasziniert von Bloomsbury gewesen, daß viele Vorschriften, die andere Mädchen einhalten mußten, für sie außer Kraft gesetzt wurden – mitunter auch deswegen, weil Vanessa interveniert hatte. Möglicherweise wollte ihre Mutter für sie eine Kindheitsidylle etablieren – mit dem Hintergedanken, daß sie sich damit ein Kind heranzog, das nicht, wie ihre Liebhaber, verschwinden würde; vielleicht versuchte sie auch, indem sie einen Ort des Glücks für Angelica schuf, diese qualvolle, schwierige Welt voller Pflichten, in der sie selbst als Kind gelebt hatte, zu verdrängen. Angelica empfand das nahezu als tödlich – oder, wie sie sagt: »die Zeit der Reife sollte besser sein als die Kindheit«(163).

Ihr ganzes Leben lang wurden Angelica Garnett wichtige Dinge verschwiegen – Resultat der Tatsache, daß man sie als Persönlichkeit nicht ernstnahm. Wie es bei vielen anderen Mädchen auch geschieht, gestanden ihr die Menschen in ihrer Umgebung keine Realität zu, sondern definierten sie als Engel, als bloße Erscheinung, als Elf oder Kobold. Niemand sagte ihr Bescheid, als ihr heißgeliebter Bruder Julian, der für sie eine Art Vaterersatz gewesen war, sich als Sanitäter nach Spanien in den Bürgerkrieg meldete, und so konnte sie vor seinem Tod nicht einmal Abschied nehmen von ihm. Als ihre Mutter in Charleston im Sterben lag, rief man sie nicht, obwohl sogar ihre eigene Tochter geholt wurde. Duncan Grant, der sich offensichtlich nicht vorstellen konnte, was Vanessas Tod für Angelica bedeutete, schlug ihr vor, »eine Zeichnung von ihr (zu) machen« (160).

Zu dem »wirren Gespinst verdrängter Gefühle«(24) trug wohl auch bei, daß man ihr erst nach Julians Tod im Alter von siebzehn Jahren eröffnete, daß Duncan Grant ihr Vater war und nicht Clive Bell. Der von ihrer Mutter für diese Eröffnung gewählte Zeitpunkt war in mehrfacher Hinsicht verhängnisvoll. Es scheint, als habe Vanessa, die selbst ungeheuer unter dem Verlust ihres angebeteten Sohnes litt, bei ihrer Tochter dieses Verlustgefühl verstärken wollen, damit sie beide in ihrer Verlassenheit umso enger aneinander gebunden würden. Angelica mußte also innerhalb kürzester Zeit Julians Tod, den Verlust von Clive als Vater und den Verlust der ganz in ihrer Trauer versinkenden Mutter aushalten – und das alles vor dem Hintergrund einer durch den Krieg aus den Fugen geratenen Welt. Sie sagt darüber: »Ich war entsetzt über eine nur flüchtig von mir wahrgenommene Welt, in der das Individuum nichts zählte und nur eine Art Pfand in der Hand von Mächten war, die darum rangen, einander zu unterjochen.«(121)

Man kann sich denken, wie Angelica Garnett die Eröffnung ihrer Mutter aufnahm. Sie schreibt, daß sie gerade angesichts des in Bloomsbury so demonstrativ freien Umgangs mit Sexualität die Lüge über ihre Herkunft nicht verstehen konnte: »nimmt man einmal an, daß Bloomsbury wirklich so viel Freiheit gewonnen hatte, wie man dort glaubte, dann muß das höchst Konventionelle dieser Täuschung überraschen«(48). Anstatt, wie Vanessa es darstellte, zwei Väter zu haben, erkannte Angelica ganz richtig, daß sie gar keinen hatte. Sie spricht davon, daß sie »tödlich eifersüchtig« (24)

auf Paul Roche, den Gefährten ihres Vaters, reagierte, weil Duncan ihm ganz offen die Art von väterlicher Zuneigung entgegenbrachte, nach der sie selbst sich sehnte. Duncan konnte augenscheinlich durchaus väterliche Gefühle zeigen, allerdings nicht gegenüber einem Mädchen. Über viele Jahre hoffte Angelica auf irgendein Zeichen von ihm, eine Bestätigung, daß er sie als seine Tochter betrachtete, aber nichts dergleichen geschah. Die Tatsache seiner Vaterschaft wurde noch nicht einmal in ihren Gesprächen thematisiert.

Die Krise, die Angelica Garnett am Anfang ihrer Erinnerungen beschreibt, war eine logische Folge der in Bloomsbury herrschenden virulenten, wenn auch nicht bewußt praktizierten Misogynie, die sich hinter der Fassade eines sexuell befreiten aufgeklärten Humanismus verbarg. Sie war auch die Folge eines bestimmten Musters elterlichen Verhaltens, das sich von Vanessa Bell und Duncan Grant zurückverfolgen läßt zu Julia und Leslie Stephen bis auf Julia und Dr. Jackson.

In ihrem Vorwort erzählt sie, wie sie im Alter von sechsundfünfzig Jahren, vierzehn Jahre nach dem Tod ihrer Mutter, alleine in London und vollkommen verwirrt gelebt habe. Beim Einkaufen habe sie sich in einem Gemüseladen im Spiegel gesehen: »(ich) bemerkte etwas Vages, eine Art Loch, wo eigentlich ich selbst hätte sein müssen«(21). Sie beginnt dann mit kindlichen Haßtiraden gegen die Unfähigkeit ihrer Mutter, sie auf eine lebensbejahende und positive Weise zu lieben, und endet mit einem »Zwiegespräch mit der Toten«(30), in dem sie die Lebensumstände der Mutter vergegenwärtigt, die sie ohne eigenes Verschulden daran gehindert haben, der Tochter echte Liebe entgegenzubringen. Bevor ihr die Ursachen ihrer beider Depression klar waren, hatte sie die Mutter als einen Monolithen gesehen, hinterher »schrumpfte Vanessa zu einem bloßen Individuum in der Kette der Frauen, die – freiwillig oder nicht – durch die Jahre bestimmte Züge, bestimmte Verhaltensweisen und Haltungen voneinander übernommen hatten«(30).

Angelica Garnetts Leben war natürlich ganz und gar nicht durchgängig schrecklich: »Ich war ja nicht vollkommen vereinsamt, verlassen und in mich gekehrt. Im Gegenteil, ich war oft ganz hochgestimmt... Andere bereiteten mir Freude, und ich gab sie zurück.«(163). Sie beschreibt Augenblicke ihrer Kindheit, in denen sie sich sehr wohlgefühlt hat: wenn sie mit ihrer Mutter und Duncan, während beide malten, im Zimmer war; wenn sie vor dem Haus in Charleston beobachtete »wie zahllose winzigkleine Geschöpfe sich zwischen den Steinen hindurch(wanden): Spinnen, Käfer, Ameisen, emsig, zielstrebig, und ohne auf mich, den weiblichen Gulliver in ihrer Mitte, zu achten«(54).

Angelica zerstört den Schrein der Madonna, der Heiligen, der Erdmutter, der Fruchtbarkeits- und Sexgöttin, der Verführerin und Überfrau, in dem ihre Mutter eingeschlossen gewesen war. Ihrer Meinung nach war Vanessa gefangen in einer Bloomsbury-Version des alten viktorianischen Klischees vom Engel des Hauses, das das Leben ihrer Mutter bestimmt hatte; erstarrt zum Ideal der Frau als unerschütterlichem Mittelpunkt eines Hauswesens, das auf die Bedürfnisse der Männer ausgerichtet war. Wie viele alleinerziehende Mütter hatte auch sie niemanden zum Anlehnen. Sie war überfordert, sehr niedergeschlagen, alleingelassen und ganz starr von einer sie lähmenden Wut. Vanessa wird für uns dadurch zu einer wirklichen, realen Person, und Angelica Garnett kann, nachdem sie ihre Erinnerungen aufgeschrieben hat, das Loch, das sie anstelle ihrer selbst wahrgenommen hatte, mit einem dabei zum Vorschein gekommenen Ich füllen. Der ehrliche, schwierige, befreiende Versuch, mit der Wut, die sie auf ihre Mutter wegen ihrer emotionalen Unzugänglichkeit hatte, umgehen zu lernen, ist einer der wichtigsten Aspekte ihres Buches.

Angelica bezeichnet Vanessa wegen ihres Liebesbedürfnisses als »Klette«(46). Sie erzählt, daß sie sie »in Zärtlichkeiten« (53), in unerwünschten Liebesbezeugungen erstickte. »Im Alter von fünf Jahren wurde ich mir meiner Identität zum ersten Mal bewußt und zugleich einer übertriebenen Güte Vanessas, die mich unruhig machte«. »Auf Fotos aus der Zeit sitze ich ernsthaft, rundäugig und gesund auf dem Arm einer lächelnden Nellie oder einer madonnenhaften Vanessa, deren lange, schmale Finger nur allzu gut ihren Weg in jede Falte meines Körpers finden«(52f). Die Erkenntnis der eigenen Identität verbindet sich mit der unangenehmen Erinnerung an die Inbesitznahme ihres Körpers. Sie sagt auch, daß Virginia Woolf bei ihren Besuchen auf demonstrative Zurschaustellung von Zuneigung bestand: »sie forderte ihre Rechte ein, einen Kuß auf den Nacken oder auf ein Augenlid, oder eine Menge kleiner Küsse vom inneren Handgelenk bis in die Ellenbeuge«(107).

Das Kind mußte erfahren, daß es nicht selbst über seinen Körper verfügen durfte. Die »Gliedmaßen aus Trikot« ihrer Puppe waren »voller roter Tintenkleckse, die, wie ich umständlich erklärte, von zahlreichen Operationen herrührten« (58). Ihre Ehe mit David Garnett, die mehr auf seinen als auf ihren Wunsch hin zustande kam, war von seiner Seite her ein Versuch, seinen alten Liebhaber Duncan Grant wiederzugewinnen, sich an Vanessa zu rächen und noch einmal Duncan eifersüchtig zu machen. Er hatte schon zu Angelicas Geburt angekündigt, sie heiraten zu wollen: gleich nachdem sie geboren war, hatte er gesagt: »Ich werde dieses Kind heiraten – ob das einen Skandal gibt?«[98] Ihre Ehe, die sie, anstatt sie aus dem Kreis der Familie fortzuführen, mitten in den Strudel der alle verbindenden Gefühle hineinschwemmte, war, nach Angelicas Worten, »inzestuös«(153).

Die gewaltsame Inbesitznahme Angelicas stellt eine Wiederholung des Mißbrauchs von Vanessa und Virginia durch George und Gerald dar. Virginias Erinnerung an die Übergriffe von Gerald deckt sich auf erschreckende Weise mit Angelicas Erinnerung an Vanessa und legt die Vermutung nahe, daß Virginia und Vanessa, die die Opfer der Duckworths wurden, ihrerseits Angelica zum Opfer gemacht haben. Angelicas Objekt-Status innerhalb der Familie tritt auf Bildern, die in *Vanessa Bell's Family Album* veröffentlicht sind, deutlich zutage.[99] Vanessas Bilder von Angelica haben etwas sehr Irritierendes an sich. Ihre zarte und scheue Nacktheit steht in krassem Gegensatz zu den unbefangenen, voll entwickelten Körpern ihrer Halbbrüder. Auf einem der Bilder sitzt Angelica auf einer Bank, sie trägt

Schuhe, sonst nichts, und krümmt sich zusammen, damit man ihr Geschlecht nicht sehen kann. Neben ihr sitzen, bekleidet, auf der einen Seite ihr Vater Duncan Grant, der auf sie herabblickt, und auf der anderen Seite, im Anzug und mit dem Blick zur Kamera, lächelnd und rauchend, Roger Fry. Diese Bilder sind alles andere als die unschuldige Dokumentation einer Mutterliebe, sie sind eine schockierende Offenbarung von Angelicas Ohnmacht und Verletzlichkeit.

Angelica Garnett beschließt ihr Buch mit einem Epilog: mit ihren siebenundfünfzig Jahren sieht sie für sich nochmal einen, wenn auch sehr verspäteten, Eintritt ins Erwachsenenleben. Sie sagt da, daß das Aufschreiben ihrer Erinnerungen für sie bedeutete, allmählich »aus der Dunkelheit ans Licht zu kommen«(162). Man versteht nun, warum das Geschenk von Leonard Woolf, »eine wunderschöne viktorianische Ausgabe von *A Pilgrim's Progress* mit Bildern, die den Weg eines braven Christenmenschen darstellen«(109), für sie so große Bedeutung hatte: sie hatte ihre eigene Pilgerfahrt durchlebt.

Angelicas Buch endet nicht mit einem falschen Triumph, daß sie ein für allemal begriffen habe, sondern sie vermittelt etwas viel Wesentlicheres und Anregenderes: die Einsicht, daß Erkenntnis ein fortlaufender Prozeß sei, und daß, was sie erkannt habe, keinen Anspruch auf letztgültige Wahrheit erheben könne. Sie weigert sich, für ihr Publikum zum Symbol zu werden, das ihre Mutter für sie war, das Symbol der weisen Frau. Anstatt ihre Gefühle zu verleugnen, gibt sie zu, daß, »man (zwar) im allgemeinen annimmt,daß alles verstehen alles verzeihen heißt«, doch »... von ›Vergebung‹ zu reden ... zu sehr den Beigeschmack von angemaßter Überlegenheit hat«(162).

Mit ihren Erinnerungen liefert sie ein wichtiges Dokument über den Versuch einer Frau, Verhaltensmuster der Vergangenheit zu verstehen und sie mit Hilfe von Therapie und Selbstanalyse zu verändern. Angelica Garnett geht davon aus, daß Verstehen an sich etwas Flüchtiges, Zeitbedingtes und Brüchiges ist. Ihre Erinnerungen verbinden sie mit vielen anderen Frauen, die sich bemühen, die eigene Geschichte und die Geschichte ihrer Mütter zu verstehen.

Zweiter Teil

Kindheit

4. Kapitel

Eine Tochter erinnert sich

Im April 1939 begann Virginia Woolf mit der Niederschrift ihrer Autobiographie »Eine Skizze der Vergangenheit«.[1] Es war wohl das mutigste ihrer schriftstellerischen Vorhaben, denn sie wußte, daß die Konfrontation mit sich selbst für sie gefährlich und schwierig war und daß sie, falls sie dabei zu tief in die Vergangenheit eintauchte, möglicherweise teuer mit Aufregung, Depression und Selbstmordgefährdung würde bezahlen müssen. Zudem hatte sie Angst davor, »mit Autobiographischem an die Öffentlichkeit zu treten«,[2] und fürchtete auch, daß sie, wenn sie über ihre Jugendzeit schrieb, das Schreiben ganz aufgeben würde.[3]

Trotzdem begann sie, motiviert vielleicht durch ihre Biographie über Roger Fry, sich Gedanken zu machen über den Zusammenhang von Kindheitserlebnissen und Persönlichkeitsstruktur. Mag sein, daß ihr Treffen mit Sigmund Freud und die Lektüre seiner Werke sie angespornt hat. Wenige Monate vorher hatte sie ihn besucht und er hatte ihr eine Narzisse geschenkt. Außerdem fühlte sie sich durch die Offenheit ihrer Freundin, der Komponistin Ethel Smyth, herausgefordert, ihre Gefühle sorgfältiger zu überprüfen als sie es jemals getan hatte.[4] So nahm sie in ihren letzten Lebensjahren dieses Projekt in Angriff, das sie als Selbstanalyse bezeichnete.[5]

Sie hatte bereits Erzählungen über ihr Leben verfaßt, auch Erinnerungen, doch dieses Mal verfolgte sie eine andere Absicht. Sie wollte nicht einfach darüber sprechen, was sie erlebt hatte, sondern sie wollte ihre Gefühle noch einmal heraufbeschwören. Wichtiger noch: sie wollte versuchen, ihrer Depression auf den Grund zu kommen und den Auslöser finden: »Ich interessiere mich für Depression«, schrieb sie am 15. April 1939, »& ich lasse mich ein Spiel spielen, in dem ich Bruchstücke zusammensetze«.[6]

Sie fing damit an, sehr sorgfältig Tagebuch zu führen über das Muster ihrer Gefühle. Sie zeichnete auf, wann sie sich niedergeschlagen fühlte, wann ihre Stimmung umschlug, um sich, wenn es dazu kam, nicht so hoffnungslos ausgeliefert zu fühlen. Sie hinterfragte die Geschichte ihrer Depression und versuchte die Ursachen in ihrer eigenen Geschichte aufzuspüren. Sie suchte die Bruchstücke ihres Gefühlslebens zusammen.

Damit wandte sie sich ab von den Erklärungen, die ihre Familie (und sie selbst auch) seit ihrer Kindheit für ihr Verhalten benutzt hatte. George Duckworth hatte sie ›arme Ziege‹ genannt – »womit er, glaube ich, ausdrücken wollte, daß ich eben verrückt bin und bleibe«.[7] Zum ersten Mal zog sie die Möglichkeit in Erwägung, daß ihr Leben auch hätte anders verlaufen können, daß ihre Anfälle von Verzweiflung und Depressivität und ihre Selbstmordversuche nicht unvermeidlich zu ihrer Persönlichkeit gehörten, sondern daß sie Ausdruck ihrer Reaktionen auf das, was sie durchlebt hatte, waren.

In »Eine Skizze der Vergangenheit« thematisiert sie viele außerordentlich wichtige Bereiche: den Charakter ihres Vaters, seine Vorzüge und auch seine Gewalttätigkeiten, seine Wutausbrüche, seinen Despotismus; den Charakter ihrer Mutter, ihre Güte ebenso wie ihre Unzugänglichkeit in bezug auf die Kinder, ihre Überforderung, ihren frühen Tod und seine Auswirkung auf die Familie; die Art, wie Vanessa nach dem Tode der Mutter behandelt wurde und Vanessas allzu intimes Verhältnis mit George Duckworth; ihre Erinnerung daran, wie J. K. Stephen sie und ihre Mutter einmal verschleppt hatte, und daran, wie er ihre Halbschwester Stella verfolgt und belästigt hatte; Stellas Leben, die Zeit in der Jack Hills sie umworben hatte und ihren frühen Tod.

Aber aufschlußreicher als all das sind Virginia Woolfs Versuche, von frühester Zeit an ihre Gefühle noch einmal heraufzubeschwören – diese schwer faßbaren Augenblicke, aus denen so viel abgeleitet werden kann, wenn man sich nur an sie erinnert. Dabei stieß sie auf etwas, was sie wohl immer verdrängt hatte, nämlich daß sie bereits als sehr kleines Kind von ihrem Halbbruder Gerald Duckworth mißbraucht worden war. Auch wenn sie immer von George Duckworths »Missetaten« geschrieben und gesprochen hatte, und auch wenn sie beide Duckworths in Verbindung mit dem an ihr begangenen Mißbrauch gebracht hatte, wird hier zum ersten Mal direkt auch Gerald genannt. Und es ist wohl das erste Mal, daß ihr bewußt wurde, wie weit zurück die Geschichte ihres Mißbrauchs reichte.

Ich stelle mir vor, daß diese Erinnerung Gefühle bei ihr auslöste, die ihr Angst machten. Aber sie war in der Lage, die Beziehung zwischen diesen Gefühlen und der Tatsache, daß sie als Kind sexuell mißbraucht worden war, herzustellen und in Zusammenhang mit ihrer Depression zu bringen.

Das Wachrufen dieser Erinnerung konfrontierte sie mit äußerst beunruhigenden Fakten: daß der sexuelle Mißbrauch sich über viele, viele Jahre hingezogen hatte, ungefähr von 1888, als sie sechs oder sieben Jahre alt war, bis 1904. Daß mehr als nur ein Mitglied der Familie sich an ihr vergangen hatte. Daß ihre Persönlichkeitsentwicklung dadurch entscheidend geprägt wurde. Und daß die ganze Stephen-Familie in diesem Raster sexuellen Mißbrauchs gefangen war. Sie erkannte, daß sexueller Mißbrauch wahrscheinlich der zentrale und bestimmendste Faktor ihres jungen Lebens gewesen war.

Virginia Woolf hat sich diesem schwierigen Unterfangen unter den ungünstigsten Umständen gestellt. Mit dem dabei hervorgerufenen Gefühl von Wut und Ohnmacht fertigzuwerden, wäre schon schwierig genug gewesen, wenn sie jemanden gehabt hätte, der ihr hätte beistehen können oder wenn sie gewußt hätte, daß zwischen sexuellem Mißbrauch und emotionalem Trauma ein Ursache-Wirkung-Verhältnis besteht.

Aber sie war allein. Sie leistete Pionierarbeit, als sie – lange bevor Inzestopfer in Büchern wie *I Never Told anyone*[8] ihre Erfahrungen veröffentlichten – die Auswirkungen des erlebten sexuellen Mißbrauchs erforschte. Auch wenn Vanessa ihr vorgeschlagen hatte, ihre Autobiographie zu schreiben,[9] und auch wenn Virginia mit Ethel Smyth die Einsicht teilen konnte, daß es für eine Frau fürchterlich schwer war, eine Autobiographie zu verfassen, weil doch die

Wahrheit über ihr Sexualleben unterdrückt werden mußte, war die Niederschrift von »Eine Skizze der Vergangenheit« eine einsame Reise zurück in die Kindheit und in die eigene Psyche, die sie mit niemandem teilte. Das war nicht immer so gewesen. Während ihres ganzen Lebens hatte Virginia Woolf mit Freunden und Bekannten darüber gesprochen, was ihr geschehen war und sogar in der Öffentlichkeit aus Erinnerungen über den von George an Vanessa und ihr begangenen Mißbrauch vorgelesen. Dies hier war jedoch etwas anderes.

Als sie an »Eine Skizze der Vergangenheit« saß, wurde die Gefahr, daß Hitlertruppen England einnehmen würden, immer größer; sie schrieb also unter dem Druck, der Bedrohung durch die Nazis ohnmächtig ausgesetzt zu sein. Das mag sich zwar förderlich ausgewirkt haben darauf, daß frühe Erinnerungen hochkommen konnten, doch sicherlich haben umgekehrt diese Erinnerungen auch den auf ihr lastenden Druck verstärkt.

Da Virginia und Leonard Woolf beschlossen hatten, im Falle einer deutschen Invasion aus dem Leben zu scheiden, wurde ihre Arbeit ein Unternehmen von großer Dringlichkeit. Je näher sie sich dem Ende ihres Lebens fühlte, desto größer wurde ihr Bedürfnis, die sie prägenden Ereignisse ihres Lebens aufzuschreiben. Aus den vielen sich zur Abfassung dieses letzten Dokuments anbietenden Möglichkeiten, das ihre eigenen Biographen später entscheidend beeinflussen würde, wählte sie diejenige, in der die Tochter einer viktorianischen Familie der oberen Mittelschicht ihre Erfahrungen mitteilt. Weil sie die eigene Familie für typisch hielt, beschrieb sie, was in anderen ›typischen‹ viktorianischen Oberschichtsfamilien geschehen konnte und wahrscheinlich geschah.

In ihrer ersten Erinnerung sitzt sie auf dem Schoß ihrer Mutter, und sieht »rote und violette Blumen auf schwarzem Grund – das Kleid meiner Mutter«[10] –, eine Erinnerung, die »die wichtigste aller meiner Erinnerungen«(88) freisetzt, so wichtig, daß sie das Fundament ihres späteren Lebens bildet: »Ich liege halb schlafend, halb wach im Bett, im Kinderzimmer von St. Ives. Ich höre – hinter einem gelben Rouleau –, wie die Wellen sich eins-zwei, eins-zwei brechen und über den Strand hinaufschäumen.« Und weiter: »Ich höre das Rouleau, das seine kleine Holzquaste an der Schnur über den Boden schleift, wenn der Wind es nach außen bauscht... ich habe das Gefühl, es ist fast nicht möglich, daß ich tatsächlich hier bin; ich fühle die reinste Ekstase, die ich mir vorstellen kann.«(88)

Diese Erinnerung könnte den Eindruck einer idyllischen Kindheit vermitteln, nur sagt Virginia Woolf, sie erinnere sich an diese Szene so genau, weil sie so ungewöhnlich war. Die Empfindung dabei war so außergewöhnlich, daß sie sich immer wieder auf sie bezieht, um sich selbst zu vergewissern, daß sie einmal wirklich in der Lage war, Ekstase zu erleben. Was das Ganze so bitter macht, ist, daß sie dabei ihre eigene Existenzberechtigung in Frage stellt – »es ist fast nicht möglich, daß ich tatsächlich hier bin« heißt auch: ›meine Existenz ist bedroht; es könnte durchaus sein, daß ich aufhöre zu existieren‹. Soweit sie zurückdenken kann, von der allerersten wichtigen Erinnerung an, ist für sie die Tatsache ihrer Existenz nicht selbstverständlich; weiterleben zu können, ist fast ein Wunder. Sie erinnert sich, daß der Gedanke, überleben zu können, ihr die höchste Ekstase ihrer Kindheit bescherte. Vom ersten Augenblick an fühlte sie ihre Existenz bedroht.[11]

Diesen Augenblick der Verzückung fühlte sie gerade deshalb so intensiv, weil sie als Kind ›normalerweise‹ ihr Leben so empfand, als läge sie »in einer Weintraube« und schaute »durch einen Schleier von halbdurchsichtigem Gelb«(89). Ihre anderen Kindheitserinnerungen werden zu Variationen dieser Metapher. Sie schreibt, um darzustellen, wie sie als Kind die Dinge gesehen habe, würde sie »ein halbtransparentes Rundbild malen... Alles wäre groß und verschwommen«.(90)

Auch Geräusche erscheinen in ihrer Erinnerung verworren und undeutlich; es war so, als würde die Luft in St. Ives »jeden Ton aufsaugen und nur ganz langsam heruntersinken lassen, als wäre er in einem trüben, klebrigen Schleier steckengeblieben«(90).

Diese Kindheitsempfindungen, so Woolf, begleiten sie immer

noch. Auch wenn es ein guter Tag war, an dem sie mit der Niederschrift von »Eine Skizze der Vergangenheit« begann, war er doch »wie in undefinierbare Watte gelagert. So ist es immer«(96). Sie bemerkt, sie erlebe Tag für Tag einen Großteil der Zeit ›nicht mit Bewußtsein‹, »Nicht-Sein« und »vereinzelte Momente des Seins«(96) wechselten einander ab. Phasen des Sich-verbunden-Fühlens mit der Außenwelt werden von Schwebezuständen abgelöst. An einer Stelle assoziiert sie diesen »entkörperten tranceähnlichen exaltierten Taumel, der mich als Mädchen zu befallen pflegte« mit einem erigierten Penis und stellt fest, daß die Erinnerung daran sie noch immer umwerfe[12] Dieser Taumel ist nicht immer lustvoll; er kann auch arbeitsunfähig machen.

Ihre unzusammenhängenden Empfindungen bezeichnet sie als »vereinzelt«, unverbunden, als »Momente des Seins«. Sie drückt damit nicht eine bestimmte Philosophie über das Wesen menschlicher Existenz aus, sondern sie versucht eher ihren emotionalen Zustand wiederzugeben, herauszuarbeiten, wie die Depression ihr Gefühl für die Verbindung mit realen Erfahrungen beeinträchtigte; sie beschreibt einen Prozeß ständiger Zerstückelung, Abtrennung und Auflösung. Was sie wollte, war, ›den Plan, der hinter dieser Watte steckt‹ (99) erkennen, herausfinden, warum es diese Watte gab – und es ist ihr gelungen.

Die Ähnlichkeit zwischen dem Gefühl, in Watte gepackt zu sein, wie es die erwachsene Virginia Woolf hat, und ihrer Erinnerung, als Kind die Vorstellung gehabt zu haben, in einer Weintraube zu leben, ist insofern wichtig, weil sie nahelegt, daß Virginia schon als Kind depressiv war. Sie kannte diese Art von Gefühl und konnte es weit zurückverfolgen.

Chronisch depressive Kinder erzählen genau das, was Woolf in »Eine Skizze der Vergangenheit« beschreibt, abgelöst zu sein von Kindheitserfahrungen, wie hinter einer Trennscheibe zu leben, wie in einer Hülle, die das Kind vor traumatischen Erfahrungen oder Vernachlässigung bewahrt.[13] Dieses Abgestorbene, dieser Zustand des Scheintods, war nach Virginia Woolfs Aussage in ihrer Kindheit fast ein Dauerzustand. Wo sie intensive Gefühle erinnert – etwa beim Gedanken an das Kleid ihrer Mutter, an brechende Wellen, an Verzückung –, macht sie sich klar, daß die Erinnerung deshalb so stark ist, weil diese Momente ihren üblichen Schlafwandel durchbrochen haben – Momente in einer Kindheit, die ansonsten erfahren wurde wie durch einen »Schleier von halbtransparentem Gelb«(89). Genauer und überzeugender ist eine Kindheitsdepression wohl kaum jemals beschrieben worden.

Der Darstellung dieses Gefühls in der Kindheit folgt eine lange Analyse ihrer »Spiegelscham«(93), der Scham wegen ihres Körpers. Hier erzählt sie zum ersten Mal – wahrscheinlich, weil sie sich überhaupt zum ersten Mal daran erinnert –, daß sie mit sechs oder sieben Jahren von Gerald Duckworth sexuell mißbraucht wurde. Da die Erinnerungen an die eigene Empfindungslosigkeit mit der Erinnerung an den sexuellen Mißbrauch zusammenhängen, läßt sich zwischen beiden ein Ursache-Wirkung-Verhältnis herauslesen, obwohl Virginia Woolf selbst diese Verbindung nicht herstellt.

Sie fragt sich, warum sie kein positives Selbstbewußtsein, keinen Stolz auf den eigenen Körper hat, wie sie es bei anderen Menschen gesehen und bewundert hat, sondern sich ihres Körpers schämt. Sie fragt sich, woher diese Scham komme, und sie spielt mit der Vorstellung, sie könnte ererbt sein – ein puritanischer Zug ihrer Vorfahren, die der Clapham-Sekte angehört hatten.

Sie stellt fest: »Ich muß mich meines Körpers geschämt oder Angst vor ihm gehabt haben«(93) und spricht von der »Scham, die ich dabei empfand, überrascht zu werden, wenn ich mich … im Spiegel betrachtete«(93) – in St. Ives, was zu einer anderen Erinnerung an den Spiegel im Vestibül dort führt: sie erinnert sich, wie sie mit sechs oder sieben Jahren von Gerald Duckworth sexuell belästigt wurde, auf einem Sims vor dem Speisezimmer, genau in jenem Vestibül, in dem dieser Spiegel hing. Auf dem Sims stand normalerweise Geschirr. Doch Gerald hatte sie hinaufgehoben und »als ich dort saß, begann er, meinen Körper abzutasten. Ich kann mich an das Gefühl erinnern, als seine Hand sich unter meine Kleider schob und energisch und immer tiefer vordrang. Ich erinnere mich, wie sehr ich hoffte, er würde aufhören, wie ich mich steif machte und wand, als seine Hand näher an meine Geschlechtsteile kam. Aber sie hielt nicht inne. Seine Hand tastete auch meine Geschlechtsteile ab.«(93f.)

Befingert zu werden auf einem Sims, auf dem Geschirr mit Essen und Essensresten zwischen Küche und Speisezimmer abgesetzt wird – läßt sich ein sinnträchtigerer Ort für sexuelle Übergriffe überhaupt denken? Wundert es, daß Virginia Woolf in ihrem späteren Leben Probleme mit dem Essen hatte? Auf eben dem Platz, wo das Eßgeschirr stand, »begann er, meinen Körper abzutasten«, eben da, wo sie sich »steif machte und wand, als seine Hand näher an meine Geschlechtsteile kam«. Schon der Anblick eines Tellers mit Essen muß sie krank gemacht haben, weil er Gefühle von Ekel und Scham hervorrief, auch wenn sie sich dabei vielleicht nicht des Vorfalls selbst bewußt war, der diesen Gefühlen zugrunde lag.

Ich vermute sehr, daß das Grauen über diese Erfahrung noch verstärkt wurde dadurch, daß Virginia sich dabei selbst im Spiegel gesehen hat, daß sie sich selbst beobachtete, während Gerald sie belästigte. Das würde ihre Abneigung erklären, sich im Spiegel anzusehen – in welchem Spiegel auch immer. Und es würde ein Licht werfen auf ein verwirrendes Bild, das sie in einer frühen Version ihres ersten Romans benutzt, das Bild einer gespenstischen Hand, eines »bösartigen Arms mit Knorpeln am Ellbogen und borstigen Haaren«.[14]

In »Eine Skizze der Vergangenheit« beschreibt sie einen Traum, der ihrer Meinung nach auch damit zu tun hatte: »Ich träumte, daß ich in einen Spiegel sah, als plötzlich ein schreckliches Gesicht – eine Tierfratze – über meiner Schulter auftauchte. Ich kann nicht mit Bestimmtheit sagen, ob es nur ein Traum oder ob es Wirklichkeit war.«(94)

Dieses Gesicht war sicher ein inneres Abbild der bestialischen Natur ihres Peinigers, wie es sich ihr darstellte. Er/es machte ihr Angst; er/es konnte jederzeit wieder in Erscheinung treten; schon die Möglichkeit ließ sie keine Ruhe finden. Diese Erfahrung hatte sie mit etwas Bestialischem in Berührung gebracht. Jetzt taucht die Fratze eines Tieres über ihrer Schulter auf, sie scheint hinter ihr hervorzukommen – ist das Tier getrennt von ihr oder kommt es aus ihr heraus? Die Erinnerung an diese schauerliche Fratze im Spiegel ist, glaube ich, der Ursprung ihres ›Selbstmordtraums‹, den sie in einem Brief an Ethel Smyth erwähnt, einen immer wiederkehrenden Traum, der sie mit Entsetzen erfüllte: sie träumte, allein in einem Abflußrohr zu sein, an dessen Ende der Wahnsinn lauerte: »Plötzlich... nähere ich mich dem Wahnsinn und dem Ende des Rohrs, wo ein sabbernder alter Mann sitzt«.[15]

Sie spricht noch von zwei weiteren bedeutungsvollen Momenten des Seins: Zum einen »wenn alles auf einmal unwirklich wurde; ich schwebte, ich konnte nicht über die Pfütze steigen«(106). Sie kann nicht erklären, warum sie dazu nicht in der Lage ist, aber die Vorstellung, die Beine so weit zu spreizen, daß sie über die Pfütze steigen kann, erschreckt sie möglicherweise deshalb, weil sie dabei eine Spiegelung ihrer Beine im Wasser sehen würde, dieser weitauseinandergespreizten Beine, die die Erinnerung an sexuellen Mißbrauch in ihr wachrufen. Der andere Moment, der sie mit Grauen erfüllt, ist der Blick auf das Gesicht eines schwachsinnigen Jungens, der »miauend, schlitzäugig und mit roten Augenlidern« vor ihr auftauchte (106). Es muß sie an die von männlicher sexueller Gier verzerrten Gesichter erinnert haben, wie sie sie bei Gerald und George gesehen haben mag. Es war das Gesicht ihrer Alpträume, das Gesicht am Ende des Abflußrohrs in ihrem Selbstmordtraum.

Bei der Zeichnung des emotionalen Rahmens in »Eine Skizze der Vergangenheit« bemerkt Virginia Woolf nur, daß ihr Leben immer, während der Kindheit ebenso wie in der Gegenwart, »ein verhältnismäßig großes Quantum dieser Watte, dieses Nichtseins« enthalten habe. Dann aber, »ohne daß ich einen Grund dafür weiß, bekam ich einen plötzlichen gewaltigen Schock: es geschah etwas mit solcher Heftigkeit, daß es mir mein Leben lang in Erinnerung geblieben ist«(96). Als ein Beispiel dafür nennt sie eine fürchterliche Rauferei auf der Wiese mit ihrem Bruder Thoby, bei der sie beide mit Fäusten aufeinander eingeschlagen hatten. Auf einmal »überfiel mich das Gefühl: weshalb einem anderen Menschen weh tun? Ich ließ meine Hand augenblicklich sinken, blieb stehen und ließ mich von ihm schlagen«(96). Sie hatte bereits verinnerlicht, daß sie sich nicht wehren, sondern einfach alles ertragen sollte.

Watte. Nichtsein. Inzest. Körperliche Gewalt. Was bei diesem Erfahrungsmuster herauskam, war »ein Gefühl hoffnungsloser Traurigkeit,... als würde mir etwas Schreckliches bewußt und meine eigene Machtlosigkeit: Ich schlich mich allein davon und war entsetzlich deprimiert.« Die Nachricht vom Selbstmord eines Bekannten erzeugte in ihr das Gefühl, »hoffnungslos in einen Abgrund voller Verzweiflung hinuntergezogen zu werden, aus dem es kein Entkommen für mich gab. Mein Körper schien paralysiert zu sein« (97). Sexuelle Gewalt. Hoffnungslose Traurigkeit. Ohnmacht. Entsetzliche Depression. Das Gesicht im Spiegel. In einen Abgrund der Verzweiflung hinuntergezogen zu werden, aus dem es kein Entkommen gibt. Paralyse. So sah Virginia Woolfs frühe Kindheit aus, so sah sie sie selbst.

Es lohnt sich, das Bild von der Watte, das Virginia Woolf benutzt, um ihre Depression zu beschreiben, etwas genauer zu betrachten, denn es führt direkt zurück zu den Duckworths. In »Hyde Park Gate 22«, das sie 1920 oder 1921 im Memoir Club vorlas, erzählt Virginia, daß die Duckworths mit Baumwolle gehandelt hatten, daß »der alte Duckworth Baumwolle meterweise verkauft« hatte.[16] In Watte gehüllt zu sein, bedeutete, sich in das Material zu hüllen, das sie mit den Duckworths assoziierte. Aber Watte verweist auch noch auf ein anderes Familienmitglied, auf Laura Stephen. Laura war als Baby so zart gewesen, daß man sie in den ersten Monaten in Watte gepackt hatte.[17] So gesehen, bedient sich Virginia Woolf einer Metapher, die umschreibt, daß auch sie eine schützende Hülle nötig hatte. Aber falls Virginia von Lauras Geschichte wußte, würde ihre Metapher auch die unbewußte Angst ausdrücken, daß sie und

Laura sich ähnlich seien und daß sie selbst für ebenso schlecht gehalten und so behandelt werden könnte wie Laura.

Die Sprachbilder, in die Virginia Woolf ihre Kindheit stellt, sind identisch mit denen, die sich in Zeichnungen von sexuell mißbrauchten Kindern finden. Auch hier spiegelt sich ein Gefühl der Ohnmacht wider, des schwachen Selbstwertgefühls und der Wahrnehmung, gefangen und gefesselt zu sein. Charakteristisch für diese Zeichnungen ist, daß die darauf abgebildeten Kinder von bunt durcheinanderlaufenden Farbstrichen zu- und fast überdeckt sind – eine bildliche Entsprechung zu Virginia Woolfs Watte-Metapher.

Die Kinder stellen sich selbst als winzige Wesen dar, die sich häufig in geschlossenen Räumen befinden, wie in Virginias Bild von der Weintraube. Sie plazieren sich oft an den Rand des Bildes oder zeigen sich als in einem Netz von Linien gefangen. Ein Mädchen, das von ihrem Vater mißbraucht wurde, zeichnete sich selbst als winzige Figur auf einem riesigen Bett, von dem es kein Entrinnen zu geben scheint; das Gesicht des Vaters ist riesig und tierhaft, es lauert lüstern hinter einer Ecke. Wo die Täter dargestellt werden, sind sie eckige, feindselige, finstere Gestalten, die überdimensional das Blatt beherrschen. Sie brüllen, blicken starr, sind widerlich; ihre Nasenflügel beben. Sie sind wie der Tier-Mann aus Virginia Woolfs Erinnerung.

Als Erwachsene sprechen Inzestopfer genau wie Virginia häufig davon, daß sie sich als Kinder emotional isoliert gefühlt haben. »Ich fühle mich allein, so allein, so schrecklich allein« – so der Tagebucheintrag eines Inzestopfers. Eine Frau erzählt, daß ihr Vater sie nicht einmal nach einer Blinddarmoperation in Ruhe gelassen habe. Sie fühlte sich vollkommen verlassen und ohnmächtig, weil es, wenn nicht einmal die Tatsache ihn abhielt, daß sie fürchterliche Schmerzen nach der Operation hatte, wohl überhaupt nichts gab, was ihn jemals hindern würde.[18]

Falls die Zeitangabe in Virginias Erinnerung stimmt, daß sie ungefähr sechs Jahre alt war, als sie zum ersten Mal sexuell mißbraucht wurde, dann war das zu einer Zeit, als sie sich von einem

Keuchhusten erholte, der fast ihr Leben bedroht hatte. Im April 1888 hatten alle Stephen-Kinder zur gleichen Zeit Keuchhusten. Julia hat das Kinderzimmer fünf oder sechs Wochen lang nicht verlassen. Virginia hatte es am schlimmsten gepackt: eine ganze Stunde lang bevor der Hustenanfall kam, saß sie und zitterte und stöhnte; und wenn er dann da war, litt sie entsetzlich. Sie brachte es auf bis zu vierundzwanzig Anfälle am Tag, und bei jedem dieser Anfälle mußte sie an die zwanzigmal husten.[19]

Als sie das Krankenlager verließ, war sie total verändert. Sie war dünn und zerbrechlich und schien »nachdenklicher und ... grüblerischer«.[20] Der Sadismus von Gerald Duckworth, der seine Übergriffe in diesem Sommer, als sie sich in St. Ives von ihrer Krankheit erholte, begann, kann nicht oft genug betont werden. Was Virginias erste Erinnerung angeht – daß sie im Bett liegt und die Wellen hört und dankbar ist dafür, daß sie noch lebt –, so wird ihre Bedeutung erst richtig klar vor dem Hintergrund, daß sie einerseits eben dem Tod entronnen war, und daß sie andererseits so bald darauf Opfer von Gerald wurde. Virginia beschreibt dies mit einem Bild: sie ist in einem Wasserbecken gefangen, wo Gerald in Gestalt eines Alligators liegt. Ein Bild unersättlicher Raubgier, das einleuchtet, wenn man sich ihre schwächliche Konstitution und ihre Verletzbarkeit vergegenwärtigt.

Allerdings enthält diese Erinnerung auch die Vorstellung, sie selbst trage die Schuld an dem, was ihr zustieß: sie schreibt, sie erinnere sich, »daß es mich empörte und abstieß« und daß sie zu wissen glaubte, »wie falsch es ist«, seinen Körper an bestimmten Stellen »berühren zu lassen«.[21] Zweifellos hat sie ihr ganzes Leben lang ein tiefsitzendes Schuldgefühl mit sich herumgeschleppt, ein Gefühl, daß sie selbst irgendwie hätte verhindern können, was ihr geschah, daß sie verantwortlich war dafür, daß sie schlecht und verdorben war, daß irgend etwas an ihr gewesen sein muß, das zu diesem sexuellen Mißbrauch einlud. Sie hatte in ihrer Familie schon mit sechs oder sieben Jahren gelernt, daß Mädchen selbst daran schuld haben, wenn ihnen etwas Schlimmes passiert, denn nach der viktorianischen Ideologie sind Mädchen ja tatsächlich für die Moral ihrer Brüder verantwortlich.[22]

Auch heute noch findet sich dieses Schema bei Inzestopfern. Sie empfinden die Schuldgefühle, die die Täter »haben sollten, die sie aber als Psychopathen nicht haben«.[23] Das hängt damit zusammen, daß man den Opfern häufig vermittelt, sie seien verdorben. Eine der Frauen erzählte, der Mann habe sie, während er sich an ihr verging, beschimpft und sie schlecht, schmutzig und böse genannt.[24]

Wenn Inzestopfer die Schuld bei sich selber suchen, ist das nicht verwunderlich, da Mitglieder ihrer eigenen Familie, zu denen sie Vertrauen haben, ihnen ja einimpfen, daß es so ist. Als bedauerliche und oft tragische Konsequenz zeigen die Opfer nicht selten ein unbewußtes Bedürfnis nach Strafe, das sich in Selbstverstümmelungstendenzen, Alkoholismus, Tablettenmißbrauch oder Selbstmordversuchen äußert.

Ganz offensichtlich gehen Virginia Woolfs Selbstmordversuche auf ihre Inzesterlebnisse zurück. Sie selbst hat das schon 1921 oder 1922 begriffen, als sie in einem Beitrag für den Memoir Club ihr Familienleben am Hyde Park Gate Nr. 22 beschrieb. Sie sagt da, daß das Haus so übervoll von den »heftigen Emotionen« war, von »wiederkehrenden Wutausbrüchen« bei George und Gerald, »daß mir die Erinnerung daran die Kehle zuzuschnüren scheint. Der Ort schien mit einem Wust von Gefühlsäußerungen angefüllt.« Sie schreibt davon, daß George sie nach dem Tod der Mutter mißbraucht hat und erklärt ihren kurz darauf erfolgten Zusammenbruch als »eine Krankheit, die nicht ohne Grund das Ergebnis dieser ganzen Erschütterungen und Desaster war«.[25] Sie versteht also, daß es Zusammenhänge gibt zwischen dieser Krankheit und dem sexuellen Mißbrauch. Das Gefühl, die Kehle sei ihr zugeschnürt, weist meines Erachtens schon voraus auf den von ihr gewählten Tod durch Ertrinken. Möglicherweise war ihr Zusammenbruch ein verzweifelter (wenn auch nicht kontrollierbarer) Versuch gewesen, dem Mißbrauch ein Ende zu setzen, weil dadurch Ärzte ins Haus kamen.[26]

1936 trug Virginia Woolf sich mit Selbstmordgedanken. Sie schrieb, seit 1913, als sie sich über lange Zeit nervlich am Ende gefühlt hatte, sei sie »dem Abgrund meines Gefühls nie mehr so nahe« gewesen.[27] Daß sie sich ›dem Abgrund nahe‹ fühlt, ist dabei nicht ohne Bedeutung. Ihre damalige Krankheit wird oft als Folge der Kraftanstrengung hingestellt, die sie die Überarbeitung ihres Romanmanuskripts *Die Jahre* kostete. Ich glaube, die Gründe liegen anderswo.

Am 1. April 1936, kurz bevor sie erkrankte, schrieb sie in einem Brief, sie habe zum ersten Mal seit zwanzig Jahren Gerald Duckworth wiedergesehen. (Tatsächlich war sie ihm bereits 1924 begegnet, hatte dieses Treffen aber offensichtlich verdrängt.)[28] Sie schrieb, der Besuch bei ihm sei gewesen »wie einen Alligator in einem Wasserbecken zu besuchen, einen fetten & verbrauchten Alligator, der halb im Wasser lag & halb außerhalb«.[29] Nachdem sie die gefährlichste Phase dieses Zusammenbruchs überwunden hatte, notierte sie in ihrem Tagebuch: »Immer... ein Gefühl, verdrängen zu müssen, Beherrschung.«[30]

Noch, denke ich, war die frühe Erinnerung an Gerald Duckworth, wie er sie belästigte, nicht ganz bewußt geworden. Aber etwas beunruhigte sie bei diesem Wiedersehen. Ihr Bild von ihm als Alligator in einem Becken, in dem sie selbst gefangen war, zeigt, daß sie ihn für gefährlich hielt. Und wenn sie ihre Selbstmordgedanken mit den Worten beschreibt, sie sei näher ›am Abgrund‹ als seit vielen Jahren, dann verweist sie damit direkt auf Gerald.

Abgründe, Simse, schmale Pflastersteige über eine Schlucht; die davon ausgehende Bedrohung und die Angst, sie könnte abstürzen und verunglücken – so drückt Virginia Woolf immer wieder ihre Selbstmordgedanken und ihre Gefühle tiefster Verzweiflung aus. Kein Wunder. Die Metaphern enthalten das, was ihr mit Gerald geschehen war. Sie weisen alle zurück auf die eine stark verdrängte Szene, als sie das erste Mal sexuell mißbraucht wurde. Am 1. März 1937, als sie das »Auf & Ab«[31] ihres Gemütszustands festzuhalten begann, schrieb sie:

»Ich wünschte, ich könnte meine Empfindungen in diesem Augenblick beschreiben... Ein körperliches Gefühl, als würde es leicht in den Venen trommeln: sehr kalt: impotent & voller Angst. Als wäre ich auf einem Sims in grellem Licht zur Schau gestellt. Sehr einsam... Sehr nutzlos. Keine Atmosphäre um mich herum. Beklommen. Als würde gleich etwas Kaltes & Schreckliches passieren – ein brüllendes Gelächter auf meine Kosten. Und ich habe nicht die Kraft, es abzuwenden: Ich stehe völlig schutzlos da. Und diese Angst & dieses Nichts umgeben mich mit einem Vakuum. Betroffen sind vor allem die Schenkel. Ich möchte in Tränen ausbrechen, aber es gibt nichts, weswegen ich weinen sollte. Dann packt mich eine große Ruhelosigkeit...[;] die exponierten Augenblicke sind schrecklich. Einmal betrachtete ich im Spiegel meine Augen & sie waren erfüllt von Angst.«[32]

Noch hat sie die Erinnerung an Gerald, wie er sie auf dem Sims belästigte, in »Eine Skizze der Vergangenheit« nicht niedergeschrieben. Noch, so glaube ich behaupten zu können, ist die Erinnerung daran nicht zurückgekehrt. Aber schon läßt sich beobachten, wie diese Erinnerung sich Bahn bricht – »als wäre ich auf einem Sims in grellem Licht zur Schau gestellt«, »beklommen«, »etwas Kaltes & Schreckliches«, »ich habe nicht die Kraft, es abzuwenden: Ich stehe völlig schutzlos da«, »betroffen sind vor allem die Schenkel«. Und zwischen diesen Erinnerungsfragmenten Bemerkungen, die die Vermutung nahelegen, daß der Vorfall von einem auf ihre Kosten gehenden dröhnenden Gelächter begleitet war, daß Gerald sie erniedrigte dabei oder ihr erzählte, wie wenig sie taugte, daß sie Angst hatte und weinte und von ihm gesagt bekam, sie habe »keinen Grund zum Weinen«. Diese Empfindungen begleiteten sie, sie wiesen auf eben jene Episode hin; Bruchstücke, die sie noch nicht in der Lage war, als zusammenhängende Geschichte, mit deren Hilfe sie ihre Depression hätte begreifen können, zu verstehen. Später einmal sollte es ihr gelingen. Jetzt konnte sie zwar eine Verbindung herstellen zwischen ihrer Depression und diesen Gefühlen, aber noch nicht die Ursache herausarbeiten.

Virginia Woolf sieht Gerald als Alligator in einem Wasserbekken; ihre Selbstmordphantasien haben oft mit Wasser zu tun; und sie erinnert sich, in Gegenwart ihrer Brüder das Gefühl zu ersticken gehabt zu haben. An einer Stelle ihres Tagebuchs heißt es 1926, als sie sich mit Selbstmordgedanken trug: »Die Welle schwillt an«. Sie könne fast fühlen, »wie die Welle über mir bricht«.[33] Auch ihre Angst vor jeder Art von Krankheit ist symptomatisch. Während der Nachwirkungen einer Krankheit war sie belästigt worden, auch wenn sie sich dies möglicherweise ihr ganzes Leben lang nicht klargemacht hat: jede Krankheit mußte diese Panik, dieses Gefühl der Verletzbarkeit und des Auseinanderfallens wieder freisetzen. Ich nehme an, daß dies der Grund ist, warum ihre Krankheiten – ihre Grippeanfälle etwa – so häufig begleitet wurden von Panik, Depression und tief empfundener Angst, und auch warum ihre Selbstmordgedanken mitunter als Folge körperlichen Unwohlseins auftraten.

Inzestopfer benutzen immer wieder Metaphern, die mit Ertrinken zu tun haben. Virginia Woolf schreibt, sie sei als Waise »in einem Meer von Halbbrüdern«[34] zurückgelassen und »in Küssen ertränkt« worden; sie habe sich in Gegenwart von George gefühlt »wie eine unglückliche Elritze, die mit einem riesigen ungestümen Walfisch im selben Becken eingesperrt« sei.[35] In einem ihrer wichtigsten noch erhaltenen Jugendwerke, auf das ich ausführlicher an späterer Stelle eingehen werde, erzählt sie, wie sie beinahe in einem Teich voller Entengrütze ertrunken wäre und signiert das Ganze mit »Eine der Ertrunkenen«.

1931 traf sie sich mit George zum Essen. Sie war entschlossen, »vorsichtig auf unsere Vergangenheit anzuspielen«. Hinterher schrieb sie in einem Brief, dieses Treffen habe in ihr ein Gefühl erzeugt, als würde sie ertrinken, sie würde wieder von sich hören lassen, sobald »ich meinen Kopf über diese starken Strudel (heben kann)«.[36] Zu diesem Zeitpunkt setzte sie sich mit Selbstmord im allgemeinen auseinander und diskutierte mit ihren Freunden, welche Argumente dafür und dagegen sprachen[37] – mit George über ihre Vergangenheit zu sprechen, das Bild, in einem Strudel zu ertrinken und ihre Gedanken für und wider Selbstmord – alles hing also zusammen.

Daß Virginia, wenn sie von ihren Halbbrüdern spricht, Bilder des Ertrinkens benützt, macht deutlich, wie lebensbedrohlich der sexuelle Mißbrauch für sie gewesen ist. Zweifellos fühlte sie sich schutzlos und ausgesetzt. Doch auch wenn sie voller Wut über die Tyrannei ihres Vaters spricht, scheint sie sich nie klargemacht zu haben, daß ihre Eltern sie nicht vor den Belästigungen in Schutz genommen haben. Wenn auch immer sie von dem Mißbrauch erzählt, drückt sie niemals Ärger gegenüber den Eltern aus, sondern zeigt eine für Inzestopfer typische Loyalität.[38] Was sie in einer rätselhaften Geschichte in »Eine Skizze der Vergangenheit« mehr oder weniger versteckt zugibt, ist, daß ihre Mutter gegenüber brutaler männlicher Sexualität machtlos war: sie erzählt, wie J. K. Stephen die Mutter und sie praktisch entführt hat, sie mitgenommen hat auf sein Zimmer, wo er »mich... auf ein kleines Stück Holz (malte)«(104). J. K. Stephens Chauvinismus, die Bedrohung, die er für Stella war, die Tatsache, daß er sich im Stephenschen Hause gewalttätig aufführte und diese Szene zusammengenommen, müssen dazu beigetragen haben, daß Virginia der Meinung war, die Mutter sei gar nicht fähig, sie zu schützen. Wenn man auch nicht weiß, ob J. K. von der üblichen viktorianischen Vorliebe beseelt war, seine Freundinnen nackt darzustellen,[39] ist doch sein mörderischer misogyner Frauenhaß bekannt.

Bei der Schilderung der Zustände nach dem Tod ihres Vaters und der Szenen mit ihren Halbbrüdern bemerkt sie, »die Geister von Mutter und Stella« beherrschten diesen Kessel. »Wie konnten wir uns gegen alle stellen?«(180) Indem sie ihre Mutter und Stella diesen Strudel unerwünschten Inzests ›beherrschen‹ läßt, stellt sie, enger als sie es irgendwo sonst tut, eine Verbindung her zwischen den ihr Leben prägenden Mutterfiguren und ihrem sexuellen Mißbrauch – eine Erkenntnis, die sie gegen Ende ihres Lebens gewonnen hatte.

Wenn sie über ihren Vater spricht, benützt sie ähnliche Begriffe wie bei der Beschreibung ihres sexuellen Mißbrauchs. Sie sagt, sie war nach Stellas Tod »ohne jeglichen Schutz dem Fluch dieses seltsamen Charakters ausgesetzt«(*107*). Anstatt daß er ihr Schutz bot, wurde ihr Leslie Stephen selbst zum Problem. In der Beschreibung ihrer Wut auf ihn bedient sie sich einer Vergewaltigungsmetapher: »wie tief das alles in mich eindrang, läßt sich unmöglich sagen«(*108*). Sie fühlt sich »mit einem wilden Tier im Käfig gefangen«(*116*), wie »ein nervöses, zitterndes kleines Äffchen, ... das sich in dunkle Ecken verkriecht«; der Vater wird zum »einherschreitenden mürrischen Löwen«, »übelgelaunt, wütend und verletzt, und ganz plötzlich tollwütig« (*116*). Es gibt zwar keinen Hinweis darauf, daß Leslie Stephen Virginia sexuell mißbraucht hat, doch in ihren Romanen *Die Fahrt hinaus* und *Nacht und Tag* ist beidesmal der Vater die mit inzestuösen Gefühlen verbundene bedrohliche Figur,[40] und in »Eine Skizze der Vergangenheit« schreibt sie, in ihrer Jugend habe sie nachts »wachgelegen«, »starr vor Schreck, da ich mir einbildete, einen obszönen alten Mann zu hören, der stöhnte und keuchte und senile Unanständigkeiten von sich gab«(*123*). Man erklärte ihr zwar, sie habe nur eine Katze gehört, trotzdem ist diese Figur derjenigen in ihrem Selbstmordtraum ähnlich, denn auch hier handelt es sich um einen alten Mann.

Nichtsdestotrotz hat sie sich wohl nach elterlichem Schutz gesehnt, auch wenn dieser Wunsch ihr kaum je erfüllt wurde. Daß Julia sehr streng zu den Kindern war, kann man aus ihrem 1883 verfaßten Artikel über Kinderpflege, *Notes from Sickrooms*, schließen. Sie läßt sich darüber aus, wie man mit hysterischen Kindern verfahren solle. »Die Pflegeperson sollte mit der Person, die einen hysterischen Anfall hat, weder sprechen noch sie ansehen«, »falls sie das Gefühl hat, selbst in Erregung zu geraten, sollte sie auf der Stelle den Raum verlassen«.[41] Sexuell mißbrauchte Kinder tendieren aber dazu, sich lautstark abzureagieren – falls dies also der Fall gewesen sein sollte, hätte Julia vermutlich nichts weiter getan als abgewartet, bis wieder alles beruhigt schien.

Julia war sowieso viel zu beschäftigt, um überhaupt mitzubekommen, was mit Virginia geschah. 1888, als alle ihre Kinder Keuchhusten hatten und sie sie pflegen mußte, wurde gleichzeitig auch Julias Mutter krank. Kaum waren die Kinder auf dem Wege der Besserung, verfrachtete Julia sie dorthin und stand jetzt mit fünf Pflegefällen da. Im selben Jahr – es war das bewußte Jahr, in dem Virginia zum ersten Mal sexuell mißbraucht wurde – erlitt außerdem ihr Vater einen seiner Zusammenbrüche.[42] So war auch er nicht greifbar. Eine Häufung familiärer Notlagen also genau in dieser Zeit.

Wenn auch die Duckworth-Brüder wegen ihrer sexuellen Übergriffe auf Vanessa und Virginia nicht entschuldigt werden können, so muß man doch sehen, daß sie gleichsam Außenseiterstatus in der Familie hatten. Leslie gesteht in seinen Erinnerungen, daß er sich Julias Kindern gegenüber nie wie ein Vater verhalten habe; sie hatten also Julia praktisch mit der Eheschließung an Leslie und später an die Stephen-Kinder verloren.[43] Es kann sein, daß Gerald und George gegenüber den Stiefschwestern, die ja scheinbar im Stephenschen Haushalt bevorzugt zu sein schienen, auslebten, was sie gegen ihre Mutter und ihren Stiefvater an Wut in sich fühlten. Sie gegenüber Leslie direkt zu zeigen, wäre gefährlich gewesen: immerhin hatten sie Lauras Beispiel vor Augen. Es gab andere, jüngere und schwächere Zielscheiben. Es macht den Eindruck, als hingen ihre sexuellen Attacken mit dem Verlust der Mutter zusammen. Sie fanden statt, während die Mutter mit den jüngeren Geschwistern beschäftigt war, beziehungsweise nach ihrem Tod, und auch nach dem Tod ihrer Schwester Stella. Die Schwestern waren immer dann Angriffen ausgesetzt, wenn sie sich besonders geschwächt fühlten – nach einer Krankheit oder nach einem Todesfall innerhalb der Familie. Wie auch die Psychopathologie von George oder Gerald ausgesehen haben mag, sie war Teil der auf emotionaler Vernachlässigung basierenden Familienstruktur. George und Gerald waren sicher keine Ungeheuer, sondern selbst Opfer, die ihrerseits wieder auf verwerfliche Weise andere zu Opfern machten. Leslie hatte ihnen vorgeführt, daß Selbstbeherrschung nicht die Parole männlichen Verhaltens war.

In Familienerinnerungen wird Julias arbeitsreiches Leben häufig in eine Metapher des Ertrinkens gekleidet. Auch Virginia und ihr Vater haben dies getan. Um die Überlastung der Mutter, ihre chronische Müdigkeit und Erschöpfung zu verdeutlichen, schrieb sie: »sie sank, wie ein erschöpfter Schwimmer, immer tiefer ins Wasser«.[44] Leslie sagte, Julia sei nach dem Tod ihres ersten Mannes gewesen »wie jemand, der wieder zu sich kommt, nachdem er beinahe ertrunken ist, was sicher ein sehr schmerzhafter Prozeß für sie war«. Als er ihr diese Wahrnehmung mitteilte, antwortete Julia, sie habe mitunter das Gefühl, »sich selbst sinken lassen zu müssen«.[45] Später wurde auch ihr Tod als eine Art metaphorisches Ertrinken hingestellt: Julia »sank friedlich in die Arme des Todes«.[46] Doch für Virginia Woolf waren diese Phantasien auch mit dem Vater verbunden. Sie beschreibt ihn als »einsam in eisbedeckten Meeren«(54) reisend. Wenn er, was ziemlich regelmäßig vorkam, vom drohenden finanziellen Ruin der Familie sprach, sagte er, sie würden ›auf die Niagarafälle zurasen‹ (144). Und als Virginia sich 1926 mit Selbstmordgedanken trug, notierte sie in ihrem Tagebuch, ihre neue »Vision vom Tod« sei »der Fluß, der auf die Niagarafälle zuschießt...; aktiv, positiv«.[47]

Ihre Depression kommt aus der Geschichte ihrer Familie. Ihre Mutter wirkt auf Fotografien schwer depressiv.[48] Virginia Woolf schrieb, sie habe keine Vorstellung, wie ihre Mutter gewesen wäre, wäre sie »so glücklich ... wie jeder andere«(121) gewesen. Meiner Meinung nach gründete sich Julias Depression darauf, daß sie keine elterliche Fürsorge erfahren hatte. Man hatte ja von ihr schon als Kind verlangt, daß sie ihre eigene Mutter umsorgen sollte. Schon damals war sie daran »gewöhnt, zu pflegen und an einem Krankenbett zu wachen«(117).

Leslie war in Virginias Kindheit stark suizidgefährdet. 1891 litt er an »akuten Angstzuständen«.[49] Er war so krank, daß Julia ihn überredete, vorübergehend seine Arbeit niederzulegen. An Virginias neuntem Geburtstag schrieb Leslie, »ich habe das Gefühl, daß (Virginia) mir mit Sicherheit sehr ähnlich ist«.[50] Weder er noch irgendein anderes Familienmitglied zeigte, wie man lernen könne, mit sich selbst behutsam umzugehen.

Weil suizidales Verhalten sehr wohl eine erlernte Reaktion sein kann und weil das Gefühl von Hilf- und Wertlosigkeit von der Familie übertragen werden kann, scheinen Virginias Selbstmordneigungen einerseits übernommen, andererseits eine Folge des sexuellen Mißbrauchs zu sein.[51] Schon ihr Vater war selbstmordgefährdet, ihre Mutter redete davon, nicht mehr weiter zu wollen, ihr Vetter J. K. Stephen beging höchstwahrscheinlich Selbstmord und auch sein Vater, James Fitzjames Stephen, war nach dem Tode des Sohnes dem Selbstmord nahe,[52] Virginias Bruder Thoby versuchte 1894 »sich aus dem Fenster zu stürzen« und innerhalb eines Monats kam es noch zu einem zweiten Zwischenfall.[53]

Als Virginia Woolf 1941 in die Ouse ging, um sich zu ertränken, war das Audruck ihrer großen Hilflosigkeit und gleichzeitig eine Todesart, die eng mit der Geschichte ihrer Familie und ihrer eigenen verknüpft war. Sie würde ertrinken wie ihre Mutter ›ertrunken‹ war – dieselbe Metapher verbindet sie miteinander. Sie würde aktiv den Tod suchen, indem sie »auf die Niagarafälle zuschoß«. Sie würde »untergehen wie ein erschöpfter Schwimmer« – ertrinken »in einem Meer von Halbbrüdern«.

Als Virginia den allgemeinen Zustand beschrieb, in dem sie sich als Kind befunden hatte, verglich sie sich mit einer Pflanze, die ohne Wartung und ohne Pflege wuchs. Sie war »das kleine Geschöpf«, das »wie eine Pflanze aus der Erde nach oben getrieben wird, bis der Stengel wächst, die Blätter sprießen und die Knospen schwellen«(108). Das ist ein seltsames und gleichzeitig äußerst aufschlußreiches Bild: Wachstum ohne Aufsicht, Hilfe und Regeln – ganz wie Virginias Kindheit und Jugend auch aussahen.

Als Virginia Stephen am 25. Januar 1882 zur Welt kam, war der Stephensche Haushalt in einem Zustand, wie man ihn sich chaotischer nicht vorstellen kann. Sie war kein geplantes Kind gewesen,[54] und ihre Geburt fiel in eine Zeit, in der die Probleme mit Laura sich so zugespitzt hatten, daß in Leslies Briefen an Julia Virginia kaum Erwähnung findet. Vater und Mutter waren beide vollständig darauf konzentriert, Lauras Verhalten in den Griff zu bekommen. Außer Vanessa und Thoby, die zu diesem Zeitpunkt zwei und drei Jahre alt waren, gehörten noch drei Jugendliche zur Familie, Stella, Gerald und George, die vierzehn, fünfzehn und sechzehn Jahre alt waren. Julias Mutter Julia Jackson war kränklich, und obwohl Julia also sieben Kinder zu versorgen hatte, mußte sie auch ihre Pflege übernehmen.

Unter diesen Umständen ist kaum anzunehmen, daß Virginia beständige liebevolle Zuwendung zuteil wurde. Schon im April beschloß Julia, sie abzustillen. Sie bat Leslie brieflich um seine Einwilligung dazu, und er antwortete, wenn es sie zu sehr anstrenge,[55] was offensichtlich der Fall war, habe er nichts dagegen. So wurde Virginia schon im dritten Monat entwöhnt – außerordentlich früh für ein Baby im 19. Jahrhundert. Da die Milchlieferungen aber recht unpünktlich kamen, war es riskant, ein Kind mit der Flasche zu ernähren. Darüber hinaus hatte Virginia auf diese Weise keinen Kontakt mehr zu Julia. Sie wurde der Obhut von Kindermädchen überlassen, die in der Regel die Babyflasche irgendwo befestigten, so daß Virginia auch viel weniger, wenn überhaupt, auf den Arm genommen wurde, als es der Fall gewesen wäre, wenn Julia sie weiter gestillt hätte. Die Kinder von viktorianischen Mittelschichtsfamilien wurden häufig sich selbst überlassen. Selbstregulierung war ein wichtiges Erziehungsprinzip – wenn ein Kind weinte, kümmerte man sich einfach nicht darum, weil es von Anfang an einen starken Charakter entwickeln sollte.[56]

Da man inzwischen weiß, welche Bedeutung Körperkontakt für kleine Kinder hat und wie wichtig es ist, sie zu trösten und zu bemuttern, wenn sie sich nicht wohlfühlen, kann man wohl mit Berechtigung davon ausgehen, daß nach heutigen Maßstäben viele viktorianische Mittel- und Oberschichtskinder als emotional vernachlässigt gelten würden. Julia und Leslie glaubten felsenfest daran, daß Kinder Selbstbeherrschung zu lernen hätten. Es gibt dafür zahlreiche Hinweise, sowohl in den von Julia Stephen für Kinder geschriebenen Geschichten, wie auch in den von Leslie in seinen Briefen über Laura zum Ausdruck gebrachten Überzeugungen. Man kann also wohl mit Sicherheit annehmen, daß Virginia in ihrer Kleinkindzeit nicht besonders viel geherzt und geküßt wurde.

Sie hat sich oft als ein hilfloses und vernachlässigtes Kind beschrieben: »Im Moment fühle ich mich wie ein hilfloses kleines Kind am Ufer des Lebens, das dasitzt und Kieselsteine umdreht... Das Meer wirft sie heran und ich drehe sie um, ein nacktes Kind, dem niemand zu Hilfe kommt.«[57] Genau diese Sichtweise von Kindheit hat sie bereits als Zehnjährige in *The Experiences of a Pater-familias* so dramatisch zugespitzt vorgestellt, und darauf basiert auch *Die Wellen*, ihr Roman über Kindheitserfahrungen.

Es gibt Hinweise darauf, daß Virginia in ihrem Kinderzimmer sehr viel alleingelassen wurde. Sie brauchte »recht lange, bis sie richtig sprechen lernte; erst mit drei Jahren war sie so weit«. Sie wurde »für unberechenbar, exzentrisch und unfallgefährdet gehalten«.[58] Daß ihr Lauras Schicksal erspart blieb, hatte sie wahrscheinlich nur Vanessa und Thoby und vor allem Stella zu verdanken. Kinder, die häufig Unfälle erleiden, werden im allgemeinen nicht richtig beaufsichtigt – und Virginia zeigte ja tatsächlich Verhaltensweisen eines vernachlässigten Kindes: sie lernte sehr spät sprechen, sie tendierte zu Unfällen und sie benahm sich scheinbar exzentrisch.[59]

Meiner Meinung nach war Virginias Versorgung während ihrer ersten Lebensjahre ernsthaft gefährdet. Alle möglichen dringlichen Familienprobleme zogen die Aufmerksamkeit von ihr ab, aber vermutlich hatte auch das viktorianische Erziehungssystem daran schuld. Es verwundert jedenfalls nicht, wenn sie die Tatsache, daß sie überhaupt lebte, für einen Grund zum Feiern hielt und wenn sie sich als eine Pflanze sah, die man wachsen ließ, wie sie wollte. Auch Adrian, der ein Jahr später geboren wurde, hatte zu leiden. Er schien nie aus dem infantilen Stadium herauszukommen.[60] Als Erwachsener unterzog er sich einer Psychoanalyse, weil er davon überzeugt war, als Kind vernachlässigt worden zu sein.

Julia hatte Personal für ihren Haushalt – es gab sieben Dienstmädchen[61] – und sie spannte Stella und Vanessa ein. Dennoch wäre es falsch und ungerecht, den Streß und die rein körperliche Anstrengung, die sie aushalten mußte, zu unterschätzen. Wenn Leslie krank war, war sie es, die ihn pflegte. Leslie konnte abends noch nicht einmal einschlafen, wenn sie nicht bei ihm war, und bei Tisch weigerte er sich, sein Fleisch selbst zu schneiden. Julia mußte immer einspringen, wenn ihre Mutter krank war, und dann waren nicht selten zur selben Zeit auch ihre Kinder krank.

Julia war nicht in der Lage, sich wirklich richtig und beständig zu kümmern. Virginia Woolf bringt dies auch wiederholt zum Ausdruck. Sie schreibt, ihre Mutter mit all ihren Pflichten muß »für ein sieben- oder achtjähriges Kind eher so etwas wie eine Institution als eine private Person« gewesen sein. »Kann ich mich überhaupt erinnern, je mehr als ein paar Minuten mit ihr allein gewesen zu sein?«(113) Nach der Fertigstellung ihres Romans *Die Fahrt zum Leuchtturm* schrieb sie ihrer Schwester: »Was denkst du, habe ich über Mutter gewußt? Es kann nicht viel gewesen sein.«[62] Als Julia starb, war Virginia dreizehn. Wenn ein Kind dreizehn Jahre lang auch nur einigermaßen engen Kontakt mit seiner Mutter gehabt hat, wüßte es sicher mehr über sie als dieses »Es kann nicht viel gewesen sein.« Im Idealfall hatte sich Virginias Kontakt zu ihrer Mutter auf die ›Kinderstunde‹ beschränkt, diese eine Stunde des Tages, in der Eltern und Kinder, anstatt wirklich miteinander zu kommunizieren, Probleme zu besprechen und Konflikte zu lösen, sich in ritueller Form begegneten. Kinder im viktorianischen England sollten ihren Eltern ein Trost sein, nicht umgekehrt. Zu wem konnten viktorianische Kinder mit ihren Problemen gehen? Und was geschah mit ihnen, weil sie ihre Probleme nicht loswerden konnten? Wie am Fall von Laura Stephen deutlich wird, versuchten viktorianische Eltern das Verhalten von Kindern, die Schwierigkeiten hatten, unter Kontrolle zu bringen. Gelang es nicht, wurden die Kinder bestraft, unter Tabletten gesetzt und als abartig abgestempelt.

Gelegentlich wurde es Virginia Woolf klar, wie wenig sie von Julia wußte, wie schwer es ihr fiel, sie richtig darzustellen. Sie beschreibt, wie sie ihr Wesen zu erfassen suchte: »Ich träume und gaukle mir Bilder eines Sommernachmittags vor«(119). Das erklärt das idealisierte Porträt von Julia Stephen als ›Engel des Hauses‹, das Virginia so oft von ihr zeichnete. Virginia hatte auch im *Mausoleum Book* ihres Vaters seinen Versuch, Julias Persönlichkeit für die Kinder darzustellen, gelesen. Viele Züge ihres Porträts hat sie von dort übernommen.[63]

Doch als Julia gestorben war, mußte Virginia an sich halten, um nicht zu lachen, und als sie das Gesicht ihrer toten Mutter küßte, »war mir, als küßte ich kaltes Eisen« (125). Man hat dieses Fehlen einer emotionalen Reaktion als »Rebellion gegen die Trauer«[64] gedeutet, aber Virginia hatte so wenig Zeit mit ihrer Mutter verbracht, daß sich verständlicherweise gar keine Trauer einstellen konnte. Julia war tatsächlich ›kaltes Eisen‹ für ihre Tochter gewesen. Sie war unerreichbar und viel öfter streng als fröhlich. Nie war sie nah. Ihre letzten Worte zu Virginia waren: »Halt dich gerade, mein Zicklein«(115).

Als Virginia Woolf im April 1940 Freud las, fing sie an, sich zu fragen, ob ihre Mutter wirklich dieser makellose ›Engel des Hauses‹ gewesen war, als den Leslie Stephen sie in seinen Memoiren hatte erscheinen lassen. In ihr Tagebuch notierte sie: »Meine Mutter, denke ich, hatte 2 Persönlichkeiten«.[65] Als sie sich im Juni 1940 mit ihrer Ambivalenz gegenüber ihren Eltern beschäftigte (*108*), konzentrierte sie sich hauptsächlich auf den Vater. Doch ich vermute, Virginia hatte ungeheuren Groll gegen ihre Mutter in sich, selbst wenn er ihr nicht bewußt geworden zu sein scheint.

Daß sie die Möglichkeit in Erwägung zieht, eine Mutter müsse nicht unbedingt nur für das Wohl ihrer Kinder (vor allem ihrer Töchter) zuständig sein, wird in einer verblüffenden Passage in »Berufe für Frauen« deutlich, wo sie den Mord an einem Inbild des Engels des Hauses, der so offensichtlich Julias Züge trägt, beschreibt. Es heißt da: »Diese Person war voll inniger Einfühlsamkeit. Sie war unendlich liebenswürdig. Sie war gänzlich selbstlos... Täglich opferte sie sich auf... Vor allem war sie keusch.« Doch ist der Engel nicht lebensbejahend, er hemmt das Wachstum der symbolischen Tochter. In außergewöhnlich brutaler Art erzählt Virginia dann, wie er umgebracht wird. Es ist die einzige Stelle, wo sie ihre Wut nach außen dringen läßt, auch wenn sie dazu die Kunst als Vehikel benützt: »Ich kehrte mich gegen sie und ging ihr an die Kehle. Ich tat, was ich konnte, sie umzubringen. Meine Rechtfertigung, würde ich vor Gericht gestellt, wäre, daß ich in Notwehr gehandelt habe. Hätte ich sie nicht getötet, dann sie mich.«[66]

Als sie im Januar 1941, kurz vor ihrem Tod, an ihrer Autobiographie arbeitete, schrieb sie an Ethel Smyth einen außerordentlich wichtigen Brief. Sie greift die zwischen ihnen geführte Auseinandersetzung über die Schwierigkeit, bestimmte Dinge ihres Lebens zu benennen, wieder auf; Virginia hatte geglaubt, Ethel würde über ihre Sexualität schreiben, aber als das nicht der Fall ist, äußert sie die Vermutung, Frauen seien wohl überhaupt nicht in der Lage, eine ehrliche Autobiographie zu verfassen. Sie sagt da: »Ich finde es interessant, daß du nicht über Onanie schreiben kannst. Das verstehe ich. Was mich allerdings verwirrt, ist, daß diese Zurückhaltung zusammenfällt mit deiner Fähigkeit, wunderbar offen und frei zu sprechen.« Sie stellt fest, wie einengend dies ist: »Da aber unser Leben zu einem so großen Teil aus Sexualität besteht – so wird jedenfalls behauptet – sind, wenn das alles ausgeblendet wird, einer Autobiographie Grenzen gesteckt.«

Offensichtlich Selbstzensur dahinter vermutend, erklärt sie, sie glaube, die Wahrheit über Sexualität zu sagen, sei wie »das Zerreißen des Hymens – so heißt doch dieses Häutchen –, ein schmerzhafter Vorgang... Ich zittere noch immer voller Scham, wenn ich an meinen Halbbruder denke, der mich, als ich ungefähr sechs Jahre alt war, auf ein Sims gestellt hat und meine Geschlechtsteile betastete. Warum hätte ich damals Scham empfinden sollen?«[67]

Diese Verbindung von Mißbrauch, Defloration und Selbstzensur ist aufschlußreich. In ihrer etwas früher geschriebenen Autobiographie stellt sie sie noch nicht her. Möglicherweise war ihr da die Tatsache, daß Gerald ihr Hymen zerrissen hatte, noch nicht gewärtig. In diesem Brief scheint sie in der Lage gewesen zu sein, die wahrscheinlich unterdrückte Erinnerung an den Schmerz freizusetzen, den Gerald ihr dabei zugefügt hatte – ein sicherlich äußerst traumatisches Ereignis. Gerald hatte sie verletzt, er hatte, ohne daß sie selbst sich verhalten konnte, ihr Jungfernhäutchen zerstört, er hatte sie ihrer Jungfräulichkeit beraubt. Ihre Reaktion auf den jahrelang erduldeten Mißbrauch war, daß sie lebenslang Widerwillen, wenn nicht sogar Horror, gegen heterosexuellen Geschlechtsverkehr fühlte. An Ethel schrieb sie: »Auf sexuellem Gebiet war ich immer ein Feigling... Meine Angst vor dem wirklichen Leben hat mich zur Nonne werden lassen.«[68] In positiv-angemessener Reaktion auf ihren Mißbrauch[69] hat sie sich, wie andere Frauen auch, für lesbische Beziehungen entschieden, für Beziehungen zu Violet Dickinson und Vita Sackville-West. Nur: mit sechs oder sieben Jahren war Virginia, deren Name ironischerweise für das Ideal der Jungfräulichkeit steht,[70] bereits keine Jungfrau mehr.

In einer Dokumentation über die Inzestauswirkungen auf Kinder weist eine der Betroffenen darauf hin, daß man, um wirklich nachvollziehen zu können, was es bedeutet, sexuell mißbraucht zu werden, zurückdenken muß daran, wie man als Kind die Umwelt empfunden hat, wie klein man war damals, wie pflegebedürftig, wie vertrauensvoll.[71] In der viktorianischen Familie mußten Kinder ›rein‹ sein. Es war demnach sicher eine traumatische Erfahrung, in solch einer Familie, in der Leslie Stephen sich die männlichen Mitglieder stark und ›männlich‹, die Frauen aber ›rein‹ wünschte, vergewaltigt worden zu sein (176). Kinder, die onanierten oder sich zu auffällig mit ihren Geschlechtsteilen beschäftigten, wurden bestraft, manchmal ziemlich streng, manchmal sogar brutal hart. Was mag es also für Virginia bedeutet haben, die doch Zeuge geworden war, was mit Laura geschah, die als ›schlecht‹ galt? Als Erwachsene las sie in den Erinnerungen ihres Vaters, wie »dankbar« er gewesen sei, daß Julia niemals habe »den Schmerz ertragen müssen – den schlimmsten Schmerz, den es gibt für Eltern, und den einzigen, der sogar rechtfertigt, daß man bedauert, geliebt zu haben – den

Schmerz, eines seiner Kinder moralisch abgleiten oder durch sein Verhalten bestätigen zu sehen, daß man zu Unrecht an es geglaubt hat«.[72]

Einiges weist darauf hin, daß Virginia versucht hat, ihre Eltern darauf hinzuweisen, daß nicht alles so war, wie es sein sollte. Sie tat das auf kindlich-verblümte Art, weil direkt über so etwas zu reden gefährlich ist – es muß in der viktorianischen Epoche ja noch viel gefährlicher gewesen sein als heute, da doch damals in inzestuöse Beziehungen verwickelt zu sein, wie schuldlos auch immer, als Indiz dafür galt, daß ein Mädchen von Grund auf verdorben war.

Ein Kind, das auf sich aufmerksam machen will, zeigt selbstzerstörerisches Verhalten oder bedient sich bestimmter Zeichnungen, Geschichten und Spiele. Virginia spricht von einer bedeutungsvollen Geschichte, einer »Talland House-Gartengeschichte«, in der von »bösen Geistern, die auf einem Kehrichthaufen lebten und durch ein Loch in der Eskalonia-Hecke entwischten«(104) die Rede ist. Sie hatte sie ihrer Mutter und ihrem Patenonkel James Russell Lowell erzählt. Darüber hinaus gibt es ein anderes ganz außergewöhnliches Dokument der zehnjährigen Virginia, das ich im nächsten Kapitel analysieren will. Sie stellt darin auf ungeheuer plastische Weise dar, wie man sich fühlt, wenn man sexuell mißbraucht wird und völlig schutzlos ist. Aber die Eltern scheinen diese Botschaft nicht verstanden zu haben.

Oder doch? In bezug auf die Belästigungen durch George, denen Vanessa und sie nach dem Tod der Mutter ausgesetzt waren, sagt Virginia: »Ein Finger schien sich auf unsere Lippen gelegt zu haben«(127).[73]

Aber der Finger lag nicht lange auf Virginias Lippen. Sie behielt diese Geschichte nicht für sich, sie erzählte sie mit allen Einzelheiten einer Reihe von Leuten, und auch Vanessa verschwieg nichts. Sie zog Dr. Savage ins Vertrauen und berichtete ihm, was George mit Virginia gemacht hatte.[74] Mit sechsundzwanzig Jahren, 1908, schrieb Virginia in ihren »Reminiszenzen« für Vanessas Mann Clive Bell zum ersten Mal über den sexuellen Mißbrauch, den sie beide erlitten hatten. Sie sprach von der Zeit »dieses beklemmenden, undurchsichtigen Lebens,... das... uns... überschwemmte und erstickte und uns blind machte« und auch von George, der sich »unter dem Einfluß heftiger Gefühlsausbrüche... nicht besser als ein Rohling« benahm. Und sie fing an, sich mit der Inzestproblematik auseinanderzusetzen und wollte 1918 der British Sex Society beitreten, die sich vor allen Dingen mit »Inzest zwischen Eltern & Kind« befaßte.[75]

In »Hyde Park Gate 22«, ihrem 1920 oder 1921 verfaßten Beitrag für den Memoir Club, schildert sie George als den Liebhaber der Stephen-Schwestern. Es ging ihr darum, George Duckworths Image als Pfeiler der Gesellschaft zu zerstören und das Bild des großzügigen Halbbruders, der sich so rührend seiner beiden Schwestern annahm, zu berichtigen, und zwar in der Öffentlichkeit. Sie erzählt, wie sie sich in einem »Durcheinander von Gefühlen« in ihrem Jungmädchenzimmer ausgezogen und aufs Bett gelegt habe, um zu schlafen und wie George hereinkam: »Dann öffnete sich leise knarrend die Tür und jemand kam hereingeschlichen. ›Wer ist da?‹ schrie ich. ›Hab keine Angst‹, wisperte George. ›Und mach kein Licht an, – oh Geliebtes, Geliebtes -‹, und er warf sich auf mein Bett und nahm mich in die Arme.«[76] Es ging ihr darum, ihre männlichen Zuhörer wissen zu lassen, daß ihre Jugendzeit ganz anders ausgesehen hatte als die der Männer. Und es ging ihr darum, ihr ›Verrücktsein‹ nach dem Tod der Mutter als direkte Folge des sexuellen Mißbrauchs zu erklären. Sie trat als Inzestopfer auf.

1922 erzählte sie es Elena Richmond, der Frau des Herausgebers von *The Times Literary Supplement*, Bruce Richmond, einer engen Freundin. An Vanessa schrieb sie: »Ich habe ihr die Geschichte mit George erzählt. Das heißt, um ehrlich zu sein, sie hat damit angefangen.« Elena Richmond habe geäußert, George sei ihr nie besonders sympathisch gewesen. »Zuerst war sie schockiert; aber dann hat sie darüber nachgedacht, daß immer überall viel mehr passiert, als man sich bewußt mache... Sie wird es jetzt Bruce [Richmond] erzählen, der als Ehrenmann wahrscheinlich George ins Gesicht spukken muß, wenn er ihm im Club begegnet.« Sie fügt an, für sie beide könnte es »in ihrem Alter eine ehrenhafte Aufgabe« sein, »die Taten der Duckworths ans Licht zu bringen – und ich wage zu behaupten, George wird sich eines Tages auf der Hasenjagd eine Kugel durch den Kopf jagen müssen.«[77]

Was Virginia mit Sicherheit ungeheuer aufgebracht hat, war die gönnerhafte Art, wie George sich gegenüber ihrer sogenannten Geisteskrankheit verhielt. Seiner Meinung nach war sie die Ursache für Virginias emotionale Probleme – womit er sich jeder Schuld entledigte. Wenn er Virginia als verrückt hinstellte, erwies er sich selbst, zumindest unbewußt, einen guten Dienst: falls Virginia jemandem erzählen sollte, was er mit ihr getrieben hatte, würde man sie gar nicht erst ernst nehmen – und er könnte erklären, daß ›die arme Ziege‹ sowieso verrückt sei und man ihr nicht glauben könne. Allerdings hat Virginia durchaus gesehen, daß sie George auch einiges zu verdanken hatte und daß vieles, was es an Annehmlichkeiten in ihrer Kindheit gegeben hatte, mit ihm zusammenhing: »das fröhliche Lachen, die Ausflüge, die Geschenke, Busfahrten zu berühmten Kirchen, Teetrinken in Stadtcafés«.[78] Mindestens einmal hat sie ihn direkt darauf angesprochen, und als sie kurz vor seinem Tod erfuhr, daß er sich wünschte, sie würde Verbindung mit ihm aufnehmen, äußerte sie die Hoffnung, er möge vielleicht »ein wenig Bedauern« empfinden.[79]

In anderen Erinnerungen, aus denen sie vor Publikum vorlas, liegt der Schwerpunkt auf dem sexuellen Mißbrauch durch George. Menschen, die ihr wichtig waren, erzählte sie immer, was sie durchgemacht hatte, aber es ging ihr dabei nicht nur um ihre eigene Person, sondern sie wollte herausfinden, wie häufig dieses Phänomen auftrat. In ihren letzten Lebensjahren kam sie zu dem Schluß, daß es tatsächlich weit verbreitet war.[80] Daß andere auch ihr Schicksal teilten, erleichterte sie sicher. Sie ermunterte sie, mit ihr über ihre Erfahrungen zu sprechen. Die Mutter Leonard Woolfs vertraute Virginia die höchst ungewöhnliche Geschichte an, daß sie »als Kind mit einem Kindermädchen geschlafen habe, das sie mit einer furchtbaren Krankheit angesteckt habe & deswegen aus Holland ausgewiesen worden sei. Ich nehme an, sie hat das vorher noch nie jemandem erzählt... Ich war so gerührt, daß ich kaum sprechen konnte«.[81]

Mit vielen Menschen tauschte sich Virginia im Lauf der Zeit in Briefen, Unterhaltungen und Erinnerungen über das Erlebnis ihres Mißbrauchs aus: mit Vanessa Bell, Clive Bell, den Mitgliedern des Memoir Clubs, Elena Richmond, Vita Sackville-West, Janet Case, Ethel Smyth, Violet Dickinson, Adrian Stephen. Die Tatsache, daß die Stephen-Schwestern mißbraucht worden waren, war kein Geheimnis, sie wurde nicht totgeschwiegen, sondern war allgemein bekannt. Man sprach und diskutierte in aller Öffentlichkeit darüber. Nirgendwo unterstellte man Virginia, daß sie log, übertrieb oder die Wahrheit verzerrte. Dies wird jedoch von den Biographen, die ihre diesbezüglichen Aussagen angreifen oder ganz in Frage stellen, völlig übergangen.

Aus manchen ihrer Briefe lassen sich Vermutungen anstellen über das Ausmaß des Mißbrauchs, den Virginia hatte erdulden müssen. 1911 berichtete sie Vanessa über eine Unterhaltung mit ihrer früheren Lateinlehrerin Janet Case. Sie hatte ihr über George erzählt, nachdem Janet Case ihr zuerst eröffnet hatte, daß sie »mit einem Arzt... über gewisse Symptome« ihrer Schwester Emphie geredet hatte. Irgend etwas war nicht in Ordnung mit Emphie, und das, was Janet ausführte, brachte Virginia dazu »alle Missetaten Georges ans Licht zu holen«. Man kann daraus schließen, daß Vanessa oder Virginia durch George etwas zugefügt worden war. Janet jedenfalls erklärte Virginia, daß sie »immer eine ziemliche Abneigung gegen George gehabt habe« und zu ihm »puh – du fürchterlicher Mensch« gesagt habe, »wenn er ins Zimmer kam und mich über meinen Griechischbüchern zu streicheln anfing«. Doch Virginia ließ Janet wissen, daß das, was George mit ihr gemacht hatte, weit über solche Umarmungen in der Öffentlichkeit hinausgegangen war. »Als ich zu den Schlafzimmerszenen kam, ließ sie ihr Häkelzeug sinken und starrte mich recht einfältig an.« Virginia muß ziemlich lange erzählt haben, denn, schreibt sie weiter, »als es Zeit war, ins Bett zu gehen, sagte Janet, es wäre ihr ganz schlecht und ging zur Toilette.«[82] Obwohl Virginia hier nichts darüber schreibt, was sie Janet im einzelnen erzählt hat (denn Vanessa wußte es natürlich), so steht doch fest, daß Auslöser für ihre Eröffnungen der Bericht über Krankheitssymptome war, daß sie über Schlafzimmergeschichten redete und daß alles sehr lange dauerte. Und was sie sagte, war dermaßen schockierend, daß Janet Case sich auf die Toilette zurückzog, weil ihr schlecht geworden war.

1923 wollte Virginia mit Violet Dickinson über George sprechen. Im Juni schrieb sie ihr: »ich hoffe, ich sehe dich in den nächsten Tagen, damit wir ausführlicher als es schriftlich möglich ist über George reden können.«[83] Im August erlitt Virginia einen Zusammenbruch; ihre Kopfschmerzen und Erschöpfungszustände zogen sich über viele Monate hin.[84] Auch zu anderen Zeiten schien die Beschäftigung mit ihrer Vergangenheit sie krank zu machen – sie bereitete ihr mitunter großen körperlichen Schmerz, aber hin und wieder half es ihr auch, wenn sie darüber sprechen konnte.

1928 unternahm Virginia mit Vita Sackville-West eine Reise nach Frankreich. Sie sprachen darüber, daß George sie sexuell belästigt hatte. In Vitas Tagebuch über diese Frankreichreise heißt es: »Nach dem Essen las V. ihr Erinnerungsstück ›Old Bloomsbury‹ und sprach ziemlich viel über ihren Bruder.«[85] Auf dieser Reise kaufte Virginia sich einen antiken Spiegel, was angesichts ihrer ›Spiegelscham‹ recht bemerkenswert ist. Der Austausch mit Vita schien sie doch vorübergehend aufzurichten. Irgendwann hat entweder Vita oder Ethel Smyth Virginia geraten, George auf die Vergangenheit anzusprechen, weil Virginia 1930 an Vita schrieb: »Ich treffe mich mit Sir George zum Lunch und werde sehr diskret auf unsere Vergangenheit anspielen«.[86] Virginia Woolf läßt zwar nichts Genaues über dieses Gespräch verlauten, schreibt Ethel aber, daß das Treffen stattgefunden habe und »als Geschenk habe ich das Bild Pattles bekommen«.[87] Etwa zur selben Zeit beginnt sie mit ihr eine ernsthafte Auseinandersetzung über Selbstmord und verspricht ihr, ihr »in den nächsten Tagen« ihren »Selbstmordtraum«[88] zu erzählen, diesen Traum, in dem sie in einem Abflußrohr eingesperrt ist, an dessen Ende ein »sabbernder alter Mann« sitzt.[89] Sie ist zu diesem Zeitpunkt ernstlich gefährdet und sagt zu Leonard, wenn er nicht wäre, würde sie sich umbringen.[90] In all diesen Jahren hat sie immer wieder mit Ethel über ihre Vergangenheit und über George Duckworth gesprochen, den sie ihren ›Halbbruder-Verführer‹ oder ihren ›inzestuösen Bruder‹ nannte;[91] dabei erklärte sie Ethel auch, daß sie aufgrund der Vorfälle kaum mehr in der Lage sei, sexuelle Leidenschaft zu empfinden.

Schließlich hat sie gegen Ende ihres Lebens in »Eine Skizze der Vergangenheit« über ihren Mißbrauch und die Ursachen ihrer Depression geschrieben. Sie nahm damit die etwa dreißig Jahre später beginnende Forschungsarbeit über den Zusammenhang zwischen Kindsmißbrauch und Persönlichkeitsentwicklung sowie zwischen Familienstruktur und Mißbrauch vorweg. Was ihr nicht einsichtig war, weil sie sich auf völlig unerforschtem Terrain bewegte, war, daß auch ihre Depression auf die viktorianischen Erziehungsmethoden zurückging, die den Kontakt zwischen Kind und Bezugsperson auf ein Minimum beschränkten und die Kontrolle über den eigenen Körper und die eigenen Gefühle verlangten, koste es, was es wolle. Nichtsdestotrotz stellt sie die Folgen dieser Erziehung genau dar.[92]

Die viktorianischen Familienstrukturen ermöglichten, daß Virginia und Frauen wie sie zu Opfern von sexuellem Mißbrauch wurden. Wenn es stimmt, daß, wie allgemein angenommen, Selbstmordversuche von Kindern ein Indiz sind für sexuellen Mißbrauch, dann fällt auf, daß in den neunziger Jahren des letzten Jahrhunderts »die Selbstmordrate von Kindern... in die Höhe zu schnellen schien«.[93] Florence Rush hat dargelegt, daß der viktorianische Mädchenkult und die Verherrlichung der Kindfrau einerseits und die Privilegierung der Männer andererseits sexuellen Mißbrauch wahrscheinlich begünstigten. Sie hat beobachtet, daß die aus angesehenen Familien stammenden Täter kaum jemals zur Rechenschaft gezogen wurden. Dabei verweist sie auf den Fall Ruskin, der sich als Neununddreißigjähriger in seine neunjährige Schülerin Rose la Touche verliebte: »Er verfolgte (und peinigte) sie solange, bis das kränkliche und schwer gestörte Mädchen mit fünfundzwanzig Jahren starb.«[94]

In »Eine Skizze der Vergangenheit« untersucht Virginia Woolf, wie das Leben der viktorianischen Oberschichtsfamilie die sexuelle Ausbeutung, der sie und ihre Schwestern zum Opfer gefallen waren, begünstigte. Sie beschreibt die Haushaltsorganisation und die Rollen von Vater und Mutter. Ihre Analyse ist visionär. Sie stellt ihre Familie als eine einsame »Karawane, absolut der Öffentlichkeit entzogen, in Schweigen gehüllt, unbekannt«[95] dar. Kindheit war für sie immer »umgeben von riesigen Hohlräumen«. Die Familienmitglieder »zusammengeschweißt« in den »verhüllten und verhangenen Räumen« am Hyde Park Gate Nr. 22, wo es »unmöglich« war, »die dunkle Wolke«, die über der Familie lastete, »zu durchbrechen«. Das Haus ein Käfig, sie selbst ein darin gefangenes Tier, eine leichte Beute für jedes »Raubtier«, das es auf sie abgesehen hatte.[96] Diese Darstellung der isolierten, von einem undurchdringlichen Gürtel umgebenen Familie deckt sich mit dem, wie zeitgenössische Wissenschaftler, etwa Judith Hermann in *Father-Daughter Incest*, die Struktur der inzestuösen Familie beschreiben.

Virginia Woolf erkannte, daß es genau eben die Struktur der patriarchalischen Familie war, die den Kindsmißbrauch förderte. Sie führt aus, daß ihr Vater eine »außerordentlich privilegierte Position« innehatte, »wie ein Gott und gleichzeitig wie ein Kind«; und daß ihre Mutter ihr die Vorstellung vermittelte, der Vater stünde über allem und »könne sich über die für normale Menschen geltenden Regeln hinwegsetzen«.[97] Sie sieht seine Wutanfälle und seine mangelnde Selbstbeherrschung als Folge der Privilegierung des Mannes. Das entspricht genau dem Bild des Vaters in der inzestuösen Familie. Er ist kindisch und unbeherrscht, für ihn (und häufig auch für seine Söhne) gelten andere Maßstäbe, vor allen Dingen darf er alles tun, was er will, und, da die Familie sich isoliert und niemandem Einblick gewährt, kann Mißbrauch ungehindert vor sich gehen, denn er gilt als nicht verantwortlich für seine Handlungen und niemand in der Familie hat genügend Macht, um seinem Treiben ein Ende zu bereiten oder sich zu entziehen. Gegen Ende ihres Lebens kam Virginia zu der Einsicht, daß ihr Vater nicht nur einfach ein Tyrann gewesen war, sondern daß auch er bestimmte Prägungen gehabt hatte. Ihrer Ärztin Octavia Wilberforce erzählte sie, er habe sie »emotional derart überfordert, daß sie sich seinetwegen an keine lustvolle Körpererfahrung erinnern«könne.[98] Sie beschreibt alle Merkmale, die sich aufgrund der von der Mutter noch unterstützten Vorrangstellung ihres Vaters herausgebildet hatten: die chronische Überlastung der Mutter, ihre Vorliebe für junge Männer, ihre Ausnutzung von Stellas Arbeitskraft, ihre Duldung von Leslies Unbeherrschtheit und die Tatsache, daß sie für die Kinder nur eine allgemeine Präsenz darstellte. Ihr Bild ist dem, das Judith Hermann in *Father-Daughter Incest* von den Müttern mißbrauchter Kinder gibt, sehr ähnlich.

Virginia Woolf hatte sich die Aufgabe gestellt, durch Rückbezug auf die Vergangenheit herauszuarbeiten, warum sie ihr ganzes Leben lang gegen Depression ankämpfen mußte, und deshalb 1939, als die Welt durch den Krieg aus den Fugen zu geraten schien, mit der Analyse ihrer Familie begonnen. In einer Zeit, in der mit ziemlicher Sicherheit damit gerechnet werden mußte, daß die Nazis in England einmarschierten, gehörte einiger Mut dazu, sich über die Annahme hinwegzusetzen, die Menschen seien die Summe ihrer Triebe und bestimmter nicht zu beherrschender Kräfte. In ihrem Tagebuch notiert sie den Abschuß eines deutschen Kampfflugzeuges in der Nähe ihres Hauses in Rodmell und daß »die Bauern die Köpfe der 4 toten Deutschen in die Erde ›getrampelt‹« hatten; ihr Londoner Haus war bei einem Luftangriff beschädigt worden – »alle Fenster zu Bruch, die Decken eingestürzt & fast unser ganzes Porzellan kaputt« – zum Glück (für ihre Autobiographie und für unsere Biographien) konnte sie vierundzwanzig Bände ihres Tagebuchs retten, »viel Material für meine Erinnerungen«.[99]

Den Tod vor Augen schrieb sie über ihr Leben. Sie war überzeugt, daß ihr nicht viel Zeit dazu blieb. Sie war sich bewußt, sollten die Nazis in England einmarschieren oder sollte England kapitulieren, daß man sie und Leonard (der Jude war) festnehmen und in die Todeslager bringen würde. Ihre Namen fanden sich tatsächlich auf einer Liste, auf der Leute, die sofort nach der Besetzung verhaftet werden sollten, aufgeführt waren.[100] Und sie war sich auch bewußt, daß es für Frauen angesichts eines Einmarsches keinen Schutz gibt, und die Angst vor erneuter Vergewaltigung muß, nach allem, was sie erlebt hatte, unerträglich gewesen sein.

Leonard und sie hatten vor, sich umzubringen. Sie war hin und her gerissen. Leonard hatte in der Garage genügend Benzin, daß sie sich, wenn es soweit war, mit den Auspuffgasen hätten vergiften können. Sie selbst trug außerdem eine tödliche Dosis Morphium mit sich herum.[101] Je näher der Tag rückte, an dem die Invasion erwartet wurde, desto unruhiger, niedergeschlagener und lebensmüder wurde sie. Sie beschloß, in der Woche, in der der Einmarsch stattfinden sollte, aus dem Leben zu scheiden.[102]

In diesen unruhigen Zeiten also schrieb sie ihre Autobiographie. Außerdem las sie Freud und daß er jetzt menschliches Verhalten nicht mehr wie zu Beginn seiner Laufbahn als logische Folge von Kindheitserlebnissen, sondern als Resultat von Trieben, Komplexen, Phantasien, Wunschvorstellungen und anderer verborgener und scheinbar unkontrollierber Kräfte erklärte.

Als sie »Eine Skizze der Vergangenheit« schrieb, suchte sie bei Freud nach dem Angelpunkt, von dem aus sie das, was sie erlebt hatte, würde verstehen können. Sie »versuchte, durch die Lektüre Freuds, den Mittelpunkt auszumachen«.[103] Doch muß sie recht bald begriffen haben, daß sie und Freud die Genese einer Depression völlig unterschiedlich erklärten. Sie schrieb ihre Depression und ihr ›Verrückt-Sein‹ dem erlittenen Mißbrauch zu. Er interpretierte Inzestberichte als Phantasien von Wunschdenken. Sie fragte sich, wer wohl recht hatte, und es gibt Hinweise darauf, daß sie, nachdem sie ihr ganzes Leben lang um die hier vorgestellte Auslegung mit sich gerungen hatte, unsicher wurde, ihre Meinung überdachte und letztlich Freud recht gab. Das bedeutete jedoch, daß sie sich selbst für verrückt halten mußte. Ich glaube fest, daß dadurch ihr Entschluß, sich umzubringen, bestärkt wurde, und diese These läßt sich auch belegen. Am 9. Dezember 1939 schrieb sie: »Freud bringt alles zu Fall: reduziert Menschen auf Strudel; & ich möchte sagen zu recht. Wenn wir alle bloß Instinkt sind, Unbewußtes, was soll dann diese ganze Zivilisation, der ganze Mensch, Freiheit?«

Genauso wie der Mißbrauch durch die Duckworths ihr das Gefühl verlieh zu ertrinken, brachte die Freud-Lektüre, nach der sie auf »Strudel« reduziert wurde, sie zu Fall. Beide Erfahrungen benennt sie mit den gleichen Worten. Wie kann ich meine Vergangenheit einordnen, scheint sie sich zu fragen, wenn wir nichts sind als Instinkt, wenn das Unbewußte alles ist.

Meiner Ansicht nach war für Virginia durch Freud dem Ursache-Wirkung-Verhältnis, das sie versucht hatte herauszuarbeiten, die Grundlage entzogen, so daß sie sich gezwungen sah, ihre eigenen Erklärungen für ihre Depression und ihren Geisteszustand zurückzunehmen.

Sie war davon ausgegangen, daß es möglich war, ihren Zustand auf die Inzesterlebnisse ihrer Kindheit zurückzuführen; folgte sie aber Freud, mußte sie andere Möglichkeiten in Betracht ziehen: daß ihre Erinnerung verzerrt, wenn nicht sogar falsch war; daß sie eher eine Projektion ihrer Wünsche denn reale Erfahrung war; daß der Vorfall an sich ein Produkt ihrer Phantasie war. Ihr ganzes Leben lang hatte sie erzählt, wie widerwärtig und körperlich abstoßend ihr die Duckworths waren, sie hatte sie als Schweine und Alligatoren beschrieben. George war »fett wie eine Laus,... knopfäugig wie eine Ratte«, er war ein »überfütterter Mops«, »aufgebläht«, mit durchsichtigem Fleisch, »das man aufschlitzen möchte«. Sich mit der Möglichkeit auseinanderzusetzen, daß der erotische Anstoß für diese »Schweine«, die ihrer Meinung nach »einer inzestuösen Rasse«[104] entstammten, ihrer eigenen Psyche entsprang, muß mit Bestimmtheit ein Grund zum Verzweifeln gewesen sein.

Ich denke, die Lektüre Freuds hat eine Krise heraufbeschworen und sie in diesen »Strudel« gestürzt, weil sie unwiderruflich ihren Glauben in die Logik ihrer eigenen Ableitungen zerstörte. Ich denke, sie hat auch ihr Ichgefühl angegriffen. Wenn sie recht hatte und Freud irrte, war sie keine Verrückte, sondern eine Frau, deren Reaktion auf ihre Kindheit angemessen war, wenn auch schmerzhaft. Doch wenn Freud recht hatte und sie nicht, war sie wirklich verrückt, ein Opfer unbeherrschbarer Triebe und Kräfte, dessen Erinnerungen Wunschvorstellungen gewesen wären, denn im Gegensatz zu Virginia Woolfs Glauben an die grundsätzliche Richtigkeit von Erinnerung stand Freuds Überzeugung, daß das meiste dabei verzerrt wurde. Bevor sie sich das Leben nahm, versuchte sie nachzuweisen, daß ihre Erinnerungen stimmten. Aber wie wir wissen, war sie in ihren letzten Tagen wieder davon überzeugt, daß sie geisteskrank war, daß sie es früher gewesen war und wieder werden würde. Sie reagierte auf die Lektüre Freuds genauso wie sie früher reagiert hatte, wenn sie ihre Brüder sah.

Es ist aufschlußreich, das, was sie über Freud während ihrer letzten Lebensjahre gesagt hat, herauszulösen und ihrer Arbeit an ihrer Autobiographie gegenüberzustellen.

Am 29. Januar 1939 besuchte sie Freud und dieser überreichte ihr eine Narzisse. Am 15. April bekundete sie Interesse an ihrer Depression. Am 16. April begann sie mit »Eine Skizze der Vergangenheit« und schrieb über die Empfindungen ihrer Kinderzeit, über das Gefühl, sich im Inneren einer Weintraube zu befinden, in Watte gehüllt zu sein, den Vorfall, als Gerald sie auf das Sims setzte und mißbrauchte, und über ihre ›Spiegelscham‹.

Am 2. Mai setzte sie die Arbeit fort und schrieb über ihre Gefühle gegenüber ihrer Mutter, über deren Strenge, darüber, daß sie für die Kinder nur eine allgemeine institutionalisierte Präsenz darstellte und über ihren Tod. Am 20. Juni 1939 schrieb sie über Stella; am 19. Juli über J. K. Stephens Nachstellungen. Dann legte sie ihre Erinnerungen fast ein Jahr lang beiseite. Bis zu diesem Punkt hatte sie die Geschichte der Gewalt innerhalb der Familie beschrieben, ihre Kindheitsdepression und ihren sexuellen Mißbrauch untersucht und die Gewalt gegenüber Stella.

Dann fing sie an, sich mit Freud zu beschäftigen. Zum ersten Mal dachte sie nach über »Zensoren. Wie eingebildete Figuren uns warnen« (7. August). Am 6. September schrieb sie, daß der Krieg erklärt worden war und daß die Welt leer und bedeutungslos scheine. Am 1. Dezember las sie Freud, »um den Horizont zu erweitern«, »um den geistigen Bogen weiter zu spannen, um objektiv sehen zu lernen, um nach draußen zu gelangen«. Einen Tag später hatte sie zum ersten Mal, seit sie über ihr Leben schrieb, das Gefühl, selbst einen Zensor zu brauchen. Sie schrieb: »meine Erinnerungen müssen gerafft werden«. Am 8. Dezember ›verschlang‹ sie Freud und entdeckte durch ihn den Begriff der Ambivalenz.

Und dann folgt am 9. Dezember der aufschlußreiche Eintrag, daß die Lektüre Freuds über Instinkt und das Unbewußte alles so völlig zu Fall bringe, alles auf »Strudel« reduziere, weil Freud damit das Prinzip der freien Entscheidung verneine. Als suche sie ein Gegengewicht, begann sie, Mills Buch *On Liberty* zu lesen. Am 17. Dezember aber las sie wieder Freud, dieses Mal »über Gruppen«.

Jetzt fing sie an, mit anderen Menschen über ihre Vergangenheit zu sprechen, als wolle sie sich die Richtigkeit ihrer Erinnerungen bestätigen. Am 19. Januar unterhielt sie sich mit Sybil Colefax über »unser Familienleben«; Sybil sagte »sie mochte George nie«. Am 25. April beschäftigte sie sich mit den zwei Seiten der Persönlichkeit ihrer Mutter und damit, daß sie ihren Vater unter zwei verschiedenen Aspekten sehen konnte – unter dem des Kindes, das ihn verurteilte, und unter dem der Frau, die ihn ›ertrug‹. Sie fragte sich, ob beides zutreffen und richtig sein konnte.

Im Mai 1940 sprachen sie und Leonard darüber, daß sie Selbstmord begehen würden; aber am 15. Mai lehnte sie sich dagegen auf, weil sie nicht sterben wollte, und notierte: »ich wünsche mir zehn weitere Jahre, damit ich mein Buch schreiben kann«. Sie erklärte, denken sei ihre Art zu kämpfen. Am 29. Mai erkannte sie, daß sie doch »kein längeres Buch mehr planen« könne. Die Gefahr einer

Kapitulation oder eines Einmarsches rückte bedrohlich näher. Sie und Leonard würden »in Konzentrationslagern sein oder Schlaftabletten nehmen« (2. Juni).

Trotz der Aussicht, wahrscheinlich kein Publikum mehr für ihr Werk zu haben, schrieb sie weiter – ein Balanceakt am Rande des Abgrunds. Am 8. Juni nahm sie die Arbeit wieder auf. Über England dröhnten die deutschen Flugzeuge. Sie schrieb über Stellas Mann Jack und über seine sexuellen Nöte nach Stellas Tod.

Am 19. Juni 1940, vor dem Hintergrund der Berichte, daß die Franzosen den Kampf eingestellt hatten und »die Diktatoren Frankreich ihre Bedingungen diktierten«, beschrieb sie das Verhalten ihres Vaters nach Stellas Tod und wie sie und ihre Schwester jetzt ohne jeden Schutz in seiner Gewalt waren. Vom folgenden Tag an trug sie Morphium bei sich, um im Falle einer deutschen Invasion gewappnet zu sein.

Am 27. Juni wandte sie sich wieder Freud zu. Da der Krieg »den äußeren Schutzwall vernichtet hatte«, suchte sie Hilfe: »Ich versuchte durch die Lektüre Freuds den Mittelpunkt auszumachen«. Am 18. August »flogen fünf deutsche Kampfflugzeuge so dicht über Monks House daß sie den Baum am Gartentor streiften«.[105] Am selben Tag begann sie, über Thoby zu schreiben.

5. September 1940. Ihre Nerven versagen. Sie argwöhnt, ihre Vergangenheit falsch verstanden zu haben. Sie notiert: alle »Schriftsteller sind unglücklich. Das Bild der Welt ist deshalb in Büchern immer zu düster.«[106] Am 18. September wird ihr Haus am Mecklenburgh Square von einer Bombe getroffen; alle Fenster sind kaputt. Der Bombenangriff auf London sollte »den Einmarsch vorbereiten«.[107]

22. September 1940. Sie nimmt die Erinnerungen wieder auf und schreibt noch einmal über St. Ives. Doch der Ton hat sich völlig verändert. Was sie nun zu Papier bringt, kann man nur eine Familienidylle in St. Ives nennen. Warum dies gerade jetzt?

Sie hatte, möglicherweise bei der Lektüre der Briefe ihres Vaters an die Mutter, herausgefunden, daß sie ein ungewolltes Kind gewesen war. »Sie wollten keinen Zuwachs mehr«, schreibt sie, »und taten alles, um mich zu verhindern«.[108]

In dieser kritischen und angstbesetzten Situation mag eine solche Entdeckung sie besonders schmerzhaft getroffen und ihren Zusammenbruch und den Entschluß, aus dem Leben zu scheiden, beschleunigt haben. Hatte sie nach der Lektüre Freuds ihre Interpretation der Vergangenheit in Frage stellen müssen, so mußte sie bei der Lektüre der Briefe ihres Vaters etwas erfahren, was ihr auch in besseren Zeiten zu verarbeiten schwergefallen wäre. Sie war überzeugt davon, daß der Einmarsch bevorstand; sie hatte beim Schreiben dieser Erinnerungen ein Trauma nach dem anderen ans Licht geholt, angefangen von der ersten Schändung in St. Ives über diese schreckliche Erinnerung an Georges Verhalten nach dem Tod der Mutter bis zum Verhalten ihres Vaters nach Stellas Tod. Und jetzt noch das: sie war gar nicht gewollt gewesen.

Am 1. November fand sie ihre Darstellung mangelhaft. Die Biographie erschien ihr »zu weitschweifig und unzusammenhängend; zu viel Geplapper nach dem jetzigen Stand.« Aber, viel gewichtiger, sie begann in Frage zu stellen, ob es richtig war, ihr Leben als eine Folge heftiger, von Nichtsein unterbrochener Schockerlebnisse, zu sehen, denn in Kritik an dem bisher Geschriebenen schreibt sie jetzt: »Ein richtiges Leben kennt keine Krise: folglich nichts zu straffen. Es darf keinen Drehpunkt geben. Es muß dahinfließen. Immer gleich.« Sie hatte also den Punkt erreicht, wo sie die eigene Sicht der Vergangenheit und die Richtigkeit ihrer Erinnerungen bestritt.

Am 15. November schrieb sie wieder über ihren Vater und sie fing mit dem Abschnitt, in dem sie den Mißbrauch durch George darstellt, an. Aber mit dem 22. Dezember setzte ein Prozeß ein, der nur als Dementi, als absolute Kehrtwendung hinsichtlich der Darstellung ihrer Familie, die sie so sorgfältig seit 1939 erarbeitet hatte, bezeichnet werden kann. Sie hatte, nachdem sie über ihren Vater und über George geschrieben hatte, die Briefe und Erinnnerungen des Vaters gelesen. Nun zeichnet sie ein Bild ihrer Kindheit als perfekte Idylle, das in krassem Gegensatz steht zu allem Vorangegangenen. In ihr Tagebuch notiert sie:

> »Wie wunderbar waren doch diese alten Leute – ich meine Vater & Mutter – wie einfach, wie klar, wie unbelastet. Ich habe mich in alte Briefe & Vaters Erinnerungen vertieft. Er hat sie geliebt – oh & war so freigebig & vernünftig & offen... Wie heiter & gelassen sich mir ihr Leben darstellt: kein Schmutz, keine Strudel. Und so menschlich – mit den Kindern & dem Geträller & Singsang aus der Kinderstube.«

Ein bemerkenswerter Eintrag. Er verfälscht nicht nur die Briefe und Erinnerungen ihres Vaters, sondern verneint auch alle Einsicht, um die sie sich bemüht hatte. Er stellt völlig falsch dar, was Briefe und Erinnerungen des Vaters enthalten. Beide sind voll von familiären Sorgen, von seinen Krankheiten und von Lauras Verhalten, von den Schulproblemen der Söhne und den Ansprüchen von Julias Mutter, von Kinderkrankheiten, von Julias Erschöpfungszuständen. Was hat Virginia Woolf hier wohl sagen wollen? Und warum gerade zu diesem Zeitpunkt?

Eine mögliche Ursache für diese Sichtweise liegt meines Erachtens in der Lektüre der Freudschen Werke. Konfrontiert mit seiner Theorie, hat sie sich möglicherweise gezwungen gefühlt, die Richtigkeit ihrer Erlebnisse eher abzustreiten als sie im Sinne Freuds neu zu interpretieren. Es liegt auf der Hand, daß sie nicht stark genug sein konnte, die Aufarbeitung ihrer Vergangenheit fortzusetzen und daß sie das, was sie herausgearbeitet hatte, leugnen mußte. Was sie in ihrer Autobiographie geschrieben hatte, ließ sie stehen, sie vernichtete nichts. Aber sie dachte jetzt anders darüber. Was sie jetzt, in diesen anstrengenden, traumatischen letzten Lebensmonaten brauchte, war ein Idealbild ihrer Familie. In diesem Tagebucheintrag über ihre Kindheitsidylle beschrieb sie die Eltern, die sie sich gewünscht hätte, das Kind, das sie gerne gewesen wäre, die Kindheit, die sie hätte haben wollen – »Geträller & Singsang aus der

Kinderstube«. Sie wollte »keinen Schmutz, keine Strudel«. Sie wollte aufhören, darüber nachzudenken, sexuell mißbraucht worden zu sein, darüber nachzudenken, daß sie in einem Zustand der Gewalt gelebt hatte; zumindest wollte sie all das leugnen. Dennoch muß ihr bei der Beschäftigung mit den Briefen ihres Vaters klargeworden sein, wie das Leben ihrer Eltern tatsächlich ausgesehen hat, denn sie schrieb: »Wenn ich als Erwachsene lese, verliere ich meinen Kinderblick & deswegen muß ich aufhören. Nichts Turbulentes; nichts Verzwicktes; keine Introspektion.« (22. Dezember)

Sie wollte ihre Eltern wieder so sehen, wie sie es als Kind getan hatte. Sie wollte eindeutig regredieren. Doch das war gefährlich. Denn anstatt den Turbulenzen und Strudeln ihrer Gefühle zu entgehen, wäre sie nur wieder in den Gefühlszustand ihrer Kindheit eingetaucht. Die Anstrengung war zu groß geworden. Sie entschloß sich, die Welt wieder von innerhalb der Weintraube aus zu betrachten, zurückzukehren zu der Vorstellung ihrer Kinderzeit, in Watte gepackt zu sein. Obwohl dies ihre altbekannte Art von Selbstschutz war, sollte die Regression dieses Mal tödlich sein.

Eine letzte Erinnerung scheint sie dabei noch aufgedeckt zu haben. Am 12. Januar hatte sie Ethel Smyth jenen Brief geschrieben über die Belästigungen durch Gerald und über den Schmerz bei der Zerstörung des Hymens. Kurz darauf schrieb sie, sie schäme sich ihrer eigenen Worte (15. Januar). Ende Januar hatte sie mit einer Depression zu kämpfen. Sie versuchte, ein sie bedrängendes Gefühl, sie werde »abgelehnt«, abzuwehren, das zweifellos durch die Entdeckung, daß sie ein ungewolltes Kind war, entstanden war. Sie fühlte sich, als würde sie in ein »Wellental von Verzweiflung« hineingerissen. Zwei Tage lang versuchte sie weiterzuschreiben, ohne Erfolg. »Innenschau« war ihr »verhaßt« geworden.

8. März 1941. Sie hatte ihre Autobiographie beiseite gelegt. Ihr Leben neigte sich seinem Ende zu. Sie hatte noch zwanzig Tage. »Ich beabsichtige keine Innenschau«, schrieb sie.

Sie wollte Frieden. Viele Jahre zuvor hatte sie ihr Gefühl der Ohnmacht beschrieben, wie jeder »Drähte zog und mich wie einen

Schachtelteufel hüpfen ließ, wenn ich zehn Meilen unter dem Meeresspiegel sein wollte«.[109] Das Warten auf den Einmarsch der Deutschen war nervenzerrüttend. In der zweiten Märzwoche hatte sie gesehen, wie Feuersbrünste das Tal erleuchtet hatten. Nun wünschte sie, der Einmarsch würde endlich stattfinden. »Was ich hasse, ist dieses Rumstehen im Wartezimmer eines Zahnarztes.«[110]

Sie wußte, daß der Einmarsch der Hitlertruppen für die dritte Märzwoche erwartet wurde.[111] Die Deutschen würden in Newhaven einfallen – drei Meilen von ihrem Haus in Rodmell entfernt.[112] Und es war in dieser dritten Märzwoche, daß Virginia die Sicherheit erlangte, wieder ›verrückt‹ zu werden. Sie schrieb es in eben dieser Zeit in ihrem Abschiedsbrief an Vanessa. Wie beim ersten Mal hörte sie Stimmen: »Ich weiß, daß ich das diesmal nicht überstehe.«[113] Sie hatte keine Kraft mehr, um dagegen anzukämpfen. Zuviel war auf sie hereingestürzt.

In der vierten Märzwoche nahm sie sich das Leben. Sie hatte in den letzten Tagen noch die alten Bücher ihres Vaters geordnet,[114] diese Relikte, die sie an die glücklicheren Zeiten ihrer Vergangenheit erinnerten, wenn sie in Hyde Park Gate hinauf in sein Arbeitszimmer gegangen war und er seine Arbeit unterbrochen hatte, um ihr ein neues Buch zu leihen. Aber viele dieser Bücher hatten beim Bombardement ihres Londoner Hauses Schaden erlitten. Sie waren nach Rodmell gebracht worden, stockfleckig und verschmutzt, und Virginia wußte nicht recht, was sie mit ihnen machen sollte.

Ans Ende ihres Abschiedsbriefes an Leonard setzte sie: »Vernichte bitte alle meine Papiere.«[115] Glücklicherweise ist Leonard diesem Wunsch nicht nachgekommen. Dann nahm sie ihren Stock und ging durch die Sumpfwiesen zur Ouse. »Ich will aufrecht untergehen«, hatte sie in ihr Tagebuch geschrieben.[116] Sie steckte einen großen Stein in ihre Manteltasche und watete in den Fluß. Dies war der Ort, an dem sie jetzt »sein wollte, … tief unter dem Meeresspiegel.«[117]

5. *Kapitel*

Im Haus des Paterfamilias

Im Sommer 1892 verfaßte die zehnjährige Virginia einen Jugendroman in zwei Folgen, *A Cockney's Farming Experiences* und dessen Fortsetzung *The Experiences of a Pater-familias*,[1] für die Familienzeitung *Hyde Park Gate News*, die die Stephen-Kinder seit Februar 1891 herausbrachten.[2] Der erste Teil erschien in der Ausgabe vom 22. August 1892. Es handelt sich dabei um ein überaus aufschlußreiches Dokument, das bisher aber entweder ganz übergangen oder falsch interpretiert wurde.[3] Geschildert wird bis ins kleinste Detail ein Fall von Kindsmißbrauch und -vernachlässigung – und dies drei Jahre vor dem Tod der Mutter, also zu einer Zeit, in der Virginia nach allgemeiner Überzeugung ihrer Biographen behütet und umsorgt war – und angeblich eine Phase, in der das Ende dieses Glückszustand, erst noch bevorstand.[4]

Auf einer Fotografie aus diesem Sommer 1892, die die zehnjährige Virginia in Talland House, St. Ives, zeigt, sitzt sie mit in die Hand gestütztem Kinn hinter ihren Eltern. Die Eltern lesen, Julia ein Buch, der Vater irgendwelche Zeitungen. Wie sie so in ihre Lektüre vertieft sind, könnten sie Mr. und Mrs. Ramsay aus *Die Fahrt zum Leuchtturm* sein. Virginia hat den Blick auf sie gerichtet, aber sie merken es nicht. Sie schaut sie an, als wolle sie selbst diesen Augenblick ebenso genau festhalten wie der Fotograf sie beim Betrachten ihrer Eltern.[5]

Dieses zehnte Lebensjahr war für Virginia Stephen ein entscheidendes Jahr. Ihr Bewußtsein hinsichtlich der Wahrnehmung der eigenen Person veränderte sich grundlegend. Als sie sich 1921 in St. Ives aufhielt, schrieb sie an Saxon Sydney-Turner, »was für ein nettes kleines Mädchen ich hier doch war, ich rannte oben auf den Steinmauern entlang und sagte zu Mr. Gibbs nach dem Tee, ich sei satt bis obenhin«. Den Sommer 1892 erwähnt sie ausdrücklich. Sie fragt: »Magst du dich, wie du als Kind warst?« und stellt fest: »Ich mag mich, das heißt bis zum Alter von zehn Jahren, bevor das Bewußtsein einsetzte. Obwohl ich glaube, daß ich alles, was mit Cornwall zu tun hat, durcheinanderbringe.«[6] Sie schreibt in diesem Brief auch über die Landschaft, die sie so gern hatte, über das »weit sich hindehnende Meer«, »blau mit violetten Flecken, hier ein Segelboot, dort ein roter Dampfer« und über ihre Erinnerungen an diesen Sommer.

Pater-familias ist der längste und vollständigste Text Virginias, den wir aus diesem Jahr haben, das sie selbst als Wendepunkt in ihrer Entwicklung betrachtete. Mit seiner Hilfe wird verständlich, warum für Virginia Woolf Bewußtwerdung und Abneigung gegen die eigene Person Hand in Hand gingen.

1892 und die vorangegangenen Jahre waren für die Familie voller Tragödien gewesen, die ihren Niederschlag in diesem Jugendwerk fanden.[7] Wie in den frühen Erzählungen der Brontë-Schwestern über Angria und Gondal wird auch in *Pater-familias* eine Familie dargestellt, in der es Chaos und Unordnung, Kindsmißbrauch, Vernachlässigung und Verlassenwerden gibt – eine Umgebung, in der die Erwachsenen kaum daran denken, daß da ein Kind ist, das umsorgt werden müßte, auch wenn sie Macht über Leben und Tod – »sogar über die Wiederauferstehung« – dieses kleinen Subjekts haben.[8]

In der Stephen-Familie hatten 1892 mehrere entscheidende – für ein Kind äußerst traumatische – Ereignisse stattgefunden. Virginia war sexuell mißbraucht worden (was außer Virginia und Gerald wohl niemand wußte); Laura war ›zum Fall‹ geworden; 1888 und 1889 hatte Leslie Stephen zwei mit seiner Arbeit zusammenhängende, ernsthafte Zusammenbrüche erlitten.[9] Möglicherweise war er auch selbstmordgefährdet, jedenfalls rühmte er den Mut des Herzogs von Bedford, der sich erschossen hatte,[10] und setzte wenige Tage danach in der Schweiz, wo er sich erholen sollte, sein Leben aufs Spiel, als er eine Lawine überquerte, die keine zehn Minuten vorher heruntergegangen war.[11]

In all diesen Jahren war er nicht ansprechbar – oder hatte, wie er es selbst ausdrückt, »kaum wahrgenommen, was um mich her passierte«. Er hatte mit dem wahrhaft herkuleischen Vorhaben begonnen, das *Dictionary of National Biography* herauszugeben, und es wuchs ihm über den Kopf. Angesichts der Tatsache, daß es 29120 Biographien (378 von Leslie selbst verfaßt) in 63 Bänden enthält, ist das kein Wunder.[12] Er klagte über Angstzustände und Streß; seine Tochter Virginia war überzeugt davon, daß ihr Wachstum und Wohl vom Gewicht dieser Bände beeinträchtigt wurde, das sie schon im Mutterleib »erdrückt und zerquetscht«[13] hatte. Als Leslies Zustand kritisch wurde, blieb Julia, die ihn »einmal bewußtlos« aufgefunden hatte,[14] noch weniger Zeit, sich mit den Kindern zu beschäftigen.

Leslie hatte schwere Schlafstörungen. In seinen Träumen wurde er aufgefressen von diesem Lexikon, das »sich wie eine Höllenmaschine immer mehr Artikel einverleiben wollte, so daß mich zwischendurch die Vorstellung verfolgte, ich würde hineingezogen und in kleinen Zetteln wieder ausgespuckt werden«.[15] In den schlimmsten Zeiten, einer über vier Jahre sich hinziehenden Phase, wurden ihm unterschiedlichste Narkotika verschrieben. Einschlafen konnte er nur, wenn Julia ihn beruhigte: »Sie hat mich wie ein Kind zu Bett gebracht«, schrieb er in seinen Erinnerungen.[16] 1890 und 1891 brach er erneut zusammen[17] – zur selben Zeit war Virginias Vetter J. K. Stephen hinter Stella Duckworth her. Noch 1893 mußte Leslie aufgrund seiner schwachen Nerven zur Erholung.[18]

Am 2. Februar 1892 starb J. K. Stephen. Er hatte sich in der Anstalt, in die man ihn gebracht hatte, nachdem seine Gewalttätigkeiten nicht mehr zu bändigen gewesen waren, zu Tode gehungert. Von da ab ging es mit Virginias Onkel, dem Vater von J. K., James Fitzjames Stephen, rapide bergab. Er starb 1894. Leslie war von diesem Tod vor allen Dingen deshalb stark berührt, weil man ihn auf Fitzjames Stephens emotionalen Zustand zurückführte – und Leslie selbst hatte immerhin erst vor kurzem einen schweren Zusammenbruch erlitten.

Als wenn das alles noch nicht schwer genug für Julia und die Familie gewesen wäre, trat bei Julias Mutter im Lauf des Jahres 1891 ein sich verschlimmernder Schwächezustand auf,[19] so daß sie im Frühjahr zu den Stephens zog, damit sich Julia um sie kümmern konnte. (Neben der Sorge um J. K. Stephen hatte sie nun also auch noch zwei Kranke zu betreuen.) Julia pflegte ihre Mutter bis zuletzt. Sie starb im Haus Hyde Park Gate Nr. 22 am 2. April 1892. Diese Serie von traumatischen Ereignissen muß noch ergänzt werden: in eben diesem Jahr 1892 wurde Laura Stephen ausquartiert; sie wurde bald auch nicht mehr in die Ferien nach St. Ives mitgenommen.[20]

Obwohl Julia in diesen Jahren mit den in der Familie auftretenden Krankheitsfällen mehr als alle Hände voll zu tun hatte, war sie eine treue Leserin der *Hyde Park Gate News*. Wenn sie einen Artikel gelesen hatte, pflegte sie zu sagen »ich glaube, das ist ziemlich klug«, was »ausreichte, um das Herz ihrer Tochter höher schlagen zu lassen«.[21]

Vanessa Bell berichtet, Virginia sei »äußerst empfindsam gegenüber der Kritik und der Anerkennung durch Erwachsene« gewesen. Sie erinnert sich, wie sie, während die Erwachsenen beim Abendessen waren, die Zeitung auf das Tischchen neben dem Sofa der Mutter legten und dann gemeinsam durchs Fenster in den Salon schauten, »Virginia zitternd vor Erregung«. »Wir sahen die Mutter im Licht der Lampe beim Feuer sitzen, auf der anderen Seite den Vater mit seiner Leselampe, beide in ihre Lektüre vertieft. Dann fiel ihr Blick auf die Zeitung, sie nahm sie und fing an zu lesen.«[22]

Die Zeitung der Kinder enthielt Neues aus dem Familienkreis, Artikel über gutes Benehmen und Erzählungen. Am 18. Januar 1892 erschien ein Artikel, der sich offensichtlich an Julia Stephens eigenen Geschichten für Kinder orientierte und in dem es heißt: »Frechheit bei kleinen Kindern sollte im Keim erstickt werden, sonst wächst sie sich, je älter das Kind wird, zu Dreistigkeit aus. Sie ist für die Menschheit dann eine echte Plage.«[23] In der Nummer vom 12. September 1892 gibt es einen Bericht über eine Fahrt zum

Godrevy Leuchtturm, ein Erlebnis, das dann in *Die Fahrt zum Leuchtturm* so große Bedeutung erhält: »Samstagmorgen kamen Master Hilary Hunt und Master Basil Smith nach Talland House herauf und luden Master Thoby und Miss Virginia Stephen zu einer Fahrt zum Leuchtturm ein.«[24] 1895, als die Zeitung nach längerer Pause wieder erschien, berichtet ein Artikel über einen Traum Virginias, in dem sie Gott war; in derselben Nummer wird unter den Neuigkeiten der Ausbruch der Grippe mitgeteilt, an deren Folgen Julia Stephen sterben sollte.[25]

Für Virginia war es wichtig, daß ihre Mutter Gefallen an ihren Arbeiten fand. Sie war aufgeregt, wenn die Mutter einen ihrer Texte in *Hyde Park Gate News* las: »Nie werde ich meine grenzenlose Freude vergessen – ich kam mir vor wie eine Geige, auf der man spielte –.«[26]

Vanessa erzählt von der allerersten Geschichte, die Virginia als Kind geschrieben hat. Sie handelte von »der Entdeckung riesiger Goldkammern unter dem Boden des Kinderzimmers« und von den wunderbaren Dingen, die sich die Kinder kaufen konnten, »hauptsächlich Essen, soviel man wollte, auch wenn es sich dabei meistens um nicht besonders teure Eier und Schinken handelte«,[27] ihr Lieblingsessen. Die erste längere Erzählung in den *Hyde Park Gate News* hieß »The Midnight Ride«. Sie erschien am 1. Februar 1892 und erzählt, wie »ein Knabe um Mitternacht durch ein gefährliches Moor in Nordamerika reiten muß, um seinen Bruder zu besuchen, der krank in der Schule liegt«.[28] In beiden Geschichten geht es um Kinder, die Kranken Essen, Glück und Hoffnung bringen. Es sind Wunschvorstellungen von mutigen, schlauen Kindern, die keine Gefahr scheuen oder so klug sind, daß sie für sich oder für ihre Geschwister sorgen können – Phantasien, die verdeutlichen, daß Fürsorge und Nahrung nicht von den Erwachsenen kommen.[29] Es gibt in diesen Geschichten gar keine Erwachsenen; »Der Mitternachtsritt« ist die Geschichte einer Befreiung, in der ein Kind völlig allein die Verantwortung für das Leben seines Bruders übernimmt.

Am 6. Juni 1892 veröffentlichte Virginia in den *Hyde Park Gate News* eine Geschichte, in der sie sich über die Liebe zwischen Männern und Frauen und deren Konventionen lustig macht; vielleicht hatte Jack Hills' Werben um Stella sie dazu inspiriert. Virginia erzählt diese Geschichte in Liebesbriefen: Mr. John Harley schreibt an Miss Clara Dimsdale: »Daß Sie mir den Laufpaß gegeben haben, ist unverschämt«, worauf diese antwortet: »Weil ich Ihre Liebesbriefe nicht aufbewahrt habe, kann ich sie Ihnen auch nicht zurückgeben. Ich gebe Ihnen dafür die Briefmarken zurück.«[30] Virginia zeigt hier ihren Sinn für Humor und hatte damit nach Aussage ihrer Schwester Vanessa »größten Erfolg bei den Erwachsenen«, die »über ihre Witze genauso lachten wie wir«.[31]

Vanessa Bell schreibt: »Ich kann mich nicht erinnern, daß Virginia jemals etwas anderes werden wollte als Schriftstellerin.«[32] Etwa 1893 war selbst Leslie Stephen davon überzeugt, daß aus Virginia tatsächlich eine Schriftstellerin würde:[33] an Julia schrieb er, Schriftstellerei sei ein für Frauen durchaus passender Beruf »& Ginia wird da Erfolg haben«[34] – allerdings wollte er nicht, daß sein Sohn Thoby Schriftsteller wurde: für ihn hatte er ehrgeizigere Pläne und hoffte, er werde eines Tages Lord Chancellor werden.

Wenn Leslie Virginias schriftstellerische Bemühungen unterstützte, stellte er damit nicht die konservativen Normen in Frage, die innerhalb seiner gesellschaftlichen Schicht für Frauen galten, und wenn sich die kleine Virginia in der Schriftstellerei versuchte, verstieß sie damit nicht gegen das von ihren Eltern erwartete geschlechtsspezifische Rollenverhalten. Allerdings sollte sie ihre Kunst sehr wohl auf eine Art und Weise ausüben, die die traditionelle Sicht von Frauen- und Männerrollen in Frage stellte. Sie tat dies bereits 1892 in ihrem Jugendroman.

Als Virginia ihn schrieb, scheint sie schon begriffen zu haben, daß sie den Eltern mittels der *Hyde Park Gate News* erzählen konnte, was sie ihrer Meinung nach wissen sollten. Sie scheint sich auch bewußt gewesen zu sein, daß Dichtung sehr wohl Wahrheiten zum

Ausdruck bringen kann, ohne die Autorin auszuliefern, weil man sich gegebenenfalls dahinter wie hinter einen Schutzschirm zurückziehen kann. *Pater-familias* ist eine subversive Geschichte und völlig verschieden von allem, was Virginia sonst als Kind geschrieben hat.

A Cockney's Farming Experiences erzählt die Mißgeschicke eines jungen Londoner Unterschichtpaares, das versucht, als Bauer und Bäuerin in Buckinghamshire ein neues Leben anzufangen. Es ist eine glänzende dichterische Analyse der hervorstechenden Züge des Cockney-Lebens, und es ist bemerkenswert, daß eine Zehnjährige hier Dinge wiedergibt, die viel ältere und reifere Beobachter auch so wahrnehmen. In der Geschichte bedient Virginia sich des voyeuristischen und aufgesetzt caritativen Interesses von viktorianischen Eltern am Leben der Armen, benutzt aber gleichzeitig ein solches Unterschichtsleben als Medium, um die ökonomischen Verhältnisse wie auch die Beziehungen zwischen den Eltern und zwischen Eltern und Kindern in der eigenen Familie darzustellen – um also die Stephen-Familie zu beschreiben und Einzelheiten der eigenen Familiengeschichte wiederzugeben.

Virginia wußte offensichtlich ziemlich viel über das Leben der Londoner Unterschicht. Es ist bekannt, daß sie ihre Mutter bei ihren Rundgängen als viktorianische ›Wohltäterin‹ in die Arbeiterviertel Londons begleitete. Ihr Halbbruder George Duckworth arbeitete gemeinsam mit Charles Booth jahrelang an einer Analyse der wirtschaftlichen Notlage der Londoner Unterschicht, und einmal stattete Virginia zusammen mit Stella ihm in Booths Büro einen Besuch ab. Wie sie sagt, las er gerade Korrekturfahnen.[35] Als Virginia ihre Geschichte schrieb, war Booth fertig mit seiner Arbeit, die die Auswirkungen der Armut auf das Familienleben der Unterschicht, die Häufigkeit tätlicher Auseinandersetzungen zwischen Männern und Frauen und die entschlossene Haltung der Frauen, ihren Platz zu behaupten und sich gegen die Männer durchzusetzen, darstellt. Obwohl die Männer ja ihre Familie erhalten sollten, »wußte jeder, daß sie darin gewöhnlich versagten«.[36]

In Virginias Geschichte ist das jungvermählte Paar »tatkräftig und voller Hoffnung«. Doch wird die jugendliche Hoffnungsfreude schnell zu Trübsal, Verzweiflung und Hoffnungslosigkeit. Einen Hof zu kaufen war ein »unkluger Schritt«, denn sie »verstanden nichts von Landwirtschaft«(*1*). Die Geschichte ist aus dem Blickwinkel des Ehemanns erzählt und sie illustriert, wie unmöglich es für Unterprivilegierte ist, ihren Status zu verändern. Implizit läßt sich herauslesen, daß solche Leute sich selbst ein Bein stellen, da sie, indem sie übereilt, ohne Voraussicht und Plan handeln, die eigene Katastrophe herbeiführen.

Ein ausgeprägteres Verständnis für gesellschaftliche Klassenunterschiede, wie Virginia es als erwachsene Frau entwickeln sollte, deutet sich jedoch auch hier bereits an: etwa wenn das Gefühl beschrieben wird, das jemand hat, der sich nie satt essen kann, oder wenn vermittelt wird, daß sich die Streitereien in solch einer Ehe fast ausschließlich um Geld drehen, oder wie schwer es für arme Menschen ist, Optimismus zu bewahren und sich aufgrund der Aussichtslosigkeit der Situation nicht gegenseitig kaputt zu machen. Der Mann sagt: »Am nächsten Morgen wollte ich so nett wie möglich zu Harriet sein, weil ich es nicht in Ordnung finde, wenn junge Leute wie wir ständig so ausfallend zueinander sind.« Seine Unfähigkeit, für sie beide zu sorgen, führt allerdings dazu, daß Harriet ununterbrochen auf ihm herumhackt und er wegen ihrer Keiferei sich nicht mehr zu Hause sehen läßt. Tage, an denen Harriet »nicht auf mich schimpft«(*2*) sind selten.

Unmittelbar nachdem sie die Landwirtschaft übernommen haben, macht der Mann sich daran, eine Kuh zu melken und schafft es auch, nach »einer Stunde Schwerarbeit auf dem Boden der Kanne einen Fingerbreit Milch« zu haben (*1*). Der körperliche Kraftaufwand, den ihn dies kostet, steht in keinem Verhältnis zum Resultat seiner Bemühungen, doch scheint Virginia selbst im Zweifel, ob das daher kommt, weil Melken tatsächlich Schwerarbeit ist, oder weil der Mann dumm und unfähig ist.

Bei ihren verschiedenen Versuchen, sich etwas zu essen zu machen, scheitern Harriet und ihr Mann immer wieder. Zuerst gibt es nicht genug Milch, dann will Harriet die beiden einzigen Eier kochen, aber sie werden »steinhart«; als der Mann versucht, Brot zu rösten, verkohlt es. Er ist so hungrig, daß er sich in die Idee hineinsteigert, das Nestei essen zu müssen: »ich mußte es einfach essen, weil sonst nichts da war«(*1*), doch bereut er es praktisch im selben Moment, weil ihm, wenn auch zu spät, bewußt wird, daß diese unüberlegte Tat ihre künftige Not besiegelt.

Der Mann kann auch seine Kühe nicht mit Futter versorgen; er versteht nichts von Landwirtschaft und hat keinerlei Geschick, sich einen Weg zu erschließen, ihre prekäre materielle Situation zu verbessern. Allerdings interpretiert Virginia das eher als persönliches Versagen denn als etwaiges Fehlen bestimmter Fertigkeiten, weil sie ihn sagen läßt: »Ich ging hinaus zu den Kühen und mußte feststellen, daß ich vergessen hatte, ihnen zu trinken und zu fressen zu geben«(*1*).

Wenn Harriet ihn fertigmachen will, sagt sie Dinge wie »wonach schielst du denn wie ein krankes Kaninchen?«(*3*). Ihre Streitereien und Ehekräche hindern sie, sich zusammenzuschließen und gemeinsam zu begreifen, daß er keinen Erfolg hat, weil Erfolg für jemanden seiner Klasse nahezu unmöglich oder höchst unüblich ist. Da er sich von Händlern prellen läßt, schrumpfen seine mageren Rücklagen noch schneller zusammen als es sowieso der Fall wäre. Wenn Virginia darauf verweist, wie dumm dieser Unterschichtmann ist, dann deutet sie damit an, daß sein Scheitern durch fehlende Ausbildung und Erziehung verursacht ist. Harriet allerdings meint, es sei persönliches Versagen.

Die hoffnungsfrohe Haltung des Paares schlägt schnell um in Verzweiflung. Gegen Ende der Geschichte belauscht der Mann seine Frau, wie sie eine neue Heirat mit einem Mann namens Buskin plant; dabei äußert sie, sie würde sich freuen, wenn der Cockney tot wäre. Ihr Optimismus scheint in mörderischen Haß umgeschlagen zu sein.

Wie in vielen Romanen für Frauen wird auch in *A Cockney's Far-*

ming Experiences eine Frau, die in jeder Beziehung ihrem Mann »überlegen, wenn auch häufig unglücklich« ist,[37] und ein bemitleidenswerter und hilfsbedürftiger Mann dargestellt. Weil die Frau ständig an ihm herummeckert, täuscht der Mann, um sie zum Schweigen zu bringen, eine Krankheit vor: »Ich beschmierte mein Gesicht mit Kalk und taumelte ins Zimmer zu ihr und tat so, als würde ich ohnmächtig«(*3*). Als sie nicht reagiert, gibt er vor zu sterben.

Im letzten Augenblick kommt die Erlösung. Ein Telegrammbote bringt die Nachricht, daß »Tante Maria gestorben ist und uns ein ziemliches Sümmchen hinterlassen hat«. Harriet gibt ihre Pläne auf und erklärt sich bereit, die Annehmlichkeiten seines neugewonnenen Wohlstands mit ihm zu teilen. Am Ende richtet sie das Haus ein und kauft neue Lehnstühle, die sie mit »sehr teurem Zeug«(*4*) bezieht. Der Mann stellt einen gelernten Landwirt namens Marston ein, Harriet ein Hausmädchen. Er stellt fest, daß »ein bißchen Geld Harriet völlig verwandelt zu haben scheint«, daß sie jetzt »recht nett ist zu mir«(*4*). Da seine Tage jetzt nicht mehr so »anstrengend« sind, kann er »Harriet ins Theater ausführen«(*4*). Aufgrund ihres Reichtums sind sie jetzt glücklich, friedlich und verträglich. Ihre wirtschaftliche Sicherheit kommt nicht aus eigener Kraft, sondern durch Erbschaft. Doch der neue Wohlstand bringt ihnen keine gesellschaftliche Anerkennung; als sie ehrbar werden wollen, hält man sie für angeberisch. Klassenzugehörigkeit ist ein Gefängnis, dem man nicht so einfach entkommen kann.

Aber was wollte Virginia mit dieser erfundenen Cockney-Figur über ihre eigene Situation aussagen? Die Geschichte enthält fast alptraumhafte Szenen, in denen es um zu wenig Essen geht. Da gibt es diesen »Fingerbreit Milch auf dem Boden der Kanne«(*1*); Milch, die der Mann beim Melken vergeudet, weil er den »Eimer auf den Kopf stellt, so daß die Milch auf den Boden fließt«(*4*); steinharte Eier; verkohltes Brot; hungernde Kühe; eine Kuh, die nicht frißt; eine Kuh, die verhungert; einen Jungen vom Land, der behauptet, er wisse nicht, »was seine Mutter ißt«(*1*).

Daß so häufig Nahrungsmittel erwähnt werden, ist meiner Meinung nach kein Zufall. Priscilla Robertson schreibt, daß in viktorianischen Familien neben körperlicher Züchtigung auch aufs Essen bezogene Strafmethoden üblich waren. Das Essen der Kinder sei »äußerst einfach und eintönig« gewesen, weil man der Meinung war, »abwechslungsreiche Kost schade der Verdauung und der Moral des Kindes«. Sehr wichtig ist, denke ich, »der fast allgemein vertretene Grundsatz, daß man Kindern niemals erlauben sollte, sich etwas Besonderes zu wünschen oder bestimmte Vorlieben zu entwickeln, sondern daß sie essen sollten, was ihnen vorgesetzt wurde«.[38] Falls diese Methoden in der Stephenschen Kinderstube angewendet wurden – was Virginias Geschichte vermuten läßt –, dann war es für Virginia sicher nicht schwer, die Nöte des Cockney und seiner Frau nachzuvollziehen, die ja, wie Kinder in der Kinderstube, nicht in der Lage waren, ihre eigenen Bedürfnisse zu befriedigen.

Wenn sie immer wieder aufgreift, daß zu wenig Milch da ist, geht das vielleicht zurück auf eine frühkindliche Erinnerung daran, daß sie so früh entwöhnt wurde; die verendende Kuh symbolisierte dann die Mutter, die ihrem Kind nicht mehr die Brust gibt. Jedenfalls weist der Mangel an Milch auf einen Mangel an Nahrung, Wärme und Geborgenheit hin.

Daß der Cockney nur durch einen Glücksfall Erfolg hat, ist meiner Ansicht nach eine Widerspiegelung von Leslies Versagensangst hinsichtlich seiner Leistungen, die er immer wieder in den Briefen an seine Frau zum Ausdruck brachte und die der kleinen Virginia nicht verborgen blieb. Der Cockney als Tölpel entspricht dem Bild, das Leslie von sich selbst entwirft. In einem Brief an Julia – es gibt Dutzende dieser Art – schreibt er: »Hätte ich doch mehr Selbstvertrauen besessen, dann wäre ich bei einer Sache geblieben & hätte etwas geleistet.« Zwar entschuldigt er sich, daß er andauernd mit Klagen komme und daß er seine Unzufriedenheit mit sich selbst bei ihr ablade, doch ist er sich auch bewußt, daß er hauptsächlich deshalb klagt, um »von ihr ein wenig getröstet« zu werden.[39]

Virginia läßt den Cockney sich krank stellen, um Mitgefühl und Aufmerksamkeit seiner Frau zu provozieren. Es kann sein, daß sie versuchte, die Angst, die die schwere Krankheit des Vaters in ihr ausgelöst hatte, dadurch zu bekämpfen, daß sie in ihrer Geschichte die Möglichkeit in Betracht zog, es handle sich um eine vorgetäuschte Krankheit. Nichts weist darauf hin, daß Leslie simulierte. Ganz im Gegenteil versicherte er seiner Frau verschiedentlich, wie gut es ihm gehe.[40] Es war Julia, die ihn dazu bringen mußte, seine Krankheit ernstzunehmen und ihn auch einmal richtiggehend zwingen mußte, zur Erholung zu fahren und tatsächlich so lange fortzubleiben, wie man ihm geraten hatte.[41] Wenn Virginia Leslies Krankheit als Vorspiegelung falscher Tatsachen beschrieb, mag das die Zehnjährige vielleicht von der sehr tiefsitzenden Befürchtung, ihr Vater könnte sterben, befreit haben. Denn von ihrem vierten bis zum elften Lebensjahr war sie mit der Tatsache konfrontiert, daß ihr Vater schwerkrank war und möglicherweise nicht überleben würde.

Virginia läßt Harriet gegenüber der Krankheit ihres Mannes völlig gleichgültig bleiben. Leslie war der Meinung, Julia würde sich im Dienst der Kranken zugrunderichten,[42] nichtsdestotrotz verlangte er, wenn er selbst krank war, daß sie sich unentwegt um ihn kümmerte. In bezug auf Julias Mutter verwies er darauf, daß sie von Berufs wegen krank sei – mit anderen Worten, sie simuliere ihre nicht enden wollende Krankheit nur.[43]

Wenn Virginia ihre Romanfigur Harriet so unbeeindruckt von der Krankheit ihres Mannes sein läßt, kann das eine Art Wunschdenken darstellen. Sie kann Harriet benutzt haben, um eine andere Reaktionsweise als die ihrer Mutter gegenüber Krankheit durchzuspielen – Harriet nimmt die Krankheit nicht ernst und zeigt damit sehr viel mehr Kontrolle über den Einsatz ihrer eigenen Kraft als Julia es tat. Virginia entwirft eine neue Frauenrolle: die Frau geht nicht mehr automatisch auf die Bedürfnisse der anderen ein, sondern entscheidet selbst, ob ihre Pflege und Hilfe erforderlich ist. Gegenüber der einzigen Sache, die Julia in ihrem Leben ernst nimmt, gegenüber der Rolle der Frau als pflegende, sorgende Instanz, verhält Harriet sich geringschätzig. Sie hält es durchaus für möglich, daß ihre Anteilnahme im Grunde gar nichts bewirkt. Harriet sagt sogar, »laß ihn sterben, wenn er will, ich kann und will es nicht verhindern«. Dabei kann aber Harriets Gleichgültigkeit gegenüber Krankheit auch wiedergeben, was Virginia von Julia wahrgenommen hat bei ihren Kinderkrankheiten oder bei dem erlebten sexuellen Mißbrauch.

Die sich permanent um Geld drehenden Streitereien des Cockney-Paares sind ein genaues Abbild der Streitereien innerhalb der Stephen-Familie. Immer gibt der Cockney Geld aus für unnütze Dinge, die ihn seiner Meinung nach in der Achtung der anderen steigen lassen – für einen Spazierstock »aus Ebenholz mit Silberknauf«(3) oder für einen Rassehund. Bei den Stephens beschuldigte Leslie andauernd alle anderen, sie würden das Geld zum Fenster hinauswerfen und ihn ruinieren. Virginia beschrieb später, wenn ihm mittwochs die Abrechnungen für die Woche präsentiert wurden, sein »Aufheulen, (dann) schlug er sich auf die Brust (und behauptete, er sei) dem Tode nah«.[44] Sein Biograph hat festgestellt, daß Leslies ständige Beschäftigung mit Geld einerseits daher rührte, daß er denen, die von ihm abhingen, klarmachen wollte, daß sie tatsächlich von ihm abhängig waren, und andererseits, daß er Dank und Anerkennung dafür haben wollte.[45] Dadurch, daß bei Virginia der Mann der Verschwender und die Frau die Nörglerin ist, stellte sie das, was in ihrer Familie vor sich ging, auf den Kopf.

In *A Cockney's Farming Experiences* beschreibt Virginia einen Mann, auf den kein Verlaß ist; sie verkehrt das traditionelle Bild des viktorianischen Paterfamilias in sein Gegenteil. Aus den erhalten gebliebenen Briefen Leslies und den Erinnerungen anderer an sein Verhalten geht hervor, daß Leslie zwar über genügend Geld verfügte, um den Unterhalt seiner Familie gewährleisten zu können, daß er sich aber verhielt, als sei dies nicht der Fall, so daß er den Eindruck vermittelte, seine Familie befände sich am Rande des Ruins, eben so wie Virginia die wirtschaftliche Lage ihrer Cockney-Familie darstellt. Damit gibt sie zu erkennen, wie furchterregend es für ein kleines Kind ist, sich vorstellen zu müssen, seine Familie sei vom Bankrott bedroht.

Die Geschichte enthält scheinbar miteinander unvereinbare Einzelheiten, die so auffällig sind, daß man der Möglichkeit, sie könnten besondere Bedeutung haben, nachgehen muß. In der ersten dieser Episoden erzählt der Cockney, wie ihn die ständige Mekkerei seiner Frau aus dem Haus getrieben hat:

> »Ich folgte meinem Weg zum Fluß, als ich (wie ich glaubte) einen Stier sah, der mit einem erektierten (sic!) Schwanz, geblähten Nüstern und wild blickenden Augen auf mich zuraste. Ich lief fort, purzelte aber in den Fluß. Als ich mich danach etwas von meinem Schrecken erholt hatte, sah ich, daß es nur ein Kalb war, das zum Saufen an den Fluß lief und das viel mehr Angst hatte als ich. Ich schleppte mich nach Hause, ging durch die Hintertür hinauf in mein Zimmer und zog andere Kleider an. Bis zum Abendessen blieb ich dort, weil ich nicht von Harriet gesehen werden wollte, die mich nur ausgelacht hätte, weil ich mich von einer Kuh hatte erschrecken lassen.« (2)

Das Bild eines männlichen Tieres, das sich mit aufgerichtetem Schwanz, geblähten Nüstern und wilden Augen auf sein Opfer stürzt, die schmutzigen Kleider, der Rückzug hinterher auf das Zimmer, nicht gesehen werden wollen, die Angst, nicht ernstgenommen zu werden, keinen Glauben zu finden, ausgelacht zu werden, wenn der Zwischenfall bekannt wird – jede Einzelheit dieses scheinbar absurden Vorfalls erhält ihre eigene Bedeutung, wenn als Subtext eine sexuelle Attacke mitgelesen wird. Ich bin der Meinung, daß hier sexuelle Gewalt oder Inzest, wie Virginia sie erlebt hat, dargestellt wird. Sie schrieb *A Cockney's Farming Experiences* etwa vier Jahre nachdem Gerald Duckworth sie sexuell belästigt und ein Jahr nachdem J. K. Stephen Stella so gewalttätig verfolgt hatte. Gegen Ende ihres Lebens bezeichnete Virginia Woolf J. K. Stephen als einen ›gepeinigten Stier‹.[46] Doch Julia Stephen hat J. K. nie für einen solchen gehalten; sie war der Meinung, J. K. sei ein bemitleidenswerter, hilfsbedürftiger Mann. In ihrer Geschichte läßt Virginia den bedrohlichen Stier zu einem Kalb werden, was meines Erachtens zeigt, daß sie ihre Sichtweise einer Revision unterzieht, wie es ihr von ihrer Mutter vermittelt worden sein mag – man kann sich richtig vorstellen, wie Julia, nach einem von J. K.s Auftritten in ihrem Haus zu den Kindern sagt: »Der arme Jem. Am besten ihr beachtet ihn nicht; er mag ja wild aussehen, aber eigentlich ist er nur hilflos. Ihr braucht euch nicht vor ihm zu fürchten.« Trotzdem gibt Virginia in dieser Geschichte ihren eigenen Eindruck wieder und erzählt, wie ihr eingeredet wurde, nicht daran zu glauben, daß ihre Ängste berechtigt waren.

Der Vorfall macht auch deutlich, daß Virginia die Reaktion ihrer Familie, die erfolgt wäre, wenn sie erzählt hätte, was ihr geschehen war, antizipiert. Genausowenig wie es Hinweise darauf gibt, daß jemand sich damit beschäftigt hätte, ob und wie die Kinder durch J. K.s Verhalten beeinträchtigt wurden, gibt es Hinweise darauf, daß irgendwer von Geralds Verhalten wußte. Leslie spricht in einem Brief an Julia von Geralds rechtschaffenem moralischen Wesen.[47]

Als Virginia diese Geschichte schrieb, war sie mindestens einmal von J. K. Stephen entführt[48] und mindestens einmal sexuell mißbraucht worden. In ihrem Text macht der Erzähler aus dem Stier mit dem aufgerichteten Schwanz zuerst ein verängstigtes Kalb, das zum Saufen an den Fluß rennt, und dann eine Kuh. Das traumatische Inzest- oder Mißbrauchserlebnis wird auf diese Weise entgiftet und verharmlost, damit es sich nicht als schädliche Erinnerung festsetzt. Meiner Meinung nach macht Virginia hier das, was in der Psychoanalyse ›Verkehrung ins Gegenteil‹ heißt – man verharmlost etwas Schreckenerregendes und bestreitet dadurch das potentiell Tödliche daran. Eltern bringen dies manchmal ihren Kindern bei – anstatt daß sie eine vom Kind geäußerte Angst als berechtigt oder auf Realität gründend anerkennen, erzählen sie ihm, es habe keinen Grund sich zu fürchten.

Ich meine auch, daß sich hier beobachten läßt, wie Virginia anfängt, die Realität des Geschehenen in Frage zu stellen. Judith Lewis Hermann hat bei einer Befragung von dreiundfünfzig Frauen, die in ihrer Kindheit einem Inzest zum Opfer gefallen waren, entdeckt, daß die Inzesterlebnisse umso eher vergessen wurden, »je früher, je häufiger und je gewaltsamer sie waren«.[49] *A Cockney's Farming Experiences* zeigt, wie Virginia eine Geschichte erfindet, mit deren Hilfe sie vergessen kann. Gleichzeitig könnte es sich aber auch um einen Hilferuf handeln.

Die zweite Begebenheit, die Aufmerksamkeit verlangt, ist die Szene, als der Cockney vorgibt krank zu sein, weil er seinen teuren Spazierstock zerbrochen hat und die Reaktion seiner Frau fürchtet. Er glaubt, daß seine Frau ihn entweder sterben lassen oder ihn in eine tödliche Falle locken will und daß sie schon ihre Heirat mit Buskin plant. Er lauscht und hört sie sprechen und sagt dann: »Ich wollte wissen, ob sie wirklich so niederträchtig sein konnte, wie es mir schien, und deshalb sprang ich aus dem Bett und rannte die Treppe hinunter, wo ich sie allein und vor sich in die Luft sprechend und Grimassen schneidend fand «(*4*). Der angebliche Plan, sich seiner zu entledigen, entpuppt sich als bloße Inszenierung Harriets; Harriet ist also keine furchterregende, sondern eine trickreich-kluge Person.

Sie ist nicht so niederträchtig, wie es den Anschein hatte; sie bringt es nicht fertig, sich des Cockneys zu entledigen. Sie ist nichts weiter als eine kluge Frau. Er bewundert sie und räumt ein, sie habe sich eben » wie ein Mann« unbesonnen verhalten. Beide kehren zu ihren traditionellen Rollen zurück: »sie huschte fort, um ihren häuslichen Pflichten nachzukommen und ich ging und kümmerte mich um meine Landwirtschaft«(*4*).

Im selben Jahr, in dem Virginia diesen kleinen Roman schrieb, wurde Laura außer Haus gebracht. Nach allem, was ihre Eltern mit Laura gemacht hatten – und es ist anzunehmen, daß Virginia im Lauf ihrer zehn Jahre einiges mitbekommen hat –, hat Virginia sich vermutlich Gedanken über ihre Eltern gemacht. Waren sie gefährlich? Hatten sie Böses im Sinn? Waren sie, um ihre Worte zu benützen, so niederträchtig, wie es den Anschein hatte? Oder wollten sie nur, wie sie es wahrscheinlich den Kindern dargestellt hatten, für Laura die bestmögliche Lösung finden?[50]

Am Ende von Virginias Geschichte nehmen also der Cockney und seine Frau, ganz in der Art einer Shakespeare-Komödie, ihre eigentlichen Rollen innerhalb ihres Hauswesens ein. Dies ist, glaube ich, Virginias Versuch, das Chaos in ihrer Familie, die wiederholtermaßen durch Krankheiten, Gewalt und Verlust bedroht gewesen war, unter Zuhilfenahme ihrer Erzählung zu ordnen und das Verhalten ihrer Eltern zu erklären. Allerdings zerstört sie diese von ihr am Ende der ersten Erzählung geschaffene vorübergehende künstliche Ordnung fast sofort wieder in der Folgeerzählung *The Experiences of a Pater-familias*.

Ihre Handlung spielt etwa drei Jahre später. Die Geburt eines Kindes bereitet dem jungen Paar noch mehr Probleme, als es je vorher gehabt hatte. Der junge Vater ist fürchterlich eifersüchtig darauf, daß seine Frau dem Kind soviel Zuwendung schenkt, so eifersüchtig, daß er wünscht, »es sei nie geboren worden«(5). Der Sohn wird als Konkurrent wahrgenommen, der die Mutter in Beschlag nimmt, so daß Harriet sich weniger um ihren Mann kümmern kann. Es wird deutlich, daß die Ehe keine wirkliche Partnerschaft ist, vor allem als dann das Kind da ist. Der Mann tut absolut nichts für sein Kind, außer wenn er dazu überredet oder gezwungen wird.

Der Vater ist immer ›böse‹ auf seinen Sohn. Er und Harriet führen vor dem Kind einen ständigen Kampf. Sie versucht ihren Mann zu zwingen, sich mit dem Kind zu beschäftigen, mit ihm zu spielen und es zu versorgen, was er schließlich nach viel Gezänk und vielen Drohungen recht unwillig auf sich nimmt. Virginia konnte mit ihren zehn Jahren schon das, was sie über die nicht vorhandene Bereitschaft der meisten Väter, sich an der Kinderbetreuung zu beteiligen, mitbekommen hatte, in ihren Text einbauen.[51]

Anstatt jedoch zuzugeben, daß seine Frau die Hauptverantwortung für das Kind zu tragen hat und daß sie in bestimmtem Sinn eine Gefangene ihrer Mutterschaft ist, erklärt er, für *ihn* sei, da er gezwungen werde, sich mit dem Kind zu beschäftigen, »die Kinderstube ein Käfig, wo ich Kunststückchen vorführen muß und die ich deshalb so gut es geht meide«(5). Virginia erzählt, was sie beobachtet zu haben scheint, daß nämlich Väter ihre Kinder als eine Falle betrachten und eine Ehe mit Kindern als einen Käfig, in den sie jetzt eingesperrt sind. Dies kehrt die wirklichen Verhältnisse innerhalb der Familie um: tatsächlich ist Harriet in der Kinderstube gefangen und kann kaum oder gar nicht entkommen, trotzdem stellt der Cockney sich als denjenigen hin, der eingesperrt ist. Virginia vermittelt hier auch, daß ein Mann, der Vater wird, sich zum Kind zurückentwickelt und von seiner Frau verlangt, daß sie ihn gleichfalls bemuttere. Sein Verhalten gegenüber dem Kind stellt sie als ausgesprochen roh dar.

Harriet wird, aus dem Blickwinkel des Mannes, als übelgelaunte, von Natur aus streitsüchtige Person geschildert. Der Mann stellt keinen Zusammenhang her zwischen ihrer Unzufriedenheit und Streitsucht und seinem Verhalten als Vater. Wenn sie einmal »mit freundlichem Gesicht die Treppe herunterkommt«, ist das für ihn »ein wahres Wunder«(5). Wie auch immer er sich verhält, wie viele Schwierigkeiten er ihr bereitet, Harriet hat seiner Meinung nach nett zu ihm zu sein. Er wäscht sich von jeder Schuld rein, indem er sich in endlosen Beschimpfungen ergeht, wie übellaunig sie von Natur aus ist. Er macht keine Anstalten, die Ursache in den Umständen zu suchen. Virginia trifft hier genau den Ton, dessen sich wenig hilfsbereite, verantwortungslose Männer bedienen, um sich gegenüber den Kindern oder gegenüber den unzufriedenen Ehefrauen aus der Pflicht zu stehlen.

Als der Cockney erzählt, er sei zu Geld gekommen und könne sich »dem befriedigenden Gefühl hingeben, daß mein Kapital sich von Jahr zu Jahr vermehrt«, fragt Harriet: »Dann kann ich also jetzt dem lieben kleinen Alphonso ein hübsches Kinderwägelchen kaufen, oder, Schätzchen?« Er hatte ihr wohl die Höhe seines Vermögens verschwiegen und sie hatte offensichtlich die Anschaffung eines

Kinderwagens so lange zurückgestellt, bis sie sicher sein konnte, daß sie sich einen würden leisten können. Obwohl es kaum als Luxus betrachtet werden kann, einen Kinderwagen zu kaufen, erträgt der Cockney nicht, daß Harriet davon spricht. Er »stürzte aus dem Zimmer, wie immer, wenn Harriet mit diesem Babygeplapper anfängt«. Daß sie das Kind gut versorgen will, treibt ihn aus dem Haus. Er überlegt, »wie ich dem Baby für den Rest des Tages entkommen kann«(*5*).

Mit ihren zehn Jahren hatte Virginia sich schon zusammengereimt, wie schwer es war, einen Mann dazu zu bringen, seiner Frau das für den Unterhalt der Kinder nötige Geld zu geben. Sie hatte begriffen, daß im Haus des Paterfamilias ›sein‹ Geld auch wirklich ihm gehört. Wenn sein Vermögen sich vermehrt, wird das nicht automatisch an Frau und Kinder weitergegeben. Oftmals bekommt die Frau von ihm weiterhin denselben Betrag für die Haushaltskasse, während er die Lohnerhöhung oder die Erbschaft zur Finanzierung seiner Wünsche in die eigene Tasche steckt.[52]

Als der Held von Virginias Geschichte sich endlich bereit findet, einen Kinderwagen zu kaufen, macht er das nicht, weil er ihn für nötig hält oder weil es eine ›väterliche‹ Geste wäre, »nicht weil ich seinem Baby-Charme (falls er welchen hätte) erlegen wäre«, sondern weil er dadurch vorübergehend bei Harriet »gut angeschrieben« sein wird (*6*) und ihren Zorn vermeiden kann. Die junge Virginia beschreibt hier etwas, was als besondere Eigenheit von Frauen der Arbeiterklasse erkannt worden ist, nämlich den schonungslosen Einsatz für alles, was sie für die Lebensbedingungen ihrer Kinder als notwendig erachten.[53] Solche Stärke und Unerbittlichkeit, und ein solcher Optimismus unterscheiden sich von Grund auf von dem ewigen Pessimismus und der Resignation, die wohl Julia Stephens Einstellung zum Leben charakterisierten. Es sieht so aus, als hätte Virginia hier eher eine Frau entworfen, wie sie sein könnte (oder wie viele Frauen ja tatsächlich waren) und nicht festgehalten, wie ihre Mutter sich selbst sah. Allerdings reagierte sie auch auf die Kraft und Stärke, die ihre Mutter bewies, wenn sie, obwohl sie ja fast jede nur mögliche Sorge hatte bewältigen müssen, trotzdem durchhielt und weitermachte.

Virginia beschreibt den folgenden Kreislauf: die Mutter sieht etwas für das Kind als notwendig an; der Vater weigert sich, es zu kaufen; es gibt Auseinandersetzungen; der Vater benutzt diese Auseinandersetzungen als Entschuldigung, um sich aus dem Familienleben (dem Käfig) zurückzuziehen; er lenkt ein, um, wie er sagt, seine Frau zu besänftigen, doch in Wirklichkeit, um ihr vor Augen zu halten, daß er es ist, der bestimmt, wofür in dieser Familie das Geld ausgegeben wird.

Sobald das Kind da ist, drückt der Cockney sich so oft wie möglich. Er schützt alles Mögliche vor, zum Beispiel, er müsse auf seinen Hof »um dort nach dem Rechten zu sehen, in Wahrheit aber, um von dem Baby fortzukommen«. Er stiftet ganz offensichtlich im Haushalt so viel Unordnung, daß Harriet froh ist, als er weggeht, denn sie »stimmte bereitwillig zu«(*6*), allerdings soll er nicht länger als zwei Wochen fortbleiben.

Doch schon am nächsten Tag erscheint auch Harriet auf dem Hof. Das Baby »wollte auch einmal aufs Land«. Sie erzählt, daß der Kleine die Eisenbahn nicht gemocht habe, die sie in Babysprache »die böse Paff-Paff« nennt. Der Mann fühlt sich dadurch so abgestoßen, daß er bemerkt: »Ich werde nicht wiederholen, was sich alles zwischen Harriet und Alphonso abgespielt hat«(*7*). Harriet scheint nicht in der Lage, mit ihrem Mann wie eine erwachsene Frau zu kommunizieren, wenn das Kind dabei ist. Und ihr Mann scheint nicht in der Lage, auf die Zuwendung, die seine Frau dem Sohn gegenüber zeigt, anders als angewidert zu reagieren. Sie ist für ihn zum roten Tuch geworden. Er ist eifersüchtig. Und sie identifiziert sich, möglicherweise als Reaktion auf sein Benehmen, immer stärker mit dem Kind.

Die nächsten Kapitel handeln von den Schrecken, die ein Kind durchzustehen hat, das das Pech hatte, in eine Familie hineingeboren zu werden, der ein Paterfamilias wie der Cockney vorsteht. Am Tag nach ihrer Ankunft auf dem Hof fängt das Kind an, wie jedes normale Kind seine Bedürfnisse zu äußern und zu schreien, weil es Hunger hat. Der Cockney sagt dazu: »damit habe ich nicht gerechnet«, als sei das Schreien des Babys etwas Unvorhersehbares oder sogar Unnatürliches. Er besteht auf einer Machtprobe, in der Erwartung, daß das Kind schon auch ohne gefüttert zu werden wieder ruhig sein würde. Als Harriet nach fünf Minuten dazwischengehen will, vertritt er die Meinung, daß das Baby auf jeden Fall viel länger schreien müsse. Es ist ihm ganz schrecklich, daß Harriet, als sie ihn bittet, nach oben zu gehen und »die Flasche zu holen«(7), ihn indirekt am Füttern beteiligen will. Virginia weiß, daß Kinderpflege Aufgabe der Frau ist, und sie weiß auch, daß sie sich eher nach den Bedürfnissen des Vaters als nach denen von Mutter und Kind ausrichtet. Der Cockney will das Kind erst einmal schreien lassen und ordnet an, daß Harriet nicht nachgeben darf; er legt fest, wie mit dem Kind umzugehen ist.

Virginia deckt die Bösartigkeit auf, die dahinter steckt, wenn einem Kind Nahrung vorenthalten wird. Sie schreibt, der Cockney sei sich bewußt, daß er nicht wolle, daß das Kind gefüttert wird, und daß er es am liebsten verhungern lassen würde. Sie läßt ihn erzählen, welche »Schwierigkeiten« er mit den Babyflaschen habe, daß er schon eine »zerdeppert« habe und daß »die ganze Milch im Wagen ausgelaufen« sei. Dieser Anblick habe ihn richtiggehend erregt, »denn ich hatte schon Hoffnung gefaßt, daß es die letzte Flasche gewesen wäre, die ich zu Gesicht bekam«. Er fügt sich trotzdem »ohne Widerwort« Harriets Bitte und holt also die Flasche, die er »das verhaßte Ding«(7) nennt. Seine Wut auf das Kind unterdrückt er: nach außen hin fügt er sich, innerlich wünscht er sich aber, das Kind wäre tot.

Für Leser, die sich mit der Notlage des Kindes identifizieren, wird Virginias Erzählung zu einer qualvollen Beschwörung der mit Kindesmißbrauch und Vernachlässigung verbundenen Erlebnisse. Wie der Vater das Kind behandelt, kann nur als sadistisch und mörderisch bezeichnet werden, auch wenn seine Sprache, in der er erzählt, was er macht, das, was eigentlich passiert, verschleiert und tarnt.

Er nimmt das Baby mit in den Stall und setzt es »auf den Rücken eines Schweines«, von wo es »gleich in den Schweinetrog rutscht«; es fällt in den Mist und ist über und über besudelt. Etwas später an diesem Tag wird ihm das Kind wieder anvertraut. Er wiederholt, was er vorher mit ihm gemacht hat. Diesmal setzt er es auf einen Esel, »aber der Esel schlug aus und die kleine Bestie [sein Sohn] war zu dumm, sich festzuhalten, und fiel in eine Pfütze«. Das Kind stürzt also wieder und ist dieses Mal von Kopf bis Fuß voll Schlamm. Der Vater ist schlau genug zu behaupten, er mache alles nur, um dem Kind eine Freude zu bereiten – er ist also nicht schuld an dem, was passiert ist. Mit denselben Worten, die Eltern benutzen, die ihre Kinder vernachlässigen oder mißbrauchen, schiebt der Vater dem Kind die Schuld zu, indem er sagt »es war zu dumm, sich festzuhalten«(7).

Als er das Kind naß und schmutzig zurückbringt, schimpft Harriet ihn zwar, aber, obwohl sie weiß, daß er dem Baby Schaden zufügen will, vertraut sie es ihm weiterhin an. Sie schreit ihn zwar an, sie fühlt sich zwar von ihm »angewidert«, aber sie unternimmt nichts, um ihr Kind zu schützen, indem sie dem Cockney entweder verbietet, ihm nahezukommen, oder mit dem Kind fortgeht und ihn verläßt. Sie kann nichts dergleichen tun, weil er über das Geld verfügt. Mit zehn Jahren wußte Virginia also bereits, daß eine Frau ohne eigene finanzielle Mittel nur schwer die Interessen ihres Kindes durchsetzen kann, sogar dann nicht, wenn sie weiß, daß es mißhandelt wird.

Wenn man dem Baby ansieht, daß es ganz offensichtlich vernachlässigt und mißhandelt wurde, übergibt der Mann es nicht Harriet, sondern »dem Kindermädchen«. Da dieses von ihm abhängig ist, wird es am Kind die Spuren seiner schlechten Behandlung beseitigen, »während Harriet mir wahrscheinlich die Hölle heiß machen würde nach meinem kleinen Streich«(*8*). Auch das wußte die zehnjährige Virginia bereits: Kindermädchen mußten verheimlichen, daß Kinder mißhandelt wurden, da sie in bezug auf Unterhalt und weitere Beschäftigung vom Wohlwollen des Paterfamilias abhängig waren.

Da der Cockney befürchtet, daß Harriet, sobald sie das durchnäßte Kind sieht, Bescheid weiß, daß er abermals seinem Sohn bewußt Schaden zugefügt hat, entschließt er sich, das Kind trockenzureiben, um die Spuren zu beseitigen. Allerdings befestigt er nur »das Wickeltuch am Ast eines Baumes, um das Bündel dort baumeln zu lassen«(*8*); er überläßt das Baby also seinem Schicksal, vielleicht sogar mit dem Hintergedanken, daß es sich dabei aufhängen könnte. Er entfernt sich so unschuldig und sorglos, als ließe er ein Kleidungsstück zurück.

Selbst wenn es ihm nicht bewußt sein sollte, so möchte er doch erreichen, daß das Baby stirbt oder wenigstens von jemand anderem mitgenommen wird: »Ich bin etwas länger fortgeblieben, als ich gedacht hatte«, sagt er, »und als ich zurückkam, war das Baby verschwunden!«(*8*) Hätte er sich nicht wirklich gewünscht, daß das Kind verschwinden sollte, wäre seine Reaktion jetzt recht unpassend gewesen: »Ich hatte das Baby schon fast vergessen«. Harriet, die zwischenzeitlich eine nasse Socke des Babys gefunden hat, reagiert auf sein Geständnis, das Baby ›verloren‹ zu haben mit einem Blick, der »hochnäsig kalt und würdevoll sein sollte«(*8*). Das ist recht bezeichnend, denn im Lauf der Erzählung wird deutlich, daß auch die Mutter auf den Verlust unangemessen reagiert – was vermuten läßt, daß Harriet ebenfalls gewünscht haben könnte, das Kind loszuhaben. Die Erzählerin scheint eine solche Bösartigkeit der Mutter nicht so recht offen erklären zu wollen, hat aber keine Schwierigkeiten, diejenige des Vaters auszudrücken. Nachdem er das Baby ›verloren‹ hat, bemerkt er »ich dachte, Harriet würde der Verlust des Babys nicht sehr viel ausmachen«(*9*), aber sie beschimpft ihn, bis sie vor Heiserkeit keinen Ton mehr herausbringt. Allerdings macht sie sich nicht unverzüglich auf die Suche, sondern überläßt das später der Polizei.

Bezeichnend sind auch die Worte, mit denen der Cockney den Vorfall beschreibt: er benützt Wörter wie »Streich« und »Ulk«; seine Frau spricht von »elternunwürdigem Verhalten«(*9*), was den Fall auch verharmlost. Der Cockney spricht wiederholt davon, er habe »das Baby versorgt«, wenn er erklärt, was er getan hat. Er sagt, Harriet habe ihn vorwurfsvoll angeblickt, als er »ins Auge gefaßt« habe, »das Baby zu versorgen«(*8*). Das Kind zu versorgen bedeutet soviel wie es wegzugeben – er ist sich also sehr wohl bewußt, daß er das eigene Kind loswerden will. Nachdem das Kind verschwunden ist, glaubt er, so weiterleben zu können, als sei nichts geschehen: er erzählt Harriet, sie würden ein Fest besuchen, doch sie antwortet, er sei »barbarisch, an gesellschaftliche Vergnügungen zu denken, wenn mein einziges Kind verschwunden ist«(*9*). Harriet nennt es ›barbarisch‹, daß er von ihr verlangt, jetzt auf ein Fest zu gehen. Seine Haltung dem Kind gegenüber nennt sie nicht so, obwohl sie ja weiß, daß er seinen Tod wünscht.

Die ganze Erzählung hindurch versteckt der Cockney sein Fehlverhalten hinter vorgetäuschter Jungenhaftigkeit und Hilflosigkeit, nicht nur, weil er die Auswirkungen seiner Grausamkeit auf den Sohn damit verniedlichen will, sondern auch, weil er dadurch seinem Sadismus weiter freien Lauf lassen kann. Mit erstaunlichem Scharfblick führt Virginia die Persönlichkeitsmerkmale vor, die in Studien über Eltern, die ihre Kinder mißhandeln, beobachtet wurden. Der Mann albert in Gegenwart seiner Frau herum, er kuscht, er stellt sich dumm, er spielt den wichtigtuerischen, inkompetenten Narren. Niemand würde auch nur einen Moment lang glauben, daß er zu solcher Grausamkeit fähig ist. Sein Verhalten scheint auch Harriet zu täuschen, denn einerseits ist sie sich völlig sicher, daß er das Kind ausgesetzt hat, andererseits bezweifelt sie ihre eigene Wahrnehmung und fragt sich, ob jemand, der so schwach zu sein scheint wie er, derart grausam sein kann.

Der Mittelteil von *Pater-familias* handelt davon, daß Harriet das Kind wiederfindet. Sie versteckt es erst einmal in einem anderen Teil des Hauses und wartet offensichtlich darauf, daß ihr Mann gesteht, er habe seinen Sohn ausgesetzt. Da jedoch die Geschichte aus dem Blickwinkel des Mannes erzählt wird, kommt es zu echter dramatischer Spannung: Ist das Baby im Haus oder nicht? Ist es für immer weg, oder gesund und in Sicherheit? Was ist das für Geschrei, das aus einem anderen Teil des Hauses zu kommen scheint? Ist das das Baby? Wieso hält Harriet es versteckt?

Als Harriet zugibt, daß das Kind gefunden wurde und daß es wohlbehalten im Haus ist, fragt er sie, warum sie es versteckt habe. Er erfährt, daß »der Grund, warum sie es vor mir verbarg, war, daß sie herausfinden wollte, ob ich wirklich so grausam war, wie es den Anschein hatte«(*10*), was die Szene im ersten Teil wiederaufgreift, in der er herausfinden wollte, ob Harriet wirklich so niederträchtig war, wie sie zu sein schien.

Die Geschichten, die Kinder erzählen, die mißbraucht wurden oder Zeugen eines Mißbrauch waren, sind »voller Agressivität und Brutalität«. In ihren Spielen und Darstellungen werden Puppen und andere fiktive Personen »ständig geschlagen, gequält und getötet«. Die Wiederholung zeigt, daß diese Kinder häufiger solche Brutalität erfahren und daß sie sich andauernd von Gewalttätigkeit bedroht fühlen. In den Zeichnungen der Kinder, die sexuell oder inzestuös mißbraucht wurden, spiegelt sich die Ohnmacht, die sie fühlen. Sie zeigen ihr geschwächtes Selbstbewußtsein, ihr Gefühl, in einer Falle oder Schlinge gefangen zu sein, ihren Schmerz und ihr Leid, und manchmal, wenn die Therapie erfolgreich war, ihre Wut und ihren Zorn. Sie malen sich selbst als winzige Wesen, Strichmännchen, deren Gesichter Schmerz ausdrücken. Zu Beginn der Therapie stellen sie sich oft weinend dar, mit großen Tränen und mit Mündern, die weit offen schreien oder ihre Peiniger anflehen, von ihnen abzulassen.[54]

Auf zwei aufeinanderfolgenden Seiten in *Pater-familias* werden außer dem Wunsch des Vaters, das Kind verhungern zu lassen, nicht weniger als vier eindeutig grausame Handlungen, die direkt das Wohl des Kindes bedrohen, beschrieben. Allerdings scheinen die Vorfälle, die Virginia beschreibt, seltsam, ja absurd: ein Baby wird an einen Baum gehängt und auf verschiedene Tiere gesetzt, die es unweigerlich abwerfen. Alice Miller warnt davor, die Geschichten von Kindern, die »absurde Phantasien« enthalten, nicht ernstzunehmen, weil sie häufig eine Art »Nacherzählung« seien.[55] Auch

Gewalttätigkeit in der Familie gegenüber Kindern wird oft auf eine Weise dargestellt, die für Außenstehende merkwürdig und unverständlich erscheint, innerhalb der Familie aber eine groteske innere Logik besitzt. Weil das Kind über keine andere Wirklichkeitserfahrung verfügt, scheinen diese merkwürdigen Ereignisse ganz emotionslos geschildert, so als wären sie normaler Bestandteil des Alltags – wie dem Kind ja auch vielfach erklärt wird, Bestrafung sei das logische Resultat seines schlechten Charakters oder seines schlechten Benehmens, das es sich selbst zuzuschreiben habe.

Das Verhalten des Paterfamilias kann man nur als gestört bezeichnen. Ich bin der Meinung, daß Virginia mit ihrer Erzählung den Versuch unternimmt, die von ihr miterlebten oder beobachteten Verhaltensweisen, wie etwa Lauras Behandlung, zu begreifen, um herauszufinden, ob sie wirklich so brutal waren, wie sie zu sein schienen.

Was die junge Virginia aufgeschrieben hat, ist mutig und provokativ: sie zerstört den Mythos, nach dem das viktorianische Kind ein Retter ist und sie sprengt die Definition des viktorianischen Vaters als gerecht und weise. In ihrer Erzählung bringt das Kind nicht Rettung und es wird auch keineswegs geachtet. Vielmehr ist sein Leben jeden Tag von neuem gefährdet. Auch wenn Harriet am Ende der Geschichte sich damit tröstet, daß ihr Mann nicht so mörderisch ist, wie es scheint, gibt es keinen Hinweis darauf, daß er sich verändert hätte. Zwar erklärt er, er habe sich »mit der Gegenwart des Kindes etwas mehr angefreundet«(*10*), kauft sich aber im letzten Kapitel ein Gewehr, mit dem er angeblich auf Hasenjagd gehen will.

Pater-familias ist Virginias Versuch, mit dem, was Laura und ihr selbst innerhalb ihrer Familie widerfahren ist, fertigzuwerden. In einer aufschlußreichen und vielsagenden Szene – einer dieser scheinbar merkwürdigen, nicht stimmigen Situationen – erzählt der Cockney, Harriet habe gesagt, daß »eine Lüge manchmal besser ist als die Wahrheit. Ich antwortete, daß, selbst wenn es von Vorteil wäre zu lügen (was gar nicht sein kann), ihr Gewissen ihr das verbieten müßte, unabhängig davon, was ihr Wesen ihr dazu eingäbe«(*9f.*) Virginia teilt hier etwas sehr Bedeutsames mit, nämlich daß sie sich damit auseinandersetzt, möglicherweise angelogen worden zu sein, etwa über die Gründe, die zu Lauras Behandlung führten.

Das emotionale Auf und Ab in der Erzählung – daß das Baby wiederholtermaßen abhanden kommt und dann wieder aufgefunden wird – spiegelt wider, was die Stephen-Kinder erfuhren, als Laura in einem anderen Teil des Hauses eingesperrt war. Manchmal durfte sie kurz in Erscheinung treten, dann verschwand sie wieder, dann war sie wieder da. Etwa zur selben Zeit, als Virginia *Paterfamilias* schrieb, erwog Leslie, ob man Laura erlauben sollte, mit nach St. Ives zu kommen. Es scheint so, als wollte Virginia mit ihrer Erzählung das Dunkel durchbrechen, in das Lauras Behandlung gehüllt war. Sie zieht meines Erachtens beide Möglichkeiten in Betracht: einerseits, daß Laura tatsächlich so schlecht behandelt wurde, wie es schien – daß sie ausgestoßen wurde –, und andererseits, daß man wirklich gut zu ihr war. Weil aber die Geschichte sehr undurchsichtig endet und der Cockney nicht wirklich beweist, daß er weniger brutal ist, als er zu sein schien, glaube ich, Virginia hat irgendwie verstanden, was um sie her geschah, auch wenn die Erkenntnis, daß die eigenen Eltern grausam sein können, wohl das Schrecklichste ist, was ein Kind sich überhaupt vorstellen kann – eine Erkenntnis, die es schnell wieder vergessen muß, um nicht in ständiger Angst leben zu müssen.

Darüberhinaus hat Virginia den Mythos, die viktorianische Familie sei für die Kinder Refugium und sicherer Hafen, neu interpretiert. Da sie ihre Geschichte in einer anderen Gesellschaftsschicht ansiedelt, verdeckt sie meiner Meinung nach das, worüber sie eigentlich schreibt, daß sie nämlich die Väter der eigenen Klasse meint. Im zweiten Teil ihrer Erzählung, als die Familie aufs Land zieht, führt sie Mittelschichtsattribute ein: es gibt Dienstboten, man geht zu einem Fest, wo der Tisch überreich gedeckt ist – doch der Wechsel von der Unter- zur Mittelschicht vollzieht sich für den Leser fast unmerklich.

Indem Virginia den Protagonisten ihrer Geschichte einen Paterfamilias nennt, bedient sie sich einer Bezeichnung für den Vater als rechtmäßigen Haushaltsvorstand, die schon zur Zeit der Stuarts üblich war.[56] Was sich hierin manifestiert, ist der Glaube an die männliche Autorität (beziehungsweise der Glaube an die Abhängigkeit der Frau), ebenso aber auch die Vorstellung, daß ein Vater für seine Kinder und seine Frau sorgen muß, und sogar für die Dienstboten, als gehörten sie zur Familie wie die eigenen Kinder.

An besonders wichtigen Stellen der Geschichte, wenn der Cockney das Leben des Kindes bedroht, benutzt Virginia Großbuchstaben und schreibt ›Baby‹ anstatt ›baby‹. Sie unterminiert die Vorstellung, daß das Oberhaupt einer Familie von Natur aus gut und gerecht sei. Die Bezeichnung ›Paterfamilias‹ drückt auch aus, daß »Unterschiede in sozialem Rang und Autorität«, was Männer und Frauen, Ehemänner und Ehefrauen, Väter und Kinder betrifft, »nicht nur normal, sondern gut und wünschenswert« seien.[57] Gegen diese Überzeugungen geht Virginia an. Ihr Paterfamilias, dem sie keinen Eigennamen gibt, ist weniger intelligent als seine Diener und weniger kompetent als seine Frau – Harriet sagt zur Frage, welchem Geschlecht der Vorrang gebühre: »Ich weiß nicht, worüber ihr Männer euch Gedanken macht. Ihr überlaßt doch jegliches Denken den Frauen«; und zur Frage der natürlichen Vorrangstellung der oberen Schichten gegenüber ihren Dienstboten: »sie kommen zwar aus ärmlichen Verhältnissen, aber sie haben mehr Menschenverstand als gewisse andere Leute in meiner Bekanntschaft«(9); und was die natürliche Güte des Paterfamilias angeht, so fragt sich Harriet ja, ob ihr Mann nur so brutal scheint, oder ob er es tatsächlich ist.

Virginia zerstört also die Annahme, daß der Vater aufgrund seiner natürlichen Überlegenheit, seiner natürlichen Intelligenz, seiner natürlichen Gerechtigkeit und seiner natürlichen Güte das Recht habe zu herrschen. In *Pater-familias* stellt sie zum ersten Mal in gedruckter Form die Frage, die sie in ihren größeren Werken später immer wieder aufgreifen wird: Was passiert, wenn dieser so absolut die Familie beherrschende Paterfamilias weder weise noch gerecht noch gütig ist? Sie unterstellt, daß absolute Macht immer Machtmißbrauch nach sich zieht. Ist der Vater weder weise noch gütig und herrscht er ungerecht, können auch die Lebensbedingungen innerhalb der Familie für alle, die von ihm abhängig sind, weder gut noch erstrebenswert sein, auch wenn die Familie für Außenstehende noch so bewundernswert erscheint. In Virginias Geschichte weiß kein Außenstehender (außer den Dienstboten, die der Paterfamilias aber völlig unter Kontrolle hat), was in dieser Familie tatsächlich vor sich geht. Mann und Frau erhalten Einladungen zum Essen – der Mann benimmt sich gut zu jedermann, außer zu den eigenen Angehörigen.

Pater-familias enthält auch Beischlafszenen. Man hat Virginia Woolf oft vorgeworfen, sie sei unfähig, Sexualität darzustellen – als Zehnjährige jedenfalls hatte sie in dieser Beziehung offensichtlich keine Probleme.

Die Szenen spielen sich zwischen den Dienstboten ab. Der Paterfamilias erzählt, er sei um halb sieben morgens »durch ›Liebesgeräusch‹ vor meiner Tür« geweckt worden. Er findet seine Haushälterin und ihren Liebhaber beim sexuellen Akt und ermahnt sie »streng«, er wolle »keinen Unsinn« im Haus. Doch nach dem Frühstück ertappt er sie von neuem: »zu meinem Entsetzen hörte ich meine Haushälterin und ihren Liebhaber im Schweinestall keuchen«(7).

Virginia beschreibt hier etwas, was sie offensichtlich selbst miterlebt hat. Sie macht es durch die Assoziation mit dem Schweinestall zu etwas Abstoßendem. Aber es ist ihr auch klar, daß das Liebesleben der Dienstboten vom Hausherrn reguliert und kontrolliert wird.

Die Kinderstube war also kein sorgfältig abgeschirmter Ort, wo die Kinder über Sexualität nichts erfahren haben. Ganz im Gegenteil: Virginia war in der Lage, »Liebesgeräusche« als solche zu identifizieren. Gleichzeitig hielt ihr Vater es für seine Pflicht, die Tugend seiner Töchter zu schützen. Als Vater, so glaubte er, war er verpflichtet, ihre Lektüre zu überwachen; Stella durfte z. B. nicht *Cousine Bette* lesen, denn, wie er in einem Brief an Julia schrieb: »Das ist meiner Meinung nach nicht geeignet als Lektüre für junge Damen«.[58]

Es gibt in *Pater-familias* eine alptraumhafte Szene, die ich für eine symbolische Nacherzählung von Virginias Mißbrauchserlebnis mit Gerald Duckworth halte, als er sie auf dem Sims im Vestibül vor dem Eßzimmer belästigte. Die Szene spielt in einem Eßzimmer und hat nichts mit der übrigen Erzählung zu tun. Sie folgt eher einer emotionalen als einer rationalen Logik. Es ist eine zutiefst verstörende Szene, in der es um Lebensgefahr, Vergewaltigung und entsetzliche Scham geht. Eine Beziehung zu den Ereignissen der Erzählung wird nur erkennbar, wenn man sieht, daß das, was eigentlich mitgeteilt werden soll, ausgespart wurde.

Mann und Frau sind Gäste einer Dinnerparty. Als der Cockney einen Toast auf die Gesundheit der Gastgeberin ausbringt und eine »hübsche Rede« hält, »krachte der Tisch plötzlich mit Getöse zusammen«. Harriet hatte schon während des Essens, ohne daß jemand auf sie hörte, immer wieder gewarnt: »Oh, ich weiß, daß dieser Tisch gleich zusammenbrechen wird«(*10*).

Im Anschluß daran erzählt Harriet ihrem Mann, wie sie sich vor dem in sich zusammenstürzenden Tisch in Sicherheit brachte, unter dem sie im günstigsten Fall eingeklemmt oder aber von seinem Gewicht erdrückt worden wäre. Sie sagt,

> »daß sie zu ihrem Glück gerade ein Bein angehoben hatte, um sich zu kratzen, und als die Tischbeine nachgaben, hatte sie es auf ihren Stuhl gezogen und das andere Bein nachgeholt, so daß sie jetzt auf dem Stuhl stand und den Trümmerhaufen vor ihren Augen betrachtete. Bald wurde ihr bewußt, daß ja auch Herren anwesend waren, und daß sie sich nicht gerade in einer sehr würdevollen Position befand, doch sie konnte sich nicht bewegen. Sie hatte nämlich, als der Tisch zusammenbrach, nicht daran gedacht, ihren Rock mit hochzuziehen, so daß der Tisch

jetzt auf ihrer Schleppe lag und sie an den Stuhl gefesselt war, von dem sie zwar heruntersteigen wollte, aber nicht wußte wie.«

Sie kann nicht allein hinuntersteigen, sie ist ganz starr vor Angst und nicht in der Lage, sich zu bewegen.

Ein Dienstmädchen erscheint und findet sie, wie sie mit zerrissener Schleppe und besudeltem und zerfetztem Kleid auf ihrem Stuhl steht, und sagt zu ihr: »Himmelswillen, Gnädige, was haben Sie da bloß angestellt? Wird ziemlich lang dauern, das wieder zusammenzuflicken.«(*11*) Der Paterfamilias ist überhaupt nicht glücklich darüber, daß seiner Frau das Los von Mrs. Robinson, der Gastgeberin, die als einzige wirklich unter dem Tisch eingeklemmt ist, erspart geblieben ist, nein, ihm ist es peinlich, wie seine Frau jetzt aussieht.

Die junge Virginia beschreibt hier eine Katastrophe – und daß diese sich ausgerechnet im Eßzimmer abspielt, ist wichtig. Das Eßzimmer ist ja ein Ort sozialer Rituale, mit denen wir beweisen wollen, wie zivilisiert wir sind, und ein Eßzimmer war auch der Ort, in dessen Nähe Virginia zum ersten Mal sexuell mißbraucht wurde. Der Tisch »bricht unter der Menge an Kuchen, Wein, Obst und Kerzen fast zusammen«, und Harriet hat schreckliche Angst davor, aber dennoch werden immer mehr Insignien von Reichtum und gesellschaftlicher Stellung auf den Tisch getürmt – »das ganze unnütze Silberzeug, es war doch schon genug da«(*10*).

In dem geschilderten Vorfall geht es darum, daß Harriets Würde verletzt wird; sie muß ein Bein hochnehmen – und sie spricht von ihren Beinen, als gehörten sie nicht zu ihrem Körper; sie muß ihren Körper männlichen Blicken aussetzen und schämt sich dafür; sie »bleibt an ihren Stuhl gefesselt und sieht vor sich den Trümmerhaufen«. Sie ist so gelähmt, daß sie nicht mehr heruntersteigen kann; sie wird in ihrem besudelten und zerfetzten Kleid von einem Dienstmädchen gefunden und muß sich Vorwürfe anhören, anstatt gefragt zu werden, was eigentlich geschehen ist. Die Handlung innerhalb der Erzählung geht weiter, als hätte dieser Vorfall nie stattgefunden, er ist in sie eingebettet, wie inzestuöse Erlebnisse in den normalen Alltag eingebettet sind. Es bleibt den Dienstboten überlassen, die Spuren dieser Katastrophe zu beseitigen, die, so erzählt Virginia, ausgelöst wurde durch übermäßigen Appetit. Das Leben geht weiter als sei nichts geschehen.

Wenn Virginia später als Erwachsene ihr Gefühl der Hoffnungslosigkeit beschreibt, vergleicht sie das häufig damit, daß sie auf einem Sims über einem Abgrund stehe. Und sie nennt die beiden Männer, die sie in ihrer Kindheit belästigt haben, Gerald und George, »Schweine«. Ironischerweise züchtete George Duckworth tatsächlich Schweine und schrieb einmal eine Geschichte über Schweine, die veröffentlicht wurde und die er Virginia als Lektüre empfahl.[59] In *Pater-familias* kommt es zur Katastrophe, weil die Menschen Schweine sind. Als Erwachsene erklärte Virginia, sie sei deshalb sexuell mißbraucht worden, weil der Appetit ihrer Brüder nicht gezügelt wurde und außer Kontrolle geraten, Amok gelaufen war. Diese Szene in *Pater-familias* weist darauf hin, daß sie an diesem Beispiel zu erklären versuchte, was ihr früher zugestoßen war. Sie interpretiert es als eine Art Heißhunger, der, versteckt hinter der Fassade der besseren Gesellschaft, sich jederzeit Bahn brechen konnte. Kein Wunder also, wenn sie Angst hatte vor der Welt, da die Gesellschaft offensichtlich Leidenschaften nicht im Zaum hielt, sondern nur als Vorhang diente, hinter dem sie ungezügelt ausgelebt wurden.

Wenn Virginia später die Folgen des sexuellen Mißbrauchs beschreibt, spricht sie von Scham, von der Empfindung, von ihrem Körper getrennt und ausgesetzt zu sein, von Angst und Schrecken, davon, daß sie von etwas Tierischem verfolgt wird, daß sie eingeschlossen ist in einen Käfig, der es ihr unmöglich macht, der bestialischen Lust ihrer tierischen Verfolger zu entkommen, daß sie auf einem Sims über dem Abgrund steht, sie spricht von Unbeweglichkeit und von der Unfähigkeit, ihre Beine dazu benutzen zu können, eine Pfütze zu übersteigen: genau solche Gefühle hat sie in diesem gespenstischen Zwischenspiel und in den anderen außergewöhnlichen Ereignissen in *Pater-familias* zum Ausdruck gebracht.

»Inzwischen kommt mir die Kinderstube wie ein Käfig vor, in dem ich Kunststückchen vorführen soll.« Ist dies nicht Virginias Stimme aus dem Mund des Paterfamilias? Sollte sie, als sie diese Worte schrieb, nicht versucht haben, den Eltern etwas mitzuteilen?

Es ist sehr wahrscheinlich, daß die sexuellen Belästigungen von Gerald Duckworth nicht auf das eine Mal in St. Ives, etwa vier Jahre bevor sie diesen Jugendroman schrieb, beschränkt geblieben waren. Virginias Worte lassen vermuten, daß sie das Kinderzimmer als einen Käfig empfand, in dem sie gezwungen wurde, sexuelle Kunststückchen vorzuführen. Sie weisen darauf hin, warum Virginia mit zehn Jahren aufhörte, sich zu mögen, als sie sich ihrer selbst bewußt wurde. Denn, wenn *Pater-familias* hier als Hinweis herangezogen werden kann, dann wurde es Virginia mit zehn Jahren bewußt, daß man sie als Kind nicht umsorgt und beschützt hatte und daß sie mißbraucht worden war. Eine derartige Erkenntnis ist in ihrer Auswirkung katastrophal für das Selbstwertgefühl und die Selbstachtung eines Kindes. Wenn man belästigt wird, dann deshalb, weil man Belästigungen verdient, weil man nichts taugt. Um zu begreifen, daß, Opfer geworden zu sein, nicht heißt, daß man es verdient hat, braucht es enorm viel Anstrengung, Zeit und auch Abstand von den Bedingungen, die die Belästigungen überhaupt erst möglich gemacht haben. Viele Inzestopfer kommen nie an diesen Punkt, denn Voraussetzung wäre der Bruch mit der verdrehten Logik der Inzestfamilie, und Inzestfamilien lassen Ablösung fast nicht zu. Als George Duckworth starb, schrieb Virginia, obwohl sie sich bewußt war, wie sehr er ihr geschadet hatte, in ihr Tagebuch, daß sein Tod sie traurig mache, weil George für sie ein wichtiges Bindeglied zu ihrer Vergangenheit dargestellt habe.[60] Meiner Meinung nach hat Virginia sich nie wirklich so weit von ihrer Familie lösen können, um einzusehen, daß der Mißbrauch nicht ihr Problem war, sondern das ihrer Familie.

A Cockney's Farming Experiences und *The Experiences of a Pater-familias* stellen insofern wichtige Dokumente dar, als sich aus ihnen nicht nur ersehen läßt, wieviel die junge Virginia über die Bedingungen, unter denen sie aufwuchs, wußte, sondern auch, weil wir daraus lernen, bis zu welchem Grad Kinder, die ähnliche Erfahrungen machen, begreifen, was ihnen und ihren Geschwistern widerfährt. Als Zehnjährige war Virginia offensichtlich in der Lage zu verstehen, was in ihrer Familie vor sich ging. Was sie nicht konnte, war, die Wirkung, die das alles auf sie hatte, klar und unverblümt zur Sprache bringen, wahrscheinlich weil sie Repressalien befürchtete. Aus diesem Grund baute sie ihre eigene Geschichte in eine Geschichte ein, die in sich eine äußerst vielsagende Analyse von ehelichem Zusammenleben, des Mißbrauchs väterlicher Gewalt und von Vernachlässigung und Verstoßung von Kindern darstellt. Sie schildert damit die eigene Geschichte ebenso wie die Lauras. Virginia scheint, weil sie fast durchgängig völlig nüchtern erzählt, Gefühle wie Schrecken, Wut und Trauer abzuspalten, die die natürliche Reaktion auf eine solche Kindheit wären. Aber es gibt diese Momente, in denen Schrecken, Wut und Trauer sich entladen, allerdings so versteckt eingebaut in eine Episode, daß man nicht direkt auf sie aufmerksam wird.

Dieser Jugendroman schildert die Geschichte brutaler Gewalttätigkeit gegenüber einem Kind von seiten eines schwer gestörten Vaters, der sich hinter der Figur eines kindischen, harmlosen Narren verbirgt, und einer Mutter, die sich zwiespältig und widersprüchlich zu ihrem Kind stellt und nicht verhindert, daß die Geschichte des Mißbrauchs väterlicher Gewalt sich wiederholt.

Auch wenn die Biographen von Virginia Woolf behaupten, sie sei behütet und umsorgt aufgewachsen, findet jeder, der sich die Mühe macht, diesen Text daraufhin zu befragen, in *Pater-familias* den Gegenbeweis. Es wird deutlich, daß Virginia sich bereits vor dem Tod ihrer Mutter furchtbar verlassen fühlte. Sie zeichnet das Porträt eines Vaters, der die Seinen im Stich läßt, und das Porträt einer Mutter, aus dem hervorgeht, daß Virginia schon mit zehn Jahren begriffen hat, daß die eigene Mutter sie oder andere aus der Familie nicht vor männlicher Gewalttätigkeit schützen wollte oder konnte. Was *Pater-familias* so besonders wichtig macht, ist, daß hier viel direkter als in jedem anderen erhaltenen Text von Virginia Woolf die Möglichkeit benannt wird, daß Eltern wirklich ihre Kinder kaputtmachen können. Und nur in diesem Werk wird auf eine Komplizenschaft der Mutter angespielt. Möglicherweise hat Virginia Woolf jedoch diese frühe Erkenntnis – daß elterliches Verhalten wirklich so zerstörerisch sein kann – die längste Zeit ihres Lebens verdrängt.

6. Kapitel

»Im Anfang war die Kinderstube«

»Im Anfang war die Kinderstube,« sagt Bernard, der Schriftsteller, im Roman *Die Wellen,*[1] in dem Virginia Woolf das Leben von sechs Personen bis in die Kindertage zurückverfolgt. Will man verstehen, warum Menschen sich so und nicht anders verhalten, so ein Grundgedanke dieses und anderer Werke Virginia Woolfs, hilft ein Blick in ihre Kinderstube: Dort beginnt das Leben, dort findet der eigentliche Akt der Schöpfung statt.

Wie wir in *Pater-familias* gesehen haben, beschäftigte sie sich mit dem Wesen der Familie und den Bedingungen der Kindheit, seit sie gelernt hatte, ihre Gedanken aufzuschreiben. In ihren Hauptwerken greift sie immer wieder auf Tatsachen, Verlauf und Wesen ihrer eigenen Kindheit zurück, benutzt aber ihre eigenen Erfahrungen und die ihrer Eltern und Geschwister dazu, die Bedingungen zu untersuchen, unter denen Kinder in dieser typischen Institution der britischen Mittelschicht, der Kinderstube, aufwuchsen. Nahezu alle wichtigen Romane Virginia Woolfs erzählen – sei es zu Beginn oder in Rückblicken – von den Kindheitserfahrungen ihrer Protagonisten.

In diesem Kapitel geht es um die Kindheitserfahrungen in acht der wichtigsten Werke ihrer Reifezeit. Die Kindheit ist auch hier immer eine schreckliche Zeit, doch in jedem Roman erweitert Virginia Woolf diesen Grundgedanken um eine neue Dimension. Die Kinderportraits in ihren Romanfamilien – den Vinraces und Ambroses in *Die Fahrt hinaus* (1915), den Flanders in *Jacobs Raum* (1922), den Ramsays in *Die Fahrt zum Leuchtturm* (1927), den Kindern in *Die Wellen* (1931), den Pargiters in *Die Jahre* (1937), den Olivers in *Zwischen den Akten* (1941) – lassen kaum Zweifel daran, daß Virginia Woolf eine der bedeutendsten literarischen Interpretinnen der

Kindheit, des Verrats am Kind und der Geschichte der Familie ist. Auch in ihrer Biographie *Roger Fry* (1940) und anderen essayistischen Arbeiten beschreibt sie, im Unterschied zu vielen anderen Biographen, die Kindheit bereits als ebenso bedeutsame wie prägende Zeit im Leben großer Persönlichkeiten und schildert mit großer Genauigkeit die Kindheits- und Jugenderfahrungen ihrer Helden und die Familienbeziehungen, innerhalb derer sie aufwuchsen. In *Ein Zimmer für sich allein* (1929), *Drei Guineen* (1938) und »Thoughts on Peace in an Air-Raid« (1940) denkt sie über den Zusammenhang von menschlicher Entwicklung, Kindererziehung und Bildung nach, über die Organisation von Haushalten und Gesellschaft, über die Beziehungen zwischen den Geschlechtern und zwischen den Generationen, zwischen Herrschenden und Beherrschten, zwischen Wirtschaft und internationaler Lage. In ihren wichtigsten essayistischen Werken kommt immer wieder zum Ausdruck, daß die Familie ihrem Wesen nach eine patriarchalische Institution ist und dazu dient, die Herrschaft der Männer aufrechtzuerhalten.

Virginia Woolfs erster veröffentlichter Roman, *Die Fahrt hinaus* (1915),[2] beginnt mit dem Portrait einer Mutter, die um ihre zurückgelassenen Kinder weint. Helen Ambrose und ihr Mann Ridley sind auf dem Weg zur *Euphrosyne*, dem Schiff, das sie weit weg auf eine Insel vor der südamerikanischen Küste bringen wird. Ridley ist Gelehrter und will in der Einsamkeit und Ruhe der Insel an einer Ausgabe von Pindars Werken arbeiten. Helens Lippen zittern, ihr Gesicht ist tränenüberströmt. Ridley versucht, sie zu trösten, doch offensichtlich versteht er weder ihren Kummer, noch teilt er ihn. Ihn verbindet nichts mit seinen Kindern. Ein paar Jungen sehen Helen weinen und glauben, er habe sie geschlagen, wolle sie vielleicht sogar ermorden. »Blaubart« nennen sie ihn.

Helen läßt ihren sechsjährigen Sohn und ihre zehnjährige Tochter in der Obhut eines Kindermädchens zurück, zu dem sie kein Vertrauen hat. Sie wird sehr lange fort sein (fast ein Jahr, allein die Reise dauert drei oder vier Wochen), und sie ist sicher, daß die

»Nurse« den Kindern in dieser langen Zeit das Beten beibringen wird. Helen hat das alles weder gewollt noch entschieden, und die Sehnsucht nach ihren Kindern überwältigt sie schon jetzt. Ein wenig fröhlicher wird sie nur, wenn sie über sie sprechen kann, wenn jemand sie fragt, wie es ihnen geht. Aus den kleinen Geschichten, die sie dann erzählt, erfahren wir, daß sie eine Mutter ist, die ihren Kindern Freiheiten läßt. Ihrem Schwager Vinrace, dem Besitzer des Schiffes, schildert sie, wie lebhaft und aufgeweckt die beiden seien, und erzählt, wie ihr Sohn einmal mit einem Stück Butter durchs Zimmer gerannt sei und sie auf den Herd gelegt habe, einfach aus Spaß, aber auch aus Neugier, weil er habe wissen wollen, was mit der Butter passiert. Als altmodischer Vater geht Vinrace davon aus, daß die Strafe auf dem Fuß folgte und Helen ihrem Sohn gezeigt hat, daß »man ihm solche Streiche nicht durchgehen läßt.« (21). Wenn die Post kommt, stürzt Helen sich auf die Briefe mit Nachrichten von ihren Kindern.

Daß die Ambroses kein Einzelfall sind, sondern Teil einer bestimmten Kultur und von dieser geprägt sind, wird deutlich, wenn Virginia Woolf der Kindheit ihrer Heldin Rachel Vinrace nachspürt. Auch Rachel, die ihre Mutter mit elf Jahren verlor, wurde der Obhut zweier Tanten überlassen, während ihr Vater seine weiten Seereisen unternahm, um ein Handelsimperium aufzubauen.

Virginia Woolf stellt hier bisher unbezweifelte Grundsätze der Kindererziehung in Frage. Wie sieht die Kindheit dieser verlassenen Kinder aus? Welches sind die wahren Gründe dafür, daß die Eltern sie zurücklassen? Warum begleitet Helen ihren Mann, der Stunde um Stunde in seiner Studierstube verbringen wird, um – abgeschlossen von ihr und der Welt – an seiner Pindarausgabe zu arbeiten? Und warum muß Ridley zu diesem Zweck England und seine Kinder verlassen? Kindererziehung, so enthüllt Virginia Woolf, zeichnet sich in den privilegierten Schichten Englands vor allem durch ein Minimum an Kontakt zwischen Eltern und Kindern aus, wobei das letzte Wort in Erziehungsfragen dem Vater vorbehalten bleibt.

Nur wenn Ridley Helen von ihren Kindern trennt, kann er ihre mütterliche Fürsorge ganz für sich selber einfordern. Nur ohne Kinder kann er sich selber wie ein Kind aufführen, was er denn meistens auch tut, und nur so kann er von seiner Frau erwarten, daß sie ihn bemuttert. Fühlt er sich nicht wohl, muß Helen dafür sorgen, daß er nicht krank wird; jammert er, er werde an Bord nie arbeiten können, richtet Helen ihm einen Arbeitsplatz ein; lähmen Zweifel an seinen intellektuellen Fähigkeiten seine Schaffenskraft, ist es an Helen, sein Selbstvertrauen wieder aufzurichten.

Die männliche Vorrangstellung ist durch die bloße Anwesenheit von Kindern aus zweierlei Gründen empfindlich bedroht: Sind Kinder da, müssen Väter sich wie Erwachsene benehmen und sich mit den Kindern die Aufmerksamkeit und Fürsorge ihrer Frauen teilen. Ohne Kinder können sie so infantil, egozentrisch und narzißtisch bleiben, wie sie sind, und die Aufmerksamkeit ihrer Frauen uneingeschränkt für sich beanspruchen. Virginia Woolf macht deutlich, daß Männer nur allzu bereit sind, um der Befriedigung der eigenen Bedürfnisse willen das Wohlergehen ihrer Kinder aufs Spiel zu setzen. Solange man den Männern das Recht einräumt, sich infantil zu verhalten, werden die Kinder nicht das bekommen, was sie brauchen.

Helen fragt sich, warum ausgerechnet die Kindermädchen von allen Dienstboten am schlechtesten bezahlt werden.[3] In der schlechten Bezahlung spiegelt sich nicht nur die Geringachtung der Arbeit wider, die die Kindermädchen leisten, sondern auch die Mißachtung der Kinder selbst, die zu unwichtig sind, um die Ausgaben für eine gutbezahlte und ausgebildete Kraft zu rechtfertigen. Von Rachels Tanten wird denn auch erwartet, daß sie die Nichte unentgeldlich in ihre Obhut nehmen. Daß sie vollkommen unfähig sind, dem Kind Liebe und Geborgenheit zu geben, kümmert den Vater wenig. Doch viel Geld für eine ausgebildete Kinderpflegerin auszugeben, von Vätern zu erwarten, daß auch sie sich ihrer Kinder annehmen, und/ oder den Müttern zu erlauben, sich liebevoll um ihre Kinder zu kümmern, würde an den Fundamenten männlicher Vorherrschaft in einer partriarchalischen Gesellschaft rütteln.

Mit der Trennung von ihren Kindern hat Helen kaum noch Einfluß auf deren Entwicklung. Damit lockert sich die Bindung zwischen Mutter und Kindern – besonders die zwischen Mutter und Sohn –, löst sich vielleicht sogar völlig. Der Zorn der zurückgelassenen Kinder, der keinen Ausdruck finden darf, trägt seinen Teil dazu bei. Helen hat ihre Kinder liberal erzogen, soviel wissen wir von ihr als Mutter, wir wissen auch, daß sie und ihr Sohn sich sehr nahe stehen – sie hat Jungen überhaupt lieber als Mädchen –, daß sie sich bemüht, seine intellektuelle Neugier zu wecken und sehr liebevoll mit ihm umgeht. Da die Männer ihrer Klasse zum Wohle Englands zu Konformisten erzogen werden müssen, muß man ihr den Sohn entziehen, bevor ihr mütterlicher Einfluß unliebsame Wirkungen zeigt. Das starke Band zwischen Mutter und Sohn muß beizeiten zerrissen werden, damit das Erziehungsziel unter dem mütterlichen Einfluß keinen Schaden nimmt. Bemerkenswerterweise besteht zwischen Mutter und Tochter keinerlei innige Beziehung. Vielleicht hat auch das seinen tieferen Grund, denn mangelnde Zuneigung und mangelndes Vertrauen verhindern eine Solidarität, die den Frauen Macht verleihen würde. Helen hat keine Sympathien für ihr eigenes Geschlecht und überträgt die Geringschätzung, die die Gesellschaft der Frau entgegenbringt, auf ihre Tochter.

Für einen imperialistischen Staat, so zeigt Virginia Woolf in *Die Fahrt hinaus*, gibt es keine größere Bedrohung, als die warme, liebevolle, intakte Familie, in der sich beide Eltern gleichermaßen und gleichberechtigt die Erziehung der Kinder teilen, und in der Eltern und Kinder engen und guten Kontakt miteinander haben – ein Gedanke, den sie später in den *Drei Guineen* ausführlicher weiterverfolgt. *Die Fahrt hinaus* vermittelt bereits eine Vorstellung davon. Richard Dalloway, ein ehemaliger Abgeordneter und ebenfalls Passagier auf dem Schiff, ist – wie auch seine Frau Clarissa – überzeugter Anhänger einer imperialistischen Politik, die er mit einem »Lasso« vergleicht, »das sich öffnete und Dinge einfing, gewaltige Brocken des bewohnbaren Teils des Erdballs« (56). Möglich sei das nur geworden, meint Clarissa, »indem wir Jungs von kleinen Dörfern auf dem Lande hinausgeschickt haben« (55). Sie hofft – nicht für sich und ihren Mann, sondern für das Empire – auf einen Sohn, denn nur ein Sohn kann die zahlreichen Möglichkeiten, Macht auszuüben und zu herrschen, nutzen.

Doch um die »Jungs« hinausschicken zu können, so lesen wir zwischen den Zeilen, darf man nicht zu sehr an ihnen hängen, darf sie nicht so sehr schätzen und lieben, daß man sie um sich haben möchte. Richard Dalloway erzählt auch von seiner Erziehung, die unübersehbar den Keim zu seiner politischen Überzeugung gelegt hat und beispielhaft für die Kindererziehung in einem imperialistischen Land ist. Er ist zusammen mit einem Bruder und vier Schwestern aufgewachsen und wurde, wie Clarissa den Zuhörern erklärt, verwöhnt oder, wie er es ausdrückt, »anerkannt«. Unter vier Augen freilich gesteht er, daß er sich als Kind unglücklich, einsam und vernachlässigt gefühlt habe. »Man täuscht sich, wenn man glaubt, Kinder seien glücklich. Das sind sie nicht; sie sind unglücklich. Ich habe niemals soviel gelitten wie als Kind,« erklärt er Rachel (75). Und auf Rachels Frage nach den Gründen antwortet er, sein Vater sei sehr »hart« (76)[4] gewesen. »Kinder vergessen niemals eine Ungerechtigkeit,« fügt er hinzu (76). Was er selbst nicht erkennt – den Zusammenhang zwischen der Strenge seines Vaters, seiner unglücklichen Kindheit, seinem Wunsch, die Welt zu beherrschen, um sich mächtig zu fühlen, und seinem Verlangen, Frauen zu erobern –, wird deutlich, als er, gegen ihren Willen, Rachel Vinrace küßt. Auch wenn Kinder keine Ungerechtigkeit vergessen, treiben sie als erwachsene Mitglieder der herrschenden Klasse den gleichen Mißbrauch mit Macht und Autorität wie ihre Eltern und fügen denen, die ihrer Macht ausgeliefert sind, das gleiche Unrecht zu.

Zu Beginn des Romans lernen wir Rachel als eine junge Frau von Mitte zwanzig kennen. Doch im Verlauf der Geschichte enthüllt sich uns ein immer klareres Bild ihrer Kindheit. Sie war zumeist sich selbst überlassen, erlebte weder wirkliche Zuwendung noch echte Wärme, lernte nichts über die Welt und kannte keine Freundschaften, die diesen Namen verdienten. Sie war fast immer allein, ihre einzige Freundin war eine religiöse Eiferin. Ihre Tanten und Lehrer erklärten ihr weder die Welt, noch sprachen sie mit ihr über eigene Gefühle. Ihr Vater befand sich fast immer auf irgendeiner Reise. »Warum taten sie die Dinge, die sie taten, und was empfanden sie, und was bedeutete das denn alles?« waren Fragen, auf die ihr niemand eine Antwort gab. (37) Rachel erschien die Welt als »etwas völlig Unvertrautes und Unerklärliches«. (38)

Noch verhängnisvoller war, daß die Tanten Rachels Versuche, die Welt zu verstehen, für etwas Krankhaftes hielten. Auf die einfache Frage, ob die Tanten einander gern hätten, verweigern sie die Antwort mit der Bemerkung, das sei eine wunderliche Frage. »Ihre Bemühungen, hinter die Dinge zu kommen, hatten bloß die Gefühle ihrer Tante verletzt, und daraus ließ sich nur folgern, daß es besser sei, es gar nicht erst zu versuchen.« (38) Eine solche Erziehung hat verheerende Folgen, und doch ist sie für Virginia Woolf die Norm: »Eine starke Empfindung mußte eine Kluft zwischen einem selbst und den anderen aufreißen« (38). Gefühle trennen eher, als das sie verbinden. Und da in dieser Gesellschaft anscheinend »niemand je irgend etwas (sagte), das er auch meinte,... oder niemand je von einem Gefühl (sprach), das er wirklich empfand« (39), tat man besser daran, seine Gefühle zu unterdrücken.

Ihre Erziehung hatte Rachel für das Leben untauglich gemacht – das ist die wohl schrecklichste Erkenntnis, die uns der Roman vermittelt. »Die Beschaffenheit des Erdballs, die Weltgeschichte, wie die Züge funktionierten oder Geld angelegt wurde, welche Gesetze in Kraft waren, welche Menschen was wollten, und warum sie es wollten, die elementarsten Vorstellungen von den Zusammenhängen des modernen Lebens – das alles war ihr von ihren Professoren oder Lehrerinnen nicht beigebracht worden.« (35) Man behandelte sie wie ein Kind, das zu keiner Verantwortung fähig ist, und erzog sie auf eine Weise, die es ihr nicht erlaubte, ein gesundes Selbstvertrauen zu entwickeln. Als Mädchen wurde sie »natürlich mit übertriebener Fürsorglichkeit aufgezogen, die während ihrer Kindheit ihrer Gesundheit galt, und als sie dann ein junges Mädchen und schließlich eine junge Frau war, dem, wofür das Wort Tugendhaftigkeit fast schon zu grob erscheint.« (36) Virginia Woolf beschreibt, wie eingeschränkt und isoliert das Leben eines Mädchens ist, das vermutlich von seinem Vater mißbraucht wurde. Doch ihre Vergangenheit ist Rachel verschlossen, ihre Erinnerungen hat sie verdrängt. Für sie sind die Ereignisse dieser Zeit, wie sie selbst sagt, »versiegelte Pakete«.

Helen Ambrose verdächtigt Rachels Vater »namenloser Grausamkeiten gegenüber seiner Tochter« (24), und sie vermutet, daß auch seine Frau, ihre Schwester, Quälereien von ihm erdulden mußte. Doch sie fragt weder Rachel, ob ihr Vater sie mißbraucht habe, noch konfrontiert sie Vinrace mit ihrem Verdacht. Nicht einmal mit ihrer Schwester spricht sie darüber. Doch hätte Helen nicht nur geahnt, sondern auch gewußt, was Rachel litt, es hätte nicht in ihrer Macht gelegen, etwas daran zu ändern. Vielleicht ist das der eigentliche Grund dafür, warum sie der Gewißheit aus dem Weg ging. Helen hält Rachels Verhalten für infantil, was es in der Tat ist. Rachel ist vierundzwanzig, doch könnte sie, wie Helen findet, »wirklich sechs Jahre alt sein.« (25) Helen sieht, daß Rachel aus der Kindheit nicht herausgefunden hat, bringt das aber weder mit ihrer Erziehung noch mit jenen »namenlosen Grausamkeiten« in Zusammenhang.

Die Fahrt hinaus beschreibt die Folgen jener Kindheitserfahrungen, zu denen Rachel selbst keinen Zugang hat. Ihrem Erleben wird das der Ambrose-Kinder in London gegenübergestellt. Der Roman schildert äußerst realistisch die todbringende Wirkung sexuellen Mißbrauchs auf eine junge Frau, die sich dessen, was ihr geschieht, nicht einmal voll bewußt ist. Ihr einziges Wissen sind die Bilder, die sich in ihre Träume drängen. Im Roman stirbt Rachel auf unerklärliche Weise nach einem Delirium, das einen sexuellen Mißbrauch vermuten läßt. Virginia Woolf deutet an, daß sexueller Mißbrauch und unerklärlicher Tod zusammenhängen. Sich vorzustellen, was für eine Zukunft auf die Ambrose-Kinder wartet, bleibt dem Leser überlassen.

In einer früheren Fassung des Romans war der Zusammenhang zwischen Rachels Tod und dem sexuellen Mißbrauch sehr viel expliziter:

> »Es begannen sie Bilder zu peinigen, die sie von nun an ständig verfolgten, und sie versuchte, ihnen zu entrinnen, indem sie davonschwamm oder von hohen Türmen heruntersprang... (Sie) fand sich an einem großen, dunklen Becken wieder, in das sie hineintauchte. Es war jedoch kein Wasser darin, sondern eine zähe, dickflüssige Masse, die sich über ihrem Kopf schloß... Während ihre Peiniger dachten, sie sei tot, wußte sie, daß sie nicht tot war,... obwohl sie tief im Meer lag.« (6)

In diesen Bildern klingt ein Motiv an, daß auch in Virginia Woolfs Umgang mit den eigenen Erfahrungen immer wieder auftaucht.

In *Jacobs Raum* (1922)[5] nimmt sich Virginia Woolf mit kritischem Blick der Erziehung der Jungen und der Probleme alleinstehender Mütter an. Als sie an diesem Roman zu schreiben begann, hatte sie reichlich Gelegenheit, Einblick in das Leben ihrer Schwester Vanessa Bell zu nehmen, die als Mutter in jeder Beziehung allein dastand. Kathleen Walsh D'Arcy bescheinigt Virginia Woolf, daß sie sich mit ihrer klarsichtigen Schilderung der Misere Alleinerziehender mit jedem modernen Soziologen messen könne.[6]

Der Roman beginnt damit, daß die junge Witwe Betty Flanders einen Brief an Captain Barfoot schreibt, den Mann, der vermutlich zum Unterhalt ihrer drei kleinen Kinder beiträgt. Wir befinden uns in der Zeit vor dem Ersten Weltkrieg – ihr Sohn Jakob wird in diesem Krieg fallen. Viele junge Kriegerwitwen werden Bettys Schicksal teilen und wie sie gezwungen sein, ihre Kinder ohne Mann in einer Gesellschaft großzuziehen, die ihnen nicht erlaubt, diese Aufgabe mit Würde zu bewältigen.

Zu Beginn des Romans stiehlt sich der kleine Jakob davon, während Betty ihren Brief schreibt, den sie schreiben muß, um sich und ihren Söhnen das Notwendigste zum Leben zu sichern. Als alleinstehender Mutter fehlen ihr die Kraft und die emotionale Unterstützung, um Jacob die Aufmerksamkeit zu schenken, die ein Kind in seinem Alter braucht. Sie ist vor allem damit beschäftigt, Geld für ihren Lebensunterhalt aufzutreiben.

Als sie bemerkt, daß Jacob verschwunden ist, geht sie ihn nicht selbst suchen, sondern überträgt diese Verantwortung ihrem Sohn Archer: »Lauf mal und such ihn. Sag ihm, er soll sofort herkommen« (5). Verärgert über sein Weglaufen, schimpft sie Jacob einen »ungezogenen kleinen Jungen«. (5)

Unterdessen ärgert sich der Maler Steele, weil sein Modell Betty Flanders sich bewegt hat. Er hört Archer nach Jacob rufen und das stört ihn, obwohl er doch glaubt, Kinder zu lieben. Jacob sei zu den Felsen hinübergegangen, teilt er Archer mit. Keinen Augenblick fühlte er sich verpflichtet, Jacob aufzuhalten. Der Maler hat Wichtigeres zu tun, als sich um das Wohlergehen eines kleinen Jungen zu kümmern. Er ist auf der Suche nach dem Farbton, der sein Bild zusammenhalten soll. So beschreibt Virginia Woolf Archers Stimme denn auch als die Stimme der Kindheit, »in die Welt hinausdringend, einsam, unbeantwortet.« (7) Niemand schenkt ihr auch nur die geringste Aufmerksamkeit.

Und wo ist Jacob? Er hockt hoch oben auf einem riesigen schwarzen Felsen und beobachtet einen Krebs in einer Brackwassermulde. Um dort hinaufzukommen, mußte er hoch und immer höher klettern, sich strecken und hangeln und all seinen Mut zusammennehmen – »wirklich ziemlich heldenhaft« hatte er sich dabei gefühlt. (8)

Er fischt den Krebs heraus, läßt ihn in seinen Eimer fallen und macht sich wieder an den Abstieg, »während die Wellen zu ihm heraufschäumten.« (9) Das Wasser, das mit Gewalt gegen Felsen brandet, ist für Kinder sehr gefährlich. Und noch gefährlicher wird es, als Jakob einen Schädel unter den Klippen entdeckt.

Plötzlich bemerkt er, daß er sich verlaufen hat, und bekommt Angst. Als erstes ruft er nach seiner Nanny Rebecca, doch die ist weit weg und kümmert sich irgendwo um das Baby. Er ist nahe daran »loszubrüllen« (9), schnappt sich dann aber den Schädel und rennt schluchzend mit Eimer, Krebs und Schädel weiter. Da entdeckt ihn Betty, die sich inzwischen doch auf die Suche gemacht hat. Auf ihr Geheiß muß er den Schädel wegwerfen. Warum er nicht bei ihr geblieben sei, fragt sie ihn und nennt ihn »ungezogen«. (9) »Anstrengend« sei er, und »schon so eigensinnig«. (10) Sie unterstellt ihm bestimmte Wesenszüge und macht ihn, den kleinen Jungen, für alles verantwortlich. Auf ihren kleinen Sohn entlädt sie die Gefühle der Trostlosigkeit, Enttäuschung, Verlassenheit und Hilflosigkeit, die der frühe Tod ihres Mannes in ihr hinterlassen haben, denn da ist jetzt »kein Mann, der einem... hilft« (10).

Verärgert nimmt sie beide Kinder an die Hand, zieht sie mit sich und erzählt Archer die Geschichte eines Mannes, der bei einer Schießpulverexplosion ein Auge verlor. Statt einen sicheren Raum zu schaffen, wo die Kinder unter ihrer Obhut die Welt erkunden und ihre Grenzen kennenlernen können, schildert sie ihnen die Welt als gefährlichen Ort und will so ihren Gehorsam erzwingen. Archer kann daraufhin nachts nicht mehr schlafen, und das wird viele Jahre so bleiben. Um ihn zu beruhigen und zu trösten, rät ihm die Mutter, »an die Feen« zu denken, an »die niedlichen Vögel, die sich in ihre Nester kuscheln«, an »die alte Vogelmutter mit einem Wurm im Schnabel.« (12) Tagsüber erzählt sie ihm von Explosionen und läßt sich die Geschichte von ihm wiedererzählen, nachts versucht sie ihn mit dem Märchen zu beruhigen, sie sei eine Vogelmutter und alles sei wieder gut.

Unterdessen kämpft der vergessene Krebs im Eimer um sein Leben. Er versucht, »mit seinen schwächlichen Beinen« »die steile Wand hinaufzuklettern«, »versuchte es wieder und fiel zurück, versuchte es immer und immer wieder,« (15)[7] Der Krebs ist so unbedeutend, daß Mutter und Sohn seinen Überlebenskampf gar nicht zur Kenntnis nehmen. Seine Qualen werden hier zur Metapher für das Verhängnis einer ganzen Generation junger Männer.[8]

Als junge Witwe gilt Betty im Ort als potentieller Störfaktor: Sie muß sich an einen Mann hängen, wenn sie sich und ihre Kinder durchbringen will. Mrs. Jarvis, die Pfarrersfrau, denkt einmal bei sich, als ihr Blick in der Kirche auf Betty fällt, »daß die Ehe doch eine Festung ist, und daß Witwen einsam durch die offen daliegenden Felder streifen..., einsam, ungeschützt, arme Geschöpfe« (6). Auf den Gedanken, daß die Ehe eine recht schwache Festung ist, da schließlich jede Frau Witwe werden kann, kommt Mrs. Jarvis nicht.

Und so schreibt Betty in ihrer Sorge um das tägliche Brot lange, tränenbefleckte Briefe an den verheirateten Captain Barfoot. Sie erzählt ihm, wie sie und die Kinder leben und gibt ihm zu verstehen, daß sie mehr Hilfe brauchen (»wenn wir auch wie Heringe im Faß zusammengedrängt sind«). Offen um Geld bitten kann sie nicht, denn das hieße, ihr stillschweigendes Übereinkommen brechen: Er gibt, was er will, und nicht, was sie braucht. Sie lebt in »Armut« (16), er ist ein wohlhabender Mann; ihr Verhältnis kann nur ein ungleiches sein. Sie muß sich von der Großzügigkeit eines Mannes abhängig machen, der ihr gesetzlich zu nichts verpflichtet ist. Immerhin war sie klug genug, sich jemanden zu suchen, auf dessen Fürsorglichkeit sie sich verlassen kann. Captain Barfoots Aufmerksamkeiten sind unter anderem dem Umstand zu verdanken, daß er selbst keinen Sohn hat. Seine Frau ist krank und Betty gibt ihm das Gefühl, noch jung und begehrenswert zu sein. Zwanzig Jahre lang ist Betty jeden Mittwoch für ihn da; bei ihr findet er ein geneigtes Ohr für seine Pläne und politischen Ambitionen. Dank seiner Beziehungen und seiner finanziellen Unterstützung kann Jacob in Cambridge studieren. Klugerweise flirtet Betty auch mit Mr. Floyd, was ihr kostenlosen Lateinunterricht für ihre Söhne einträgt. Seinen Heiratsantrag lehnt sie jedoch ab, vermutlich ist er ihr letztlich doch weniger nützlich als Captain Barfoot mit seinen guten Beziehungen.

Jacobs Raum ist geprägt von einem großen Widerspruch: Dieses Kind, das wir heranwachsen sehen und um dessen Überleben seine Mutter unablässig kämpft, wird mit Ausbruch des Krieges lediglich Kanonenfutter sein.[9] All die Liebe, Zeit und Zuwendung, die die Mutter investiert hat, um den Sohn großzuziehen, zählen nicht mehr, wenn er zu einem der vielen Millionen wird, die der Erste

Weltkrieg dahinrafft. In diesem Sinne ist *Jacobs Raum* der große pazifistische Roman Virginia Woolfs. Indem sie mit Jacobs Kindheit beginnt, all die Aufmerksamkeit und Fürsorge beschreibt, die kleine Kinder von denen brauchen, die für sie sorgen, von jenen Frauen also, die »die ewige Verschwörung von Stille und sauberen Fläschchen« planen, (13) legt sie den Schluß nahe, daß Frauen ein Interesse daran haben, Kriege zu verhindern.[10] Sie schildert, wie das Empire die Verantwortung für die Erziehung kleiner Kinder in die Hände von Dienstmädchen legt, die selbst keine Kinder haben dürfen.[11] Sie macht deutlich, welcher Zynismus darin liegt, das Aufziehen der Kinder zur größten und wichtigsten Aufgabe der Frau zu machen, wenn man diese Kinder dann, kaum den Kinderschuhen entwachsen, in den Tod schickt. In *Jacobs Raum* ist der Krieg die endgültige Entwertung dessen, womit Frauen ihr Leben ausfüllen müssen, und der endgültige Ausdruck des Hasses einer Gesellschaft auf ihre eigenen Kinder.

Die Fahrt zum Leuchtturm solle ein Roman über die Kindheit werden, schreibt Virginia Woolf in ihr Tagebuch, als sie den neuen Roman plant, und ihre Tagebuchskizzen bestätigen den autobiographischen Charakter des Buches: »Das wird ziemlich knapp sein: Der Charakter Vaters soll vollständig darin herausgearbeitet werden; & Mutters; & St Ives; & Kindheit.«[12] Es war ein ehrgeiziges Unternehmen, denn nicht ein oder zwei Kinder sollten im Mittelpunkt stehen, sondern alle acht Ramsay-Kinder.

Die Fahrt zum Leuchtturm beginnt mit einer der berühmtesten Familienstreitigkeiten der Literatur.[13] Mrs. Ramsay erzählt ihrem kleinen Sohn James, daß der von ihm freudig erwartete Familienausflug zum Leuchtturm morgen ganz bestimmt stattfinden werde, vorausgesetzt, das Wetter sei schön. Nun ist Mr. Ramsay Realist und prophezeit denn auch »es wird nicht schön sein.«(8) Das weckt in James Mordphantasien: Wäre »ein Schüreisen oder irgendeine andere Waffe« zur Hand gewesen, »die seinem Vater eine klaffende Wunde in die Brust hätte schlagen und ihn auf der Stelle töten können, James hätte sie ergriffen.« (8) James haßt seinen Vater aus vielerlei Gründen, er haßt ihn dafür, daß er ständig das Zusammensein mit der Mutter stört, er haßt ihn für seine Unzugänglichkeit und seinen Egoismus, vor allem aber haßt er ihn für seine Temperamentsausbrüche, die so oft den häuslichen Frieden stören. James haßt seinen Vater auch, weil er ihn verwirrt, weil er widersprüchlich und unberechenbar ist. Mr. Ramsay ist in der Tat ein Egomane, kann aber von verführerischem Charme, ja sogar zärtlich sein. James haßt ihn auch dafür, daß er auftritt wie ein tragischer Held – mit erhabenen und großartigen Gesten, die Kopfhaltung sorgfältig einstudiert – und mit dieser Theatralik die Aufmerksamkeit aller erzwingt. James fühlt sich als Opfer seines Vaters, glaubt aber, daß seine Mutter noch mehr gelitten hat als er. In einer frühen Fassung des Romans sieht James sie »aufgebracht darüber, aufgerissen und ausgesogen und verschlungen zu werden vom Messingschnabel, vom schalen Krummsäbel des Mannes, der – Sympathie erheischend – wieder, wieder, wieder auf sie einschlug.«[14]

James' Vater hält sich in der Kindererziehung an eine Reihe strikter und erbarmungsloser Prinzipien. Den Grund für seine Äußerung anläßlich des Familienausflugs erklärt Mrs. Ramsay in einer früheren Romanfassung folgendermaßen: »Kindern, besonders wenn sie männlichen Geschlechtes sind, sollte man von Kindesbeinen an klarmachen, daß das Leben hart ist und die Wahrheit keine Kompromisse kennt«; vor allem aber brauchten sie »Mut, Aufrichtigkeit und Durchhaltevermögen« (5h).

Mrs. Ramsay kann James zwar für den Moment beschwichtigen, weil sie den Ausflug weiterhin für möglich hält, doch lebt auch sie in einer trostlosen Welt. Die Zeiten, in denen sie sich zutraut, ihren Kindern Hilfe und Schutz zu sein, und auf die Fähigkeit ihres Mannes vertraut, ihr selber Unterstützung und Schutz zu bieten, sind weit seltener als die Zeiten, in denen sie das Leben als reißenden Fluß empfindet, der einen »in den Abgrund« stürzt. (25h)

Wie Mrs. Ramsay zu ihrem Weltbild gekommen ist, erfahren wir nicht, aber wir erfahren, wie unberechenbar Mr. Ramsay ist, und daß er dazu neigt, seine Unbeständigkeit und Labilität auch öffentlich unter Beweis zu stellen, wenn auch sein Verhalten im Roman nie pathologisch, sondern allenfalls »exzentrisch« genannt wird. Wir wissen auch, daß Mr. Ramsay manchmal sehr grausam zu seiner Frau ist. Mrs. Ramsay senkt einmal unter den Schmähungen ihres Mannes den Kopf, »als ließe sie einen Schauer spitzer Hagelkörner (und) einen Spülwasserschwall auf ihre gebeugten Schultern prasseln.« (62h) Doch paradoxerweise »gab es niemanden, den sie so verehrte wie ihn.« (63h)

Von Zeit zu Zeit zieht sich Mr. Ramsay in eine Phantasiewelt zurück, »wo er an der Spitze einer Armee reitet und Wunden empfängt, an denen er auf den Balaclava-Höhen ruhmreich zugrundegeht.« (28h) Nur an den Poesie-Fetzen, die er hervorstößt, um seine Alpträume zu beschreiben, erkennen seine Familie und seine Freunde, daß er wieder in seiner eigenen Welt lebt. Und Mrs. Ramsay versteht, daß »er diesen Raum brauchte, um sein Gleichgewicht wiederzugewinnen.« (60h)

Diese immer wiederkehrende Phantasie einer tödlichen Verwundung läßt, wenn auch im Roman nie die Rede davon ist, darauf schließen, daß er wirklich irgendwann einmal emotional tief verwundet wurde. Er kann solche Ausbrüche ebensowenig kontrollieren wie seine Wutanfälle: Er ist beides, »grandios« und »kindisch«. Er kann »einen zu Tode erschrecken« und dann wieder »schlimmer sein als ein Baby«. (31h) Lily Briscoe, ein Gast der Familie, ist von seinen Wutanfällen derart eingeschüchtert, daß sie bei seinem Anblick froh ist, sich nie zur Ehe entschlossen zu haben.

Beide Ramsays sind Opfer, auch wenn sie ihrerseits ihre Kinder zu Opfern machen. »Ramsay ist das verstümmelte Opfer, das in die Welt gestoßen wurde, ein Krüppel;«[15] Doch da er seine Gefühle nicht versteht, reagiert er, statt zu agieren. Er ist ein Beispiel dafür, wie die britische Gesellschaft Menschen unterdrückte und verstümmelte.

Die Ramsays haben acht Kinder, in den Augen von Mr. Banks, einem Freund der Familie, durchweg »kräftige, ungelenke, grausame Halbwüchsige«. (49h) Daß er sie grausam nennt, ist aufschlußreich, denn einige von ihnen sind in Reaktion auf den Moralkodex, in den man sie zwängt, schon kleine Barbaren geworden. Und bald sehen wir einen der Jungen davonlaufen, um seinem Lieblingssport, dem Vogelschießen, nachzugehen. Seine Mutter hält das für eine vorübergehende Entwicklungsphase. Aber hier fehlt es ihr an Weitblick. Diese Phase wird ganz und gar nicht vorübergehen, denn ihre Söhne werden auf einen Krieg vorbereitet, in dem sie nicht auf Vögel, sondern auf den Feind schießen werden.

Die Mädchen, so erfahren wir, werden von der Mutter in ein Verhaltensmuster gezwungen, daß sie zu Dienerinnen der Männer macht. Von diesem Weg des Dienens, den sie selbst für sich gewählt hat, gestattet sie keinerlei Abweichung. Nicht einmal sprechen dürfen ihre Töchter über andere Möglichkeiten, ihr Leben zu gestalten: »Nur still für sich konnten ihre Töchter... mit diesen ketzerischen Vorstellungen liebäugeln, die sie sich zweifellos selbst zusammengebraut hatten, Vorstellungen von einem Leben, daß sehr viel reizvoller war, als das ihre und weniger streng.« (8h) Eine von ihnen träumt von einem Leben »auf einer Insel unter Seevögeln«, eine andere sieht sich in Paris unter Malern, und eine dritte wünscht sich einfach »ein neues Leben«. (8) Die Mutter selbst zieht die Gesellschaft junger Männer der ihrer Töchter vor. Alle diese Männer »erhoben Anspruch auf sie, ja, man könnte sagen, sie hatte das ganze andere Geschlecht unter ihre Fittiche genommen.« (7) Eine der Töchter, Prue, »hatte ein wenig Angst vor ihr und war ihre Sklavin und würde nie erwachsen werden oder von zu Hause weggehen, solange sie da war.« (192h) Zu Lebzeiten ihrer Mutter wird Prue denn auch kein eigenes Leben haben.

Als Mrs. Ramsay zu Beginn des Romans mit James dasitzt, ist sie auch in Gedanken immer wieder mit ihm beschäftigt; ihrer jüngsten Tochter Cam, die kaum älter ist als James, wendet sie sich nur wenige flüchtige Momente zu. Als sie im Geist die Familienmitglieder aufzählt, schließt sie den Familienhund ein, Cam vergißt sie.[16]

Dem Leser wird schnell klar, warum sie es vorzieht, Cam zu

vergessen. Während James seinen Zorn mit sich alleine abmacht, läßt Cam ihrer Wut freien Lauf. Sie ist, um mit Mr. Banks zu sprechen, »wild und ungebärdig«.[17] In dieser Familie darf der Vater sich wie ein kleines Kind aufführen, doch »für Kinder sind Gefühle von Übel« (69h). Kinder haben zurückhaltend zu sein, aber wie sollen sie das – angesichts der väterlichen Ausbrüche – lernen? Cam verweigert sich auch jenen Aufmerksamkeitsgesten gegenüber Männern, die ihrer Mutter so wichtig sind: Sie überreicht Mr. Banks keine Blume, wie sie es auf Geheiß des Kindermädchens tun sollte. Cam ist nicht so, wie ihre Mutter sie gerne hätte, und so verschwindet sie allmählich aus deren Blickfeld, während James die Mutter mehr und mehr mit Beschlag belegt.

Mrs. Ramsay hat zwar den Verdacht, daß mit Cam etwas nicht stimmt, aber sie geht der Sache nicht nach. Wenn sie Cam sieht, spricht sie zwar über sie, als sei ihr etwas angetan worden (»Wer hat auf sie geschossen?«), und sie vergleicht sie mit einem Geschoß, »das mitten im Flug kraftlos zu Boden fiel.« (94h) Wir erfahren nicht, ob diese Bilder Mrs. Ramsays Zorn auf Cam entspringen oder ob Cam tatsächlich verletzt wurde. Vielleicht bringt die Metapher der Mutter zum Ausdruck, daß sie unbewußt weiß, daß ihr vogeljagender Sohn der Übeltäter war. Aber die Art und Weise, wie Cam auf ihre Mutter reagiert (oder vielmehr nicht reagiert), hat etwas äußerst Beunruhigendes, und für ihre Mutter ist sie eine »Schlafwandlerin«. (95h)

Wenn Cam in der Küche etwas ausrichten soll, ist Mrs. Ramsay nie sicher, ob die Botschaft auch richtig dort ankommt. Cam scheint mit ihren Gedanken immer woanders zu sein. Ihr Geist, befindet die Mutter, ist nicht klar. Er ist wie ein Brunnen, der jedes Bild nur »verzerrt« wiedergibt. Wenn Cam spricht, wiederholt sie mit »Papageieninstinkt« die Worte ihrer Mutter und entleert sie jeden Sinnes. Sie spricht in »geistesabwesendem Singsang«. (94h) Doch Mrs. Ramsay unternimmt nichts, um den Grund dafür herauszufinden, sondern wendet sich angenehmeren Dingen zu – der Frage nämlich, ob Minta und Paul, zwei ihrer Gäste, wohl heiraten werden. Denn

Mrs. Ramsay vergißt alle Sorgen, wenn sie sich Phantasien über mögliche Romanzen hingeben kann.

Nun kann man einwenden, bei der Vielzahl ihrer Pflichten sei es ihr kaum möglich, sich jedem einzelnen Kind mit gleicher Aufmerksamkeit zuzuwenden. Und dennoch findet sie Zeit für die jungen Männer, die sie ihre »Tölpel« nennt, und immer hat sie auch Zeit für Paul und Minta. Ihre Tochter Nancy beschreibt das Gefühl, eines von so vielen Kindern in dieser Familie zu sein, folgendermaßen: Es ist »so anonym und amorph wie eine Qualle, die hin- und hertreibt und sich dabei insgeheim und einsam Nahrung einverleibt« (97h).

Mrs. Ramsay will und braucht Frieden, und sie wird ärgerlich, als Cam und James sich heftig streiten. Die Schuld daran, so glaubt sie auf typisch viktorianische Weise, trägt Cam: »Es war vor allem Cams Schuld, weil sie älter war und ein kleines Mädchen, und Schwestern sollten ihre Brüder in Zaum halten.« (99h)[18]

Vollkommen blind für die Traurigkeit, die das Leben ihrer Kinder überschattet, hält sie an der romantischen Vorstellung fest, daß »die Glücksfähigkeit eines Kindes etwas Unbeschreibliches« ist. (100h) Sie kann sich diese Illusion unter anderem darum bewahren, weil sie über die Fähigkeit der Verdrängung verfügt – die verborgenen Gefühle in der Beziehung zu ihren Kindern hat sie »nie erforscht«. (130h) Sie hat auch so wenig Kontakt zu ihren Kindern, daß diese in ihrer Phantasie glücklich bleiben können, zumal sie nicht sagen dürfen, was in ihnen vorgeht. Und so hört sie denn ihre Kinder von weitem in der Kinderstube und stellt sich vor, sie seien »vollkommen glücklich«, so glücklich wie »Vögel in den Kirschen«. (100h) Doch sie hält nicht inne, um dem unbewußten Wissen in dieser Metapher nachzuspüren, denn im ganzen ersten Teil des Romans sind die Vögel rund um das Ramsay-Haus keineswegs sicher: Immer ist Jasper da und lauert mit dem Gewehr auf sie.

Wie jede Mutter ist auch Mrs. Ramsay erleichtert, wenn ihre Kinder ins Bett gehen, denn, so denkt sie, »Kinder vergessen niemals«. (105h) Sie scheint sich zu wünschen, daß ihre Kinder vergessen, weil die Erinnerungen der Kinder ihr Sorgen machen. Wenn die

Kinder groß sind, so hofft sie, wird sie mehr Zeit haben, um über all die Fragen und Probleme nachzudenken, die sie beschäftigen. Vor allem ist da die Frage: »Wie konnte ein Gott diese Welt... mit ihren Lastern und ihrer Qual erschaffen?« (107h) Doch die Zeilen sind lückenhaft und weder Laster noch Qualen werden benannt.

Cam Ramsay schläft schlecht. Sie hat Angst vor Schatten, und am meisten fürchtet sie sich vor dem Schatten, den ein von James sehr geliebter Eberschädel an die Wand wirft. Dieser Eberkopf ist das Geschenk eines Verwandten und hängt im Kinderzimmer. Eines Nachts wacht Cam wieder auf und Mrs. Ramsay kommt, um sie zu beruhigen. Doch statt mit Cam über ihre Angst zu sprechen, nimmt sie ihren Schal und legt ihn dem Eberschädel um. In leisem Singsang erklärt sie ihrer Tochter, daß sie sich vor dem Schädel nicht zu fürchten brauche, daß er doch hübsch aussehe, daß »die Feen ihn lieben würden« und daß sie ihn in ein »großes Vogelnest« verwandeln werde. (188h) James bekommt seinen Willen, der Schädel bleibt, wo er ist. Mrs. Ramsay versucht, ihn für Cam in etwas weniger Bedrohliches zu verwandeln, aber sie fragt sich nicht, warum Cam sich so sehr fürchtet, und sie ist nicht bereit, den Kopf von der Wand zu nehmen. Sie deckt ihn zu, genauso, wie sie Cam dazu bringen möchte, ihre Ängste zuzudecken. Doch nicht nur zudecken soll Cam ihre Gefühle, sondern ins Gegenteil verwandeln. Indem sie Cam von den Feen erzählt, die den Schädel lieben würden, übt sie mit ihr, ihre Ängste zu leugnen, statt sie auszudrücken.

Doch es gibt in dieser frühen Version des ersten Romanteils, der die Ereignisse von zehn Jahren erzählt, noch ein schrecklicheres Bild, daß allen Hoffnungen auf »Harmonie und Vollständigkeit« den Boden entzieht. Die Beziehung zu dem schrecklichen Eberkopf ist unübersehbar: Es ist das Spiegelbild eines »Schweinerüssels«, der schließlich den »Spiegel durchbricht« (222h). Virginia Woolf hat dieses widerwärtige Bild nicht in die Endfassung übernommen. Gleichwohl muß es ihr sehr wichtig gewesen sein, denn sie hat es viele Male umgearbeitet. In einer Version bedeutet der Rüssel, der

Virginia auf einem nicht datierten Bild aus dem Fotoalbum ihrer Halbschwester Stella Duckworth.

Vorige Seite: Virginia und ihre Mutter Julia Stephen, 1884.

Virginias Schwester Vanessa Stephen (Bell) auf einem nicht datierten Bild aus demselben Album.

Stella Duckworth, Virginias
Halbschwester und engste
Vertraute nach Julias Tod.

Julia Stephen und Stella Duckworth, die Tochter aus Julias erster Ehe mit Herbert Duckworth.

Um 1892: Virginias Eltern, Julia und Leslie Stephen, in ihrer Sommerresidenz, dem Talland House in St. Ives. Virginia ist im Hintergrund zu erkennen.

Abb. rechts oben: Von links nach rechts: Leslie, Adrian Stephen, Julia, Thoby Stephen, Stella Duckworth, Vanessa und Virginia, ca. 1894/95.
Abb. rechts unten: Ein weiteres Familienfoto aus der gleichen Zeit, diesmal mit George und Gerald Duckworth und ohne Stella. Im Vordergrund Adrian, Julia und Leslie und im Hintergrund George Duckworth, Virginia, Thoby, Vanessa und Gerald Duckworth.

Virginia und ihr Halbbruder
George Duckworth.

George Duckworth.

Die Familie nach Julias Tod, 1895.

Vanessa an ihrer Staffelei mit
Virginia, Adrian und Thoby.

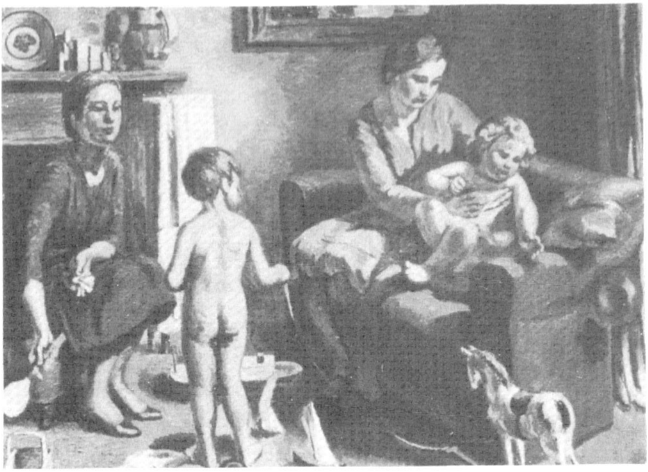

Vanessa Bell: *The Nursery* (1930–32), ein Gemälde, das Vanessa gern mit Virginias Kindheitsschilderungen in *Die Wellen* verglich.

Vanessa Bell: *Nursery Tea* (1912). Dieses Bild entstand nach der Geburt ihrer beiden Söhne Julian und Quentin.

Virginia und Violet Dickinson, 1902. Violet sorgte nach Leslies Tod für die kranke Virginia. Eine Schilderung Violets findet sich in Virginias 1907 verfaßten Erzählung »The Magic Garden«.

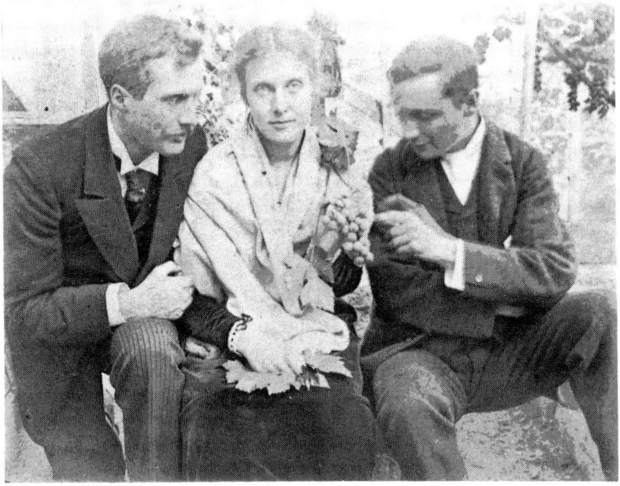

George Duckworth, Stella Duckworth und ihr Verlobter Jack Hills. Stella und Jack heirateten 1897.

Abb. oben: Virginia und ihr Vater Leslie Stephen, um 1903, ein Jahr vor seinem Tod.
Abb. unten: Vanessa, Stella und Virginia.

durch den Spiegel dringt, »Tod und Verhungern, Schmerz, es war schwer, sich von seiner Ausdruckskraft zu befreien und weiterzumachen.« (222h) »Wie konnte man diesen häßlichen Rüssel vergessen«, (222h) schreibt sie in einer anderen Fassung.

In der längsten und ausgefeiltesten Version löst das Erscheinen des Rüssels im Spiegel ein Chaos und die Vision seltsamster Paarungen aus:

> »Dieser schwarze Rüssel – dieser schäumende, purpurrote Fleck – hatte die Komposition des Bildes so sehr beschädigt, daß sie geflohen waren. Sie waren verzweifelt. Sie hatten den Spiegel auf den Boden geschmettert. Sie sahen nichts mehr. Sie stolperten und kämpften sich vorwärts, blindlings, sie zogen ihre Füße aus dem Schlamm und stampften sie noch tiefer hinein. Soll der Wind wehen, soll der Mohn sich selbst besamen und die Nelke sich mit dem Kohl paaren. Soll die Schwalbe ihr Nest im Salon bauen und die Distel durch die Kacheln brechen... Soll die ganze Zivilisation, zerbrochenem Porzellan gleich, von Brombeeren und Gras überwuchert werden.« (179)

In dieser frühen Fassung des Romans wird die schreckliche autobiographische Bedeutung des Eberkopfes offenbar, denn Virginia Woolf pflegte die Duckworth-Brüder »Schweine« zu nennen, und Cam fürchtet sich vor einem Eberkopf. Das Erscheinen des Schweinerüssels in einem Spiegel macht jede Möglichkeit einer Ordnung zunichte und leitet eine Phase unnatürlicher Paarungen ein (die der Nelke mit dem Kohl). Virginias Leben wurde durch die Erfahrung sexuellen Mißbrauchs zerstört, den sie wahrscheinlich im Flurspiegel mitansah.[19] Ob ihr die Erinnerung an die Tat Gerald Duckworths schon zugänglich war, als sie *Die Fahrt zum Leuchtturm* schrieb, oder ob sie sich nur eines Bildes bediente, dessen Bedeutung ihr nicht bewußt war, weiß ich nicht. Über den sexuellen Mißbrauch durch George Duckworth hatte sie zu dieser Zeit bereits geschrieben und ihn ein Schwein genannt.

Bedeutsam scheint mir, daß Mrs. Ramsay den Eberschädel mit ihrem Schal verhüllt. In der frühen Fassung der Geschichte löst sich der Schal nach einiger Zeit und der Eberkopf wird wieder sichtbar. Die Zeit enthüllt, was Mrs. Ramsay zu verbergen suchte. Dies ist, soweit ich weiß, in Virginia Woolfs Werk der einzige, wenn auch metaphorische, Hinweis darauf, daß ihre Mutter wußte, was ihr geschehen war, und den Mantel des Schweigens darüber breitete. Doch der Eber und der Schweinerüssel im Spiegel sind fraglos Bilder für das Trauma in Virginias Leben, und dafür, daß damals ihr Traum von einem harmonischen Leben zerbrach wie der Spiegel, durch den der Schweinerüssel drang.

1929 trug sich Virginia Woolf mit dem Plan zu einem neuen Roman, der später den Titel *Die Wellen* (1931) tragen sollte.[20] Damals wollte sie ihn noch »Autobiographie« nennen.[21] Über dem Anfang grübelnd, schrieb sie: »Es soll Kindheit sein; aber es darf nicht *meine* Kindheit sein.«[22] Wichtig war ihr vor allem, daß die Kindheit, die sie beschrieb, nicht ihr Leben war, sondern, wie sie es in einer frühen Skizze ausdrückte, »jedermanns Leben«.[23] *Die Wellen* ist eine kraft- und leidvolle Beschwörung der Kindheit. Nach der Lektüre des Buches schrieb ihre Freundin Ethel Smyth, es sei ein »zutiefst beunruhigendes Buch und trauriger als alles, was ich je gelesen habe.«[24]

In der frühesten Fassung des Romans (auf die ich mich im folgenden beziehe) ist das Bild, das Virginia Woolf von der Kindheit malt, noch trauriger als im veröffentlichten Text, und noch unmittelbarer und kompromißloser vermittelt sie ihre Überzeugung, daß die Kindheit immer und überall eine schreckliche Zeit ist. Sie spricht von den »vielen Millionen«[25] Kindern der Welt, als seien sie elternlos. Es gibt sie, aber niemand scheint sich um sie zu kümmern. In einem Bild, das sie viele Male umformulierte, wird die Geburt zu einem Akt äußerster Gewalt: Die Mütter der Welt werfen ihre Neugeborenen, den Wellen gleich, an Land und überlassen sie ihrem Schicksal. Die Wellen »waren Mütter über Mütter, und jede warf, während sie sich brach, ein Kind an den Strand.«[26] Sie unterschieden sich nur darin, daß »manche mit ihrer größeren Geschwindigkeit ihre Last weiter warfen als andere.«[27]

In dieser Welt ohne Liebe und Fürsorge müssen Kinder früh lernen, daß »das Leben... auszuhalten« ist, und nach ihren ersten Erfahrungen mit ihren Mitmenschen ebenso früh begreifen, daß »das Leben gemein ist«. Und diese Einsicht trifft die Kinder (alle Kinder) mit voller »Härte«, denn »da ist nichts, was sie mildern könnte.«[28] Diese Trostlosigkeit wird nur dann erträglicher, das Gefühl, »daß nicht alles leer ist«, stellt sich nur dann ein, wenn man sein Leid mit anderen teilt, wenn man weiß: »Wenn ich weine, bin ich nicht die einzige, die weint.«[29] Es ist das geteilte Leid, das Kinder verbindet.

Zehnjährige Kinder sind keineswegs mehr glücklich, unschuldig, fröhlich und frei. Sie sind schon »zerstört« durch »Neid und Haß«.[30] Auch sexuelle Eifersucht kennen sie schon: Gesehen zu haben, wie zwei andere Kinder sich küssen, ist einer der beunruhigendsten Augenblicke im Leben der Protagonistin Susan. Die Herzen dieser Kinder sind keineswegs voll Unschuld: »Es war der Schleim von Schnecken, die klebrige Flüssigkeit in einem hohlen Stiel, die von Maden zersetzte Ratte«, was »die Herzen jener unglückseligen Kinder erfüllte.«[31]

In einer sorgfältig formulierten, immer wieder umgeschriebenen Metapher verglich Virginia Woolf die sogenannte Unschuld der Kindheit mit der weißen Schutzschicht aus Emaille im Badezimmer. Oben im Schlafzimmer, schrieb sie, schläft – scheinbar unschuldig und rein – ein Kind. Doch das Leben dringt durch die »Sprünge« und »Risse im Panzer der Unschuld« und bemächtigt sich ihrer. Der Sprung, der Riß im Panzer der Unschuld ist die Öffnung der Vagina. Und in einer ebenso atemberaubenden wie deutlichen Metapher beschreibt Virginia Woolf, wie das Kind penetriert und entjungfert wird und seine Unschuld verliert: »Der Emaillelack, so weiß und so glatt, als das Kind in seiner Wanne aufstand, hielt dem Angriff nicht stand, und durch die harte Schale drang etwas ein.«[32]

Das alles wäre auch dann schlimm genug, wenn es jemanden gäbe, dem man Schmerzen, Sorgen und Leid anvertrauen könnte. Doch diesen Jemand gibt es nicht. Eltern haben »ihre eigene Kindheit vergessen«.[33] Wenn ein Kind vor einer Begegnung wie der obigen davonläuft, nehmen die Erwachsenen das zwar wahr, empfinden aber lediglich eine »vage Verunsicherung«; »Tatsache war, daß es nur eine verständnisvolle Seele in der ganzen Nachbarschaft gab.«[34] Es ist die Frau, die die Geschichte der Kinder aufschreibt. Sie wird zur Verbündeten der Kinder, denn sie erzählt ihre Geschichte, eine Geschichte, die erzählt werden muß, und die ein Abgesang ist auf die Kindheitsidylle.

Rhoda (die für Millionen von Kindern spricht) sieht sich selbst außerhalb der Zeit. Sie schaut in den Spiegel ihres Selbst und sieht darin nichts oder jemand anderen. Wenn Rhoda in den Spiegel blickt, glaubt sie, »kein Gesicht« zu haben.[35] Ans Ufer des Lebens geworfen, sich selbst überlassen, um sich durchzuschlagen, so gut sie können, sind diese Kinder zutiefst entmutigt und ohne jede Orientierung. Sie wissen nicht, wer sie sind; sie wissen nicht, wie sie das herausfinden sollen: Sie sind »augen- und ich-los«. Sie sind vollkommen allein. Sie sagen zu sich selbst: »Hier bin ich, mutterseelenallein auf der Welt. Ich bin auf einer Felseninsel wie Robinson Crusoe; wie soll ich mir ein Floß bauen?«[36] Die Kindheit ist eine trostlose Insel, ein Ort, auf dem man kaum überleben kann. Um sich zu retten, müssen sich die Kinder selbst helfen. Doch bedenkt man ihre Jugend, ist ihre Chance äußerst gering.

Jedes Kind fühlt, daß es eine Welt gibt, irgendwo, »vollkommen, rund; ... in Ordnung.«[37] Doch sie sind nicht von jener Welt, sondern »außerhalb von ihr«, wo Unvollkommenheit, Chaos und Zersplitterung herrschen und wo man einsam bleiben muß, denn jede Begegnung mit einem anderen Menschen kann Verderben bringen. Die Person, die das zutiefst fühlt, ist Rhoda.

In der Schule versucht sie, die »Schleife der Zahl sechs« zu schließen. Sie hört die »Zeit pulsieren«, die Welt draußen »ihre gewaltige Existenz (fortsetzen), vollkommen gleichgültig gegenüber ihrem geschrumpften Körper.« Sie ist in der Schleife der Sechs gefangen und kann nicht hinaus. Sie fühlt, daß »die Kraft der Bewegung sie verlassen hatte; da sie sich außerhalb der Welt befand... waren ihre Bewegungen gleichgültig, sie besaß keine Existenz.«[38]

Die in der Schleife der Sechs gefangene Rhoda verweist zweifellos auf die seit ihrem sechsten Lebensjahr im Gefühlstrauma gefangene Virginia, obwohl nicht sicher ist, ob ihr Unbewußtes zu jener Zeit die Erinnerung an den sexuellen Mißbrauch schon wieder freigegeben hatte. Ebenso, wie sich Virginia Woolf an eine Pfütze auf dem Weg erinnert, über die sie nicht hinwegkam, wird auch Rhoda eine Pfütze auf dem Weg zum unüberwindlichen Hindernis, denn das »Nichts hatte von ihr Besitz ergriffen,« und »es hatte sie die Kraft verlassen, ihre Füße zu heben.«[39] In dieser frühen Fassung fängt Rhoda an, ihre Erfahrungen aufzuschreiben. (In der publizierten Fassung tut das der Schriftsteller Bernard.) Sie beschreibt die Brutalität der anderen, denn sie beneidet sie um das, was sie für deren Vergnügen hält. »Nichts in der Welt,« so glaubte sie, »konnte so aufregend sein, wie sich spontan lachend unter sie zu mischen.«[40] Die Welt dieser anderen, die Welt, in der »die Sonne scheint«, ist nicht ihre Welt. Die Welt in ihrer Geschichte »ist anders«.[41] Die anderen Kinder teilen ihre Gefühle, wenn auch Rhodas Nihilismus am tiefsten geht.

»Die Schule ist für alle Kinder Kriegsgebiet,« wo man sie »mit Stock oder Rute in die Unterwerfung prügelt,« schreibt Kathleen Walsh D'Arcy über die veröffentlichte Fassung.[42] Bei D'Arcy können wir lesen, wie Virginia Woolf das Schulleben in Bildern von Krieg und Gewalt einfängt: Die Kinder sind wie Kolonnen, »die durch eine Wüste marschieren«; sie bilden Zweierreihen und »marschieren im Verband«. (24) Die Vernichtung des Selbst, die in der Kinderstube begann, wird im Klassenzimmer vollendet. Dort, sagt Rhoda, sind wir »freundlos... Ich will nicht weinen.« (33) Und Susan sagt: »Ich würde das Klassenzimmer begraben.«[43]

Schlimmer noch ist, daß »viele dieser Millionen Kinder beinahe täglich mit der Enthüllung unsäglicher Laster gepeinigt werden.«[44]

Sie sollen lernen, daß sie von Natur aus verdorben und voll Niedertracht sind. Die Wirkung ist beängstigend, denn ohne einen liebenden Menschen, der für sie da ist, werden ihnen ihre Laster zur einzigen Gewißheit, denn nur ihrer Laster können sie sich wirklich sicher sein – ihre Laster und Verfehlungen werden ihnen zu trostreichen Gefährten, fast zu Freunden. So gehen die Kinder umher und »jedes nennt sein Laster beim Namen und umarmt es, und wendet sich ab, um über die geschwollene Ader nachzubrüten; die bestürzende Vision; die verbrannte oder zerquetschte Faser im Fleisch, nur an diesem Morgen so weiß und süß.«[45]

In einer frühen Fassung skizziert Virginia Wolf eine rätselhafte Begegnung, in der sie von Susans Seelenschmerz und der Reaktion eines Jungen namens Roger erzählt. Roger spürt Susans Unglück und reagiert darauf in dem einzigen Augenblick echten Mitgefühls, von dem wir erfahren, als sei sie wirklich verwundet: »Er mußte das Blut stillen.«[46] Was geschieht, als er ihr folgt, bleibt im Ungewissen: »Er zog an ihrem Rock, ließ sie zögernd grün und weich zurück, nicht mehr verdorrt, nicht mehr trocken und wund; sondern erstaunt, verwundert über das, was geschieht oder geschehen kann, wenn jemand von hinten kommt wie Roger;... und dann geht man auf Erkundung.«[47] Damit könnte eine erotische Begegnung angedeutet sein. Man denkt an andere Szenen bei Virginia Woolf, in denen Kinder, wie einst Virginia und ihre Schwester Vanessa, versuchen, einander auf sexuelle Weise näherzukommen – Versuche, die sie eher verwirren als trösten. In einer dieser Szenen sieht sich das Mädchen Jinny im Zug von einem Mann beobachtet und sie fühlt sich wie von neuer Energie durchströmt. Doch als er den Blick abwendet, »fiel der ganze Apparat ihres Körpers in sich zusammen wie ein zusammengeklappter Sonnenschirm.«[48] In einer anderen Szene küßt Jinny Louis gegen seinen Willen und er ist nicht glücklich darüber. Vielmehr war ihm, »als habe ihm die Sprungfeder von einem Stahlbolzen, eingekerbt und glühend heiß, einen Schlag in den Nacken versetzt.«[49] Doch zu seiner Verwirrung scheint sein Körper gegen seinen Willen auf diesen unerwünschten Kuß zu reagieren: Eine später teilweise wieder gestrichene Passage bedient sich einer Natursymbolik – Louis' Hand »hält einen Stengel«[50] –, um deutlich zu machen, wie sein Körper sich gegen seinen Willen regt. Louis wird »der dicken, klebrigen Flüssigkeit im Innern des Rohres« gewahr; eine andere Stelle läßt eine Erektion vermuten: »Am Ende des Stengels trat eine dicke Blase aus dem Rohr. Doch er hatte das nicht gewollt.«[51]

In dieser frühen Fassung des Romans gab es auch Versuche, die Klassenunterschiede zwischen den Kindern und deren Einfluß auf ihr Leben zu beschreiben. Sogar die Vision einer sozialistischen Zukunft wird kurz beschworen: Die Wellen werfen Kinder an Land und da ist Hoffnung, daß alle Klassenunterschiede zwischen ihnen für immer verschwinden.[52] Virginia strich die Passage sogar in dieser frühen Fassung, und aus dem veröffentlichten Text ist das Thema nahezu ganz verschwunden. Geblieben sind allerdings Hinweise auf die Lebensbedingungen von Arbeiterkindern. Schon in sehr jungem Alter, so erfahren wir, müssen sie für die Reichen arbeiten: Manche Kinder sitzen an ihren Schreibpulten, doch die Kinder, die »nicht an Schreibpulten sitzen«, sondern »Teller abwaschen«,[53] sind in der Überzahl. Gewisse Kinder gingen »auf Schulen in der Schweiz..., während Florrie sich zur selben Zeit das erste Mal als Küchenmagd verdingte.«[54] Und es gibt Kinder, die »in ihrer freien Zeit Gelegenheitsarbeiten verrichteten, etwa Kinder hüteten oder Pakete austrugen.«[55] Mit der Gleichsetzung von Kinderhüten und Pakete Austragen macht Virginia Woolf deutlich, daß den privilegierten Schichten der eigene Nachwuchs wirklich nicht sehr am Herzen liegen kann, wenn sie sich der Arbeitskraft junger Mädchen bedienen, die selbst noch Kinder sind. Doch wenn die betreuten Kinder jemals wirkliche Zuwendung erfahren, dann von diesen Mädchen.

Vielleicht war sich Virginia Woolf bewußt, daß sie mit ihrer Sicht der Kindheit weitgehend allein dastand, als sie schrieb: »Ich messe all dem keineswegs zuviel Bedeutung zu. Ich übertreibe die Intensität der kindlichen Gefühle nicht.« Und sehr direkt und unmißverständlich erklärt sie: »Die Qual der Kindheit kann man nicht... übertreiben. Es heißt, Kinder seien glücklich. Dabei vergißt man die Enthüllung schrecklicher Geheimnisse; die Gesichter, die hinter Blättern hervorschauen; die Überrumpelungen; die Andeutungen; die plötzlichen Schatten an der Zimmerdecke.«[56] Kindheit – das heißt Schrecken und Gewalt. Und noch schlimmer ist, daß ein Kind immer in der Angst leben muß, daß etwas Schreckliches geschieht.

Im Roman können Kinder sich nicht gegenseitig trösten; »wenn... Kinder zusammen sind, fügen sie einander ganz selbstverständlich schreckliche Schmerzen zu.«[57] Nähe, sagt Rhoda, bedeutet weder Freude, noch Schmerz, sondern die Auslöschung des eigenen Ich: »Wenn du darauf bestehst, mich in dein Leben hineinzuziehen, wirst du mich zerstören.«[58] Als Kind konnte Rhoda nicht über die Pfütze steigen, weil »ihre Identität« »ein Nichts« war. Sie rettete sich damit, daß sie etwas Hartes und Festes berührte. Um in die Welt zurückzufinden und ihre Identität zu spüren, berührt sie »die Hauswand«.[59] Die Metapher ist eindeutig: Das Haus steht für die Festigkeit, die Rhoda braucht, um zu überleben.

Alle anderen Kinder finden als Erwachsene einen gewissen Trost in Liebe, Arbeit, Kindern, Sexualität, Macht und gesellschaftlicher Stellung, doch im Grunde ihres Herzens fühlen sich alle isoliert, gepeinigt, betrogen und allein. Rhoda lebt weiterhin außerhalb der Zeit. Kurz vor ihrem Tod versucht sie, den anderen ihre Gefühle zu beschreiben. Sie erinnert sich an die Pfütze und ihre Unfähigkeit, darüber hinwegzugelangen. Sie habe keinen Körper, erzählt sie ihnen, und sie sei unfähig, sich selbst zu retten; sie höre »das Tosen der Vernichtung«, das Mahlen der Mühlsteine, »ein sich drehendes Rund, Zentimeter vom anderen entfernt, und ich dazwischen. Alle greifbaren Formen des Lebens sind mir entglitten. Wenn ich nicht irgend etwas berühre, werde ich umfallen und sterben.«[60]

Als Erwachsene kann Rhoda sich der Einsicht nicht mehr verschließen, daß all das, was das Haus darstellt und worauf ihre Identität gründet, eine Schimäre, eine Illusion ist. Die Wand des Hauses löst sich schließlich auf für Rhoda, denn ihre Festigkeit war Trug. Sie will sie berühren, um Halt zu gewinnen, um wieder zu sich zurückzufinden. Sie ist nicht da. Und so legt Rhoda Hand an sich. Beispielhaft für den Zusammenhang zwischen Kindheitserfahrungen und dem Impuls, sich umzubringen, ist auch Rose Pargiter, eine Gestalt aus Virginia Woolfs nächstem Roman *Die Jahre*.[61]

1931 plante Virginia Woolf ein Buch über »das Sexualleben von Frauen«.[62] 1932 entstand die »Kindheitsszene« des neuen Romans *Die Jahre* (1937),[63] eine Darstellung dessen, was es bedeutet, ein Mädchen zu sein. Der Roman verfolgt das Leben der Familie Pargiter von 1880 bis zur Gegenwart. In der Kindheitsszene »entblößt sich ein Mann« vor der zehnjährigen Rose Pargiter, als sie eines Abends das Haus verläßt, um sich im benachbarten Geschäft ein Spielzeug zu kaufen. Die Szene bleibt im Roman allgegenwärtig. Für Rose bleibt es ihr Leben lang der Augenblick, der ihr Dasein prägte. Er ließ sie zur überzeugten politischen Aktivistin werden, zur Suffragette, die in Hungerstreik tritt, und die man zum Zwecke der Ernährung »auf einen Schemel« setzt, um ihr »Fleisch in die Kehle« zu stopfen. (232) Einmal landet sie auch im Gefängnis, weil sie einen Ziegelstein geworfen hat.

Rose wuchs in einem typischen viktorianischen Mittelschichtshaushalt auf. »Ein Mädchen gehört ins Haus,« sagt ihr Vater Abel in einer frühen Fassung des Romans.[64] Zu Beginn des Romans liegt Roses Mutter im Sterben. Ihr Vater bringt es nicht über sich, das Sterbezimmer zu betreten. Stattdessen sucht er Zerstreuung bei seiner Geliebten, einer Arbeiterin, die – vermutlich von ihm – schwanger ist. So bleibt Rose, dem jüngsten, stets übersehenen Kind die Pflege der Mutter überlassen, derweil die älteren Schwestern das Gefangenendasein beklagen, das sie im Hause führen.

In diese Zeit, als ihre Mutter im Sterben liegt (eine Situation, die Virginia Woolf aus eigener Erfahrung kannte), fällt die traumatische Begegnung mit dem sich entblößenden Mann. Nichts, so heißt es in einer (posthum unter dem Titel *The Pargiters* erschienenen) früheren Fassung des Romans, habe das Leben der Pargiter-Mädchen unmittelbarer beeinflußt, als »das Prinzip jener Liebe, die... man Straßenliebe, öffentliche Liebe nennen könnte.«[65] Die älteren Mädchen, Eleanor, Lilly und Delia, »konnten nicht alleine spazierengehen.« Die räuberische Begierde, die man Männern zugestand und der sie zum Opfer fallen würden, wenn sie sich ohne Begleitung hinauswagten, fesselte sie ans Haus. Die Straßen Londons waren keine Straßen, sondern ein »Sumpf, in dem es von Krokodilen wimmelte.«[66]

Rose hat Schwierigkeiten mit ihrem Bruder Bobby. Er ist jetzt ein »richtiger Schuljunge«, der seine Schwester hänselt und wie ein Baby behandelt. Schlimmer noch ist, daß er das Schulzimmer für sich allein beansprucht und ihr den Zugang verwehrt. Wenn er dort Schulaufgaben macht, muß sie mit dem Kinderzimmer vorliebnehmen. Sie ist eines Ortes beraubt, der ihnen einst gemeinsam war, und auf einen Platz verwiesen, der Symbol ist für ihre andauernde Entmündigung. Dieser Kampf um das einstmals gemeinsame Territorium signalisiert den Bruch zwischen den Geschwistern, die einander früher sehr nahe waren, und Rose weigert sich, ihren Anspruch »kampflos« aufzugeben.[67]

Da ein zehnjähriges Mädchen das Haus nicht alleine verlassen darf und die anderen Rose abschieben, als sie sie um Hilfe bittet (alle sind mit der kranken Mutter beschäftigt), versucht sie, Bobby zu überreden, mit ihr zu Lamleys Laden zu gehen. Doch er ist zum Feind geworden, und sie beschließt – zornig über den Verlust seiner Zuneigung und des Schulzimmers –, sich verbotenerweise allein auf den Weg zu machen. Um ihre Angst zu beschwichtigen, macht sie ein Spiel daraus, das sie früher mit Bobby im Kinderzimmer gespielt hat. »Rothäute«[68] heißt es, und es ist durchaus passend für Kinder des imperialistischen Zeitalters, aus der Kolonialisierung und Enteignung einer ganzen Rasse ein Spiel zu machen. Innerhalb des Pargiter-Hauses erleidet Rose das Schicksal der Indianer – sie wird aus dem Zimmer verbannt –, während Bobby in ihrem alten Spiel die Rolle des Kolonialherren übernimmt. Nur ist Rose jetzt eine Feindin, und er spielt, um zu siegen. Imperialismus, so zeigt Virginia Woolf, wird zuhause gelernt, indem man Jungen ermutigt, sich – kaum den Kinderschuhen entwachsen – über ihre Schwestern zu erheben.

Rose, unglücklich mit ihrer Rolle als Opfer, schlüpft auf dem Weg zu Lamleys Laden in die Rolle eines Imperialisten: Sie wird zum »Oberst Pargiter von Pargiters Reiterei,« »bei Nacht unterwegs auf tödlicher Mission in Feindesland.« Es gilt, den belagerten Engländern eine geheime Botschaft zu übermitteln: »Ihr Kopf war voll von den alten Geschichten ihres Vaters über den Indianeraufstand.«[69]

Immer noch in ihrer Rolle gefangen, sieht Rose die Gestalt eines Mannes – des »Feindes« – unter der Gaslaterne. Sie umklammert ihren imaginären Revolver, blickt ihm voll ins Gesicht und tut so, als schieße sie auf ihn. »Bum! sagt sie zu sich selbst. Was für ein abscheuliches Gesicht.« In ihrer Phantasie hat sie triumphiert; sie trottet an ihm vorbei und malt sich aus, sie habe den Kopf des Rädelsführers abgehackt und trage ihn als Trophäe unter dem Arm.[70] Triumphierend betritt sie Lamleys Laden. Doch auf dem Rückweg sind die Rollen vertauscht. Der Mann steht immer noch unter der Laterne. Der Leser weiß nicht, ob es Roses angriffslustige Haltung ist, ihr Blick voll Abscheu, was ihn veranlaßt, sich zu entblößen, als sie an ihm vorbeiläuft. Er redet mit unverständlichen Worten auf sie ein, saugt an seinen Lippen »und fing an, seine Kleider aufzuknöpfen.« Am meisten Angst macht ihr jedoch der Gedanke, daß er sie verfolgen könne. Nachts wacht sie auf und sieht über sich ein »graues, lüstern grinsendes Gesicht«; sie glaubt, der Mann sei ins Haus gelangt, und schreit nach dem Kindermädchen, »aber niemand antwortete ihr.«[71]

Rose wendet sich auch an ihre Schwester Eleanor um Hilfe. Doch weder Kindermädchen noch Schwester hören ihr zu, helfen ihr, mit ihren Gefühlen fertigzuwerden, helfen ihr, den Zusammenhang zu verstehen zwischen der Wut auf ihren Bruder, ihrem Verhalten und ihrem schlechten Gewissen wegen des übertretenen Verbotes. Ziel der Pargiter Familie ist es, so müssen wir schließen, Rose unter Kontrolle zu halten. Man macht ihr Angst vor der Außenwelt, damit sie sich gar nicht erst hinauswagt. Niemand will ihr helfen, denn sie soll lernen, Angst zu haben.

Als Rose dem Kindermädchen von einem schlechten Traum erzählt, sagt dieses, das komme vom Essen und sie solle nicht albern sein. Sie will ihrem Schützling nicht helfen, sie will Rose loswerden, um Zeit zu haben für einen Tratsch mit Mrs. C., dem einzigen Vergnügen, das ihr das Leben gestattet. Rose versucht, Eleanor von ihrer Angst zu erzählen. Eleanor hält sofort Bobby für den Übeltäter. Es ist also bekannt, daß er die kleine Schwester schlecht behandelt, und so hält Eleanor es denn auch für an der Zeit, daß Bobby auf sein Internat geht, damit Rose zur Ruhe kommt.[72]

In *The Pargiters* erklärt Virginia Woolf in einem Zwischenkapitel die Bedeutung ihrer Geschichte und kommentiert Roses Erfahrung.[73] Wer Polizeiberichte lese, schreibt sie, wisse, daß Kinder in Roses Alter häufig sexuellen Bedrohungen und Übergriffen ausgesetzt seien, die oft sehr viel brutaler verliefen als in Roses Fall.[74]

Am Beispiel von Roses Erfahrung ruft Virginia Woolf dem Leser die Tatsache ins Bewußtsein, daß sexuelle Übergriffe auf Kinder alltägliche Vorkommnisse sind. Wichtig ist auch, daß sie die Zurschaustellung des Mannes als sexuellen Übergriff wertet. Rose schämt sich des Geschehenen, weil man ihr beigebracht hat, zu glauben, Pflicht eines Mädchens sei es, zu Hause zu bleiben, um Männer nicht zu solchem Tun herauszufordern (denn die männliche Begierde ist unkontrollierbar, auch wenn das Objekt ein zehnjähriges Mädchen ist). Und so kommt Rose denn auch zu dem Schluß, daß »sie niemandem davon erzählen« kann.[75] Und sie hat recht; sie weiß bereits, daß sie damit alles nur noch schlimmer machen würde.

Die Folgen dieser Erfahrung auf Geist und Seele des Kindes zuverlässig wiederzugeben, schreibt Virginia Woolf, sei kaum möglich. Roses erste Reaktion bestand darin, »sich abzuwenden und zu verbergen«. Rose schämt sich, denn schließlich hat sie – nach viktorianischen Maßstäben – den Übergriff selbst herausgefordert. Diese so alltägliche Kindheitserfahrung, sagt Virginia Woolf, werde von Romanautoren ignoriert, da »auch Biographen und Autobiographen sie ignorieren.« Daß man als Erzählerin gezwungen sei, es nach dem Satz »Er knöpfte seine Kleider auf...« bei drei Punkten zu belassen, sei eine – vom Gesetz begünstigte – literarische Konvention, die jede offene Diskussion über Roses Erfahrung, die sie »mit so vielen anderen kleinen Mädchen gemeinsam hat«, verbiete.[76] Das mache es unmöglich, offen und ehrlich über sexuellen Mißbrauch zu schreiben. Das Gesetz verhindere es.

Kleine Mädchen, sagt Virginia Woolf, werden zum Bewußtsein ihrer Unterlegenheit und Minderwertigkeit erzogen, und die sexuellen Übergriffe sind Teil dieser Sozialisation. Die Ereignisse außerhalb des Hauses korrespondieren zeitlich mit Bobbys zunehmender Rüpelhaftigkeit gegenüber der kleinen Schwester. Hat er Freunde zu Besuch, benimmt er sich noch schlechter. Virginia Woolf deutet an, daß er Rose so behandelt, weil er selber von einem Schulkameraden Ähnliches erlitten hat. Doch Bobby findet gerade seinen Weg in die Männergemeinschaft. Daß sein Freund vor ihm das Wort »Prostituierte« ausspricht, macht ihn stolz, bedeutet es doch seine Aufnahme in die große Gemeinschaft der Männer, »und es war wichtig, daß Rose nicht dazugehören sollte.«[77]

In *The Pargiters* liebt Rose ihren Vater sehr, der früher mit seinen Kindern fesselnde Spiele spielte. In *Die Jahre* reagiert der Vater hingegen nur ein einziges Mal auf Rose: Er entdeckt einen Flecken auf ihrem Kleid, zwickt sie ins Ohr und nennt sie einen »kleinen Schmierfink«. (13) Fröhlich und ausgelassen ist er nur mit Sara und Maggie, den Töchtern seiner Schwägerin Eugenie, mit der er offenbar eine Affaire hat. Tatsächlich fragt Maggie sich an einer Stelle, ob sie nicht Abel Pargiters Tochter ist.

Er macht Maggie ein Geburtstagsgeschenk und ist ärgerlich, daß Maggies Vater den Geburtstag vergessen hat, obwohl er zu seinen eigenen Kindern ganz und gar keine vertraute Beziehung hat. Während Eugenie und Abel alles um sich herum vergessen, läßt

Eugenie es zu, daß ihre Töchter in der Nähe eines lodernden Feuers »spielen«.

In *Die Jahre* dient Ehebruch dazu, Eltern und Kinder noch weiter voneinander zu entfernen. Abel Pargiter bleibt nur so lange zu Hause, wie es der Anstand erfordert. Als seine Frau im Sterben liegt, vergnügt er sich mit seiner derzeitigen Geliebten Mira. Und Eugenies Tochter Sara ergeht es nicht besser als Rose: Man hat sie als Baby fallengelassen. Ihre körperliche Mißbildung – eine ihrer Schultern ist etwas höher als die andere – verursacht bei Abel Pargiter »ein unbehagliches Gefühl: Er konnte bei einem Kind nicht die kleinste Entstellung ertragen.« (108) Auch er ist mißgebildet. Als Folge einer Kriegsverletzung ist seine Hand zur Klaue verstümmelt. Aber er schafft es nicht, sein Gefühl für Sarah mit sich selbst in Verbindung zu bringen. Rose und Sarah sind Opfer jener Form der Vernachlässigung, wie sie für die Kinderstuben in *Die Jahre* typisch ist. Sara kommt schließlich zu der Überzeugung, daß die Menschen von Natur aus verdorben sind. »Puh, sie stinken,« werden spätere Generationen von ihnen sagen, ein Gefühl, das Maggie teilt. Für sie sind die Menschen »von unbeherrschbaren Gelüsten getrieben.« (165) Nach Saras Meinung sollten Kinder »auf einer einsamen Insel« fernab von den Erwachsenen aufwachsen, wo das allmonatlich anlegende Versorgungsschiff der einzige schädliche Einfluß bleibt.

In *Die Jahre* erzählt Rose später Eleanor und Martin (dem Bobby aus *The Pargiters*), daß sie, verstört durch den Lamley-Zwischenfall und Martins abweisende Haltung, versucht habe, sich zu töten: »›Und ich bin ins Badezimmer und hab'mir diesen Schnitt gemacht‹ – sie hielt ihr Handgelenk hin.« (138) Eleanor hatte mit Rose in einem Haus gelebt und nicht gewußt, daß ihre Schwester sich umbringen wollte. Abgeschnitten voneinander waren sie in einem Haushalt aufgewachsen, der seinerseits abgeschnitten war von der Welt. »Die Karawane auf dem Zug durch die Wüste,« nennt Sara den Pargiter-Haushalt. (150) Martin reagiert auf Roses Geständnis sehr merkwürdig. »Oh«, sagt er, als er die Narbe auf dem Handgelenk seiner Schwester sieht, »Rose war immer ein Hitzkopf.« Für ihn ist bei diesem Selbstmordversuch ihr Temperament mit ihr durchgegangen, denn sie war »jähzornig wie der Teufel.« Doch auch er räumt ein, daß »das Leben gräßlich für Kinder ist.« (138) Und noch später kommt er zu der Erkenntnis: »Es war ein abscheuliches System…, das Familienleben.« (193) Gegen Ende des Romans sieht Eleanor ein Bild von Mussolini, »ein dicker Mann, der gestikulierend eine Ansprache hielt.« »Verdammter –« bricht es aus ihr heraus, »Rohling!« und schnell verbindet sie das Bild des fetten Faschisten mit dem, was Rose geschehen ist. Obwohl Eleanor glaubt, daß die Zeiten besser geworden sind, erinnert sie sich doch der Worte eines Freundes über den Krieg: »Wir sind nur Kinder, die im Hintergarten mit Feuerwerk spielen.« (283) Der Zusammenhang von männlicher Vorherrschaft, Erziehung der Jungen, Behandlung der Mädchen und Faschismus sollte bis zum Ende ihres Lebens eines der großen Themen von Virginia Woolf bleiben.

In *Drei Guineen* (1938) untersucht Virginia Woolf vor dem Hintergrund der politischen Wirren in Europa noch einmal die Stellung von Frauen und Mädchen, und kommt zu dem Schluß, daß sich die Stellung der »Schwester eines gebildeten Mannes« grundlegend von der ihrer Brüder unterscheide.[78] Sie vergleicht die Lebensbedingungen von Mädchen und Frauen in englischen Familien mit denen von »Sklavinnen in einem Harem.«[79] (103) Sie greift dabei auf einen ähnlichen Vergleich von John Stuart Mill zurück,[80] geht aber noch einen Schritt weiter: Die Sklaverei schließt die sexuelle Verfügung der männlichen Familienangehörigen über Mädchen und Frauen ein.[81] Zwischen Patriarchat als Institution und sexueller Knechtschaft der Frau besteht für sie ein Zusammenhang, und der Inzest erscheint ihr als nahezu unvermeidliche Folge der absoluten Verfügungsgewalt der Männer einer Familie über das Leben der Mädchen und deren Mütter.

Judith Lewis Herman nannte die inzestuöse Familie eine »Ausuferung patriarchalischer Familiennormen, nicht etwa eine Abweichung von ihnen.«[82] Genau das beobachtet auch Virginia Woolf.

Die Lebensbedingungen von Mädchen in viktorianischen Mittelschichtsfamilien entsprachen in jeder Hinsicht denen, die man als Voraussetzung sexueller Ausbeutung von Mädchen erkannt hat – die Männer haben das Recht, »die Tätigkeiten der Frauen zu überwachen und einzuschränken«; die Väter können »das Leben ihrer Töchter und Frauen bis ins letzte Detail bestimmen und sie praktisch zuhause gefangen halten.«[83]

Der vielleicht kühnste und umstrittenste Vergleich in *Drei Guineen* ist die Parallele zwischen den Lebensbedingungen von Frauen und Mädchen und denen der Juden in Europa, die die Opfer der krankhaften Ziele Hitlers wurden. Virginia Woolf vergleicht die patriarchalische Herrschaft eines Vaters über seine Familie mit der großspurigen, aufgeblasenen und teuflischen Brutalität des faschistischen Diktators. Hier, innerhalb der Familie, sagt sie, »sehen wir den Embryo jener Kreatur, die wir, in Italien oder Deutschland, Diktator nennen – die sich das Recht anmaßt, anderen Menschen zu diktieren, wie sie leben und was sie tun sollen, wobei es keine Rolle spielt, ob sie dieses Recht von Gott, der Natur, der Geschlechts- oder Rassenzugehörigkeit ableitet.« (74)

Alle seien sich einig, so wundert sie sich, daß »der Diktator, wenn wir ihm im Ausland begegnen, ein sehr gefährliches und außerdem häßliches Tier ist,« (74) obwohl dieselben Patrioten, die die Diktatur im Ausland verurteilen, kein Wort des Tadels finden, wenn sie vor ihren Augen über die Mädchen und Frauen englischer Familien ausgeübt wird. Diktatoren, sagt sie unverblümt, gibt es auch »hier unter uns... mitten im Herzen Englands«, und die englischen Männer sollten zunächst einmal ihren Frauen helfen, »den Feind im eigenen Land zu vernichten, bevor wir sie bitten, uns zu helfen, ihn im Ausland zu vernichten.« (75) Virginia Woolf fand es schlechthin absurd, Frauen dazu aufzurufen, gemeinsam mit den Männern gegen die Tyrannei im fernen Ausland zu kämpfen, während man gleichzeitig von ihnen verlangte, sich zu Hause der Tyrannei ihrer Väter und Brüder zu beugen.

Der faschistische Staat werde darum so heftig als Tyrannei gebrandmarkt, so behauptet sie, weil er die Männer derselben Tyrannei unterwerfe, der sich die Frauen fügen müßten: Jetzt erfuhren die Männer »am eigenen Leib«, »was Eure Mütter fühlten, als sie erst ausgeschlossen und dann eingeschlossen wurden, nur weil sie Frauen waren. Nun werdet Ihr ausgeschlossen und eingeschlossen, weil Ihr Juden seid, weil Ihr Demokraten seid, wegen Eurer Rasse, wegen Eurer Religion.« (143)

In »Thoughts on Peace in an Air Raid«[84] formuliert sie es folgendermaßen: »Wer ist Hitler? Was ist er? Eine Manifestation von Aggression, Tyrannei, wahnsinnigem Machthunger?« Wenn das Hitler ist, dann, sagt Virginia Woolf, müsse man Lady Astor recht geben mit ihrer Behauptung, daß »nur ein unbewußtes Hitlertum im Herzen der Männer« Frauen so lange zu Opfern machen konnte.[85] Es reicht nicht, Tyrannen im Ausland zu bekämpfen; besiegen werden wir sie nur, wenn wir uns ihnen zu Hause stellen: »Wir müssen ihn erst einmal bewußt erkennen, diesen Wunsch zu dominieren und zu versklaven.«[86]

Einen Engländer in seinem Haus mit einem Hitler zu vergleichen, hieß, sehr kompromißlos zu argumentieren, denn das war ein Angriff auf all diejenigen, die in den Faschisten Barbaren und in den Faschismusgegnern zivilisierte Menschen sahen. Einen englischen Mann mit einem Tyrannen wie Hitler gleichzusetzen, rührte an die Grundfesten englischer männlicher Selbstwahrnehmung. In *Drei Guineen* stellt Virginia Woolf klar, daß sie Hitler weder für einen Sonderfall noch für ein neues Phänomen hält. Hitlers Stimme, so sagt sie, »ist eine alte Stimme, es ist die Stimme Kreons in *Antigone*«, die er, als sie ihm den Gehorsam verweigerte, einmauern ließ und damit die Katastrophe über sein Land brachte, es mit Leichen übersäte, wie sich jetzt die Leichen in Europa zu Bergen türmten. Die Tyrannei hat eine lange Geschichte. Die zerstörten Häuser, die verstümmelten Kinderkörper, die Leichen überall waren die unmittelbaren Folgen einer Tyrannei, die zuhause damit beginnt, daß sich Männer das Recht anmaßen, über ihre Töchter und Frauen zu herrschen: »die öffentlichen und die privaten Welten (sind) untrennbar miteinander verbunden,« und »Tyrannei und Unterwürfigkeit in der einen Welt (sind) das Gleiche wie Tyrannei und Unterwürfigkeit in der anderen Welt.« (198) Der Unterschied zwischen Hitler und seinem Deutschland und der Herrschaft der englischen Väter war nur ein gradueller.

Bald nach dem Tod Roger Frys am 9. September 1934 bat man Virginia Woolf, die offizielle Biographie dieses hervorragenden Kunstkritikers zu schreiben, der ein alter Freund von ihr und früher einmal der Geliebte ihrer Schwester Vanessa war. Sie begann die Biographie mit einer Schilderung seiner Kindheit, doch wählte sie nicht die fortlaufende Erzählweise, sondern beschränkte sich auf vier bedeutsame Momente[87]: eine Erinnerung an den Garten seiner Familie im Londoner Highgate, an seinen Vater beim Schlittschuhlaufen, an eine »Unterrichtsstunde« mit seiner Mutter und an eine Episode in Sunninghill House, seinem Internat. Eine Idylle, so erfahren wir, war Rogers Kindheit nicht.

Rogers erste große Leidenschaft waren seine Mohnpflanzen mit ihren leuchtend roten Blüten, die er liebevoll herangezogen hatte, und sie wurden auch zum Anlaß seiner »ersten großen Desillusionierung«. (15) Einmal war die Pflanze voll dicker grüner Knospen mit kleinen Schlitzen in den Deckblättern, durch die zerknitterte, scharlachrote Seide schimmerte. »Nichts auf der Welt« war für Roger in dem Moment »aufregender... als die Blüten plötzlich ihre grüne Hülle sprengen und den riesigen Becher Rot entfalten zu sehen.« (16) Er setzte sich auf einen Stuhl, um geduldig und, wenn nötig, auch den ganzen Tag auf diesen Moment zu warten.

Doch seine ältere Schwester lachte ihn aus. Und als ob das nicht schon schlimm genug gewesen wäre, ging sie und erzählte es den Erwachsenen, die ebenfalls kamen und ihn auslachten. Dieses Ereignis, an das er sich noch als Erwachsener erinnerte, stand für etwas, was für seine Familie typisch war: »Alle Leidenschaften, auch die für roten Mohn, ließen einen zum Gespött der anderen werden.« (16)

In einer idealen Welt oder in einer anderen Familie hätte man ihn für seinen Eifer, seine Erregung, seine Hingabe, Ausdauer, Neugier und Schönheitsliebe vielleicht gelobt. Doch seine Familie machte ihn lächerlich. Dieser für ihn so wichtige Augenblick trug ihm nur Spott und Verachtung ein. Er fühlte sich unverstanden, gedemütigt und voller Selbstzweifel. Daß er sich die Leidenschaft für alles Schöne bewahrte, war ein persönlicher Triumph, blieb jedoch auch eine Quelle großer Schmerzen und eines Gefühls der Entfremdung.

Dieser Vorfall wird noch unverständlicher angesichts eines anderen beispielhaften Augenblicks, eine lebhafte Erinnerung an seinen Vater beim Schlittschuhlaufen und daran, daß sein Vater »leidenschaftlich« gern Schlittschuh lief. Es sei ein sehr unpassendes Schauspiel gewesen, erinnerte sich Fry, »wenn er mit seinen seriösen schwarzen Rockschößen und dem Zylinder vorbeiruderte.« (20) Wenn Rogers Vater Schlittschuh lief, war er selbst mit Eifer und Spaß bei der Sache, aber niemand hätte gewagt, ihm das vorzuhalten. Dies war ein ganz anderer Vater als der, dessen »Stimme von so fürchterlichem Ernst« erfüllt war, wenn er ein Kind zurechtwies, »daß man sofort in hilfloser Selbstverurteilung und überwältigender Scham zusammenschrumpfte.« (21)

Roger wuchs in einer strenggläubigen Quäkerfamilie auf. Seine Mutter »bleute ihm stillschweigenden Gehorsam ein.«[88] In einem weiteren exemplarischen Augenblick unterrichtet ihn seine Mutter in Botanik. Sie schickt ihn, eine Mohnblume zu pflücken, um ihm ihre Struktur zu erklären. Das, so hatte man ihm beigebracht, war verboten und wie jeder Eingriff in die Natur ein fast gotteslästerlicher Akt. Aber seine Mutter hatte es befohlen, und er hatte gelernt zu gehorchen. Wenn auch im Gefühl, das Falsche zu tun, lief er los und pflückte den Mohn.

Doch seine Mutter hatte ihm eine Falle gestellt:[89] Roger sollte lernen, wie leicht man unrechtmäßig handelt, wenn man nicht stets auf der Hut bleibt. Sie wollte wissen, ob er – ungeachtet ihres Befehls – den Prinzipien ihres Glaubens treu bleiben würde. Er bestand die

Probe nicht, und als er mit der Blume zurückkehrte, wies sie ihn scharf zurecht.

Es war der schmerzlichste Augenblick seines Lebens. Er fühlte sich betrogen, verwirrt und seiner Illusionen beraubt. Er machte die »schreckliche Entdeckung«, daß »Gerechtigkeit nicht absolut und Unschuld kein Schutz ist.« Diese Erfahrung war umso verheerender, als die Mutter ihn nicht für etwas zurechtwies, was er aus eigenem Antrieb getan hatte. Sie selber hatte ihn zu der Verfehlung veranlaßt. Er empfand das zutiefst als Verrat, denn sie hatte sich seines absoluten Gehorsams, die ein Produkt ihrer Erziehung war, bedient, um ihn in die Falle zu locken. Dieser Schock ließ ihn noch fünfzig Jahre später erzittern.

An – berechtigten – Zorn oder Wut auf die Mutter erinnerte Roger Fry sich nicht. (Er hatte wohl damals schon gelernt, solche Gefühle zu unterdrücken.) Sogar nach diesem Vorfall hörte Roger nicht auf, seine Mutter zu »respektieren«. (18) Virginia Woolf verurteilt Lady Fry nicht: Sie schildert kurz deren eigene Kindheit: »In dem Leben des kleinen Quäker-Mädchens gab es mehr Verzicht als Vergnügen, mehr Entbehrungen als Luxus.« Und sie zitiert Lady Frys Aufzählung der »Dinge, die es nicht gab... als ich ein kleines Kind war: Nachttischlämpchen, Christbäume... Federkernmatratzen.« Als junges Mädchen hatte ihr Vater von ihr verlangt, die engen, modischen Ärmel aus ihrem Kleid zu trennen und durch altmodische, weite zu ersetzen, die sie zum Gespött der anderen machten. Nie vergaß sie die Jungen, die bei ihrem Anblick in ein höhnisches »Quack! Quack!« ausbrachen. Eine solche Erinnerung mußte eine »nachhaltige Wirkung« (18) haben, und das, glaubt Virginia Woolf, sei auch wohl der Grund dafür gewesen, daß sie »die Augen fest, wenn auch unruhig geschlossen hielt« vor Dingen, die für ihren Sohn von großer Schönheit waren.

Der vierte exemplarische Augenblick ist entsetzlich. Für Virginia Woolf war es sehr wichtig, ihn zu schildern, brach sie damit doch das Schweigen, das die Behandlung von Jungen in den Public Schools umgab.[90] Man schickte Roger nach Sunninghill House. Der

Schulleiter, Sneyd-Kynnersley, hatte den Eltern versichert, an seiner Schule gebe es keine Prügelstrafe, denn die verbot der Glaube der Quäker. Doch schon bald kamen Briefe von Roger, die von schrecklichen Dingen erzählten. Lady Fry bewahrte diese Briefe in ordentlich verschnürten Bündeln auf, doch fühlten sich offenbar weder sie noch ihr Mann zum Handeln veranlaßt.

Roger wurde wiederholt von zwei Jungen gequält und mißbraucht, die sich zusammengetan hatten, um »ihn zu schikanieren, wo immer sie konnten.« Neben der üblichen Tracht Prügel quälten sie ihn mit Vorliebe damit, daß sie ihn unter Wasser hielten und ihn beim Baden erschreckten. Das verletzte ganz eindeutig die Prinzipien, nach denen er erzogen war, und gefährdete zudem seine Gesundheit. Doch seine Eltern taten nichts, um dem Einhalt zu gebieten.

Auch von anderen beunruhigenden Vorfällen berichteten Rogers Briefe: von Schlägen, die der Schulleiter den Jungen verabreichte, obwohl doch körperliche Bestrafung an seiner Schule angeblich verboten war.[91] Beim geringsten Anlaß, so stand in Rogers Briefen, wurde gezüchtigt. Ein Junge wehrte sich. Er sah nicht ein, daß er mit seinem Besuch im Zimmer seines Freundes die Prügelstrafe verdiente. Als »head boy« oblag Roger eine abscheuliche Pflicht, die seiner Quäker-Erziehung vollkommen widersprach: Er mußte den Jungen festhalten.

Sneyd-Kynnerley pflegte den Jungen »mit feierlichem Gusto« zu erklären, daß er sich das Recht auf eine gute, gesunde Tracht Prügel mit der Birkenrute vorbehalte. Fry mußte diesen Züchtigungen, »die mein ganzes Leben dort vergifteten«, nicht nur beiwohnen, er mußte aktiv daran teilnehmen. Wieder schrieb Roger seiner Mutter Brief um Brief, und wieder griffen seine Eltern nicht ein.

Die Jungen wurden geschlagen, bis das Blut in Strömen floß; und sie wurden geschlagen, bis sie die Kontrolle über ihren Darm verloren.

»In der Mitte des Zimmers war ein großer, mit einem schwarzen Tuch bedeckter Kasten, und dem Übeltäter wurde in barschem Ton erklärt, er solle die Hosen herunterlassen und vor dem Block niederknien; ich und der andere Junge hielten ihn fest. Mit voller Wucht ließ der Direktor die Rute auf ihn heruntersausen, und nach zwei oder drei Hieben quollen schon überall Blutströpfchen hervor, nach fünfzehn oder zwanzig Hieben war dann der Hintern des Unglückseligen eine einzige blutige Masse... aber damit hörte der Horror nicht auf. Einmal war der Übeltäter ein wilder, rothaariger, irischer Junge, selbst ein ziemlicher Rohling, der entweder absichtlich, oder weil es so weh tat, oder auch, weil er Durchfall hatte, seinen Kot nicht zurückhalten konnte. Der zornige Geistliche hielt jedoch keineswegs inne, sondern drosch nur umso wütender auf ihn ein, bis die Wände und die Decke seines Arbeitszimmers über und über bespritzt waren.« (33)

Fry mußte den Schulleiter für einen Sadisten halten, denn offensichtlich erregte ihn der Anblick des armen Opfers.

Sneyd-Kynnersley war Cambridge-Absolvent und Geistlicher und, wie Roger es formulierte, »so hochkirchlich eingestellt..., wie sich das mit seinem Gentleman-Status vereinbaren ließ, ja, er war beinahe schon ein Mann von Welt.« (32) Und genau das war äußerst verwirrend. Denn er war keineswegs immer ein Scheusal. Offensichtlich hatte er die Jungen auch gerne, las ihnen abends Dickens vor, machte Ausflüge mit ihnen und spendierte ihnen üppige Essen. Für Roger machte das die Sache nicht einfacher. Das Verhalten eines durch und durch verwerflichen Menschen wäre irgendwo noch zu verstehen gewesen. Doch Roger hatte es mit dem sadistischen Verhalten eines Menschen zu tun, der in anderer Hinsicht anständig, freundlich und hochangesehen war. Wenn schon in Sunninghill körperliche Züchtigung eigentlich verboten war, wie mußte es dann in Schulen zugegangen sein, die sie erlaubten. Selbst diese »humane« Schule wurde von einem Sadisten geleitet. Daß die Frys keinen Anlaß sahen, einzugreifen, zeigt, so impliziert Virginia Woolf, daß die Brutalität in ihren Augen das übliche Maß nicht überschritt. Mr. Sneyd-Kynnersley scheint ein ganz normaler Lehrer gewesen zu sein. Zumindest hielten Rogers Eltern ihn offenbar nicht für einen perversen Psychopathen, denn sonst hätten sie vermutlich nicht tatenlos zugesehen – ein Widerspruch, der Roger nicht entging.

Als Virginia Woolf das Projekt in Angriff nahm, sprach sie mit Margery Fry (Rogers Schwester) über ihre Absicht, auch etwas über die Familie zu schreiben. »Nun, ich fürchte, ich muß dich bitten, vorsichtig zu sein,« [92] war Margerys Kommentar. Virginia Woolf fand eine Lösung: Sie ließ Fry selber über seine Familie und seine Schulerfahrungen erzählen und bediente sich dazu seiner unveröffentlichen Autobiographie und seiner Briefe.[93] Sie wollte weder etwas auslassen, noch die Qual und die Brutalität seiner Erfahrungen verharmlosen. Ihre Lösung war mutig, provozierend und radikal, genauso, wie sie es später mit ihrer eigenen Autobiographie »Eine Skizze der Vergangenheit« halten sollte. Es war auch eine geniale Lösung, denn hätte sie selbst von den Sunninghill-Vorfällen berichtet, wäre vermutlich der Zorn mit ihr durchgegangen. Indem sie Roger das Wort erteilte, konnte sie ihm gerecht werden. Ihre Kritiker mochten zwar über ihre Methode spotten, doch sie konnten ihr nicht vorwerfen, ein falsches Bild von seinem Leben zu vermitteln. Die Öffentlichkeit mußte die schlimmen Vorfälle zur Kenntnis nehmen.

Sie ist eine der ersten, die das Opfer von Gewalt selbst sprechen läßt, das Schweigen bricht, ohne zensierend einzugreifen und ohne die Wahrheit des Erinnerten anzuzweifeln. Sie schrieb in der Überzeugung, daß man die Integrität kindlicher Erinnerungen zu respektieren und darzustellen habe und daß Kindheitserinnerungen in ihrem Kern das wiedergeben, was damals geschah. Wenn auch diese erinnerten Augenblicke genauer Betrachtung bedürfen, um sie in ihrer vollen Bedeutung zu verstehen, und wenn auch ihre ganze Tragweite vielleicht erst dem Erwachsenen verständlich wird, war

Virginia Woolf doch unverbrüchlich davon überzeugt, daß sich ihre Bedeutsamkeit irgendwann offenbaren mußte. Indem sie sich Rogers Kindheit auf diese Weise näherte, bewies sie einen tiefen Respekt vor der Fähigkeit des Kindes, Ereignisse in ihrer Bedeutsamkeit zu erkennen. Und den gleichen Respekt hatte sie vor der Fähigkeit des Erwachsenen, nachträglich zu verstehen, was er als Kind erlebte.

Virginia Woolf enthält sich jeder Interpretation. Sie ist vielmehr bemüht, den Sinn wiederzugeben, den Roger selbst seinem Leben gab. Sie zitiert Rogers Überzeugung von der »Heuchelei des viktorianischen Zeitalters« und berichtet, wie Augenblicke der geschilderten Art Haß auf »Familien und patriarchalische Strukturen« in ihm weckten. Das Familienleben war für Roger eine Zeit der Einsamkeit, des Schmerzes, der Brutalität, der Grausamkeit und des Verrats. Virginia Woolf weigerte sich, zu lügen, zu bemänteln, zu mythologisieren oder zu romantisieren, wie so viele andere Biographen es taten.[94] Denn das Studium der zahllosen Dokumente hatte offenbart, daß die Erziehungsmethoden im Hause Fry dazu angetan waren, die Integrität von Rogers Persönlichkeit, seine Sensibilität und Phantasie zu untergraben, wenn sie ihn auch zu intellektueller Redlichkeit, harter Arbeit und Strenge gegen sich selber anhielten. Dabei waren Frys Eltern keineswegs böse Menschen, ihre Erziehungsmethoden waren lediglich das Spiegelbild ihrer eigenen Quäker-Erziehung und des Zeitalters, in das sie ihre Kinder hineingeboren hatten – in ein Klima viktorianischer Heuchelei und eines streng patriarchalischen Familiensystems.

Virginia Woolf gibt auch Rogers Reaktion auf seine Schulerfahrungen wieder: »Mein Abscheu vor diesen Strafaktionen hat in mir eine lebenslange, krankhafte Abscheu vor jeglicher Gewalt zwischen Menschen zurückgelassen« – eine seiner Möglichkeiten, auf das Kindheitstrauma zu reagieren. Am Beispiel der Rohlinge, die Roger verprügelten und unter Wasser festhielten, zeigt sie aber auch, wie leicht Gewalt Gegengewalt auslösen konnte.[95]

Virginia Woolf interessiert, welche Folgen diese Brutalität in den Internaten für die betroffenen Jungen hatte. Von den Jungen wurde erwartet, daß sie die Züchtigung mit stoischer Gelassenheit ertrugen. Für Roger Fry war es fast schlimmer, die Jungen vor Schmerz brüllen zu hören, als die Züchtigung selbst zu sehen: »Manchmal ekelte mich das Geschrei, das Geheul und das wilde Umsichschlagen dermaßen an, daß mir ganz übel davon wurde.« (33) Statt solche Reaktionen angemessen zu finden, hatte Fry bereits einen Kodex verinnerlicht, der Weinen, Heulen und jedes sich Wehren als etwas Widerwärtiges verbot. Brüllen bedeutete nur noch mehr Prügel, und so lernten die Jungen schnell, daß Selbstkontrolle der einzige Weg war, die Dauer der Züchtigung selbst zu bestimmen.

Als Virginia Woolf die Biographie schrieb, blickte ganz England auf Hitler und man sprach bereits von der Möglichkeit eines neuen Krieges. Hitler, so schrieb sie in ihr Tagebuch, »macht meine Arbeit an Roger wirklich sehr aufreibend.« [96] 1937, als die Arbeit an der Biographie schon weit vorangeschritten war, fiel ihr Neffe Julian Bell im Spanischen Bürgerkrieg. Und als England dem Krieg immer näher rückte, vermerkte sie: »Der Mann in Uniform wird verherrlicht.«[97]

In ihrer Biographie wählt sie Rogers Worte, um auch ihre eigene Überzeugung auszudrücken: »Von allen Religionen, die die Menschheit gequält haben,...scheint mir der Nationalismus die ungeheuerlichste und grausamste zu sein« (231). In einer Zeit, als die Stimmung in England zunehmend nationalistischer und militaristischer wurde, gehörte dazu äußerster Mut. Ebenso mutig war es, gerade in dieser Zeit das englische Schulsystem zu kritisieren, das für Roger Fry und Virginia Woolf die Keimzelle nationalistischer Gesinnung war. Die Brutalität und Prügelei an diesen Schulen, hielten beide als Erwachsene nicht für Zufall, sondern für das Ergebnis eines wohldurchdachten Planes.[98]

Ziel war es, die Jungen zu stählen, sie zu Kriegern heranzuziehen. Die Schulen propagierten glühenden Nationalismus, Elitebewußtsein und kulturelles Sendungsbewußtsein, die – zusammen mit dem kalkulierten Einsatz militärischer Gewalt – in Chauvinismus mündeten. Wenn man die Jungen hart machte, war das kein ungewolltes Abweichen vom Wege, sondern Teil des Gesamtplans, den Virginia Woolf in *Drei Guineen* so beredt kritisiert.

Im April 1938, als sie sich damit auseinandersetzte, wie sie Rogers Kindheit nun endgültig darstellen und was sie – wenn überhaupt – aus dem »Schulfragment« streichen sollte, kam ihr unvermittelt die Idee zu *Pointz Hall*, ihrem letzten Roman. Sie schrieb daran bis zu ihrem Tod im Jahr 1941, hatte ihm aber inzwischen den Titel *Zwischen den Akten* gegeben.[99]

Der Roman beginnt mit einem Akt von hemmungslosem Sadismus, begangen an einem sehr kleinen Kind, und steht für die Behandlung aller Kinder *Zwischen den Akten.* George (Sohn von Isa, der Hauptperson des Romans) spielt im Gras. Er pflückt eine Blume, ist aber damit nicht zufrieden, sondern zerpflückt sie, »eine dünne Hülle nach der anderen.« Seine Zerstörungslust ist dabei ebenso groß wie seine Wißbegier. Plötzlich hört er »ein Sausen, und ein heißer Atem und ein Strom von grobem grauen Haar fuhr zwischen ihn und die Blume.« George erstarrt vor Schreck: Er sieht ein »furchtbares, spitzschnauziges, augenloses Ungeheuer sich auf Beinen bewegen und Arme schwenken.« (15)

Es ist sein Großvater, Mr. Oliver, der da auf seinen Enkel zustürmt. Den Schnabel hat er sich aus einer Zeitung gedreht. Das sei alles nur ein harmloses Spiel, hat er sich selber eingeredet, doch eigentlich will er das Kind auf die Probe stellen, will wissen, ob es sich fürchtet oder nicht. Die Metapher ist tiefgründig: Der Roman spielt während des Zweiten Weltkriegs, als England mit der Möglichkeit einer deutschen Invasion rechnet. Der schreckliche Schnabel ist aus einer Zeitung gemacht, die furchtbare Nachrichten enthält.

Ihre Stellung verbietet es dem Kindermädchen Mabel, den kleinen George vor den Überfällen des Großvaters zu schützen. Sie hat ihn vielmehr, all seiner Angst zum Trotz, dazu anzuhalten, brav

»Guten Morgen, Großpapa« zu sagen. Die Artigkeiten der Zivilisation sind unter allen Umständen zu entbieten, auch wenn der Erwachsene das Kind in Angst und Schrecken versetzt. George kann oder will nicht gehorchen. In diesem Augenblick springt zu Georges noch größerem Entsetzen ein riesiger Hund namens Sohab an Mr. Oliver hoch und der brüllt den Hund an, »als kommandierte er ein Regiment.« (16) Dieser springende, hechelnde Hund gibt George den Rest: Er bricht in Tränen aus und sein Großvater triumphiert. Mit geröteten Wangen und zorngeschwellten Adern schimpft er den Enkel einen »Heulpeter«. (16)

Unterdessen bürstet sich Isa, Georges Mutter, vor dem Spiegel im Schlafzimmer träge die Haare. Von ihren Mutterpflichten ist sie weitgehend befreit, sie hat sie den Dienstboten übertragen. Und während sie sich kämmt, überläßt sie sich einem romantischen Traum von einem Seitensprung. Durch das Fenster sieht sie George auf dem Rasen hinter den beiden Kindermädchen und dem Kinderwagen mit dem Baby Caro herzockeln. »Mit ihrer silbernen, getriebenen Bürste« klopft sie ans Fenster – die einzige mütterliche Geste, derer sie fähig ist. Den Notwendigkeiten der Kinderpflege enthoben, betrachtet sie ihre Kinder aus der Distanz und findet für sie eine ebenso erstaunliche wie unangemessene Metapher: »Abgesondert, eine grüne Insel, umhegt von Schneeglöckchen, bedeckt mit einem Überwurf von Seidenkrepp, schwamm die Insel der Unschuld dort unten vor ihrem Fenster.« (18) William Lodge, dessen Frau von einem anderen Mann ein Kind bekommen hat, beschreibt die Kinderstube später zutreffender als »ein von seiner Besatzung verlassenes Schiff.« (71)

Träume von romantischer Liebe halten Isa davon ab, sich mit ihren Kindern zu beschäftigen. Sie überläßt die Arbeit den Kindermädchen und kann sich so die Vision von der Unschuld der Kindheit bewahren. Während ihr Sohn hinter den anderen herstolpert, alleingelassen mit seiner Angst und ohne Trost, steht seine Mutter vor dem Spiegel und murmelt Gedichte, die in ihr die Illusion nähren, mit einem anderen Mann gebe es eine Flucht aus der Ehe:

»Schweifen, streifen durch die streichelnde, uns umschmeichelnde linde Sommer... Luft... wo Lösung findet, was hier uns bindet.« (18)

Isa will sich nicht als Ehefrau und Mutter sehen. Sie haßt »alles Häusliche; das Besitzerische; das Mütterliche.« (22) All das bindet sie, hindert sie daran, eine romantische Heldin zu sein. Von ihrem Mann fühlt sie sich vernachlässigt, auch das ein Grund für sie, wegzustreben von hier. Und als ihr Schwiegervater kommt und ihren Sohn einen Feigling nennt, runzelt sie nur die Stirn und wendet den Blick ab. Weder stellt sie ihren Schwiegervater zur Rede, noch geht sie hinaus, um ihren Sohn zu trösten. Sie wendet sich ab und liest Zeitung. Sie liest die Geschichte eines Mädchens, das von einer Horde Soldaten vergewaltigt wurde. Sie liest, wie das Mädchen schrie und ihren Peinigern ins Gesicht schlug. Das, denkt sie, »war wirklich«. (23)

Irgendwann, so lesen wir zwischen den Zeilen, muß Isa etwas zugestoßen sein, daß es ihr noch jetzt unmöglich macht, eine zärtliche und verantwortungsvolle Mutter zu sein. Isa leidet seit ihrer Kindheit. Sie fühlt sich als Esel, der alleine und mit allzu schwerer Last beladen die Wüste durchquert. Dieses immer wiederkehrende Bild ihrer selbst, das seinen Ursprung offensichtlich in der Kindheit hat, wird nie erklärt. Es gibt lediglich einen Hinweis auf eine verwirrende Erfahrung mit einem Onkel, bei dem sie als Kind war.

Isa erzählt William Dogde von sich. Sie erzählt, daß sie als Kind bei ihrem Onkel, einem Geistlichen, war und dort Keuchhusten bekam. (Eine Passage, die besonders in Hinblick auf Virginias eigenes Leben bedeutsam ist: Nachdem sie als Kind den Keuchhusten überstanden hatte, war sie sexuell belästigt worden. Als sie *Zwischen den Akten* plante, schrieb sie noch an »Eine Skizze der Vergangenheit«.)[100] Während Isa diese Geschichte erzählt, zitiert sie spontan ein Gedicht über die »dunkle Höhle nie betretener Erde« und »winddurchwehte Wälder«. (52) Die »dunkle Höhle« ist ein Bild von eindeutig sexuellem Charakter. Auf Dodges Frage, ob ihr Onkel sie diese Lieder gelehrt habe, gibt Isa keine Antwort. Ein Bild taucht vor Isas innerem Auge auf von »einem leeren Zimmer... und jemand wäre hinter dem Vorhang hervorgetreten.« (58) Sie blickt auf Dodges Hände, diese »weißen, feinen, wohlgestalteten« Hände, doch der Leser weiß, daß sie auch an die Hände ihres Onkels denkt. Auch Dodge hat Traumatisches erlebt. Mrs. Swithin erzählt er, wie die Jungen in der Schule seinen Kopf »unter einen Eimer schmutzigen Wassers gehalten« haben. Diese und andere, nicht erzählte Erfahrungen macht er dafür verantwortlich, daß er heute nur ein »Halbmann« sei.

Isa fühlt die Last, die sie trägt, und denkt dabei auch an »verstohlenes Einanderfinden und -empfinden, eine Hand die andere und Aug' vor Auge Zuflucht suchend.« (145) Sie ist beladen mit »Erinnerungen; Besitztümern. Das ist die Last, die von der Vergangenheit mir auferlegte, mir, dem letzten kleinen Esel in der langen Karawane, die durch die Wüste zieht.« Doch Isa muß die Last tragen bis ihre »Fersen Blasen« und die »Hufe Risse« bekommen. Die Last, »die mir in der Wiege auferlegte,« ist das, »was wir in der Erinnerung behalten müssen, was wir vergessen möchten.« (146)

In einer früheren Fassung des Romans denkt Isa daran, vor ihrer Last in den Tod zu fliehen. Sie denkt an ihre Vergangenheit und blickt dabei »in das Wasser«[101] Mit dem Tod würde sie ihrer Last ledig sein, in die Vergessenheit eintreten, in ein Land, wo es weder Herren noch Opfer gibt. Im Tod ist »alles gleich«; im Tod »gibt es keinen Wandel und nichts Wandelbares, nichts, was man lieben muß, kein Willkommen und keinen Abschied, kein verstohlenes Einanderfinden und -empfinden.«[102]

In ihren Gedichten wünscht sich Isa eine andere, unschuldigere Geschichte, und sie beschreibt eine schwere Vergangenheit, die ihre eigene sein könnte, eine Vergangenheit, wo Sexualität gleich Gewalt ist. Sie schreibt die Geschichte einer Vergewaltigung; die Geschichte eines Mannes, der von irgendwoher kommt, eine Frau entblößt und dann tötet: »Immer ist da Qual und Kummer,« schreibt sie; und dann: »Warum können wir nicht einfach sein? Warum können wir nicht Bruder und Schwester sein?«[103] Isa träumt von einer

Kindheitsidylle, die so einfach und rein ist wie das Band zwischen Bruder und Schwester. Sie kann ihre Vergangenheit nicht neu erschaffen, und so wünscht sie sich, daß »die Wasser mich bedecken, die Wasser des Brunnens der Wünsche.«[104] Der Tod ist die Befreiung von der Last der Vergangenheit, die sie anders nicht abwerfen kann.

Zwischen den Akten enthält eine verwirrende Fülle literarischer Anspielungen auf den Inzest.[105] Mrs. Oliver gab ihrem Sohn eine Kopie des *Don Juan*, jenes Epos', in dem Byron auf die inzestuöse Beziehung zu seiner Halbschwester anspielt.[106] Die Zeile »Swallow, my sister, O sister swallow,« die Mr. Oliver seiner Schwester Lucy zitiert, stammen aus Swinburnes »Itylus«, und deuten gewaltsamen oralen Sex an.[107] (engl. ›swallow‹ = dt. ›Schwalbe‹; ›verschlucken, verschlingen‹) Lucy wird mit Cleopatra identifiziert, die mit Ptolemäus XII. ihren Bruder heiratete.[108] Isa gemahnt an Isis, die ihr Leben lang nach Osiris suchte, dem Ideal eines Bruder-Gatten.[109] Isas Mann Giles wird mit Ödipus gleichgesetzt, der seine Mutter heiratete. All diese Anspielungen verweisen auf die lange Geschichte des Inzests und auf die Notwendigkeit, lange verheimlichte Tatsachen ans Licht zu bringen. Im Roman gibt es ein Theaterstück, dessen Verfasserin und Regisseurin Miss LaTrobe die englische Geschichte umschreibt und korrigiert.

In dem Stück versucht Budge, die Verkörperung der imperialistischen Weltanschauung, die Zuschauer davon zu überzeugen, daß das Heim der Ort ist, wo Kinder spielen, wohin der Ernährer zurückkehrt, wo Mama den Tee einschenkt, wo Vater den Kindern eine Geschichte vorliest – »Sindbad der Seefahrer« zum Beispiel oder etwas aus der Heiligen Schrift: *»Und sei es auch noch so bescheiden,«* deklamiert Budge, *»es gibt keinen Ort wie das Heim.«* Doch damit ist Mrs. Lynn Jones, die im Publikum sitzt, nicht einverstanden: »Hatte nicht das Heim etwas – nicht Unreines, das war nicht das richtige Wort – aber vielleicht ›Unhygienisches‹? Wie ein schimmlig gewordenes Stück Fleisch.« (160–162)

Und auch die Kinder, die wichtige Rollen spielen, kommen hinter den Büschen hervor und konfrontieren das Publikum mit einem ganz anderen Bild vom Heim, als Budge es ihm einreden wollte. Sie tragen Spiegel, glänzende Dinge, Stücke von »allem, das hell genug ist, um zu spiegeln, vermutlich uns selbst.« (171) Was sie den Zuschauern widerspiegeln, ist erschreckend.

Sie halten diese spiegelnden Dinge hoch und geben dem Heim eine neue Bedeutung: *»Heim ist der Jäger... Heim? Wo der Bergmann schwitzt und Jungfernehre roh genotzüchtigt wird.«* (173) Während die Kinder von diesen Wahrheiten singen, »wichen« die erwachsenen Zuschauer »aus« oder »schirmten sich ab.« (173)

Die Kinder fahren erbarmungslos fort, und Virginia Woolf schildert einen Augenblick, von dem viele Opfer sexuellen Mißbrauchs träumen: einen Augenblick der Konfontation und der Anklage. *»Laßt uns reden,«* sagen sie, *»Ohne Schminke, ohne Wattierung oder Heuchelei... betrachten wir kühl und gelassen uns selbst.«* Oder nehmen wir *»glattweg an..., die Kindheit umfasse Unschuld. Seht nur das Laken.«* (174) Jedes Kind hält den Erwachsenen einen Spiegel vor, klagt sie der sexuellen Gewalt an, deutet auf das Laken mit den Flecken gewaltsamer Lust. *»Wir sind alle gleich,«* rufen sie: Die Erfahrung ist allen gemeinsam. Während dieses Gesanges steht ein kleines Mädchen – die Verkörperung Englands – vor dem Publikum. Es lutscht »ein Pfefferminzplätzchen aus einer Papiertüte« (182) und scheint die verkörperte Unschuld zu sein. Ein Zuschauer erwartet von ihr geheimnisvolle Worte, etwas »Verborgenes, aber warum immer Sexuelles hineinbringen?« Konfrontiert mit dem Chor der Kinder kommt zumindest ein Zuschauer zu der Einsicht, daß wir »in einem gewissen Sinn... zugegebenermaßen noch Wilde« sind. (186)

Was Budge im Theaterstück über Heim und Kindheit zu sagen weiß, macht die Mißhandlung von Kindern und ihre Ausbeutung zu etwas Allgegenwärtigem und zu einem Teil der imperialistischen Strategie. Die Eingeborenen fremder Länder, sagt Budge, müsse man beschützen und erziehen: *»Aber wohlgemerkt, unsere Herrschaft endet da noch nicht.«* Und auch über die Kindheit schwinge er seinen »Knüppel«: *»Wer ein Weltreich heherrscht, muß mit einem Aug' auf die Wiege sehn... Sittenreinheit unser Losungswort.«* (152) Die Kinder entlarven die Heuchelei dieser Weltsicht: Reinheit mag die Losung sein, doch dahinter verbirgt sich der Knüppel, der in der Kinderstube geschwungen wird. Die Zuschauerin Etty Springett denkt bei sich, daß gerade die Kinder einen großen Teil der billigen Arbeit leisten, die das Empire seinen Untertanen abzwingt: Kinder zogen die »Grubenhunte in Bergwerken«; und im Souterrain der vornehmen Häuser schuften, noch kaum der Kindheit entwachsen, für ein paar Pfennige die Töchter und Söhne der Arbeiter, während oben »Papa nach dem Abendessen Walter Scott vorlas.« (153)

»Für uns, die ihre Kinder klein / In ihrem Schoße hat die Zeit / Ihr werdet sehn... / Ihr werdet sehn...« (92) singen die Kinder im Schauspiel und verweisen damit auf die tiefe Ironie, die in der Behandlung der Kinder liegt; denn die Zeit mißhandelt ihre Kinder, und daß sie verrinnt, ist kein Schutz, sondern eine Gefahr für die junge Unschuld. Die Geschichte von Sohrab und Rustum, auf die Virginia Woolf mit dem Namen des Hundes Sohrab anspielt, der den kleinen George so erschreckte, ist die Geschichte eines Generationenkonfliktes.[110] Es ist keine schöne Geschichte, und die dort geschilderte Beziehung zwischen Großeltern, Eltern und Kindern prägt auch die Beziehungen im Roman: Im Mittelpunkt steht ein Kindermord. Rustum tötet seinen Sohn Sohrab in einem unnötigen Kampf, und der Sohn beklagt die Grausamkeit des Vaters.

Im Mittelpunkt von Virginia Woolfs letztem Roman steht ein Tabu: die Feindseligkeit zwischen den Generationen, die sich in der Gleichgültigkeit enthüllt, mit der Isa vom Leid ihres Sohnes vernimmt, in ihrer eigenen nicht greifbaren Geschichte und in den Taten, die der Kinderchor anprangert. Virginia Woolf schreibt die Geschichte der Familie um und schildert den inhärenten Antagonismus der Eltern gegenüber ihren Nachkommen, wozu ihr Unwissen gehöre, ihre Gleichgültigkeit, Ablehnung und Verachtung, ja sogar offene Aggression und der Wunsch zu vernichten. Diese Erfahrung machen George und Caro, diese Erfahrung haben einst auch Isa und Giles gemacht und geben sie nun an ihre Kinder weiter. Giles und Lucy gehören ebenfalls in diese Reihe. Giles sieht sich als Ödipus-Gestalt, »an einen Fels geschmiedet«, dem Tode preisgegeben.[111] Ähnliches, glaubt Giles, habe man auch ihm angetan. Er fühlt sich als Opfer äußerster – wenn auch unerkannter – Grausamkeiten in der Kindheit. Er weiß nicht genau, was ihm geschehen ist, da ist nur dieses Gefühl, wie Ödipus an einen Felsen geschmiedet zu sein. Im Schauspiel wird auch von einem Vater erzählt, der seinem Sohn nach dem Leben trachtet, und von einer alten Frau, die den Sohn in einem Korb aussetzt und ihm so das Leben rettet. Das »untätig« mitanzusehen, ist für Giles etwas »unbeschreiblich Grauenhaftes.« In *Zwischen den Akten* geht es um die Feindseligkeit, mit der Eltern ihren Kindern begegnen. Die Geburt wird im Roman zum abstoßenden Akt. Giles Oliver macht sich in einer Theaterpause, eine mögliche Liebelei im Sinn, auf den Weg zu Mrs. Manresa. Er sieht eine Schlange im Gras:

> »Tot? Nein, halb erstickt an einer Kröte in ihrem Maul. Die Schlange vermochte nicht zu schlucken, die Kröte vermochte nicht zu sterben. Ein Krampf ließ die Rippen sich zusammenziehen; Blut quoll hervor. Es war eine umgekehrte Geburt – eine monströse Inversion. Darum hob er den Fuß und stampfte auf beide. Die Masse zerquetschte sich knackend und glitschte. Die weiße Leinwand seiner Tennisschuhe war blutbespritzt und klebrig.« (96)

Geburt und Elternschaft werden zur »monströsen Inversion«. Elternliebe beweist im Roman nur eine Kuh, die um ihr verlorenes Kalb heult und die ganze Welt mit ihrer »dumpfen Sehnsucht« erfüllt.

Als das Schauspiel vorüber ist, sind alle Personen noch einmal in Gedanken an Kinder und Kindheit versunken. Vielleicht hat Miss LaTrobe sie mit ihrem Stück zu ein wenig Selbsterkenntnis veranlaßt. Mr. Oliver wird sich seiner Eifersucht auf seinen Sohn und

Mrs. Manresa bewußt. Er sieht ein, daß er am Morgen die Welt eines kleinen Jungen zerstört hat. Mrs. Swithin erkennt, daß es immer »mein Bruder... mein Bruder« (192) war, der ihre Gedanken beherrschte. Isa gibt für einen winzigen Augenblick ihren romantischen Traum von einem Ausbruch aus der Ehe auf, um jedoch gleich wieder darin zu versinken und sich zu wünschen, ihr Sohn sei nicht ihres Mannes Kind, sondern das eines Geliebten. Nach dem Theaterabend, so läßt Virginia Woolf uns wissen, werden Isa und Giles miteinander kämpfen, doch nach dem Kampf werden sie sich umarmen, und aus dieser Umarmung wird vielleicht neues Leben entstehen.

Währenddessen schlafen die Kinder tief und fest. Offen bleibt, ob sich ihr Leben nun, da das Schauspiel vorüber ist, ändern wird.[112]

In ihrem ganzen Lebenswerk gestaltet Virginia Woolf ihre Überzeugung, daß vor allem Kindheit und frühe Jugend späteres Verhalten erklärbar machen. Mit allen Kindergestalten, die wir betrachtet haben – die Ambrose-Kinder und Rachel Vinrace in *Die Fahrt hinaus*, Jacob Flanders in *Jacobs Raum*, Cam Ramsay in *Die Fahrt zum Leuchtturm*, Rhoda in *Die Wellen*, Rose Pargiter in *Die Jahre*, Roger Fry, George und Caro Oliver, die Kinder im Schauspiel und Isa in *Zwischen den Akten* –, zerstört Virginia Woolf den viktorianischen Mythos von der Kindheit als einer Zeit der Idylle. Sie schildert die Schmerzen der Kinderzeit und fragt sich: Welche Entscheidungen treffen Menschen, wenn sie Kinder großziehen, und warum diese Entscheidungen und keine anderen? Warum werden Mädchen anders erzogen als Jungen? Ist menschliches Verhalten durch angeborene Triebe erklärbar? Warum ist Kindererziehung etwas, das hinter verschlossenen Türen vor sich geht? Welchen Zusammenhang gibt es zwischen der Behandlung von Frauen und dem Verhalten von Frauen als Müttern? Warum ziehen Unterschichtsfrauen die Kinder der Reichen auf? Warum gibt es die Internatsschulen? Welche Funktion hat die körperliche Züchtigung? Wie verbreitet ist der sexuelle Mißbrauch von Kindern? Welche Funktion haben Kontrolle und Unterdrückung von Kindern? Welcher Zusammenhang besteht zwischen Imperialismus und Erziehungsmethoden? Welche Rolle spielen soziale Klassen bei der Kindererziehung? Warum ist das Leben von Kindern so unglücklich? Wie hängen Krieg und Kindheitserfahrungen zusammen?

Neben all ihren anderen bedeutenden Leistungen gebührt Virginia Woolf auch das Lob, in einer Zeit, als sich noch kaum jemand dafür interessierte, viele grundlegende Fragen zur Kindererziehung gestellt zu haben. Inzwischen sind Psychoanalytiker, Pädagogen, Feministinnen, Soziologen und Historiker zu ähnlichen Einsichten gelangt. Virginia Woolfs Beschreibung der Kindheit als Zeit des Schreckens hatte ihre Wurzeln zwar in ihren eigenen Erfahrungen, gleichwohl hielt sie das, was sie beschrieb, für die gemeinsame Erfahrung der Kinder dieser Welt. Wie so vieles andere war auch Virginias Woolfs Beschreibung der Kindheit visionär.

Dritter Teil

Jugendzeit

7. Kapitel

1897: Virginia Woolf mit fünfzehn

Als Julia Stephen 1895 starb, war Virginia dreizehn Jahre alt. Kurz nach dem Tod der Mutter begann George Duckworth (und möglicherweise auch Gerald), seine Halbschwestern sexuell zu mißbrauchen.[1] In den »Reminiszenzen« heißt es dazu: George bestand »im Übermaß seiner Erschütterung auf einer innigeren und reiferen Freundschaft mit uns; ja, sogar Gerald wurde während dieser Zeit seriös und gefühlvoll.«[2] Der verwitwete Leslie Stephen verlangte »Trost«[3] von Stella Duckworth. Virginia Woolf beschreibt die Zeit nach dem Tod ihrer Mutter »inmitten dieses beklemmenden, undurchsichtigen Lebens, das man nicht fühlte, das nichts Reales an sich hatte und uns dennoch überschwemmte und erstickte und uns blind machte,« als eine »Atmosphäre allzu üppiger Gefühle, so daß man manchmal ein physisches Bedürfnis nach rücksichtsloser Brutalität und frischer Luft hatte.«[4] In dieser Zeit des erzwungenen Schweigens[5] erlitt Virginia ihren ersten sogenannten Nervenzusammenbruch.

Nach dem Tod ihrer Mutter stellte Virginia das Schreiben ein, und erst Anfang 1896 führte sie für kurze Zeit ein (nicht erhaltenes) Tagebuch. Auch ihre Arbeit an der Familienzeitung, den *Hyde Park Gate News,*[6] gab sie auf. Es existiert nur ein Brief aus dem Jahr 1896 an ihren Bruder Thoby. Darin ist von Scham und Bloßstellung die Rede und von ihrer Angst, das Haus zu verlassen. Sie fängt an, eigene Erlebnisse einer »Miss Jan« zuzuschreiben und behält diesen Namen das ganze Jahr 1897 bei. Sie schreibt: »Es ist heute so windig, daß Miss Jan Angst hat, sich nach draußen zu wagen. Neulich blies ihr der Wind den Rock über den Kopf und sie marschierte in roten Flanellunterhosen herum, zum großen Vergnügen des Pfarrers, der zufällig gerade aus der Kirche kam.«[7] Dieser Vorfall ist wichtig, denn er ist der Grund für Virginias spätere Platzangst: Alle, so befürchtete sie, würden ihr ansehen, daß sie einmal auf der Straße ihr Hinterteil entblößt hatte.

Virginias Schweigen war nicht von langer Dauer. 1897 begann sie, Tagebuch zu führen. Am Samstag, den 1. Januar 1898, sagte sie diesem Tagebuch und auch dem vergangenen Jahr Lebewohl:

> »Hier kommt nun also das »Finis«. Bände könnte man über dieses Wort schreiben – es ist schwer, den wenigen Sätzen zu widerstehen, die einem ganz natürlich dazu einfallen ... Hiermit wird ein Band eines recht klaren Lebens (das erste wirklich *gelebte* Jahr meines Lebens) beendet, verschlossen und beiseitegelegt. Und noch eines -& noch eines werden kommen. Oh Tagebuch, sie sind sehr lang ...
>
> Ende des Jahres 1897«[8]

1897 war das Jahr, in dem Virginia zum erstenmal ein Korsett trug; es war das Jahr, in dem ihre Halbschwester Stella heiratete und starb. In diesem Jahr zeigten sich auch wieder jene Symptome eines »Zusammenbruchs«, unter denen sie ihr ganzes Leben leiden sollte. Auch einen Schreibtisch bekam sie in diesem Jahr, zwar zu hoch, um daran zu schreiben, aber immerhin konnte sie ihre Schreibutensilien darin verstauen. Fünfzig dicke Bücher hatte sie in diesem Jahr gelesen und das King's College in London besucht. Sie hatte entdeckt, wie man Augenblicke dadurch bereichern und festhalten kann, daß man sie niederschreibt. Sie hatte die Prozession zum diamantenen Thronjubiläum von Königin Viktoria gesehen. Es war ein Jahr der Theater- und Opernbesuche. Sie sah »Mariana« mit Elizabeth Robins, Shakespeares »Hamlet« und »Wie es euch gefällt«, und Gounods »Faust«. Sie hatte Spaziergänge durch die Kensington Gardens, zum Battersea Park, um den Round Pond und entlang der Serpentine gemacht, war oft im Zoo gewesen und hatte die National Gallery, die National Portrait Gallery und das Carlyle House besucht. Sie lernte die Freuden – und Gefahren – des Eislaufens und Radfahrens kennen. Und es war ein Jahr, das erahnen ließ, was für eine Frau einmal aus dem jungen Mädchen werden würde.[9]

Gegen Ende ihres Lebens beschrieb sie die emotionale Qualität dieses Jahres als das Gefühl, mit ihrem Vater, diesem »wilden Tier«, wie in einem Käfig zu leben.[10] Sie erinnert sich an die sieben Jahre von 1897 bis 1904 als an »unglückliche« Jahre.[11] Es waren die Jahre, in denen George Duckworth sie immer wieder sexuell mißbrauchte.[12] Sein Bruder Gerald hatte sie mißbraucht, als sie kaum von einer Krankheit genesen war; George war so sadistisch, ihr das gleiche in den Jahren nach dem Tod ihrer Mutter und ihrer Schwester Stella anzutun. Beide hatten sie mißbraucht, als sie besonders verletzlich war, und damit ihre Jugend vergiftet. Daß diese Fünfzehnjährige es schaffte, eine bedeutende, zielstrebige Frau zu werden, die sich ihrer Würde bewußt war, grenzt an ein Wunder. Es war ein Triumph des menschlichen Geistes über widrigste Umstände, und Virginias Mut und Stärke werden wie in ihrem fünfzehnten Lebensjahr besonders offenbar.

Welche Energie brachte sie auf, um gegen alle Widrigkeiten – und mit erstaunlichem Erfolg angesichts dieser Widrigkeiten – den Grundstein für ein produktives und erfolgreiches Erwachsenenleben zu legen! Das Tagebuch von 1897 gewährt Einblicke in diesen Vorbereitungsprozeß.

1897 versuchte Virginia, ihre engen Familienbande zu lockern – kein leichtes Unterfangen, bedenkt man, daß die Familie sie für geisteskrank hielt. Am 13. Oktober 1896 hatte Virginia einen Angstanfall mit einem Puls von 160 und allen Anzeichen äußerster Erregung. Stella brachte sie zu Dr. Seton, dem Hausarzt der Familie. Diesmal gab Dr. Seton strenge Anweisungen: Virginia mußte zunächst einmal bis Januar ihre Unterrichtsstunden aufgeben und täglich mindestens vier Stunden außer Haus verbringen.[13] Anfang März lernte sie zwar wieder etwas Latein und sogar Griechisch mit ihrer Schwester Vanessa,[14] doch einen normalen Stundenplan gab es in diesem Jahr für sie nicht.

Vielleicht war Setons Behandlung der eigentliche Grund für ihre ständige Angst und ihre häufigen Temperamentsausbrüche zu Beginn des Jahres 1897. In einem autobiographischen Fragment beschreibt sie gegen Ende ihres Lebens das Arsenal von Medikamenten in ihrem Zimmer.[15] Einige davon können durchaus für ihre Symptome – Herzrasen, Erregbarkeit, starke Stimmungsschwankungen – verantwortlich gewesen sein.[16] Der gewohnten Routine und sinnvoller Arbeit beraubt, mußte sie zudem vier Stunden täglich, gewöhnlich in Begleitung Stellas, außer Haus verbringen. Die Verantwortung für Virginia ruhte in diesem Jahr nahezu vollständig auf Stellas Schultern. Es ist also kein Wunder, daß Virginia für Stella zunehmend ambivalente, ja sogar feindselige Gefühle hegte. Es sei schlimm für Stella, »Ginia« immer um sich zu haben, bemerkte denn auch ein Verwandter.[17] Doch zweifellos war dieses ausschließliche Beisammensein auch schlimm für Virginia.

In Virginias Tagebuch von 1897 lesen wir von ihren täglichen Ausflügen, die sie häufig in den nahegelegenen Zoo, in die Kensington Gardens, die Gallerien und Museen und oft auch in die Arbeitshäuser führten, die Stella – als »Engel der Barmherzigkeit« in den Fußstapfen ihrer Mutter – besuchte.[18] Diese Aktivität den ganzen Tag über scheint für Virginia quälend und erschöpfend gewesen zu sein, eher dazu angetan, Angst zu erzeugen, als Angst zu lindern. Am 25. Januar 1897, einem Montag und Virginias fünfzehntem Geburtstag, verzeichnet sie einen Spaziergang nach dem Frühstück mit ihrem Vater um den Round Pond, einen Ausgang mit Stella, um ein Buch für Stellas Verlobten Jack Hill zu besorgen, einen Gang zur Regent Street, um Blumen und Obst zu kaufen, einen Besuch bei Miss Hill in der Marylebone Road, den Kauf eines Hochzeitsgeschenks der Geschwister für Stella, und schließlich noch ihre Geburtstagsfeier. All diese Wege legte man gewöhnlich mit öffentlichen Verkehrsmitteln zurück. Zu Virginias Beruhigung konnte dieser Tagesablauf – ärztliche Empfehlung hin oder her – kaum beitragen. Selbst Stella mußte wegen »nervöser Unruhe« den Arzt aufsuchen. Und Violet Dickinson war – wie viele andere – der Meinung, daß Stella, ähnlich wie ihre Mutter, eigentlich an Erschöpfung gestorben ist.[19]

Bei diesem Leben ohne erkennbares Ziel mußte es für die fünfzehnjährige Virginia sehr schwer gewesen sein, eine Vorstellung von sich als eigenständiger, zielbewußter Persönlichkeit zu entwickeln. Bevor Stella krank wurde, war sie fast nie allein, nur mit einem Buch konnte sie sich gelegentlich zurückziehen. Und wenn sie dann allein war, hatte sie Angst vor George und seinen Liebkosungen. Mit Mädchen ihres Alters scheint sie kaum Umgang gehabt zu haben. Sie sah, wie Vanessa und ihre Brüder Adrian und Thoby Freundschaften mit ihren Schulkameraden schlossen, und ärgerlich und einsam sah sie zu, wenn die Geschwister sich mit ihren Freunden zurückzogen. Doch die Familie band Virginia fest an sich, und bis zu Stellas Krankheit und Tod stand sie fast jede Minute des Tages unter Aufsicht.

Setons Maßnahmen, als Heilmittel gedacht, beraubten Virginias Leben jeder Struktur, jeder sinnvollen Arbeit, jeder ernsthaften Vorbereitung auf das Erwachsenenleben. Bei der Lektüre ihres Tagebuches wird überdeutlich, wie man Virginia zwang, zur Zuschauerin zu werden, zum Voyeur des aktiven und sinnvollen Lebens der anderen.[20] Sie sah ihre Schwester Vanessa zu ihren Malstunden gehen, hörte sie von einem Leben als Malerin träumen und sah sie später ihr gesellschaftliches Debüt geben. Sie sah den angehenden Naturwissenschaftler Adrian nach Westminster gehen, sah das Mikroskop, das die Familie ihm schenkte, als Zeichen dafür, daß sein Berufswunsch gebilligt wurde. Sie sah Thoby nach Clifton gehen, um sich in die tieferen Geheimnisse des Lateinischen einweihen zu lassen. Sie sah ihren Vater, der sich in Gesprächen mit Henry James und anderen illustren Freunden auf die Arbeit an seinen »Studies of a Biographer« vorbereitete. Sie sah Stella ihre Hochzeit mit Jack Hills vorbereiten, und sie sah George und Gerald Duckworth zu ihren endlosen Geselligkeiten aufbrechen.[21]

Dieses »Zuschauen« war für Virginias Entwicklung zur Schriftstellerin zweifellos von Bedeutung. Dennoch hatte es etwas zutiefst Ungesundes und potentiell Schädliches, daß man ihr den Unterricht verweigerte und auch ein Leben, das ihr das Gefühl von Eigenständigkeit gab, mit einer – wenn auch noch fließenden – Identität, so wie Vanessa in eine Identität als Malerin und Adrian in eine als Wissenschaftler hineinwachsen konnten. Die späteren Äußerungen Virginias in *Ein Zimmer für sich allein* und andernorts über die Bedeutung der Arbeit erhalten vor dem Hintergrund der aufgezwungenen Leere dieses Jahres noch mehr Gewicht, einer Leere, derer sie sich – gelegentlich voll Zorn – bewußt war. Ihr Groll auf Vanessa ist kaum zu überhören, wenn sie zum Beispiel vermerkt, »Nessa ist mal wieder bei ihrer Zeichnerei.«[22] Nach einem Spaziergang durch die Kensington Gardens am 17. März, dem zweiten dieses Tages, schreibt sie sarkastisch: »Ich ging in den Park und betrachtete die Blumen – die Mandelbäume blühen, die Krokusse verwelken, ... die anderen Bäume fangen gerade an, auszuschlagen ... Ich werde noch zum Landpfarrer, der sich Notizen über die Phänomene in den Kensington Gardens macht.«

Virginias Behandlung erinnert an die des kleinen Leslie Stephen, dem man 1840 das Dichten verbot. Seine Symptome, so glaubte die Mutter, seien die eines frühreifen Genies.[23] Als Leslie später ernsthaft selbstmordgefährdet war – Virginia war damals noch ein Kind –, deutete man dieselben Symptome als Nervenzusammenbruch. Leslie fand in seiner Tochter viel von sich selber wieder und glaubte, sie habe sein schwaches Nervenkostüm geerbt. (Gelernt hatte sie von ihm zweifellos einiges.)[24] Es ist durchaus wahrscheinlich, daß Virginia sich mit ihrem Vater und dessen Zusammenbrüchen identifizierte, vielleicht sogar auch mit der Familiengeschichte in Gestalt von J.K. Stephen und seinem Vater James Fitzjames Stephen, die in der Familie als verrückt galten. Vielleicht erinnerten sie ihre eigenen Wutanfälle an die von Laura Stephen, und das muß sie zutiefst erschreckt haben. 1897 lebte die 27jährige Laura in Brook House, Southgate. Sie war unfähig (oder unwillens), auch nur ihren Vater zu erkennen, und war für diesen eine stete Quelle von Schmerz und Verzweiflung.[25] 1897 machte Stella in Begleitung Virginias einen Besuch bei Laura. Welchen Eindruck mußte diese Begegnung auf Virginia machen, verhielt sie sich doch jetzt wie Laura früher, und Laura war eingesperrt, aufgegeben als unheilbar wahnsinnig oder geistig behindert. Angesichts dieser Familiengeschichte hatte Virginia allen Grund, Angst vor einem ähnlichen Schicksal zu haben. Doch liest man ihr Tagebuch, scheint ziemlich sicher, daß Setons Vorschriften ihren Zustand verschlimmerten. Virginia und ihre Familie mußten glauben, daß ihre Angst das Symptom einer weit schwereren Krankheit war.

Ohne Schule und die Freundschaft mit Gleichaltrigen hatte Virginia keinerlei Möglichkeit, ihre soziale, intellektuelle und emotionale Entwicklung mit der anderer junger Frauen ihres Alters zu vergleichen und zu messen, keinen Spiegel außerhalb ihrer Familie, der ein weniger verzerrtes Bild ihrer selbst und ihrer Gefühle zurückwarf, keinen Gefährten und keine Gefährtin, die ihr hätten sagen können, daß sie mit ihrem Zorn, ihren Enttäuschungen, ihrem Kummer und ihren Ängsten nicht allein war. Sie war ausschließlich und zutiefst vom Wohlwollen und Zuspruch Stellas, Vanessas und Leslies abhängig. Außer ihnen hatte sie niemanden. Wenn sie mit ihr zürnten und ihr Zuneigung und Aufmerksamkeit entzogen, konnte sie sich von keiner Freundin trösten lassen. Sie hatte in diesem Jahr kaum jemals eine andere Gesellschaft als sie. Und wenn Stella und Vanessa ihren eigenen Geschäften nachgingen, war sie oft vollkommen hilflos. Am 30. Juni – Stella ist krank, Vanessa mit ihrer Malerei beschäftigt, ihr Vater arbeitet – schreibt sie in ihr Tagebuch: »Nessa ist zum Zeichnen gegangen – aber ansonsten ist der Morgen ziemlich vage – ich bin zum erstenmal bei Stella gewesen & es ging ihr recht gut – möglich, daß ich später Erdbeeren geholt oder einen einsamen Spaziergang durch den Park gemacht habe, eins wie das andere sind zur Zeit meine tägliche Beschäftigung.« Ihre ganze Mattigkeit, ihre tiefe Niedergeschlagenheit und ihr Gefühl, im Inneren einer Weintraube zu sein – so schreibt sie selbst in ihrer Autobiographie[26] –, sprechen aus diesen Worten, und auch ihre Neigung, ihre eigenen Tage und ihre eigenen Aktivitäten an denen der anderen zu messen. In Virginias Tagebuch fehlt die Egozentrik, die man so häufig in den Tagebüchern Heranwachsender findet.

Die Lebensform, die Dr. Seton Virginia mit Zustimmung der Familie verschrieben hatte, half ihr sicher nicht, sich von ihrer Familie zu lösen. Und vielleicht ist das der entscheidende Punkt. In einer inzestuösen Familie dürfen junge Frauen selten ihre eigenen Wege gehen, wenn auch Vanessa mehr Freiheiten hatte als Virginia. Gleichwohl verzeichnet das Tagebuch, wie Virginia dieses ganze Jahr um ihre Freiheit kämpfte, und wie die Familie in diesen Versuchen häufig Symptome ihrer Krankheit sah, und kein gesundes, wenn auch bisweilen verzweifeltes Bemühen um Loslösung und Selbstfindung. Im Februar zum Beispiel wurden für Stella und Jack Hill Urlaubspläne geschmiedet. Virginia sollte mit von der Partie sein. Virginia widersetzte sich diesen Plänen, und als die Familie nicht nachgab, reagierte sie mit Wutanfällen.

Die Familie – allen voran Leslie – wollte, daß Virginia die 28jährige Stella und ihren Verlobten Jack Hill als Anstandsdame begleitete, und das einige Wochen vor ihrer Hochzeit. Man kann sich vorstellen, wie verwirrt und wütend Virginia war: Seit November hatte man sie als Kranke behandelt und in allem überwacht, jetzt sollte sie plötzlich gesund und erwachsen sein. Sicher war ihr klar, daß sie Stellas voreheliche Tugend bewachen sollte, eine furchtbare Verantwortung für ein junges Mädchen, das man noch vor kurzem keinen Augenblick aus den Augen ließ. Wie wir wissen, hatte Stella in den Jahren 1890 und 1891 J. K. Stephens Nachstellungen und vielleicht sogar einen Vergewaltigungsversuch über sich ergehen lassen müssen.[27] Vor diesem Hintergrund wird Virginias Reaktion noch verständlicher. Während dieser schrecklichen Zeit hatten die Stephen-Kinder Stella vor J. K. Stephen schützen müssen. Und nun sollte Virginia der Schwester erneut einen ähnlichen Dienst erweisen.

Die Familie verschloß sich den flehentlichen Bitten Virginias, ihr diese Aufgabe zu ersparen. Nichts konnte diese »ganze entsetzliche Sache« (5. Februar) aufhalten. Je näher der Tag der Abreise kam, umso wütender wurde Virginia. Doch sie verlor die Schlacht, und sie und Vanessa (ein Zugeständnis an ihren ungestümen Widerstand) begleiteten Stella und Jack. Die Reise wurde eine Katastrophe (ich werde noch ausführlich darauf eingehen).

Als Stella im April von ihrer Hochzeitsreise zurückkehrte, war sie schwer krank. Auf Leslies Wunsch mußte Virginia einige von Stellas Pflichten im Haushalt übernehmen. In ihrem Tagebuch verzeichnet sie Besuche im Armenhaus, eine Fahrt zur High Street, um einen Sessel für George Duckworth zu kaufen, und einen Besuch bei der Bank, um Stellas und Jacks Silber dort abzuholen. Außerdem war sie oft bei Stella und begleitete sie häufig auf Ausfahrten in den Park.[28] All das wurde einer jungen Frau abverlangt, die bis zu Stellas Hochzeit kaum einen Schritt ohne Aufsicht tun durfte. Stellas Krankheit hätte für Virginia zur Gelegenheit werden können, sich als gesunden, lebenstüchtigen Menschen zu erleben, zumal Leslie jetzt von ihr die gleichen Dienstleistungen erwartete, die er von Stella gewöhnt war.[29] Doch er gestattete ihr nicht, auch ihre eigenen Wege zu gehen, sondern beanspruchte sie vollkommen für die Familienpflichten.

Wahrscheinlich war es zuviel, was sie in so kurzer Zeit zu bewältigen hatte, denn Virginia begann in ihrem Tagebuch Unfälle zu vermerken, die sie auf ihren Besorgungswegen gesehen hatte – ein durchgegangenes Pferd (13. April), eine umgestürzte Droschke (8. Mai), den Zusammenstoß eines durchgegangenen Pferdes mit einer Kutsche (13. Mai). Man hat diese Vorfälle vielfach für Produkte ihrer Einbildung gehalten. Ich glaube, daß sie einfach besonders empfänglich war für die Gefahren auf Londons Straßen, schließlich erlebte sie sie zum ersten Mal ganz auf sich gestellt. Bedeutsam scheint mir, daß sie sie von dem Moment an vermerkt, als ihr die vielen Besorgungen für den Haushalt oblagen. Ihre Seele schien ihr mitteilen zu wollen, daß sie noch nicht bereit war, sich von der Kranken in den »Engel des Hauses« zu verwandeln. Die Erwartungen der Familie brachten Virginia in eine Situation, die die moderne Psychologie ein »Double-bind« nennt: Sie sollte jetzt alleinverantwortlich handeln, wo man sie vor kurzem noch als Kranke behandelte. Sie fühlte sich tüchtig und ängstlich zu gleich. Doch zeigen durfte sie ihre Angst nicht, denn dann würde die Familie ihre neugewonnene Freiheit wieder einschränken. Stella mußte krank werden, damit man Virginia wieder für gesund hielt. Auch das muß sie verwirrt haben. Stella, ihre Beschützerin, war nun der Grund dafür, daß man ihr Verantwortungen übertrug, für die sie emotional noch nicht bereit war. Zudem hatte sie Angst, daß Stella starb, denn sie war wirklich schwer krank. Bedenkt man, was ihr nach dem Tod ihrer Mutter zustieß, wird ihr verstörter Zustand verständlich. Es ist kein Wunder, daß Virginia für Stella zwiespältige Gefühle hegte. Sie war ständig in Sorge um deren Gesundheit, doch aus ihrem Tagebuch sprechen auch Ärger auf Stella und deren Krankheit und später offene Feindseligkeit. Die Last der Verantwortung für die Familie lag nun auf ihren Schultern. Virginia wurde Leslies nächstes »Opfer«.[30]

Am 6. Mai, Stella war bettlägerig, schrieb sie in ihr Tagebuch, sie habe »ein Vorlesungsverzeichnis vom King's College« mitgebracht: »Nach dem Lunch sprach ich mit Vater darüber und habe beschlossen, nächsten Herbst dort anzufangen, wenn ich überhaupt anfange. Nachmittags waren wir im Arbeitshaus.[31] Daß sie das Verzeichnis des King's College heimbrachte, war ihr erster ernsthafter Versuch, sich auf gesunde, nicht selbstzerstörerische Weise von ihrer Familie zu lösen. Doch Leslie Stephen äußerte Bedenken, vermutlich hielt er nichts von akademisch gebildeten Frauen. Gegen Vanessas Malerei hatte er nichts einzuwenden, denn die war mit seiner Vorstellung von der Rolle der Frau vereinbar. Ein Studium am King's College war etwas anderes. Daß man ihr zutraute, ins Arbeitshaus zu gehen und die Familie zu versorgen, sie aber nicht für fähig hielt, am King's College zu studieren, dürfte Virginia kaum eingeleuchtet haben. Virginia muß von ihren Fähigkeiten überzeugt gewesen kein, sonst hätte sie kaum das Vorlesungsverzeichnis heimgebracht. In dieser Zeit verschlang Virginia alle paar Tage einen Band Macaulay. Sie muß geahnt haben, daß sich ihre Hoffnung auf eine wirkliche Schulbildung nicht erfüllen würde, und wahrscheinlich war ihr Zorn darüber groß. Wieder einmal blieb es ihr verwehrt, sich selbst zu bestätigen, wieder einmal galt sie als unfähig – aber nur unfähig, eine Schule zu besuchen, nicht unfähig, für die Familie zu arbeiten. Sie reagierte darauf mit denselben Symptomen wie im November.

Am 9. Mai untersuchte Dr. Seton Virginia erneut, wieder wurde ein Unterrichtsverbot verhängt. Am 11. Mai schrieb sie: »Vater hat sich Dr. Setons Meinung angeschlossen und findet auch, daß man mich mit gesunder Arbeit draußen beschäftigen sollte – als Naturliebhaberin – & und der Garten hinter dem Haus muß urbar gemacht werden – Das wird das wahrhaft gigantische Werk eines Genies – nichtsdestotrotz werden wir es versuchen. Entsprechend wurden eine Forke, ein Spaten, eine Hacke und ein Rechen geordert... & morgen beginne ich die Operation.« Im Tagebuch steht auch, daß Virginia gerade den schwierigen fünften Band von Macaulays Geschichte Englands las. Man stelle sich eine fünfzehnjährige Macaulay-Leserin vor, der Schulunterricht und College-Besuch verboten sind und die man zwingt, sich ihren Nerven zuliebe der Gärtnerei zu widmen. Die Situation ist so lächerlich und rührend, daß auch Virginia ihre jammervolle Komik nicht entging.

Ob Virginias seelisches Gleichgewicht tatsächlich gefährdet war, ist schwer festzustellen. Sicher war sie ängstlich und zornig. Und da niemand ihrem Mißbrauch ein Ende setzte und sie tun ließ, was sie wollte, reagierte sie wahrscheinlich erregt oder »hysterisch«. Doch mit Virginias »Krankheit« hatte die Familie offenbar weniger Probleme als mit ihren Gefühlen – ihren Wut- und Angstanfällen, ihrem Zorn, ihren Launen. Ein junges Mädchen für geisteskrank zu erklären, enthebt eine Familie jeglicher Schuld und Verantwortung. Statt die Ursache für Virginias Verhalten in der schwierigen Familiensituation zu suchen, fand man es einfacher, ihre Angst für ein böses Erbe und als solches für schicksalhaft und unheilbar zu halten – für einen Familienfluch. In diesem Zusammenhang sind einige Sätze aus Julia Stephens *Notes from Sick Rooms* aufschlußreich: »Bei Krankheit gelingt es uns, Einzelheiten zu übersehen, die bei Gesundheit das Familienleben schwierig machen,« schrieb sie, um dann fortzufahren: »Die Beziehung zwischen einem Krankem und einem Gesundem ist gewöhnlich weit problemloser und angenehmer als die zwischen Gesunden.«[32]

Wie in so vielen anderen Familien hatte man auch in der Familie Stephen seine Gefühle unter Kontrolle zu halten. So durfte Virginia ihre Gefühle weder angemessen zeigen, um mit ihnen fertigzuwerden, noch war die Familie bereit, sich zusammen mit ihr an die schwierige und konfliktträchtige Arbeit zu machen, ihren Ärger, ihre Trauer und ihre Wut zu verstehen und sie so als die starke selbständige Frau, die sie einmal werden sollte, ernst zu nehmen. Viele Tagebucheintragungen legen davon Zeugnis ab. Vanessa und Virginia gelobten zum Beispiel, an Stellas Hochzeitstag kein trauriges Gesicht zu machen, obwohl sie Stella nur sehr ungern ziehen ließen. »Ruhig und gelassen« würden sie sein, »als berühre uns Stellas Heirat nicht im geringsten« (5. April). Wenn Virginia ihre Gefühle – auf gelegentlich durchaus unangemessene Weise – zeigte, erklärte man sie zu Symptomen einer Geisteskrankheit. Man verschrieb ihr das inhaltsleere, abhängige und gefängnisgleiche Leben, das sie dahin brachte, sich selber für lebensuntüchtig zu halten. Tatsächlich hatte das Leben der fünfzehnjährigen Virginia viel Ähnlichkeit mit dem Leben der Tiere, die sie bei ihren häufigen Zoo-Besuchen beobachtete; und sie selber schrieb, sie lebe in einem Käfig. Sie verglich ihre Gefühle und Eigenschaften mit denen von Tieren – ihre Sturheit war die »Sturheit eines Esels«, ihr Eifer »der eines Krallenaffen« (29. März). Gefühle zu haben, so hatte man ihr vermutlich beigebracht, mache den Menschen zum Tier. Und wenn sie auszubrechen versuchte, wurde ihr Käfig anschließend nur noch noch enger. Als Erwachsene fühlte sie sich wie ein eingesperrtes Tier und sah in ihrem Vater eine Bestie.[33] Doch hütete sie sich, dergleichen ihrem Tagebuch anzuvertrauen. Mit gutem Grund, denn wer weiß, was dieses wilde, unberechenbare Tier ihr angetan hätte, wären ihm solche Einschätzungen seiner selbst vor Augen gekommen.

Gleichwohl machte Virginia das Beste aus ihrer Lage. Allen Widrigkeiten zum Trotz las sie sich eine Identität als künftige Historikerin an. Leslie Stephen half ihr zwar dabei, doch im Grunde schaffte sie es aus eigener Kraft. Am Ende des Jahres hatte sie ihren Vater davon überzeugt, daß sie durchaus in der Lage war, am College-Unterricht teilzunehmen. Doch schon bevor sie das King's College besuchte, hatte sie begonnen, sich zur Historikerin oder vielleicht sogar zur Biographin heranzubilden. Sie las nicht nur, sie versuchte sich auch bereits an schriftlichen Arbeiten, auf die ich in einem späteren Kapitel eingehe.

1893 hatte Leslie in einem Brief an seine Frau über die elfjährige Virginia geschrieben: »Gestern habe ich mit Ginia über George II. diskutiert... Sie hat eine gute Auffassungsgabe und besitzt wirklich das Zeug zu einer Autorin, allerdings bin ich mir noch nicht schlüssig, auf welchem Gebiet. Geschichte wäre sicher nicht schlecht, zumal ich ihr da ein paar Tips geben könnte.«[34] Auch 1897 noch ermuntert sie der Vater, als Historikerin oder Biographin in seine Fußstapfen zu treten. Zum Geburtstag schenkt er ihr Lockharts zehnbändige Biographie von Walter Scott – das »schönste Geschenk, das ich je bekommen habe« (26. Januar).

Leslie Stephen arbeitete 1896 selbst an einer Scott-Biographie für das *Dictionary of National Biography*; Julia Stephens hatte stets eine besondere Vorliebe für Scotts Werke.[35] Mit der Scott-Biographie besaß Virginia nun etwas, das sie mit Vater und Mutter verband. Und der erfolgreiche Literat, der auch seinerseits viele Schwierigkeiten zu überwinden hatte, war zweifellos ein gutes Vorbild für Virginia.

Wie sehr die Beschäftigung mit Geschichte und Biographien ihrem Leben in diesem schweren Jahr zu Sinn und Struktur verhalf, zeigt ihre Tagebucheintragung vom 18. Mai, als Stella bereits schwer krank war:

> »Wie üblich machte ich mit Stella eine... Ausfahrt in den Park. Ich lese jetzt Carlyles Französische Revolution – der 5. Band von Macaulay steht wieder an seinem Platz. Ich werde mich noch an Geschichte überfressen. Ein William-Experte

bin ich schon (Hört Hört!) & und wenn ich die beiden Bände von C. gemeistert habe, ist mein erster B.A. fällig.«

Das Eigenstudium ersetzte Virginia die ihr verwehrte formale Ausbildung. Die intensive Beschäftigung mit Geschichte und Biographie trug sicher viel dazu bei, daß sie dieses Jahr durchstand, immerhin hoffte sie schon darauf, eines Tages ihren ersten akademischen Grad zu erwerben. Wie wir aus ihren Aufzeichnungen wissen, las sie überwiegend historische Werke. Im Januar zum Beispiel verzeichnet sie acht gelesene Bücher, davon sechs historischer Natur: *Three Generations of English Women* (Band 1 und 2), Creightons *Queen Elizabeth*, J.A. Froudes *Thomas Carlyle* (Band 1 und 2), den ersten Band von Lockharts *Life of Sir Walter Scott*. Im Februar setzt sie die Lektüre von Scott und Creighton fort und nimmt sich außerdem die *Essays in Ecclesiastical Biography* von Sir James Stephen vor. Im März liest sie Campbells *Life of Coleridge*, Carlyles *Life of John Sterling* und die Tagebücher des Samuel Pepys; im April Caesar, Macaulays *History of England*, Carlyles *French Revolution* und Miss Mitfords *Notes of a Literary Life*; im Juni Carlyles *Oliver Cromwell's Letters and Speeches*, Cowpers *Letters, a History of Rome*; im August Leslie Stephens *Life of Henry Fawcett* und im September ist sie noch mit Carlyles *French Revolution* beschäftigt und liest seine Briefe.

Darüber hinaus gab es noch Romane und Gedichte, die sie entweder selbst las, oder die der Vater der Familie vorlas. Im Januar las er *Esmond* und *The Antiquary* vor, alleine las Virginia *The Newcomes* und *The Old Curiosity Shop*. Im Februar schloß sie die Lektüre von *The Newcomes* ab und las dann *A Deplorable Affair*; im März las sie unter anderem *Felix Holt*; im April rezitierte ihr Vater »The Rime of the Ancient Mariner« und sie selbst las *Barchester Towers*; im Mai hörte sie von ihrem Vater Merediths »Love in the Valley«. Von Mai bis September las Virginia Henry James, *Caleb William* und *The Scarlet Letter*, im Juli *Shirley* und *Vilette*, im August *Vanity Fair* und *Adam Bede*, im September *Jane Eyre* und *Nicolas Nickelby*.

Virginia verzeichnete gewissenhaft, was sie las, beschränkte ihre

Kommentare aber zumeist auf kurze Bemerkungen wie »mein geliebter Macaulay« (1. Mai) oder »mein wundervoller Lockhart« (30. Januar). Sie vermerkt allerdings, daß Lesen ihre Angst lindere. Als Stella schwer krank war und sie gerade Macaulay las, schrieb sie: »Letztendlich sind Bücher die größte Hilfe und der beste Trost« (1. Mai). Die historischen und biographischen Werke bereicherten sicher nicht nur ihr Wissen, sondern gaben ihr vielleicht etwas, was auch ihr Vater in ihnen suchte: die Bestätigung, daß es Menschen gab, deren Leben nicht nur sehr viel schwerer war als das ihre, sondern die durch ungeheuren Kummer und großes Leid nicht trotz, sondern wegen ihrer eigenwilligen Weltsicht zu Erfolg gelangten. Geschichtsbücher und Biographien erweiterten ihren Horizont und ermöglichten es ihr, sich und ihr Leben trotz viktorianischer Erziehung an den Erfahrungen anderer und insbesondere an der von Männern zu messen. Die umfangreichen und intensiven Geschichtsstudien dieses Jahres legten den Grundstein für die meisterhafte Darstellung historischer Prozesse späterer Jahre, man denke nur an den *Orlando*, die *Drei Guineen* und *Die Jahre*. Auch ihre Einsicht in die Art und Weise, wie gesellschaftliche und historische Kräfte das Leben des einzelnen Menschen beeinflussen, hat sicher hier ihren Ursprung. Das Lesen von Romanen veränderte Virginias Weltsicht auf andere Weise. Aus den Romanen lernte sie, wie Menschen miteinander umgehen und wie man das eigene Leben aus anderer Perspektive betrachtet.[36]

Bücher waren ihr Zuflucht, Trost und Freundschaftsersatz. Sie halfen ihr, zu einer Identität zu finden, sich abzugrenzen und sich langsam ihren Lebensweg als Frau zu bahnen. In ihrem späteren Werk erkennen wir, wie sehr sie die Lektüre dieses Jahres beeinflußt hat: Sie hat später fast über jedes Buch, das sie damals las, geschrieben; viele tauchen als literarische Anspielungen in ihren Romanen auf, aus anderen schöpft sie den historischen Hintergrund ihrer Essays, Biographien und Romane.[37]

Es bedürfte vieler Seiten, wollte man dem Einfluß all dieser Werke auf die Romanautorin, die Biographin und die Essayistin

Virginia Woolf nachspüren. Lassen wir es daher bei einem Beispiel bewenden und schauen uns an, wie und wo sie später auf ihre Lektüre von Scotts *The Antiquary* zurückgreift.

1924 veröffentlichte Virginia Woolf in the *New Republic* ein Essay mit dem Titel »The Antiquary«. So um den 16. Oktober 1924 begann sie mit der Niederschrift.[38] Am 17. Oktober verzeichnet sie in ihrem Tagebuch die Idee zum *Leuchtturm* – »Ich sehe schon den alten Mann.«[39] Bei der neuerlichen Beschäftigung mit *The Antiquary* wurden sicher Erinnerungen an das Jahr 1897 und seine ungelösten Probleme wach. In diesem Jahr hatte Leslie Stephen seinen Kindern das Werk vorgelesen. Die Lektüre dauerte, wie wir aus Virginias Tagebuch wissen, vom 27. Januar bis zum 31. März, und wir wissen auch, daß Vater und Tochter sich beim Lesen abgelöst haben. Es war die Zeit, als Dr. Setons Vorschriften ihr Leben so sehr einschränkten; auch die aufgezwungene Reise mit Stella und Jack nach Bognor fällt in diese Periode. *Die Fahrt zum Leuchtturm* ist zu großen Teilen eine Aufarbeitung der emotionalen Wirrungen dieses Jahres 1897 – die lebensspendende, aber erdrückende und einengende Muttergestalt, deren plötzlicher Tod, der liebenswerte, aber aufreizend infantile und abhängige Vater, die Notwendigkeit, zunächst mit beiden Eltern, dann mit der Abwesenheit der Mutter und dem alleingebliebenen Vater fertigzuwerden, während man gleichzeitig versuchen muß, in Auseinandersetzung mit den Eltern und doch losgelöst von ihnen zu einer eigenen Identität zu finden. All das entspricht Virginia Woolfs eigener Situation in diesem Jahr. Und faszinierenderweise war laut Lockharts Scott-Biographie, die Virginia in diesem Jahr las, ein John *Ramsay* aus Ochtertyre Vorbild für einen der Protagonisten im »Antiquary«.[40] Im *Leuchtturm* ist – im Abschnitt »Der Ausblick« – mehrfach von *The Antiquary* die Rede. Mrs. Ramsay betritt ein Zimmer und sieht dort Mr. Ramsay etwas lesen – »das ihn sehr bewegte. Er lächelte beinahe, und dann erkannte sie, daß er seine Gemütsbewegung beherrschte. Er schleuderte die Blätter beim Umwenden. Er spielte Theater – vielleicht sah er sich als die Person in dem Buch. Sie fragte sich, was für ein Buch es sei. Oh, eins von Walter Scott.«[41] Und später liest Mr. Ramsay von »Steenies Ertrinken und Mucklebackits Trauer.« Gedanken über sich selbst, seine Frau und seine Familie vermischen sich mit den Gefühlen, die das Buch in ihm auslöst:

> »Die Kraft und das gesunde Wesen dieses Mannes, sein Sinn für alles Gerade und Schlichte, für diese Fischersleute, dieses arme alte, halb irre Geschöpf in Mucklebackits Hütte gaben ihm ein solches Gefühl der Lebenskraft, des Befreitseins von etwas, daß er sich aufgerüttelt und siegreich fühlte, und die Tränen nicht zurückzudrängen vermochte. Das Buch ein wenig höher hebend, um sein Gesicht zu verbergen, ließ er sie rinnen und schüttelte den Kopf und vergaß sich selbst völlig ... vergaß seine eigenen Mißhelligkeiten und Mißerfolge völlig über Steenies Ertrinken und Mucklebackits Kummer (das war bester Scott) und dem erstaunlichen Entzücken und dem Gefühl von Lebenskraft, die das alles ihm gab.«[42]

In dieses Portrait von Mr. Ramsay, der viele Züge Leslie Stephens trägt, ist zweifellos die Erinnerung an den Vater eingegangen, der seiner Familie 1897 eben diesen Roman vorgelesen hatte. Bei Scott lautet die Szene, die Mr. Ramsay liest, folgendermaßen:

> »Der Sarg mit dem aufgebahrten Toten wurde auf das hölzerne Bett gelegt, in dem der junge Fischer zu Lebzeiten geschlafen hatte. Nicht weit davon stand der Vater, dessen wettergegerbte Züge, beschattet von ergrautem Haar, mancher stürmischen Nacht und manchem nachtdunklen Tag getrotzt hatten. Er wendete offenbar seinen Verlust in Gedanken hin und her, mit jenem starken Gefühl schmerzhafter Trauer, das harten und rauhen Charakteren eigen ist und das nahe an Haß grenzt: Haß gegen die Welt und alles, was in ihr verbleibt, nachdem die geliebte Person verschwunden ist. Der alte Mann hatte die verzweifeltsten Versuche unternommen, seinen Sohn zu retten,

und man hatte ihn mit Gewalt zurückhalten müssen, als seine Bewegungen sinnlos wurden und nur zum Tode eines weiteren Menschen geführt hätten.«[43]

1897 trauerte Leslie Stephen immer noch um seine Frau. Wenn Virginia ihren Vater von Steenies Ertrinken und Mucklebackits Leid lesen hörte oder selber las, half ihr das vermutlich, die tiefe Trauer des Vaters zu verstehen. Jahre später wird sie diese Analogie mit dem Romanportrait ihres Vaters in *Die Fahrt zum Leuchtturm* erneut beschwören. Und schon in *The Antiquary* finden wir das Bild des Leuchtturms, das in Virginias Woolfs Roman von so zentraler Bedeutung ist. Als in *The Antiquary* Sir Arthur, Isabella Wardour und Ochiltree im Sturm an einem Felsen kentern, hängt ihr Überleben vom Schein eines vorübergehend nicht sichtbaren Leuchtturms ab:

»Abgeschnitten vom Lichtstrahl des Leuchtturms erlebten sie die zweifache Qual von Schrecken und Spannung... Das Signal der Sicherheit verlor sich zwischen tausend weißen Sturzwellen... ›Vater! Lieber Vater!‹ rief seine Tochter und klammerte sich an ihn.«[44]

Diese Szene ist eine von den drei Episoden, die Virginia Woolf 1924 in ihrem Essay kommentiert. Wie in *The Antiquary* steht der Schein des Leuchtturms auch in ihrem Roman für das Bedürfnis nach elterlichem Schutz. Als Cam sich auf dem Ausflug zum Leuchtturm ihrem Vater anschließt, denkt sie – wie Isabella Wardour – an den Schutz, den ihr Vater ihr geben kann:

»Nun kann ich weiter über was ich nur will nachdenken und werde dabei in keinen Abgrund fallen oder ertrinken, denn dort ist er und behält mich im Auge... Und doch führte er sie alle auf einer großen Entdeckungsreise an, auf der sie, soviel sie wußte, ertrinken würden.«[45]

Etwas früher war Cam mit jenen Charakterzügen ihres Vaters ins Gericht gegangen, die ihre Kindheit vergiftet hatten. Es sind die gleichen Eigenschaften, unter denen 1897 auch Virginia litt:

> »Aber was unerträglich blieb ... das war diese seine sture Blindheit und Tyrannei, die ihre Kindheit vergiftet und bittere Stürme heraufbeschworen hatte, so daß sie sogar jetzt noch in der Nacht vor Wut zitternd erwachte und sich an einen seiner Befehle erinnerte: an ein unverschämtes: ›Tu dies!‹, an seine Gewaltherrschaft, sein ›Unterwirf dich mir!‹«[46]

Im letzten Teil des Buches erinnert sich Cam daran, wie ihr Vater ihr in ihrer Jugend vorlas, und gleichzeitig kommen ihr die zwiespältigen Gefühle in den Sinn, die sie damals bei dem Gedanken an seine Fähigkeit, Schutz zu gewähren, für ihn hegte:

> »weiter, weiter, eine Seite nach der anderen umgewendet! Und sie fuhr fort, sich eine Geschichte vom Entkommen aus einem untergehenden Schiff zu erzählen, denn sie war geborgen, solange er hier saß; geborgen, wie sie sich auch geborgen fühlte, wenn sie aus dem Garten verstohlen eintrat und ein Buch aus einem Fach nahm ... Ungefähr hier, dachte sie, die Finger im Wasser plätschern lassend, war ein Schiff untergegangen; und verträumt, gleichsam halb im Schlaf, murmelte sie, wie wir alle untergegangen, jeder allein.«[47]

Cams Ambivalenz ihrem Vater gegenüber – irgendwie ist er Beschützer und Prophet ihres einsamen Ertrinkens zugleich – spiegelt wahrscheinlich die zwiespältigen Gefühle, die Virginia 1897 ihrem eigenen Vater gegenüber hegte, als sie dasaß und ihn von Isabella Wardours zwiespältigen Gefühlen *ihrem* Vater gegenüber lesen hörte. Denn 1897 schien Leslie Stephen alles für das Wohlergehen seiner Tochter zu tun, sie nach Kräften vor einem weiteren Angstanfall schützen zu wollen. Indem er dafür sorgte, daß Setons Anweisungen strikt befolgt wurden, war er ihr Beschützer und der Wächter über ihre Sicherheit. Doch gleichzeitig beugte er sich Setons düsterer Diagnose, und so mußte Virginia zu der Überzeugung gelangen, ihr Vater beuge sich auch dem Schicksal, das sie zum einsamen Tod im Meer bestimmt hatte.

Auch Cams Zweifel am väterlichen Schutz wird Virginia Woolf geteilt haben, denn ganz sicher hatte er sie nicht davor geschützt, sexuell mißbraucht zu werden. Und wenn sie den Vater in ihrer Autobiographie einen Löwen nennt, mit dem sie den Käfig teilte, gibt sie zu verstehen, daß er einer ihrer Peiniger war. All das machte es ihr als junges Mädchen unmöglich, zu einer gesunden sexuellen Identität zu finden. Der Archetyp des Mannes als demjenigen, der das Leben einer Frau beschmutzt und ausbeutet, war eine der Wahrheiten, mit denen sie lebte.[48] Stellas Tod 1897 bestärkte Virginia ganz sicher in ihrer Angst vor der Sexualität.

In *Die Fahrt zum Leuchtturm* hat Mr. Ramsay nach der Dinner-Party das dringende Bedürfnis, besagtes Kapitel in *The Antiquary* noch einmal zu lesen. Dieses 32. Kapitel beginnt mit folgendem Gedicht, das, wie es heißt, die »Geheimnisvolle Mutter« schrieb:

> »Was ist jene geheime Sünde, jenes Unaussprechliche,
> Das keine Kunst auslöschen und keine Buße tilgen kann?«

Von welcher geheimen Sünde die nie erzählte Geschichte berichtet, wird am Ende des Kapitels, unmittelbar nach der Schilderung von Steenies Leid, offenbar. Evelina Neville, überzeugt, durch Inzest mit ihrem Halbbruder vergiftet und besudelt zu sein und außer sich vor Leid und dem Gefühl von Schuld, stürzt sich von einer Klippe. Auch Cams Phantasien vom Tod durch Ertrinken sind von Evelinas Selbstmord inspiriert. Was muß Virginia 1897 empfunden haben, als sie von Evelinas Entscheidung hörte oder las, der Schuld an der – wie sie glaubte – inzestuösen Beziehung zu einem Halbbruder zu entfliehen und den Tod zu suchen. Zu dieser Zeit trug Virginia bereits an der Erfahrung inzestuöser Beziehungen mit beiden Halbbrüdern, und vielleicht waren beide im Zimmer, als Leslie oder Virginia der Familie von Evelinas Schicksal vorlasen.

Interessant ist in diesem Zusammenhang, daß Virginia Woolf in der veröffentlichten Fassung ihres Essays über *The Antiquary* ein aufschlußreicher Verständnis- oder Erinnerungsfehler unterlief, der ausgerechnet die Evelina Neville-Episode betrifft (im übrigen die Episode, die Mr. Ramsay zweimal las). Veröffentlichte Fassung und handschriftlicher Entwurf des Essays stimmen in einem wichtigen Punkt nicht überein. Im Entwurf lautet die Glenallan-Episode folgendermaßen:

> »Denn wer bricht in diese denkwürdige Szene ein? Der leichenblasse Earl of Glenallan, der unglückselige Edelmann, der seine Schwester geheiratet hatte, oder – wir tun der Dame unrecht, die sich zur Sühne ihres Verbrechens eine Klippe hinabstürzte. Sie war nur seine Cousine...«

In der veröffentlichten Fassung lautet diese Stelle ganz anders:

> »Denn wer klopft an die Tür und zerstört diese denkwürdige Szene? Der leichenblasse Earl of Glenallan, der unglückselige Edelmann, der seine Schwester im Glauben geheiratet hatte, daß sie seine Cousine sei; und der von da an in Trauerkleidung durch die Welt gestreift war.«[49]

Innerhalb der nicht ganz zwei Monate, die zwischen Entwurf und Schlußfassung lagen, spielte das Gedächtnis Virginia Woolf einen – angesichts ihrer eigenen Erfahrungen – aufschlußreichen Streich. Es sieht ganz so aus, als hänge dieser Erinnerungsfehler in der Tat mit ihren inzestuösen Kindheitserlebnissen zusammen und indirekt vielleicht auch mit den aufsteigenden Erinnerungen an das Jahr 1897 mit den väterlichen Vorleseabenden. Noch bedeutsamer wird dieser Fehler, wenn man bedenkt, daß Evelina mit ihrem Tod einen Inzest sühnen will, der keiner war.

Virginia Woolf trug ihr Leben lang an der Scham, der Schuld, dem Zorn, dem Leid und dem Gefühl der Ohnmacht, das die inzestuösen Erfahrungen in ihr zurückgelassen hatten. In der Schilderung Cams, die ihrem vorlesenden Vater zuhört und sich von ihm unbeschützt fühlt, und in der Anspielung auf jenes Scott-Kapitel in *Die Fahrt zum Leuchtturm* finden wir möglicherweise das Versagen Leslie Stephens wieder, der seine Tochter nicht vor den inzestuösen Übergriffen ihrer Halbbrüder schützte. Es ist ein schrecklicher Gedanke, daß Virginia Woolf viele Jahre später dem Vorbild Evelina Nevilles aus *The Antiquary* gefolgt sein könnte, als sie sich in der Ouse ertränkte. Die Parallelen zwischen dem, was in *The Antiquary* geschieht, und dem Leben Virginia Woolfs und auch der Gebrauch, den sie später von diesem Roman macht, lassen seine Bedeutung für sie erahnen. Mit seiner Hilfe versuchte sie, ihren Vater und ihre eigenen zwiespältigen Gefühle Elterngestalten gegenüber zu verstehen. Und in gewisser Weise projizierte sie wohl ihre eigenen Erfahrungen auf Evelina Neville.

Offenbar sehnte sich die fünfzehnjährige Virginia immer noch nach ihrer Mutter und hatte die ambivalenten Gefühle von Liebe und Zorn, die ihr Tod in ihr ausgelöst hatte, noch nicht überwunden. Sie hätte den Vater gebraucht, doch Leslie war unfähig, seinen Kindern in ihrer Trauer zu helfen. Aus dem Tagebuch des Jahres 1897 wissen wir, daß Stella Duckworth bei der heranwachsenden Virginia Mutterstelle vertrat. Und Stella war Julia Stephen sehr ähnlich – »sanft und edel und liebevoll«.[50] Doch das Tagebuch enthüllt auch, wie schwer es für die so gar nicht sanfte, edle und vollkommene Virginia war, stets ein so unerreichbares Vorbild vor Augen zu haben. Gelegentlich war ihr soviel Sanftheit und Edelmut offenbar zuviel und sie nannte die Schwester spöttisch »Bella«.

Virginias Ärger über Setons Vorschriften wird sich oft gegen Stella gerichtet haben. Sie wird die Halbschwester gelegentlich weit weggewünscht, sich vielleicht sogar vorgestellt haben, die Schwester sei tot und sie sei frei – eine sehr häufige Phantasie von Halbwüchsigen, die der elterlichen Überbehütung entkommen wollen.

In den Monaten vor Stellas Hochzeit scheint der Ärger jedoch verflogen, von ihrer Reaktion auf die erzwungene Reise mit Stella und Jack einmal abgesehen. Vielleicht konnte sie sich auch der Dankbarkeit der Familie für Stellas aufopfernde Arbeit nicht entziehen und verbot es sich, ihrem gesunden Ärger auf sie Luft zu machen. Das tat sie dann stattdessen anläßlich der für sie so furchtbaren Reise nach Bognor. Und die Reise wurde denn auch eine Katastrophe mit offenbar traumatisierender Wirkung. Die Unterkunft der Schwestern war noch eine Baustelle. Es war windig, trübe und kalt, regnete oder nieselte. Die Wege waren aufgeweicht, die See schwarz. Jack wohnte in der Nachbarschaft, kam aber zu den Mahlzeiten herüber. Am Mittwoch, den 10. Februar, beschreibt Virginia, wie Stella und Jack zunächst zu einem Spaziergang mit den beiden Mädchen aufbrachen, aber bald kehrtmachten und alleine zurückgingen. Das Paar wollte die beiden offenbar los sein, was Virginia erbitterte. Den 11. Februar nennt sie einen Tag, der auch Nerven und Gesundheit des Gleichmütigsten strapaziert hätte. Es war ein kalter und regnerischer Morgen, doch Jack hatte Virginia und Vanessa – aus durchsichtigen Gründen – an die frische Luft geschickt. So waren sie denn auf sein Geheiß, ohne Landkarte und nur mit Schokolade und Keksen als eiserner Ration, zu einer Fahrradtour aufgebrochen. Straßen und Wege waren aufgeweicht und bald waren die Mädchen schlammbedeckt und bis auf die Haut durchnäßt. Sie froren und fühlten sich elend und zornig. Eine Gruppe Schuljungen lachte sie aus. Sie blieben fast den ganzen Morgen unterwegs und kehrten erst zum Lunch zurück. Als Jack dann von ihnen verlangte, die ganze Tortur am Nachmittag zu wiederholen, weigerten sie sich.

Virginia muß sich ihrer Gefühle für Stella und Jack recht unsicher gewesen zu sein. Obwohl sie in späteren Jahren schreibt, wie glücklich es sie selbst gemacht habe, Stella in dieser einmaligen Liebesbeziehung so glücklich zu sehen, spricht das Tagebuch jenes Jahres eine andere Sprache und erzählt davon, wie schwierig, wenn nicht gar unmöglich es für Virginia war, mit »diesen beiden« allein zu sein. Am 4. April bezeichnet sie die Hochzeit als »Anfang vom Ende.«. Am Hochzeitstag, dem 10. April, schreibt sie: »Der Himmel weiß, wie wir das alles durchgestanden haben – gewiß war es zur Hälfte ein Traum, oder ein Alptraum. Ich glaube, auch Stella war wie im Traum: aber wahrscheinlich war ihr Traum glücklich.«

Kaum war die Familie in Brighton angekommen, berichtet Virginia von erneuten Wutanfällen – wohl eine Reaktion auf den Verlust ihrer Ersatzmutter. Am 13. April schreibt sie, sie sei sehr wütend. Am 19. April berichtet sie fasziniert von der Hinrichtung einer Frau, fast so, als treibe sie damit ihren Zornesteufel aus. Am 21. April zerbricht sie ihren Regenschirm. Mit der Zeit hätte Virginia vermutlich ihre Wut über Stellas Heirat und damit vielleicht auch den Tod ihrer Mutter verarbeitet. Doch Stella kommt schwer krank von der Hochzeitsreise zurück. Ihre zwiespältigen Gefühle für Stella machten es Virginia außerordentlich schwer, damit umzugehen. Wenn Virginia Stella jemals Unglück oder Tod gewünscht hat, was unter den gegebenen Umständen normal gewesen wäre, hat sie sich möglicherweise die Schuld an Stellas Erkrankung gegeben.

Stellas wegen fühlte sie sich »elend« (28. April) und sie fragte sich, wie man in so einer Welt leben könne (28. April). In den folgenden Monaten waren die Bücher wieder ihr einziger Trost. Ihre Gefühle für Stella gerieten vermutlich noch mehr durcheinander, als sie einen großen Teil ihrer Zeit mit ihr verbringen mußte. Ihr eigenes Wohlbefinden scheint in dieser Zeit von dem Stellas abzuhängen. So schreibt sie am 3. Mai: »Stella hatte eine sehr gute Nacht & keine Schmerzen – so konnten alle guter Dinge ihrer Arbeit nachgehen.« Doch auch ihr Ärger auf Stella scheint zu wachsen. Am 20. Mai wünscht sie, die Ausfahrten in den Park hätten ein Ende. Am 23. Juni werden ihr die ständigen Fragen nach Stellas Gesundheit zuviel, und sie schreibt verzweifelt: »Ich antwortete auf das ewige ›Wie gehts Stella‹, bis ich anfing, die arme Bella und ihre Krankheiten zu hassen.«

Am 19. Juli stirbt Stella Duckworth, nachdem man versucht hatte, ihr Leben durch eine Operation zu retten. Seltsamerweise nimmt die Familie nicht an der Beerdigungsfeier teil. 1907 nennt Virginia Woolf Stellas Tod eine »formlose Katastrophe«.[51] Wahrscheinlich fühlte sich Virginia nach Stellas Tod schutzlos und mutterseelenallein. Am 27. Juli – dem Tag, den Virginia in ihrer obigen Erinnerung fälschlicherweise als Todestag Stellas nennt – schreibt sie in ihr Tagebuch, Dr. Seton finde, sie blühe auf, und noch am gleichen Tag: »Ich habe mit Gerald einen Spaziergang gemacht (ich bestand auf einem *Spaziergang*).« Es ist gut möglich, daß Gerald Duckworth Virginia nach Stellas Tod amouröse Avancen machte, ähnlich wie sein Bruder George das nach Julias Tod getan hatte.[52] Es ist kein Wunder, daß sich für Virginia Woolf der Tod einer Mutterfigur mit dem Schrecken einer bestimmten Art von Sexualität verband.

Gegen Ende ihres Lebens war Virginia Woolf die eigentliche Ursache von Stellas Tod offenbar entfallen. Damals lautete die Diagnose auf Bauchfell- und Blinddarmentzündung, jetzt brachte sie den Tod mit Stellas Schwangerschaft in Zusammenhang. Ein Brief Violet Dickinsons an Vanessa Bell macht diese Verwechslung verständlich, denn es gab auch eine zweite, inoffizielle Version von Stellas Tod. Virginia könnte davon gehört haben, als sie während ihrer eigenen Genesung in Stellas Haus lebte. Über diese zweite Version lesen wir in Jean Loves *Virginia Woolf*:

> »1942, als sehr alte Dame, gab Violet Dickinson die Ansicht (und den Klatsch) der Krankenschwester an Vanessa Bell weiter. Stella, so erzählte sie, sei auf der Hochzeitsreise von Jack verletzt worden. Vanessa äußerte offenbar Zweifel, denn Violet kam, diesmal ausführlicher, auf die Sache zurück. Die Schwester sei sich ganz sicher gewesen; Stella habe eine innere Fehlbildung gehabt, die den Geschlechtsverkehr sehr erschwerte. Irgend etwas – die Gebärmutter, vermutete Violet –, das eigentlich konvex sein sollte, sei konkav gewesen, oder vielleicht auch umgekehrt. Zumindest sei Jack ein ›ermüdender‹ Liebhaber gewesen und Stella habe sich nach Hochzeit und Flitterwochen vollkommen erschöpft gefühlt.«[53]

Wieviel die fünfzehnjährige Virginia von Dienstboten, Krankenschwestern oder auch Violet Dickinson wußte oder zufällig mitbekam, können wir nur vermuten.

Wenn es damals hieß, Stella sei eigentlich an Erschöpfung gestorben, dann mag Virginia sich durchaus mitschuldig an ihrem Tod gefühlt haben, denn schließlich hatte die Sorge um sie zu Stellas Erschöpfung beigetragen. Vielleicht hat sie sich sogar die Schuld an Stellas Schwangerschaft gegeben. Daß sie in Bognor so genau Buch über die Zeiten führte, die sie und Vanessa die Verlobten allein lassen mußten, kann ein Hinweis auf ihre Phantasien über deren Tun in dieser Zeit sein.[54] In *Die Fahrt zum Leuchtturm* gibt es das seltsame Beispiel Prue Ramsays. Der sechste Abschnitt von »Die Zeit vergeht« beginnt folgendermaßen:

> »Ohne ein Blatt, das er sprießen lassen konnte, nackt und hell wie eine Jungfrau voll wilden Stolzes auf ihre Keuschheit, verachtungsvoll in ihrer Reinheit, lag der Frühling großäugig und wach über Wiesen und Felder gestreckt und war völlig gleichgültig gegen alles, was, die ihn erblickten, tun oder sich denken mochten. [Prue Ramsay, auf den Arm ihres Vaters gelehnt, wurde im Mai von ihm zur Ehe gegeben. Was, sagten die Leute, hätte passender sein können? Und, fügten sie hinzu, wie schön sie aussah!]«

Der Frühling als ausgestreckte Jungfrau, gleichgültig gegen das, was andere sagen und denken, scheint zusammen mit dem folgenden Zitat eine Zusammenschau der Ereignisse von 1897 zu sein – Stella in Bognor, Stellas Hochzeit, Stella, die sich Jack hingibt. Zwei Absätze später, wieder in eckigen Klammern, heißt es:

> »[Prue starb in diesem Sommer an einer mit ihrem Kindbett zusammenhängenden Erkrankung, was wahrhaftig eine Tragödie war, sagten die Leute. Sie sagten, niemand hätte es mehr verdient, glücklich zu werden.]«[55]

Nimmt man dieses Zitat buchstabengetreu, kann man ihm entnehmen, daß Prue Ramsay schon vor ihrer Hochzeit schwanger war, denn es ist von Geburt, nicht von Schwangerschaft die Rede. In dieser wortgetreuen Lesart hatte die Jungfrau, »verachtungsvoll in ihrer Reinheit,« bereits vor ihrer Heirat und ungeachtet der Zuschauer Geschlechtsverkehr. Doch ob das nun der Situation Stellas entsprach oder nicht, es scheint so, als habe Virginia sich mitschuldig am Tode Stellas gefühlt. Sie behielt diesen schrecklichen und unaussprechlichen Gedanken für sich und läßt ihn nur in ihrer Romanwelt auftauchen.

Noch bevor sie das Trauma des mütterlichen Todes einigermaßen verarbeiten kann, erlebt sie mit dem Tod Stellas ein weiteres, vielleicht sogar verheerenderes Trauma. Und wenn sie sich tatsächlich mitverantwortlich fühlte für deren Tod, muß sie sich – jetzt, da sie ohne Stella die langersehnte größere Freiheit genoß – ungeheuer schuldig gefühlt haben.

Nach Stellas Tod werden die Tagebuchaufzeichnungen dieses ereignisreichen Jahres allmählich dürftiger. Sie verzeichnen einen Familienausflug nach Painswick, die Neugestaltung von Virginias Zimmer, ihren Besuch des King's College, ihre Lektüre und die Arbeit an einem »großen Werk« (9. August). Doch das vorherrschende Thema der knappen und spärlichen Eintragungen der zweiten Jahreshälfte ist die Wirkung von Stellas Tod auf sie selbst und ihre Familie. Nach Stellas Tod scheint Virginia viel verdrängt zu haben. Am 9. August schreibt sie zum Beispiel, sie habe – wie so oft nach Stellas Tod – vergessen aufzuschreiben, was geschehen ist und habe folglich »vergessen, was geschehen ist.«

> »Das arme Tagebuch wird ganz vernachlässigt, aber, so seltsam es auch erscheinen mag, die Zeit ist hier immer so ausgefüllt, daß ich wenig Zeit zum Tagebuchschreiben habe – selbst wenn ich Lust dazu hätte, was nicht der Fall ist, da mir der ganze Vorgang mittlerweile ziemlich zuwider ist.«

Ihre letzte Eintragung – niedergeschrieben anfang 1898 – lautet:

> »Uns allen ist dieses Leben gegeben & wir müssen das beste daraus machen. Unsere Hand am Schwertgriff – & ein unausgesprochener glühender Schwur!
> Das Ende von 1897«

Das waren mutige, tapfere, trotzige und hoffnungsvolle Worte, die die junge Virginia am Beginn des neuen Jahres niederschrieb. Immerhin hatte sie im letzten Jahr Schreckliches erlebt und einmal in ihrem Tagebuch vermerkt: »Das Leben ist hart – man braucht eine Rhinozeroshaut – & die hat man nicht!« (16. Oktober). Sie hatte eine gefährliche Zeit durchschifft, ohne ihre Vorstellung von sich als aktivem und energischem Menschen aufzugeben. Ihr Selbstbild hatte durchaus kämpferische Züge. Sie sah sich als Kriegerin, wie Jeanne d'Arc bereit, für ihre Überzeugungen und das Recht, ihr Leben zu leben, zu sterben, vielleicht sogar zu töten. Eines stand fest: Für Virginia Woolf würde das Leben ein heiliger, bedeutsamer, gefährlicher Kampf sein – ein Kampf, den sie nie aufhören würde, mit all ihrem Mut zu kämpfen. Und welchen Mut diese Frau aufbringen konnte, zeigt bereits das Tagebuch von 1897.

8. Kapitel

Wie Miss Jan sagt

An einem Sonntag des Jahres 1897, kurz vor ihrem fünfzehnten Geburtstag, nahm Virginia Stephen, ein eckiges, linkisches Mädchen, ihre Lieblingsschreibfeder (sie hatte eine Leidenschaft für Schreibfedern), die mit der dünnen, scharfen Spitze, die beim Schreiben ins Papier schnitt (aber nicht schmierte, was unverzeihlich gewesen wäre). Sie griff nach ihrem kleinen, braunen, ledergebundenen Tagebuch, mit Goldschnitt, Schloß und Schlüssel versehen und kaum größer als eine Handfläche.[1] Und sie machte sich auf die Suche nach einer ruhigen Ecke im von Menschen wimmelnden Haus der Familie Stephen am Londoner Hyde Park Gate, wo sie ein wenig geschützt war vor den scharfen, durchdringenden, abschätzenden Blicken der Dienstboten und der Familie. Virginia neigte seit dem Tod ihrer Mutter zu Wutanfällen und Depressionen, und so hatten alle im Haus ständig ein Auge darauf, ob sich nicht in merkwürdigen Verhaltensweisen oder Zeichen von Angst eine neue Krise ankündigte. Sie schrieb in ihr Tagebuch, daß sie, Vanessa und Adrian beschlossen hätten, nunmehr alles aufzuschreiben, was sie erlebten. Es war eine ihrer ersten schriftlichen Äußerungen nach dem Tod ihrer Mutter.

Seit den kurzen Berichten über die – tödlich verlaufene – Krankheit ihrer Mutter in den *Hyde Park Gate News* hatte sie zwei Jahre lang nahezu nichts geschrieben.[2] Erst sehr viel später schreibt sie über diese Zeit ihres ersten »Zusammenbruchs« und macht sich auch Gedanken über die Gründe ihres langen Schweigens.[3] Das Schweigen hatte nach dem Tod ihrer Mutter begonnen, in der Zeit, als George Duckworth anfing, sie sexuell zu belästigen. 1896 führte sie für kurze Zeit Tagebuch, gab es aber sehr bald wieder auf. Ihr Tagebuch von 1897 war ihr erster erfolgreicher Versuch, ihr Schweigen zu brechen, das sie selber für eine Folge des an ihr begangenen sexuellen Mißbrauchs hielt. Nach dem Tod der Mutter »senkte sich eine düstere Wolke auf uns herab. Wir schienen alle miteinander unter einer Nebeldecke heftiger Emotionen gefangen, traurig, ernst und beklommen. Auszubrechen schien unmöglich.«[4]

Aus Scham und Zorn habe sie geschwiegen, schreibt Virginia Woolf als reife Frau. Sie schwieg, weil sie Angst hatte, weil sie voll Wut war, und sie war voll Wut, weil man sie sexuell mißbrauchte. Sie konnte mit niemandem sprechen, verbrachte Stunden lesend in ihrem Zimmer. Ihre Wut galt zweifellos auch ihrem Vater, der sie nicht beschützte und nur mit Stella und seinen eigenen Sorgen beschäftigt war. Und sie war wütend auf George. Das »Verlangen« zu schreiben, so schrieb sie, habe sie zwei Jahre lang verlassen.[5]

Von ihr selbst wissen wir, daß sie Medikamente nehmen mußte, und das mag einer der Gründe, wenn nicht der einzige Grund für ihre Lethargie und Depressionen gewesen sein, die ihr die Lust am Schreiben nahmen. Die Ärzte, der Vater und in seinem Auftrag auch Stella verwandelten ihre Wut in Lethargie. Sie fragten nicht nach den Ursachen ihrer Wut, sondern waren einzig bestrebt, diese – eben auch mit Hilfe von Medikamenten – zu beseitigen. Wie so viele andere junge Frauen dieser Zeit setzte man sie unter Medikamente, um ihrem ungehörigen Verhalten Einhalt zu gebieten.[6] In Virginias Fall bedeutete das, ihr eine angemessene Reaktion auf die sexuellen Übergriffe unmöglich zu machen. Die Beruhigungsmittel beendeten ihre Wutanfälle, töteten aber auch ihren Ehrgeiz, ihre Energie und ihr Verlangen zu schreiben.

Ein Finger verschloß ihr die Lippen. Sie schwieg nicht nur, sie wurde zum Schweigen gebracht – vielleicht um George zu schützen, ganz sicher aber, um es ihr unmöglich zu machen, der Familie zu vermitteln, daß irgend etwas nicht stimmte. Man lehrte sie, sich für verrückt zu halten, und sie lernte ihre Lektion gut: Dieses Gefühl begleitete sie durch ihr ganzes Leben. Und auch ihre Biographen protraitierten sie als Geisteskranke, und nicht als eine Frau, die man behandelt hatte, als sei sie geisteskrank.

Liest man die frühen Tagebücher, offenbart sich diese Krankheit als Mythos. Denn Ihr Schweigen dauerte nur kurze Zeit. Mit Hilfe der Sprache und des Tagesbuches baute Virginia ihr Leben und ihre Seele wieder auf, langsam und sorgfältig, Tag für Tag. Und als Hilfe erschuf sie sich auch Miss Jan, eine fiktive Figur, die gleich im ersten Eintrag auftaucht und sie das ganze Jahr begleitet.

Im ersten Tagebucheintrag erzählt sie vom ersten Ausflug mit ihrem neuen Fahrrad. Hier begegnen wir Miss Jan zum ersten Mal: Nicht Virginia selber findet das neue Fahrrad unbequem, sondern Miss Jan.

Aufzuschreiben, was Miss Jan meint und sagt, fällt ihr sehr viel leichter, als über ihre eigenen Gefühle Auskunft zu geben. Der Familie waren ihre Gefühle suspekt, ihre Reaktion auf den Tod der Mutter hielten sie für krankhaft und ärztlicher Behandlung bedürftig. So ist es denn kein Wunder, daß die Fünfzehnjährige sich eines fiktiven Sprachrohrs bedient, um ihre eigenen Gefühle zu erkunden. Wenn Virginia Woolf in diesem Jahr etwas Schwieriges zu sagen hat – meist betrifft es ihre Gefühle –, legt sie es häufig Miss Jan in den Mund. Mit Miss Jan an der Seite hat sie den Mut, ihren eigenen Reaktionen und Gefühlen auf den Grund zu gehen – in so spinnenhaft zarter und schwer lesbarer Handschrift, daß schon die Unlesbarkeit des Geschriebenen Schutz vor neugierigen Blicken bot.

In einem 1897 geschriebenen Essay erlaubt die Stimme Miss Jans der jungen Virginia Stephen, sich Gedanken über die Existenz eines Gottes zu machen und so theologisch zu argumentieren, daß das im Haus ihres agnostischen Vaters einer Häresie gleichkam. Miss Jan half ihr, eine eigene intellektuelle Identität zu entwickeln.

Ende 1897 hatte sie nicht nur Tagebuch geführt, sondern mindestens drei historische Aufsätze geschrieben: einen über die christliche Religion, auf den ich später noch eingehe, einen spekulativen Essay mit dem Titel »Eine Geschichte der Frauen«, und eine Geschichte ihrer eigenen Familie, alle drei, wie sie selbst später befand, sehr langatmig und in elisabethanischem Stil.[7] Belletristisches schrieb sie in diesem Jahr, soweit wir wissen, nicht. Zwei Jahre später, mit siebzehn, war ihre Schreiblust ungebrochen. Sie schrieb ein Reisetagebuch über einen Ausflug der Familie nach Warboys, verfaßte Essays und Naturbeschreibungen, machte Stilübungen und versuchte, mit der kleinen, als Zeitungsstory aufgemachten Geschichte über eine »Terrible Tragedy in a Duckpond«, einer Tragödie im Ententeich, auf ihr Gefühl des Verlassenseins aufmerksam zu machen. Letzteres ist wohl das jugendliche Pendant zu *A Cockney's Farming Experiences* und *The Experiences of a Pater-familias*, die sie mit zehn Jahren geschrieben hatte.

Wie so viele viktorianische Kinder wurde auch sie zunächst aus pädagogischen Gründen zum Tagebuchführen angehalten. Doch Virginia machte bald die Erfahrung, daß es ein großer Gewinn für sie war. Dinge aufzuschreiben, sagte sie gegen Ende ihres Lebens, erhöhe deren Bedeutung. Ein Tagebuch lehre, anders zu leben, den unaufhörlichen Strom der Erfahrung zu verlangsamen, das Detail zu schätzen und den Augenblick anzuhalten. Im letzten Eintrag ihres letzten Tagebuches schreibt sie, bevor sie sich daran macht, das Dinner zu kochen: »Schellfisch & Wurst. Ich glaube, man bekommt Schellfisch & Wurst tatsächlich in den Griff, indem man sie niederschreibt.«[8]

Mit Hilfe des Tagebuchs lernte Virginia, sich selbst zu respektieren. Sie lernte, daß ihr Leben Bedeutung hatte, und sie lernte, ihrem Leben Bedeutung zu geben. Mit ihrem Tagebuch schuf sie sich einen Platz in der Zeit und in der Geschichte, auch wenn man Frauen keine Seiten im Buch der Geschichte eingeräumt hatte, auch wenn das Buch der Geschichte nur das Leben »großer« Männer verzeichnete.

Ich halte es für sehr bedeutsam, daß Virginia Woolf diese – lebenslange – Gewohnheit 1897 aufnahm, dem Jahr, als ihr Vater und die Ärzte ihr um ihrer geistigen Gesundheit willen Privatunterricht und Schulbesuch versagten. (Zumindest war das der offizielle Grund. Sie selber mag sich gefragt haben, warum dann Thoby, dessen Verhalten sehr viel problematischer war als das ihre, zur Schule gehen durfte.) Sie war von allen Stephen-Kindern die einzige, die ihre Tage in einem Tagebuch festhielt – die anderen hatten es bald wieder aufgegeben –, und gleichzeitig die einzige, die nichts lernen durfte, weil man sie für zu untüchtig oder zu krank hielt. Mit ihrem Tagebuch trotzte sie diesem Urteil, das man über sie gesprochen hatte.

Für ein Mädchen wie Virginia, eines der zahllosen Opfer in der langen Geschichte des sexuellen Mißbrauchs, war das Tagebuch der Beginn eines lebenslangen Prozesses der Selbstverwirklichung und der Selbstbestätigung. Es half ihr, das Schweigen zu brechen, auch wenn sie sich manchmal ihrer Aufzeichnungen schämte.[9] Sie besaß den Mut, diese Scham auszuhalten, und auch den Mut, ihre Tagebücher nicht zu vernichten.

Indem sie Tagebuch schrieb und das Geschriebene bewahrte, bewies sie Vertrauen und Optimismus: Sie glaubte an seinen Wert und künftigen Sinn. Virginia Woolf hatte vor, diese »Flut von Worten«[10] zu einer Autobiographie zu nutzen, eine Aufgabe, die sie begonnen hat, aber nicht zu Ende führen konnte. Mit ihren Tagebüchern gab sie den Rahmen für ihre Lebensbeschreibung vor, ob nun sie oder jemand anders sie zu Papier bringen würde. Ebensowenig wie ihre Tagebücher vernichtete sie den Anfang ihrer Autobiographie (die sie gegen Ende ihres Lebens zu schreiben begann). Dieses Dokument ist ein Meilenstein in der Geschichte des sexuellen Mißbrauchs. Es ist bis in jüngere Zeit einer der wenigen Versuche, die Auswirkungen dieses Mißbrauchs auf ihre seelische Entwicklung zu untersuchen. Während sie an ihrer Autobiographie schrieb, tauchte sie förmlich in ihre Tagebücher ein. Sie halfen ihr, wieder lebendig werden zu lassen, was sie durchgemacht hatte.

Das Tagebuchschreiben war der erste und trotzigste Akt ihrer Jugend, doch wählte sie dafür eine gesellschaftlich akzeptierte Form. In seiner radikalsten Form ist ein Tagebuch eine historische Zeitbombe. Es ruht im Verborgenen, bis es plötzlich, einer Explosion gleich, all die falschen Ansichten über das Leben in der Vergangenheit, über die Rolle der Frauen und anderer Randgruppen in der Geschichte, und auch über ein einzelnes Leben zunichte macht.[11]

Virginia Woolfs Tagebücher sind keine Ausnahme, und indem sie sie eine »Flut« nennt, die sie »losläßt«, zeigt sie, daß sie sich dieses Potentials bewußt war. Ihre frühen Tagebücher zwingen den Leser, die verbreitete Meinung, sie sei als Jugendliche geisteskrank gewesen, in Frage zu stellen. Der Leser verfolgt ihre literarische Lehrzeit und erfährt, wie schwer und doch auch beglückend es für sie war, sich ohne formale Bildung und ohne die geringste Hilfe zu einer der bedeutendsten Schriftstellerinnen unserer Zeit heranzubilden.

Am 1. Februar 1897, einige Tage nach ihrem fünfzehnten Geburtstag, lesen wir in ihrem Tagebuch, daß Vanessa an diesem Tag zum Zeichenunterricht ging, daß sie selbst mit ihrem Vater einen der üblichen Spaziergänge gemacht hat, und daß Stella beim Arzt war und ihn nicht gefragt hat, ob sie – Virginia – ihren Unterricht wieder aufnehmen dürfe. Der Eintrag erzählt auch von dem Familienplan, Virginia mit Stella und deren Verlobten nach Eastbourne zu schikken. Besonders in letzterem Zusammenhang erfahren wir viel über die Machtstrukturen und die Familiendynamik bei den Stephens:

> »Sie hatten plötzlich die schreckliche Idee, daß Stella und ich uns in Eastbourne oder irgendeinem Ort in der Gegend einquartieren sollten, wenn Jack nächste Woche dorthin fährt – Unmöglich, mit diesen beiden Kreaturen alleine zu sein, aber wenn ich nicht gehe, geht Stella auch nicht, und Jack will ausdrücklich, daß sie kommt – Die Frage ist, ob Nessa auch mitkommen darf – Das wäre schon besser – aber der Himmel weiß, wie wir aus diesem *Dilemma*, wie Vanessa es nennt, wieder rauskommen sollen.«[12]

Einige Zeilen weiter schreibt sie, sie sei den ganzen Tag schlecht gelaunt gewesen und habe Stella und Vanessa das Leben schwer gemacht, doch daß sie nicht allzu stark gegen die Reise protestieren könne. Hier haben wir eine viktorianische Jugendliche, die sich durch das absolute Gehorsamsgebot ihrer Familie in ihren Rechten verletzt fühlt.

In ihrem umstrittenen, aber auch vielgelobten Buch *Die andere*

Stimme: Lebenskonflikte und Moral der Frau schreibt Carol Gilligan, zu den Geheimnissen der heranwachsenden Frau gehöre ihr Verstummen; und aus dem Verstummen spreche nicht nur der Wunsch, andere nicht zu verletzen, sondern auch die Angst, nicht gehört zu werden.[13]

Virginias Tagebucheintrag, ja ihr ganzes Tagebuch stellt das in Frage. Es zeigt die gewaltige Anstrengung der Gesellschaft, Abweichler zu bändigen, Aufruhr zu unterdrücken und Mädchen wie Virginia zum Schweigen zu bringen. Doch sie lassen sich weder zum Schweigen bringen, noch geben sie kampflos den eigenen Willen auf. Es bedurfte eines ungeheuren Aufwands an Gewalt und Zwang, um Mädchen zu jenen fügsamen und ergebenen Geschöpfen zu machen, die Carol Gilligan für die Norm hält.[14]

Virginia hatte das Beispiel von Laura vor Augen. Virginias Tagebuch zeigt nicht, wie Mädchen eine »Ethik« der Fürsorge und Zuwendung im Sinne von Carol Gilligan entwickeln, vielmehr zeigt es, wie Mädchen in ihrem eigenen Interesse lernen mußten, eine solche Ethik vorzuspiegeln, wollten sie nicht ihre Existenz aufs Spiel setzen. Auch wenn es für sich genommen einen Wert hat, wenn sich eine junge Frau auch die Gefühle anderer bewußt macht, zeigt Virginias Tagebuch darüber hinaus, wie sich dieses Bewußtsein entwickeln kann.

Virginias Tagebuch verzeichnet Schritt für Schritt den Prozeß, in dessen Verlauf eine junge Frau ihre eigene Stimme findet und – scheinbar im Interesse anderer, doch tatsächlich um ihres eigenen Überlebens willen – lernt zu schweigen. Der Tagebucheintrag zeigt, wie eine junge Frau ihre eigenen Wünsche und Sehnsüchte aufzugeben und in den Wunsch, anderen gefällig zu sein, umzuwandeln scheint, eben *weil* sie weiß, daß ihre authentische Stimme weder Gehör noch Beachtung findet. Sie tut das, um ihre eigene Haut zu retten. Zumindest will sie ohne Medikamente leben und in der Familie bleiben dürfen. Seit sie ihre Wut zeigte, drohte ihr immer auch Lauras Schicksal. Daß das so war, zeigt unmißverständlich ein Eintrag Leslies in sein *Mausoleum Book* vom 10. April 1897: »Virginia war unpäßlich, nervös und für ihre Größe zu schmächtig; etwas Ruhe wird sie hoffentlich wieder zu sich bringen.« Zu sich bringen? Und was würde geschehen, wenn es mit etwas Ruhe (gemeint ist eine »Ruhekur« mit Milch, Medikamenten und ohne jegliche Aktivitäten) nicht getan war?

Die fünfzehnjährige Virginia war sich über ihre Gedanken und Gefühle offensichtlich völlig im klaren: Sie wußte, daß sie nicht nach Bognor wollte, um mit »diesen beiden Kreaturen« nicht alleine zu sein. Sie kannte ihre Gefühle, stellte sie aber im Interesse Stellas zurück: »Aber wenn ich nicht gehe, geht Stella auch nicht.« Bereits mit fünfzehn besaß Virginia das »Gewahrsein der Verbundenheit zwischen den Menschen«, wie Gilligan es nennt, das die »Erkenntnis gegenseitiger Verantwortung« und die »Einsicht in die Notwendigkeit der Anteilnahme« erst möglich macht.[15]

Doch im Falle Virginias – und vermutlich vieler Mädchen – entwickelt sich dieses »Bewußtsein der Verbundenheit zwischen den Menschen« (Gilligan) als Teil einer Verteidigungsstrategie. Sie erklärt sich bereit, sich entgegen ihren eigenen Wünschen nach denen Stellas zu richten, wohl wissend, daß sich niemand nach *ihren* Wünschen und Gefühlen richten oder ihr gestatten würde, danach zu handeln. Sie hatte versucht, ihnen ihre Gefühle zu zeigen, und den Preis dafür bezahlt. Wenn sie überleben will, muß sie fürderhin darauf verzichten. Man wird ihr Medikamente und Ruhe verschreiben, um sie wieder »zu sich« zu bringen.

Man darf bezweifeln, ob Mädchen wie Virginia wirklich aus der »Erkenntnis gegenseitiger Verantwortung« heraus handelten, oder ob sie mit der Sprache des Mitgefühls nicht vielmehr verbergen wollten, daß Eigeninteresse für sie kein Handlungsmotiv sein durfte.

Doch Virginia erkennt, daß Stella genau dasselbe tut – auch sie stellt ihre Wünsche im Interesse anderer zurück: Wenn sie nicht geht, geht Stella auch nicht, und Jack wünscht, daß Stella geht. Stella war selbst zur Unterordnung erzogen und tat nur selten – wenn überhaupt je – etwas einzig sich zu Gefallen. Stella ist also keine Verbündete, und dennoch sieht sich Virginia in der Machtlosigkeit mit ihrer Halbschwester vereint: Sie wächst in eine Frauengemeinschaft hinein, die Autonomie der Kameradschaft unterordnet. Das geschieht nicht freiwillig. Es ist lediglich eine Möglichkeit, mit einer aufgezwungenen Rolle kreativ umzugehen.

Obwohl Virginia weiß, daß es nicht in ihrer Macht steht, zu tun, was sie will, behauptet sie, ihre Entscheidung Stella zuliebe zu überdenken. Sie hat sich entschlossen, »einfühlsam« zu sein, oder wir sehen, um mit Gilligan zu sprechen, wie »Einfühlungsvermögen« in das »primäre Selbstbild (der Mädchen) integriert« wird. In Virginias Fall wird es weniger integriert, als aufgezwungen.

Die Reise nach Bognor war für Virginia eine schädliche und lange nachwirkende Erfahrung. Kurz vor Stellas Hochzeit sollte sie die Anstandsdame spielen und diese Verantwortung wollte sie auf keinen Fall übernehmen. Vor Jahren hatten die Eltern von Virginia verlangt, Stella vor den wütenden Nachstellungen J.K.Stephens zu schützen, jetzt sollte die gleiche Verantwortung wieder auf ihr lasten.

Virginias Tagebuch zeigt, daß sie keineswegs naiv war. Sie wußte, daß sie der Sündenbock sein würde, wenn in Bognor etwas passierte, und sie wußte auch, was passieren konnte. In J.K.Stephen und ihren Halbbrüdern hatte sie Männer kennengelernt, die ihre Begierde nicht unter Kontrolle halten konnten. Ihr Protest gegen die Reise war nicht der einer überspannten, irrationalen jungen Frau, sondern sie protestierte in dem Bewußtsein, nur verlieren zu können, wenn man sie zwang, die Verantwortung für Stella und Jack zu übernehmen.

Zum Erwachsensein, schreibt Carol Gilligan, gehöre gemeinhin die Fähigkeit, selbständig zu denken, klar zu entscheiden und verantwortlich zu handeln – Eigenschaften, die mit Männlichkeit assoziiert und bei Frauen wenig erwünscht seien.[17] Die Lektüre von Virginias Tagebuch des Jahres 1897 macht mehr als deutlich, wie man versuchte, der heranwachsenden Virginia eben diese Fähigkeiten auszutreiben. Virginia konnte selbständig denken, klar entscheiden und verantwortlich handeln, doch man zwang sie, *gegen* ihr eigenes, unabhängiges Urteil zu handeln. Man zwang sie, etwas zu tun, was ihr – wie sie wußte – schaden würde.

Virginia wußte, daß man ihren Gefühlen keine Beachtung schenken würde, wußte, daß es gefährlich war, Gefühle zu zeigen, und reagierte – vollkommen angemessen – mit Zorn: Den ganzen Tag, schreibt sie, sei sie schrecklicher Laune gewesen. Doch kaum beschreibt sie ihren Zorn, distanziert sie sich auch schon wieder von ihm: »Den ganzen Tag war ich schrecklicher Laune, ich armes Wesen.« Mit solchen Gefühlen hört sie auf, Virginia zu sein und wird zum »armen Wesen«. Statt ihre Gefühle als die eigenen zu erleben, trennt sie sie ab von sich. Sie bemitleidet nicht sich, sondern jenes arme Wesen. Sie lernt, das Gegenteil von dem zu tun, was man gemeinhin für das Kriterium seelischer Gesundheit hält: ein Gefühl bewußt als das eigene zu erleben.

Sie muß sich ständig bewußt bleiben, daß sich Zorn für eine junge Frau nicht schickt. Sie fühlt den Zorn, aber sie unterdrückt ihn. Das sei, schreibt Carol Gilligan, eine Entwicklungsaufgabe, die Frauen in der Jugend ein für allemal bewältigten. Virginias Tagebuch spricht dafür, daß Mädchen und Frauen fortwährend versuchen, mit ihren Gefühlen in Einklang zu handeln; nur zeigt man ihnen ebenso häufig, daß man ihnen das auf keinen Fall erlauben werde. Der Zwang, eine Ethik der Fürsorglichkeit zu entwickeln, zwingt zugleich zu steter Kontrolle und Selbstkontrolle. Virginia ist zornig, aber sie verhält sich, wie man es von einer jungen Dame erwartet. Sie lernt, ihre eigenen Wünsche denen der anderen, insbesondere denen der Männer, unterzuordnen.

Als Mann bekommt Jack also schließlich, was er will. Und Virginia entscheidet sich im Wissen um die eigene Ohnmacht für einen Akt der Selbstkontrolle und Uneigennützigkeit. Die arme Miss Jan sei »verwirrt«, lesen wir am Schluß des Tagebucheintrages. Und das wäre wohl jeder, der gezwungen wird, Widerwillen und Zorn zu unterdrücken und das Gefühl der Ohnmacht in das der Sorge um das Glück eines anderen zu verwandeln. Doch Virginia bringt ihre

Verwirrung nicht selbst zum Ausdruck, sondern überläßt das Miss Jan, ihrem selbstgeschaffenen Phantasie-Ich.

Mit Miss Jan bewahrt sich Virginia ein inneres Selbst, dem sie gestatten kann, ihre Gefühle auszudrücken. Getarnt als Miss Jan kann sie Gefühle äußern, die offen auszusprechen im Hause Stephen schwierig oder gefährlich wäre – etwa die Mißbilligung des Verhaltens anderer: Daß sich Adrian eine Gepäcktasche für sein Fahrrad kauft, findet Miss Jan zum Beispiel extravagant. Aber Virginia bedient sich der Stimme Miss Jans auch, um mit sich selbst ins Gericht zu gehen. Miss Jan tadelt sie, wenn sie Gefallen am Pantomimen Alladin findet, den sie besser versteht als ein Theaterstück für Erwachsene. Miss Jan schämt sich auch für sie (weil sie einen Regenschirm fallenließ, die Fassung verlor und Unsinn redete). Auch einfaches Unbehagen läßt sie Miss Jan ausdrücken (die den Sattel ihres neuen Fahrrads unbequem findet). Und Miss Jan ist es, die sich bei einem Tee-Gespräch über Tänze langweilt. Miss Jan übt Selbstzensur: Sie kann es nicht über sich bringen, die Bemerkungen einiger Schuljungen wiederzugeben, die sie unterwegs getroffen hat. Und Miss Jan kann sich sogar unheimlich freuen und »jubilieren«.[18] Aber nach dem 2. Mai 1897, kurz vor Stellas Tod, verschwindet Miss Jan aus dem Tagebuch, und Virginia beschreibt die vielfältigen Gefühle nach Stellas Tod mit eigener Stimme.

Am 5. Februar vermerkt Virginia Stephen in ihrem Tagebuch, daß sie an einem Werk mit dem Titel »The Eternal Miss Jan« arbeite. Am 28. April schreibt sie in Reaktion auf eine Familienkrise, alles sei so düster, wie es nur sein könne, und es sei schwer, in dieser Welt zu leben. Letztere Äußerung nennt sie einen Miss-Janismus. Und am 19. August, während einer Reise, berichtet sie, zum Tagebuchschreiben bliebe ihr wenig Zeit, aber ihr großes Werk (vermutlich »The Eternal Miss Jan«) mache gute Fortschritte und habe Vanessas Beifall gefunden.

Im Dezember 1929, während der Arbeit an *Die Wellen*, erinnert sich die erwachsene Virginia in ihrem Tagebuch an jenes »große Werk«, das sie 1897 so sehr beschäftigte:

»Es waren die elisabethanischen Prosaschriftsteller, die ich zuerst & am heftigsten liebte. Es fing mit Hakluyt an, den mein Vater für mich nach Hause schleppte – ich denke mit einiger Rührung daran – Vater, durch die Bibliothek streifend, in Gedanken bei seinem kleinen Mädchen am H(yde) P(ark) G(ate). Er muß damals 65 gewesen sein, ich 15 oder 16, & warum weiß ich nicht, aber ich war hingerissen, wenn auch nicht unbedingt interessiert, aber der Anblick der großen gelben Seiten entzückte mich. Ich las & träumte von jenen obskuren Abenteurern & übte mich zweifellos in ihrem Stil in meinen Schreibheften. *Ich schrieb damals einen langen, pittoresken Essay, ich glaube über die christliche Religion; der Titel war, glaube ich, Religio Laici, und es bewies, daß der Mensch einen Gott braucht; aber der Gott war im Prozeß der Veränderung beschrieben;* & ich schrieb auch eine Geschichte der Frauen; & eine Geschichte meiner eigenen Familie – alles sehr langatmig und im elisabethanischen Stil.«[19]

Wenn Virginia 1897 zu beweisen versucht, daß der Mensch einen Gott braucht, ist das außerordentlich bedeutsam, denn damit äußert sie Ansichten, die denen ihres Vaters vollkommen entgegengesetzt sind. Dessen bekanntestes Werk *An Agnostic's Apology and Other Essays* (1893) kritisiert alle Versuche, das Wesen Gottes mit Worten zu fassen. 1897 tut Virginia genau das – sie beschreibt das Wesen Gottes und das Verlangen der Menschen (oder auch ihr eigenes) nach einem Gott. Über die Existenz Gottes zu schreiben, war ein Akt unabhängigen Denkens im Hause eines Mannes, der glaubte, daß »das uralte Geheimnis immer noch geheim ist; daß der Mensch nichts über das Unendliche und Absolute weiß; und daß er, da er nichts weiß, besser daran tut, in seinem Unwissen nicht dogmatisch zu sein.«[20] Seelenruhig stellte Virginia ganz privat das Glaubenssystem ihres Vaters in Frage und schuf sich ein Wertesystem, wie sie es zu jener Zeit offenbar brauchte.

Sich eine mystische Weltanschauung zuzulegen, sich mit ihrer

Überzeugung so weit wie möglich vom Vater zu entfernen, war ein Akt es Trotzes, der Abgrenzung und der Identitätssuche. Stephens Rationalismus, der auch angesichts des Todes seiner Frau unerschütterlich blieb, finden wir bei seinem Biographen Noel Annan mit einem Zitat belegt:

> »Kurz nach dem Tod seiner ersten Frau und mit einem Herzen voller Trauer schrieb er: ›Vor einem offenen Grabe stehend und bewegt von den feierlichsten Gefühlen unserer Natur, spüren wir wohl alle – mit Gewißheit kann ich nur für mich selbst sprechen –, daß der Psalmist sein Leid wie ein Mann trägt, auf eine Art, die uns allen, welche Mundart wir auch immer sprechen, zum Vorbild dienen sollte; der Apostel dagegen versucht verzweifelt, dem Unvermeidlichen zu entrinnen und ähnelt bestenfalls den schwachen Tröstern, die sich bemühen, die schreckliche Wirklichkeit unter einem Schleier wohlmeinender Fiktion zu verbergen. Ich begegne dem Unausweichlichen lieber mit offenen Augen.‹«[21]

Ich begegne dem Unausweichlichen lieber mit offenen Augen: Das war Sir Leslie Stephens öffentliche Reaktion auf den Tod, und dazu äußerte er seine tiefe Überzeugung, daß es weibisch sei, sich in Krisenzeiten in die Religion zu flüchten. Privat sah das allerdings anders aus.[22] Wir wissen von seiner Tochter und auch aus seinen eigenen Aufzeichnungen, daß er von Kindern und Stiefkindern Mitleid erwartete, daß er Kummer und Leid auslebte, auch wenn er die Kinder in ihrer Trauer allein ließ oder sogar zu stoischem Ertragen ermahnte. »Da waren noch diese entsetzlichen Mahlzeiten, wenn er sich ganz der Leidenschaft hingab, die in ihm zu brennen schien, und stöhnte oder immer wieder laut beteuerte, sterben zu wollen,« erinnert sich die Tochter.[23] Den Kindern versagte er das Recht zu trauern, und schlimmer noch – sie verloren ihn an seine Trauer. Sie hatten keinen Erwachsenen, der ihnen über ihren großen Verlust hinweghalf. Das alles macht es verständlich, warum sich die fünfzehnjährige Virginia in Widerspruch zu den Überzeugungen ihres Vaters Gedanken über das menschliche Verlangen nach einem Gott machte.[24]

Das Tagebuch gibt Einblicke in ihr ganz privates Selbst, in jene Miss Jan, die an Gott glaubte oder einen Gott brauchte und die eine theologische Abhandlung über seine Existenz schrieb. Am Sonntag, den 2. Mai, so erfahren wir zum Beispiel, begleitet Virginia ihren Vater in die Kensington Town Hall, wo er einen Vortrag über Pascal hielt. Sein Vortrag, so kritisiert sie, sei nicht nur für das Publikum zu tiefgründig gewesen, sondern auch zu schwierig und zu logisch für jemand so Unwissendes wie Miss Jan. Zudem habe ihr Vater nicht so gut vorgetragen wie gewöhnlich.

Was ein Agnostiker wie Sir Leslie dem Publikum über Pascals Skeptizismus gesagt haben mag, über dessen »Wette«, daß ein Skeptiker nichts verliere, wenn er an einen Gott glaube, den es nicht gibt, aber gewinne, wenn es ihn gibt, können wir nur ahnen. Aber wir wissen, was Sir Leslie Stephen über Pascal geschrieben hat. Er würdigte seinen Standpunkt und äußerte dennoch scharfe Kritik:

> »Ich sehe, daß Pascals Moral etwas Verbogenes bekommt; daß in der Trennung zwischen Tugend und Natur manche unschuldige und manche bewundernswerte Eigenschaft auf die falsche Seite geraten ist; daß Pascal ein morbider Asket wird, der sich zu Tode peinigt und unschuldigen Zeitvertreib haßt, weil er das große Verdienst hat, den Geist von melancholischem Brüten abzulenken, und der natürliche Leidenschaften für etwas Schlechtes hält... Die Hingabe eines Mannes an ein Ideal, das zwar unvollkommen, doch weder niedrig, noch sinnlich, noch antisozial ist, das eine leidenschaftliche Hingabe an höhere Impulse unserer Natur voraussetzt, verdient unsere Verehrung in einem Maße, daß wir Pascal vergeben, ihn sogar lieben können. Doch wir können ihm nicht folgen, ohne unsere höchsten Interessen zu verraten.«[25]

Ironischerweise schreibt Stephen Pascal Eigentümlichkeiten zu, die wir von ihm selber kennen – die Selbstpeinigung, das melancholische Brüten. 1897 stand Virginia, wie sie selbst bezeugt, den Anschauungen Pascals näher als denen ihres Vaters. Für ihren Vater waren solche Ansichten »Verrat« an den eigenen Interessen. Es ist kein Wunder, daß sie in der Tagebucheintragung über den Vortrag ihres Vaters die unwissende Miss Jan an ihre Stelle ins Publikum setzt, denn schließlich hatte – in den Augen ihres Vaters – »kein intelligentes Wesen das Recht, weiterhin zu glauben.«[26]

Pascal war Jansenist, und das macht die Anwesenheit Miss Jans im Vortrag noch bedeutsamer. Der Jansenist beantwortete die Frage, inwieweit der Mensch tatsächlich frei handle und seine eigenen Geschicke bestimme, anders als seine theologischen Kontrahenten auf der Seite der Gegenreformation, und auch anders als der Agnostiker Leslie Stephen. Der Jansenist sprach dem Menschen die ihm von der Gegenreformation zuerkannte Handlungsfreiheit rundweg ab. Das menschliche Schicksal, so behauptete er, werde vom Zufall bestimmt und sei nicht das Produkt eines bestimmten Menschen und seiner verantwortungsvollen Entscheidungen. Vielmehr seien die Menschen zutiefst verdorben und die menschliche Natur sei – vor allem durch die Begierde – korrumpiert.

Da auch Virginia Ereignisse das Leben schwermachten, über die sie keine Kontrolle hatte, und sie das Opfer der unkontrollierbaren sexuellen Gelüste ihrer Halbbrüder geworden war, konnte sie sich von so einer Lehre sehr wohl angesprochen fühlen. Im Tagebuch von 1897 treffen wir oft auf pessimistische Ansichten über das Wesen der Welt (von ihr Miss Janismus genannt). »Das Leben ist hart – man braucht eine Rhinozeroshaut – & die hat man nicht,« schreibt sie etwa am 16. Oktober.

Die Welt, die Virginia bisher kennengelernt hatte, war in der Tat düster und schwierig. Und kein noch so rationalistisches Argument ihres Vaters konnte sie 1897 vom Gegenteil überzeugen. Wenn ihr überhaupt ein Glaube durch diese schwere Zeit helfen konnte, dann sicher nicht der Agnostizismus ihres Vaters, der zudem das Zusammenleben mit ihm erschwerte. Sie stellte sich lieber einen Gott vor, wie sie ihn brauchte. Sie wollte dem Elend des Lebens unmittelbar gegenübertreten und es nicht durch eine Linse betrachten, die die Wirklichkeit, wie sie sie erlebte, verzerrte.

Das war entscheidend. Denn die Erschaffung Miss Jans war gleichzeitig die Weigerung, sich hinsichtlich ihres Lebens und ihrer Erfahrung zu belügen. Sie lebte in keiner Phantasiewelt. Sie war mutig genug, zu sagen, was sie gelitten hatte. 1897 wußte sie vermutlich bereits, was viele Jugendliche über ihre Eltern und erwachsenen Verwandten wissen – daß zwischen den Überzeugungen ihres Vaters und seinen Handlungen ein Unterschied war. Obwohl sie es wohl klugerweise für sich behielt, war ihr sicher kaum verborgen geblieben, daß er ein Heuchler war, der seine Illusionen brauchte. Sie selber war mutig genug, ihre eigenen in Frage zu stellen, und vermutlich wußte sie, daß seine öffentlich verkündeten Überzeugungen ihr kaum würden helfen können.

Ein Hang zum Mystizismus trennte sie ein Leben lang von ihrem Vater und allen extremen Rationalisten, die ihren Lebensweg kreuzten, doch vermutlich hat sie diese Neigung nur verwandten Seelen offenbart. Im August 1929, als sie an *Die Wellen* schrieb, teilte sie diese mystische Seite mit Vita Sackville-West, die später ihre eigene religiöse Bekehrung erfuhr:

> »Diese Kopfschmerzen lassen einen zurück wie Sand, den eine Welle freigelegt hat – ich glaube, sie haben einen mystischen Zweck. Ja, ich bin nicht sicher, ob nicht eine religiöse Ursache hinter ihnen steht – ich sehe meine eigene Wertlosigkeit und mein eigenes Scheitern so klar; und liege da und starre in die Tiefen des Elends des menschlichen Lebens; und dann steht man auf und alles beginnt von vorne und ist wieder zugedeckt.«[27]

»Ich sehe meine eigene Wertlosigkeit und mein Scheitern so klar« – 1897 wie 1929 war Virginia Woolfs Mystizismus vielschichtig. Der

Mystizismus war ihr Weg, sich von ihrem Vater und seinen Überzeugungen zu distanzieren und sich eigene Gedanken über den Lauf der Welt zu machen. Aber die »Ewige Miss Jan«, ihre Abhandlung über das menschliche (ihr eigenes) Verlangen nach einem Gott, hat auch eine andere, pessimistischere Seite. Diese Seite ist eng verbunden mit ihrem Gefühl der Wertlosigkeit und des Scheiterns, welches sie gleichzeitig die »Tiefen des menschlichen Elends« verstehen ließ.

Sie wußte, daß die Umstände ihres Lebens dazu geführt hatten, daß sie sich schlecht fühlte, hatte aber gleichwohl das Gefühl der Wertlosigkeit und des Scheiterns verinnerlicht. Als erster hatte Gerald Duckworth, dann George ihre Integrität verletzt. Und nach dem Tod ihrer Mutter hatte sich ein Finger über ihre Lippen gelegt. Doch schließlich gelangte Virginia zu der Überzeugung, daß die Vorstellung eines Gottes etwas außerordentlich Schwieriges war, denn sie erzählte Ethel Smyth, daß die Prediger am Hyde Park Gate sie an ihre Vettern erinnerten, die in ihrer Jugend versucht hatten, sie zu bekehren. Sie hält deren Gott für »einen Vergewaltiger: ›Er hat einen Finger in meinen Gedanken‹.«[28]

Virginia Woolfs Tagebuch von 1897 ist, wenn man so will, ein Paradox: Es dokumentiert, wie man sie zum Schweigen brachte, und stellt zugleich einen Sieg über dieses Schweigen dar, in das sie seit dem Tod ihrer Mutter verfallen war.

Das nächste Tagebuch, das sie während einer Reise nach Warboys führte, sieht bereits ganz anders aus. Es ist das Tagebuch einer werdenden Schriftstellerin. Es zeigt, daß die fiktive Miss Jan eine wertvolle Hilfe für die junge Autorin war. Zwar taucht Miss Jan in diesem Tagebuch nicht auf, doch Virginia experimentiert mit der Erzählperspektive und übt, für ein Publikum zu schreiben.[29]

Quentin Bells Beschreibung dieses Tagebuchs ist irreführend und hat zumindest eine Kritikerin zu der Annahme verleitet, das Tagebuch zeige Virginia Woolf im Kampf gegen den Wahnsinn. Der Abschnitt »Die Zeit vergeht« in *Die Fahrt zum Leuchtturm*, schreibt Gayatri Spivak, beschreibe in diesem autobiographischen Schlüsselroman, wie ein »Diskurs des Wahnsinns« entstehe.[30] Um ihre

These zu stützen, daß die autobiographische Natur des Romans ihre Wurzeln im Wahnsinn der Autorin hat, zitiert sie folgende Beschreibung des Tagebuchs in Quentin Bells Woolf-Biographie. Sie zitiert Bell, der seinerseits Virginia Woolf zitiert:

> »Man ist geneigt, in der seltsamen äußeren Form dieses Tagebuchs eine Entweihung des richtigen Gebrauchs des Verstandes zu sehen. Nicht nur ihre winzigen, spinnwebdünnen, oft kaum lesbaren Schriftzeichen erschweren die Lektüre, sondern auch die Tatsache, daß sie Tagebuchseiten auf oder zwischen Dr. Isaak Watts *Logick / or / the right use of Reason / with a variety of rules to guard against error in the affairs of religion and human life as well as in the sciences*... geklebt hat. Virginia erwarb dieses Buch in St. Ives wegen seines Einbands und seines Formats: ›Denn jedes andere Buch wäre mir für die von mir beabsichtigte Entweihung zu heilig gewesen.‹«[31]

Doch aus dem Warboys-Tagebuch spricht keineswegs der Wahnsinn. Es enthält eine Reihe ausgesprochen klarsichtiger Essays und schriftstellerische Fingerübungen, die sie gegen Ende des Sommers spontan in Dr. Watts Buch klebte, das sie seinem Einband zuliebe gekauft hatte – wie ihr Tagebuch bezeugt, kannte sie damals nicht einmal seinen Titel. Bell wie Spivak übersehen, daß Virginia Stephen ihr Tagebuch nicht für ihre Biographen und Kritiker schrieb. Seine Unleserlichkeit und die Tatsache, daß sie es zwischen die Seiten von Dr. Watts Buch klebte, als Beweis für ihren Wahnsinn zu nehmen, ist ebenso unbegründet wie haltlos.

Seit ihrem dreizehnten Lebensjahr hatte man sie überwacht, unter Medikamente gesetzt, zu Ruhekuren gezwungen und ihr den regelmäßigen Unterricht versagt. Wer wäre unter diesen Umständen dumm genug, etwas niederzuschreiben, ohne es gleichzeitig vor ungebetenen Blicken zu schützen? Ihr Tagebuch von 1897 besaß Schloß und Schlüssel und war nahezu unleserlich. Ihr Warboys-Journal versteckte sie zwischen den Seiten eines Buches. Ganz offenkundig wollte sie nicht, daß ihre Familie las, was sie schrieb. Es war einzig für ihre Augen bestimmt. Es war etwas vollkommen Privates und gehörte nur ihr.

Nähere Untersuchung verdient allerdings die Frage, warum sie sich solche Mühe gab, ihre Schreibübungen zu verbergen. Es handelt sich dabei überwiegend um Naturbeschreibungen, Schilderungen von Sonnenuntergängen und Orten, die sie gesehen hatte, der Geschichte des nahegelegenen Marktfleckens Ramsey und ihres ersten Dinners mit einem Hilfsgeistlichen. (Allerdings gibt es auch die wunderbare Schilderung einer Bootspartie mit einer »schrecklichen bedrückenden Ansammlung von Stephens«, voll von bissigen, sarkastischen und treffenden Beobachtungen Stephenscher Familieneigentümlichkeiten. Ihr Vater wäre wohl wenig erfreut gewesen, wenn er das gelesen hätte, beschreibt sie doch in gewissem Sinne ihn: Nach einer Woche mit dieser Familie, so befindet sie, wäre jeder normale Mensch zu »Brei« zermahlen.)

Hier ist eine Kostprobe aus dem Warboys-Tagebuch:

> »...der Rand dieser... (Wolke) glänzte feurig – leuchtend und strahlend im Osten wie ein Richt- oder Racheschwert – und doch verschwamm und verblaßte ihr Schein, als sie den grauen Himmel dahinter berührte, sodaß ihr Umriß undeutlich wurde. Das ist eine Beobachtung, die ich bei vielen Sonnenuntergängen gemacht habe – daß keine Wolkenform eine Linie hat, die auch nur im mindesten scharf oder hart ist – nirgendwo kann man mit dem Bleistift eine gerade Linie ziehen & sagen ›diese Linie verläuft so.‹ Alles geschieht durch unterschiedliche Schattierungen und Lichtstärken – ein unaufhörliches Verschmelzen und Vermischen – Mag doch der Künstler daran verzweifeln!«[32]

Ein Beweis für Virginias Wahnsinn? Wohl kaum. Doch der Vergleich des Wolkenrandes mit einem Richt- oder Racheschwert ist – angesichts ihres religiösen Essays von 1897 und dessen, was wir über ihren Zorn wissen – näherer Untersuchung wert. Ist das Racheschwert das Symbol ihres berechtigten Zorns, ihrer Überzeugung, daß ihre Halbbrüder einst für ihre Tat werden bezahlen müssen? Bedeutet das Richtschwert, daß sie selbst sich schuldig fühlte, weil man sie mißbraucht hatte, oder richtet sie über die Taten anderer? Niemand wird es je wissen. Doch jenem Drohenden, das unter der Oberfläche des Schönen lauert, begegnen wir im Werk Virginia Woolfs immer wieder. Es ist ihre Sicht der Welt.

Der Eintrag vom 12. August schließt mit dem Gedanken, daß die Kunst immer die Veranschaulichung einer größeren Wahrheit im Universum sei. Dieser Eintrag ist eine differenzierte Untersuchung des platonischen Kunstbegriffs und ein Diskurs über die Grenzen von Sprache und die Überlegenheit der Musik als Ausdrucksmittel universeller Wahrheiten. Bereits 1899 dachte Virginia Woolf über das Wesen von Kunst nach, über das Verhältnis von Kunst und Leben, und sie näherte sich einer Definition von Literatur als Mimesis, auf die sie in ihrer Reifezeit zurückkommen sollte und die sich grundsätzlich von einer Literaturauffassung unterschied, wie sie etwa Clive Bell vertrat. Als Schriftstellerin machte sie sich immer auch die Bedeutung dessen bewußt, was sie tat. Sie sah ihre literarische Arbeit immer auch in einem politischen, gesellschaftlichen und künstlerischen Kontext, der sie beeinflußte, und den sie wiederum durch ihre Arbeit beeinflußte.

Im Akt des Schreibens habe Virginia Woolf Autonomie erreicht, schreibt die Woolf-Forscherin Madeline Moore.[33] Viele Jahre später unterscheiden sich die Kinder im handschriftlichen Entwurf von *Die Wellen* dadurch voneinander, wie sie sich ans Schreiben machen:

> »Sie saßen in Reihen, gähnend oder fleißig schreibend, denn jedes hatte, so unmöglich dies auch erscheinen mochte, schon seinen eigenen Verstand, seinen eigenen Charakter. Da war zum Beispiel ein höchst feierliches Kind. Er tauchte seine Feder nie ohne Überlegung ein; oft zögerte er vielleicht eine halbe Stunde. Doch wenn er dann schrieb, waren seine Buchstaben fest & klar. Seht dagegen jenes launische, sprunghafte kleine Mädchen. Sie

wiegte sich über ihrer Aufgabe, als verzweifle sie daran. & dann plötzlich beugte sie sich vor und schrieb sehr schnell etwas; & dann war da ein Junge, der auf das Blatt starrte; & und auf seinem Stuhl hin- und herrutschte und sich die Haare raufte. Und der Junge, der Ähnlichkeit hatte mit einem Aal; so wählerisch, so behende. Eines nach dem anderen tauchte seine Feder ein.«[34]

Im Schreiben definieren die Kinder sich selbst. Und schreibend schaffen sie sich eine Wirklichkeit außerhalb ihrer selbst, die sie dann einander mitteilen. Jedes Kind erschafft sich seine Wahrnehmung von der Welt, objektiviert sie im Akt des Schreibens und überprüft sie schließlich, indem sie sie anderen mitteilt. Schreiben wird von einem höchst privaten schließlich zu einem öffentlichen Akt – einer »großen Verschwörung der zivilisierten Menschen.«[35]

Virginias Warboys-Tagebuch beweist, daß sie im Akt des Schreibens zur Autonomie gelangte. Wie die Kinder im Manuskript von *Die Wellen* verband der Akt des Schreibens sie mit der Wirklichkeit. Das Schreiben vermittle ihr das Gefühl, mit ihrer eigenen Erfahrung verbunden zu sein, sagt sie selbst. Offenbar spürte sie diese Verbindung nur dann intensiv, wenn sie ihre Gedanken niederschrieb. Doch 1899 war sie reif genug, um sich des Prozesses nicht nur bewußt zu sein, sondern auch darüber schreiben zu können. So vermerkt sie am 6. August 1899, sie müsse den Augenblick und ihren Eindruck von ihm auf dem Papier festhalten, da beides so schnell vorüber sei.

1899 hatte sie bereits Freude am Akt des Schreibens selbst, eine notwendige Voraussetzung, um eine wirkliche Schriftstellerin zu werden. Sie liebte das Schreiben schon um der Freude willen, die Feder über das Papier eilen zu sehen, und oft beschreibt sie die Eigentümlichkeiten ihrer Federspitzen, vergleicht verschiedene Tinten und überlegt, ob ihre Schrift ihr gefällt oder nicht. Sie beschreibt die Beschaffenheit des Papiers und wie sie ihre Seiten zusammenbindet. Sie vermerkt, wenn eine ihrer Federn ungewünschte Tintenspuren hinterläßt und spekuliert über die Ursachen. Gewöhnlich hat sie den Verdacht, daß jemand Unbefugtes (in den meisten Fällen ein Dienstmädchen) die Feder benutzt oder fallengelassen hat. Wenn mit ihrer Feder etwas nicht in Ordnung sei, beklagt sie sich am 7. August 1899, verderbe ihr das den Spaß am Schreiben. Statt Schreibschwierigkeiten zuzugeben, schiebt sie die Schuld der nichtfunktionierenden Feder zu. Wie viele Schriftsteller entwickelt sie zu ihren Federn, dem Handwerkszeug ihres Berufs, eine ganz besondere Beziehung. Am liebsten schrieb sie mit einer Feder, die einmal ihrer Mutter gehört hatte.

In ihrem Eintrag vom 13. August wendet sie sich an einen anonymen Leser, was sie zwingt, für ein allgemeines Publikum zu schreiben. Das, so befindet sie, sei, als ob man sich besonders schön anziehe und herrichte. Wahrscheinlich hatte sie sich auch 1897 für ihre Essays einen solchen Leser vorgestellt, doch hier haben wir den ersten direkten Hinweis darauf, daß sie an eine wirkliche Leserschaft außerhalb ihres Familien- und Freundeskreises denkt – ein wichtiger Schritt auf dem Weg zur Schriftstellerin und ein Zeichen zunehmender Reife. 1897 waren ihre Tagebücher noch voller Selbstzweifel. Jetzt, zwei Jahre später, wird deutlich, daß sie mit sich und ihrem Verstand zufrieden ist. Sie hat entdeckt, daß sie denken kann, und das macht sie, wie viele junge Menschen, selbstbewußt. Geistige Aktivität ist ihr wichtig, wenn nicht lebenswichtig.

Das Bild, mit dem sie ihren Denkprozeß beschreibt, ist faszinierend. Sie vergleicht ihn mit dem Schaufelrad eines Dampfers. Wie das Schaufelrad den Dampfer, treibt das Denken sie voran. Weil so viele ihrer selbstzerstörerischen Bilder mit Wasser zu tun haben, ist dieser Eintrag vom 7. August besonders wichtig. Er gewährt uns Einblick in den begrifflichen Prozeß, mittels dessen Virginia Woolf ihre Selbstmordgedanken bewältigte.

Im wohl wichtigsten Bild dieses Tagebuches, ebenfalls vom 7. August, vergleicht sich Virginia mit einem Norweger auf großer Fahrt, dessen Schiff im Eis eingefroren ist. Es gibt weder Vor noch Zurück und einzig der Erfrierungstod scheint noch auf ihn zu warten. Er ist vollkommen allein, und wenn er überleben sollte, dann nur durch eigene Kraft. Doch dann treibt das Eis selbst der heimatlichen Küste zu, und an Bord des Schiffes hat der Norweger alles, was er zum Überleben braucht. Es gebe schlimmere Einsamkeiten als die im Polareis, sagt Virginia, und mit der Energie des arbeitenden Verstandes lasse sich jedes Eis durchbrechen und ein Weg über das Meer und schließlich auch an Land erzwingen.

Dieses Bild zeigt wie kein anderes, wie sehr die siebzehnjährige Virginia sich bewußt war, in der Eiswüste einer viktorianischen Jungmädchenzeit festgehalten zu werden, festgehalten, isoliert und bedroht durch sexuellen Mißbrauch. Ihr Bild vom Ausgesetztsein in einer Eiswüste, allein mit der Verantwortung für ihr Überleben, beschreibt die vollkommene Einsamkeit und stete Unsicherheit, in der ein Inzestopfer lebt. Virginia ist in der Tat allein; und wenn sie überlebt, verdankt sie das einzig ihrem eigenen Mut. Im Bild gibt es weder Familie, noch Landsmann, noch Vater oder Mutter (ebensowenig wie im Bild vom Ertrinken im Ententeich). Wer da schreibt, Virginia Woolf verdanke ihren Erfolg der liebevollen Zuwendung eines hingebungsvollen Vaters, der sie mit freudigem Eifer zu denken lehrte, ignoriert, daß Virginia den äußersten und schlimmsten Verrat des Familienlebens hinnehmen mußte: Niemand rettete sie vor dem sexuellen Mißbrauch.

Mich beeindruckt an diesem Bild am meisten die Überzeugung der Siebzehnjährigen, sich selbst retten zu können, wenn sie nur die Geduld hat, zu warten. Sie glaubt an die rettende Kraft der Zukunft: Wenn man auf niemanden zählen und aus eigener Kraft im Moment nichts ändern kann, muß man, um zu überleben, fest daran glauben, daß die Zeit die Dinge ändern wird. Offenbar traute sich Virginia diese Geduld und Kraft zu. Im Vertrauen auf ihre eigene geistige Kraft glaubte sie an die Befreiung. Doch ihr war auch bewußt, daß sie noch nicht in Sicherheit war und daß ihr Überleben allein in ihren Händen lag.

Dies ist eine reife und vollkommen angemessene Einschätzung ihrer Situation. Sie war keine Romantikerin und wußte, wo sie stand. Ihre Metapher zeigt, für wie gefährdet sie sich hielt – so gefährdet wie ein norwegischer Abenteurer. Sie konnte verhungern; sie konnte ertrinken; sie konnte erfrieren.

Halten wir einen Augenblick inne und wenden uns dem symbolischen Charakter dieser drei Möglichkeiten zu. Virginia hatte in der Tat gehungert. Vom ersten Augenblick ihres Lebens an waren ihr elterliche Nähe und Zuwendung versagt geblieben. In der allerschlimmsten Zeit verweigerte sie jede Nahrung, tat sich selbst an, was andere ihr zuvor angetan hatten. Laut Alice Miller sind Symptome eine Form der Kommunikation. Die Nahrung zu verweigern bedeutet, daß Nahrung vorenthalten wurde. Virginias Gefühle waren eingefroren, denn ließe sie Wut, Ärger und Nervosität freien Lauf, würde man sie mit Medikamenten zu Wohlverhalten zwingen. Sich von den eigenen Gefühlen abzuschneiden ist zudem ein Weg, mit sexuellem Mißbrauch umzugehen, allerdings um den Preis, abzustumpfen.

Das Bild eines drohenden Ertrinkungstodes hat eine lange Geschichte in der Familie Stephen. Als junge Witwe, noch vor ihrer Heirat, erzählt Leslie Stephen, habe Julia ihre Situation wie folgt erlebt: »Ich war erst 24, und meine ganze Welt schien unterzugehen wie ein leck geschlagenes Schiff, und ich wußte, daß ich weiterleben mußte, immer weiter ... Und so stumpfte ich ab.« Mit ihrer Wohltätigkeit, schreibt Leslie weiter, habe sie einst »ein Leben aus tiefen Wassern gerettet.« Und aufgrund ihrer erstickten Gefühlen sei es ihr vorgekommen, als sei, wie sie es ausdrückte, »ein Meeresschlund zwischen uns«. Julia sei wie eine »wiederbelebte Ertrunkene« gewesen und habe zuweilen den Drang verspürt, »sich sinken zu lassen«. Die selbstgewählte Abgeschiedenheit ihres Lebens nach der Hochzeit nannte er ein »einsames kleines Wasser«.[36] Später, nach Julias Tod, sagte er zu Vanessa, sie seien »shooting Niagara« (»ganz schön leichtsinnig«), wenn sie zuviel Geld ausgegeben hatten.[37]

Virginia las die Bemerkungen Leslies über ihre Mutter erst 1904, als sie Fred Maitland bei seiner Biographie ihres Vaters half. Sie selber beschreibt den Tod ihrer Mutter 1907 in einer autobiographischen Skizze als eine Art Ertrinken: »Sie sank wie ein erschöpfter Schwimmer immer tiefer ins Wasser.«[38]

Doch mit siebzehn kannte sie die Notizen ihres Vaters noch nicht, und wir können annehmen, daß sie das Bild des Ertrinkens in beiderlei Bedeutung – als Befreiung von der Last des Lebens und als das, was geschieht, wenn das Leben allzu viel fordert – von der Familie übernommen hat. Die Bilder des Ertrinkens als Befreiung von der Last des Lebens stammen nicht von ihr, aber beide Eltern werden in solchen Bildern gesprochen haben. Wenn Virginia zu ertrinken glaubt, ist das ein Bild, das sie gelernt und wohl fast immer in Zusammenhang mit ihrer Mutter gehört hat. Und immer war mit dem Bild auch gesagt, daß Julia Stephen nichts tat oder tun konnte, um sich zu retten. Sie geht einfach unter, sie ertrinkt. 1899 verbindet das Bild Virginia mit ihrer Mutter (und deren Schicksal) und trennt sie zugleich auch von ihr. Denn Virginia hat ein Schiff (einen Schutz), einen klugen Kopf (die Voraussetzung für ihre Rettung) und Bücher (die die überlebenswichtigen Informationen enthalten). Sie ist wie ihre Mutter, aber sie hat die besseren Chancen. In gewissem Sinne distanziert sich Virginia durch die Identifikation mit dem – männlichen – Abenteurer vom Schicksal ihrer Mutter. Sie wird der Norweger, der sich der Gefahr freiwillig – und durchaus mit freudiger Erregung – stellt.

Das Bild des Ertrinkens begegnet uns in Virginias Tagebuch noch in einer anderen bedeutsamen Geschichte. Sie trägt den Titel »Extract from the Huntingdonshire Gazette. A terrible tragedy in a duckpond«.[39] Virginia schildert hier, wie ein Boot mit drei jungen Leuten (sie gehört dazu) kentert. Das alles geschieht während einer Mondscheinpartie auf dem Teich hinter ihrem Ferienhaus. Das Boot war, der größeren Bequemlichkeit wegen, mit Stühlen und Teppichen ausgestattet. Möglicherweise lag der Geschichte ein wirklicher ähnlicher Vorfall zugrunde. Eine zweite, veränderte Fassung schickte sie 1904 an Emma Vaughan, die neben Virginia und deren Bruder Adrian als dritte im Boot sitzt. Die Einzelheiten und die Bildersprache der Geschichte lassen vermuten, daß sie mit ihr Tieferes mitteilen will, zumal sie die Gefahr des Ertrinkens im Warboys-Journal häufiger beschwört.

Erzählt wird die Geschichte von einer Zeitungsreporterin, Virginia selbst gehört zu denen, die beinahe ertrinken. Sie ist das Opfer der Tragödie und ihre Berichterstatterin zugleich. Diese zweifache Perspektive ist ein bedeutsames Merkmal der Erzählung, deren eigentliches Thema das Gefühl der Verlassenheit ist, das sichere Wissen, daß selbst im Falle einer furchtbaren Tragödie niemand – nicht einmal ihr Vater – kommen wird, um sie zu retten. Doch Virginia nimmt das Bild des Ertrinkens nicht nur einfach wieder auf, sondern bringt die drohende Gefahr mit den Duckworth-Brüdern in Verbindung. Immer wieder taucht das Bild der Ente (engl. »duck«) auf.

Der Ententeich (»duckpond«) ist von Entengrütze (»duckweed«) bedeckt, die schließlich zum »grünen Leichentuch« der jungen Leute wird.

Es sollte eine Vergnügungsfahrt werden und zunächst schallen denn auch fröhliche Stimmen ans Ufer. Doch das Boot kentert und aus der Vergnügungsfahrt wird eine Tragödie. Das Überleben der drei hängt davon ab, daß die einzigen Menschen, die ihre Hilfeschreie hören könnten, in der Küche sind.

Der Reporterin fällt es schwer, die Szene zu schildern. Eine einzige »unvorsichtige« Bewegung eines der Insassen, schreibt sie, habe das Boot »mit tödlicher Schnelligkeit und Sicherheit« zum Kentern gebracht: Vielleicht, so lesen wir, waren die letzten Gedanken der Ertrinkenden von »majestätischer Heiterkeit«.

Die Reporterin beschreibt dieses Ertrinken, als sei es wirklich geschehen. Virginia stellt sich ihr eigenes Ertrinken vor und berichtet davon, als sei es Wirklichkeit. Die Ambivalenz ist nicht zu übersehen. Obwohl sich eine Tragödie abspielt, obwohl die zornigen Wasser ihre Opfer verschlingen, sind die Gedanken der Ertrinkenden heiter – das Ertrinken selbst wird zur barmherzigen Ruhe.

Das alles erscheint wie ein Vorgriff auf Virginias eigenen Tod im Jahr 1941, als sie ihre Manteltaschen mit Steinen füllte und in die Ouse ging. Gleichzeitig ist dieser Bericht Ausdruck ihrer Identifikation mit ihrer Mutter, und er prophezeit, was geschehen wird, wenn niemand kommt und sie vor weiterem sexuellen Mißbrauch schützt.

»Allein« seien sie gewesen, die jungen Leute, »unbehütet, ungeborgen, niemand sah sie, nur der Silbermond, kein Auge, das um sie weinte, keine Hand, die sie liebkoste«, schreibt die Reporterin. Die Tragödie ereignet sich also, weil niemand sich um sie kümmert. Sie sind alleingelassen. »Unordnung« ist es, was sie in die Tragödie treibt – die lebensbedrohende Unordnung in der Familie.

Als unmittelbar Verantwortlichen für ihre Situation nennt sie ihren Vater. Er hätte sie beschützen müssen. Dies ist meines Wissens in allem, was sie je über sich und ihre emotionale Entwicklung geschrieben hat, das einzige Mal, daß sie ihren Vater mit ihren inzestuösen Erfahrungen in Zusammenhang bringt. In späteren Erinnerungen sind es die Wutanfälle ihres Vaters, die ihr und Vanessa Schaden zufügten. Dennoch ist ihr auch in diesen Erinnerungen durchaus bewußt, daß die Älteren auf die eine oder andere Weise die Verantwortung für die Organisation des Haushalts trugen und unter anderem diese Organisation die sexuellen Übergriffe auf die Schwestern möglich machte.

Sie hält ihre Tragödie nicht für einen Einzelfall; es ist eine kollektive Tragödie, eine Familientragödie, zu deren Opfern für sie auch ihr Bruder Adrian zählt, der in der Tat sein Leben lang an Depressionen litt.

Die Dinge nehmen eine ebenso bedeutsame wie zufällige Wendung: Vanessa und Thoby kommen und stellen fest, daß mehrere Mitglieder der Familie fehlen.

Und an diesem Punkt der Erzählung geschieht etwas außerordentlich Wichtiges. Hier wird offenbar, daß die Enten und die Entengrütze und das Ertrinken unter der Entengrütze zwar zweideutig gedacht sind, doch eindeutig auf einen der Duckworth-Brüder verweisen. Vanessa und Thoby vermerken die Abwesenheit von *vier* Familienmitgliedern, namentlich aufgeführt werden jedoch nur Emma Vaughan, Virginia und Adrian. Die vierte Person bleibt ungenannt. Die einzigen nie erwähnten Familienmitglieder sind Gerald und George Duckworth. Und bedenkt man, wie häufig das Wort »duck« in der »Furchtbaren Tragödie« auftaucht, scheint klar, daß einer von beiden – wenn nicht faktisch, so doch in übertragenem Sinne – mit im Boot saß. In diesem Fall kommt der »unvorsichtigen« Bewegung, die das Boot zum Kentern brachte, eine besondere Bedeutung zu, ebenso den »zornigen Wassern des Ententeiches«, die gierig ihre Opfer verschlingen. Auch die schleimige Entengrütze, die zum Leichentuch wird, erhält einen besonderen Sinn.

Als Virginia nach den Ferien Emma Vaughan schrieb, legte sie eine Abschrift der »Furchtbaren Tragödie« bei: »Verstehst Du? Du mußt meine Geschichte sorgfältig lesen – und besonders auf meine seltsamen Wörter achten.«[40] Offensichtlich versuchte Virgina Emma etwas Wichtiges mitzuteilen, und ihre Leserin sollte nach dem Sinn suchen – auf die seltsamen Wörter achten, die scheinbar nicht am Platze und ohne Zusammenhang mit dem Übrigen waren.

Die Änderungen, die Virginia am Text vornahm, sind aufschlußreich. Für Emma streut sie noch mehr »ducks« und »duckweed« ein. Sie beschreibt sich selbst als »eine der Ertrunkenen«, »eben noch trocken & voll lebendiger Kraft, im nächsten Moment aus der Wärme & Beseeltheit des Lebens in den kalten Rachen eines plötzlichen & unvermuteten Todes geworfen.« Schuld an ihrem Tod ist das Leichentuch aus schleimiger Entengrütze, der grüne Teppich, der sich über seinem Opfer schloß. Das Wasser scheint unbewegt, doch darunter stirbt ein Mensch. Ein menschlicher Körper »ruhte in seinem Schlund«, begraben im Schlamm und Lehm des Teichgrundes.

Eines der Mädchen, schreibt sie, sei in Entengrütze ertrunken, aber es habe, bevor es ertrank, »feige Furcht« empfunden. Haar und Körper seien mit Entengrütze bedeckt, fügt sie hinzu, damit Emma die Botschaft auch ganz sicher versteht. Sie ersetzt »worth« (wert), die zweite Silbe des Namens »Duckworth«, durch »weed« (Unkraut). Die Duckworth-Brüder, sagt sie damit, sind schädliche Gewächse, die andere Pflanzen am Wachsen hindern. Doch wir sollten uns Virginias Selbstportrait als einer, die in Entengrütze ertrinkt, noch ein wenig näher ansehen.

In seinen Editionsanmerkungen zu *Pointz Hall*, einer früheren Fassung von *Zwischen den Akten*, weist Mitchell Leaska auf die Bedeutsamkeit der scheinbar harmlosen Zeile »Swallow, my sister, O sister swallow« hin. Er idenfiziert sie als Eröffnungszeile von Swinburnes »Itylus« und schlägt vor, »swallow« als Befehlsform des Verbs »to swallow« (also: Schlucke, Schwester, O Schwester, schlucke) zu lesen. Damit, so befindet er, verstärke sich die Ironie dieser ohnehin sexuell gemeinten Anspielung.[41] Sexuell mißbrauchte Frauen berichten oft von Erstickungsgefühlen und Atemnot, was oft bedeutet, daß sie zu oralem Sex gezwungen wurden.

Wir wissen nicht, was George und Gerald Virginia antaten; doch vielleicht ist es kein Zufall, daß Virginias Bilder des Ertrinkens, des Erstickens an Entengrütze, heutigen Berichten über Vergewaltigung und Vergewaltigungsopfer entsprechen. Zu ihrer Zeit war es sicher unmöglich, dergleichen unverblümt aufzuschreiben.

Es waren dic inzestuösen Übergriffe ihrer Halbbrüder, die Virginia dazu brachten, sich als »Ertrinkende« zu fühlen (ein Wort, das wir auch in ihrer Autobiographie finden); daran läßt dieser Text keinen Zweifel. Auch die Art ihres Selbstmords ist sicher nicht losgelöst davon zu sehen. 1899 versuchte sie es Emma Vaughan mitzuteilen, und sie tat das auf die einzige ihr mögliche Weise – indem sie darüber schrieb und immer wieder anklagend auf die »ducks« in der Familie verwies. Hilf mir, Emma, sollte das heißen, ich ertrinke.

Zweimal versuchte sie sich Emma mitzuteilen. 1899 schickte sie ihr die »Furchtbare Tragödie« zum erstenmal. Und sie schickte sie ihr noch einmal 1904, in dem Jahr, als sie versuchte, sich durch einen Sprung aus dem Fenster zu töten. In diesem Jahr starb auch ihr Vater. Nach seinem Tod schreibt sie von ihrem großen Verlust, ihrer Liebe zu ihm und wie sehr sie ihn vermißt. Aber sie schreibt auch, daß sie sich jetzt schutzloser fühle als je zuvor, denn George lasse sie »keinen Augenblick in Ruhe«.[42]

Die Zukunft muß Virginia furchtbar erschienen sein. Ihr Vater war tot. Und sie sollte im neuen Haus mit George unter einem Dach leben. Dort würde ihn nichts und niemand daran hindern, sich ihr zu nähern. Sie fange an, sich vor dem gemeinsamen Haushalt zu fürchten, schrieb sie Violet Dickinson, aber sie könne nichts dagegen tun.[43] Ihr Zusammenbruch und ihr Suizidversuch nach dem Tod des Vaters waren offensichtlich die Reaktion auf die neuerliche Gefahr, die von George drohte. »Jenen Strudel«[44] nannte sie den Haushalt.

In dem Jahr nach dem Tod ihres Vaters verlor Virginia ihr Zuhause. Man hatte sie, vermutlich zu ihrem eigenen Schutz, fortgeschickt. Wie ein heimatloser Vagabund kam sie sich vor, während sie versuchte, sich bei Violet Dickinson und ihrer Tante in Cambridge zu erholen.[45] Auch hier war es, wie so oft, das *Opfer* des Inzests, das man aus dem Haus schickte, dem man nach dem erlittenen Trauma auch noch die Familie nahm.

1904 versuchte sie, Emma auf indirektem Weg den Grund für ihren Suizidversuch mitzuteilen. Bootskatastrophe und Manuskript, schrieb sie, seien trotz jahrelanger Vernachlässigung nicht verlorengegangen. Sie habe es für sie, Emma, in ihrer größten und klarsten Schrift abgeschrieben, »sodaß sogar deine kröten-dunklen Augen es lesen können.«[46]

Wir wissen nicht, ob Emma ihr half. Auf jeden Fall half Virginia sich selbst, indem sie schrieb. Gegen Ende des Jahres 1904 begann sie, das Schreiben zum Beruf zu machen. Es blieb ihr nichts anderes übrig. In einem Brief konstatiert sie ganz nüchtern, daß ihr Erbe nicht reiche, um die durch die Krankheit angefallenen Kosten zu decken: »Es wäre eine große Erleichterung, wenn ich auf diese Art ein paar Pennys verdienen könnte – gestern abend kamen unsere Kontobücher, und wir haben unsere Konten restlos überzogen. Das ist das Resultat dieser idiotischen Krankheit.«[47] Sie begann zu schreiben, um ihre Schulden zu bezahlen. Doch das Schreiben hatte ihr schon einmal das Leben gerettet.

Um das Original-Manuskript der »Furchtbaren Tragödie« vor den neugierigen Blicken ihrer Familie zu verbergen, hatte sie es zwischen die Seiten eines zu diesem Zweck erworbenen Buches geklebt. Eine vielsagendere Geste kann man sich kaum vorstellen. Die »Tragödie« ist die treffende und schlüssige Analyse der Gefahr, in der sie sich befand. Sie wußte, daß sie das Manuskript mit all den »ducks« und all dem schleimigen »duckweed« verborgen halten mußte. Um wenigstens eine Leserin zu haben, schickte sie es an Emma, scheint damit 1899 jedoch nicht erreicht zu haben, was sie wollte.

1904 fand sie es wieder, öffnete die Seiten, sah ihre eigenen Worte, las sie, und ich glaube, daß ihr die Worte, die sie 1899 schrieb, jetzt, fünf Jahre später, halfen. Ich glaube, sie halfen ihr, die wahren Gründe für ihre Krankheit zu verstehen. Sie schrieb sie für Emma in ihrer leserlichsten Handschrift ab und hoffte, Emma würde jetzt endlich wagen, die Geschichte zu verstehen. Und sie schickte sie ab.

Diese Jugendtagebücher dokumentieren einen schwierigen und doch aufregenden Prozeß und zeigen, mit welcher Energie die junge Virginia Stephen allen Widerständen und Widrigkeiten zum Trotz mit erstaunlichem Erfolg versuchte, eine Schriftstellerin, eine unabhängige Denkerin und ein eigenständiger Mensch zu werden. Wir finden in ihnen das Portrait einer sehr mutigen jungen Frau; wir erleben unmittelbar, wie Virginia Stephen sich mit Hilfe der von ihr erfundenen Miss Jan in die reife und herausragende Kritikerin, Romanautorin, Biographin und Sozialhistorikerin verwandelt, als die wir Virginia Woolf heute bewundern. Wenn diese Tagebücher auch das Zeugnis eines Leidensweges sind, stehen sie doch für das Überleben. Sie gehören in die Reihe all jener Dokumente, die Zeugnis ablegen vom Triumph des Geistes und des menschlichen Wissens. Und schließlich bezeugen diese Tagebücher, daß das Schreiben Virginia Woolfs Weg war, zu überleben.

9. Kapitel

Lebensläufe

Virginia Woolf beschäftigt sich auch später immer wieder mit der Jugend, einem Lebensabschnitt, den sie für besonders wichtig hielt. In ihren Romanen schuf sie Dutzende von Heranwachsenden, zehn allein in *Die Jahre* und sieben in *Die Wellen*. Ihr Interesse an der Jugend dauerte ihr Leben lang. In *Die Fahrt hinaus* erhalten wir Einblick in die Jugend von Rachel Vinrace und in die ihres Verlobten Terence Hewet. In *Nacht und Tag* lernen wir Katherine Hilbery und Ralph Denham als Jugendliche kennen. In *Jacobs Raum* gibt es denkwürdige Portraits von Jacob Archer und seinen Freunden. Mit Cam und James Ramsay in *Die Fahrt zum Leuchtturm* schuf sie zwei der vielschichtigsten und wichtigsten jugendlichen Gestalten ihres Romanwerks. In *Die Wellen* lernen wir alle handelnden Personen – Susan, Rhoda, Jinny, Neville, Bernard, Louis und Percival – auch als Jugendliche kennen. Milly und Delia Pargiter sind zu Beginn von *Die Jahre* Teenager, und wir werden Zeuge der Veränderungen im Leben junger Menschen und auch der neuen Möglichkeiten einer nächsten Generation. In *Zwischen den Akten* erzählt William Dodge Mrs. Swithin von den Demütigungen seiner Schulzeit, davon, wie Schulkameraden seinen Kopf in schmutziges Wasser tauchten und wie diese Demütigung sein ganzes Leben prägte. Diese jungen Menschen suchen in Kindheitserinnerungen nach Gründen für ihre Gefühle und ihr Verhalten als junge Erwachsene.

Als Erwachsene kehren Virginia Woolfs Romangestalten mit ihrer Erinnerung häufig zu besonders bedeutsamen und typischen Augenblicken ihrer Jugend zurück, sodaß der Jugendzeit mehr erzählte Zeit gewidmet ist, als die Anzahl der Jugendlichenportraits vermuten ließe. Mrs. Dalloway zum Beispiel verbringt viel Zeit damit, an den wichtigsten Augenblick ihres Lebens zu denken, als eine junge Frau namens Sally Seton sie auf den Mund küßte. In *Die Jahre* sieht sich die alte Eleanor Pargiter oft als junges Mädchen im Wohnzimmer sitzen oder ihrem Bruder nachwinken, wenn er zur Schule ging. Etliche dieser Romangestalten erinnern sich so lebhaft an ihre Jugendzeit, daß sie das Gefühl haben, in zwei verschiedenen Zeiten zu leben. In *Die Jahre* hat Rose Pargiter das seltsame Gefühl, zwei Personen gleichzeitig zu sein. Doch nicht nur die Älteren denken an ihre Vergangenheit zurück, auch die jungen Menschen erinnern sich an ihre Kindheit. Auf diese Weise spielen Virginia Woolfs Romane fast durchgängig auf mindestens zwei Zeitebenen: der Gegenwart und der Vergangenheit. Viele Romangestalten Virginia Woolfs stehen vor der großen Aufgabe, die Gegenwart mit der Vergangenheit und die Vergangenheit mit der Gegenwart zu verbinden, den Veränderungen nachzuspüren, die die Zeit an ihnen und anderen bewirkt hat, und herauszufinden, wieweit man »Leben verändern« kann, wie Rose Pargiter es ausdrückt.

In *Die Fahrt hinaus* skizziert sie den Unterschied zwischen der eingeschränkten und einsamen Jugend ihrer Heldin Rachel Vinrace und dem erfahrungsreichen Universitätsleben ihres Verlobten Terence Hewet.[1] In *Nacht und Tag* schildert sie, welchen Schaden die Entwicklung der jungen Katharine Hilbery nimmt, weil ihre berühmte Familie von der Vergangenheit besessen ist.[2] Vor allem die Mutter lehrt Katharine, daß sie, ganz gleich, was sie tue, nie auch nur annähernd die Brillanz, den Ruhm und den Glanz ihres Großvaters erreichen werde. Die Mutter veranlaßt sie, sich im Zimmer mit den Manuskripten dieses ruhmreichen Vorfahren lebendig zu begraben und ihr bei dessen Biographie zu helfen. Als junges Mädchen und sogar schon als Kind wird Katharine von der Familie ausgebeutet. Sie führt den Haushalt. Schon als Kind muß sie sich um die Mahlzeiten kümmern, die Dienstboten befehligen, Rechnungen bezahlen. Ihr Vater kann ungestört seiner Arbeit nachgehen, die Mutter sich ganz den Manuskripten des Großvaters widmen. Es ist der klassische Fall einer Rollenumkehr. Die junge Katharine muß ihre Mutter, »die wunderbar für das Leben auf einem anderen

Planeten ausgerüstet« ist, »... beraten,... unterstützen, und ihr allgemein zur Seite... stehen.« Für Virginia Woolf ist Katharines Leben typisch für das vieler junger Mädchen, die bei ihren Eltern Elternstelle vertreten und »Angehörige jenes großen Berufszweigs« sind, »der bislang noch keinen Namen und sehr wenig Anerkennung gefunden hat.« Erst nachts kann sich Katharine ihrer großen Leidenschaft, der Mathematik, widmen.

In *Nacht und Tag* erfahren wir mit Ralph Denham und seiner Schwester Joan auch etwas über die Jugend zweier Arbeiterkinder. Ralph ist entschlossen, seinen Weg zu machen. Er verbringt seine Jugendjahre damit, Pläne zu schmieden. Sein Leben sieht er als Etappen eines langen Feldzugs. Katharine erkennt, daß sie, die Tochter aus gutem Hause, und Ralph, der Arbeitersohn, im Grunde derselben Klasse angehören: Keiner von ihnen kann tun, was er möchte, und gehen, wohin er möchte. Das und die Tatsache, daß Ralph sie auffordert, die Dinge auf ihre Weise zu sehen und sich von der Vergangenheit zu lösen, veranlaßt sie, ihn zu heiraten, um so vielleicht eines Tages ihre eigene, wichtige Arbeit tun zu können.

Wenn Jacob Archer in *Jacobs Raum* vom Jugendlichen zum jungen Mann heranreift, geschieht das, wie Alex Zwerdling scharfsinnig bemerkt, »im Wettlauf mit dem erbarmungslosen Ticken einer Zeitbombe« – dem Ersten Weltkrieg. Die jungen Männer dieser Zeit werden aufgezogen, um als »Kanonenfutter«[3] zu dienen. Virginia Woolf zeigt, wie der junge Jacob einem vorgegebenen »mechanischen Programm« folgt.[4] Die Ironie dieses Antikriegsromans liegt darin, daß ihn dieselbe Ausbildung, die ihm den Lebenserfolg gesichert hätte, nun zum Krieg bestimmt. Virginia Woolf geht hier mit einem Erziehungssystem ins Gericht, daß Männer nicht bildet, sondern ausbildet. Wenn sich dieses Erziehungssystem nicht ändert, so glaubt sie, wird es weiter Kriege geben. Die junge Clara Durrant wurde, wie Kathleen Dobie beobachtet, zu einem Leben erzogen, das aus »einer endlosen Reihe von Partys« besteht, »an einen Teekessel gefesselt arrangiert sie voll Eifer ihren eigenen Untergang« – »den von Brautzeit und Ehe.«[5] *Jacobs Raum* ist eine scharfsichtige

Gesellschaftskritik und schildert die furchtbaren Folgen einer Erziehung, wie sie die jungen Frauen und Männer in der damaligen Zeit genossen.

In *Mrs. Dalloway* erhalten wir Einblick in die Jugend von Mrs. Dalloway, Peter Walsh, Sally Seton, Septimus Smith und dessen Frau Rezia. Tatsächlich verbringt Mrs. Dalloway den größten Teil des Tages damit, an ihre Jugendzeit zu denken, als das Leben noch eine sehr viel größere Bedeutung für sie hatte.[6] Sie ist eindeutig sehr niedergeschlagen, und sie ist traurig, weil ihre Tochter Elizabeth sich nicht so um sie kümmert, wie sie sich das vorstellt. Elizabeth ist mit sich beschäftigt und Mrs. Dalloway fühlt sich abgelehnt. Die Mutter vermutet, möglicherweise nicht zu unrecht, daß Elizabeth in ihre Lehrerin Miss Kilman verliebt ist. Doch dann erinnert sie sich daran, wie sie als junges Mädchen in Sally Seton verliebt war und wie Sally sie im »köstlichsten Augenblick ihres ganzen Lebens« auf den Mund küßte.

Im Mittelpunkt dieses Kapitels stehen Virginia Woolfs Vorstellungen und Gedanken über die Erfahrungen der Jugendzeit, denen ich in folgenden Werken genauer nachgehen will: in »The Journal of Mistress Joan Martin« aus dem Jahr 1906, in dem es darum geht, wie historisch gewachsene Machtverhältnisse die Behandlung junger Mädchen in der Familie beeinflussen; in *Die Fahrt zum Leuchtturm*, wo Virginia Woolf die widersprüchlichen Gefühle untersucht, die Cam und James Ramsay ihrem Vater entgegenbringen; in *Die Jahre*, einem Roman, der die unterschiedlichen Schicksale der Söhne und Töchter der Familie Pargiter im spätviktorianischen England schildert; in einer Reihe von Briefen über die Erziehung junger Mädchen, die Virginia Woolf an *The New Statesman* schrieb; in *Flush*, einer ironischen Biographie von Elizabeth Barrett Browning und Flush, die gleichzeitig deren Leben erzählt; und in den *Drei Guineen*, das die Beziehung zwischen Kindererziehung, Bildungswesen, Krieg und Faschismus beleuchtet.

Im Jahr 1906 schrieb Virginia Woolf mit »Das Tagebuch der Mistress Joan Martin« ihre erste druckfertige, wenn auch zu Lebzeiten nicht veröffentlichte Geschichte über das Leben eines jungen Mädchens.[7] In dieser Geschichte stößt eine Historikerin namens Rosamond Merridew, die es sich zur Lebensaufgabe gemacht hat, die verlorene Geschichte der Frauen aufzuspüren, auf einer Reise durch Norfolk auf ein Tagebuch, das eine Mistress Joan Martin im 15. Jahrhundert auf einem Landgut führte.[8]

Das Tagebuch schildert einen Jahreszyklus lang Joans Leben und endet mit ihrer bevorstehenden Hochzeit mit einem benachbarten Gutsbesitzer und ihrem frühen Tod. Es schildert ihre tiefe Liebe zu ihrer Mutter, die während der häufigen Reisen des Vaters das Oberhaupt der Familie ist, ihren Stolz auf die Stellung ihres Vaters und ihre zärtlichen Gefühle für ihn, seinen Stolz auf ihre Fertigkeiten und Kenntnisse, und ihre Freude darüber, daß sie ihre Gedanken aufschreiben kann, während die meisten Frauen ihrer Zeit weder lesen noch schreiben lernen. Es erzählt von ihrer Beziehung zu ihrem Bruder Jeremy, der als Junge soviel mehr Freiheiten genießt als sie. Er ist ihr Beschützer, wenn beide sich zu einem kurzen Ausflug vor die festen Tore des väterlichen Besitzes wagen.

In gewissem Sinne scheint dieser erste erzählerische Versuch ein Familienidyll zu schildern, wenn es auch Hinweise darauf gibt, daß Joan all ihrer Lebenslust zum Trotz tiefsitzende, unerkannte Selbstmordwünsche hegt und langsam erkennt, daß ihr Zuhause nicht die Festung ist, die es zu sein scheint. Das Leben der Frauen und Mädchen ist zwar auch in dieser Geschichte eingeschränkt, aber sie erfahren keine Gewalt von Mitgliedern ihrer Familie. Sie scheinen liebevolle Väter, strenge, aber fürsorgliche Mütter und beschützende Brüder zu haben. Die Gefahr scheint nur draußen zu lauern oder von außen zu kommen, etwa wenn Frauen sich über die Grenzen des heimatlichen Besitzes hinauswagen oder Feinde durch die schützenden Mauern brechen. In diesem Sinne scheint »Das Tagebuch der Mistress Joan Martyn« hinter der gewalttätigen Familienwirklichkeit zurückzubleiben, von der die zehnjährige Virginia Stephen erzählte. Und doch gibt es auch in dieser Geschichte Stellen, die der Idylle widersprechen.

Das Leben in Joans Familie scheint warm, geborgen und liebevoll zu sein. Und doch zwingt man die Frauen zu einer Insel-Existenz hinter verschlossenen Toren und dicken Mauern, um sie vor Räubern und Mördern zu schützen, die frei und furchtlos das Land durchstreifen. Joan akzeptiert die Fesseln der Gesellschaft, in der sie lebt. Sie ist eine wohlerzogene junge Dame, die weiß, warum sie Schutz braucht, und die dankbar ist für die festen Tore »zwischen mir und der Welt«. Nur manchmal wird sie ungeduldig, »wenn der Mond aufgeht über dem vor Rauhreif schimmernden Land; und ich glaube, ich spüre den Druck dieses ganzen freien und schönen Ortes – ganz England und das Meer und die Ländereien jenseits des Meeres.« (46)

Eines Tages, als Joan sich über die starken Tore hinauswagt, erfährt sie, warum man sie dahinter einsperrt und warum sie bald heiraten muß. An diesem Tag verliert sie ihre Unschuld und erfährt, welche Gefahren in der Welt draußen lauern. Beim Spaziergang auf der Heide mit Jeremy und den Hunden sieht sie einen Mann, von dem sie hört, »er sei ein Freistättler..., der außerhalb der Mauern herumschlich und etwas zu essen suchte. Er habe gestohlen oder gemordet oder vielleicht sei er auch nur ein Schuldner. Jeremy schwor, daß er Blut an seinen Händen sah: aber Jeremy ist ein Junge und möchte uns gerne alle mit Pfeil und Bogen verteidigen.« (56) Joan erkennt, daß es wahrscheinlich die ungleiche Verteilung des Reichtums in ihrer Gesellschaft ist, die diesen Mann zur Gefahr gemacht hat. Doch ebenso problemlos kann sie in diesem Opfer einen Mörder sehen. Als sie später die Hütten der Landarbeiter besucht, schmäht sie die einfachen Leute mit Worten, die zeigen, daß sie sich die Überzeugung von der Überlegenheit ihrer eigenen Klasse schon zu eigen gemacht hat: »Über solche Leute müssen wir herrschen; und sie mit Füßen treten und geißeln, damit sie die einzige Arbeit tun, zu der sie fähig sind; sonst werden sie uns mit ihren Fängen in Stücke reißen.« (57) Sie hat gelernt, diejenigen zu verachten, die für sie arbeiten und schuften; sie nennt sie »Pestbeulen« und fühlt sich aus »den Büschen und aus dem Unterholzgestrüpp« von ihren Augen angestarrt.

Wieder zu Hause, fühlt sie sich, als kehre sie aus einem Alptraum »in unser eigenes sauberes Heim« zurück. Ihre Mutter ist vorzeitig gealtert und sehr streng. Beides erklärt sich die Tochter jetzt damit, daß die Mutter »immer ganz in ihrer Nähe solche Dinge sah, wie ich sie heute gesehen hatte.« (57) Das lauernde Böse der unteren Klassen hatte ihre Mutter vorzeitig alt gemacht.

Joan nimmt widerspruchslos hin, daß sie ihren Ehemann nicht selbst wählen darf und daß es ein Mann sein wird, an dessen Landbesitz sich auch ihr Vater bereichern kann. Sie nimmt es hin, daß ihr Vater nach London reist, während die Frauen zu Hause bleiben müssen, ja sie selber nicht einmal ohne Begleitung vors Tor gehen darf. Eine Nachbarin ist von Straßenräubern entführt worden, und diese Straßenräuber begegnen Joan jetzt oft im Traum.

Was Joan noch nicht weiß, weiß Rosamond Merridew und belegt es mit Joans Tagebuch: Im England des 15. Jahrhunderts ist eine Frau ein Niemand. Und doch ist es parodoxerweise die Geschichte einer ganz normalen Frau, eben Joan Martyns Geschichte, die uns zeigt, wie das Leben damals *wirklich* war. Wenn eine Frau innerhalb ihrer Gesellschaft Macht haben will, so hat man Joan gelehrt, muß sie heiraten und einem Haushalt vorstehen. Sie durchschaut nicht, daß die Ehe auch der Kontrolle der Frauen dient. Sie hat romantische Vorstellungen von der Macht ihrer Mutter, und wenn sie die Mutter am Feuer stricken sieht, hält sie es für »etwas Großes, die Tochter einer solchen Frau zu sein und die Hoffnung zu haben, daß mir wohl eines Tages dieselbe Macht zukommt. Sie herrscht über uns alle.« (47)

Abgesehen von ihrem einzigen Ausflug vor die Tore des väterlichen Besitzes lernt sie die Welt draußen und deren Geschichte fast ausschließlich durch die Erzählungen ihrer Mutter kennen. Manchmal schickt ihr der Vater Handschriften aus London, und einmal kommt ein Reisender namens Richard und singt von Tristan und

Isolde. Aus diesen Geschichten, geschrieben von Männerhand, lernt sie, eine Frau zu sein. Ihr Vater schickt ihr eine Abschrift von Jahn Lydgates *Temple of Glas* und vielleicht auch seine *Troy Story*,[9] ein Poem über Helena und die Belagerung von Troja. Joan liest von Helena, »ihrer Schönheit und ihren Freiern«. Helena, so stellt sie sich vor, muß »so ähnlich wie meine Mutter« (48) ausgesehen haben. Joans Mutter ist eine Heilerin und ihre Tochter glaubt an ihre Macht.

Doch die Geschichte von Helena zeigt einmal mehr, warum Männer im 15. Jahrhundert ihre Frauen hinter Schloß und Riegel hielten. Wie Helena haben Frauen nicht nur die Macht zu heilen, sondern auch die Macht, die männliche Begierde zu wecken. Einzig durch ihre Schönheit können sie Kriege entfesseln. Folglich muß man sie einsperren.

Helenas Geschichte gemahnt Joan daran, daß sogar die Wahl eines Freiers Verderben über ihr Haus bringen kann, denn die abgewiesenen Freier könnten sich gegen ihren Vater verbünden. Sie erkennt die Ähnlichkeit ihrer beider Leben: »Wir hier in Norfolk sind so ziemlich dieselben wie zu Zeiten Helenas.« (49) Helenas Entführung nach Troja und die ihrer Nachbarin Jane Moryson »erst letztes Jahr ... am Vorabend ihrer Hochzeit« (49) sind für sie ein und dasselbe. Entführung und Vergewaltigung von Frauen haben eine lange Geschichte, und wenn Männer diese Geschichte erzählen, bekommt sie oft eine andere Bedeutung. Wenn sie Schwierigkeiten hat, sich mit ihrer Heirat abzufinden, dann wegen der erschreckenden Folgen, die die Liebe in diesen Geschichten hat. Liebe, so muß sie befürchten, bedeutet Tod. Und Frauen, so erfährt sie, wecken die Angst der Männer, weil sie die Macht über ihre Lust haben. Also ist Ehe ohne Neigung ihr Schicksal und die Gefangenschaft ihr natürliches Los. Virginia Woolf erkundet hier, wie Mythen und Geschichten dazu beitragen, daß eine Frau ihren Status als Unperson hinnimmt und lernt, ihr eigenes Geschlecht geringzuschätzen. Solche Geschichten vermitteln Frauen auf unmerkliche Weise, daß sie zur Machtlosigkeit bestimmt sind.

Joans Ängste erwachen, »wenn es Zeit wird zum Schlafengehen« (49). Wenn sie auch hofft, daß die starken Tore jedem Feind den Zutritt verwehren, lebt sie doch in der ständigen Angst, vergewaltigt zu werden: »Das Fenster in meinem Zimmer ist zerbrochen und mit Stroh zugestopft, aber der Wind pfeift hindurch und bewegt den Gobelin an der Wand, bis ich glaube, daß Pferde und Männer in Rüstungen zu mir herabgestürmt kommen. Letzte Nacht habe ich gebetet, daß die großen Tore standhalten mögen und alle Räuber und Mörder an uns vorübergehen.« (49) Wie Virginia selbst schläft auch Joan nie ohne die Angst ein, angegriffen und vergewaltigt zu werden.

Joan überträgt ihre Angst vor Straßenräubern auf Männer im allgemeinen. Sie lebt zwar im Zeitalter der Ritterlichkeit, doch hat die Dichtung ihrer Zeit mit der Wirklichkeit ihres Lebens als Frau und ihren Gefühlen den Männern gegenüber nichts gemein. Der ritterliche Kodex war Stoff für Dichtung und Romanzen, den Alltag der Frauen bestimmte er nicht.

Joan Martyns Tagebuch spürt auch den historischen und gesellschaftlichen Ursachen der gespannten Beziehung zwischen den Geschlechtern nach. Die Angst der Frauen vor den Männern hat ihre Wurzeln in einem Lehenssystem, das einen großen Teil der männlichen Bevölkerung von jeder Möglichkeit, ihren Lebensunterhalt zu verdienen, ausschließt, und in einer Gesellschaft, die Krieg führt und in Friedenszeiten ihren arbeitslosen Söldnern erlaubt, umherzustreifen und das Land zu terrorisieren, oder diese Söldner einsetzt, um interne Streitereien auszutragen. Diese Männer lassen ihre Wut auch an den Frauen und Töchtern der Landbesitzer aus. Die Töchter der Reichen wuchsen nicht unbedingt verwöhnt und behütet auf. Virginia Woolf sah auch in ihnen potentielle Opfer des Klassensystems. Es war also notwendig, die Frauen hinter verschlossenen Toren zu halten. Virginia Woolf stellt Vergewaltigung und Entführung in einen gesellschaftlichen und historischen Kontext. Ursache war das Lehenssystem als solches, verantwortlich für die Taten waren die Landbesitzer ebenso wie die Gesetzlosen und

Verbrecher. In diesem Sinne ist Joans Vater verantwortlich für ihre Angst, auch wenn sie sich dessen nicht bewußt ist. Die Vergewaltigung und Entführung seiner Tochter ist der Preis, den er für seinen Reichtum zu zahlen bereit ist. So liebevoll er sich als Vater geben mag, wichtiger als die Sicherheit und das Wohlergehen seiner Tochter ist ihm sein Landbesitz.

Da Frauen nach damaligem Recht kein Land besitzen durften, wurden sie zu Schachfiguren ihrer Väter. Die arrangierten Heiraten sicherten den Vätern entweder die Freundschaft und Bundesgenossenschaft der Nachbargüter oder vergrößerten ihren Einflußbereich. Ursache der Spannung zwischen den Geschlechtern – der Unfähigkeit der Frauen, mit Männern gleichberechtigte, liebevolle und freie Beziehungen einzugehen – war dieses System mit der uneingestandenen Wut und chronischen Angst der Frauen, mit der rachsüchtigen Gewalt der Gesetzlosen, mit der manipulativen Herrschaft der Landbesitzer und mit all den Mythen und Legenden, die die Frauen lehrten, daß das von allem Anbeginn ihr unentrinnbares Schicksal sei.

Joans Heirat arrangierten andere für sie. Sie hat sich an das System angepaßt und weiß, daß die Ehe durchaus auch Vorteile hat, verleiht sie ihr doch endlich einen gewissen Status. Aber manchmal verläßt sie der Mut. Sie glaubt, daß die Ehe sie zwingen wird, »die klare Vision, die ich immer noch habe« (55) aufzugeben. Und manchmal denkt sie, es wäre »ein Segen«, »nie zu heiraten oder alt zu werden; sondern sein Leben unschuldig und unbekümmert zwischen Bäumen und Flüssen dahinzubringen, durch die allein wir uns unsere Kühle und Kindlichkeit inmitten der Wirren der Welt bewahren können.« (55) Aus diesen Worten scheint die Sehnsucht nach einem einfachen Leben im Wald zu sprechen, nach einem Leben ohne Angst vor Räubern, die hinter Büschen lauern, um zu plündern und zu vergewaltigen. Doch in diesem Traum, im kühlen Wasser des Flusses jung zu bleiben, kann sich durchaus auch eine Selbstmordphantasie verbergen. Sie will ihre »klare Vision« nicht aufgeben und gibt sich selbst ein Versprechen: »Nein, ich werde dich nie verlassen – nicht wegen eines Ehegatten oder eines Liebhabers.« (55)

Joan berichtet, daß es bis zu ihrer Hochzeit mit Sir Amyas nicht mehr weit hin ist. Sie hat keine großen Erwartungen, obwohl Sir Amyas »ein guter Herr (ist), der mich mit großer Höflichkeit behandelt und mich glücklich zu machen hofft.« (65) Sie bleibt unzufrieden, weil da immer noch die Vision eines Lebens in einer anderen Zeit ist. Sie ist eine Visionärin, die von einer Veränderung der sozialen Ordnung träumt, obwohl sie nicht weiß, »was ich eigentlich will.« (66)

Auf einer bestimmten Ebene bricht sich langsam die Erkenntnis Bahn, daß ihre Familie bei aller scheinbaren Wärme und Zuneigung eine Gefahr für sie ist. Sie spürt etwas Unheilvolles und ist bestürzt vom »sonderbaren neuen Aussehen im Erscheinungsbild des Landes, das ich so gut kenne.« (40) Was sie damit meint, erklärt sie mit einer Metapher, und diese Metapher läßt vermuten, daß ihre Angst etwas mit ihrer Familie zu tun hat: Das Unheilvolle, das sie ängstigt, »deutet auf etwas hin; aber es ist verschwunden, bevor ich noch weiß, was es bedeutet. Es ist, als ob ein neues Lächeln langsam über ein wohlbekanntes Gesicht ginge; es macht einem fast Angst und lockt einen doch.« (66)

Joans Vater kommt bald dahinter, daß seine Tochter Tagebuch führt. Er ist neidisch und weiß, daß er selber zu faul dazu ist. Er ermuntert sie, damit fortzufahren; er selbst hat sie lesen und schreiben gelehrt. Er bittet sie, mit ihm zum Grab seines Vaters zu gehen:

> »Während ich mit ihm ging, dachte ich an seine Worte und an die vielen beschriebenen Blätter in meinem Eichenpult. Es war wieder Winter geworden, seit ich so stolz meinen ersten Schnörkel zog. Und dabei dachte, daß es wenige Frauen in Norfolk gab, die es mir gleichtun konnten; und wenn nicht etwas von diesem Stolz in mir geblieben wäre, hätte ich wohl schon lange mit dem Schreiben aufgehört. Denn es gibt ja wahrlich nichts im Bereich meines Lebens, das erzählt zu werden braucht; und das Auf-

schreiben wird allmählich mühevoll. Und ich dachte, als ich so durch die schneidend kalte Luft des Wintermorgens ging, daß ich, falls ich je wieder schriebe, nicht über Norfolk und mich schreiben würde, sondern über Ritter und Damen und über Abenteuer in fremden Ländern. Sogar die Wolken, die sich von Westen her auftürmen und über den Himmel bewegen, nehmen die Gestalt von Kapitänen und Soldaten an, und ich kann nur schwer aufhören, Helme und Schwerter und schöne Gesichter, und hohen Kopfputz aus diesen bunten Nebelwogen zu formen.« (68)

Was Rosamond Merridew so wertvoll ist – der Bericht vom Alltag einer jungen Frau –, wird für Joan Martyn selbst zunehmend uninteressanter. Sie vergleicht ihr Tagebuch mit den Geschichten, die sie gehört und gelesen hat. Bildung trägt einen Fluch in sich: die Entwertung der eigenen Erfahrung. Man hat Joan beigebracht, daß ihr Leben es nicht wert ist, aufgezeichnet zu werden. Doch bevor sie ihre romantischen Abenteuer schreiben oder heiraten kann, stirbt sie.

In *Die Fahrt zum Leuchtturm* habe sie unter anderem darstellen wollen, schrieb Virginia Woolf in einer Anmerkung, daß die Schranken zwischen Menschen viel wichtiger seien als die Schranken zwischen Ländern, denn sie seien die »Quelle allen Übels«.[10] Besonders dem letzten Teil des Romans liegt dieser Gedanke zugrunde: Die Schranke zwischen den Menschen, diese Quelle allen Übels, trennt Mr. Ramsay von seinen beiden heranwachsenden Kindern Cam und James.

Zehn Jahre sind seit dem ersten Teil des Romans vergangen, Mrs. Ramsay ist gestorben, und Mr. Ramsay und die ihm verbliebenen Kinder – Prue ist im Kindbett gestorben, Andrew im Krieg gefallen – fahren wieder in ihr Sommerhaus. Mr. Ramsay will Cam und James auf einem Ausflug zum Leuchtturm begleiten, der schon bei ihrem letzten Aufenthalt hier hatte stattfinden sollen, aber nicht stattgefunden hatte. Auf dem Ausflug erinnern sich Cam und James an ihre Kindheit und besonders daran, wie ihr Vater sie damals behandelt hat.

Besonders aufschlußreich ist die frühe Fassung des Romans, da Virginia Woolf die Wahrnehmungen der Kinder hier klarer und direkter schildert als im veröffentlichten Text. Der Morgen des Ausflugstages beschert den Kindern einen der üblichen Wutausbrüche Mr. Ramsays, der Lily Briscoe veranlaßt, die Rolle von Vätern als Ordnungsstifter in Frage zu stellen. Wenn Mr. Ramsay kommt, vermerkt sie, »kommt die Zerstörung, kommt das Chaos.« (243) Sie bemerkt, wie Cam niedergeschlagen »mit den Fingern spielt, als würde sie, was immer sie in den Händen hielt, drehen, bis diese Tortur vorüber war.« Die eigentliche Tragödie im Leben von Cam und James, so denkt sie, war nicht der Tod ihrer Mutter und zweier Geschwister, sondern die Grobheit ihres Vaters: »Das war die Tragödie. Nicht Bahre und Beerdigungen, nicht Staub und Leichentuch. Sondern ... Kinder, die unterdrückt wurden.« (244)

Cam ist außer sich vor Wut, als sie warten, daß sie aufbrechen können. Sie fühlt sich, als würden ihrer beider Köpfe »gebeugt wie Bäume unter dem Druck eines erbarmungslosen Sturms« (244), und ihr Zorn richtet sich gegen den Vater, der »sie einmal mehr hieß, sich zu unterwerfen.« (266) Auf dem Weg hat Mr. Ramsay seinen Ausbruch wieder vergessen und denkt darüber nach, daß er die Pflicht hat, seine Kinder glücklich zu machen. »Bewundernd, liebend, mutig« sollen sie aufwachsen und er muß ihnen Erinnerungen mitgeben, die ihnen »im Lebenskampf helfen.« (285)

Aufschlußreich ist die Reihenfolge der Eigenschaften, die er von ihnen erwartet. Zu allererst sollen sie ihn bewundern, doch er fragt sich nie, welchen Grund seine Kinder hätten, glücklich zu sein. Sie haben drei Angehörige verloren, einen Krieg überlebt und mit ihm gelebt. Und wie sollen sie zu mutigen Menschen heranwachsen, wenn er sie mit seinen Wutausbrüchen zu Tode erschreckt und ihnen immer wieder erklärt: »Jeder für sich wären wir alle verloren.«(267) Seine distanzierte, launische, selbstbesessene und gewalttätige Erziehung macht es den Kindern unmöglich, ihm zu geben, was er von ihnen möchte. Doch wie durch Zauber sollen sie zu den Kindern werden, die er bewundert. Wie Cam und James wirklich zumute ist, will er nicht zur Kenntnis nehmen. Er möchte, daß alles in Ordnung ist. Er akzeptiert nicht, daß seine heranwachsenden Kinder ernste emotionale Probleme haben, und übersieht ihren verzweifelten Wunsch nach Anerkennung ihrer Gefühle, wie sie sind, und nicht, wie er sie gerne hätte.

Um in Cam die Erinnerung an die Vergangenheit wachzuhalten, deutet er auf ihr noch in weiter Ferne liegendes Haus. Sie kann es nicht sehen, denn sie ist kurzsichtig wie ihre Mutter. Das »ärgerte ihn«. (286) Ihr Vater, so erkennt Cam, ist über etwas verärgert, für das sie keine Verantwortung trägt, und fühlt sich noch elender »mit der Wolke, die über ihr hing, der ganzen Bürde, dem Kampf und dem Unglück des Lebens; und wie unmöglich, eine Lösung zu finden.« (287) Dabei möchte sie wirklich ihren Frieden mit dem Vater machen, und in ihrer Phantasie bereut ihr Vater seine Verbrechen und bittet sie um Vergebung; doch dann denkt sie an James, der solche Träume nicht gestattet.

James scheint manchmal allzu hart und unerbittlich, und doch ist seine Haltung äußerst realistisch: Weil er sich weigert, seinem Vater zu verzeihen, hat er schließlich einsehen gelernt, daß man dem Vater nicht trauen, sich nicht auf ihn verlassen darf, und daß sich daran auch nichts ändern wird.

Cam empfindet anders: Sie träumt immer noch davon, daß ihr Vater sich ändert. Sie ist ihm sehr ähnlich, denn auch sie glaubt, daß Wünsche wahr werden. Anders als James kann sie sich mit der Unversöhnlichkeit ihres Vaters nicht abfinden. Zudem findet sie ihn sehr anziehend, und das verstärkt den Druck, unter dem sie steht. Diese ambivalenten und starken Gefühle sind quälend: »Niemand zog sie mehr an, als dieser seltsame alte Mann... Doch was unerträglich blieb... war sein... ›Unterwirf dich mir‹«. Cam findet auch liebenswerte Eigenschaften an ihm – seine »brennende Energie«, seine schönen Hände. Doch eine Eigenschaft, die sie nennt, ist keineswegs liebenswert: »seine Distanziertheit«. (290) Cam findet die Distanziertheit ihres Vaters anziehend, weil sie seine emotionale Unzugänglichkeit, die James abstößt, als *bewundernswerte* Eigenschaft internalisiert hat. Zudem ist sie umso sicherer vor seiner Gewalttätigkeit, je weiter er sich von ihr entfernt.

James hat eine mörderische Wut auf seinen Vater, doch nicht Mr. Ramsay würde er töten, sondern »ein Ding, was auf ihn niedergekommen war; was sich auf seinen Schultern niedergelassen und nach ihnen gehackt hatte, als sie Kinder waren.« Auch James ist auf seine Weise bereit, Mr. Ramsay zu verzeihen. Cam ist durchdrungen von ihren ambivalenten Gefühlen. Für James ist der Vater von etwas besessen, das sie als Kinder so sehr verletzt hat. Sein Vater, so glaubt er, werde – ohne sich dessen allerdings bewußt zu sein – »von einem Teufel heimgesucht«. (308) Wie Cam träumt auch er einmal den Traum, sein Vater werde sich ändern. Er hält es immer noch für möglich, daß der Geier auf seines Vaters Schulter eines Tages wegfliegt, um niemals wiederzukehren.

Für James ist es tröstlich, seinen Vater nicht als Bösen, sondern als Besessenen zu sehen. Das entlastet ihn ein wenig von seiner Wut. In seinem Zorn, so weiß James, ist er wie der Vater geworden, und das erschreckt ihn zutiefst: »Er fühlte sich mehr und mehr wie dieser von der Sünde heimgesuchte alte Mann.« (309)

Seine Angst in Gegenwart des Vaters erklärt James sich damit, daß er einst im Kinderwagen Zeuge der Gewalttätigkeiten seines Vaters geworden war, und er erinnert sich seiner Furcht und seiner Ohnmacht von damals. Er weiß, daß seine jetzigen Gefühle ihre Wurzeln in jenem, vor langen Jahren erlittenen Schrecken haben. Seit dieser Zeit ist der Vater für ihn ein Mann, der »anderen die Füße zermalmt, ohne zu wissen, was er tut.« (309)

James weiß nicht mehr genau, wem sein Vater das angetan hat. »Wessen Fuß hat er zermalmt?« grübelt er und denkt dabei an seine Mutter. Doch die war damals gegangen, erinnert er sich, und hatte ihn in seinem Schrecken und seiner Hilflosigkeit alleingelassen. Aber sicher ist er sich nicht. Vielleicht ist seine Erinnerung getrübt.

Allerdings weiß er noch, daß Mrs. Ramsay auf die Gewalttätigkeit ihres Mannes mit plötzlicher Distanz und majestätischer Würde reagierte. (313) Sie hatte nicht versucht, ihm Einhalt zu gebieten, noch James geholfen, mit seinen Gefühlen fertig zu werden. Mrs. Ramsay zog sich von ihrem Mann zurück, aber gleichzeitig entfernte sie sich auch von den Kindern.

Wie James jetzt weiß, wurden sein Entsetzen und sein Gefühl der Ohnmacht angesichts des wütenden und gewaltättigen Vaters noch dadurch verstärkt, daß die Mutter ihn mit diesen Gefühlen allein ließ. Und wichtiger noch – sie hatte ihn niemals darin bestätigt, daß seine Gefühle angemessen waren. Er ist sich dessen heute noch nicht sicher, obwohl er jetzt sehr viel näher daran ist, seine Gefühle zu akzeptieren, als er es in Kindertagen war.

James teilt seine Kindheit ein in die paradiesische Zeit »vor dem Sündenfall«, und eine Zeit der Katastrophe danach. Jene frühe Zeit wird in seiner Erinnerung zur romantischen Idylle. Damals herrschte zu Hause ein heilloses Durcheinander und doch Ordnung. Aber dann, auf einmal, erkennt er, daß es so nie gewesen sein kann, daß es nie ein Paradies gab, daß das Wagenrad schon damals »über einen Fuß gerollt sein muß.« (309) Schon damals gab es Gewalt und Leid. Die Idylle, so erkennt er, ist seine eigene Erfindung. Es ist die Geschichte, die er sich selbst erzählt, um seinen Schmerz zu lindern, denn es ist sehr schwer, mit dem Bewußtsein zu leben, immer von Gewalt umgeben gewesen zu sein. Aber es ist notwendig, daß er sich dieser Tatsache stellt und den Verlust des Phantasieparadieses betrauert.

Er wünscht sich seine Mutter zurück, nur für einen Augenblick, nur um mit ihr endlich offen zu sprechen, um endlich »mit diesen unerträglichen Ausflüchten, diesen Lügen, diesen Täuschungen aufzuräumen.« (313) Sie soll ihm bestätigen, daß er seine Kindheit jetzt richtig sieht, damit er den nächsten Schritt tun, die Jugend verlassen und zum jungen Mann werden kann, der weiß, daß er sich in der Welt zurechtfinden wird.

Auch Cam ist unterdessen mit der Wut ihres Vaters beschäftigt.

Anders als James kann Cam sich der Wirklichkeit nicht unvermittelt stellen. Sie muß den Zorn ihres Vaters entweder verleugnen, oder sie verwandelt ihn in eine Selbstmordphantasie, die ihn mit ihr verbindet. Sie sieht den Zorn des Vaters hinweggleiten, davonwirbeln auf »dieser breiten, glitzernden Fläche« des Meeres, über das sie gerade fahren. Sie ertränkt den Zorn ihres Vaters im Meer. Und ihren eigenen Zorn auf ihn verwandelt sie in ein positives Bild von sich selbst als einem Menschen »mit außergewöhnlichen Fähigkeiten, alles hier und jetzt zu empfinden – sodaß Meinungsverschiedenheiten und Streitereien kaum noch eine Rolle spielen.« (319) Oberflächlich betrachtet scheint Cam die positivere Lösung gefunden zu haben, aber bei näherem Hinsehen ist diese Lösung äußerst problematisch. Sie verleugnet ihre Gefühle für ihren Vater und kann so glauben, vollkommen in der Gegenwart zu leben. Nur ist dieses Konstrukt sehr zerbrechlich, denn sein einziges Fundament ist ihre Fähigkeit, ihre Gefühle vor sich selbst zu verbergen. James weiß, daß Auseinandersetzungen und Streitereien in der Tat eine Rolle spielen. Er mag sich angesichts der Vergangenheit nicht so stark fühlen wie Cam, aber er hat Zugang zur Wirklichkeit dieser Vergangenheit, und ist jetzt in der Lage, von der Phantasievorstellung einer idyllischen Kindheit Abschied zu nehmen und zu trauern. In einem Augenblick der Einsicht erkennt allerdings auch Cam, welches Opfer ihre Verdrängung fordert, denn »es war nie die Sache selbst, die sie fühlte.« Sie lebt keineswegs in der Gegenwart, denn sie verstellt sie mit Grübeleien darüber, »warum sie etwas empfand und was jemand anderes über ihre Empfindung dachte.« (350)

Verzweifelt wünscht sich Cam, ihr Zorn möge sich auflösen, Streit und Auseinandersetzung keine Rolle mehr spielen. Statt sich all dem zu stellen, tut sie es ihrer Mutter gleich. Sie distanziert sich von ihren Gefühlen und kann so von einer »blendenden Zukunft« träumen. (320) Das beweist einmal mehr, wie oberflächlich Cams Lösungsversuch ist. Sie kann nicht in die Vergangenheit schauen, und auch ihr Traum von einer strahlenden Zukunft hat keine reale Grundlage.

Cams Stimmung kennt noch ein anderes Extrem, und das enthüllt, wie tief ihre Verzweiflung ist. Wie ihr Vater und auch ihre Mutter glaubt sie die Welt am Rande des Abgrunds. In ihrer Phantasie sieht sie sich und ihre Familie manchmal als die Überlebenden der Katastrophe, manchmal gehört sie zu den Opfern. Sie stellt sich vor, »daß sie alle eine Katastrophe überlebt hatten und alles davon abhinge, ob sie Fische fangen würde.« (319) (Ein Bild, das an den Gestrandeten in Virginias Warboys-Journal erinnert.) Diese Phantasie ist bedeutungsvoll, denn ein Kind sollte nie die Verantwortung für die Familie tragen, doch Cam spürt diese Last auf ihren Schultern. Allerdings zeigt die Phantasie auch, daß sie sich der Aufgabe gewachsen fühlt.

Es ist schade, daß Mr. Ramsay Frauen jedes Denkvermögen abspricht und sich darüber lustig macht, daß Cam die Pole des Kompasses nicht kennt, denn Cam ist schon eine richtige Philosophin und Historikerin und würde ihre Gedanken und Ideen gern mit ihrem Vater teilen. Ihre Interessen sind weit gespannt und reichen von der Entstehung der Welt bis hin zur Frage, wer denn der wirkliche Autor von Shakespeares Stücken ist. Sie denkt über all das nach, indem sie sich vorstellt, wie ihr Vater darüber denken würde, aber sie tut es still für sich, »ohne ihn nach irgend etwas zu fragen, denn das wäre unmöglich gewesen.« Immer noch ist er für sie der Garant von Ordnung und Stabilität, ist jemand, der »keine Unordnung zuläßt.« (320) James und Lily Briscoe sehen Mr. Ramsay völlig anders, für sie hinterläßt er, wohin er auch kommt, Zerstörung und Chaos. (243) Cams Bild von ihrem Vater ist also wahrscheinlich ein Produkt ihrer Phantasie.

James erkennt, daß Mr. Ramsays Vision keine Rettung vorsieht, daß »sein Vater glaubte, sie alle würden dereinst in den wüsten Wassern untergehen.« (352) Er selber versucht, sich von seiner pessimistischen Weltsicht dadurch zu befreien, daß er sie zu der seines Vaters macht. Auf diese Weise muß sie nicht die seine sein. Cam neigt eher zur Vision ihres Vaters. In einem ebenso großartigen wie erschreckenden Bild enthüllt sich uns die ganze Trostlosigkeit von

Cams Weltsicht. Sie sieht sich verenden wie die Fische, die man im Netz ins Boot zieht, und sie sieht sich selbst als einen der Fische, die »im Wasserbottich auf dem Bootsdeck mit den Schwänzen schlagen.« (334) Zuvor hatte Cam ihre Familie noch mit Fischen vor der Katastrophe retten wollen, hier ist sie selbst zum Fisch geworden, der auf dem Bootsdeck erstickt.

In der veröffentlichten Fassung des Romans lobt Mr. Ramsay James für ein gelungenes schwieriges Segelmanöver. Einige Kritiker befanden, hier bekomme James von seinem Vater endlich die so verweifelt gewünschte Anerkennung. Doch zu glauben, ein einziges Lob könne eine lebenslange Mißachtung vergessen machen, ist Wunschdenken. Am Schluß des Romans steht die Hoffnung, daß es Cam und James gelingen könnte, ihre trostlose Weltsicht zu ändern. Doch angesichts ihrer Geschichte und der Weltuntergangsvisionen von Mr. Ramsay sind Zweifel daran mehr als angebracht.

Auch der Roman *Die Jahre* schildert die Kluft zwischen den Menschen.[11] Zu Beginn des Romans liegt Rose Pargiter, die Mutter des Pargiter-Clans, auf dem Sterbebett. Ihre Tochter Eleanor muß, kaum über zwanzig, die Mutterrolle in der Familie übernehmen. Sie führt mit der Hilfe ihrer Schwestern Delia und Milly den Haushalt, während ihr Vater, Colonel Abel Pargiter, in den Armen seiner Geliebten Mira Trost und Zuflucht sucht. Abel Pargiter fühlt sich außerstande, das Zimmer seiner sterbenden Frau zu betreten. Er überläßt es seinen Töchtern, bei seiner Frau zu wachen. Sogar als seine Frau ohnmächtig ist, weigert er sich nicht nur, zu ihr hineinzugehen, sondern befiehlt auch seinen Töchtern, solange bei ihm zu bleiben, bis er sein Abendessen beendet hat.

Die Last der Pflege tragen allein die Töchter. Delia empfindet die Krankheit ihrer Mutter als Käfig, aus dem sie bald befreit zu werden hofft – sie wünscht ihrer Mutter den baldigen Tod und hält aufmerksam Ausschau nach Zeichen weiteren Verfalls. In der schlimmsten Zeit flieht Delia in die Phantasie eines anderen, freien Lebens, wo sie, mit Charles Stewart Parnell an ihrer Seite, Reden im

Namen der Freiheit hält. (22) Sie ist die Rednerin, er unterstützt sie. Freiheit bedeutet für Delia ein politisch engagiertes Leben in Irland, weit weg von Abercorn Terrace und dem lächerlichen Salon einer bürgerlichen Familie von 1880.

Eleanor weiß sehr wohl, was ihr und ihren Schwestern fehlt: Sie war als viktorianische Wohltäterin in den Slums und hat das Leben der armen Leute kennengelernt. »Die Armen genießen das Leben mehr als unsereins,« glaubt sie. Das ist sicher nur ein Teil der Wahrheit, bedenkt man den Schmutz und das Elend, von dem Eleanor berichtet. Doch in einem hat sie sicher recht: Die jungen Mädchen dort haben mehr Freiheit als sie und ihre Schwestern, von denen es heißt: »Hier hocken sie wie im Pferch, tagaus, tagein.« (30)

Abgesehen vom emotionalen Trauma, das die Krankheit der Mutter zweifellos für sie bedeutet, bleibt das Leben der Pargiter-Söhne davon weitgehend unbeeinflußt. Martin macht weiter, wie immer; dem in Oxford studierenden Edward hat man nicht einmal mitgeteilt, wie schlecht es seiner Mutter geht, sodaß er sich auch weiterhin ungestört seinen Studien widmen kann. Während seine Schwestern bei der Mutter wachen, flirtet Edward hemmungslos mit zwei jungen Männern und spielt sie gegeneinander aus, bis einer von ihnen vor unerwiderter Leidenschaft fast wahnsinnig wird. Er liest Werke der griechischen Literatur und stellt sich Antigone, die ihn an seine Cousine Kitty erinnert, als erotische Gestalt »zwischen dem Marmor und dem Asphodeos« vor. (46)

Der Vergleich mit Kitty ist treffend, denn wie Antigone ist sie lebendig begraben, ein Opfer der täglichen Rituale, die man von einer jungen Frau in ihrer Position verlangt. Als Tochter eines Oxford-Professors muß sie Besuchern die Bodleian Library zeigen, beim Tee die Studenten und beim Dinner die Gäste ihres Vaters bezaubern, auch wenn die ihr, wie Chuffy Andrews, eine schweißige Hand aufs Knie legen. Kitty träumt davon, nach Amerika zu gehen, oder vielleicht auch Bäuerin zu werden. Auf jeden Fall will sie später anders leben als ihre Mutter. Aber Kitty hat nicht einmal Zeit für die Hausaufgaben, die Lucy Craddock, ihre Geschichtslehrerin, ihr aufgibt. Kitty hat romantische Vorstellungen vom Leben Lucys, und Lucy Craddock findet das Leben, wie es junge Frauen wie Kitty führen, einfach wundervoll. Keine von beiden sieht, in welcher mißlichen Lage sich die andere befindet.

Familien müßten sich auch anders organisieren lassen, findet Kitty. Ihr Vorbild sind die Robsons. Mr. Robson hat sich, seiner Herkunft zum Trotz, eine Position an der Universität erkämpft. Bei den Robsons gibt es keine Hierarchie, hier sind auch die Kinder gleichberechtigte Familienmitglieder. Kitty träumt davon, Jo Robson zu küssen, und dabei erinnert sie sich, wie sie einmal mit fünfzehn einen Bauernburschen namens Alf geküßt hat. Um frei zu sein, so glaubt Kitty, muß sie die Gesellschaftsschicht wechseln.

Kittys Mutter kann nicht verstehen, warum sich ihre heranwachsende Tochter immer weiter von ihr entfernt. An den Ritualen, die doch ihr Leben ausmachen, findet sie ganz offensichtlich keinen Gefallen mehr. »Was willst du denn eigentlich tun?« fragt sie ihre Tochter. Sie schlägt ihr vor, dem Vater bei der Arbeit zu helfen. Doch Kitty hat noch im Ohr, wie der Vater ihr einmal gesagt hat, die Natur habe sie – wie alle Frauen – »nicht zur Gelehrsamkeit bestimmt.« (72) Im Grunde interessiert es Mrs. Malone auch gar nicht, was ihre Tochter will. Sie möchte, daß Kitty genau das tut, was von ihr erwartet wird, und dabei glücklich ist. Kitty, so findet sie, sei um ihr Leben zu beneiden, und sie erinnert sich, wie sie sich selbst als junges Mädchen damals in Yorkshire gefragt hat, ob das alles sei, was ihr das Leben zu bieten habe. Sie wollte mehr. Mrs. Malone hält Oxford für den Mittelpunkt der Welt, Kitty möchte in Yorkshire leben. Kitty muß heiraten, beschließt Mrs. Malone, dann lösen sich all ihre Probleme. Sie braucht einen Mann, der ihr gibt, »was sie braucht.« Mrs. Malone hat keine Ahnung, was das sein könnte. »Spielraum« (73) fällt ihr ein, sie muß für ihre Tochter einen Mann finden, der ihr »Spielraum« gibt.

Sara und Maggie Pargiter sind Cousinen der Pargiters von Abercorn Terrace. Wie sie als junge Frauen leben, erzählt Virginia Woolf im Abschnitt »1907«. Sara ist aus nicht näher genannten

Gründen ans Bett gefesselt. Auf Anweisung des Arztes muß sie »geradeliegen, stilliegen«. (124) Die zusammenhanglosen Antworten, die Sara Mutter und Schwester gibt, lassen vermuten, daß mit ihr wirklich etwas nicht in Ordnung ist. Vielleicht ist ihre verwirrte Sprache auch das Ergebnis der vom Arzt verschriebenen »Kur«, bei der wahrscheinlich auch etliche Medikamente im Spiel sind. Sara weiß sehr genau, wie es um sie bestellt ist: Sie macht keinen Hehl aus ihrem Zorn, aus ihrem Gefühl, lebendig begraben zu sein, aus ihrer Überzeugung, daß die Welt eine Loch voll Mist ist. Vielleicht ist ihre Krankheit einzig ihr Unwille oder ihre Unfähigkeit, sich zu benehmen, wie man es von einer jungen Dame erwartet. Als sie zum Beispiel über das Schicksal Antigones am Hofe Kreons liest, sieht sie sofort die Ähnlichkeit mit ihrem eigenen Leben und nimmt im Bett dieselbe Lage ein wie Antigone im Grab. Ihre Schwester Maggie besucht Gesellschaften und findet das offenbar so quälend, daß sie die Schwester um ihre Bettlägrigkeit beneidet. Lady Eugenie Pargiter verspricht ihren Töchtern die Erfüllung des Lebens durch die Liebe, folglich werden Sara und Maggie gar nicht erst dazu erzogen, für sich selbst zu sorgen. Sie heiraten ja doch, denkt Lady Pargiter. Sara verbringt ihre Jugend als »Puppe eines Insekts, ... eingehüllt in die scharfen weißen Falten der Bettdecke.« (127) Doch als Eugenie Pargiter und ihr Mann Digby unverhofft sterben, stehen Sara und Maggie von einem Tag zum anderen ohne finanzielle Mittel da und müssen ihr Leben in einer armseligen Wohnung im falschen Teil der Stadt fristen. Eine andere Möglichkeit haben sie nicht, denn man hat sie nicht darauf vorbereitet, sich selbständig durchs Leben zu schlagen.

Sara und Maggie verabscheuen das Familienleben. Eine Familie, so glauben beide, schadet Kindern nur. Kinder sollten auf einer einsamen Insel, fern vom schädlichen Einfluß der Großen, aufwachsen, findet Sara. Und Maggie spekuliert, daß die Menschen vielleicht überhaupt aufhören sollten, Kinder zu kriegen. Wir erfahren nie, was Sara zugestoßen ist: Ihre Geschichte ist eine der vielen im Roman, die nie zu Ende erzählt wird. Wir können nur vermuten, was Sara zu ihrer düsteren Weltsicht veranlaßt. Wir wissen, daß der Vater seine Töchter als Kinder ignorierte. Doch Saras Überzeugung, daß die Menschen »lauter widerliche kleine Geschöpfe« sind, die »von unbeherrschten Gelüsten getrieben werden,« (165) läßt vermuten, daß ihr etwas Schreckliches widerfahren ist.

North Pargiter denkt ähnlich. Er empfindet die Familie als »Verschwörung«, als »eine Dampfwalze, die einebnet; unkenntlich macht; zu Gleichförmigkeit rundet; zu Bällen rollt.« (326) Für ihn liegt die Tragödie des Familienlebens darin, daß sich alle nur um das Wohlergehen ihrer eigenen Kinder, »ihres eigenen Eigentums«, sorgen, und nicht auch um das Wohlergehen von »anderer Leute Kinder«, von jedermanns Kindern. Genau diese Haltung ist es, die Kriege möglich macht, denkt North: »es ist ihr eigenes Fleisch und Blut, das sie mit den entblößten Krallen des Urzeitsumpfs verteidigen würden... Wie sollen wir denn da zivilisiert sein.« (326)

Die Zeit des Erwachsenwerdens beschäftigt Virginia Woolf nicht nur in ihren Romanen. In ihrem essayistischem Werk untersucht sie vor allem, welchen Einfluß die Schulbildung auf die Persönlichkeit von Mädchen und Jungen hat. In *The New Statesman* führt sie – in Zusammenhang mit der Frage, ob Mädchen und Frauen Zugang zu den Bildungseinrichtungen erhalten sollten – eine bedeutsame öffentliche Diskussion mit Desmond MacCarthy über die intellektuellen Fähigkeiten von Frauen. Auch in mehreren ihrer wichtigsten essayistischen Arbeiten, so in *Ein Zimmer für sich allein* und *Drei Guineen*, setzt sie sich mit diesem Thema auseinander.

Wenn Virginia Woolf sich mit der viktorianischen Kindheit beschäftigt, geht es ihr vor allem um das Leid, die emotionale Vernachlässigung und Isolation aller Kinder, Jungen wie Mädchen. In ihren Beschreibungen der Jugendzeit betont sie die Unterschiede im Leben junger Männer und Frauen. Die jungen Männer der gehobenen Mittelschicht genossen eine Schulbildung, die sie auf ein Leben der Machtausübung und Privilegien und auf den Krieg vorbereitete. Den jungen Frauen dagegen enthielt man die Bildung vor und erzog sie zur Unterwürfigkeit und für ein Leben im – unbezahlten – Dienste des Mannes.

Da Virginia Woolf selber keine nennenswerte formale Schulbildung genossen hatte, interessierte sie insbesondere, wie die Erziehung dazu betrug, Frauen an der Erlangung wirtschaftlicher Unabhängigkeit zu hindern und sicherzustellen, daß Macht und Privilegien weiterhin das Vorrecht einiger weniger Männer einer bestimmten Gesellschaftsschicht blieben. Ihre Analyse der Beziehung zwischen Macht, Privileg und Bildung ist heute noch so aktuell wie damals. Sie war überzeugt, daß es die eigentliche Funktion von Erziehung und Bildung war, ein Kader von mächtigen Männern mit einem selbstverständlichen Herrschaftsanspruch heranzuziehen, und nicht, wie man vorgab, der Vermittlung und Bewahrung von Kulturgut zu dienen. Die Möglichkeit einer Revolution in der Beziehung zwischen den Geschlechtern und den Klassen, so beobachtete sie, hing einzig von den Bildungsmöglichkeiten ab. In Arbeiten wie »The Leaning Tower« plädierte sie für das geschriebene Wort als machtvolles Instrument des gesellschaftlichen Wandels.

Von allen Stephen-Kindern hätte sie von einer richtigen Schulbildung am meisten profitiert. Die jungen Männer der Familie – die Duckworths ebenso wie die Stephens – taten sich in der Schule nie besonders hervor, waren oft sogar ausgesprochen schlechte Schüler. Nur wegen ihres Geschlechtes erhielten sie eine Schulbildung, Virginia wurde darum betrogen. Sie war Autodidaktin und darum besonders berufen, das System zu kritisieren. Gleichwohl hatte sie ihr Leben lang das Gefühl, etwas Wertvolles versäumt zu haben.

Virginia Woolf vertrat ihre Position zur komplexen Beziehung zwischen Geschlecht, häuslicher Erziehung, Bildung und Leistung in einem öffentlich geführten Streitgespräch, das 1920 unter der Überschrift »Der intellektuelle Status der Frau« in *The New Statesman* zu lesen war. Sie wandte sich vor allem gegen die These von der angeborenen Unterlegenheit der Frau, wie sie 1920 Arnold Bennett in seinem Buch *Our Women* vertreten hatte. Ihr Freund Desmond MacCarthy hatte Bennets These unter dem Pseudonym Affable

Hawk in *The New Statesman* unterstützt. »Weder Bildungs- noch Handlungsfreiheit,« schrieb er, würden auch nur irgend etwas an der unbestreitbaren Tatsache ändern, daß die Männer den Frauen an geistiger Kühnheit von Natur aus überlegen seien. Allein durch ihren Wunsch, von Männern beherrscht zu werden, bewiesen die Frauen ihre intellektuelle Unterlegenheit.[12] Und diese natürliche Unterlegenheit rechtfertige die unterschiedliche Behandlung. Mädchen zur Schule zu schicken, heiße Zeit und Geld verschwenden.

»Das siebzehnte Jahrhundert brachte mehr bemerkenswerte Frauen hervor als das sechzehnte, das achtzehnte mehr als das siebzehnte,« bemerkte Virginia Woolf dazu. Und die wachsende Anzahl bedeutender Frauen, so fügte sie hinzu, sei das Ergebnis von »Bildung und Freiheit« gewesen, und beides sei in seiner Bedeutung kaum zu überschätzen.[13] Man versuche die natürliche Unterlegenheit der Frau durch ihre geistige Unterlegenheit zu beweisen, doch sei letztere das Ergebnis mangelnder Bildung und vorenthaltener Freiheit.

Es falle ihr schwer, schrieb sie, einem Geschlecht, das für die Schrecken des Ersten Weltkriegs verantwortlich sei, geistige Überlegenheit zu bescheinigen. Ihr scheine das vielmehr dafür zu sprechen, »daß der Intellekt des männlichen Geschlechts ständig abnehme,« doch sie halte es einstweilen für unklug, das »als Tatsache zu verkünden«.[14]

In seiner Erwiderung gab MacCarthy Virginia Woolf in einem Punkt recht: »Ein kleiner Prozentsatz von Frauen,« so gab er zu, könne es möglicherweise an Intelligenz mit intelligenten Männern aufnehmen. Er gesteht auch zu, daß die Lebensbedingungen von Frauen geistiger Leistung nicht förderlich seien, doch sei gerade die Tatsache, daß sie solche Hindernisse nicht überwänden, der Beweis für ihre Unterlegenheit. Auch in Bereichen, wo es wesentliche Hindernisse nicht gebe, in der Literatur, der Dichtung, der Musik und der Malerei zum Beispiel, hätten Frauen, »möglicherweise mit Ausnahme der Romanliteratur, die besten Leistungen der Männer bei weitem nicht erreicht.«[15]

Virginia Woolf antwortete, daß die Erziehung, nicht die Natur bestimme, was Frauen zu leisten imstande seien. Und wenn es keine Schriftstellerinnen von Bedeutung gebe, schreibt sie, könne sie »dafür keine andere Erklärung finden, als daß äußere Umstände sie an der Entfaltung ihrer Möglichkeiten gehindert haben.«[16] Voll Sarkasmus zählt sie auf, welche Hindernisse jungen Frauen entgegenstehen, die Musikerinnen, Malerinnen oder Schriftstellerinnen werden wollen. Stand weiblichen Musikerinnen wie Ethel Smyth wirklich nichts im Weg, wenn sie im Ausland studieren wollten? »Gab es keinen Widerstand seitens ihres Vaters?« Reichte der Musikunterricht, den die höheren Töchter genossen, wirklich aus, um sie auf ein Leben als Musikerin vorzubereiten? Bekam ein Mädchen, das Malerin werden wollte, wirklich die Mittel für Farben und Atelier? Und war da keine Familie, die ihre Hilfe und Anwesenheit im Haus verlangte?[17] Kein Mensch, ob Mann oder Frau, könne seine Möglichkeiten ausschöpfen, wenn er unterdrückt, ungebildet und in Abhängigkeit gehalten werde. Grund dafür sei nicht eine naturgegebene Unterlegenheit oder eigenes Versagen (was – wie Virginia Woolf erkannte – hieße, dem Opfer seine Unterdrückung vorzuwerfen). Geistige Leistung setze nicht nur Bildung voraus, sondern auch die »Freiheit zu handeln und Erfahrungen zu machen,« und beides sei Frauen nie zugedacht gewesen. [18]

Während Männer, schreibt sie weiter, das Privileg genossen, sich bilden zu können, wurden Frauen zur Unterwürfigkeit abgerichtet. Darüber hinaus haben sie »die ganze Erdbevölkerung« hervorgebracht und das »hat viel Zeit und Kraft gekostet.«[19] Sie geht darauf ein, wie mangelnde geistige Leistung und Verweigerung von Bildung mit der Ausbeutung der Frau als unbezahlte Arbeitskraft in der Familie zusammenhängen: Als unbezahlte Arbeitskräfte und Familienmütter blieb den Frauen einfach keine Zeit, sich geistig oder wirtschaftlich auf eigene Füße zu stellen. In Kindheit und Jugend verweigerte man ihnen den Zugang zur Bildung, sodaß ihnen später gar nichts anderes übrig blieb, als sich zu fügen und Ehefrauen und Mütter zu werden. So blieben die Frauen der Familie als unbezahlte Arbeitskräfte erhalten. Und das, so schrieb und sagte Virginia Woolf, sei nichts anderes als Sklaverei.

Vor allem aber ging Virginia Woolf mit der Behauptung MacCarthys und Bennetts ins Gericht, auch Bildung würde an der geistigen Unterlegenheit junger Frauen nichts ändern. Einstellungen wie diese, so warf sie ihren Widersachern vor, würden Frauen auch in Zukunft zur Unwissenheit verurteilen. Sehr geschickt argumentierte sie, daß MacCarthy den Frauen ja durchaus gewisse intellektuelle Fortschritte zugestanden habe; also sei es unlogisch von ihm, schon jetzt darüber befinden zu wollen, was Frauen erreichen können, wenn man ihnen Bildungs-, Erfahrungs-, Bewegungs- und Meinungsfreiheit gewährt: »Die Tatsache, daß Frauen Fortschritte gemacht haben... zeigt, daß sie weitere Fortschritte machen können; denn ich sehe nicht ein, warum man ihren Fortschritten Grenzen setzen sollte.« Genau die Ansichten MacCarthys und Bennetts seien es, die die Frauen niederhielten, und nicht eine naturgegebene geistige Unterlegenheit. Sie empfahl MacCarthy, sich zu überlegen, inwieweit er (und andere) mit der öffentlichen Kundgabe solcher Ansichten dazu beitrage, die Frauen an weiterer Entwicklung zu hindern. Wenn Ansichten wie die seinen weiterhin vorherrschten, argumentiert sie, »werden wir im Zustand halbzivilisierter Barbarei verharren,« und das gelte dann auch für England, denn es würde »Ewigkeit der Herrschaft auf der einen und der Knechtschaft auf der anderen Seite« bedeuten.[20]

Ihre Argumentation war brillant, denn sie führte zu dem Schluß, daß eine Kultur, die den größten Teil ihrer Bevölkerung versklavt, nicht »zivilisiert« genannt werden kann. Und genausowenig zivilisiert war ein privilegierter englischer Mann, der Frau und Töchter in sklavischer Unterwerfung hielt, »denn die Entwürdigung, die es bedeutet, Sklave zu sein, ist einzig vergleichbar mit der Entwürdigung, Herr über Sklaven zu sein.«[21]

Virginia Woolfs Argumentation, Rhetorik, Witz und Stil waren ihr bestes Argument für die Fähigkeiten, die sie Frauen zusprach, und zumindest MacCarthy streckte die Waffen: »Wenn ich durch den öffentlichen Ausdruck meiner Ansichten Freiheit und Bildung der Frauen gefährde,« schrieb er, »werde ich schweigen,«[22] was gleichbedeutend war mit dem Eingeständnis, daß Ansichten, wie er und Bennett sie vertraten, Generationen von Frauen an geistiger und persönlicher Entwicklung gehindert hatten.

1842 geht der junge Hunderüde Flush, der Protagonist von Virginia Woolfs gleichnamiger »Biographie«, in den Besitz von Elizabeth Barrett Browning über. Gewöhnt an alle Rechte und Privilegien des männlichen Geschlechts, muß er jetzt am eigenen Leib erfahren, was der Unterschied zwischen männlich und weiblich wirklich bedeutet.[23] Obwohl Wimpole Street, wo Elizabeth Barrett wohnt, für ein zivilisiertes Leben schlechthin steht, macht Flush die Erfahrung eines Gefangenendaseins, wie es für die Töchter aus besserem Hause üblich war.

Erzählt wird die Geschichte aus der Perspektive von Flush. Mit Hilfe dieses Kunstgriffs kann Virginia Woolf auf witzige Weise deutlich machen, daß ein junger Hundemann mehr Freiheit und Erfahrungsmöglichkeiten hat und besser behandelt wird als eine junge Frau aus besseren Kreisen. Als junger Hund hatte Flush »die meisten der Freuden und einige der Freiheiten, die für seine Jugend und sein Geschlecht etwas Natürliches waren, genossen.« (14) Doch im Hause Barrett und als Hund Elizabeths muß Flush sich dem Leben anpassen, das englische Mädchen führen.

Elizabeths Zimmer ist eine Grabkammer, in der sie lebendig begraben ist: »Miss Barretts Schlafzimmer... muß allen Berichten nach düster gewesen sein.« Aber nicht dieses Dunkel (im Gegensatz zu den hellen Feldern, auf denen er früher herumgesprungen ist) macht Flush am meisten zu schaffen, sondern der Geruch des Zimmers, nur zu vergleichen mit einem »unterirdischen Gewölbe, überkrustet von Schwämmen, schleimig von Schimmel, saure Gerüche von Verfall und Alter.« (22–23) Was hier mitschwingt, ist eindeutig: Elizabeth und die jungen Frauen ihrer Herkunft sind lebendig begraben.

Die lebendig begrabene Elisabeth Barrett hat sich ihrer erzwungenen Gefangenschaft angepaßt: Sie ist behindert und bewegt sich kaum noch. Ihre Behinderung ist die Reaktion auf die Barbarei ihrer Gefangenschaft. Junge Frauen, so zeigt Virginia Woolf, werden behandelt wie Hunde: »Es bestand eine Ähnlichkeit zwischen ihnen. Als sie einander ansahen, fühlte ein jedes: Das bin ich, – und dann: Aber wie anders!... War es möglich, daß, entzweigebrochen, aber aus ein und derselben Form gegossen, ein jedes ergänzte, was in dem andern schlummerte? Das alles da – hätte sie sein können; und er – aber nein.« (26)

Auch Flush fängt an, seine Zeit nurmehr im Schlafzimmer zu verbringen. Elizabeth und Flush dürfen das Haus sowieso nur verlassen, um einkaufen zu gehen. Eines Tages »wagte Miss Barrett ein sogar noch kühneres Unternehmen – sie ließ sich in einem Rollstuhl durch die Wimpole Street fahren.« (30) Flush reagiert auf diesen Ausflug mit allen Anzeichen von Angst und Schrecken, eine brillante Analogie zu Elizabeths Platzangst, die eine natürliche Folge ihrer Gefangenschaft war und der ständigen Warnungen vor den Gefahren, die draußen lauerten: »Und überdies wurde er... durch vorbeikommende menschliche Körper verwirrt gemacht. Kleidsäume schlugen an seinen Kopf, Hosenbeine streiften seine Flanken, manchmal surrte ein Rad kaum einen Zoll von seiner Nase vorbei.« (30–31) Flush reagiert mit Panik: »Ein vernichtungsdrohender Sturm brüllte ihm in die Ohren und peitschte die Fransen seiner Pfoten, als ein Lastwagen vorfuhr. In blindem Schrecken machte er einen jähen Satz.« (31)

Der Freiheit entwöhnt, ist er sogar auf diesem kurzen Ausflug dankbar für seine Kette: »Zum Glück zerrte die Kette an seinem Halsband; Miss Barrett hielt ihn fest, oder er wäre ins Verderben gerannt.« (31) Wie eine wohlerzogene junge Dame hat Flush bereits gelernt, daß seine Fesseln seinem eigenen Besten und seinem Schutz dienen. Sein feuriger Mut war gebrochen. Es hatte gar nicht lange gedauert.

Was Virginia Woolf sagen will, ist klar: Behandelte man Jungen wie Mädchen, würden auch Männer furchtsam, schüchtern, kränklich, unsicher und unfähig, ohne Schutz ihren eigenen Weg zu gehen. Erziehung, und nicht natürliche Neigung, erklärt Verhalten und Charakter. Nun, da Flush lebt wie ein Mädchen, werden »alle seine natürlichen Triebe... vereitelt und bekämpft.« (34) Im Jahr zuvor, als er noch ein junger Rüde war und »in Berkshire die Herbstwinde bliesen, war er mit wilden Sprüngen über die Stoppeln gerast.« (34) Jetzt, als verweiblichter Stubenhund, fürchtet sich Flush, »wenn der Efeu an die Scheiben klopfte,« und ein Hausmädchen wird gerufen, um »nach den Fensterriegeln zu sehen.« (34)

Flush hört zwar die Geräusche der Straße, aber sie bedeuten nicht mehr »Freiheit oder Bewegung oder Tätigkeit«. (35) Das Leben Elizabeths ist das einer lebendigen Toten: »So gingen die langen Stunden... dahin, durch nichts bezeichnet als durch den Klang von Schritten auf der Treppe... und das Pochen des Briefträgers.« (41)

Ähnlich wie Virginia Woolf in *Flush* schildert auch M.V.Hughes in ihrer Autobiographie *A London Child of the 1870* das Leben junger Mädchen und Frauen in jenen Jahren. Als Mädchen, schreibt M.V.Hughes, habe sie in ihr erstes Tagebuch ständig eintragen müssen: »Heute ist nichts Besonderes passiert.«[24] Ihr Leben sei so ereignislos gewesen, daß »ich mich sogar genötigt sah, die Tatsache zu vermerken, daß ich mich schlafen legte.« (30) Selbst wenn sie sich aus dem Haus wagte, waren »meine Erlebnisse draußen nur ein schwacher Abglanz von dem, was die Jungen (ihre Brüder) zu erzählen hatten.« Als Mädchen bekam sie »nichts Aufregenderes« geboten, »als einen Besuch in einer Gemäldegalerie, nicht einmal ein Theaterstück zu Weihnachten.« Obwohl sie in London lebte, sah sie »weder den Tower, noch den Kristallpalast noch das Wachsfigurenkabinett von Madame Tussaud« (30), während ihre Brüder sich alles anschauten, sogar mehrere Male – getreu dem Motto ihres Vaters: »Jungen sollten überall hingehen und alles wissen, ...ein Mädchen sollte zuhause bleiben und nichts wissen.« (33) Einmal weinte sie, weil sie etwas wollte, und wurde dafür streng getadelt und geschlagen, denn »wenn ein Mädchen weint, weil es etwas haben will, ist das genauso schlimm, wie wenn ein Junge schlägt.« »Ein bißchen« weinen, wenn sie sich weh getan hatte, war erlaubt, aber »ich durfte nie, nie weinen, nur weil ich etwas haben wollte.« (32)

»Die viktorianische Zeit,« schreibt M.V.Hughes treffend, »gilt als so ruhig, glücklich und sorglos, doch meine Erinnerungen haben mit diesem rosigen Bild wenig gemein.« (82) M.V. Hughes entzaubert den Mythos von der glücklichen Jungmädchenzeit im viktorianischen England. Dasselbe tut Virginia Woolf mit dem Kunstgriff, das Leben eines Hundes zu schildern, um über das Leben einer jungen Frau zu erzählen. Flush beweist, daß man *lernt*, sich wie ein Mädchen zu verhalten. Und wie lernt man das? Wie Flush es gelernt hat: Indem man »entsagt, sich beherrscht und die heftigsten Triebe seiner Natur unterdrückt – das war die oberste Lektion der Schlafzimmerschule, und sie war so gewaltig schwer, daß viele Schüler mit weit geringerer Mühe das Griechische erlernten.« (36)

Als Virginia Woolf herauszufinden versuchte, warum es diese »Schlafzimmerschule« , diese Gefangenschaft für Mädchen gab, verwies sie die Theorien von der naturgegebenen Schutzbedürftigkeit junger Mädchen ins Reich der Fabel. Verantwortlich für das Gefangenendasein junger Frauen und Mädchen waren die Väter, die ihre Töchter für sich behalten wollten, und die Macht, die Väter über ihre Töchter hatten.

In *Drei Guineen* spürt Virginia Woolf am Beispiel von Mr. Barrett und anderen Vätern den Gründen für das Gefangenendasein junger Frauen nach. Ihre Argumentation ist brillant und überzeugend, denn kühn kehrt sie die ganzen Spekulationen über das naturgegebene Wesen von *Frauen* um und lenkt die Aufmerksamkeit des Lesers auf das Verhalten von *Vätern*.

Für sie sind es die viktorianischen Väter und die Väter im allgemeinen, die es zu erforschen gilt. Sie entlehnt der weitgehend von Männern beherrschten Disziplin der Psychologie die beiden Termini »infantil« und »Fixierung« und kombiniert sie für ihre politischen Zwecke zu »infantiler Fixierung«. Damit beschreibt sie auf geniale Weise, wie Väter geradezu zwanghaft auf ihre Kinder, zumeist auf ihre Töchter, fixiert sind, jeden ihrer Schritte verfolgen, ihr Verhalten und ihr Leben bis ins einzelne kontrollieren und ihnen jede Freiheit nehmen. »In der viktorianischen Biographie,« schreibt sie, »finden wir nun so viele Fälle infantiler Fixierung..., daß wir kaum wissen, welche wir auswählen sollen. Der vielleicht berühmteste und am besten belegte Fall ist der von Mr. Barrett.« (181) An einzelnen Beispielen zeigt sie, daß sein Verhalten zwar eindeutig pathologisch, gleichwohl aber ein extremes Beispiel für die typische Verhaltenstendenz viktorianischer Väter ist. Er gestattet seinen Kindern nichts, was auch nur im entferntesten ein Streben nach Unabhängigkeit verrät. Er verlangt ihren absoluten Gehorsam. Selbst zu heiraten verbot er ihnen. Elizabeth mußte mit ihrem Geliebten fliehen – ein Bruch seiner Gebote, den ihr der Vater nie verzieh.

Allein dadurch, daß sie in Zusammenhang mit Mr. Barrett von einem »Fall« spricht, bestimmt Virginia Woolf ihre Position. Weibliche Fallstudien gab es in der viktorianischen Psychologie zuhauf, doch die eigentlichen »Fälle«, die wirklichen Beispiele für pathologisches Verhalten findet man, wenn man sich mit den viktorianischen Vätern beschäftigt. »Wir müssen zugeben,« heißt es bei Virginia Woolf, »daß Mr. Barretts Gefühle außerordentlich stark waren; und ihre Heftigkeit macht offenkundig, daß sie ihren Ursprung in irgendeinem dunklen Winkel unterhalb der Bewußtseinsebene hatten.« (181) Das Verhalten der Väter ist also ganz entschieden *nicht* rationalen Ursprungs, auch wenn der viktorianische Mann selbst sich seines rationalen Verhaltens rühmt. In spöttischer Nachahmung Freuds zählt sie weitere, weniger bekannte »Fälle« von »infantiler Fixierung« auf: den Fall von Reverend Patrick Brontë, der, wie Mr. Barrett, den Gedanken nicht ertragen konnte, daß seine Tochter sich mit einem anderen Mann verband; der Fall von Mr. Jex-Blake, der seiner Tochter nicht erlaubte, für ihre Unterrichtstätigkeit Geld zu nehmen: »Sich für die Arbeit *bezahlen* zu lassen, hieße die Sache *völlig* zu verändern, und es würde dich bald in jedermanns Augen betrüblich herabsetzen.« (183) Diese Männer, schließt Virginia Woolf, wollten die Macht über ihre Töchter auf keinen Fall verlieren und handelten irrational, weil sie sich nicht unter Kontrolle hatten. Sie agierten also ständig ihre infantile Fixierung aus.

Virginia Woolf konfrontiert ihre Leser mit einer völlig neuen Version des Ödipuskomplexes.[25] Sie hält den Ödipuskomplex für eine bequeme Fiktion und als solche für geeignet, die Psychopathologie viktorianischer Väter zu verschleiern. Wenn in der viktorianischen Familie jemand unkontrolliert war, dann war es der viktorianische Vater, denn er folgte seinen Triebimpulsen, ohne sein Verhalten jemals in Frage zu stellen. Obwohl sie eigentlich behandlungsbedürftig war, »wurde die infantile Fixierung von der Gesellschaft in Schutz genommen.« (188)

Virginia Woolf analysiert das Verhalten der Väter in einer Sprache, die traditionellerweise weiblichen Fallgeschichten vorbehalten war. Das war ebenso wirksam wie auf subtile Weise subversiv, denn wenn der viktorianische Mann mit etwas nicht gleichgesetzt werden wollte, dann mit einer Frau. Mr. Barretts Gefühle waren »außerordentlich stark«, und sie hatten ihren Ursprung in irgendeinem »dunklen Winkel unterhalb der Bewußtseinsebene.« (181) Auch Mr. Jex-Blake pflegt aus einem »sehr starken Gefühl heraus« zu handeln. (182)

Die getrennte und unterschiedliche Erziehung von jungen Frauen und jungen Männern in viktorianischen Familien fand ihre Rechtfertigung auch in Abhandlungen über den naturgegebenen Unterschied zwischen den Geschlechtern. So hielt etwa Patrick Geddes in *The Evolution of Sex* (1899) einen unterschiedlichen Zellstoffwechsel für die Ursache geschlechtsbedingter Unterschiede: Auf der Ebene der Zelle, schrieb Geddes, »war Männlichkeit charakterisiert durch die Tendenz, Energie nach außen abzugeben, Weiblichkeit durch die Fähigkeit, Energie zu speichern oder aufzubauen.«[26] Biologie war Schicksal. Die Jungen übernahmen die Eigenschaften des beweglichen Spermas: Sie waren aktiv, wissensdurstig, neugierig, abenteuerlustig. Den Mädchen blieben die Eigenschaften des in sich ruhenden, wohlgenährten Eies und sie wurden passiv, intuitiv, zufrieden, träge. »Was in den prähistorischen Einzellern entschieden wurde,« behauptete Geddes, »läßt sich durch einen parlamentarischen Akt nicht annulieren.«[27]

Virginia Woolf kehrt die viktorianischen Binsenweisheiten von männlichem und weiblichem Verhalten um: In ihren ironischen, aber sehr ernst gemeinten Beschreibungen zeigt sich, daß es die viktorianischen Väter sind, die ihre Gefühle nicht kontrollieren können, die jammern, weinen und schreien. Sie sind – nach männlichen Maßstäben – hysterisch, während Virginia Woolf ihren Töchtern bei deren Versuchen, den Vätern ein kleines bißchen Freiheit abzuringen, äußerste Selbstkontrolle, genaue Analyse und die Fähigkeit bescheinigt, rational, kühl und wohldurchdacht zu argumentieren.

Hätten diese Väter, schreibt Virginia Woolf, Tiere so behandelt wie ihre Töchter, hätte die Gesellschaft die Tiere geschützt – und tatsächlich gab es in England bereits eine Initiative für ein Tierschutzgesetz, aber keinerlei vergleichbare Bestrebungen, Kinder vor Grausamkeiten zu schützen.

In »The Leaning Tower«, einem Vortrag, den Virginia Woolf 1940 im Arbeiterbildungsverein von Brighton hielt, argumentierte sie, daß alle Frauen, gleich welcher Herkunft, mehr mit den Armen gemein hätten, als mit den Männern ihrer eigenen Klasse. Wie schon in Zusammenhang mit der Geschlechtszugehörigkeit stellte sie auch hier folgende Frage: »Besteht irgendein Zusammenhang zwischen... materiellem Wohlstand und... intellektueller Kreativität? Führte das eine zum anderen?«[28] Ja, sagte sie, diesen Zusammenhang gibt es. Sie widersprach damit der allgemeinen Auffassung, daß die Einteilung in Klassen ebenso natürlich wie notwendig sei und einem göttlichen Plan entspreche, demzufolge die Privilegierten privilegiert seien, weil sie sich ihre Privilegien verdient hätten, die Armen arm, weil sie ihre Armut verdienten, die Privilegierten gebildet, weil sie die geistig Überlegenen seien, und die Ungebildeten ungebildet blieben, weil sie aus der Bildung keinerlei Nutzen zu ziehen wüßten. Virginia Woolf hatte begriffen, daß Erziehung und Bildung dazu dienten, eine hierarchische Gesellschaftsstruktur aufrechtzuerhalten. Oder wie sie selbst sagt: »England hat eine kleine Klasse von Aristokraten mit Latein und Griechisch und Logik und Metaphysik und Mathematik vollgestopft,« und »es der anderen Klasse, dieser riesigen Klasse, der wir uns fast alle zurechnen müssen, überlassen, aufzuschnappen, was wir können.« (152)

Frauen, so sagt Virginia Woolf damit, gehören einer anderen Klasse an als ihre Ehemänner und Väter, und viele ihrer Probleme sind mit denen der Arbeiter identisch. Frauen wie Arbeitern sind zum Beispiel die Bildungsmöglichkeiten der privilegierten Männer verwehrt. Doch Virginia Woolf glaubte an das radikale Veränderungspotential von kritischer Lektüre und Literatur, wenn Frauen und Arbeiter erst einmal lesen gelernt hatten. Sie glaubte, daß man den Frauen und den Armen die Bildung vorenthielt, um sie schwach zu halten, zu kontrollieren, von den Privilegierten abhängig zu machen und ihnen unbezahlte oder schlecht bezahlte Arbeit abpressen zu können. Bildung hielt sie für ein Mittel, hier Veränderungen zu bewirken.

Überdies glaubte Virginia Woolf, daß Veränderungen von Außenseitern erzwungen werden müssen, denn es sei unmöglich, rückhaltlose Kritik an einer Gesellschaft zu üben, von der man weiterhin profitiere. Virginia Woolf macht deutlich, warum eine allgemeine Alphabetisierung ein derart radikales Potential für eine Gesellschaft darstellt und warum es im Interesse hierarchischer Gesellschaften liegt, den Zugang zur Bildung unter strikter Kontrolle zu halten. Sie forderte die des Lesens kundigen Arbeiter unter ihren Zuhörern auf, von dieser Fähigkeit Gebrauch zu machen und sich selber weiterzubilden.

Jedes literarische Werk aus der Feder eines Unterdrückten dient dazu, die Unterdrückten zusammenzuführen. Das war eine radikale Vision, denn eine Allianz der Unterdrückten würde einen Wandel der sie unterdrückenden Strukturen erzwingen. Vor allem aber würde eine solche Literatur aufdecken, welcherart die Unterdrükkung war, wie sie sich auswirkte, welches System ihr zugrunde lag und und wie sie aufrechterhalten wurde. Nur die Unterdrückten selbst, so wußte sie, konnten das Wesen der Unterdrückung und ihre Mechanismen durchschauen.

Sie nannte diese neue literarische Schule »die Schule des schiefen Turms«, eine Schule, in der die Unterdrückten die Unterdrükkung des 19. Jahrhunderts selbst analysierten. Für Virginia Woolf bestand zwischen Persönlichkeit und historischen Bedingungen eine enge Verbindung. Die Unterdrückten mußten begreifen, daß sie mit ihrer Erfahrung nicht allein dastanden, daß andere ihr Schicksal teilten und daß dieses Schicksal Teil eines historisch gewachsenen Systems der Unterdrückung war.

In einer Erinnerung mit dem Titel »The tea table was the centre of Victorian family life« finden wir noch eine weitere Analyse der Lebensumstände eines jungen Mädchens im viktorianischen England. Ihr Zimmer, das ehemalige Kinderschlafzimmer und Zentrum ihres Jungmädchenlebens, nennt Virginia Woolf »meinen eigenen Kokon«. Im Bild vom Kokon wird deutlich, wie völlig anders die Entwicklung junger Mädchen im Vergleich zur außerhalb des Hauses stattfindenden Erziehung der Jungen verläuft. Virginias Welt war das ehemalige Kinderschlafzimmer, und das zeigt, wie sehr man sie immer noch als Kind behandelte. Implizit vergleicht sie ihre Gefangenschaft in dem Kokon mit der vorübergehenden Freiheit eines Adlers, der aus dem Londoner Zoo entflogen ist und für kurze Zeit über den Dächern Londons schwebt. Gleich dem Adler fristet sie ihr Leben in einem »Käfig«, wie sie ihr Zuhause nennt. Wie die Besucher zum Adler in den Zoo, kommen Haushaltsangehörige und sogar Lehrer zu ihr, um sie im Gefängnis ihres Zimmers zu betrachten. In ihrer Jugend erfährt sie das Leben nicht unmittelbar und aus der Nähe, sondern durch die festgesponnenen Fäden des Kokons, den sie zu durchbrechen versucht, um zu erfahren, was in der Welt vorgeht.

Um der Welt draußen näher zu sein und die Geräusche der Stadt zu hören, rückt sie ihr Bett ans Fenster. Manchmal hört sie Tanzmusik, manchmal auch das rasselnde Geräusch der Pferdekutschen im nahen Marstall. Einmal glaubt sie, einen alten Mann Obszönitäten flüstern zu hören, aber weil sie nicht hinausgehen und nachsehen kann, muß sie ihren Brüdern glauben, die sagen, es sei nur eine Katze gewesen.

Das Bild des Kokons sagt viel darüber aus, wie Virginia Woolf die Behandlung junger Mädchen im viktorianischen England sah. Mädchen waren im Kokon der viktorianischen Familie zum Scheintod verurteilt, unbeweglich, erstarrt und unfähig, das Leben unmittelbar zu erfahren. Sie mußten sich mit dem bescheiden, was durch die dicke Schutzhülle drang, die sie umgab. Mädchen blieben Erfahrungen, wie sie die Jungen machten – so schwierig oder so schlimm diese Erfahrungen auch immer sein mochten –, versagt. Sie wurden wie Schmetterlingspuppen gehalten, und wenn sie sich veränderten, dann nur, weil sich der natürliche Wachstumsprozeß nicht aufhalten ließ, nicht aber, weil sie aktiv etwas dafür taten. Vielleicht wußte Virginia Woolf, daß sich das Wort »Puppe« für jenes unbewegliche Übergangsstadium zwischen Larve und Endgestalt vom lateinischen Wort für Mädchen herleitet.

Drei Guineen ist Virginia Woolfs umfassendste Analyse der Auswirkungen, die die unterschiedliche Erziehung auf das Leben junger Frauen und junger Männer hatte. Gleichzeitig spürt sie den Ursprüngen des Militarismus nach, dieser »Gewohnheit« der Männer, zu kämpfen, denn es war »immer der Mann, der kämpfte, nicht die Frau.«[29] Und Virginia Woolf stellt auch die Frage, ob diese »Gewohnheit« ein männlicher Instinkt ist oder das Ergebnis eines Lernprozesses. Zu behaupten, Männer führten Kriege, weil sie von Natur aus kriegerisch sind, hieße zu behaupten, es sei sinnlos, das Kriegführen beenden zu wollen. Doch als ihr imaginärer Briefpartner in *Drei Guineen* um eine Spende für einen Antikriegsfond bittet, denkt Virginia Woolf darüber nach, wie man den Krieg sozusagen mit den Wurzeln ausrotten könne. Sie kommt zu dem Schluß, daß die Erziehung die jungen Männer lehre, sich ihren Schwestern und den unteren Bevölkerungsschichten überlegen zu fühlen. Und zusammen mit dem Überlegenheitsgefühl schärft man ihnen ein, daß man Gegner und Rivalen besiegen und Schwestern und Untergebene unterjochen muß, und das führt unausweichlich zum Krieg. Diese feinsinnige und tiefgehende Argumentation ist zugleich eine der sorgfältigsten Analysen der lange übersehenen, katastrophalen Auswirkungen der Privilegierung eines Geschlechtes.

Wenn man Kriegen ein Ende bereiten will, müssen die Unterschiede zwischen jungen Frauen und jungen Männern, zwischen privilegierten und unterprivilegierten Klassen, verschwinden: »Wenn gebildete Männer ihre Überlegenheit des Intellekts oder der höheren Geburt... gegenüber anderen Leuten betonen..., sind solche Handlungen dazu angetan, Konkurrenz und Eifersucht zu wekken – Emotionen, die... dazu beitragen, eine verborgene Kriegsbereitschaft zu fördern.« (30) Will man Kriege vermeiden, muß man das alte Erziehungssystem durch ein neues ersetzen.

Virginia Woolf beschreibt, wie die unterschiedliche Erziehung zwischen Bruder und Schwester eine Kluft schaffen soll, die jede Verständigung unmöglich macht. Um das zu verdeutlichen, ersinnt sie eine junge Frau namens Mary Kingsley und beschreibt ihrem imaginären Partner (dem, der sie um einen Beitrag für den Antikriegsfonds gebeten hatte), wie unterschiedlich Mary und ihr Bruder erzogen wurden. »Die Erlaubnis, Deutschunterricht zu nehmen, war die *gesamte* bezahlte Ausbildung, die ich jemals erhielt. Zweitausend Pfund wurden für die meines Bruders ausgegeben,« läßt sie Mary erklären. (7)

Virginia Woolf schildert, wie sich »Arthurs Erziehungsfond«, dieses »gefräßige Gefäß«, auf das Leben seiner Schwestern auswirkte. Von jungen Frauen erwarte man dagegen, daß sie zugunsten ihrer Brüder auf Schul- und Universitätsbildung verzichteten – und nicht nur darauf, sondern »auch auf viele jener luxuriösen Annehmlichkeiten, die letzten Endes einen wesentlichen Bestandteil der Erziehung ausmachten – Reisen, Gesellschaft, Abgeschiedenheit, eine Bleibe außerhalb des Heimes der Familie.« (8) Junge Männer sind also nicht nur privilegiert, sondern weil junge Männer privilegiert sind, sind junge Frauen unterprivilegiert.

Es ist also kaum verwunderlich, daß die Bastionen höherer Bildung wie Oxford und Cambridge für junge Frauen etwas ganz anderes bedeuten als für junge Männer. Für eine junge Frau sind sie gleichbedeutend mit »löchrigen Unterröcken« und dem »Schiffszug, der ins Ausland fährt« – ohne sie, denn das Geld für ihre Fahrkarte wandert in Arthurs Erziehungsfond.

Während sie sich Gedanken über ein Erziehungssystem macht, das dazu angetan ist, Kriegen ein Ende zu bereiten, sieht sich Virginia Woolf auch zu einem Blick auf die Geschichte der englischen Universität veranlaßt und konstatiert, daß »die überwiegende Mehrheit der Männer, die England in den vergangenen 500 Jahren regierten... eine Universitätsausbildung genossen hatten.« (34) Sie beschreibt die Versuche junger Frauen, sich eine gleichwertige Ausbildung zu erkämpfen, und schildert, wie junge Absolventinnen des Newnham College auch für sich das Recht einforderten, »Buchstaben hinter ihren Namen zu setzen,« die ihren akademischen Grad anzeigten. Dieses Ansinnen stieß jedoch auf entschiedenen Widerstand. Viele Männer machten sich auf, um mit »einer überwältigenden Mehrheit« gegen den Vorschlag zu stimmen. Nach Bekanntgabe des Abstimmungsergebnisses zog »eine größere Gruppe« männlicher Studenten in »Richtung Newnham und beschädigte die bronzenen Türflügel, die zur Erinnerung an Miss Clough, der ersten Prinzipalin, angebracht worden waren.« (41) Virginia Woolfs Chronik verzeichnet auch die »Schlacht von Harley« (92), den Kampf der Frauen um die Zulassung zum Arztberuf.

All das, sagt Virginia Woolf, beweise, daß »die beste Erziehung der Welt die Menschen nicht lehrt, die Gewalt zu hassen, sondern zu benutzen.« (41) Überdies bilde die Erziehung die jungen Männer nicht, wie weithin angenommen, »zu großzügigen und edelmütigen Menschen« heran, sondern mache sie noch williger, um ihren »Besitzstand« und um ihr Privileg als Mann und Angehöriger einer bestimmten Klasse zu kämpfen. Wenn man sie bitte, Besitzstand und

Privilegien mit anderen zu teilen, griffen sie nicht nur zu offener Gewalt, sondern auch zu »viel subtileren Methoden«. Und »sind nicht Gewalt und Besitzgier eng mit dem Krieg verbunden?« (42) Roger Fry war davon überzeugt, daß ihm seine Schule in Clifton, außer einer lebenslangen Abneigung gegen die Ideale dieser Institution, kaum etwas vermittelt hatte; vor allem waren ihm die »imperialistischen und patriotischen Gefühle« zuwider, die man von den Jungen erwartete.[30]

In *Drei Guineen* fragt sich Virginia Woolf auch, ob nicht auch die Tochter eines gebildeten Mannes durch eine Erziehung, wie sie die Männer seit Jahrhunderten genossen, gezwungen würde, »statt über Erziehung über Krieg nachzudenken? – Nicht darüber, wie sie lernen kann, sondern darüber, wie sie am besten kämpft, um die gleichen Vorteile wie ihre Brüder zu erringen?« (43)

Virginia Woolf macht sich Gedanken über die Ideale, die die Erziehung junger Frauen und Männer leiten sollten, um die Kriegsgefahr endgültig zu bannen: »*Nicht* die Kunst, zu herrschen, zu töten, Land und Kapital zu erwerben« sollte gelehrt werden. Hingegen sollte man »die Kunst der menschlichen Beziehungen« lehren, die Kunst, das Leben und Denken anderer Menschen zu verstehen und die kleinen Kunstfertigkeiten des Gesprächs, der Kleidung, des Kochens, die damit verbunden sind.« (47) All das hielt Virginia Woolf für die Künste der Zivilisation. Jede »Kunst oder Wissenschaft..., die den Krieg begünstigt,« war natürlich abzuschaffen. (51)

»Das arme College« (48) wollte sie, und sie war so durchdrungen von der Überzeugung, daß die traditionelle Erziehung zum Krieg und zur Unterdrückung der Frauen und der anderen Klassen beitrug, daß sie die alten Colleges brennen, in Flammen aufgehen sehen wollte, denn »von solcher ›Erziehung‹ haben wir genug.« (50) Auf dem armen College würde man den jungen Leuten davon abraten, sich zu spezialisieren. Stattdessen würde man sie lehren, verschiedene Wissensgebiete zu kombinieren. »Die Lehrer und Lehrerinnen sollten sich sowohl aus jenen rekrutieren, die zu leben verstehen, wie aus jenen, die zu denken verstehen.« Und diese Lehrer sollten keine Vorlesungen halten, denn auch Vorlesungen sind ein Weg, andere zum Schweigen zu zwingen und die eigene Überlegenheit zu beweisen. Auf dem armen College würden die Studenten zusammenarbeiten und einander helfen können, denn »Wettstreit würde abgeschafft.« (48)

Für Virginia Woolf bestand der beste Weg zur Abschaffung von Kriegen darin, viel Geld bereitzustellen, um für »die Töchter gebildeter Männer« Unterrichtsstätten mit solchen Idealen einzurichten. Eines der Ziele dieser Erziehung mußte es natürlich sein, die Töchter gebildeter Männer darauf vorzubereiten, sich ihren Lebensunterhalt zu verdienen. Virginia Woolf hielt das für die einzige Möglichkeit, der Unterjochung junger Frauen im Hause ihrer Väter ein Ende zu bereiten. Die Erziehung »im Privathaus« bestand im wesentlichen in der erzwungenen Einkerkerung, im Verbot, das Haus auch nur kurzzeitig zu verlassen. Diese Art der Erziehung bereitete sie nur auf einen Beruf vor: auf die Ehe. Und nur mit Blick auf die Ehe »klimperte die Tocher auf dem Klavier, durfte aber keinem Orchester beitreten.« (53) Niemand sollte dazu erzogen werden, nach großem Reichtum zu streben. Großer Reichtum war eine Falle, die junge Frauen und Männer von wirklich wichtigen Dingen abhielt, von der Beschäftigung mit den Kindern, von »Freundschaft, Reisen oder ... Kunst.« (97) Berufe in der bestehenden Form hielt Virginia Woolf für dasselbe verderbliche Gefängnis wie das eigene Heim: »Das eine sperrt uns ein wie Sklaven in einen Harem; das andere zwingt uns ... (um) den heiligen Baum, den Baum des Eigentums zu tanzen.« (103)

Wenn sich die jungen Frauen davor schützen wollten, vom Streben nach Reichtum neuerlich versklavt zu werden, würden sie die Ideale von »Armut, Keuschheit, Lächerlichkeit« weiterhin hochhalten und auf Rechte und Privilegien verzichten müssen. Jedoch könnten sie sie »zusätzlich mit etwas Wohlhabenheit, etwas Wissen und einer gewissen Treue zu wirklichen Verpflichtungen verbinden.« (111) Wenn Frauen auf diese Weise ihre Erziehung und ihre

Bildung selbst in die Hand nähmen, liefen sie nicht Gefahr, zu Ebenbildern ehrgeiziger Männer zu werden.

Indem sie beschreibt, mit welch subtiler Taktik Rang und Privilegien den gebildeten Männern erhalten und ihren Schwestern vorenthalten blieben, macht Virginia Woolf zugleich deutlich, wie sich die erzwungene Armut auf die jungen Frauen auswirkte. Sie erzählt von der »unglaublichen und beschämenden« Armut der Frauen-Colleges. (42) Sie fragt sich, warum Frauen als Klasse »so schrecklich arm« sind. Sie stellt fest, daß es 1934 »selbst für eine hochqualifizierte Frau mit langjähriger Erfahrung« eine besondere Leistung sei, 250 Pfund im Jahr zu verdienen. (62) Sie weist auf die Lohnunterschiede zwischen Männern und Frauen hin. Erklären kann sie sich diesen Unterschied nur damit, daß das »Fräulein« vor einem Namen »Geschlechtlichkeit« vermittelt, »und Geschlechtlichkeit kann mit einem bestimmten Flair verbunden sein.« (70) »An der Diskriminierung ist die Atmosphäre schuld,« ein anderes Wort für Misogynie, und diese »Atmosphäre ist der mächtigste... Feind, gegen den die Töchter der gebildeten Männer zu kämpfen haben.« (73)

In *Ein Zimmer für sich allein* hat Virginia Woolf ein Portrait der Männer gezeichnet, die ihre Töchter unterdrücken oder die glauben, daß junge Frauen nicht bildungsfähig sind. Sie geht ins Britische Museum und entdeckt »ein kompaktes Bündel männlicher Meinung... , daß von Frauen intellektuell nichts zu erwarten war.«[31] Sie versucht sich zu erklären, warum so viele – wenn auch nicht alle – Männer diese Meinung teilen, und sie stellt fest, daß Männer, die von der naturgegebenen Unterlegenheit der Mädchen und Frauen überzeugt sind, etwas gemeinsam haben.

In eine Kategorie von Frauenhassern gehört der von Virginia Woolf erfundene Professor von X, der an seinem monumentalen Werk über *Die geistige, moralische und physische Unterlegenheit des weiblichen Geschlechts* schreibt. In ihrem Zorn sieht sie ihn »als ein brennendes Reisigbündel oben in Hampstead Heath.« (38) Professor von X macht bei der Arbeit ein Gesicht, als »tötete er... irgendein giftiges Insekt.« Aber »selbst wenn er es getötet hatte, befriedigte ihn das nicht; er mußte fortfahren, es zu töten.« (37) Und dann gibt es da noch Mr. Oscar Browning, der »zu seiner Zeit eine große Figur in Cambridge war.« Er ist davon überzeugt, daß »die beste Frau noch dem schlechtesten Mann intellektuell unterlegen ist.« (61) Virginia Woolf beschreibt so einen Mann, der in den Augen Oscar Brownings immer noch allen Frauen überlegen ist. Es ist der Stallbursche, der in Mr. Brownings Wohnung auf dessen Gunstbeweise wartet. Er liegt auf dem Sofa, »nur noch ein Skelett, seine Wangen waren eingefallen und kränklich gelb, seine Zähne schwarz, und er schien seine Glieder nicht voll zu beherrschen.« »Das ist Arthur,« sagt Mr. Browning, »er ist ein wirklich lieber Junge und sehr großherzig.« (61)

Der Frauenhaß von Männern wie Professor von X und Oscar Browning erschöpft sich nicht darin, Frauen zu quälen, sie wollen die Frauen ausrotten. Denn ohne solche, wenn auch vielleicht unbewußte, mörderische Absicht ließ sich die Behandlung der Frauen im Verlauf der Geschichte für Virginia Woolf nicht erklären. »Warum waren sie zornig?« fragt sie. Der Mann schien doch »alles zu kontrollieren. Und doch war er zornig.« (40)

Virginia Woolf vergleicht den Überlegenheitsanspruch der homosexuellen und intellektuellen Männer der Oberschicht mit dem Überlegenheitsanspruch einer weiteren Kategorie von Männern: den Faschisten und Diktatoren. Mussolini verkündete die Unterlegenheit der Frauen. Napoleon hielt Mädchen und Frauen für nicht bildungsfähig. Mit dem Verweis auf den Frauenhaß von Militärdiktatoren und Faschisten legt Virginia Woolf nahe, daß *alle* Männer, die von der Minderwertigkeit und Unterlegenheit der Frau überzeugt sind, etwas Faschistisches haben müssen.

Gemeinsam ist allen Frauenfeinden, sagt Virginia Woolf, die Sprache der Psychoanalyse parodierend, das Phänomen »jenes höchst interessanten und obskuren männlichen Komplexes«, jenes »tiefsitzende Verlangen, nicht so sehr, daß *sie* ihm unterlegen sein soll, als vielmehr, daß *er* ihr überlegen sein soll.« (64) Dieser männliche Komplex ist das leidenschaftliche Verlangen zu herrschen, und dieses Verlangen beschränkt sich nicht auf die Frauen der eigenen Familie. Mit ihrem »Instinkt für Besitz« hüten sie »in ihrer Brust einen Adler, einen Geier... , der ihnen bis ans Ende ihres Lebens die Leber herausfraß und die Lungen anpickte.« (46) (Dieses Bild erscheint abgewandelt auch in *Die Fahrt zum Leuchtturm* und dient dort zur Beschreibung von Mr. Ramsay.) Dieser Instinkt treibt sie dazu, »anderer Leute Felder und Hab und Gut ständig zu begehren, Grenzen und Flaggen zu erfinden, Schlachtschiffe und Gift; ihr eigenes Leben und das Leben ihrer Frauen und Kinder zu opfern.« (46)

In *Drei Guineen* nennt Virginia Woolf diese Männer Diktatoren im Embryonalstadium. Sie sind Diktatoren, weil sie sich das Recht anmaßen, »anderen Menschen zu diktieren, wie sie leben und was sie tun sollen.« (74) Solche Diktatoren wuchsen und gediehen nicht nur in Italien oder in Deutschland, sondern auch »im Herzen Englands«. Man müsse sie, schrieb Virginia Woolf, »zuerst im eigenen Land ausrotten,« müsse erst zu Hause die diktatorische Herrschaft der Männer über die Frauen beenden, bevor man die Frauen auffordere, die Diktatur im Ausland vernichten zu helfen. Und daher sollte es die Männer nicht überraschen, wenn die Loyalität der Frauen eine andere sei als die ihre. Von ihnen, die sie Sklavinnen im eigenen Land seien, könne man keinen Patriotismus erwarten: »Als Frau möchte ich kein Land haben. Als Frau ist die ganze Welt mein Land.«[32] (151)

Virginia übersieht nicht, daß sich in England Veränderungen anbahnen, und sie beschreibt, wie sich der verborgenen Macht der diktatorischen Väter eine andere Kraft entgegenstellt, die Kraft von Frauen, die nicht versuchen, »die Gesetze zu brechen, sondern das Gesetz zu finden.« Diese »ungeheuer mächtige« Kraft begann im 19. Jahrhundert, den Despotismus väterlicher Herrschaft in Frage zu stellen und »brach die Türen der Privathäuser auf.« (192) Jede Frau, die das tat, hatte sich eine ähnliche Aufgabe gestellt wie Antigone, die Kreon die Stirn bot; denn die Stimme des Diktators war nicht neu, ihr Schrei war »sehr alt« (196): Es ist die Stimme Kreons, die sagt: »Sie sollen sich wie Frauen verhalten und sich nicht herumtreiben.« »Jedoch Antigone bei lebendigem Leib einzumauern, brachte seinem Haus Verderben.« (197)

Das Credo, das Virginia Woolf in *Drei Guineen* verkündet, ist das Thema all ihrer Lebensbeschreibungen junger Mädchen und Frauen: »Die öffentlichen und die privaten Welten (sind) untrennbar miteinander verbunden..., Tyrannei und Unterwürfigkeit in der einen Welt (sind) das gleiche... wie Tyrannei und Unterwürfigkeit in der anderen Welt.« (198)

Virginia Woolf leistete einen bedeutenden, wenn auch oft übersehenen Beitrag zur Geschichte und Philosophie der Erziehung, mit ebenso bedeutenden Gedanken zur Pädagogik und zum Lehrplan an Schulen. Sie erforschte den Einfluß von Erziehung und Bildung auf die Entwicklung und die Erfahrungen der Jugendzeit und leitete daraus ihre Vorstellungen darüber ab, wie das Leben von Mädchen und Frauen zu verändern sei. Indem sie die Erziehung von Jungen und Männer mit der Entwicklung des Imperialismus in Zusammenhang brachte, wies sie einen neuen Weg zur Vermeidung von Kriegen, der nichts mit Verboten und Verträgen zu tun hatte. Denn für Virginia Woolf hatten kriegerische Impulse ihre Wurzeln im frühesten Kindesalter, wenn man den Jungen den Glauben an die Überlegenheit ihres Geschlechtes anerzog. Wenn sich die Lebensbedingungen der Mädchen und der Armen ändern und der Krieg von dieser Welt verschwinden soll, muß der Frauenhaß (der eigentlich ein Herrschaftsanspruch ist) aufhören. Erziehung und Bildung waren für Virginia Woolf der Schlüssel zur Veränderung von Lebensbedingungen, zur Veränderung des Lebens überhaupt.

Epilog

In den Jahren, in denen Virginia Woolf ihr Handwerk als Schriftstellerin erlernte, mit der Form experimentierte, ihre eigene Sprache und ihr Thema suchte, war sie täglich mit der heimtückischen Realität sexuellen Mißbrauchs konfrontiert. Sie nannte diese Jahre, in denen sie und ihre Schwester Vanessa die sexuellen, emotionalen und gesellschaftlichen Bedürfnisse der Männer in ihrer Familie befriedigen mußten, ihre »griechischen Sklavenjahre.« Trotz allem fand sie noch Zeit zum Schreiben. Und von allem Anfang an schrieb sie über die Auswirkungen sexuellen Mißbrauchs und die Erfahrungen junger Frauen in einer Gesellschaft, die sie erniedrigte.

Das kann nicht leicht gewesen sein für sie. Oft nahm George Duckworth sie mit zu gesellschaftlichen Veranstaltungen. Und wenn der Abend vorüber war, ging sie hinauf in ihr Zimmer und fragte sich beim Entkleiden, ob ihr am nächsten Tag wirklich die Zeit bleiben würde, zu schreiben oder Griechisch zu lernen. Doch sie konnte es nicht vergessen: Kaum hatte sie sich schlafen gelegt, öffnete sich die Tür und »jemand kam hereingeschlichen.« Es war George Duckworth. »Hab'keine Angst,« flüsterte er, »warf sich auf mein Bett und nahm mich in die Arme.« (210) Und das wiederholte sich immer wieder – »George auf meinem Bett, seine Zärtlichkeiten, seine Küsse, seine Umarmungen,« sogar als ihr Vater im selben Haus mit Krebs im Sterben lag.[1]

Nach einer Nacht wie dieser – und es gab viele solche Nächte – stand sie des morgens auf, nahm irgendwann ihre Feder und arbeitete an einem Essay, einem Tagebucheintrag, einer Geschichte. Thema waren sehr häufig Erfahrungen, die sie selbst durchlebt hatte, und sicher fragte sie sich, wie sich daraus Kunst machen ließe. Sie erkannte, daß die Struktur der Gesellschaft nur oberflächliche menschliche Beziehungen zuließ. Sie wußte, daß sich hinter den gesellschaftlichen Masken, die die Menschen trugen, private Sorgen verbargen, auch wenn man sie ihnen nicht ansah: »Es ist nicht Teil des Spiels, tiefer zu gehen, das könnte gefährlich werden.«[2] Als Schriftstellerin stand sie vor dem Dilemma, daß es in der Tat gefährlich war, in die Tiefe zu gehen. Die Erfahrungen, die sie in das Gewand der Kunst kleiden wollte und mußte, waren die eines mißbrauchten Kindes, einer Frau, die durch das, was sie durchgemacht hatte, und durch die Mißachtung ihres Geschlechts im Innersten getroffen war. Und sie konnte darüber nicht schreiben, ohne direkt oder indirekt Mitglieder ihrer Familie und die Gesellschaft als Ganzes anzuklagen. Sie erfuhr sehr bald, daß männliche Leser mit ihrer Bloßstellung der bestehenden Gesellschaftsordnung Schwierigkeiten haben würden: Als sie ihrem Schwager Clive Bell einige Kapitel ihres ersten Romans schickte, hatte er Einwände gegen das, was sie zu sagen hatte, und sie antwortete auf seinen Einwand, ihre »Voreingenommenheit gegenüber Männern« habe sie »didaktisch« werden lassen.[3] Manchmal nahm sie sich Urlaub von dieser Aufgabe und bezog einen, wie sie es nannte, »blutleeren Standpunkt«, um zur Erholung über Dinge zu schreiben, die »in einer vagen und traumartigen Welt« angesiedelt waren, in einer Welt »ohne Liebe oder Herz oder Leidenschaft oder Sex.«[4] Doch das dauerte nie lange.

Irgendwann erkannte sie, daß es sehr schwierig sein würde, die Wahrheit über ihre Erfahrungen zu sagen. Doch sie tat es. Während der Arbeit an ihrem ersten Roman *Die Fahrt hinaus* vermerkte sie, eine Frau, die das Leben so darstellen wolle, wie sie es vorfinde, und in einfachem Englisch einige der bestürzenden Schwierigkeiten ihres Geschlechts schildern wolle, habe keine Chance.[5] Doch wie wir gesehen haben, hat sie einen Weg gefunden, ihre Geschichte und die anderer Opfer von Mißbrauch und Mißachtung zu erzählen.

Bis zum Tod ihres Vaters im Jahr 1904 und bis zur Gründung eines eigenen Hausstandes in Bloomsbury zusammen mit Vanessa hatte Virginia Woolf kein größeres Prosawerk geschrieben. Die Zeit nach dem Tod des Vaters war sehr schwer für sie. Sie fühlte sich verzweifelt, geriet in eine Depression und unternahm einen Selbstmordversuch. Noch nie hatte sie sich so einsam und dem Leben, diesem »Wust von Emotionen«, so schutzlos ausgeliefert gefühlt. Teil des Problems waren sicher die Schuldgefühle dem toten Vater gegenüber, denn zu seinen Lebzeiten hatte sie abwechselnd »leidenschaftliche Liebe« und »leidenschaftlichen Haß« für ihn empfunden. Doch entscheidend waren die »Emotionen und Komplikationen«[6] ihrer Familiengeschichte.

Wie viele Opfer sexuellen Mißbrauchs hatte man sie zur Erholung fortgeschickt, und so verlor sie in schneller Folge ihren Vater, ihre geistige Gesundheit und ihr Zuhause. Beinahe wäre sie von eigener Hand gestorben. Ihre Schwester Vanessa, selbst ein Opfer sexuellen Mißbrauchs, nahm nach Leslies Tod die Zügel in die Hand und erzählte Dr. Savage von Georges Übergriffen. Dr. Savage stellte George zur Rede. Er habe, erklärte dieser, die Schwester nur über die Krankheit des Vaters »hinwegtrösten« wollen.[7] Doch für Virginia war das Martyrium, das mit ihrem sechsten Lebensjahr begonnen hatte, vorüber. An den Folgen des sexuellen Mißbrauchs trug sie allerdings ihr Leben lang.

Während dieser Zeit nahm Violet Dickinson Virginia in ihre Obhut, und rettete ihr mit ihrer mütterlichen Zuwendung und dem Schutz, den sie ihr bot, buchstäblich das Leben. Obwohl Virginia ihr Zuhause nur gezwungenermaßen verlassen hatte, war das auf lange Sicht nicht schlecht für sie. Sie erholte sich bei Violet, während Vanessa den Haushalt am Hyde Park Gate auflöste: Sie »hatte verkauft; sie hatte verbrannt; sie hatte sortiert; sie hatte zerrissen.« Von nun an würden sie in Bloomsbury leben. Die Familie, die so miteinander »verkeilt«[8] schien, war auseinandergefallen – George hatte geheiratet, Gerald lebte allein, sodaß der krankmachende, tägliche Kontakt mit den Duckworths nach ihrer Rückkehr ein Ende haben würde.[9] Eine wichtige Rolle spielte für Virginia in dieser Zeit ihre Tante Caroline Emelia Stephen, eine Quäkerin, die Jane Marcus in ihrem Essay »The Niece of a Nun« beschreibt. Virginia verbrachte viel Zeit im Haus von Caroline, diesem »idealen Zufluchtsort«.[10]

In »The Magic Garden«[11], einer Arbeit, die nach ihrer Genesung entstand, schildert Virginia Woolf die Zeit mit Violet Dickinson als eine idyllische Welt ohne Männer voll Frieden, Freiheit, Freude, Schwesterlichkeit und Sinnenfreude. »Gigantische Frauen« streckten sich auf Liegestühlen aus, versorgten sich mit »Erdbeeren und Sahne, als täten sie einen Blick in eine Welt voll Freude.« (282) Und da waren Frauen wie Blumen, deren Stimmen »klangen wie schwebende Blumenblätter, die sich in der Luft küßten.« (283) Möglich wurde diese »friedlich-heitere Szene«, weil Violets »träges Auge« hellwach wurde, wenn irgend etwas diese heitere Ruhe zu stören drohte. (285)

Mit diesem idyllischen Portrait beschreibt Virginia Woolf, wie das Leben sein könnte, wenn Mädchen in der Obhut von Frauen aufwüchsen, die ihr eigenes Geschlecht achten. Und Violet konnte so leben, weil sie »allein« war »und keinen Grund hatte, ihre Unzufriedenheit zu verschleiern.« Kein Mann verlangte ihre Aufmerksamkeit, und so konnte sie sie selbst sein und ihren Ärger äußern, wann immer sie Ärger empfand. Die Ruhe in Violets Garten, wo man bei genauem Hinhören »den Kuß der Luft oder das Geschwätz der Insekten« vernehmen konnte, stand in krassem Gegensatz zu den »heftigen Emotionen«[12], die Virginia zu Hause umgeben hatten. Im Schutz von Violet gab es weder »Gekreisch« noch »Mißton«. (285) Und unter Violets wachsamem Auge brauchte man auch die Faune nicht zu fürchten, die so bedrohlich waren, wenn man sie nicht unter Kontrolle hatte. In Violets Garten drohte von ihnen weder Verführung noch Vergewaltigung. Sie waren harmlose Geschöpfe, die sich einfach und harmlos vergnügten. In Violets Garten konnte man nackt herumlaufen, ohne sich zu schämen und ohne Angst haben zu müssen.

Violet Dickinsons Haus war »ein Symbol für vieles«. (290) Hier lernte Virginia, daß nicht jedes Haus voll Gewalt und sexuellem Mißbrauch war, daß man junge Frauen in der Tat schützen konnte, wenn ihr auch bewußt war, daß Violet diesen Schutz nur bieten konnte, weil sie unabhängig war. Violet hatte es vorgezogen, mit eigenen Händen »ihr eigenes Haus zu bauen«, statt »in einem Haus zu leben, das andere für dich gebaut haben.« (286) Für Virginia war das ein Symbol dafür, daß es in der Tat möglich war, sich den psychischen Raum zu verschaffen, den man brauchte, man mußte nur vorgegebene Verhaltensmuster über Bord werfen. Man mußte die eigentliche Struktur des Systems hinterfragen, nichts als gegeben nehmen; So wie Violet Fragen zu Kanalisation und Installation stellte, würde Virginia ihre eigenen Fragen zu dem Gebäude, das sie bewohnte, finden müssen. »Das«, so schrieb sie, »war der Beginn der Revolution« – herauszufinden, wie die Häuser der Väter gebaut waren, auf welchen Fundamenten sie ruhten. Violet lehrte sie, daß das niemand für sie herausfinden könne und daß sie den alten Antworten nicht trauen dürfe. Wie Violet mußte sie selbst die Antwort suchen, denn »niemand konnte ihr sagen, wie die Rohre verlegt waren, denn niemand wußte mehr, daß es überhaupt Rohre gab.« (287)

Und schließlich sagte ihr Violet immer wieder, daß sie sich als Schriftstellerin ernst nehmen und ihre privaten Tagebücher, Essays und Fragmente umarbeiten müsse, um sie zu veröffentlichen. In Violets Haus »wechselte das Gespräch von einem interessanten und lehrreichen Thema zum anderen; moderne englische Prosa; wie Frauen schreiben; und dann, um des Beispiels willen, wie eine Frau schreibt; die Schönheiten, die möglichen Ziele und auch – um das Bild abzurunden – die Mängel weiblicher Prosa.« (291)

Und Virginia Woolf machte sich ans Werk.

Ihr Leben lang beschäftigte sie der Verrat am Kind, an seinem Recht auf Schutz in der Familie. Ihr Lebenswerk – ihre Erinnerungen, ihre Autobiographie, ihre Romane, ihre Essays und ihre Biographien – ist ein unschätzbarer Beitrag zur Geschichte des Inzests, des Mißbrauchs und der Folgen familiärer Gewalt und enthüllt, was die offizielle Geschichte lange verschwieg.

Doch vergessen wir nicht, daß bereits 1892 ein verängstigtes zehnjähriges Mädchen namens Virginia Stephen zur Feder griff, um die Welt zu beschreiben, wie ein mißbrauchtes Kind sie sah. Und ihr Leben lang hörte sie nicht auf, zu fragen, wie und warum es zum Mißbrauch kommen konnte, was er für sie bedeutet hatte und für andere bedeuten mußte. Heute können Autoren und Autorinnen unverblümter sagen, was sie zu sagen haben. Doch immer noch gehört Virginia Woolfs Lebenswerk zu den aufschlußreichsten Zeugnissen, die wir besitzen. Sie konnte nie vergessen, was ihr geschehen war. Nie vergaß sie den Verrat an ihrer kindlichen Unschuld und die Folgen, an denen sie ihr Leben lang trug. Und wir sollten es auch nicht vergessen.

Anhang

Anmerkungen

In den Anmerkungen werden lediglich die Titel der zitierten Bücher vermerkt, die Untertitel und alle weiteren bibliographischen Angaben sind in der Auswahlbibliographie zu finden. Bei Aufsätzen wird lediglich der Titel angeführt, die Zeitung oder das Buch, in dem der Aufsatz erschienen ist, sind ebenfalls der Bibliographie zu entnehmen.

Die Zitate aus den Briefen Virginia Woolfs sind nach Band und Bezifferung des jeweiligen Briefes gemäß der veröffentlichten gesammelten Briefe angegeben (z. B. *Letters* 1:3). Zitate aus den Tagebüchern sind nach Band und dem Datum des Eintrags vermerkt (z. B. Diary 5, 27. November 1939).

Soweit als möglich wurden die Seitenzahlen häufig zitierter Bücher in Klammern im Text vermerkt. Virginia Woolfs Name wird in den Anmerkungen mit »VW« abgekürzt.

Wenn die verwendete Literatur in deutscher Übersetzung vorlag, wurden die entsprechenden Zitate darin aufgefunden und mit den Seitenzahlen der deutschen Ausgabe angegeben. In einigen Fällen war die betreffende Stelle in der deutschen Ausgabe jedoch nicht aufzufinden, sie wurde dann nach dem vorliegenden englischen Text übersetzt. In diesen Fällen wird die Seitenzahl der englischen Ausgabe in kursiver Ziffer angegeben.

Vorwort

1. Ich befasse mich mit diesen Charakteren in »A Portrait of the *Puttana* as a Middle-Aged Woolf Scholar«.
2. Vgl. Louise A. DeSalvo, *Virginia Woolf's First Voyage; »Melymbrosia« by* Virginia Woolf, *An Early Version of The Voyage Out;* »Lighting the Cave«; *The Letters of Vita Sackville-West to Virginia Woolf*, with Mitchell A. Leaska; »1897: Virginia Woolf at Fifteen«.
3. Louise A. DeSalvo, »›To Make Her Mutton at Sixteen.‹«
4. VW, *Mrs. Dalloway*, S. 7.
5. Vgl. besonders: Judith Lewis Herman, with Lisa Hirschman, *Father-Daughter Incest*; Florence Rush, *Das bestgehütete Geheimnis: Sexueller Kindesmißbrauch*; Diana E. H. Russell, *The Secret Trauma*.
6. Alice Miller, *Du sollst nicht merken. Variationen über das Paradies-Thema; Das Drama des begabten Kindes und die Suche nach dem wahren Selbst; Am Anfang war Erziehung.*

Einleitung

1. VW, *Die Fahrt zum Leuchtturm*, S. 80; »Eine Skizze der Vergangenheit«, S. 91.
2. Lyndall Gordon, *Virginia Woolf. Leben einer Schriftstellerin, S. 16*; Lloyd de Mause (Hrsg.) *Hört ihr die Kinder weinen. Eine psychogenetische Geschichte der Kindheit.* S. 16–19. Mit der Organisation inzestuöser Haushalte befassen sich u. a. Judith Lewis Herman / Lisa Hirschman, *Father-Daughter Incest*; Florence Rush, *Das bestgehütete Geheimnis. Sexueller Kindesmißbrauch.* Mit dem Mißbrauch innerhalb der Familie befaßt sich Arthur Brittan / Mary Maynard, *Sexism, Racism and Oppression.* Zu Thema viktorianischer Haushalte, vgl. Carol Dyhouse, *Girls Growing Up in Late Victorian and Edwardian England*; Marylin French, *Jenseits der Macht: Frauen, Männer und Moral*; Deborah Gorham, *The Victorian Girl and the Feminine Ideal*; Stephen Kern, »Explosive Intimacy«, S. 437–462; Steven Marcus, *Umkehrung der Moral. Sexualität und Pornographie im viktorianischen England*; Steven Mintz, *A Prison of Expectations*; Ronald Pearsall, *The Worm in the Bud*; Martha Vicinus, (Hrsg.) *A Widening Sphere.*
3. Quentin Bell, *Virginia Woolf. Eine Biographie*, S. 67. Die Seitenzahlen der folgenden Zitate aus Bells Darstellung sind in Klammern im Text angegeben.
4. Jean O. Love, *Virginia Woolf: Sources of Madness and Art*, S. 195. Die Seitenzahlen aller folgenden Zitate sind in Klammern im Text vermerkt.
5. Phyllis Rose, *Woman of Letters*, S. IX. Die Seitenzahlen aller folgenden Zitate sind in Klammern im Text vermerkt.
6. Roger Poole, *The Unknown Virginia Woolf*, S. 32. Die Seitenzahlen aller folgenden Zitate sind in Klammern im Text vermerkt.
7. Stephen Trombley, »All That Summer She Was Mad«, S. 297. Die Seitenzahlen aller folgenden Zitate sind in Klammern im Text vermerkt.
8. Gordon, *Virginia Woolf, Das Leben einer Schriftstellerin*, S. 156. Die Seitenzahlen aller folgenden Zitate sind in Klammern im Text vermerkt.
9. Louise Armstrong. *Kiss Daddy Goodnight: Aussprache über Inzest*, S. 24.
10. Ellen Bass / Louise Thornton (Hrsg.), *I Never Told Anyone*, S. 18.
11. Alice Miller. *Du sollst nicht merken, S. 320.* Zu Reaktionen auf Inzest vgl. Elaine Hilberman Carmen, Patricia Perri Rieker und Trudi Mills, »Victims of Violence and Psychiatric Illness«; Denise J. Gelinas, »The Persisting Negative Effects of Incest«. Zum Widerstreben der in Heilberufen Tätigen, neurotische Symptome mit Inzest in Verbindung zu bringen vgl. Roland Summit, »Beyond Belief: The Reluctant Discovery of Incest«. Die folgenden Zitate aus Alice Miller, *Du sollst nicht merken* sind in Klammern im Text vermerkt.
12. Sigmund Freud, in »Zur Ätiologie der Hysterie«, zitiert in Alice Miller, *Du sollst nicht merken*, S. 148. Interessant ist, daß Virginia Woolfs Schwägerin, Karin Stephen, hinsichtlich der Entstehung von Neurosen eine streng freudianische Meinung vertrat. Sie schrieb in *The Wish to Fall Ill*; daß die »treibende Kraft hinter neurotischen Symptomen immer ein *Wunsch*« wäre, S. 55.
13. Sigmund Freud, zitiert in Herman, *Father-Daughter Incest*, S. 10.
14. Diana E. H. Russell, *The Secret Traume*, S. 5.
15. Herman, *Father-Daughter Incest*, S. 9f.
16. Russell, *The Secret Trauma*, S. 5.
17. Rush, *Das bestgehütete Geheimnis*, S. 104.

18. Walter E. Houghton, *The Victorian Frame of Mind.* Vgl. auch Alice Miller, *Am Anfang war Erziehung*; de Mause (Hrsg.), *Hört ihr die Kinder weinen*; Anthony S. Wohl, »Sex and the Single Room«; Russell, *The Secret Trauma*; S. 102; Edwin McDowell, »Reagan's Son Tells of Abuse as a Youth by Man at Camp«; S. 8.
19. Judith Lewis Herman schreibt in *Father-Daughter Incest*; »Als Kind von einem Erwachsenen, der eine Vertrauensperson ist, sexuell ausgebeutet zu werden, das ist eine zentrale und prägende Erfahrung im Leben zahlloser Frauen.« (S. 7) Unterschiedliche Untersuchungen bringen unterschiedliche Zahlen hervor, aber eine der überzeugendsten und ausführlichsten ist die von Diana E. H. Russell. Sie beschreibt die »erschreckenden Ergebnisse« ihrer Untersuchung, für die sie 930 Frauen befragt hat: Jede sechste Frau wurde vor ihrem achtzehnten Lebensjahr innerhalb der Familie mißbraucht, jede achte vor ihrem vierzehnten; 4,5 Prozent der Frauen wurden Opfer ihrer eigenen Väter. Diese Zahlen über sexuellen Mißbrauch in der Familie sind höher als die aller früheren Untersuchungen (vgl. die Statistiken in Russell, *The Secret Trauma*). Die Ergebnisse legen die Vermutung nahe, daß Mädchen vor allem dann mißbraucht werden, wenn sie machtlos und verletzbar sind und es so für ihre Persönlichkeitsentwicklung einen entscheidenden Faktor darstellt, durch Manipulation oder Penetration verletzt zu werden. Außerdem entdeckte Russell, daß erschreckende 38 Prozent der befragten Frauen von mindestens einer Erfahrung sexuellen Mißbrauchs vor ihrem achtzehnten Lebensjahr berichteten, 28 Prozent mußten diese Erfahrung vor ihrem vierzehnten Lebensjahr machen. Zudem wurden mehr als die Hälfte aller betroffenen Frauen wiederholt Opfer sexuellen Mißbrauchs. Eine große Anzahl der Frauen gab an, daß der Mißbrauch sich über einen längeren Zeitraum erstreckte. In einer beträchtlichen Anzahl der Fälle wurden die Opfer von mehr als einem Familienmitglied mißbraucht, und ein Drittel der mißbrauchten Frauen wußte, daß ihre Peiniger auch andere Angehörige mißbrauchten (227). Unabhängig vom Alter versuchte die Mehrzahl der Opfer, durch »eine eher aggressive Strategie, dem Mißbrauch ein Ende zu bereiten und eine weitere Eskalation zu verhindern« (126). Je früher jedoch eine Frau sexuell mißbraucht wird, desto größer ist ihr Risiko, auch später noch mißbraucht zu werden. Das Redetabu über sexuellen Mißbrauch ist jedoch nicht so beherrschend wie gemeinhin angenommen: Über die Hälfte der befragten Frauen hatten jemandem von dem sexuellen Mißbrauch erzählt. Weitere Zahlen über die Häufigkeit von Inzest finden sich in Gelinas, »The Persisting Negative Effects of Incest«.
Alfred Kinsey und seine Mitarbeiter schrieben 1953 in ihrem berühmten Report über weibliche Sexualität, daß jede dritte bis fünfte der befragten Frauen als Kind sexuellen Kontakt mit einem männlichen Erwachsenen hatte (Herman, *Father-Daughter Incest*, S. 12). Kinsey spielte jedoch die Bedeutung dieses Ergebnisses herunter: obwohl 80 Prozent der Opfer berichteten, daß diese Erfahrungen für sie traumatisch waren, meinte Kinsey, daß dem »wohl nicht so sei« (Herman, S. 16).
Jane Brody führt in einem in der *New York Times* erschienenen Artikel (»Therapists Seek Causes of Child Molesting«) verschiedene Statistiken an: Der *Sex Information and Educational Council of the United States* gibt an, daß 20 bis 40 Prozent aller Mädchen zwischen vier und dreizehn Jahren von einem ihnen bekannten

Erwachsenen sexuell belästigt würden, und daß sie auf diese Erfahrung gewöhnlich äußerst verängstigt reagieren würden. *Parents United* schätzt, daß jedes vierte Mädchen und jeder siebte Junge Opfer sexuellen Mißbrauchs werden, wobei in 75 Prozent der Fälle die Täter aus dem Kreis der Familie stammen. Eine Erhebung, die die *Los Angeles Times* 1985 in allen Bundesstaaten durchführte, ergab, daß zwischen 10,9 und 17,6 Millionen aller amerikanischen Männer ein Kind mißbraucht haben. In einer Umfrage unter 795 Studenten an sechs verschiedenen Hochschulen in New England gaben 19 Prozent der Frauen und 9 Prozent der Männer an, vor ihrem 18. Lebensjahr sexuell mißbraucht worden zu sein. Und 44 Prozent der Frauen, die psychiatrisch behandelt werden, waren sexuellem Mißbrauch zum Opfer gefallen.

20. Herman, *Father-Daughter Incest*, S. 56. Die Seitenzahlen aller folgenden Zitate sind in Klammern im Text angegeben.
21. Russell, *The Secret Trauma*, S. 13f.
22. Ibid., S. 279. Weitere Zitate aus Russells Darstellung der Auswirkungen inzestuösen Mißbrauchs sind in Klammern im Text angegeben.
23. Bass / Thornton, (Hrsg.), *I Never Told Anyone*, S. 13; Russell, *The Secret Trauma*, S. 190. Vgl. auch Gelinas »The Persisting Negative Effects of Incest«.
24. Herman, *Father-Daughter Incest*, S. 125.
25. Armstrong, *Kiss Daddy Goodnight: Aussprache über Inzest*, S. 28f. Weitere Zitate aus den Aussagen von Opfern sind in Klammern im Text angegeben. Über Schlafstörungen bei Woolf vgl. Love, *Virginia Woolf: The Sources of Madness and Art*, S. 216.
26. Woolf verwendet dieses Bild in einer sehr frühen Fassung von *Die Fahrt hinaus*. Vgl. »Melymbrosia«, S. 263.
27. Armstrong, *Kiss Daddy Goodnight: Aussprache über Inzest, S. 259*. Ich analysiere Virginia Woolfs »Spiegelkomplex« im Kapitel »Eine Tochter erinnert sich«.
28. VW, »Eine Skizze der Vergangenheit«, S. 93.
29. Armstrong, *Kiss Daddy Goodnight: Aussprache über Inzest, S. 259.*
30. Sie befinden sich jetzt in der Berg Collection.
31. Diese Formulierung stammt von Alice Miller. Der Titel ihres Werkes *Das Drama des begabten Kindes und die Suche nach dem wahren Selbst* lautete ursprünglich *Gefangene der Kindheit*.
32. VW, *Drei Guineen*, S. 13.
33. Miller, *Das Drama des begabten Kindes und die Suche nach dem wahren Selbst; Du sollst nicht merken; Am Anfang war Erziehung.*
34. VW, »Bin ich ein Snob?«, S. 241.
35. Vgl. VW, »›Anon‹ and ›The Reader‹ in Virginia Woolf's Last Essays«, hrsg. von Brenda R. Silver, S. 395.
36. Armostrong, *Kiss Daddy Goodnight: Aussprache über Inzest*, S. 14; Roland Summit, »Beyond Belief«; Louise Armstrong, »The Cradle of Sexual Politics«.
37. VW, »›Anon‹ and ›The Reader‹«, S. 403.

1. Kapitel

1. Phyllis Rose, *Woman of Letters*: »Virginia schildert ihre Kindheit als strahlend glücklich, unbeschwert, lebhaft und erfüllt von geselligem Treiben, und im Mittelpunkt all dessen stand Julia.«, S. 12; Quentin Bell, *Virginia Woolf. Eine Biographie* (bezügl. St. Ives): »Das war die glücklichste Zeit einer glücklichen Kindheit.«, S. 56; Jeanne Schulkind, »Editor's Note« zu »Reminiscenses«, in *Moments of Being*, spricht von der »Lebhaftigkeit, Wärme und Sicherheit, die das Leben in der Familie Stephen auszeichnete«, S. 26; Lyndall Gordon, *Virginia Woolf. Das Leben einer Schriftstellerin*: »Sie war von fürsorgender Liebe umgeben«, S. 27.
2. Diese Sichtweise wird vertreten in Bell, *Virginia Woolf. Eine Biographie*; Gordon, *Virginia Woolf. Das Leben einer Schriftstellerin*; Noel Annan, *Leslie Stephen*; Frances Spalding, *Vanessa Bell*: Lediglich Jean A. Love entwirft in *Virginia Woolf: Sources of Madness and Art* ein ganz anderes Bild von ihrer Kindheit.
3. Vgl. z. B. Schulkinds Interpretation in *Moments of Being*, S. 26f. Auch Bell, *Virginia Woolf. Eine Biographie* und Gordon, *Virginia Woolf. Leben einer Schriftstellerin* sind dieser Ansicht. Rose schreibt in *Woman of Letters*, daß sich nach dem Tod Julias »ein schwarzes Leichentuch über die Familie zu legen schien«, S. 12.
4. VW, »Eine Skizze der Vergangenheit«, S. 108.
5. VW, »Reminiszenzen, S. 44.
6. Die ausführlichste Schilderung dessen, was der Unterschied zwischen London und St. Ives für Virginia bedeutete, findet sich in Susan Merril Squier, *Virginia Woolf and London*. Vgl. auch Schulkinds Einführung von *Moments of Being*, S. 31.
7. Vgl. Virginia Woolfs Schilderung dieser Episode in »Eine Skizze der Vergangenheit«, S. 93f.
8. VW, »Reminiszenzen«, S. 63. Beschreibungen von Virginia Woolfs Kindheit finden sich in Bell, *Virginia Woolf. Eine Biographie* und Love, *Virginia Woolf: Sources of Madness and Art*.
9. Die Information über viktorianische Erziehung verdanke ich folgenden Arbeiten: Philippe Ariès, *Geschichte der Kindheit*; Arthur Brittan / Mary Maynard, *Sexism, Racism and Oppression*; Joan N. Burstyn, *Victorian Education and the Ideal of Womanhood*; Phyllis Chesler, *Frauen, das verrückte Geschlecht?*; Louise J. Despert, *The Emotianally Disturbed Child – Then and Now*; Andrea Dworkin, *Woman Hating*; Carol Dyhouse, *Girls Growing Up in Late Victorian and Edwardian England*; Sandra M. Gilbert / Susan Gubar, *The Madwoman in the Attic*; Daniel Goleman, »Child Development Theory Stresses Small Moments«; Daniel Goleman, »Parental Influence: New Subtleties Found«; Deborah Gorham, *The Victorian Girl and the Feminine Ideal*; Mary S. Hartman, »Child-Abuse and Self-Abuse«; Stephen Kern, »Explosive Intimacy«, S. 437–462; E. Milling Kinard, *Emotional Development in Physically Abused Children*; R. D. Laing, *Die Politik der Familie*; Jane Lewis, *Women in England 1870–1950*; »Life's First Feelings«; *Nova*, Public Broadcast System, 11. Februar 1986; Theresa McBride, »As the Twig Is Bent«; Alice Miller, *Am Anfang war Erziehung*; Steven Mintz, *A Prison of Expectations*, Leon Shaskolsky Sheleff, *Generations Apart*; Elaine Showalter, *The Female Malady*.
10. Bell, *Virginia Woolf. Eine Biographie*, S. 43f. Im Tagebuch von 1897 wird Stella häufig unter der Bezeichnung »Die Kuh« erwähnt. Zu Stella als »Die alte Kuh« vgl. Love, *Virginia Woolf: Sources of Madness and Art*; S. 145.

11. Die ausführlichste veröffentlichte Schilderung von Julias Leben findet sich in Sir Leslie Stephens *Mausoleum Book*. An der Herausgabe bisher unveröffentlichter Briefe, die über ihr Leben Auskunft geben, arbeitet gegenwärtig John Bicknell.
12. Vgl. Carol Christ, »Victorian Masculinity and the Angel in the House«; VW beschreibt in »Old Bloomsbury« die Arbeitsüberlastung ihrer Mutter, z. B. auf S. 214; Caroll Smith-Rosenberg, *Disorderly Conduct*. Vgl. auch Bell, *Virginia Woolf. Eine Biographie*, S. 39.
13. Vgl. z. B. Mary R. Chappell, »The Value of an Orderly Nursery«; »The Happiness of Children«; M. V. Hughes, *A London Child of the 1870s*; M. V. Hughes, *A London Girl of the 1880s*; A. Y. K., »Punishing vs. Training«; M. V. Shea, »›Spare the Rod and Spoil the Child‹«; H. Stuart Rowe, »Fear in The Discipline of Children«.
14. Vgl. Carol Dyhouse, *Girls Growing Up in Late Victorian and Edwardian England* und Deborah Gorham, *The Victorian Girl and the Feminine Ideal*.
15. Vgl. Nora Archibald Smith, »The Child of Passionate Temper«.
16. Die Geschichte dieses Kampfes ist in den Briefen Sir Leslie Stephens, die er nach dem 4. Juli 1882 an Julia schrieb, plastisch geschildert. John Bicknell hat mich auf eine Reihe dieser Briefe aufmerksam gemacht und mir dankenswerterweise Auszüge dieser Briefe geschickt, an deren Herausgabe er arbeitet.
17. Leslie an Julia Stephens, 4. Februar 1882; Martine Stemerick, »Virginia's Early Education«, S. 9.
18. Leslie an Julia Stephen, 9. April 1882. Brief von John Bicknell an mich, 28. April 1987.
19. Gorham schreibt in *The Victorian Girl and the Feminine Ideal*, daß »Kinder im Viktorianismus häufiger Waisen oder Halbwaisen waren als im 20. Jahrhundert«, und daß »anscheinend der verbliebene Elternteil, die Stiefeltern oder der Vormund die Kinder oft loswerden wollten«, S. 23. Sie stellt die Entwicklung des Internates in diesen Zusammenhang. Peter Laslett schildert in *Family Life and Illicit Love in Earlier Generations* seine Beobachtung, daß Kinder, die bei Stiefeltern aufwachsen, häufiger psychisch erkranken als Kinder, die bei einem verwitweten Elternteil großwerden, S. 165. Auch Hartman beschreibt in »Child-Abuse and Self-Abuse« die Nöte dieser Kinder.
20. Leslie Stephen an Julia Stephen, 29. September und 10. Oktober 1882. Mit seiner Haltung gegenüber Laura stand Leslie nicht allein da. Peter Gay schildert in *Erziehung der Sinne. Sexualität im bürgerlichen Zeitalter*, wie Eltern und Erzieher noch immer unbeirrt davon sprechen, »den Willen der Kinder zu brechen«, S. 428. Barbara J. Harris führt in »Recent Work on the History of the Family« aus, daß das Bestreben, den Willen der Kinder zu brechen, in protestantischen Kreisen gängige Erziehungspraxis war, und daß diese Eltern mit einer Entschlossenheit daran gingen, die »den Puritanern des 17. Jahrhunderts alle Ehre gemacht« hätte, S. 169; Hartman konstatiert in »Child-Abuse and Self-Abuse«, daß einige Methoden der Kindererziehung die »systematische Quälerei« der Kinder beinhalteten, S. 221.
21. Lloyd de Mause bemerkt in »Evolution der Kindheit«, in *Hört ihr die Kinder weinen. Eine psychogenetische Geschichte der Kindheit*, daß Eltern, die ihre Kinder nicht prügeln wollten, sie statt dessen lieber einsperrten, S. 70f.
22. Leslie Stephen an Julia Stephen, 29. September 1882; 10. Oktober 1882.

23. Vgl. z. B. Leslie Stephen an Julia Stephen, 30. Juli 1882; 10. Oktober 1882. Nach Annan, *Leslie Stephen* war hingegen Julia Stephen dafür verantwortlich, daß noch strengere Straßmaßnahmen eingeführt wurden, S. 122.
24. Leslie an Julia Stephen, 4. September 1882.
25. Leslie an Julia Stephen, 10. November 1882.
26. Vgl. Leslie Stephen an Julia Stephen, 10. Oktober 1882; 10. November 1882; 11. Dezember 1882.
27. Leslie an Julia Stephen, 10. Oktober 1882.
28. Leslie an Julia Stephen, 10. November 1882.
29. Die Klärung dieses Sachverhalts bereitet aufgrund der unklaren Aussagen darüber einige Schwierigkeiten. Bell stellt es in *Virginia Woolf. Eine Biographie* folgendermaßen dar: »Laura, das Kind Minnys, lebte für sich, bis sie zuerst in ein Heim, dann in eine Pflegeanstalt gebracht wurde.« S. 41.
30. Schulkind, Einführung zu *Moments of Being*, S. 12.
31. Leslie Stephen an Julia Stephen, 10. November 1882.
32. Diese Geschichten finden sich in Julia Stephen, *Stories for Children, Essays for Adults*, hrsg. von Diane F. Gillespie und Elizabeth Steele. Martine Stemerick erkannte als erste Wissenschaftlerin ihre Bedeutung; vgl. ihren unveröffentlichten Aufsatz »Virginia Woolf and Julia Stephen«. Ganz anders als ich hat die Geschichten Zwerdling in *Virginia Woolf and the Real World* interpretiert. Annan beschreibt sie in *Leslie Stephen* als »Geschichten von den Enttäuschungen, die ruhelose, rebellische Kinder erleiden, versuchen sie, der Langeweile des Kinderzimmers zu entrinnen«, S. 103.
33. Julia Stephen, »The Mysterious Voice«, S. 89. Die Seitenzahlen der folgenden Zitate sind in Klammern im Text vermerkt.
34. Spalding, *Vanessa Bell*, S. 12. Zwischen dieser Darstellung sowie Virginias eigener in »Eine Skizze der Vergangenheit«, S. 113, und dagegen der in Leslie Stephens *Mausoleum Book* bestehen einige Diskrepanzen. Spalding verzichtet darauf, ihre Ausführungen über die Entfernung Lauras aus der Familie zu belegen. Wir wissen aus Virginia Woolfs *1897 Diary*, daß Laura so nahe wohnte, daß Stella sie regelmäßig besuchen konnte. Leslie Stephen schreibt am 10. April 1897 im *Mausoleum Book*: »Meine arme Laura wurde am 14. Januar (1897) bei Dr. Corner im Brook House, Southgate, untergebracht. Wir hatten über Red Hill, wo er vorher Arzt war, einige Klagen gehört, und als er dann dieses Haus einrichtete, hielten wir es für das Beste, sie dorthin zu bringen«, S. 103. Leslie Stephen schreibt 1895, daß »die Schwierigkeiten etwa 1882 ihren Höhepunkt erreichten... Wir versuchten es dann mit Erzieherinnen bei uns zu Hause, danach mit einer auf dem Land, schließlich schickten wir sie jedoch nach Eastwood, wo sie sehr schwer erkrankte«, S. 92.
35. Annan, *Leslie Stephen*, S. 122. Dieser Hinweis stammt von Martine Stemerick, wie Annan anmerkt.
36. Annan, *Leslie Stephen*, S. 122.
37. Leslie Stephen an Julia Stephen, 4. Januar 1887.
38. Love behauptet in *Virginia Woolf: Sources of Madness and Art*, daß »Laura tragischerweise von früher Kindheit an psychotisch« gewesen wäre, S. 70; Gordon bezeichnet sie in *Virginia Woolf. Das Leben einer Schriftstellerin* als »geisteskrank«, S. 37.

39. Das Kinderschutzgesetz von 1908 ist das Ergebnis des mehr als 40jährigen Bemühens der National Society for the Prevention of Cruelty to Children, die Öffentlichkeit darauf aufmerksam zu machen, daß eine beträchtliche Zahl der englischen Kinder absichtlich ausgehungert, systematisch geschlagen, sexuell und inzestuös mißbraucht, körperlich mißhandelt, vorsätzlich grausam behandelt, sogar umgebracht werden. Die Öffentlichkeit interessierte sich jedoch erst dann für die Grausamkeit gegenüber Kindern, nachdem die Tierquälerei angeprangert worden war. Vgl. die Darstellung, die George Behlheim in *Child Abuse and Moral Reform in England, 1870–1908* gibt.
40. Stephen, *Mausoleum Book*, S. 44, 91.
41. Leslie Stephen an Julia Stephen, 24. März 1884.
42. Love, *Virginia Woolf: Sources of Madness and Art*, S. 162, 167. Winifred Gerin's gibt in *Anne Thackeray Ritchie* folgende Darstellung: »Ihr armer Vater (Leslie) mußte sich eingestehen, daß sie nie richtig lesen gelernt hatte, obwohl er sich selber darum bemüht hatte; und er konnte die Augen nicht davor verschließen, daß sie, im Vergleich mit seinen gescheiten Stiefkindern, immer mehr zurückblieb«, S. 195. Ich verdanke Carol MacKay den Hinweis auf dieses Zitat.
43. Leslie Stephen an Julia Stephen, 4. Februar 1882; 4. Februar 1882 (zweiter Brief an diesem Tag); 4. September 1882; 10. September 1882; 29. September 1882; 10. Oktober 1882; 29. September 1882.
44. Love, *Virginia Woolf: Sources of Madness and Art*, S. 161.
45. Vgl. Hartman, »Child-Abuse and Self-Abuse«.
46. Sander, L. Gilman, *Difference and Pathology*, S. 205.
47. Hartman, »Child-Abuse and Self-Abuse«, S. 241.
48. Gilman, *Difference and Pathology*, S. 40.
49. Love, *Virginia Woolf: Sources of Madness and Art*, S. 161.
50. De Mause, »Evolution der Kindheit«, in: *Hört ihr die Kinder weinen. Eine psychogenetische Geschichte der Kindheit.* S. 79. Eine Auflistung von Erziehungsmaßnahmen, die für schwere Neurosen im Erwachsenenalter verantwortlich sind, findet sich in Alice Miller, *Am Anfang war Erziehung.* Es sind genau die Maßnahmen, die für die viktorianische Kindererziehung »typisch« sind; vgl. *S. 59f.* Vgl. außerdem Despert, *The Emotionally Disturbed Child – Then and Now*, S. 159.
51. Steven Mintz, *A Prison of Expectations*, S. 31. Es gibt genügend Literatur, die diese These stützt. Eine ausgezeichnete Quelle, die es erlaubt, Lauras Symptome als Folge ihrer Erziehung zu sehen, ist Despert, *The Emotionally Disturbed Child – Then and Now*. De Mause schreibt in »Evolution der Kindheit«, S. 81, daß »Kinder in der Vergangenheit möglicherweise darum körperlich zurückgeblieben (sind), weil unzureichend für sie gesorgt wurde.« Das traf Kinder aus wohlhabenden Familienverhältnissen ebenso wie Kinder aus ärmlichen Familien.
52. Stephen, *Mausoleum Book*, S. 43.
53. Love, Virginia Woolf: *The Sources of Madness and Art*, S. 162.
54. Arthur Brittan / Mary Maynard, *Sexism, Racism and Oppression*, S. 79. Eine Vorstellung davon, welche Aufmerksamkeit Laura gebraucht hätte, um über ihren Schmerz hinwegzukommen, vermittelt »Children and Death«, eine Broschüre der National Funeral Directors Association Library of Publications: »Kinder sind so wie wir. Auf traumatische Situationen reagieren sie mit Ungläubigkeit, körperlichem Unwohlsein, Zorn, Schuld, Angst und Panik – genau wie Erwach-

sene«; »Unterdrückte Trauer kann später zu sehr viel schwereren Problemen führen«; »Erwachsene müssen sehr darauf achten, ihre eigenen Trauergefühle nicht über ihre Kinder zu verarbeiten«. Es gibt keinerlei Hinweis darauf, daß Leslie jemals mit seinen Kindern getrauert hätte; er erwartete vielmehr Trost von ihnen.

55. Annan, *Leslie Stephen*, S. 122; Stemerick, »Virginia's Early Education«, S. 3f., 8.
56. Gerin, *Anne Thackerey Ritchie*, S. 239, 246. Diesen Hinweis verdanke ich Carol MacKay. VW, »Eine Skizze der Vergangenheit«, S. 124.
57. Laslett, *Family Life and Illicit Love in Earlier Generations*, S. 162. Laslett beschreibt die »beklagenswerten Auswirkungen fehlender elterlicher Fürsorge für unsere Kinder«; seiner Meinung nach hat sich daran bis heute nichts geändert: ein Drittel aller Kinder hat nach seinen Schätzungen unter Vernachlässigung zu leiden, S. 170.
58. Despert, *The Emotionally Disturbed Child – Then and Now*, S. 157. Nach Despert werden emotionale Störungen bei Kindern immer durch Angst und fehlenden »emotionalen Austausch« ausgelöst, S. 159. Vgl. auch Miller, *Am Anfang war Erziehung.*
59. Priscilla Robertson, »Home As a Nest«, S. 419. Daß Kinder häufig weggeschickt wurden, ist dargelegt in Gorham, *The Victorian Girl and the Feminine Ideal*, S. 22f.
60. Annan, *Leslie Stephen*, S. 15f.
61. Vgl. E. Milling Kinard, *Emotional Development in Physically Abused Children*, S. 13. Kinard macht auch darauf aufmerksam, daß »prügelnde Eltern oft wenig Selbstbewußtsein und ein geringes Selbstwertgefühl« haben, S. 12. Dies wird in Leslie Stephens Äußerungen über sich selbst im *Mausoleum Book* deutlich, wo er des öfteren über seine »Minderwertigkeit« spricht, S. 92.
62. Annan, *Leslie Stephen*, S. 16f.
63. Ibid., S. 18.
64. Ibid., S. 21.
65. Interview mit Patricia Rosen. Vgl. John Addington Symonds, *The Memoirs of John Addington Symonds*, hrsg. von Phyllis Grosskurth; vgl. auch James Fitzjames Stephen, Einführung zu *Liberty, Equality, Fraternity*, S. 4.
66. Elizabeth Stoneman, unveröffentlichte Arbeit über *Die Fahrt zum Leuchtturm.*
67. De Mause, »Evolution der Kindheit«, S. 56. Vgl. Laslett, *Familiy Life an Illicit Love in Earlier Generations*, S. 35; Leonore Davidoff, »Class and Gender in Victorian England«, S. 94; Deborah Gorham, »The ›Maiden Tribute of Modern Babylon‹ Re-Examined«, S. 378.
68. Davidoff, »Class and Gender in Victorian England«, S. 94.
69. Alice Miller, *Du sollst nicht merken. Variationen über das Paradies-Thema*, S. 257.
70. Davidoff, »Class and Gender in Victorian England«, S. 93; Robertson, »Home as A Nest«, S. 424.
71. Annan, *Leslie Stephen*, S. 122.
72. Kinard, *Emotional Development in Physically Abused Children.*
73. Ich verdanke Jane Marcus und Katherine Hogan den Hinweis auf diese Möglichkeit.
74. VW, *Letters* 2:1204.
75. Gorham, *The Victorian Girl and the Feminine Ideal*, S. 46; Gilman, *Difference and*

Pathology, S. 43, 48; VW, *Letters* 5:2887. In »Old Bloomsbury« berichtet VW von ihrem Mißbrauch und spricht gleich darauf von Laura.

76. Gerin, *Anne Thackeray Ritchie*, S. 259. Diesen Hinweis verdanke ich Carol MacKay. VW, »Eine Skizze der Vergangenheit«, S. 113.
77. VW, Letters 1:199.
78. Bell, *Virginia Woolf. Eine Autobiographie*, S. 75, zitiert Virginia Woolf an Vita Sackville-West, 19. Februar 1929. Vgl. auch Virginia Woolf, »Eine Skizze der Vergangenheit«, S. 126f., darüber, wie sie liest.
79. Stephen, *Mausoleum Book*, S. 19. Vgl. Jane Marcus, »Liberty, Sorority, Misogyny«, eine brillante Analyse der Familie Stephen.
80. Annan, *Leslie Stephen*, S. 122. Wie viele Virginia-Woolf-Biographen beschreibt Annan den Ursprung und die Auswirkungen der Gewalt auf eine Weise, die sie als naturgegeben erscheinen läßt, so als hätten sie keine bestimmten Ursachen gehabt: »Wahnsinn«, schreibt er, »lag in der Luft«, S. 113. Vgl. auch Bell, *Virginia Woolf. Eine Biographie*: »Wahnsinn schlich durch die Straßen«, »Wahnsinn gab es auch daheim: Laura«, S. 56. Dagegen wird Laura in zeitgenössischen Berichten *niemals* als »wahnsinnig« bezeichnet. Vgl. Gilbert/Gubar, *The Madwoman in the Attic.* Im Zusammenhang mit Laura wird auch die vielkommentierte kritische Bemerkung Virginia Woolfs zu *Jane Eyre* von Charlotte Brontë in *Ein Zimmer für sich allein* klar: Jane Eyre und die Verrückte im Dachstuhl ähneln stark der Situation, die Virginia als Kind erlebte. Lauras Wutausbrüche mußten offensichtlich teilweise als Begründung für ihre Behandlung herhalten; kein Wunder, daß Virginia Woolf sich ihr Leben lang vor ihren eigenen Wutausbrüchen fürchtete. Vgl. Sara Ruddick, »New Combinations«.
81. Diese Information ist Bell, *Virginia Woolf. Eine Biographie* entnommen, S. 41. Annan behauptet hingegen, daß Laura 76jährig im Jahre 1946 gestorben wäre, S. 371.
82. Leslie an Julia Stephen, 8. Oktober 1883.
83. Stephen, *Mausoleum Book*, S. 109. Vgl. Chesler, *Frauen, das verrückte Geschlecht?, S. 116*, die feststellt, daß ein und dieselbe Verhaltensweise bei einem Mann als normal, bei einer Frau hingegen als pathologisch betrachtet wird.
84. Diese bizarre Geschichte wird in Stephen, *Mausoleum Book*, S. 84 erzählt.
85. Annan, *Leslie Stephen*, S. 117. Annan bezieht sich auf Briefe von G. T. Worsley an Julia Stephen vom 6. und 22. März, 4. April 1894, die in der unveröffentlichten Dissertation von Martine Stemerick, »Virginia Woolf and Julia Stephen« zitiert sind. Stemerick beschreibt die unterschiedliche Behandlung, die Mädchen und Jungen in der Familie Stephen erfuhren.
86. Kinard, *Emotional Development in Physically Abused Children*; Jean Renvoize, *Incest.*
87. VW, *Letters* 1:199; 2:1178, 1197, 1204; 5:2887. In ihren Erinnerungen »Old Bloomsbury« beschreibt Virginia Woolf, wie »Laura... endlich, mit einem Arzt, in einer geschlossenen Anstalt untergebracht worden war«, S. 216. Der Kontext dieser Beschreibung läßt vermuten, daß das erst nach Leslie Stephens Tod geschah.
88. VW, *1897 Diary.*
89. VW, »Old Bloomsbury«, S. 214.
90. Bell, *Virginia Woolf. Eine Biographie*, S. 56.

91. Vgl. Vita D. Scudder, *Le Morthe D'Arthur of Sir Thomas Malory*, S. 126.
92. Ibid., S. 196.
93. Ibid., S. 127.

2. Kapitel

1. Frances Spalding, *Vanessa Bell*, S. 20.
2. Ibid.
3. Leslie Stephen, *Mausoleum Book*, S. 59.
4. VW, »Eine Skizze der Vergangenheit«, S. 122.
5. Jean A. Love, *Virginia Woolf: Sources of Madness and Art*, S. 95.
6. Ibid., S. 173.
7. VW, »Reminiszenzen«, S. 60; Stephen, *Mausoleum Book*, S. 42, 59.
8. Julia Margaret Cameron, *Victorian Photographs of Famous Men and Fair Women*, Tafel 30. Die Datierung dieser Photographie ist fraglich, denn Stella wirkt älter als sie, nach dem angegebenen Datum, sein müßte. Vielleicht ist die Datierung falsch.
9. Eine Beschreibung von Julias Leben findet sich in Sir Leslie Stephen, *Mausoleum Book*, außerdem ist ihr Leben in den Briefen Leslie Stephens geschildert – eine Auswahl davon bereitet John Bicknell zur Veröffentlichung vor – und in den Einführungen zu ihren *Stories for Children, Essays for Adults*. Vgl. auch Love, *Virginia Woolf. Sources of Madness and Art*.
10. Vgl. Denise J. Gelinas, »The Persisting Negative Effects of Incest«.
11. Noel Annan, *Leslie Stephen*, S. 121; Stephen, *Mausoleum Book*, S. 59.
12. VW, »Reminiszenzen«, S. 60.
13. Spalding, *Vanessa Bell*, S. 7; VW, »Eine Skizze der Vergangenheit«, S. 125. Vgl. Mark Spilkas diesbezügliche Analyse in *Virginia Woolf's Quarrel with Grieving*.
14. Vanessa Bell an Virginia Woolf, (24.?Juli 1910).
15. Leslie Stephen an Julia Stephen, datiert auf den »12/12/1882«.
16. Philippe Ariès, *Geschichte der Kindheit*.
17. Im November 1939, als das Geld knapp war, erwähnte Virginia Woolf »Stellas Mitgift«, das »Erbe«, das nach dem Tod von Jack Hills an die Stephen-Kinder zurückfiel. VW, *Diary 5*, Eintragung vom 27. November 1939.
18. Love, *Virginia Woolf: The Sources of Madness and Art*, S. 145.
19. Ibid., S. 176.
20. Ibid.
21. Spalding, *Vanessa Bell*, S. 8.
22. Martine Stemerick, »The Madonna's Clay Feet«, S. 2–4.
23. Ibid., S. 5, 10.
24. Ibid., S. 13.
25. Vgl. Judith Lewis Herman, *Father-Daughter Incest*.
26. Anan, *Leslie Stephen*, S. 114.
27. Vgl. Jane Marcus, »Liberty, Sorority, Misogyny«.
28. Ibid., S. 72f.
29. VW, »Eine Skizze der Vergangenheit«, S. 133f.
30. Steven Marcus, *The Other Victorians*, S. 177.
31. VW, »Eine Skizze der Vergangenheit«, S. 133.

32. Ibid.
33. Leslie Stephen, *The Life of Sir James Fitzjames Stephen*, S. 475.
34. Ibid., S. 408.
35. Ibid., S. 472.
36. Ibid., S. 474. Von diesem Vorfall gibt es auch andere Versionen. Quentin Bell schreibt in *Virginia Woolf. Eine Biographie*, S. 62, Anm. 12: »Wie sich der Vorfall abspielte, ist nicht genau bekannt; in der Familie hieß es, er sei von einem vorspringenden Teil eines fahrenden Zuges getroffen worden.« Annan behauptet dagegen in *Leslie Stephen*, S. 114, er wäre »während eines Besuchs bei Freunden in der Nähe von Felixstowe von dem Flügel einer Windmühle, die eine Pumpe betrieb, am Kopf getroffen worden.« Sämtliche Fassungen führen die Geisteskrankheit von J. K. auf diese Kopfverletzung zurück, doch die stark voneinander abweichenden Berichte darüber erwecken den Eindruck, daß man, als J. K. abweichende Verhaltensweisen zeigte, lediglich den Grund dafür in irgendeinem Vorfall suchte, der dem vorausgegangen war; damit konnte man J. K. von jeglicher Verantwortung für sein Verhalten entlasten. Die Gedichte, die er zu dieser Zeit geschrieben hat, sind, obgleich voller Frauenhaß und Ausdruck seiner Mordgelüste, ausgesprochen klar. Das einzige wirre Schriftstück, das mir untergekommen ist, ist ein Brief an Stella, aus dem ich in diesem Kapitel später noch zitieren werde.
37. Stephen, *The Life of Sir James Fitzjames Stephen*, S. 475.
38. VW, »Eine Skizze der Vergangenheit«, S. 133.
39. Annan, *Leslie Stephen*, S. 114.
40. Stephen, *Mausoleum Book*, S. 78.
41. Bell, *Virginia Woolf. Eine Biographie*, S. 58.
42. Annan, *Leslie Stephen*, S. 114.
43. Leslie Stephen, *Mausoleum Book*, S. 78.
44. Annan, *Leslie Stephen*, S. 114.
45. Stephen, *Mausoleum Book*, S. 78.
46. Ibid., vgl. auch Leonore Davidoff, »Class and Gender in Victorian England«, S. 87–141, 91.
47. Annan, *Leslie Stephen*, S. 114.
48. Stephen, *Mausoleum Book*, S. 78, 114.
49. Ibid., S. 78.
50. Michael Harrison, *Clarence*, S. 61.
51. Zitiert ibid., S. 114f.
52. Zitiert ibid., S. 168.
53. Marcus, »Liberty, Sorority, Mysogyny«, S. 61.
54. Zitiert in Harrison, S. 169f.
55. Stephen, *The Life of Sir James Fitzjames Stephen*, S. 470, 476.
56. Annan, *Leslie Stephen*, S. 114. Annan bezeichnet die Gedichte als »glänzende Parodien«.
57. Harrison, *Clarence*, S. 156.
58. J. K. Stephen an Stella Duckworth Hills, 25. Oktober 1890.
59. Bell, *Virginia Woolf. Eine Biographie*. S. 57f.
60. Bell, ibid. drückt es folgendermaßen aus: »Das Belastendste und Peinlichste an seiner Geisteskrankheit war, daß sie ihn dazu brachte, Stella zu begehren und regelrecht zu verfolgen.«

61. *Catalogue of Books from the Library of Leonard and Virginia Woolf.* Sie besaß ein mit J. K. S. signiertes Exemplar, datiert auf »Cambridge, Juli 1891«.
62. J. K. S.(tephen), *Lapsus Calami.* S. 30, 38, 39. Ich danke den Bibliothekaren der Farleigh Dickinson University, die die Ausgabe dieser Gedichte ausfindig und mir zugänglich gemacht haben.
63. Coral Lansbury, »Gynaecology, Pornography, and the Antivivisection Movement«, S. 421.
64. Stephen, *Lapsus Calami*, S. 39.
65. Lansbury, »Gynaecology, Pornography, and the Antivivisection Movement«.
66. Stephen, *Lapsus Calami*, S. 39f.
67. J. K. Stephen an Stella Duckworth Hills, 25. Oktober 1890.
68. Lansbury, »Gynaecology, Pornography, and the Antivivisection Movement«, S. 423.
69. Judith R. Walkowitz, »Jack the Ripper and the Myth of Male Violence«, S. 543f.
70. Ibid., S. 545f.
71. Ibid., S. 563.
72. Ibid., S. 566.
73. Ibid., S. 567.
74. Spalding, *Vanessa Bell*, S. 23.
75. Ibid., S. 20.
76. Annan, *Leslie Stephen*, S. 116.
77. Herman, *Father-Daughter Incest*, S. 1f.; VW, »Eine Skizze der Vergangenheit«, S. 169; VW, »Reminiszenzen«, S. 64f.
78. Stephen, *Mausoleum Book*, S. 97; Spalding, *Vanessa Bell*, S. 20.
79. VW, »Eine Skizze der Vergangenheit«, S. 128.
80. Love, *Virginia Woolf. Sources of Madness and Art*, S. 186.
81. VW, »Reminiszenzen«, S. 59f.
82. Leslie Stephen, *Swift*, S. 131.
83. Ibid., S. 1. Stephen bemerkte zum Beispiel, daß Swift, der ein begeisterter Wanderer war, »sicherlich ein Bergsteiger« gewesen wäre – so wie Leslie selbst –, wenn er »zu einem späteren Zeitpunkt gelebt« hätte, S. 27.
84. Ibid., S. 136. Virginia Woolf stimmte damit nicht überein, obwohl sie offensichtlich die Biographie ihres Vaters gelesen hatte. In einem Essay über Swift, »Swift's Journal to Stella« in *The Second Common Reader*, widerspricht sie der Auffassung ihres Vaters und schrieb, »die Frau, die er (Swift) gewählt hatte, war keine farblose Sklavin«, S. 62.
85. Stephen, *Swift*, S. 140.
86. Spalding, *Vanessa Bell*, S. 21.
87. Stephen, *Mausoleum Book*, S. 101.
88. Annan, *Leslie Stephen*, S. 116.
89. Ibid.
90. Stephen, *Mausoleum Book*, S. 77.
91. Ibid., S. 78.
92. VW, »Reminiszenzen«, S. 61.
93. Stephen, *Mausoleum Book*, S. 77.
94. Spalding, *Vanessa Bell*, S. 21.
95. Stephen, *Mausoleum Book* S. 103.

96. VW, »Eine Skizze der Vergangenheit«, S. 139.
97. Spalding, *Vanessa Bell*, S. 21; VW, »Eine Skizze der Vergangenheit«, S. 140f.
98. VW, »Reminiszenzen», S. 70, 73.
99. VW, »Eine Skizze der Vergangenheit«, S. 139.
100. VW, *Diary 3*, Eintragung vom 27. Juni 1925.
101. Zitiert in Louise A. DeSalvo, »1897«, S. 101. Love zitiert in *Virginia Woolf: Sources of Madness and Art* zwei Briefe von Violet Dickinson an Vanessa Bell, S. 193; Phyllis Rose hat in *Woman of Letters* bemerkt, daß angesichts der Betonung der voreheIichen Keuschheit die Hochzeitsnacht eine Art »barbarische Prüfung« gewesen sein muß, S. 57.
102. VW, »Eine Skizze der Vergangenheit«, S. 141.
103. VW, *Diary 5*, Eintragung vom 9. Januar 1939.
104. Stephen, *Mausoleum Book*, S. 103.
105. Virginia Stephen (Woolf), *1897 Diary*. Eintragungen zu Stellas Krankheit finden sich am 28., 29., 30. April; 1., 2., 3. Mai; 3., 5., 6., 7., 8., 9., 10., 12., 21., 24., 25., 30. Juni; 3., 12., 13., 15., 16., 17., 18. Juli. Die Eintragung vom 19. Juli vermerkt Stellas Tod.
Über die Ursache von Stellas Erkrankung und Tod besteht keine Klarheit. Es wurde keine Todesursache festgehalten. Annan schreibt in *Leslie Stephen*, S. 116: »Stella erkrankte an einer Blinddarmentzündung, und als sie im Sommer schwanger wurde, entschlossen sich die Ärzte zu einer Operation. Am Tag darauf starb sie.« Spalding stellt es in *Vanessa Bell* anders dar: Stellas Krankheit sei als Magen-Darm-Entzündung diagnostiziert worden; als sich »ihr Zustand plötzlich stark verschlechterte, bestand Verdacht auf Bauchfellentzündung.« (22) Baufellentzündung kann verschiedene Ursachen haben, u. a. auch eine Beckenentzündung. Unklar ist, ob die Blinddarmentzündung gleich beim Ausbruch der Krankheit diagnostiziert wurde – so wie es Virginia Woolf in *Augenblicke. Skizzierte Erinnerungen* andeutet – oder ob sie erst später dazukam. Ich konnte kein zeitgenössisches Zeugnis ausfindig machen, das darüber Auskunft gibt, warum Stella operiert wurde; die beiden vorhandenen Berichte sprechen von Anfang an von einer Bauchfellentzündung.
106. Spalding, *Vanessa Bell*, S. 22.
107. Virginia Stephen (Woolf), *1897 Diary*, 19. Juli 1897.
108. VW, *Diary 5*, 9. Januar 1939.
109. VW, *Diary 2*, 22. August 1922.
110. VW, »Eine Skizze der Vergangenheit«, S. 133.
111. VW, *Letters* 1:3; *1897 Diary*, 30. März 1897.
112. VW, *Letters* 1:5.
113. VW, *Letters* 1:6.
114. In ihrem *1897 Diary* erzählt Virginia Woolf, daß das Geschenk, daß sie dieses Jahr von ihrem Vater erhalten habe, in Wahrheit ein Geschenk für ihn selbst sei. VW, *Diary 2*, 18. Mai 1920.
115. VW, *Letters* 2:730.
116. VW, »Eine Skizze der Vergangenheit«, S. 132. Woolf nennt diese Bezeichnung einen »lächerlichen» Spitznamen ihrer Mutter für Stella. So wie Julia Stella behandelt hat, ist dieser Spitzname meiner Meinung nach jedoch ein versteckter Ausdruck ihrer Feindseligkeit.

117. VW, *Tagebücher 1. 1915–1918*, 23. Juli 1918, S. 275.
118. VW, *Letters* 1:57.
119. VW, *Letters* 1:188.
120. VW, »Reminiszenzen«, S. 84; »Eine Skizze der Vergangenheit«, S. 164.
121. VW, *Letters* 1:98.
122. VW, »Eine Skizze der Vergangenheit«, S. 164.
123. VW, *Diary 5*, 9. Januar 1939.
124. VW, »Eine Skizze der Vergangenheit«, S. 164.
125. Ibid., S. 165.
126. Annan, *Leslie Stephen*, S. 121.
127. VW, *Letters* 1:109.
128. VW, *Diary 5*, 9. Januar 1939.
129. VW, *Diary 5*, 6. Oktober 1940.
130. VW, »Reminiszenzen«, S. 60.
131. Ibid., S. 61.
132. Ibid., S. 62.
133. Herman stellt in *Father-Daughter Incest* dar, daß eine starke Mutter-Tochter-Beziehung ein »Abwehrmittel« gegen inzestuöse Ausbeutung sei, dagegen behauptet E. H. Russell in *A Secret Trauma*: »Was sagt es über männliches Verhalten und männliche Sexualität, wenn junge Mädchen in ihrem eigenen Zuhause, bei ihren eigenen Angehörigen nicht sicher sind? ... Das opportunistische, ausbeuterische und destruktive Verhalten der Männer ist das eigentliche Problem sowie ihr eminenter Mangel an Verantwortung gerade in den Beziehungen, in denen Verantwortlichkeit an erster Stelle stehen sollte«, S. 384.
134. VW, »Reminiszenzen«, S. 65.
135. Diese Bezeichnung stammt von Virginia Woolf. Sie charakterisierte damit das Verhalten ihres Vaters, das dieser Vanessa gegenüber nach Stellas Tod an den Tag legte: »er (sei) fest entschlossen (gewesen), Vanessa als nächste zu opfern.« »Reminiszenzen«, S. 80.
136. Ibid., S. 65, und »Eine Skizze der Vergangenheit«, S. 127.
137. VW, »Eine Skizze der Vergangenheit«, S. 160.

3. Kapitel

1. Vanessa Bell an Virginia Woolf, (6. August 1907).
2. VW, *Letters* 1:333.
3. VW, *Letters* 1:406.
4. VW, *Letters* 1:406.
5. VW, »Eine Skizze der Vergangenheit«, S. 167.
6. VW, »Reminiszenzen«, S. 42.
7. Ibid., S. 42-45.
8. VW, *Letters* 1:328.; *Letters* 1:309.
9. VW, »Reminiszenzen«, S. 81.
10. Ibid., S. 82 f.
11. Ibid., S. 83.

12. Vanessa Bell an Virginia Woolf, 20. April (1908).
13. Vgl. Jane Marcus, »Liberty, Sorority, Misogyny«.
14. VW, »Eine Skizze der Vergangenheit«, S. 143.
15. VW, »Hyde Park Gate 22«, S. 201.
16. Virginia Stephen (Woolf), Hyde Park Gate Diary, 1897. Vgl. Frances Spalding, *Vanessa Bell.*
17. VW, »Hyde Park Gate 22«, S. 202.
18. VW, *Letters*, z. B. 1:29.
19. VW, »Hyde Park Gate 22«, S. 202.
20. Vanessa Bell an Virginia Woolf, 8. September (1904).
21. VW, *Letters* 5:2887.
22. VW, *Augenblicke. Skizzierte Erinnerungen, S. 156.*
23. Leslie Stephen, *Swift*, zitiert in Spalding, *Vanessa Bell*, S. 214.
24. Stephen, *Swift*, S. 129.
25. Spalding, *Vanessa Bell*, S. 23.
26. Virginia Woolf spricht darüber in ihren Erinnerungen »Old Bloomsbury«, S. 216–238.
27. Spalding, *Vanessa Bell*, S. 40.
28. VW, »Reminiszenzen«, S. 80.
29. Spalding, *Vanessa Bell*, S. 40.
30. VW, »Eine Skizze der Vergangenheit«, S. 169.
31. VW, »Reminiszenzen«, S. 80.
32. Ibid., *S. 116.*
33. Spalding, *Vanessa Bell*, S. 108.
34. VW, »Eine Skizze der Vergangenheit«, S. 168.
35. Zwei gänzlich verschiedene Interpretationen dieser Beziehung finden sich bei Angelica Garnett, *Freundliche Täuschungen. Eine Kindheit in Bloomsbury* und bei Spalding, *Vanessa Bell.*
36. Spalding, *Vanessa Bell*,. S. 255.
37. Ibid., S. 140.
38. Vgl. z. B. Diana E. H. Russell, *The Secret Trauma*, darin eine Diskussion über die Tendenz, Familienmuster zu wiederholen; vgl. auch Judith Lewis Herman, *Father-Daughter Incest*, darin ebenfalls eine erhellende Auseinandersetzung mit diesem Thema; vgl. auch die Einleitung zu diesem Buch.
39. Spalding, *Vanessa Bell*, S. 347.
40. Ibid., S. 172.
41. Vgl. Russell, *The Secret Trauma.*
42. Spalting, *Vanessa Bell*, S. 170.
43. Ibid., S. 337.
44. Stephen, *Swift*, S. 131.
45. Spalding, *Vanessa Bell*, S. 336f.
46. Vanessa Bell an Virginia Woolf, (3. August 1907). Die Absicht, ihre Biographie zu schreiben, äußert sie auch in anderen Briefen: am 30. Juli, 2. August, 6. August 1907.
47. Vanessa Bell an Virginia Woolf, (13. August 1907).
48. Vanessa Bell an Virginia Woolf, (1. August 1907).
49. Reproduziert in Spalding, *Vanessa Bell*, S. 272/273 und in diesem Buch.

50. Ibid., S. 105.
51. Ibid., S. 121.
52. Vanessa Bell an Virginia Woolf, 17. August 1913.
53. Angelica Garnett gibt ihren Traum in *Freundliche Täuschungen. Eine Kindheit in Bloomsbury* wieder, S. 58f. VW, *Letters* 1:574.
54. Spalding, *Vanessa Bell*, S. 217ff.
55. Ibid., S. 251. Es ist reproduziert auf S. 272/273.
56. Ibid., S. 251f.
57. Spalding interpretiert es in *Vanessa Bell*, S. 250 völlig anders: Sie sieht in diesem Gemälde eine nostalgische Beschwörung der Kindheit, wobei die Mutter ihrem Kind ermöglicht, sich frei zu entfalten. Das Gemälde ist in diesem Buch reproduziert.
58. Ibid., S. 250.
59. Ibid., S. 313.
60. »Life's First Feelings«, *Nova*, Public Broadcasting System, 11. Februar 1986; Daniel Goleman, »Child Development Theory Stresses Small Moments«, S. C1, S. C3.
61. Spalding, *Vanessa Bell*, S. XV.
62. Ibid., S. 289.
63. Ibid., S. 253.
64. Ibid., S. 272.
65. Ibid., S. 288.
66. Leslie Stephen, zitiert in Jean O. Love, *Virginia Woolf: Sources of Madness and Art*, S. 149.
67. VW, *Diary 3*, 28. März 1929.
68. Angelica Garnett, zitiert in Spalding, *Vanessa Bell*, S. 313.
69. Vanessa Bell an Virginia Woolf, zitiert in Spalding, *Vanessa Bell*, S. 316.
70. Virginia Woolf, zitiert in Spalding, *Vanessa Bell*, S. 363.
71. Leonard Woolf, zitiert in Spalding, *Vanessa Bell*, S. 336f.
72. Spalding, *Vanessa Bell*, S. 97.
73. Angelica Garnett, zitiert in Spalding, *Vanessa Bell*, S. 336f.
74. Clive Bell, zitiert in Spalding, *Vanessa Bell*, S. 51.
75. Spalding, *Vanessa Bell*, S. 71.
76. Vgl. Russell, *The Secret Trauma*, und die Einleitung zu diesem Buch.
77. VW an *Vanessa Bell*, »Ich spüre Quentin ein unerlaubte Leidenschaft in mir entfachen – die er jedoch nicht erwidern wird«, *Letters* 2:1070; »Eines schönen Tages werde ich Angelica vergewaltigen«, *Letters* 3:1894.
78. Virginia Stephen (Woolf), *1897 Diary*.
79. Spalding, *Vanessa Bell*, S. 28.
80. VW, »Hyde Park Gate 22«, S. 203.
81. Vanessa Bell an Virginia Woolf, 8. September (1904).
82. Love, *Virginia Woolf: The Sources of Madness and Art*, S. 200.
83. Vgl. Jean Renvoize, *Incest*.
84. Spalding, *Vanessa Bell*, S. 13.
85. Vanessa Bell an Virginia Woolf, (2. Juni 1912).
86. Ibid., 13. April (1905).
87. Spalding, *Vanessa Bell*, S. 62.

88. Vanessa Bell an Virginia Woolf, 19. August (1912).
89. Ibid., 2. September (1912).
90. Ibid., 17. Juli (1910).
91. Ibid., (5. Juli 1910).
92. Garnett, *Freundliche Täuschungen. Eine Kindheit in Bloomsbury*, S. 27. Die Seitenzahlen der folgenden Zitate sind in Klammern im Text vermerkt.
93. Leon Edel, *Bloomsbury*, S. 273. Garnett, *Freundliche Täuschungen. Eine Kindheit in Bloomsbury*, S. 27. Die Seitenzahlen der folgenden Zitate aus Garnett sind in Klammern im Text vermerkt.
94. VW, *Letters* 2:1004.
95. Spalding, *Vanessa Bell*, S. 179.
96. Ibid., S. 208.
97. VW, *Letters* 6:3657.
98. Spalding, *Vanessa Bell*, S. 177.
99. Vanessa Bell, *Vanessa Bell's Family Album*. Vgl. z. B. die Bilder auf S. 82.

4. Kapitel

1. VW, »Eine Skizze der Vergangenheit«, S. 87.
2. VW, *Diary* 5, 20. Mai 1938.
3. VW, *Letters* 6:3443.
4. VW, *Diary* 5, 29. Januar 1939, 2. Dezember 1939; *Letters* 6:3678.
5. VW, *Diary* 5, 11. Februar 1940: »Mir kam der Einfall, daß die Leaning Tower School, nach der Unterdrückung im 19. Jahrhundert, jetzt eine Schule der Selbstbefragung sein wird.« Vgl. ihren Aufsatz »The Leaning Tower«.
6. VW, *Diary* 5, 15. April 1939.
7. VW, *Letters* 2:1178.
8. Vgl. Ellen Bass / Louise Thornton, *I Never Told Anyone*.
9. VW, »Eine Skizze der Vergangenheit«, S. 87.
10. Ibid. Die Seitenzahlen der folgenden Zitate sind in Klammern im Text angegeben. Eine andere Lesart dieser Erinnerungen findet sich in Susan Merrill Squier, *Virginia Woolf and London*, S. 15ff.
11. Sie verwendet diese Erinnerung in abgewandelter Form für ihren ersten Roman *Die Fahrt hinaus* in der Sterbeszene ihrer Protagonisten Rachel Vinrace. Sie greift jedes Detail dieser Erinnerung auf – das Geräusch der sich brechenden Wellen, das Rouleau, die Holzquaste, die über den Boden schleift, gestaltet sie aber in einer Weise, die das Gefühl drohender Gefahr, das jener Erinnerung innewohnt, offen zutage treten läßt: »Rachel legte sich ins Bett; sie lag im Dunkeln ... Was sie sah, als sie den Blick zum Fenster wandte, war auch nicht beruhigender.« Und weiter: »Die Bewegung des Rouleaus, als der Wind hineinwehte und es leicht nach innen wölbte, so daß die Schnur leise über den Boden schleifte, erschreckte sie, als meinte sie, ein Tier im Zimmer zu hören.« VW, *Die Fahrt hinaus*, S. 386.
12. VW, *Letters* 5:2915.
13. Vgl. Alice Miller, *Das Drama des begabten Kindes und die Suche nach dem wahren Selbst*.
14. VW, »Melymbrosia«, S. 263.
15. VW, *Letters* 5:2335.

16. VW, »Hyde Park Gate 22«, S. 200.
17. Noel Annan, *Leslie Stephen*, S. 65.
18. »Breaking the Silence«, Public Broadcasting System, 11. August 1987.
19. Leslie Stephen an Charles Eliot Norton, 20. April 1888; John Bicknell verdanke ich eine Abschrift dieses Briefes. Mary Devery hat mir dankenswerterweise ihre Erfahrung mit solchen Fällen zu Anfang dieses Jahrhunderts beschrieben.
20. Quentin Bell, *Virginia Woolf. Eine Biographie*, S. 45.
21. VW, »Eine Skizze der Vergangenheit«, S. 94. Die Hervorhebungen stammen von mir.
22. Vgl. Deborah Gorham, *The Victorian Girl and the Feminine Ideal.* Virginia Woolf geht auf diesen Gedanken ausführlicher in einer frühen Fassung ihres Romans *Die Fahrt zum Leuchtturm* ein, mit der ich mich in Kapitel 9 beschäftigen werde.
23. Robert Fliess, *Erogeneity and Libido*, S. XVII.
24. »Breaking the Silence«.
25. VW, »Old Bloomsbury«, S. 215f.
26. Vgl. Alice Miller, *Du sollst nicht merken. Variationen über das Paradiesthema*, S. 125ff.
27. VW, *Diary 5*, 11. Juni 1936.
28. VW, *Letters* 3:1489.
29. VW, *Diary 5*, 1. April 1936.
30. VW, *Diary 5*, 21. Juni 1936.
31. VW, *Diary 5*, 2. März 1937.
32. VW, *Diary 5*, 1. März 1937.
33. VW, *Diary 3*, 15. September 1926.
34. VW, *Letters* 4:2201.
35. VW, »Hyde Park Gate 22«, S. 200.
36. VW, *Letters* 1:225.
37. VW, *Letters* 4:2341.
38. Denise J. Gelinas, »The Persisting Negative Effects of Incest«.
39. Vgl. Phyllis Rose, *Parallele Leben: 5 viktorianische Ehen, S. 56*; Ronald Pearsall, *The Worm in the Bud*, S. 97, S. 145f. Ich möchte Susan Shapiro danken, die mich auf letzteren aufmerksam gemacht hat.
40. Vgl. z. B. Mitchell A. Leaskas Diskussion in *The Novels of Virginia Woolf*, S. 56f. Vgl. meine Auseinandersetzung mit *Die Fahrt hinaus* in Kapitel 6.
41. Julia Stephen, *Notes from Sickrooms*, S. 49.
42. Bell, *Virginia Woolf. Eine Biographie*, S. 61.
43. Leslie Stephen, *Mausoleum Book*, S. 65.
44. VW, »Reminiszenzen«, S. 57. Stephen, *Mausoleum Book*, S. 57.
45. Stephen, *Mausoleum Book*, S. 57.
46. Ibid., S. 96f.
47. VW, *Diary 3*, 23. November 1926.
48. Vgl. z. B. das Familienfoto auf Titelseite des *Bulletin of The New York Public Library*, Sonderheft Virginia Woolf, Winter 1977.
49. Annan, *Leslie Stephen*, S. 45; vgl. auch Leslie Stephen an Julia Stephen, 6.–15. Juni 1890, 29. Januar 1893; Bell, *Virginia Woolf. Eine Biographie.*
50. Annan, *Leslie Stephen*, S. 135.
51. Daniel Goleman,. »Child Development Theory Stresses Small Moments«, S. C1, C2.

52. Leslie Stephen, *James Fitzjames Stephen.*
53. Annan, *Leslie Stephen*, S. 117.
54. Bell, *Virginia Woolf. Eine Biographie.* S. 61.
55. Leslie Stephen an Julia Stephen, 9. April 1882.
56. Vgl. z. B. Mary Chappell, »The Value of an Orderly Nursery«.
57. VW, *Letters* 3:2179.
58. Bell, *Virginia Woolf. Eine Biographie*, S. 41, 43.
59. Vgl. die Analyse von Alice Miller in *Am Anfang war Erziehung.*
60. Annan, *Leslie Stephen*, S. 109.
61. Bell, *Virginia Woolf. Eine Biographie*, S. 39.
62. VW, *Letters* 3:1760.
63. Vgl. die Beschreibungen Julias im Leslie Stephens gesamten *Mausoleum Book.*
64. Vgl. Mark Spilka, *Virginia Woolf's Quarrel with Grieving.*
65. VW, *Diary 5*, 25. April 1940.
66. VW, »Berufe für Frauen«, in *Frauen und Literatur. Essays*, S. 32f.
67. VW, *Letters* 6:3678.
68. VW, *Letters* 4:2194.
69. Blanche Wiesen Cook, »›Women Alone Stir My Imagination‹«.
70. Eine Auseinandersetzung mit Virginia Woolfs Bewertung der Keuschheit findet sich in Jane Marcus, *Virginia Woolf and the Languages of Patriarchy*, S. 115ff.
71. »Breaking the Silence«.
72. Stephen, *Mausoleum Book*, S. 84.
73. Das erzwungene Schweigen, von dem Virginia Woolf spricht, muß sicherlich in Zusammenhang damit gesehen werden, daß man in dieser Zeit begann, Inzest genauer zu beobachten und Strafmaßnahmen in Erwägung zu ziehen. 1908 trat dann tatsächlich ein Gesetz in Kraft, daß »Inzest mit Zuchthaus von mindestens drei bis zu sieben Jahren« belegte. Unter Inzest fielen dabei Beziehungen mit Enkeln, Kindern und unter Geschwistern, jedoch nicht die mit Stiefkindern. (Anthony H. Wohl, »Sex and the Single Room«, S. 210).
74. VW, »Old Bloomsbury«, S. 213.
75. Die Zitate erscheinen in »Reminiszenzen«, S. 65, 83. Sie bekundet ihr Interesse an der British Sex Society in einem Eintrag vom 21. Januar 1918, *Tagebücher 1. 1915–1918*, S. 188.
76. VW, »Hyde Park Gate 22«, S. 210.
77. VW, *Letters* 2:1218.
78. VW, *Diary 4*, 1. Mai 1934.
79. Ibid.
80. Vgl. Beispiele sexuellen Mißbrauchs, die Virginia Woolf in *Zwischen den Akten* beschreibt. Sehr bemerkenswert ist, daß sie zur gleichen Zeit, als sie über diese fiktiven Fälle sowie über reale Mißbrauchserfahrungen im Leben anderer Frauen schrieb, die Auswirkungen des Mißbrauchs auf ihre eigene Psyche erkundete.
81. VW, *Diary 3*, 31. Mai 1929.
82. VW, *Letters* 1:576.
83. VW, *Letters* 3:1562.
84. Vgl. das Vorwort des Herausgebers, *Letters* 3, S. 198.
85. Vita Sackville-West, (Tagebuch einer Reise nach Frankreich mit Virginia Woolf).

86. VW, *Letters*, 4:2245.
87. VW, *Letters* 4:2246.
88. VW, *Letters* 4:2268, 2277.
89. VW, *Letters* 4:2335.
90. VW, *Letters* 4:2341.
91. VW, *Letters* 6:3153.
92. Vgl.Marcus, *Virginia Woolf and the Languages of Patriarchy*; Martine Stemerick, »Virginia Woolf and Julia Stephen«.
93. Stephen Kern, »Explosive Intimacy«, S. 454ff.
94. Florence Rush, *Das bestgehütete Geheimnis. Sexueller Kindesmißbrauch*, S. 106.
95. VW, *Diary 5*, 1. November 1937.
96. VW, »Eine Skizze der Vergangenheit«, S. 108, S. 127.
97. Ibid., *S. 111*.
98. Madeline Moore, *The Short Season between Two Silences*, S. 16.
99. VW, *Diary 5*, 23. November 1940, 18. September 1940, 22. Oktober 1940.
100. Alex Zwerdling, *Virginia Woolf and the Real World*, S. 289.
101. VW, *Diary 5*, 20. Juni 1940.
102. VW, *Diary 5*, 26. Januar 1940. Ihren ersten Selbstmordversuch unternahm sie in dieser Woche. Vgl. Appendix A, *Letters 6*.
103. VW, *Diary 5*, 27. Juni 1940.
104. VW, »Hyde Park Gate 22«, S. 195f.; *Diary 1*, 18. März 1918; *Letters* 3:1717; *Diary 3*, 22. Februar 1930.
105. VW, *Augenblicke. Skizzierte Erinnerungen*, S. 124.
106. VW, *Diary 5*, 26. Juli 1940.
107. VW, *Diary 5*, 11. September 1940.
108. VW, *Diary 5*, 22. September 1940.
109. VW, *Letters* 6:3705.
110. VW, *Letters* 6:3710.
111. VW, *Diary 5*, 26. Januar 1941.
112. VW, *Letters 6*, S. 432, Anm. 1.
113. VW, *Letters* 6:3702.
114. VW, *Letters* 6:3705.
115. VW, *Letters* 6:3710.
116. VW, *Diary 5*, 8. März 1941.
117. VW, *Letters* 4:2072

5. Kapitel

1. Regelmäßig erschienen sie bis Dezember 1892; nach einer längeren Unterbrechung kamen sie dann 1895, in Julias Todesjahr, wieder heraus. Vgl. Quentin Bell, *Virginia Woolf. Eine Biographie*, S. 62, Anm. 12.
2. Die Seitenzahlen der Zitate aus Virginia Woolfs Texten werden in Klammern im Text angegeben.
3. Lyndall Gordon beschreibt es in *Virginia Woolf. Leben einer Schriftstellerin* als »eine tumultöse Fortsetzungsgeschichte über einen unter dem Pantoffel stehenden, sich jedoch erhebenden Städter sowie seine stümperhaften Bemühungen um die

Landwirtschaft und einen komischen Machtkampf zwischen ihm und seiner Frau«, S. 27.

4. Selbst Martine Stemerick, an sich eine großartige Biographin der frühen Jahre Virginia Woolfs, beurteilt die Zeit vor Julias Tod in dieser verklärenden Weise, in »Virginia Woolf and Julia Stephen«, S. 6.
5. Die Fotografie findet sich in Leslie Stephen, *Mausoleum Book*, gegenüber von S. 90.
6. VW, *Letters* 2:1172.
7. Vgl. Meredith Skura, *The Literary Use of the Psychoanalytic Process.*
8. Keith Odom, »Caught in the Brontës' Web of Childhood«, S. 1 f.
9. Noel Annan, *Leslie Stephen*, S. 110.
10. Leslie Stephen an Julia Stephen, 25. Januar 1891.
11. Ibid., 27. Januar 1891; vgl. auch Leslie Stephen, *Mausoleum Book*, S. 89.
12. Annan, Leslie Stephen, S. 86.
13. Bell, *Virginia Woolf. Eine Biographie*, S. 61; zitiert in Mitchell A. Leaska, *The Novels of Virginia Woolf*, S. 228.
14. Stephen, *Mausoleum Book*, S. 87.
15. Annan, *Leslie Stephen*, S. 110.
16. Stephen, *Mausoleum Book*, S. 89.
17. Bell, *Virginia Woolf. Eine Biographie*, S. 61.
18. Vgl. die Briefe von Leslie Stephen an Julia Stephen, die er während dieses Jahres geschrieben hat.
19. Stephen, *Mausoleum Book*, S. 74.
20. Leslie Stephen an Julia Stephen, 31. Juli 1893; Bell, *Virginia Woolf. Eine Biographie*, S. 512.
21. Vanessa Bell, *Notes on Virginia's Childhood*, ohne Seiten.
22. Ibid.; Bell, *Virginia Woolf. Eine Biographie*, S. 49.
23. *Hyde Park Gate News*, 18. Januar 1892, zitiert in Bell, *Virginia Woolf. Eine Biographie*, S. 49.
24. *Hyde Park Gate News*, 12. September 1892, zitiert in Bell, *Virginia Woolf. Eine Biographie*, S. 53.
25. *Hyde Park Gate News*, 4. März 1895, zitiert in Bell, *Virginia Woolf. Eine Biographie*, S. 59.
26. VW, »Eine Skizze der Vergangenheit«, S. 129.
27. Bell, *Notes on Virginia's Childhood.*
28. Bell, *Virginia Woolf. Eine Biographie*, S. 50.
29. Vgl. Linda Schierse Leonard, *Töchter und Väter: Heilung und Chancen einer verletzten Beziehung.*
30. *Hyde Park Gate News*, 6. Juni 1892, zitiert in Bell, *Virginia Woolf. Eine Biographie*, S. 50.
31. Bell, *Notes on Virginia's Childhood.*
32. Ibid.
33. Leslie Stephen an Julia Stephen, 29. Juli 1893.
34. Ibid., 3. August 1893.
35. VW, *1897 Diary*, 23. Februar 1897.
36. Ellen Ross, »Fierce Questions and Taunts«, S. 576f.
37. Sally Mitchell, »Sentiment and Suffering«, S. 45.

38. Priscilla Robertson, »Home as a Nest«, in De Mause, *Hört ihr die Kinder weinen. Eine psychogenetische Geschichte der Kindheit.* S. 579.
39. Leslie Stephen an Julia Stephen, 26. Januar 1893.
40. Ibid., 29. Januar 1893.
41. Ibid., 1. Februar 1893.
42. Leslie Stephen an Charles Eliot Norton, 20. April 1888. John Bicknell hat mir dankenswerterweise eine Abschrift dieses Briefes überlassen.
43. Dieser Hinweis stammt von Jane Lilienfeld. Sie hat in Erwägung gezogen, daß Mrs. Jacksons lebenslange Krankheit durch eine Abhängigkeit von verschiedenen Drogen entstanden ist, von Schlafmitteln und Chloral etwa, die ihr bei jeder kleinen Beschwerde freizügig verabreicht wurden.
44. VW, Monks House Papers, MH / A. 5d, S. 36f.
45. Annan, *Leslie Stephen*, S. 73.
46. VW, »Eine Skizze der Vergangenheit«, S. 134.
47. Ich möchte mich bei John Bicknell für diesen Hinweis bedanken.
48. VW, »Eine Skizze der Vergangenheit«, S. 134.
49. Daniel Goleman, »In Memory, People Re-create Their Lives To Suit Their Images of the Present«, S. C1, S. C2.
50. Vgl. Jane Marcus, *Virginia Woolf and the Languages of Patriarchy*, S. 86. In gewissem Sinne kann man die Geschichte als eine Elegie auf Lauras Schicksal lesen.
51. Mary S. Hartman, »Child-Abuse and Self-Abuse: Two Victorian Cases«, S. 377.
52. Vgl. Jane Lewis, *Women in England: 1870–1950.*
53. Ibid.
54. »Breaking the Silence«. Public Broadcasting System.
55. Alice Miller, *Du sollst nicht merken. Variationen über das Paradies-Thema*, S. 198.
56. Mary Ann Clawson, »Early Modern Fraternalism and the Patriarchal Family«, S. 372.
57. Ibid., S. 387.
58. Leslie Stephen an Julia Stephen, »4 / ii / 1893«.
59. VW, *Letters* 4:2414, an Vita Sackville-West: »Anbei mein Halbbruder über Schweine (das ist schon das 3. Exemplar, das er mir geschickt hat).«
60. VW, *Diary 4*, 1. Mai 1934.

6. Kapitel

1. Die Seitenzahlen der folgenden Zitate aus dem Roman werden in Klammern im Text vermerkt.
2. Die Seitenzahlen der folgenden Zitate aus dem Roman werden in Klammern im Text angegeben. Vgl. auch mein Buch *Virginia Woolf's First Voyage.*
3. Zu den Lebensbedingungen von Kindermädchen vgl. z. B. Peter Laslett, *Family Life and Illicit Love in Earlier Generations*; Jane Lewis, *Women in England 1870–1950*; Deborah Gorham, *The Victorian Girl and the Feminine Ideal*; Priscilla Robertson, »Home as a Nest«.
4. Zur Strenge der Familienväter vgl. z. B. Arthur Brittan / Mary Maynard, *Sexism, Racism and Oppression*; Steven Mintz, *A Prison of Expectations.*

5. Die Seitenzahlen der folgenden Zitate aus dem Roman werden in Klammern im Text angegeben. Erleuchtende Ausführungen über den Roman finden sich in Kathleen Dobie, »This is the Room that Class Built«; Alex Zwerdling, *Virginia Woolf and the Real World.*
6. Vgl. z. B. Ruth Sidel, *Women and Children Last*; Kathleen Walsh d'Arcy, Unveröffentlichte Arbeit zu *Jacobs Raum.*
7. Eine Analyse dieser Szene findet sich in Mitchell A. Leaska, *The Novels of Virginia Woolf*, S. 84.
8. Kathleen Walsh d'Arcy, Unveröffentlichte Arbeit zu *Jacobs Raum.*
9. Vgl. Zwerdling, *Virginia Woolf and the Real World.*
10. Über Virginia Woolf und ihr Verhältnis zum Pazifismus schreibt Jane Marcus, *Virginia Woolf and the Languages of Patriarchy*, S. 131 f.
11. D'Arcy, Unveröffentlichte Arbeit.
12. VW, *Diary 3*, 14. Mai 1925.
13. Die Seitenzahlen der folgenden Zitate sind in Klammern im Text angegeben. Vgl. Mitchell A. Leaska, *Virginia Woolf's Lighthouse*; Jane Lilienfeld, »Where the Speare Plants Grew«; Beverly Ann Schlack, »Fathers in General«.
14. VW, *To the Lighthouse; The original holograph draft*, S. 71. Da die ursprüngliche Fassung des Romans die Bedingungen von Kindheit wesentlich direkter behandelt als der dann veröffentlichte Text, sind viele der Beispiele dieser ursprünglichen Fassung entnommen. Die Seitenzahlen der folgenden Zitate aus der Manuskriptfassung werden in Klammern im Text angegeben und mit einem »h« gekennzeichnet, um sie von den Zitaten aus dem veröffentlichten Text zu unterscheiden. »(71 h)« bezieht sich also auf die Manuskriptfassung. »(71)« auf den veröffentlichten Text.
15. Elizabeth Stoneman, Unveröffentlichte Arbeit.
16. Deidre Roshkill, Unveröffentlichte Arbeit.
17. Vgl. Elizabeth Abel, »Cam the Wicked.«
18. Falls dies einen autobiographischen Bezug hat, wäre das sehr bedeutsam. Vgl. das Kapitel »Eine Tochter erinnert sich«.
19. Vgl. die Beschreibung im Kapitel »Eine Tochter erinnert sich«.
20. VW, *The Waves, The two holograph drafts.* Der Interpretation liegt die frühere Fassung zugrunde. Genauso wie bei *Die Fahrt zum Leuchtturm* ist die Untersuchung der Kindheit darin direkter.
21. VW, *Diary 3*, 28. Mai 1929.
22. VW, *Diary 3*, 23. Juni 1929.
23. VW, *The Waves, The two holograph draft*, S. I / 1 verso.
24. VW, *Letters 4*, S. 395, Anmerkung 1.
25. VW, *The Waves, The two holograph drafts*, S. I / 62.
26. VW, *The Waves, The two holograph drafts*, S. I / 45. Bei allen folgenden Quellenangaben werden einfach die Ziffern des Manuskriptes und nach dem Schrägstrich die jeweilige Seitenzahl vermerkt, z. B. »I / 45.«.
27. I / 62.
28. I / 11.
29. I / 7.
30. I / 7.
31. I / 6.

32. I/42.
33. I/42.
34. I/43.
35. I/32.
36. I/134.
37. I/24.
38. I/85.
39. I/134.
40. I/32.
41. I/33.
42. D'Arcy, Unveröffentlichte Arbeit.
43. Ibid.
44. I/34.
45. I/35.
46. I/78.
47. I/79f.
48. I/144.
49. I/74.
50. I/75.
51. I/74.
52. I/64.
53. I/71.
54. I/67.
55. I/71.
56. I/14.
57. I/14.
58. I/32.
59. I/251.
60. I/134.
61. Mitchell A. Leaska, Einführung zu Virginia Woolf, *The Pargiters*, S. XV.
62. VW, *Diary 4*, 10. November 1932.
63. Die folgenden Zitate aus dem veröffentlichten Roman sind in Klammern im Text vermerkt.
64. VW, *The Pargiters*, S. 28. Die folgenden Zitate aus *The Pargiters* werden einfach mit der Seitenzahl angegeben. Vgl. Grace Radin, *Virginia Woolf's The Years*; Marcus, *Virginia Woolf and the Languages of Patriarchy*.
65. S. 36. Eine Auseinandersetzung mit der »Liebe der Straße« findet sich bei Susan Merrill Squier, *Virginia Woolf and London*, S. 142–153, S. 169–170.
66. S. 36f. Zur Bedeutung der Krokodile vgl. »Eine Tochter erinnert sich«.
67. S. 40f.
68. S. 41.
69. S. 42.
70. S. 42f.
71. S. 43, S. 45.
72. S. 46f.
73. Zu den Zwischenkapiteln vgl. Mitchell A. Leaska, Einführung zu *The Pargiters*; Radin, *Virginia Woolf's The Years*.

74. S. 50.
75. S. 48.
76. S. 50f.
77. S. 54f.
78. *Drei Guineen, S. 9*; die Seitenzahlen der folgenden Zitate aus *Drei Guineen* sind in Klammern im Text vermerkt.
79. Vgl. Marcus, *Virginia Woolf and the Languages of Patriarchy*, S. 78f. Eine sehr aufschlußreiche Diskussion findet sich Berenice A. Carroll, »›To Crush Him in Our Own Country‹«.
80. John Stuart Mill, Harriet Taylor Mill, Helen Taylor. *Die Unterwerfung der Frau. Texte zur Frauenemanzipation.*
81. Vgl. Kate Millett, *Sexus und Herrschaft.*
82. Judith Lewis Herman, *Father-Daughter Incest.* S. 110.
83. Ibid., S. 73.
84. Susan Merrill Squier hat als erste die Bedeutung dieses Aufsatzes aufgedeckt. Vgl. *Virginia Woolf and London*, S. 182–186.
85. VW, »Thoughts on Peace in an Air Raid«, S. 245.
86. Ibid.
87. VW, *Diary 4*, 16. Dezember 1935. Die Seitenzahlen der folgenden Zitate aus *Roger Fry* sind in Klammern im Text vermerkt.
88. Über die Strenge einer solchen Erziehung vgl. Walter E. Houghton, *The Victorian Frame of Mind*; Robertson, »Home as a Nest«, S. 577.
89. Die Erfahrungen Frys waren keineswegs ein Einzelfall. Priscilla Robertson stellt in »Home as a Nest« dar, daß im 19. Jahrhundert die Eltern oft versuchten, den Willen und das eigenständige Denken ihrer Kinder zu brechen. So wurde z. B. ein Kind namens Augustus Howe im Alter von 5 Jahren »für zwei Tage bei Wasser und Brot in sein Zimmer eingesperrt, um – wörtlich – seinen Willen zu brechen«, S. 577.
90. Vgl. z. B. Phyllis Grosskurth (Hrsg.), *The Memoirs of John Addington Symonds.*
91. Mary S. Hartman beschreibt in »Child-Abuse and Self-Abuse« die Diskussion, die im *Englishwoman's Domestic Magazine* im Jahre 1870 über die körperliche Züchtigung von Mädchen geführt wurde. Eine Schuldirektorin erklärte in einem Leserbrief die »richtige« Anwendung der Peitsche, »und sie tat das bis ins kleinste Detail, sie gibt sogar den Rat, den Kittel des Opfers hochzuraffen und unten ins Korsett zu stecken, um die ganze Prozedur zu erleichtern« (240). In anderen Briefen werden die »Qualitäten von Stöcken verschiedener Dicke und Holzarten, von Lederpeitschen und anderen Instrumenten erörtert« (240). Viele Frauen beschrieben ihre Erinnerungen an die Prügel, die sie bekommen haben, und »gedachten besonders« derer, die sie am schlimmsten geschlagen haben (240).
92. VW, *Diary 4*, 21. November 1934.
93. Woolf hatte mit der Idee gespielt, Roger Frys Biographie in der ersten Person zu verfassen: »sie sollte in der ersten Person erzählt werden. – Ob diese Form wohl für Roger geeignet wäre?« VW, *Diary 5*, 3. November 1936.
94. Vgl. Alice Miller, die sich in *Du sollst nicht merken* mit Biographien auseinandersetzt, *S. 330f.* Virginia Woolf hat über die Liebesbeziehung Roger Frys mit ihrer Schwester Vanessa Bell jedoch nicht die Wahrheit gesagt. Meine Anmerkungen beziehen sich auf ihre Weigerung, die Umstände seiner Kindheit aufzudecken.

95. Vgl. E. Milling Kinard, *Emotional Development in Physically Abused Children.*
96. VW, *Diary 5*, 23. August 1938.
97. VW, *Diary 5*, 22. März 1938.
98. Vgl. Philippe Ariès, *Geschichte der Kindheit.* Vgl. Grosskurth, *Memoirs of John Addington Symonds*; Hartman, »Child-Abuse and Self-Abuse«.
99. VW, *Diary 5*, 13. April 1938. Die Seitenzahlen der Zitate sind in Klammern im Text angegeben.
100. Vgl. Mitchell A. Leaskas Einführung zu *Pointz Hall.*
101. VW, *Pointz Hall*, S. 374. Die folgenden Zitate werden einfach mit der Seitenzahl angegeben.
102. S. 375.
103. S. 559.
104. S. 560.
105. Vgl. die Anmerkungen von Mitchell A. Leaska zu *Pointz Hall.*
106. S. 190.
107. S. 220.
108. S. 231.
109. S. 233.
110. Vgl. Leon Shaskolsky Sheleff, *Generations Apart.*
111. Eine aufschlußreiche Analyse des Ödipus-Komplexes aus der Sicht des Kindes findet sich bei Miller, *Du sollst nicht merken*,. S. 185 ff.
112. Eine frühere Fassung unterscheidet sich vom dann veröffentlichten Text: »So treulos, wie die Kinder auch den ganzen Tag wieder gewesen waren, ...so frischte doch allein der Gedanke an die Kinder ihre Ehe auf« (184). In einer späteren Fassung frischt der Gedanke an die Kinder dagegen »ihre Feindseligkeit« auf (187).

7. Kapitel

1. Quentin Bell, *Virginia Woolf. Eine Biographie*, S. 67 f.
2. VW, »Reminiszenzen«, S. 64.
3. Ibid., S. 64.
4. Ibid., S. 65.
5. VW, »Eine Skizze der Vergangenheit« in *Augenblicke*, S. 127 ff.
6. Martine Stemerick, »The Madonna's Clay Feet« und »Virginia Woolf and Julia Stephen«.
7. VW, *Letters* 1:2.
8. VW, *1897 Diary*, 1. Januar 1898.
9. Von diesen Vorkommnissen wird in folgenden Eintragungen erzählt: Korsett, 1. April; Stellas Hochzeit, 10. April; Stellas Tod, 19. Juli; Virginias Krankheit, 23. Januar, 9. Mai, u. a.; Schreibtisch, 20. Januar; 50 Bücher, an verschiedenen Stellen; Lockhart, 26. Januar bis 21. Februar; *Fawcett*, 23. August; *Notes*, 23. Mai; Kings, 16. Oktober; Festhalten des Moments, 6. Juli; Königin Victoria, 22. Juni; *Mariana*, 22. Februar; *Hamlet*, 12. Oktober; *As You Like It*, 2. März; *Faust*, 2. Juni; Zoo, 7. und 12. Januar; Kensington Gardens, 31. Januar; Battersea Park, 3. Januar; Round Pond, 25. Januar; Serpentine, 17. Januar; National

Gallery, 6. Januar; National Portrait Gallery, 19. Januar, 11. März; Carlyles Haus, 29. Januar; Schlittschuhlaufen, 28. Januar; Fahrradfahren, 8. Februar.
10. VW, »Eine Skizze der Vergangenheit«, *S. 116.*
11. Ibid., S. 159.
12. Bell, *Virginia Woolf. Eine Biographie*, S. 67f.
13. Stella Duckworth, 1896 Diary.
14. VW, *1897 Diary*, 15. Februar, 2. März 1897.
15. VW, »The tea table was the centre of the Victorian family life.«
16. Vgl. Stephen Trombley, *»All That Summer She Was Mad«.*
17. VW, *1897 Diary*, 7. Juli.
18. VW, *1897 Diary*, 28. Januar.
19. VW, *1897 Diary*, 25. Februar; Violet Dickinson an Vanessa Bell, zitiert in Jean O. Love, *Virginia Woolf. Sources of Madness and Art*, S. 193; Bell, *Virginia Woolf. Eine Biographie*, S. 61; Leslie Stephen, *Mausoleum Book.*
20. Vgl. Elaine Showalter, *The Female Malady.*
21. Vanessa, 2. März; 16. April; 24. April; 10. Juni; 16. Juni; u. a. Adrian und Thoby, 6. Januar; 11. April; Stephen, *Mausoleum Book*, 10. April 1897; Vater, 21. Januar; Brief von Leslie Stephen an Stella Duckworth Hills, 10. April 1897; Frederic William Maitland, *The Life and Letters of Leslie Stephen*; Noel Annan, *Leslie Stephen*; Stella, 3. Januar bis 10. April. Ihre Halbbrüder, an verschiedenen Stellen; 18. November.
22. VW, *1897 Diary*, 4. Juni. Die Zitate aus dem Tagebuch im Text sind mit Tag und Monat angegeben. (Virginia Woolf selbst benutzte die Schreibweise 7/4 für den 4. Juli.)
23. Maitland, *The Life and Letters of Leslie Stephen*, S. 27f.
24. Daniel Goleman, »Child Development Theory Stresses Small Moments«.
25. Stephen, *Mausoleum Book*, Eintrag vom 10. April 1897. Vgl. das Kapitel »Laura, ›Die Dame vom See‹«.
26. Vgl. das Kapitel »Eine Tochter erinnert sich«.
27. Vgl. das Kapitel »Stella, ›Die alte Kuh‹«.
28. Diese Vorkommnisse werden am 1. Juli, am 7. und 8. April und am 18. April aufgezeichnet.
29. Die Tagebucheinträge nach Stellas Krankheit zeigen das Ausmaß der neuen Pflichten auf, die Virginia aufgebürdet wurden.
30. Sie verwendet diesen Ausdruck, um zu charakterisieren, wie Vanessa nach Stellas Tod behandelt wurde.
31. Woolfs Eintragung ist angesichts der Bedeutung dieses Ereignisses merkwürdig. Sie erwähnt es so beiläufig, als wolle sie damit den Schlag, den ihr die Weigerung ihres Vaters versetzt haben muß, abschwächen. Möglicherweise ist dieser Eintrag ein Ausdruck ihrer Gleichgültigkeit, ihrer Selbstverleugnung oder ihrer depressiven Stimmung.
32. S. 102. Ich danke Mitchell A. Leaska, der mir diese Passagen nach Anna Battistas Abschrift beschrieb, noch bevor Julia Stephens Schrift wieder aufgelegt wurde. Sie ist zu finden in Julia Stephen, *Stories for Children, Essays for Adults.*
33. VW, »Eine Skizze der Vergangenheit«, *S. 116.*
34. Stephen, *Mausoleum Book*, S. XXVIII.
35. VW, »Eine Skizze der Vergangenheit«, S. 117.

36. Über die Auswirkungen der Lektüre Jugendlicher auf ihre Entwicklung schreibt Louise M. Rosenblatt, *Literature as Exploration.*
37. Vgl. B.J. Kirkpatrick, *A Bibliographie of Virginia Woolf*; Beverly Ann Schlack, *Continuing Presences.*
38. VW, handschriftliches Manuskript von *»The Antiquary«*, im Notizheft »Essays, 1924«. Auf Seite 167 des Notizbuches aus dem Besitz der Berg Collection datiert Virginia Woolf einen Aufsatz auf »52 Tavistock Sq, Oct. 5th«. Auf Seite 187 des Noitzbuches beginnt der Entwurf des Essays *»The Antiquary«*. Nach meinen Berechnungen, die von der Annahme ausgehen, daß Virginia Woolf jeden Tag eine neue Seite begann, müßte sie mit diesem Aufsatz etwa am 16. Oktober 1924 begonnen haben.
39. VW, *Diary 2*, 17. Oktober 1924.
40. John Gibson Lockhart legt in *Memoirs of the Life of Sir Walter Scott* dar, daß Mr. Ramsay der Prototyp des Antiquars war.
41. VW, *Die Fahrt zum Leuchtturm*, S. 145.
42. Ibid., S. 148.
43. Sir Walter Scott, *The Antiquary*, S. 64.
44. Ibid., S. 83. Virginia Woolfs Aufsatz über *The Antiquary* wurde als Teil des Aufsatzes »Sir Walter Scott« wiederaufgelegt.
45. VW, *Die Fahrt zum Leuchtturm*, S. 251 f.
46. Ibid., S. 209.
47. Ibid., S. 234.
48. Vgl. Sonya Rudikoff, »How Many Lovers had Virginia Woolf?«
49. VW, »Essays, 1924«. Meines Wissens nach haben weder die Herausgeber und die Leser der *New Republic*, noch irgendwelche Woolf-Forscher oder -Kritiker diese Umdeutung bemerkt. Ich habe die Leserbriefe an die *New Republic* aus den Monaten nach der Veröffentlichung des Aufsatzes am 3. Dezember 1924 durchgesehen und keinen gefunden, der sich mit dieser Mißdeutung beschäftigt hätte.
50. Leslie Stephen, *Mausoleum Book*, S. XXVI.
51. VW, »Reminiszenzen«, S. 76.
52. VW, »Eine Skizze der Vergangenheit«, S. 166–178.
53. Love, *Virginia Woolf: Sources of Madness and Art*, S. 193; Love zitiert aus zwei Briefen, die 1942 von Violet Dickinson an Vanessa Bell gingen.
54. Stelle Duckworth verzeichnete in ihrem 1896 Diary gewissenhaft ihren eigenen, Vanessas und Virginias Menstruationszyklus. Diese Eintragungen gehen bis 1897. Stellas Zyklus taucht das letzte Mal am 28. Januar 1897 auf; im Februar, März und April ist nichts vermerkt. Im Mai zeichnet sie wieder Virginias und Vanessas Zyklus auf, ihren eigenen jedoch nicht, was vermuten läßt, daß sie zu diesem Zeitpunkt schwanger war. Ob Stella nach Januar 1897 keine Monatsblutung mehr hatte, läßt sich natürlich nicht mehr mit letzter Sicherheit feststellen. Allerdings legen diese Aufzeichnungen die Vermutung nahe, daß es sich so verhalten hat, was auch Virginias Annahme bestätigen würde, daß Stella während der Reise nach Bognor im Februar schwanger wurde.
55. VW, *Die Fahrt zum Leuchtturm*, S. 162 f.

8. Kapitel

1. Das Tagebuch befindet sich jetzt im Besitz der Berg Collection. Ich danke Jane Marcus, Melissa Hield, dem Department of English, Women's Studies am College of Liberal Arts und dem Humanities Research Center der University of Texas in Austin für die Einladung, an ihrer Feier »Bloomsbury in Texas« teilzunehmen. Einen Teil dieses Kapitels habe ich auf dieser Veranstaltung vorgetragen.
2. Martine Stemerick, »Virginia Woolf and Julia Stephen«; in ihrem 1897 Diary erwähnt sie, daß sie 1896 kurzzeitig ein Tagebuch geführt hat (das meines Wissens nach nicht erhalten ist). Vgl. die Ausführungen über die *Hyde Park Gate News* in Kapitel 5.
3. Vgl. VW, »Eine Skizze der Vergangenheit«.
4. Ibid., S. 127.
5. VW, Monks House Papers, MH/A5c.
6. Vgl. Stephen Trombley, »All That Summer She Was Mad«; Elaine Showalter, *The Female Malady*.
7. Stemerick, »Virginia Woolf and Julia Stephen«. VW, *Diary 3*, 8. Dezember 1929.
8. VW, *Diary 5*, 8. März 1941.
9. VW, *Diary 5*, 15. Januar 1941.
10. Vgl. den Eintrag vom 17. August 1938: »... was meine Absicht ist, wenn ich beständig diese Tagebücher führe. Nicht die Veröffentlichung... eine Erinnerung an mein eigenes Leben? Vielleicht«, *Diary 5*.
11. Vgl. Annette Kolodny, *The Land Before Her*.
12. VW, *1897 Diary*, 1. Februar.
13. Carol Gilligan, *Die andere Stimme: Lebenskonflikte und Moral der Frau*.
14. In einer früheren Fassung dieses Kapitels vertrat ich einen gänzlich anderen Standpunkt. Ich revidierte meine Auffassung aufgrund der Kritik, die während eines Women's Studies Seminars am Hunter College dagegen erhoben wurde, und besonders aufgrund der Einwände meiner Kollegin, Professorin Joan Tronto, der ich zu Dank verpflichtet bin.
15. Gilligan, *Die andere Stimme: Lebenskonflikte und Moral der Frau*, S. 43. Gilligan verdeutlicht diese Entwicklung anhand der Reaktion eines elfjährigen Mädchens.
16. Gilligan, *Die andere Stimme: Lebenskonflikte und Moral der Frau* zitiert Nancy Chodorow, S. 16.
17. Gilligan, S. 28.
18. Die Eintragungen mit Miss Jan finden sich im *1897 Diary* an folgenden Tagen: 3., 4., 5. Januar; 11., 15., 19. Februar; 20., 28. April; 2. Mai. Soweit ich weiß, erscheint Miss Jan nach dem 2. Mai nicht mehr. Das bedeutet, daß Miss Jan als Figur nach dem Tode Stella Duckworths nicht mehr in diesem Tagebuch auftaucht.
19. VW, *Diary 3*, 8. Dezember 1929.
20. Leslie Stephen, »›An Agnostic's Apology‹ and Other Essays«, S. 41. Zitiert in Noel Annan, *Leslie Stephen*, S. 173.
21. Ibid., S. 175.
22. Vgl. Mark Spilka, *Virginia Woolf's Quarrel with Grieving*. Die Beschreibung Leslie Stephens findet sich im *Mausoleum Book*.
23. VW, »Reminiszenzen«, S. 59.

24. Ich möchte Jane Marcus für ihre Hilfe danken, diese Fragen abzuklären. Eine Analyse der Wirkung, die Virginias Tante Caroline Emilia Stephen, eine bedeutende Quäkertheologin, auf ihr Leben und Werk hatte, findet sich bei Jane Marcus, »The Niece of a Nun«.
25. Leslie Stephen, zitiert von Annan, *Leslie Stephen*, S. 195.
26. Annan, *Leslie Stephen*, S. 191. Auf diese Weise faßt Annan Stephens Position zusammen. Virginia Woolf besaß mehrere Bände der Werke Pascals. Vgl. den *Catalogue from the Library of Leonard and Virginia Woolf.*
27. VW, *Letters* 4:2056.
28. Jane Marcus, »Liberty, Sorority, Misogyny«, S. 70.
29. Vgl. z. B. Loren S. Barritt/Barry M. Kroll, »Some Implications of Cognitive-Developmental Psychology for Research in Composing«.
30. Gayatri C. Spivak, »Unmaking and Making in *To the Lighthouse*«, S. 316. Ich beziehe mich auf Spivaks Aufsatz, weil er genau die Fehleinschätzungen aufweist, die einem unterlaufen können, wenn man nicht Virginia Woolfs Tagebücher selbst überprüft.
    Dieser Teil des Kapitels wurde erstmals am Columbia's Women's Studies Seminar als eine Reaktion auf Blanche Wiesen Cooks Arbeit »Biographer and Subject« vorgetragen.
31. Spivak, »Unmaking and making in *To the Lighthouse*«, S. 316; Bell, *Virginia Woolf. Eine Biographie*, S. 94 und S. 120. Anm. 3.
32. Zitiert in Bell, *Virginia Woolf. Eine Biographie*. S. 94f. Eine besonders interessante Eintragung ist die vom 12. August 1899, in der sich Virginia Woolf mit der mimetischen Funktion von Kunst auseinandersetzt; das bedeutet, daß sie sich bereits vor ihrem Kontakt mit Clive Bell über diese Fragestellungen Gedanken machte.
33. Madeline Moore, *The Short Season between Two Silences*, S. 12.
34. VW, *The Waves, the two Holograph Drafts*, I / 3. Ich habe den Inhalt dieser Passage wiedergegeben.
35. Ibid., I / 16.
36. Leslie Stephen, *Mausoleum Book*, S. 40, 41, 53, 56f, 62.
37. VW, »Eine Skizze der Vergangenheit«, *S. 144*.
38. VW, »Reminiszenzen«, S. 57.
39. Eine andere Fassung findet sich in dem Monks House Papers, University of Sussex, England. Nach dem Katalog wurde sie 1899 verfaßt und 1904 für Emma Vaughan abgeschrieben. Es handelt sich dabei um MH/a10, »A Terrible Tragedy in a Duckpond: a Note of Correction and Addition to the above, by one of the Drowned.« Die Fassung findet sich in *Virginia Woolf Manuscripts from the Monks House Papers at the University of Sussex.*
40. VW, *Letters* 1:27.
41. Mitchell A. Leaska, (Hrsg.), *Pointz Hall*, S. 220.
42. VW, *Letters* 1:170.
43. Ibid.
44. VW, *Letters* 1:84.
45. VW, *Letters* 1:187.
46. Ibid.
47. VW, *Letters* 1:191.

9. Kapitel

1. Vgl. Louise DeSalvo, *Virginia Woolf's First Voyage.*
2. Eine ausgezeichnete Analyse von *Nacht und Tag* findet sich in Susan Merrill Squier, *Virginia Woolf and London*; Jane Marcus, *Virginia Woolf and the Languages of the Patriarchy*; Mitchell A. Leaska, *The Novels of Virginia Woolf.*
3. Alex Zwerdling, *Virginia Woolf and the Real World*, S. 65.
4. Ibid., S. 74.
5. Kathleen Dobie, »This is the Room that Class Built«, S. 201.
6. Vgl. die Analyse von *Mrs. Dalloway* in Leaska, *The Novels of Virginia Woolf.*
7. VW, »Das Tagebuch der Mistress Joan Martyn«, in *Das Mal an der Wand. Gesammelte Kurzprosa.* S. 30.
8. VW, *Letters* 1:282.
9. Über den Text, den Jane von ihrem Vater geschickt bekommen hat, bestehen einige Unklarheiten. Im Manuskript heißt es, daß ihr Vater ihr den »Towe Palace of Glass von Mr. John Lydgate« geschickt habe – Towe ist dabei durchgestrichen. Aber wenig später wird eine Beschreibung des Gedichts als eine Nacherzählung der Geschichte Helenas geliefert. Woolf bezieht sich sicherlich auf den *Temple of Glass*, auch wenn sie den genauen Titel vergessen zu haben scheint; möglicherweise hat sie die Geschichte Trojas mit dem Titel des *Temple* versehen. Im *Temple of Glass* wird Helena einmal kurz erwähnt, und vielleicht war das der Grund für die Verwechslung.
10. VW, *To the Lighthouse, The original holograph draft*, S. 12. Die weiteren Zitate stammen aus dieser Ausgabe und sind in Klammern im Text vermerkt. Vgl. Jane Lilienfeld, »›The Deceptiveness of Beauty‹«, »Where the Spear Plants Grew«; Elizabeth Abel, »Cam the Wicked«.
11. VW, *Die Jahre.* Die Seitenzahlen der Zitate sind in Klammern im Text vermerkt.
12. VW, *Letters 2*, Appendix III, S. 339.
13. Ibid.
14. Ibid.
15. VW, *Letters 2*, Appendix III, S. 340.
16. Ibid.
17. VW, *Letters 2*, Appendix III, S. 341.
18. Ibid.
19. VW, *Letters 2*, Appendix III, S. 342.
20. Ibid.
21. Ibid.
22. Ibid.
23. VW, *Flush*, S. 16. Eine hervorragende Analyse von *Flush* findet sich in Squier, *Virginia Woolf and London*; Lola L. Szladits, »The Life, Character and Opinions of Flush the Spaniel«.
24. S. 30. Die Seitenzahlen der folgenden Zitate aus Hughes und *Flush* sind in Klammern im Text vermerkt.
25. Susan Gubar, »The Birth of the Artist as Heroine«, S. 49.
26. Jill Conway, »Stereotypes of Femininity in a Theory of Sexual Evolution«, S. 143.
27. Conway zitiert Geddes, S. 146.

28. Die Seitenzahlen der Zitate aus »The Leaning Tower« sind in Klammern im Text vermerkt.
29. VW, *Drei Guineen*, S. 10. Die Seitenzahlen der folgenden Zitate sind in Klammern im Text vermerkt.
30. VW, *Roger Fry*, S. 38.
31. VW, *Ein Zimmer für sich allein*, S. 62. Vgl. Marcus, *Virginia Woolf and the Languages of Patriarchy*.
32. Vgl. Berenice A. Carroll, »To Crush Him in Our Own Country«.

Epilog

1. VW, »Hyde Park Gate 22«, S. 210; VW, »Old Bloomsbury«, S. 215.
2. VW, Hyde Park Gate Diary, S. 14.
3. VW, *Letters* 1:471.
4. VW, *Letters* 1:272.
5. VW, *Letters* 1:469.
6. VW, »Old Bloomsbury«, S. 215.
7. Ibid., S. 213.
8. Ibid., S. 216.
9. Ibid.
10. Jane Marcus, »The Niece of a Nun«, S. 122.
11. VW, »Friendship Gallery«, hrsg. von Ellen Hawkes. Die Seitenzahlen der folgenden Zitate sind in Klammern im Text vermerkt.
12. VW, »Old Bloomsbury«, S. 215.

Auswahlbibliographie

Abel, Elizabeth. »›Cam the Wicked‹: Woolf's Portrait of the Artist as her Father's Daughter.« In *Virginia Woolf and Bloomsbury*, hrsg. von Jane Marcus, S. 170–94.

—. »Narrative Structure(s) and Female Development: The Case of *Mrs. Dalloway*.« In *The Voyage In*, hrsg. von Elizabeth Abel u. a., S. 161–85.

Abel, Elizabeth, Marianne Hirsch, und Elizabeth Langland, (Hrsg.). *The Voyage In: Fictions of Female Development*. Hanover, N. H.: University Press of New England, 1983.

Annan, Noel. *Leslie Stephen: The Godless Victorian*. Chicago und London: University of Chicago Press, 1984, 1986.

—. *Leslie Stephen: His Thought and Character in Relationship to His Time*. Cambridge, Mass.: Harvard University Press, 1952.

Apter, T. E. »Self-Defence and Self-Knowledge: The Function of Vanity and Friendship in Virginia Woolf.« In *Virginia Woolf*, hrsg. von Eric Warner, S. 83–98.

Ariès, Philippe. *Geschichte der Kindheit*. München: Deutscher Taschenbuch Verlag, 1978.

Armstrong, Louise. *Kiss Daddy Goodnight: Aussprache über Inzest*. Aus dem Englischen von Helga Herborth. Frankfurt: Suhrkamp, 1985.

—. »The Cradle of Sexual Politics: Incest.« In Martha Kirkpatrick, *Women's Sexual Experience*, S. 109–25.

Ascher, Carol, Louise DeSalvo, und Sara Ruddick, (Hrsg.). *Between Women: Biographers, Novelists, Teachers and Artists Write about Their Work on Women*. Boston: Beacon Press, 1984.

Auerbach, Nina. *Communities of Women: An Idea in Fiction*. Cambridge, Mass.: Harvard University Press, 1978.

—. *Women and the Demon: The Life of a Victorian Myth*. Cambridge, Mass.: Harvard University Press, 1982.

Bailey, Peter. »›A Mingled Mass of Perfectly Legitimate Pleasures‹: The Victorian Middle Class and the Problem of Leisure.« *Victorian Studies* 21 (Herbst 1977): 7–28.

Barickman, Richard, Susan MacDonald, und Myra Stark. *Corrupt Relations: Dickens, Thackeray, Trollope, Collins, and the Victorian Sexual System*. New York: Columbia University Press, 1982.

Barritt, Loren S., und Barry M. Kroll. »Some Implications of Cognitive-Developmental Psychology for Research in Composing.« In *Research on Composing: Points of Departure*, hrsg. von Charles R. Cooper und Lee Odell.

Bass, Ellen, und Louise Thornton, (Hrsg.). *I Never Told Anyone: Writings by Women Survivors of Child Sexual Abuse*. New York: Harper & Row, 1983.

Bayley, John. »Diminishment of Consciousness: A Paradox in the Art of Virginia Woolf.« In *Virginia Woolf: A Centenary Perspective*, hrsg. von Eric Warner, S. 69–82.

Bazin, Nancy Topping. *Virginia Woolf and the Androgynous Vision.* New Brunswick, N.J.: Rutgers University Press, 1973.

Behlmer, George. *Child Abuse and Moral Reform in England, 1870–1908.* Stanford: Stanford University Press, 1982.

Beja, Morris. *Epiphany in the Modern Novel.* Seattle: University of Washington Press, 1971.

Bell, Clive. *Old Friends: Personal Recollections.* London: Chatto & Windus, 1956.

Bell, Quentin. »The Biographer, the Critic, and the Lighthouse.« In *Ariel* 2 (Januar 1971): 94–100.

—. »Of Sound or Unsound Mind.« Rezension von *›All That Summer She Was Mad‹: Virginia Woolf and Her Doctors*, von Stephen Trombley. *The Observer*, 15. November 1981, 27.

—. *Virginia Woolf. Eine Biographie.* Aus dem Englischen von Arnold Fernberg. Frankfurt: Insel, 1977.

Bell, Vanessa. 371 Briefe an Virginia Woolf, 8. September [1904] bis [13. März 1940]. The Henry W. and Albert A. Berg Collection of English and American Literature of the New York Public Library, Astor, Lenox and Tilden Foundations.

—. *Notes on Virginia's Childhood: A Memoir.* Hrsg. von Richard F. Schaubeck, Jr. New York: Frank Hallman, 1974.

—. *Vanessa Bell's Family Album.* Compiled by Quentin Bell and Angelica Garnett. London: Jill Norman & Hobhouse Ltd., 1981.

Bennett, Paula. *My Life / A Loaded Gun: Female Creativity and Feminist Poetics.* Boston: Beacon Press, 1986.

Bernikow, Louise. *Among Women.* London: Harper Colophon, 1980.

Berry, Maxine Metzner. »The Case of Virginia Woolf: A Psycho-biographical Investigation of Her ›Madness.‹« Unveröffentlichte Arbeit.

Bicknell, John. »Mr. Ramsay was Young Once.« In *Virginia Woolf and Bloomsbury*, hrsg. von Jane Marcus, S. 52–67.

Black, Naomi. »Virginia Woolf and the Women's Movement.« In *Virginia Woolf*, hrsg. von Jane Marcus, S. 180–97.

Blackstone, Bernard. *Virginia Woolf: A Commentary.* New York: Harcourt Brace Jovanovich, o. D.

»Breaking the Silence.« Public Broadcasting System, 11. August 1987.

Brewster, Dorothy. *Virginia Woolf.* New York: New York University Press, 1962.

Bridenthal, Renate, und Claudia Koonz, (Hrsg.). *Becoming Visible: Women in European History.* Boston: Houghton Mifflin, 1977.

Brittan, Arthur, und Mary Maynard. *Sexism, Racism and Oppression.* Oxford: Basil Blackwell, 1984.

Brody, Jane E. »Therapists Seek Causes of Child Molesting: Problem Found Far More Widespread than Had Been Thought.« *New York Times*, 13. Januar 1987, science section, pp. C1, C12.

Brownstein, Rachel M. *Becoming a Heroine: Reading about Women in Novels.* New York: Penguin Books, 1984. Erstveröffentlichung bei Viking Press, 1982.

Burroughs, Peter. »The Human Cost of Imperial Defence in the Early Victorian Age.« *Victorian Studies* 24 (Herbst 1980): 7–32.

Burstyn, Joan N. *Victorian Education and the Ideal of Womanhood.* London: Croom Helm, 1980; Totowa, N.J.: Barnes & Noble, 1980.

Caine, Barbara. Rezension von *Victorian Education and the Ideal of Womanhood*, von Joan N. Burstyn. *Victorian Studies* 25 (Herbst 1981): 107–108.

Cameron, Julia Margaret. *Victorian Photographs of Famous Men & Fair Women*, mit Einführungen von Virginia Woolf und Roger Fry. Erweiterte und überarbeitete Ausgabe von Tristram Powell. Boston: David R. Godine, 1973. Erstveröffentlichung 1926.

Carmen, Elaine Hilberman, Patricia Perry Rieker, und Trudy Mills. »Victims of Violence and Psychiatric Illness.« *American Journal of Psychiatry* 141 (März 1984): 378–83.

Carroll, Berenice A. »›To Crush Him In Our Own Country‹: The Political Thought of Virginia Woolf.« *Feminist Studies* 4 (Februar 1978): 99–131.

Catalogue of Books from the Library of Leonard and Virginia Woolf, aus dem Monks House, Rodmell, Sussex, und 24 Victoria Square, London, nun im Besitz der Washington State University, Pullman. Brighton, England: Holleyman & Treacher, 1975.

Chapell, Mary R. »The Value of an Orderly Nursery.« *The Outlook* (14. Dezember 1895), S. 1021–22.

Chesler, Phyllis. *Frauen, das verrückte Geschlecht?* Reinbek bei Hamburg: Rowohlt, 1977.

Chesney, Kellow. *The Anti-Society: An Account of the Victorian Underworld*. Boston: Gambit, 1970.

»Children and Death.« Pamphlet from National Funeral Directors Association Library of Publications, 135 West Wells Street, Milwaukee, Wis., o. D.

Chodorow, Nancy. *Das Erbe der Mütter: Psychoanalyse und Soziologie der Geschlechter*. Aus dem amerikanischen Englisch von Gitta Mühlen-Achs. München: Frauenoffensive, 1985.

Christ, Carol. »Victorian Masculinity and the Angel in the House.« In *A Widening Sphere*, hrsg. von Martha Vicinus, S. 146–62.

Clawson, Mary Ann. »Early Modern Fraternalism and the Patriarchal Family.« *Feminist Studies* (Sommer 1980), S. 372–88.

Comstock, Margaret. »The Loudspeaker and the Human Voice: Politics and the Form of *The Years*.« *Bulletin of The New York Public Library* 80 (Winter 1977): 252–75.

Conway, Jill. »Stereotypes of Femininity in a Theory of Sexual Evolution.« In *Suffer and Be Still*, hrsg. von Martha Vicinus, S. 140–54.

Cook, Blanche Wiesen. »›Women Alone Stir My Imagination‹: Lesbianism and the Cultural Tradition.« *Signs* 4 (Sommer 1979): 718–39.

Cooper, Charles R., und Lee Odell, (Hrsg.). *Research on Composing: Points of Departure*. Urbana, Ill.: National Council of Teachers of English, 1978.

Cory, Donald Webster, und R. E. L. Masters, (Hrsg.). *Violation of Taboo: Incest in the Great Literature of the Past and Present*. New York: Julian Press, 1963.

Cott, Nancy F. »Passionlessness: An Interpretation of Victorian Sexual Ideology, 1790–1850.« *Signs* 4 (Winter 1978): 219–36

Daly, Mary. *Jenseits von Gottvater, Sohn & Co. Aufbruch zu einer Philosophie der Frauenbefreiung*. Aus dem amerikanischen Englisch von Marianne Reppekus. München: Frauenoffensive, 1980.

—. *Gyn/Ökologie. Eine Metaethik des Radikalen Feminismus*. Aus dem amerikanischen Englisch von Erika Wisselinck. München: Frauenoffensive, 1981.

D'Arcy, Kathleen Walsh. Unveröffentlichte Arbeit zu *Jacob's Room*.

—. Unveröffentlichte Arbeit zu *To the Lighthouse.*
Daugherty, Beth Rigel. »›There she sat‹: The Power of the Feminist Imagination in *To the Lighthouse.*« *Otterbein Miscellany* 20 (Herbst 1986): 1–16.
Davidoff, Leonore. »Class and Gender in Victorian England: The Diaries of Arthur J. Munby and Hannah Culliwick.« *Feminist Studies* 5 (Frühjahr 1979): 87–141.
de Mause, Lloyd, (Hrsg.). *Hört ihr die Kinder weinen. Eine psychogenetische Geschichte der Kindheit.* Übersetzt von Ute Auhagen, Christel Beier, Helga Herborth, Reinhard Kaiser, Renate und Rolf Wiggershaus. Frankfurt: Suhrkamp, 1977.
De Salvo, Louise A. »›As Miss Jan Says‹: Virginia Woolf's Early Journals.« In *Virginia Woolf and Bloomsbury*, hrsg. von Jane Marcus, S. 96–124.
—. »Bloomsbury Born and Bred.« Review of *Deceived with Kindness*, von Angelica Garnett. *Women's Review of Books* 2 (August 1985): 3–4.
—. »1897: Virginia Woolf at Fifteen.« In *Virginia Woolf*, hrsg. von Jane Marcus, S. 78–108.
—. »Lighting the Cave: The Relationship between Vita Sackville-West and Virginia Woolf.« *Signs* 8 (1982): 195–214.
—. »A Portrait of the Puttana as a Middle-Aged Woolf Scholar.« In *Between Women*, hrsg. von Carol Ascher et al., S. 35–54.
—. »Shakespeare's *Other Sister.*« In *New Feminist Essays on Virginia Woolf*, hrsg. von Jane Marcus, S. 61–81.
—. »›To Make Her Mutton at Sixteen‹: Rape, Incest and Child Abuse in Djuna Barnes' *The Antiphon.*« Unveröffentlichte Arbeit.
—. *Virginia Woolf's First Voyage: A Novel in the Making.* Totowa, N.J.: Rowman & Littlefield, 1980; London: Macmillan, 1980.
—. »Virginia Woolf's Politics and Her Mystical Vision.« *Tulsa Studies in Women's Literature* 4 (Herbst 1985): 281–90.
—. *»Melymbrosia« by Virginia Woolf: An Early Version of The Voyage Out.* New York: The New York Public Library, Astor, Lenox and Tilden Foundations, 1982.
DeSalvo, Louise, und Mitchell A. Leaska, (Hrsg.). *The Letters of Vita Sackville-West to Virginia Woolf.* New York: William Morrow, 1985; London: Hutchinson, 1985.
Despert, J. Louise. *The Emotionally Disturbed Child – Then and Now.* New York: Vantage Press, 1965.
DiBattista, Maria. »*To the Lighthouse:* Virginia Woolf's Winter's Tale.« In *Virginia Woolf*, hrsg. von Ralph Freedman, S. 161–88.
Dinnerstein, Dorothy. *Das Arrangement der Geschlechter.* Aus dem Amerikanischen von Hilde Weller. Stuttgart: Deutsche Verlags-Anstalt, 1979.
Dobie, Kathleen. »This is the Room that Class Built: The Structures of Sex and Class in *Jacob's Room.*« In *Virginia Woolf and Bloomsbury*, hrsg. von Jane Marcus, S. 195–207.
Douglas, Ann. *The Feminization of American Culture.* New York: Alfred A. Knopf, 1978.
Duckworth, Stella. 1896 Diary. The Henry W. and Albert A. Berg Collection of English and American Literature of the New York Public Library, Astor, Lenox and Tilden Foundations.
Dunae, Patrick A. »Boys' Literature and the Idea of Empire, 1870–1914.« *Victorian Literature* 24 (Herbst 1980): 105–21.
—. »Penny Dreadfuls: Late Nineteenth-Century Boys' Literature and Crime.« *Victorian Studies* 22 (Winter 1979): 133–50.

Dworkin, Andrea. *Woman Hating*. New York: E. P. Dutton, 1974.
Dyhouse, Carol. *Girls Growing Up in Late Victorian and Edwardian England*. London: Routledge & Kegan Paul, 1981.
Edel, Leon: *Bloomsbury: A House of Lions*. New York: Avon Books, 1979, 1980.
—. *For Her Own Good: 150 Years of the Experts' Advice to Women*. Garden City, N. Y.: Anchor Books, 1979.
Ehrenreich, Barbara / Deirdre English. *Zur Krankheit gezwungen*. Eine schichtenspezifische Untersuchung der Krankheitsideologie als Instrument zur Unterdrückung der Frau im 19. und 20. Jahrhundert am Beispiel der USA. München: Frauenoffensive, 1976.
Ellmann, Mary. *Thinking about Women*. New York: Harcourt, Brace & World, 1968.
Epstein, Barbara. »Family, Sexual Morality, and Popular Movements in Turn-of-the-Century-America.« In *Die Politik des Begehrens*, hrsg. von Ann Snitow u. a.
Fassler, Barbara. »Theories of Homosexuality as Sources of Bloomsbury's Androgyny.« *Signs* 5 (1979): 237–51.
Feinstein, Sherman C. »Why They Were Afraid of Virginia Woolf: Perspectives on Juvenile Manic-Depressive Illness.« *Adolescent Psychiatry, Developmental and Clinical Studies* 3 (1980): 332–43.
Fetterley, Judith. *The Resisting Reader: A Feminist Approach to American Fiction*. Bloomington: Indiana University Press, 1978.
Firestone, Shulamith. *Frauenbefreiung und sexuelle Revolution*. Frankfurt: Fischer, 1987.
Fliess, Robert. *Erogeneity and Libido: Addenda to the Theory of the Psychosexual Development of the Human*. New York: International Universities Press, 1956.
Forster, Edward Morgan. *Virginia Woolf*. New York: Harcourt Brace, 1942.
Foucault, Michel. *Sexualität und Wahrheit*. Bd. 1, *Der Wille zum Wissen*. Aus dem Französischen von Ulrich Raulf und Walter Seitter. Frankfurt: Suhrkamp, 1983.
Fox, Alice. »Virginia Liked Elizabeth.« In *Virginia Woolf: A Feminist Slant*, hrsg. von Jane Marcus, S. 37–51.
—. »Virginia Woolf at Work: The Elizabethan *Voyage Out*.« *Bulletin of Research in the Humanities* 84 (Frühjahr 1981): 65–84.
Freedman, Ralph., (Hrsg.) *Virginia Woolf: Revaluation and Continuity*. Berkeley: University of California Press, 1980.
French, Marilyn. *Jenseits der Macht: Frauen, Männer und Moral*. Übersetzt von Cornelia Holfelder-von der Tann. Reinbek bei Hamburg: Rowohlt, 1985.
Freud, Sigmund. *Briefe an Wilhelm Fliess 1887–1904*. Hrsg. von Jeffrey M. Masson. Bearbeitung der dt. Fassung von Michael Schröder. Frankfurt: Fischer, 1986.
Fry, Roger Eliot. 2 Briefe an Leonard Sidney Woolf. The Henry W. and Albert A. Berg Collection of English and American Literature of the New York Public Library, Astor, Lenox and Tilden Foundations.
—. Manuskriptauszüge von Virginia Woolf aus Roger Frys Korrespondenz, nicht signiert, 4 pages. Extracts dated 2 March 1906–14 February 1910. The Henry W. and Albert A. Berg Collection of English and American Literature of the New York Public Library, Astor, Lenox and Tilden Foundations.
Gadd, David. *The Loving Friends: A Portrait of Bloomsbury*. New York: Harcourt Brace Jovanovich, 1974.
Gallop, Jane. *The Daughter's Seduction: Feminism and Psychoanalysis*. Ithaca, N. Y.: Cornell University Press, 1982.

Garnett, Angelica. *Freundliche Täuschungen.* Eine Kindheit in Bloomsbury. Berlin: Wagenbach, 1990.

Garnett, Henrietta. *Family Skeletons.* New York: Alfred A. Knopf, 1987.

Gay, Peter. *Erziehung der Sinne. Sexualität im bürgerlichen Zeitalter.* Aus dem Englischen von Holger Fliessbach. München: C. H. Beck, 1986.

—. *Die zarte Leidenschaft. Liebe im bürgerlichen Zeitalter.* Aus dem Englischen von Holger Fliessbach. München: C. H. Beck, 1987.

Gelinas, Denise J. »The Persisting Negative Effects of Incest.« *Psychiatry* 46 (November, 1983): 312–33.

Gerin, Winifred. *Anne Thackeray Ritchie: A Biography.* Oxford: Oxford University Press, 1985.

Gilbert, Sandra M. »Woman's Sentence, Man's Sentencing: Linguistic Fantasies in Woolf and Joyce.« In *Virginia Woolf and Bloomsbury*, hrsg. von Jane Marcus, S. 208–24.

Gilbert, Sandra M., und Susan Gubar. *The Madwoman in the Attic: The Woman Writer and the Nineteenth-Century Literary Imagination.* New Haven: Yale University Press, 1979.

Gillespie, Diane Filby. »Political Aesthetics: Virginia Woolf and Dorothy Richardson.« In *Virginia Woolf*, hrsg. von Jane Marcus, S. 132–52.

Gilligan, Carol. *Die andere Stimme: Lebenskonflikte und Moral der Frau.* Aus dem Amerikanischen von Brigitte Stein. Neuausgabe. München: Piper, 1988.

Gillis, John R. *For Better, For Worse: British Marriages, 1600 to the Present.* New York: Oxford University Press, 1985.

Gilman, Sander L. *Difference and Pathology: Stereotypes of Sexuality, Race, and Madness.* Ithaca, N. Y.: Cornell University Press, 1985.

Glendinning, Victoria. *Vita: A Biography of Vita Sackville-West.* New York: Alfred A. Knopf, 1983.

Goleman, Daniel. »Child Development Theory Stresses Small Moments.« *New York Times*, 21. Oktober 1986, science section, S. C1, C3.

—. »Depression Tied to Some Excesses in Youth.« *New York Times*, 9. September 1986, science section, S. C1, C2.

—. »In Memory, People Re-create Their Lives to Suit Their Images of the Present.« *New York Times*, 23. Juni 1987, science section, S. C1, C2.

—. »Parental Influence: New Subtleties Found.« *New York Times*, 29. Juli 1986, science section, S. C1, C3.

—. »Research Affirms Power of Positive Thinking.« *New York Times*, 3. Februar 1987, science section, S. C1, C5.

Gordon, Linda, und Ellen DuBois. »Seeking Ecstasy on the Battlefield: Danger and Pleasure in Nineteenth-Century Feminist Sexual Thought.« *Feminist Studies* 9 (Frühjahr 1983): 7–25.

Gordon, Lyndall. *Virginia Woolf. Leben einer Schriftstellerin.* Aus dem Englischen von Tommy Jacobsen. Frankfurt: Fischer, 1987.

—. »A Writer's Life.« In *Virginia Woolf: A Centenary Perspective*, hrsg. von Eric Warner, S. 56–68.

Gorham, Deborah. »The ›Maiden Tribute of Modern Babylon‹ Re-Examined: Child Prostitution and the Idea of Childhood in Late-Victorian England.« *Victorian Studies* 21 (3): 353–79.

—. *The Victorian Girl and the Feminine Ideal.* Bloomington: Indiana University Press, 1982.

Gornick, Vivian, und Barbara K. Moran, (Hrsg.). *Woman in Sexist Society: Studies in Power an Powerlessness.* New York: Basic Books, 1971.

Green, Martin. *Children of the Sun.* New York: Basic Books, 1976.

Gregor, Ian. »Virginia Woolf and Her Reader.« In *Virginia Woolf*, hrsg. von Eric Warner, S. 41–55.

Grosskurth, Phyllis. *Leslie Stephen.* Published for the British Council and the National Book League by Longmans, Green & Co., London, 1968.

—, (Hrsg.). *The Memoirs of John Addington Symonds.* Chicago: University of Chicago Press, 1984.

Gubar, Susan. »The Birth of the Artist as Heroine: (Re)production, the *Künstlerroman* Tradition, and the Fiction of Katherine Mansfield.« In *The Representation of Women in Fiction*, hrsg. von C. G. Heilbrun und M. Higonnet, S. 19–59.

Guiguet, Jean. *Virginia Woolf et son Œuvre. L'Art et la Quete du Réel.* Paris: Didier, 1962.

Haller, Evelyn. »Isis Unveiled: Virginia Woolf's Use of Egyptian Myth.« In *Virginia Woolf*, hrsg. von Jane Marcus, S. 109–31.

»The Happiness of Children.« *Spectator,* 5. März 1892, S. 331–32.

Harris, Barbara J. »Recent Work on the History of the Family: A Review Article.« *Feminist Studies* 3 (Frühjahr/Sommer 1976): 159–72.

Harrison, Jane Ellen. *Ancient Art and Ritual.* New York: Greenwood Press, 1969.

—. *Prolegomena to the Study of Greek Religion.* New York: Meridian Books, 1959. Erstveröffentlichung 1903.

Harrison, Michael. *Clarence, The Life of H. R. H. the Duke of Clarence and Avondale (1864–1892).* London: W. H. Allen, 1972.

Hartman, Mary S. »Child-Abuse and Self-Abuse: Two Victorian Cases.« *History of Childhood Quarterly, The Journal of Psychohistory* 2 (Herbst 1974): 221–48.

Haule, James M. »›Le Temps Passe‹ and the Original Typescript: An Early Version of the ›Time Passes‹ Section of *To the Lighthouse.*« *Twentieth Century Literature: A Scholarly and Critical Journal* 29 (Herbst 1983): 267–311.

—. »Virginia Woolf.« *Contemporary Literature* 23 (Winter 1982): 100–104.

Haule, James M., und Philip H. Smith, Jr. *A Concordance to Between the Acts by Virginia Woolf.* Oxford: Oxford Microform Publications, 1982.

—. *A Concordance to Mrs. Dalloway by Virginia Woolf.* Oxford: Oxford Microform Publications, 1985.

—. *A Concordance to Night and Day by Virginia Woolf.* Oxford: Oxford Microform Publications, 1986.

—. *A Concordance to Orlando by Virginia Woolf.* Oxford: Oxford Microform Publications, 1985.

—. *A Concordance to To the Lighthouse by Virginia Woolf.* Oxford: Oxford Microform Publications, 1983.

—. *A Concordance to The Voyage Out by Virginia Woolf.* Ann Arbor: UMI, 1987.

—. *A Concordance to The Waves by Virginia Woolf.* Oxford: Oxford Microform Publications, 1981.

—. *A Concordance to The Years by Virginia Woolf.* Oxford: Oxford Microform Publications, 1984.

Hawkes, Ellen. »Woolf's ›Magical Garden of Women.‹« In *The New Feminist Essays on Virginia Woolf*, hrsg. von Jane Marcus, S. 31–60.

Heilbrun, Carolyn G. *Toward a Recognition of Androgyny*. New York: Alfred A. Knopf, 1973.

—. »Virginia Woolf in Her Fifties.« In *Virginia Woolf*, hrsg. von Jane Marcus, S. 236–53.

Heilbrun, Carolyn G., und Margaret R. Higonnet, (Hrsg.). *The Representation of Women in Fiction: Selected Papers from the English Institute, 1981*. New Series, no. 7. Baltimore: John Hopkins University Press, 1983.

Henke, Suzette A. »*Mrs. Dalloway:* the Communion of Saints.« In *New Feminist Essays on Virginia Woolf*, hrsg. von Jane Marcus, S. 125–47.

Herman, Judith Lewis, und Lisa Hirschman. *Father-Daughter Incest*. Cambridge, Mass.: Harvard University Press, 1981.

Higonnet, Margaret R. »Introduction.« In *Representation of Women in Fiction*, hrsg. von Carolyn G. Heilbrun und Margaret R. Higonnet, S. xiii–xxii.

Himmelfarb, Gertrude. *Marriage and Morals among the Victorians*. New York: Alfred A. Knopf, 1986.

Hirsch, Marianne. »Spiritual *Bildung:* The Beautiful Soul as Paradigm.« In *The Voyage In*, hrsg. von Elizabeth Abel et al., S. 23–48.

Holroyd, Michael. *Lytton Strachey and the Bloomsbury Group: His Work Their Influence*. Middlesex, Eng.: Penguin Books, 1971.

—, (Hrsg.). *Lytton Strachey by Himself: A Self-Portrait*. New York: Holt, Rinehart & Winston, 1971.

Houghton, Walter E. *The Victorian Frame of Mind, 1830–1870*. New Haven: Published for Wellesley College by Yale University Press, 1957.

—. »Victorian Periodical Literature and the Articulate Classes.« *Victorian Studies* 22 (Sommer 1979): 389–412.

Hughes, M. V. *A London Child of the 1870s*. Oxford: Oxford University Press, 1934, 1977.

—. *A London Girl of the 1880s*. Oxford: Oxford University Press, 1946, 1978.

—. *A London Home in the 1890s*. Oxford: Oxford University Press, 1946, 1969.

Hussey, Mark. *The Singing of the Real World: The Philosophy of Virginia Woolf's Fiction*. Columbus: Ohio State University Press, 1986.

Ingram, Angela. »›The Sacred Edifices‹: Virginia Woolf and Some of the Sons of Culture.« In *Virginia Woolf and Bloomsbury*, hrsg. von Jane Marcus, S. 125–45.

Janeway, Elizabeth. »›Who Is Sylvia?‹ On the Loss of Sexual Paradigms.« *Signs* 5 (Sommer 1980): 573–89.

Jensen, Emily. »Clarissa Dalloway's Respectable Suicide.« In *Virginia Woolf*, hrsg. von Jane Marcus, S. 162–79.

Johnson, Manly. *Virginia Woolf*. New York: Frederick Ungar, 1973.

Johnston, Judith L. »The Remediable Flaw: Revisioning Cultural History in *Between the Acts*.« In *Virginia Woolf and Bloomsbury*, hrsg. von Jane Marcus, S. 253–77.

K., A. Y. »Punishing vs. Training.« *Outlook* 48 (5. August 1893): 266.

Kaplan, Marion. »Interview: Mothers in the Fatherland.« Mit Claudia Koonz. *New Directions for Women* (Mai/Juni 1987), S. 3.

Kelley, Mary. *Private Woman, Public Stage: Literary Domesticity in Nineteenth-Century America*. New York: Oxford University Press, 1984.

Kempton, Grace C. »Nervous Children and How to Help Them.« *Outlook* 48 (4. November 1893): 807–8.

Kenney, Susan M. »Two Endings: Virginia Woolf's Suicide and *Between the Acts*.« *University of Toronto Quarterly*, vol. 44 (Sommer 1975).

Kenney, Susan M., und Edwin J. Kenney, Jr. »Virginia Woolf and the Art of Madness.« *Massachusetts Review* (Frühjahr 1982): 161–85.

Kern, Stephen. »Explosive Intimacy: Psychodynamics of the Victorian Family.« *History of Childhood Quarterly, The Journal of Psychohistory* 1 (Winter 1974): 437–62.

Kiell, Norman. *The Adolescent through Fiction: A Psychological Approach*. New York: International Universities Press, 1959.

Kinard, E. Milling. *Emotional Development in Physically Abused Children: A Study of Self-Concept and Aggression*. Palo Alto, Calif.: R & E Research Associates, 1978.

Kirkpatrick, B. J. *A Bibliography of Virginia Woolf*. 3. Aufl. Oxford: Clarendon Press, 1980.

Kirkpatrick, Martha. *Women's Sexual Experience: Explorations of the Dark Continent*. New York: Plenum Press, 1982.

Kolodny, Annette. *The Land before Her: Fantasy and Experience of the American Frontiers, 1630–1860*. Chapel Hill: University of North Carolina Press, 1984.

Koonz, Claudia. *Mothers in the Fatherland: Women, the Family and Nazi Politics*. New York: St. Martin's Press, 1987.

Kunzle, David. »Dress Reform as Antifeminism: A Response to Helene E. Roberts's ›The Exquisite Slave: The Role of Clothes in the Making of the Victorian Woman.‹« *Signs* 2 (Frühjahr 1977): 570–79.

Laing, Ronald David. *Die Politik der Familie*. Aus dem Englischen von Hans Hermann. Köln: Kiepenheuer & Witsch, 1974.

Lansbury, Coral. »Gynaecology, Pornography, and the Antivivisection Movement.« *Victorian Studies* 28 (3): 413–37.

Laslett, Peter. *Family Life and Illicit Love in Earlier Generations: Essays in Historical Sociology*. New York: Cambridge University Press, 1977.

Leaska, Mitchell A. *The Novels of Virginia Woolf: From Beginning to End*. New York: John Jay Press, 1977.

—. *Virginia Woolf's Lighthouse: A Study in Critical Method*. London: Hogarth Press, 1970.

—, (Hrsg.). *Pointz Hall: The Earlier and Later Typescripts of Between the Acts*, by Virginia Woolf, mit einer Einführung, Anmerkungen und einem Nachwort. New York: University Publications, 1983.

Lee, Hermione. »A Burning Glass: Reflection in Virginia Woolf.« In *Virginia Woolf*, hrsg. von Eric Warner, S. 12–27.

Lehmann, John. *Virginia Woolf and Her World*. London: Thames & Hudson, 1975.

Leonard, Linda. *Töchter und Väter: Heilung und Chancen einer verletzten Beziehung*. Aus dem Amerikanischen von Susanne Schaup. München: Kösel, 1986.

Lesser, Simon O. *Fiction and the Unconscious*. Boston: Beacon Press, 1957.

Lewis, Jane. *Women in England, 1870–1950: Sexual Divisions and Social Change*. Bloomington: Indiana University Press, 1984.

Lewis, Thomas S. W. »Virginia Woolf's Sense of the Past.« Unveröffentlichte Arbeit.

—, (Hrsg.). *Virginia Woolf: A Collection of Criticism*. New York: McGraw-Hill, 1975.

»Life's First Feelings.« *Nova*, Public Broadcasting System, 11. Februar 1986. Mitschrift erhältlich über WGBH Transcripts, 125 Western Avenue, Boston, Mass. 02134.

Lilienfeld, Jane. »›The Deceptiveness of Beauty‹: Mother Love and Mother Hate in *To the Lighthouse.*« *Twentieth Century Literature* 23 (Oktober 1977): 345–76.

—. »Where the Spear Plants Grew: the Ramsay's Marriage in *To the Lighthouse.*« In *New Feminist Essays on Virginia Woolf*, hrsg. von Jane Marcus, S. 148–69.

Little, Judy. *Comedy and the Woman Writer: Woolf, Spark, and Feminism.* Lincoln: University of Nebraska Press, 1983.

—. »*Jacob's Room* as Comedy: Woolf's Parodic *Bildungsroman.*« In *New Feminist Essays on Virginia Woolf*, hrsg. von Jane Marcus, S. 105–24.

Livius, Titus. *Römische Geschichte.* Lateinisch-deutsch. 11 Bde. Hrsg. von Josef Feix. München: Artemis, 1980.

Lockhart, John Gibson. *Memoirs of the Life of Sir Walter Scott.* New York: Houghton Mifflin, 1901.

Love, Jean O. *Virginia Woolf: Sources of Madness and Art.* Berkeley: University of California Press, 1977.

—. *Worlds in Consciousness: Mythopoetic Thought in the Novels of Virginia Woolf.* Berkeley: University of California Press, 1970.

Lydgate, John. *Lydgate's Temple of Glas.* Hrsg. von J. Schick. London: Oxford University Press, 1891.

Macaulay, Thomas Babington. *Lays of Ancient Rome.* London: Richard Edward King, o. D.

MacKay, Carol Hanbery. »The Thackeray Connection: Virginia Woolf's Aunt Anny.« In *Virginia Woolf and Bloomsbury*, hrsg. von Jane Marcus, S. 68–95.

Maitland, Frederic William. *The Life and Letters of Leslie Stephen.* London: Duckworth, 1906.

McLaren, Angus. »Abortion in England, 1890–1914.« *Victorian Studies*, vol. 20 (Sommer 1977).

McLaughlin, Ann L. »An Uneasy Sisterhood: Virginia Woolf and Katherine Mansfield.« In *Virginia Woolf*, hrsg. von Jane Marcus, S. 152–61.

Malory, Sir Thomas. *Die Geschichte von König Artus und den Rittern seiner Tafelrunde.* 3 Bde. Übertragung und Anmerkungen von Helmut Findeisen auf der Grundlage der Lachmannschen Übersetzung. Frankfurt: Insel Verlag, 1977.

Marcus, Jane. »Art and Anger.« *Feminist Studies* 4 (Februar 1978): 69–98.

—. »Enchanted Organs, Magic Bells: *Night and Day* as Comic Opera.« In *Virginia Woolf*, hrsg. von Ralph Freedman, S. 97–122.

—. »Liberty, Sorority, Misogyny.« In *Representation of Women in Fiction*, hrsg. von Carolyn G. Heilbrun und Margaret R. Higonnet, S. 60–97.

—. »The Niece of a Nun: Virginia Woolf, Caroline Stephen, and the Cloistered Imagination.« In *Virginia Woolf: A Feminist Slant*, hrsg. von Jane Marcus, S. 7–36.

—. »›No More Horses‹: Virginia Woolf on Art and Propaganda.« *Women's Studies* 4 (1977): 286–87.

—. »Pargeting ›The Pargiters‹: Notes of an Apprentice Plasterer.« *Bulletin of the New York Public Library* (Frühjahr 1977), S. 416–35.

—. »Ruminations.« *Women's Review of Books* 3 (März 1986): 7–8.

—. »›Taking the Bull by the Udders‹: Sexual Difference in Virginia Woolf – A Conspiracy Theory.« In *Virginia Woolf and Bloomsbury*, Hg.: J. Marcus, S. 146–69.

—. »Thinking Back through Our Mothers.« In *New Feminist Essays in Virginia Woolf*, hrsg. von Jane Marcus, S. 1–30.
—. *Virginia Woolf and the Languages of the Patriarchy.* Bloomington: Indiana University Press, 1987.
—. »*The Years as* Greek Drama, Domestic Novel, and Götterdämmerung.« *Bulletin of the New York Public Library* 80 (Winter 1977): 276–301.
—, (Hrsg.). *New Feminist Essays on Virginia Woolf.* London: Macmillan, 1981.
—, (Hrsg.). *Virginia Woolf and Bloomsbury: A Centenary Celebration.* London: Macmillan Press, 1987.
—, (Hrsg.). *Virginia Woolf: A Feminist Slant.* Lincoln: University of Nebraska Press, 1983.
Marcus, Steven. *Umkehrung der Moral. Sexualität und Pornographie im viktorianischen England.* Aus dem Amerikanischen von Angela Praesent und Ann Anders. Frankfurt: Suhrkamp, 1977.
Martin, Wendy. »Seduced and Abandoned in the New World: The Image of Woman in American Fiction.« In *Woman in Sexist Society*, hrsg. von Vivian Gornick und Barbara K. Moran, S. 226–39.
Masson, Jeffrey Moussaieff. *Was hat man dir, du armes Kind, getan?: Sigmund Freuds Unterdrückung der Verführungstheorie.* Übersetzt von Barbara Brumm. Reinbek bei Hamburg: Rowohlt, 1984.
May, Clifford D. »Behind a Rise in Sexual-Abuse Reports.« *New York Times*, (2. März 1986), S. 8E.
May, Keith M. *Characters of Women in Narrative Literature.* New York: St. Martin's Press, 1981.
Maze, J. R. »Classical Female Oedipal Themes in *To the Lighthouse.*« *International Review of Psycho-Analysis* 8 (1981): 155–71.
—. »Virginia Woolf: Ideas of Marriage and Death in *The Voyage Out.*« *International Review of Psycho-Analysis* 10, pt. 1 (1983): 95–103.
McBride, Theresa. »›As the Twig Is Bent‹: The Victorian Nanny.« In *The Victorian Family*, hrsg. von Anthony H. Wohl, S. 44–58.
McConnell-Ginet, Sally, Ruth Borker, und Nelly Furman, (Hrsg.). *Women and Language in Literature and Society.* New York: Praeger, 1980.
McLaurin, Allen. »Consciousness and Group Consciousness in Virginia Woolf.« In *Virginia Woolf*, hrsg. von Eric Warner, S. 28–40.
Meredith, George. *Love in the Valley.* In *Poems.* New York: Charles Scribner's Sons, 1908.
Mill, John Stuart / Harriet Taylor Mill / Helen Taylor. *Die Hörigkeit der Frau. Texte zur Frauenemanzipation.* Hrsg. und eingeleitet von Hannelore Schröder. Aus dem Englischen von Jenny Hirsch, Sigmund Freud und Hans Holl. Frankfurt: Syndikat, 1976.
Miller, Alice. *Das Drama des begabten Kindes und die Suche nach dem wahren Selbst.* Frankfurt: Suhrkamp, 1979.
—. *Am Anfang war Erziehung.* Frankfurt: Suhrkamp, 1980.
—. *Du sollst nicht merken. Variationen über das Paradies-Thema.* Frankfurt: Suhrkamp, 1980.
Miller, J. Hillis. *Fiction and Repetition: Seven English Novels.* Cambridge, Mass.: Harvard University Press, 1982.

Miller, John Hawkins. »›Temple and Sewer‹: Childbirth, Prudery and Victoria Regina.« In *The Victorian Family*, hrsg. von Anthony S. Wohl, S. 23–43.

Millett, Kate. *Sexus und Herrschaft. Die Tyrannei des Mannes in unserer Gesellschaft.* Aus dem Amerikanischen von Ernestine Schlant. Köln: Kiepenheuer & Witsch, 1983.

Mintz, Steven. *A Prison of Expectations: The Family in Victorian Culture.* New York: New York University Press, 1985.

Mitchell, Juliet. *Psychoanalyse und Feminismus. Freud, Reich, Laing und die Frauenbewegung.* Aus dem Englischen von Brigitte Stein und Holger Fliessbach. Frankfurt: Suhrkamp, 1984.

Mitchell, Sally. »Sentiment and Suffering: Women's Recreational Reading in the 1860s.« *Victorian Studies* 21 (Herbst 1977): 29–45.

Moore, Madeline. *The Short Season between Two Silences: The Political and the Mystical in the Works of Virginia Woolf.* Boston: Allen & Unwin, 1984.

—. »Some Female Versions of Pastoral: *The Voyage Out* and Matriarchal Mythologies.« In *New Feminist Essays on Virginia Woolf*, hrsg. von Jane Marcus, S. 82–104.

Naremore, James. *The World without a Self: Virginia Woolf and the Novel.* New Haven: Yale University Press, 1973.

Nathan, Monique. *Virginia Woolf.* Paris: Editions du Seuil, 1956.

Newton, Judith Lowder. Review of *Communities of Women: An Idea in Fiction*, von Nina Auerbach, und *The Dilemma of the Talented Heroine: A Study in Nineteenth Century Fiction*, von Susan Siefert. *Victorian Studies* 23 (Herbst 1979): 130–32.

Noble, Joan Russell, (Hrsg.). *Recollections of Virginia Woolf.* New York: William Morrow, 1972.

Novak, Jane. *The Razor Edge of Balance: A Study of Virginia Woolf.* Coral Gables, Fla.: University of Miami Press, 1975.

Odom, Keith. »Caught in the Brontës' Web of Childhood.« *Brontë Newsletter* 5 (1986): 1–2.

Osborne, John Morton. Review of *The Healthy Body and Victorian Culture*, von Bruce Haley. *Victorian Studies* 23 (Herbst 1979): 134–35.

O'Shea, M. V. »›Spare the Rod and Spoil the Child.‹« *Outlook* 58 (8. Januar 1898): 128–30.

Pearsall, Ronald. *The Worm in the Bud: The World of Victorian Sexuality.* Middlesex, Eng.: Penguin Books, 1969.

Perry, Ruth. *Women, Letters, and the Novel.* New York: AMS Press, 1980.

Pippett, Aileen. *The Moth and the Star: A Biography of Virginia Woolf.* Boston: Little, Brown, 1955.

Pleck, Elizabeth. »Feminist Response to ›Crimes against Women‹, 1868–1896.« *Signs*, Special Issue: Women and Violence, 8 (Frühjahr 1983): 451–70.

Poole, Roger. *The Unknown Virginia Woolf.* Cambridge: Cambridge University Press, 1978.

Pope, Barbara Corrado. »Angels in the Devil's Workshop: Leisured and Charitable Women in Nineteenth-Century England and France.« In *Becoming Visible*, hrsg. von Renate Bridenthal und Claudia Koonz, S. 296–324.

Poovey, Mary. »›Scenes of an Indelicate Character‹: The Medical ›Treatment‹ of Victorian Women.« Working Paper no. 3. University of Wisconsin-Milwaukee, Center for Twentieth Century Studies, Herbst 1985.

Radin, Grace. *Virginia Woolf's The Years: The Evolution of a Novel.* Knoxville: University of Tennessee Press, 1981.

Renvoize, Jean. *Incest: A Family Pattern.* London: Routledge & Kegan Paul, 1982.

Restuccia, Frances L. »›Untying the Mother Tongue‹: Female Difference in Virginia Woolf's *A Room of One's Own.*« *Tulsa Studies in Women's Literature* 4 (Herbst 1985): 253–64.

Rich, Adrienne. *Von Frauen geboren. Mutterschaft als Erfahrung und Institution.* Aus dem Amerikanischen von Meo Rentzel und Gesine Strempel. München: Frauenoffensive, 1979.

—. »Compulsory Heterosexuality and Lesbian Existence.« In *Die Politik des Begehrens,* hrsg. von Ann Snitow u. a., S. 177–205.

Richter, Harvena. *Virginia Woolf: The Inward Voyage.* Princeton: Princeton University Press, 1970.

Roberts, David. »The Paterfamilias of the Victorian Governing Classes.« In *The Victorian Family,* hrsg. von Anthony S. Wohl, S. 59–81.

Roberts, Helene E. »The Exquisite Slave: The Role of Clothes in the Making of the Victorian Woman.« *Signs* 2 (Frühjahr 1977): 554–69.

Robertson, Priscilla. »Home as a Nest: Middle Class Childhood in Nineteenth-Century Europe.« In *Hört ihr die Kinder weinen,* hrsg. von Lloyd de Mause.

Roe, Jill. »Modernisation and Sexism: Recent Writings on Victorian Women. *Victorian Studies* 20 (Winter 1977): 179–92.

Rose, Phyllis. *Parallele Leben: 5 viktorianische Ehen.* Reinbek bei Hamburg: Rowohlt, 1987.

—. *Woman of Letters: A Life of Virginia Woolf.* New York: Oxford University Press, 1978.

Rosenbaum, S. P., (Hrsg.). *The Bloomsbury Group.* Toronto: University of Toronto Press, 1975.

Rosenberg, Rosalind. »In Search of Woman's Nature, 1850–1920.« *Feminist Studies* 3 (Herbst 1975): 141–54.

Rosenblatt, Louise M. *Literature as Exploration.* New York: Noble & Noble, 1938, 1968.

Rosenman, Ellen Bayuk. *The Invisible Presence: Virginia Woolf and the Mother-Daughter Relationship.* Baton Rouge: Louisiana State University Press, 1986.

Roshkill, Deirdre. Unveröffentlichte Arbeit zu *To the Lighthouse,* 1987.

Rosowski, Susan J. »The Novel of Awakening.« In *The Voyage In,* hrsg. von Elizabeth Abel u. a., S. 49–68.

Ross, Ellen. »›Fierce Questions and Taunts‹: Married Life in Working-Class London, 1870–1914.« *Feminist Studies* 8 (Herbst 1982): 575–602.

Ross, Ellen, und Rayna Rapp. »Sex and Society: A Research Note from Social History and Anthropology.« In *Die Politik des Begehrens,* hrsg. von Ann Snitow u. a., S. 51–73.

Rowe, Stuart H. »Fear in the Discipline of Children.« *Outlook* 60 (24. September 1898): 234–36.

Rubinstein, David. »Cycling in the 1890s.« *Victorian Studies* 21 (Herbst 1977): 47–71.

Ruddick, Sara. »New Combinations: Learning from Virginia Woolf.« In *Between Women,* hrsg. von Carol Ascher u. a., S. 137–60.

—. »Private Brother, Public World.« In *New Feminist Essays on Virginia Woolf,* hrsg. von Jane Marcus, S. 185–215.

Rudikoff, Sonya. »How Many Lovers Had Virginia Woolf.« *Hudson Review* 34 (Winter 1979/80): 540–65.

Rumblelow, Donald. *The Complete Jack the Ripper*. London and New York: W. H. Allen and New York Graphic Society, 1975.

Rush, Florence. *Das bestgehütete Geheimnis: Sexueller Kindesmißbrauch*. Aus dem Amerikanischen von Alexandra Bartoszko. Berlin: Orlanda Frauenverlag, 1982.

Russell, Diana E. H. *The Secret Trauma: Incest in the Lives of Girls and Women*. New York: Basic Books, 1986.

Sackville-West, Victoria Mary [Vita]. Tagebuch einer Reise nach Frankreich mit Virginia Woolf im Jahre 1928. The Henry W. and Albert A. Berg Collection of English and American Literature of the New York Public Library, Astor, Lenox and Tilden Foundations.

—. Auszüge aus ihren Tagebüchern und Harold Nicolson's Tagebüchern und Vita's Briefe an Harold und seine Antworten bezüglich Virginia Woolf, 1976 angefertigt von Nigel Nicolson. Kopie des Manuskriptes von Nigel Nicolson für die Autorin.

—. *The Letters of Vita Sackville-West to Virginia Woolf*. Hrsg. von Louise DeSalvo und Mitchell A. Leaska. New York: William Morrow, 1985.

Schlack, Beverly Ann. *Continuing Presences: Virginia Woolf's Use of Literary Allusion*. University Park: Pennsylvania State University Press, 1979.

—. »Fathers in General: The Patriarchy in Virginia Woolf's Fiction.« In *Virginia Woolf*, hrsg. von Jane Marcus, S. 55–77.

Scott, Sir Walter. *The Antiquary*. New York: A. L. Burt, o. D.

Scudder, Vida D. *Le Morte D'Arthur of Sir Thomas Malory and Its Sources*. New York: E. P. Dutton, 1917.

Sears, Sallie. »Theater of War: Virginia Woolf's *Between the Acts*.« In *Virginia Woolf*, hrsg. von Jane Marcus, S. 212–35.

Shanley, Mary Lyndon. »›One Must Ride Behind‹: Married Women's Rights and the Divorce Act of 1857.« *Victorian Studies* 25 (Frühjahr 1982): 355–76.

Sheleff, Leon Shaskolsky. *Generations Apart: Adult Hostility to Youth*. New York: McGraw-Hill, 1981.

Showalter, Elaine. »Critical Cross-Dressing: Male Feminists and the Woman of the Year.« *Raritan* (Herbst 1983): S. 130–49.

—. »Family Secrets and Domestic Subversion: Rebellion in the Novels of the 1860s.« In *The Victorian Family*, hrsg. von Anthony S. Wohl, S. 101–16.

—. *The Female Malady: Women, Madness, and English Culture, 1830–1980*. New York: Pantheon Books, 1985.

—. *A Literature of Their Own: British Women Novelists from Brontë to Lessing*. Princeton: Princeton University Press, 1977.

Sidel, Ruth. *Women and Children Last: The Plight of Poor Women in Affluent America*. New York: Viking, 1986.

Silver, Brenda. »*Three Guineas* Before and After: Further Answers to Correspondents.« In *Virginia Woolf*, hrsg. von Jane Marcus, S. 254–76.

—. *Virginia Woolf's Reading Notebooks*. Princeton: Princeton University Press, 1983.

—, (Hrsg.). »›Anon‹ and ›The Reader‹: Virginia Woolf's Last Essays.« Mit einer Einführung und Kommentar. *Twentieth Century Literature* 25, Virginia Woolf Issue (Herbst/Winter 1979): 356–441.

Skura, Meredith Anne. *The Literary Use of the Psychoanalytic Process.* New Haven: Yale University Press, 1981.

Smith, Catherine F. »*Three Guineas:* Virginia Woolf's Prophecy.« In *Virginia Woolf and Bloomsbury*, hrsg. von Jane Marcus, S. 225–41.

Smith, Nora Archibald. »The Child of Passionate Temper.« *Outlook* 51 (16. März 1895): 429–30.

Smith-Rosenberg, Carroll. *Disorderly Conduct: Visions of Gender in Victorian America.* New York: Alfred A. Knopf, 1985.

Snitow, Ann / Christine Stansell / Sharon Thompson. (Hrsg.) *Die Politik des Begehrens. Sexualität, Pornographie und neuer Puritanismus in den USA.* Vorwort von Irene Stöhr. Aus dem Amerikanischen von Pieke Biermann, Barbara Hahn, Cornelia Holfelder-von der Tann, Elisabeth Käsbauer. Berlin: Rotbuch Verlag, 1985.

Spacks, Patricia Meyer. *The Adolescent Idea: Myths of Youth and the Adult Imagination.* New York: Basic Books, 1981.

Spalding, Frances. *Vanessa Bell.* New Haven: Ticknor & Fields, 1983.

Spater, Georg / Ian Parsons. *Porträt einer ungewöhnlichen Ehe – Virginia und Leonard Woolf.* Mit einem Vorwort von Quentin Bell. Aus dem Englischen von Barbara Scriba-Sethe. Frankfurt: Fischer, 1980.

Spilka, Mark. *Virginia Woolf's Quarrel with Grieving.* Lincoln: University of Nebraska Press, 1980.

Spivak, Gayatri C. »Unmaking and Making in *To the Lighthouse.*« In *Women and Language in Literature and Society*, hrsg. von Sally McConnell-Ginet u. a., S. 310–27.

Sprague, Claire, (Hrsg.). *Virginia Woolf: A Collection of Critical Essays.* Englewood Cliffs: Prentice-Hall, 1971.

Squier, Susan. »Mirroring and Mothering: Reflections on the Mirror Encounter in Virginia Woolf's Works.« *Twentieth Century Literature* 27 (Herbst 1981): 272–88.

—. »The Politics of City Space in *The Years:* Street Love, Pillar Boxes and Bridges.« In *New Feminist Essays on Virginia Woolf*, hrsg. von Jane Marcus, S. 216–37.

—. »A Track of Our Own: Typescript Drafts of *The Years.*« In *Virginia Woolf*, hrsg. von Jane Marcus, S. 198–211.

Squier, Susan Merrill. *Virginia Woolf and London: The Sexual Politics of the City.* Chapel Hill: University of North Carolina Press, 1985.

Stemerick, Martine. »The Madonna's Clay Feet: Julia Stephen's Anti-Egalitarian Ideals.« Unveröffentlichte Arbeit.

—. »Virginia's Early Education.« Unveröffentlichte Arbeit.

—. »Virginia Woolf and Julia Stephen: The Distaff Side of History.« Unveröffentlichte Arbeit.

Stephen, Adrian. *The »Dreadnought« Hoax.* London: Hogarth Press, 1936.

—. 64 Briefe an Vanessa Stephen [Bell]. 20. Mai [1915?]–11. Juni 1947. The Henry W. and Albert A. Berg Collection of English and American Literature of the New York Public Library, Astor, Lenox and Tilden Foundations.

—. 5 Briefe an Virginia Woolf. 15. Juni [1910]–14. September 1910. The Henry W. and Albert A. Berg Collection of English and American Literature of the New York Public Library, Astor, Lenox and Tilden Foundations.

S[tephen]., J[ames]. K[enneth]. *Lapsus Calami.* Cambridge: Macmillan & Bowes, 1891.

Stephen, J[ames]. K[enneth]. Briefe an Stella Duckworth. The Henry W. and Albert A. Berg Collection of English and American Literature of the New York Public Library, Astor, Lenox and Tilden Foundations.

Stephen, Julia. »The Mysterious Voice.« In *Stories for Children, Essays for Adults*, von Julia Stephen, hrsg. von Diane Gillespie and Elizabeth Steele.

—. *Notes from Sick Rooms*. Einführung von Constance Hunting. Orono, Maine: Puckerbrush Press, 1980. Reprint der Londoner Ausgabe von 1883.

—. *Stories for Children, Essays for Adults: The Unpublished Writings of Julia Stephen*. Hrsg. von Diane Gillespie und Elizabeth Steele. Syracuse, N. Y.: Syracuse University Press, 1987.

Stephen, Karin. *The Wish to Fall Ill: A Study of Psychoanalysis and Medicine*. Cambridge: Cambridge University Press, 1960.

Stephen, Sir Leslie. 442 Briefe an Julia Stephen, [vor 31. März 1877?] bis 16. April 1895. The Henry W. and Albert A. Berg Collection of English and American Literature of the New York Public Library, Astor, Lenox and Tilden Foundations.

—. *The Life of Henry Fawcett*. London: Smith, Elder, 1885.

—. *The Life of Sir James Fitzjames Stephen*. New York: G. P. Putnam's Sons; London: Smith, Elder, 1895.

—. *Sir Leslie Stephen's Mausoleum Book*. Einführung von Alan Bell. Oxford: Clarendon Press, 1977.

—. *Swift*. London: Macmillan, 1882. NA, Detroit: Gale Research Company, 1968.

Stoneman, Elizabeth. Unveröffentlichte Arbeit zu *To the Lighthouse*, 1987.

Strachey, Julia, und Frances Partridge. *Julia: A Portrait of Julia Strachey by Herself and Frances Partridge*. Boston: Little, Brown, 1983.

Summit, Roland. »Beyond Belief: The Reluctant Discovery of Incest.« In *Women's Sexual Experience*, hrsg. von Martha Kirkpatrick, S. 127–50.

Symonds, John Addington. *The Memoirs of John Addington Symonds*. Hrsg. von Phyllis Grosskurth. Chicago: University of Chicago Press, 1984.

Szasz, Thomas Stephen. *Geisteskrankheit – ein moderner Mythos? Grundzüge einer Theorie des persönlichen Verhaltens*. Aus dem Amerikanischen von Thomas M. Höpfner. München: Kindler, 1975.

Szladits, Lola L. »The Life, Character and Opinions of Flush the Spaniel.« *Bulletin of the New York Public Library* 74 (April 1970): 211–18.

Taylor, Karen J. »Venereal Disease in Nineteenth-Century Children.« *Journal of Psychohistory* 12 (Frühjahr 1985): 431–63.

Temple, Ruth Z. »Never Say ›I‹: *To the Lighthouse* as Vision and Confession.« In *Virginia Woolf*, hrsg. von Claire Sprague, S. 90–100.

Thomas, J. M. Briefe an Violet Dickinson, 14. September [1913] und 9. April 1915. The Henry W. and Albert A. Berg Collection of English and American Literature of the New York Public Library, Astor, Lenox and Tilden Foundations.

Transue, Pamela J. *Virginia Woolf and the Politics of Style*. Albany: State University of New York Press, 1986.

Trautmann, Joanne. *The Jessamy Brides: The Friendship of Virginia Woolf and V. Sackville-West*. University Park: Pennsylvania State University, 1973.

Trombley, Stephen. *›All that Summer She was Mad‹: Virginia Woolf and Her Doctors*. London: Junction Books, 1981.

Tufte, Virginia, und Barbara Meyerhoff, (Hrsg.). *Changing Images of the Family*. New Haven: Yale University Press, 1979.

Vicinus, Martha. »Sexuality and Power: A Review of Current Work in the History of Sexuality.« *Feminist Studies* 8 (Frühjahr 1982): 133–56.

–, (Hrsg.). *Suffer and Be Still: Women in the Victorian Age*. Bloomington: Indiana University Press, 1972.

–, (Hrsg.). *A Widening Sphere: Changing Roles of Victorian Women*. Bloomington: Indiana University Press, 1977.

Walkowitz, Judith R. »Jack the Ripper and the Myth of Male Violence.« *Feminist Studies* 8 (Herbst 1982): 542–74.

–. »Male Vice and Female Virtue: Feminism and the Politics of Prostitution in Nineteenth-Century Britain.« In *Die Politik des Begehrens*, hrsg. von Ann Snitow u.a., S. 419–38.

–. *Prostitution and Victorian Society: Women, Class and State*. Cambridge: Cambridge University Press, 1980.

–. »Science, Feminism, and Romance: The Men and Women's Club 1885–1889.« *History Workshop* 21 (Frühjahr 1986): 37–59.

Wallace, Marjorie. *Die schweigsamen Zwillinge*. Aus dem Englischen von Margarete Längsfeld. Berlin: Orlanda Frauenverlag, 1987.

Warner, Eric, (Hrsg.). *Virginia Woolf: A Centenary Perspective*. New York: St. Martin's Press, 1984.

Warren, Joyce W. *The American Narcissus: Individualism and Women in Nineteenth-Century American Fiction*. New Brunswick, N.J.: Rutgers University Press, 1984.

Weeks, Jeffrey. *Sex, Politics and Society: The Regulation of Sexuality since 1800*. London: Longman, 1981.

Welter, Barbara. *Dimity Convictions: The American Woman in the Nineteenth Century*. Athens: Ohio State University Press, 1976.

White, Barbara A. *Growing Up Female: Adolescent Girlhood in American Fiction*. Westport, Conn.: Greenwood Press, 1985.

Wohl, Anthony S. »Sex and the Single Room: Incest among the Victorian Working Classes.« In *The Victorian Family*, hrsg. von Anthony S. Wohl, S. 197–216.

–, (Hrsg.). *The Victorian Family: Structure and Stresses*. New York: St. Martin's Press, 1978.

Wolf, Ernest S. und Ina Wolf. »We Perished Each Alone: A Psychoanalytical Commentary on Virginia Woolf's *To the Lighthouse*.« *International Review of Psycho-Analysis* 6 (1979): 37–47.

Woolf, Leonard. *Beginning Again: An Autobiography of the Years 1911 to 1918*. New York: Harcourt Brace Jovanovich, 1963.

–. *Downhill All the Way: An Autobiography of the Years 1919 to 1939*. New York: Harcourt, Brace & World, 1967.

Woolf, Virginia. »›Anon‹ and ›The Reader‹: Virginia Woolf's Last Essays.« Einleitung und Kommentar von Brenda R. Silver. *Twentieth Century Literature* 25, Virginia Woolf Issue (Herbst/Winter 1979): 356–441.

–. »›The Antiquary.‹« Handschriftliches Manuskript, in »Essays, 1924.« The Henry W. and Albert A. Berg Collection of English and American Literature of the New York Public Library, Astor, Lenox and Tilden Foundations.

–. *Augenblicke. Skizzierte Erinnerungen*. Aus dem Englischen von Elizabeth Gilbert.

Mit einem Essay von Hilde Spiel. Frankfurt am Main: Fischer Taschenbuch Verlag, 1984.
—. »›Aurora Leigh.‹« In *The Second Common Reader*. New York: Harcourt, Brace & World, 1932, 1960.
—. [Autobiographisches Fragment, »The tea table was the centre of Victorian family life…«]. Das Fragment wurde wahrscheinlich im Oktober 1940 verfaßt. The Henry W. and Albert A. Berg Collection of the New York Public Library, Astor, Lenox and Tilden Foundations.
—. »Berufe für Frauen.« Deutsch von Hannelore Faden. In *Frauen und Literatur*, S. 31–38.
—. »Bin ich ein Snob?« In *Augenblicke. Skizzierte Erinnerungen*, S. 241–263.
—. *The Captain's Death Bed and Other Essays*. New York: Harcourt Brace Jovanovich, 1950.
—. Weihnacht, 1904–31. Mai 1905. The Henry W. and Albert A. Berg Collection of English and American Literature of the New York Public Library, Astor, Lenox and Tilden Foundations.
—. *A Cockney's Farming Experiences* and *The Experiences of a Paterfamilias*. Hrsg. und eingeleitet von Suzanne Henig. San Diego: San Diego State University Press, 1972.
—. *Contemporary Writers*. Vorwort von Jean Guiguet. New York: Harcourt, Brace & World, 1965.
—. *Die Dame im Spiegel und andere Erzählungen*. Frankfurt am Main: Fischer Taschenbuch Verlag, 1985.
—. *The Death of the Moth and Other Essays*. New York: Harcourt Brace Jovanovich, 1942, 1970.
—. Diary. April 1906–1–14. August 1908. The Henry W. and Albert A. Berg Collection of English and American Literature of the New York Public Library, Astor, Lenox and Tilden Foundations.
—. Diary. Cornwall. 1905. The Henry W. and Albert A. Berg Collection of English and American Literature of the New York Public Library, Astor, Lenox and Tilden Foundations.
—. *The Diary of Virginia Woolf*. Hrsg. von Anne Olivier Bell. Vol. 1, *1915–1919*. New York: Harcourt Brace Jovanovich, 1976.
—. *The Diary of Virginia Woolf*. Hrsg. von Anne Olivier Bell, unterstützt von Andrew McNeillie. Vol. 2, *1920–1924*. New York: Harcourt Brace Jovanovich, 1978.
—. *The Diary of Virginia Woolf*. Hrsg. von Anne Olivier Bell, unterstützt von Andrew McNeillie. Vol. 3, *1925–1930*. New York: Harcourt Brace Jovanovich, 1980.
—. *The Diary of Virginia Woolf*. Hrsg. von Anne Olivier Bell, unterstützt von Andrew McNeillie. Vol. 4, *1931–1935*. New York: Harcourt Brace Jovanovich, 1982.
—. *The Diary of Virginia Woolf*. Hrsg von Anne Olivier Bell, unterstützt von Andrew McNeillie. Vol. 5, *1936–1941*. New York: Harcourt Brace Jovanovich, 1984.
—. *Drei Guineen*. Essay. Aus dem Englischen von Anita Eichholz. München: Frauenoffensive, Neuausgabe 1987.
—. 1897 Diary. The Henry W. and Albert A. Berg Collection of English and American Literature of the New York Public Library, Astor, Lenox and Tilden Foundations.
—. »Ellen Terry.« In *The Moment and Other Essays*, S. 205–12.

—. »Essays, 1924.« The Henry W. and Albert A. Berg Collection of English and American Literature of the New York Public Library, Astor, Lenox and Tilden Foundations.

—. »Das Erbe.« Deutsch von Brigitte Walitzek. In *Das Mal an der Wand*, S. 345–357.

—. *Die Fahrt hinaus*. Deutsch von Karin Kersten. (= Gesammelte Werke. Prosa 2. Hrsg. von Klaus Reichert.) Frankfurt am Main: S. Fischer Verlag, 1989.

—. *Die Fahrt zum Leuchtturm*. Aus dem Englischen von Herberth E. und Marlys Herlitschka. Frankfurt: Fischer Taschenbuch Verlag, 1979.

—. *Flush. Die Geschichte eines berühmten Hundes*. Aus dem Englischen von Herberth E. und Marlys Herlitschka. Frankfurt am Main: Fischer Taschenbuch Verlag, 1957.

—. *Frauen und Literatur*. Essays. Deutsch von Hannelore Faden und Helmut Viebrock. Hrsg. von Klaus Reichert. Frankfurt am Main: S. Fischer Verlag, 1989.

—. *Freshwater: A Comedy*. Hrsg. von Lucio P. Ruotolo. New York: Harcourt Brace Jovanovich, 1976.

—. »Friedships Gallery.« Hrsg. von Ellen Hawkes *Twentieth Century Literature* 25 (Herbst/Winter 1979): 273–302.

—. »Gas at Abbotsford.« In *The Moment and Other Essays*, S. 56–62.

—. *Der gewöhnliche Leser 1*. Essays. Deutsch von Hannelore Faden und Helmut Viebrock. Hrsg. von Klaus Reichert. Frankfurt: S. Fischer Verlag, 1989.

—. Greece/Italy Diary. 14. September [1906]–25. April 1909. Original in der British Library. Kopie in der Henry W. and Albert A. Berg Collection of English and American Literature of the New York Public Library, Astor, Lenox and Tilden Foundations.

—. *Granite and Rainbow*. New York: Harcourt Brace Jovanovich, 1958.

—. »›Haworth‹: November, 1904.« Handschriftl. Aufsatz, nicht signiert und datiert, 6 Seiten. The Henry W. and Albert A. Berg Collection of English and American Literature of the New York Public Library.

—. »Die Herzogin und der Juwelier.« Deutsch von Brigitte Walitzek. In *Das Mal an der Wand*, S. 302–309.

—. »The Humane Art.« In *The Death of the Moth and Other Essays*, S. 58–63.

—. Hyde Park Gate Diary. 1903? The Henry W. and Albert A. Berg Collection of English and American Literature of the New York Public Library, Astor, Lenox and Tilden Foundations.

—. »Hyde Park Gate 22.« In *Augenblicke. Skizzierte Erinnerungen*, S. 192–211.

—. *Jacobs Raum*. Roman. Aus dem Englischen von Gustav K. Kemperdick. Frankfurt am Main: Fischer Taschenbuch Verlag, 1985.

—. *Die Jahre*. Roman. Aus dem Englischen von Herberth E. und Marlys Herlitschka. Frankfurt am Main: Fischer Taschenbuch Verlag, 1979.

—. »Julia Margaret Cameron.« In *Victorian Photographs of Famous Men & Fair Women*, von Julia Margaret Cameron, S. 13–19.

—. »Lappin und Lapinova.« Deutsch von Claudia Wenner. In *Das Mal an der Wand*, S. 320–329.

—. »The Leaning Tower.« In *The Moment and Other Essays*, S. 128–54.

—. »Leslie Stephen.« In *The Captain's Death Bed and Other Essays*, S. 69–75.

—. *The Letters of Virginia Woolf*. Vol. 1, *1888–1912*. (Virginia Stephen). Hrsg. von Nigel Nicolson und Joanne Trautmann. New York: Harcourt Brace Jovanovich, 1975. Originalausgabe in England unter dem Titel *The Flight of the Mind*.

—. *The Letters of Virginia Woolf*. Vol. 2, *1912–1922*. Hrsg. von Nigel Nicolson und Joanne Trautmann. New York: Harcourt Brace Jovanovich, 1976. Originalausgabe in England unter dem Titel *The Question of Things Happening*.

—. *The Letters of Virginia Woolf*. Vol. 3, *1923–1928*. Hrsg. von Nigel Nicolson und Joanne Trautmann. New York: Harcourt Brace Jovanovich, 1977. Originalausgabe in England unter dem Titel *A Change of Perspective*.

—. *The Letters of Virginia Woolf*. Vol. 4, *1929–1931*. Hrsg. von Nigel Nicolson und Joanne Trautmann. New York: Harcourt Brace Jovanovich, 1978. Originalausgabe in England unter dem Titel *A Reflection of the Other Person*.

—. *The Letters of Virginia Woolf*. Vol. 5, *1932–1935*. Hrsg. von Nigel Nicolson und Joanne Trautmann. New York: Harcourt Brace Jovanovich, 1979. Originalausgabe in England unter dem Titel *The Sickle Side of the Moon*.

—. *The Letters of Virginia Woolf*. Vol. 6, *1936–1941*. Hrsg. von Nigel Nicolson und Joanne Trautmann. New York: Harcourt Brace Jovanovich, 1980. Originalausgabe in England unter dem Titel *Leave the Letters Till We're Dead*.

—. »Lewis Carroll.« In *The Moment and Other Essays*, S. 81–83.

—. *The London Scene*. New York: Random House, 1975.

—. MH/A. 26, Monks House Papers. The Virginia Woolf Manuscripts from the Monks House Papers at the University of Sussex. Brighton, England: Harvester Press Microform Publications, 1985.

—. *Das Mal an der Wand*. Gesammelte Kurzprosa. Deutsch von Marianne Frisch, Brigitte Walitzek, Claudia Wenner, Dieter E. Zimmer. (= Gesammelte Werke. Prosa 1. Hrsg. von Klaus Reichert.) Frankfurt am Main: S. Fischer Verlag, 1989.

—. *The Moment and Other Essays*. New York: Harcourt Brace Jovanovich, 1948.

—. *Mrs. Dalloway*. Roman. Aus dem Englischen von Herbert E. und Marlys Herlitschka. Frankfurt am Main: S. Fischer Verlag, 1977.

—. »Mrs. Thrale.« In *The Moment and Other Essays*, S. 50–55.

—. *Nacht und Tag*. Roman. Aus dem Englischen von Michael Walter. Frankfurt am Main. Fischer Taschenbuch Verlag, 1985.

—. »The New Biography.« In *Granite and Rainbow*, S. 149–55.

—. »Old Bloomsbury.« In *Augenblicke. Skizzierte Erinnerungen*, S. 212–240.

—. *Orlando. Eine Biographie*. Deutsch von Brigitte Walitzek. Prosa 7. Hrsg. von Klaus Reichert. Frankfurt am Main: S. Fischer Verlag, 1990.

—. *The Pargiters: The Novel-Essay Portion of The Years*. Hrsg. und eingeführt von Mitchell A. Leaska. New York: New York Public Library and Readex Books, 1977.

—. *Pointz Hall: The Earlier and Later Typescripts of Between the Acts*. Einführung, Anmerkungen und ein Nachwort von Mitchell A. Leaska. (Hrsg.). New York: University Publications, 1983.

—. »Reminiszenzen.« In *Augenblicke. Skizzierte Erinnerungen*, S. 41–86.

—. *Roger Fry: A Biographie*. New York: Harcourt Brace Jovanovich, 1940, 1968.

—. »›A Room with a View.‹« Rezension von *A Room with a View*, von E. M. Forster. In *Contemporary Writers*.

—. »Sara Coleridge.« *In The Death of the Moth and Other Essays*, S. 111–18.

—. *The Second Common Reader*. New York: Harcourt, Brace & World, 1932, 1960.

—. »Sir Walter Scott.« In *The Moment and Other Essays*, S. 56–78.

—. »Eine Skizze der Vergangenheit.« In *Augenblicke. Skizzierte Erinnerungen*, S. 87–189.

—. »Der Suchscheinwerfer.« Deutsch von Claudia Wenner. In *Das Mal an der Wand*, S. 330–334.

—. »Swift's ›Journal to Stella.‹« In *The Second Common Reader*, S. 58–67.

—. »Das Tagebuch der Mistress Joan Martyn.« Deutsch von Claudia Wenner. In *Das Mal an der Wand*, S. 30–69.

—. *Tagebücher 1. 1915–1919*. Deutsch von Maria Bosse-Sporleder. Hrsg. von Klaus Reichert. Frankfurt am Main: S. Fischer Verlag, 1990.

—. »The tea table was the centre of Victorian family life.« The Henry W. and Albert A. Berg Collection of English and American Literature of the New York Public Library, Astor, Lenox and Tilden Foundations.

—. »A Terrible Tragedy in a Duckpond: a Note of Correction and Addition to the Above. by One of the Drowned.« MH/A10. The Virginia Woolf Manuscripts from the Monks House Papers at the University of Sussex. Brighton, England: Harvester Press Microform Publications, 1985.

—. *To the Lighthouse. The original holograph draft*. Hrsg. von Susan Dick. Toronto: University of Toronto Press, 1982.

—. »Thoughts on Peace in an Air Raid.« In *The Death of the Moth and Other Essays*, S. 243–48.

—. *Ein verwunschenes Haus*. Erzählungen. Deutsch von Marianne Frisch, Brigitte Walitzek, Claudia Wenner. Hrsg. und kommentiert von Klaus Reichert. Neu übersetzte und erweiterte Ausgabe. Frankfurt: Fischer Taschenbuch Verlag, 1990.

—. *The Virginia Woolf Manuscripts from the Monks House Papers at the University of Sussex*. Brighton, England: Harvester Press Microform Publications, 1985.

—. Warboys Summer Holidays 1899. The Henry W. and Albert A. Berg Collection of English and American Literature of the New York Public Library, Astor, Lenox and Tilden Foundations.

—. *The Waves*. New York: Harcourt, Brace & World, 1923, 1950.

—. *The Waves: The two holograph drafts*. Hrsg. von W. Graham. Toronto: University of Toronto Press, in Zusammenarbeit mit der University of Western Ontario, 1976.

—. *Die Wellen*. Roman. Aus dem Englischen von Herbert E. und Marlys Herlitschka. Frankfurt am Main: Fischer Taschenbuch Verlag, 1979.

—. *Ein Zimmer für sich allein*. Mit einigen Fotos und Erinnerungen von Louise Mayer. Aus dem Englischen von Renate Gerhardt. Frankfurt am Main: Fischer Taschenbuch Verlag, 1981.

—. *Zwischen den Akten*. Roman. Aus dem Englischen von Herberth E. und Marlys Herlitschka. Fischer Taschenbuch Verlag, 1978.

Zwerdling, Alex. *Virginia Woolf and the Real World*. Berkeley: University of California Press, 1986.

Register

Annan, Noel, 36, 79, 295
Armstrong, Louise, 6

Bell, Clive, 85–88, 302, 360; seine Einstellung zur Kindererziehung, 102f, 108f; und Vanessa Bell, 85–88, 102–104, 105f
Bell, Julian, 95; seine Kindheit, 109; sein Tod, 102, 112, 241; und Vanessa Bell, 99
Bell, Quentin: Biographie über Woolf, 3, 5, 7; seine Geburt, 95; seine Kindheit, 109; über das Warboys Journal, 299f
Bell Vanessa, 1, 85–116, 359, 360–61; und Angelica Garnett, 113–16; und Clive Bell, 85–88, 102f, 106; und Duncan Grant, 92–95, 98, 104, 107, 109f; ihre Geburt, 25, 51; ihre Gemälde, 95–98; als »die Heilige«, 24, 41, 86, 87, 92, 100; und Jack Hills, 74, 79f, 83, 87; ihre Jugend, 259, 260, 261, 264; und Julian Bell, 99; ihre Kindheit, 95–98, 99–100; und Laura Stephen, 24, 31f, 40, 41, 44, 45; und Leslie Stephen, 90f, 361; und Mutterschaft, ihre Einstellung dazu, 97, 99; ihr Name, 90, 91f; und Selbstkontrolle, 100–02; und Stella Duckworth, 51f
– und sexueller Mißbrauch, 2, 9, 19, 309; George Duckworths Übergriffe auf sie, 104f; und ihre Depression, 102; ihre Erinnerungen daran, 95; ihre Wut darüber, 91
– und Woolf, ihr Verhältnis, 85f, 97, 100f, 109, 166f; und George Duckworths Übergriffe, 104f; intime körperliche Beziehungen, 106; Rivalität zwischen, 104–07
Bennett, Arnold, 337f, 340
Bestrafung, 28f
Bloomsbury, 107–14
Booth, Charles, 169
Browning, Elizabeth Barrett, 317, 341–43
Bussy, Janie, 99

Cambridge Review, The, 60
Cameron, Julia Margaret, 50
Case, Emphie, 149
Case, Janet, 149f
Cockney's Farming Experience, A (Woolf), 163, 169–79, 195f, 286
Colefax, Sybil, 157

D'Arcy, Kathleen Walsh, 206, 221
Depression, 13, 15; in Angelica Garnetts Lebenserinnerungen, 107, 109, 113; als über die Generationen weitergegeben, 98–100, 138f; als Gleichgültigkeit, 98; und Kindheit, 124f; und sexueller Mißbrauch, 120f
– Woolf und, 119–21; während der Jugend, 261, 283; und Julia Stephens Depressionen, 138; während der Kindheit, 124f, 151; und die Wattemetapher, 103, 106f. Siehe auch Selbstmord
Dickinson, Violet, 9, 41, 44, 124f, 151, 362; und Jack Hills, 74, 75, 79; über Stella Duckworths Tod, 258, 279f; und Woolf, 145, 150, 312, 362f
Dictionary of National Biography, 165, 267
Drei Guineen (Woolf), 18, 199, 202, 231–33, 344; Erziehung männlicher

Kinder darin, 242; Jugend darin, 317; Niederschrift, und Woolfs geschichtliche Perspektive, 269
Duckworth, George, 1, 169; seine Kindheitsprobleme, 43; und Laura Stephen, 40, 44f; und »The Terrible Tragedy in a Duckpond«, 309–313; sein Tod, 89, 195; in »Hyde Park Gate 22«, 147; und Vanessa Stephen, 40, 88–90
– und Woolf, 3–7 passim, 82f, 359, 361; Bemerkungen über ihn, 120, 148; nach Julia Stephens Tod, 255, 257; in »Reminiszenzen«, 255; und »The Terrible Tragedy in a Duckpond«, 309–313; Woolfs Beschreibungen von ihm, 87, 122, 131, 149f; Woolfs Treffen mit ihm, als Erwachsene, 134, 150
Duckworth, Gerald, 1; in »Eine Skizze der Vergangenheit«, 120f, 125f, 130–133; und Laura Stephen, 40
– und Woolf, 13, 120, 125f, 130–134; und die Alptraumszene in *The Experiences of a Pater-familias*, 192–194; nach Julia Stephens Tod, 255, 257; und »The Terrible Tragedy in a Duckpond«, 309–313; Woolfs Beschreibung von ihm als ein »Schwein«, 94, 217
Duckworth, Herbert, 1, 49
Duckworth, Stella, 1, 49–84; ihre Heirat, 55, 70, 71–75, 256, 266; und J. K. Stephen, 56–67, 69, 80, 82; ihre Krankheit, 74f.; als »die Kuh«, 24, 41, 77; und Laura Stephen, 24, 29, 41f., 49; und Leslie Stephen, 69–74; als wichtigste Bezugsperson, 50–55, 69f.; ihre Schwangerschaft, 75; und sexuelle Gewalt, 2, 18; ihr Tod, 75, 79, 256f., 258f., 278–280
– und Julia Stephen, 49–52, 69–71, 80f., 83; und Julia Stephens Reaktion auf Herberts Tod, 49; und Julia Stephens sozialer Konservativismus, 55f.; und Julia Stephens Unfähigkeit, sie zu schützen, 58, 82; ihre Identitätsverschmelzung, 50
– und Woolf, 63f; 227–231, 238, 240, 242; Woolfs Beschreibung von ihr, 69f., 76–83, 156; und Woolfs erster Zusammenbruch, 257f, 264

Ehebruch, 189
Eifersucht, 104
»Eine Skizze der Vergangenheit« (Woolf), 2, 45, 100, 119–162; Kindheitsgefühle in, 123f; Niederschrift, 119f, 156f, 160f, 244; Watte-Metapher in, 124, 128f, 156, 161; Weintrauben-Metapher in, 123f, 129, 156, 161
Eltern, mißbrauchende: ihre Persönlichkeitsstruktur, 185f; ihr psychologischer Hintergrund, 36; Woolfs Erforschung von, in *Zwischen den Akten*, 248f. Vgl. auch Inzest; Sexueller Mißbrauch
Erfrieren, Metapher, 306f
Ertrinken, Metapher, 47, 306–312; in *Die Fahrt hinaus*, 205f; in *Zwischen den Akten*, 246; und Woolfs Beschreibung des Todes von Julia Stephen, 137f, 306f; und Woolfs Selbstmord, 162, 308f
Erziehung, von Frauen, 336–341, 305–155, 358
Eßprobleme, 126, 172f, 183, 306
Experiences of a Pater-familias, The (Woolf), 163, 164, 169, 179–197, 198; Alptraumszene darin, 192–194

Fahrt hinaus, Die (Woolf), 136, 199–206, 250, 360; Jugend darin, 315f
Fahrt zum Leuchtturm, Die (Woolf), 1, 97f, 163, 167; Jugend darin, 270ff, 314, 317, 325ff; Kinder darin, 198f, 210ff, 250; Teil »Der Ausblick« darin, 270f; Teil »Die Zeit vergeht«, 216f, 280f, 299; The Antiquary darin, 270ff
Familie, patriarchalische, 10f, 231–233; die Rolle des Vaters darin, 10f, 152f, 189–191. Vgl. auch Inzestuöse Familien, Viktorianische Familien

Faschismus, 231–233
Fliess, Wilhelm, 8
Flush (Woolf), 317, 341–344
Forster, E.M., 88
Frauen: ihre Erziehung, 336–341, 350–355, 358; Jack Hills und, 103; J. K. Stephen und, 59–62.; junge, im Patriarchat, 289; und Sexualität, viktorianische Überzeugungen darüber, 68; ihre Unterdrückung, 337–358; »ihre Verderbtheit«, nach viktorianischer Überzeugung, 61; und Vergewaltigung, die sie verdienen, 62
Freud, Sigmund, 8f, 345; seine Triebtheorie, 8f; seine Verführungstheorie, 8f; Woolfs Beschäftigung mit ihm, 119, 143, 154–160, passim
Fry, Margery, 239
Fry, Roger, 92, 96, 116, 119, 238; sein Tod, 234. Vgl. auch *Roger Fry* (Woolf)
Fürsorge, »Ethik der«, 289–292

Garnett, Angelica, 94; und Bloomsbury, Beschreibungen darüber, 107–114; und Clive Bell, 112; über Depression, 100f; und Duncan Grant, 112–116; *Freundliche Täuschungen*, 107–116; ihre Heirat, 111, 115; ihre Kindheit, 95f; und Vanessa Bell, 113–116
Garnett, David, 92–94; und Duncan Grant, 115; seine Heirat, 104, 111, 115
Garnett, Henrietta, 100f
Geddes, Patrick, 346f
Gilligan, Carol, 289–292
Gordon, Lyndall, 2, 6
Gott, 167, 294, 296, 299
Grant, Duncan, 92–95, 98, 104, 107, 109f; und Angelica Garnett, 112–166; und David Garnett, 115; und Vanessa Bell, 92–95, 98, 104, 107, 109f

Harrison, Michael, 63
Herman, Judith Lewis, 8, 10f, 14, 178; *Father-Daughter Incest*, 152f, 369f, 381; über Inzest und Patriarchat, deren Beziehung, 321f
Heterosexualität, 61, 107; und Tod und Gewalt, Woolfs Assoziation damit, 78
Hills, Jack Waller, 258; seine Haltung gegenüber Frauen, 103; und Stella Duckworth, 66, 69–80, 259, 262f, 277; seine Umwerbung Vanessa Stephens, 74, 79f, 83, 87; und Woolf, 73–79
Hirschman, Lisa, 10
Hitler, Adolf, 80, 122, 162, 232; und Patriarchat in England, 232–234
Homosexualität, 37, 61, 92, 107, 145
Houghton, Walter E., 10
Hughes, M.V., 343f
Hyde Park Gate News, The, 46, 163, 166–168, 255, 283
Hysterie, 8

Ich-Entwicklung, 7
Identität, 12, 269
Imperialismus, 202f, 358
Inzest: und Identität, 12; und Misogynie, 11; und die patriarchalische Familie, 10f; und Patriarchat, Woolfs Verknüpfung der beiden, 231; seine Symptome, 11–15, 40. Vgl. auch Inzestuöse Familien; Sexueller Mißbrauch
Inzestuöse Familien: Eifersucht darin, 84–85; Rollenverkehrung darin, 41–42. Vgl. auch Familie, patriarchalische; Viktorianische Familie

Jackson, Julia, 81
Jack the Ripper, Morde, 63, 67f
Jacobs Raum (Woolf), 17, 198, 206–210; Jugend darin, 314f
Jahre, Die (Woolf), 17, 39, 132, 198; Jugend darin, 314f, 317; Kinder darin, 198f, 225–231, 250; Niederschrift, und Woolfs geschichtliche Perspektive, 269
James, Henry, 259, 268
Jansenismus, 297
Juden, während des Zweiten Weltkriegs, 232

Keynes, Maynard, 88
Kindererziehung, Viktorianische: und die Beziehung Kind-Bezugsperson, 100, 140f, 151; und der Gebrauch von Drogen, 39, 44; und der Gebrauch sexueller Stimulation, 39; und der Gebrauch von Gewalt, 44; und Kindheitsprobleme, Haltung dazu, 35f; und Kontrolle 25, 33, 36, 140; und das Prinzip der Selbstregulierung, 140; Rolle der Bestrafung darin, 27–29; Rolle des Vaters darin, 34; Woolfs Forderungen an sie, 200
Kinder, männliche, ihre Erziehung, 37f, 206, 241f, 336f; und männliche Privilegien, 199–202; mißbrauchte, Geschichten von, 186f; viktorianische Einstellung zu ihnen, 27–29, 32f, 35–37; weibliche, ihre Sozialisation, 228f. Vgl. auch Kindheit; Kindererziehung, Viktorianische
Kindheit: Erfahrungen, und Selbstmord, 224–231, 244–246; ihre Unschuld, in *Die Wellen*, 219; viktorianische Überzeugungen darüber, 250f. Vgl. auch Kindererziehung, Viktorianische; Kinder
Kinnard, E. Milling, 36
Klassenunterschiede, 170, 223, 347f, 355
Kontrolle: ihre Betonung in viktorianischen Praktiken der Kindererziehung, 25, 33, 36, 140; Selbst-, Woolfs Versuche, 101f

la Touche, Rose, 152
Leaska, Mitchell, 311
Lilienfeld, Jane, 50, 389
Love, Jean O., 3f, 70, 279
Lowell, James Russell, 146

MacCarthy, Desmond, 336, 337–340
Macht, und Inzest, 10f, 103f
Maitland, Florence, 30
Maitland, Frederic, 41, 306
Malleson, Joan, 111
Mann: seine Autorität, 190; und Frau, Beziehung, 68, 336–347; seine Privilegien, und Kinder, 199–202; seine Sexualität, und Gewalt, 56f, 67f, 75, 83f
Marcus, Jane, 56, 361
Masson, Jeffrey Moussaieff, 8
Masturbation, 33
Mause, Lloyd de, 38, 50
Maybrick, Der Fall, 56
Mill, John Stuart, 231
Miller, Alice, 7f, 18, 39; über Geschichten von Kindern, ihren Wahrheitsgehalt, 187f; über Symptome, als eine Kommunikationsform, 306; über Wiederholungen von Sätzen, Bedeutung, 40
Misogynie, 11, 56, 66, 74; und Faschismus, 356; Woolf über, 355–357
Mitgefühl, 290f
Moore, Madeline, 302
Mrs. Dalloway (Woolf), 17, 314, 317
Mystizismus, 298

Nacht und Tag (Woolf), 136, 314–316
Nationalsozialismus, 122, 153f
Neurose, 7–9
New Republic, The, 270
New Statesman, The, 317, 336–338

Ödipuskomplex, 346

Pargiters, The (Woolf), 225–230. Vgl. auch *Jahre, Die* (Woolf)
Parlament, Britisches, 31
Pascal, Blaise, 296f
Patriarchat: Britisches, und die Sozialisation von Männern, 38; und Faschismus, 231–234, 356f; und Inzest, 231; junge Frauen darin, 289. Vgl. auch Familie, patriarchalische
Pointz Hall (Woolf). Vgl. *Zwischen den Akten*
Poole, Roger, 5, 12
Prostituierte, 68

"Reminiszenzen" (Woolf), 85–87, 146, 255

Repression, 12
Richmond, Bruce, 147
Richmond, Elena, 147
Robertson, Priscilla, 173
Robins, Elizabeth, 256
Roche, Paul, 94, 113
Roger Fry (Woolf), 199, 234–242. Vgl. auch Fry, Roger
Rollentausch, in der Eltern-Kind-Beziehung, 51 f
Rose, Phyllis, 4 f
Rush, Florence, 9, 14, 151
Ruskin, John, 152
Russell, Bertrand, 39

Sackville-West, Vita, 145, 150, 298
St. Ives, 23 f, 122 f, 163
Savage, George, 59
Scham, 15 f
Schlafstörungen, 13
Schreibprozeß, 285–287, 302–304, 313, 363 f
Schuldgefühle, 131
Scott, Walter, 267 f, 270
Selbstanalyse, 119
Selbstmord, 13, 131 f, 139; Kinder-, 151; und Kindheitserfahrungen, 224–230, 245 f;
– und Woolf, 3, 154–162, 308 f; ihre Gedanken dazu, und der drohende Einmarsch, 122, 153 f, 157 f, 162; ihre Fantasien darüber, 132–134, 138; und die Metapher des Ertrinkens, 162, 308 f; Neigungen dazu, seine Wurzeln, 138 f; ihre Selbstmordversuche, 132, 312; in *Zwischen den Akten*, 245 f; Vgl.auch Depression
Selbstwertgefühl, 13 f, 16
Seton, Dr., David Elphinstone, 257–265 passim, 274
Sexualität, Einstellungen dazu, in Bloomsbury, 112; männliche, und Gewalt, 57 f, 66–68, 75, 83 f; und Macht, 11, 103 f; in *The Experiences of a Pater-familias*, 191 f; Woolfs, 115, 144 f, 274. Vgl. auch Heterosexualität; Homosexualität
Sexueller Mißbrauch: und Depression, 120 f.; und Einsamkeit, während der Kindheit, 129; und Hysterie, bei Freud, 8; institutionalisierter, in Viktorianischen Schulen, 37 f.; und Selbstmord, siehe dort; Statistiken darüber, 369 f; Symptome, 12–15, 40; und Totschweigen, 18, 83 f, 146; in der Viktorianischen Zeit, sein Anwachsen, 9; und Vorschriften für das Verhalten der Frauen, in Viktorianischen Familien, 56. Vgl. auch Inzest
Smith, Basil, 167
Smyth, Ethel, 119, 121, 127, 144 f, 339; ihre Erwähnung in *Die Wellen*, 218; und Woolfs Beziehung zu George Duckworth, 150 f
Spalding, Frances, 49, 90, 106
Spanischer Bürgerkrieg, der, 112, 241
»Spiegelscham«, 15 f, 150, 156
Spivak, Gayatri, 299 f, 397
Stephen, Adrian, 1, 26, 52, 141; und Duncan Grant, 92; seine Jugend, 259 f; seine Kindheitsprobleme, 43, 141, 309; und Laura Stephen, 44 f
Stephen, Caroline Emelia, 34 f, 361 f
Stephen, James, 42, 56 f
Stephen, James Fitzjames, 42, 57, 165; seine Kindheit, 37; als suizidgefährdet, 139; sein Wahnsinn, 260
Stephen, J.K., 56–67, 69, 77, 80, 82; in "Eine Skizze der Vergangenheit", 135; seine Gedichte, 60–63, 64–67; als "gepeinigter Stier", 176 f; sein Haß auf die Frauen, 60–62; und Stella Duckworth, 64 f, 135, 156 f; als suizidgefährdet, 139; sein Tod, 59, 69, 165; sein Wahnsinn, 260
Stephen, Julia, 1–3, 49, 130; ihre Geschichten, 27 f, 166; ihre Heirat mit Leslie Stephen, 23 f, 26; und Jack Hills, 72 f; und J.K. Stephen, 57 f; ihre Kindheit 50 f; und Laura Stephen, 23–30, 43, 46 f; *Notes from Sick Rooms*, 265; ihr soziales Verhalten,

55f, 69; ihre Trauer und Niedergeschlagenheit, 49f, 92, 95, 100, 138; Woolfs Beschreibung von ihr, und die Metapher des Ertrinkens, 138, 306f; – ihr Tod, 3, 23, 30, 70; George Duckworth danach, 255f; Gerald Duckworth danach, 255f; Leslie Stephen danach, 257; und Stella Duckworth, 69
– und Woolf, 80, 83, 136–143 passim, 156; und die *Hyde Park Gate News*, 166f; widergespiegelt in *The Experiences of a Pater-familias*, 179, 196f
Stephen, Kate, 30, 40
Stephen, Laura, 1f, 23–48, 128f; Begriffe zu ihrer Beschreibung, 30–32; als "die Dame vom See", 46f; ihre Leseschwierigkeiten, 25, 31, 40f; ihr Tod, 43; und Vanessa Bell, 24, 31f, 40f, 44f
– und Woolf, 32, 40–42, 44–48, 51, 289; Woolfs Identifizierung mit ihr, 260f; und Woolfs Jugendromane, 178f, 188f, 195f
Stephen, Leslie, 1, 41, 306; seine Abwesenheiten, 52–54; *An Agnostics Apology an Other Essays*, 24, 294; seine Beschäftigung mit Geld, 175; seine Brutalität, 36; sein Glaube an die Vernunft, 295; seine Kindheit, 36f; seine Krankheit, 174; und J.K. Stephens Wahnsinn, 57f, 63; und Laura Stephen, 23–47; *Mausoleum Book*, 143, 289; seine Memoiren, 137; über Pascal, 296f; sein psychologischer Hintergrund, 36–38, 42f; als suizidgefährdet, 138f; und Swift, seine Identifizierung mit diesem, 71, 90, 94; und Vanessa Bell, 90f; seine Versagensangst, 173; seine Zusammenbrüche, 164–166, 260
– und Stella Duckworth, 49, 52–54; ihre Inzest-Beziehung, 55, 69–74, 81f
– und Woolf, 135–140, 152f, 159f, 360f; und ihre Entscheidung, Schriftstellerin zu werden, 168; und ihre Erziehung, 266–269; nach Julia Stephens Tod, 257; widergespiegelt in *Die Fahrt zum Leuchtturm*, 270–273, 276; und ihre Zusammenbrüche, 262–265
Stephen, Thoby, 1, 76, 99; in "Eine Skizze der Vergangenheit", 128; seine Jugend, 259; seine Kindheitsprobleme, 43; Woolfs Brief an ihn, 255
Stephen, Vanessa, vgl. Bell, Vanessa
Stemerick, Martine, 25
Stoneman, Elizabeth, 38
Swift, Jonathan, 70–72, 90–92, 94
Sydney-Turner, Saxon, 163

Thackeray, Anny, 30, 34, 49
Thackeray, Laura. Vgl. auch Stephen, Laura.
Thackeray, Minny, 1, 33–35, 42, 45; ihr Tod, 43
Thornton, Louise, 6
Times Literary Supplement, The, 147
Totschweigen, 213; und Jugend, Gilligan darüber, 289; und sexueller Mißbrauch, 18f, 83, 146, 239; und Woolfs erster Zusammenbruch, 255f, 283f
Trinity College, 59
Trombley, Stephen, 5f

Unschuld, 219

Väter, Viktorianische, 10f, 152f, 190f, 344–346
Vanessa Bell's Family Album, 115
Vanhomrigh, Hester, 90
Vaughan, Emma, 309–313
Vaughan, Madge, 76
Vaughan, Marny, 73
Vergewaltigung, 2, 37, 64; in Viktorianischen Schulen in England, 37; Viktorianische Abbildungen davon, 64–67; Frauen als solche, die es verdienen, 62
Verkehrung ins Gegenteil, 177f
Vertrauen, 14
Viktorianische Überzeugungen, 10, 23,

63; vom aggressiven Charakter männlicher Sexualität, 57f, 75, 83f; über Frauen und Sexualität, 67; über Kindheit, als eine idyllische Zeit, 205 (vgl. auch Kindererziehung, viktorianische); von der Macht einer "gütigen Frau", 59, 62, 92f; von der Überlegenheit der Männer, 61; über die "Verderbtheit der Frauen", 61
Viktorianische Familien: die Behandlung der Töchter darin, 24; Väter darin, ihre Rolle, 10f, 152f, 190f, 344–358. Vgl. auch Familie, patriarchalische; Inzestuöse Familien
Viktorianische Pornographie, 65–67

Walkowitz, Judith R., 67f
Watte, Metapher, 124, 127–29, 156, 161
Wellen, Die (Woolf), 141, 198, 218–225, 250; die Handschrift davon, das Thema des Schreibens darin, 302f; Jugend darin, 314; Niederschrift, 298; die Unschuld der Kindheit darin, 219
Wilberforce, Octavia, 153
Woolf, Leonard, 5, 16, 106, 109, ; seine Bemerkung über Laura Stephen, 40, 45; seine Beziehung zu Vanessa Bell, 102; über George Duckworths Tod, 40; sein tyrannischer Charakter, 12; Woolfs Abschiedsbrief an ihn, 162; und der Zweite Weltkrieg, 122, 154, 157
Woolf, Virginia: und Angelica Garnett, 111, 115f; und Clive Bell, 85–88, 103–105; ihre Entwicklung als Schriftstellerin, 303f; ihre Erziehung, 266; über die Erziehung von Frauen, 336ff, 350ff, 357f; ihre Eßprobleme, 126, 172f, 183, 306; ihre Geburt, 1, 25–27; ihre Gefühle von Hoffnungslosigkeit, 194f; über George Duckworths Tod, 40; und die Metapher vom Erfrieren, 306f; ihr Mystizismus, 298f; ihr geschichtliches Lesen, 266ff; und Jack Hills, 73–79; und die Jack the Ripper-Morde, 63; und Jansenismus, 297; und J.K. Stephen, 57ff; über Klassenunterschiede, 170, 181, 223, 347f, 354f; und Laura Stephen, 32, 40ff; frühes Leseverhalten, Motivation dafür, 42; als Pazifistin, 210; und der Schreibprozeß, seine Bedeutung, 285ff, 302ff, 313, 363f; und Selbstkontrolle, 100–102; ihre Sexualität, 115, 144f, 274; ihre "Spiegelscham", 15f, 150, 156; und St. Ives, 23f, 122f, 125, 163f; und Stella Duckworth, 69f, 76ff, 156; und Tagebuchführen, Bedeutung davon, 285ff; über die Unterdrückung von Frauen, 337ff; über das Verhältnis der Geschlechter, 337ff; und der Zweite Weltkrieg, 122, 153f, 157f, 162
– ihre Depressionen, 102, 119f; während der Jugend, 261, 283; und Julia Stephens Depressionen, 138; während der Kindheit, 124f, 151; und die Wattemetapher, 124, 128f
– und Julia Stephen, 80, 83, 136–143 passim, 156; und die *Hyde Park Gate News*, 166f; wiedergegeben in *The Experiences of a Pater-familias*, 179, 196f
– und Leslie Stephen, 135ff, 152, 160, 360f; und ihre Entscheidung, Schriftstellerin zu werden, 168; nach Julia Stephens Tod, 257; wiedergegeben in *Die Fahrt zum Leuchtturm*, 271ff, 276; und ihre Zusammenbrüche, 262ff, 266f
– und die Metapher vom Ertrinken, 47, 306ff; in *Die Fahrt hinaus*, 205f; und Julia Stephens Tod, 138, 306f; und Selbstmord, 162, 308f; in *Zwischen den Akten*, 246
– ihr Selbstmord, 2, 154ff, 308f; und die Metapher vom Ertrinken, 162, 309; ihr Nachdenken darüber, und der drohende Einmarsch, 122, 154, 157f, 162; Phantasien darüber, 132–134, 138; und ihr »Selbstmordtraum«, 126f, 136, 151; Tendenzen

dazu, deren Wurzeln, 138f; ihre Versuche, 131, 312
– und Vanessa Bell, 85f, 97, 101f, 109, 166f; und George Duckworths Übergriffe, 104f; intime Beziehung zu ihr, 105; Konkurrenz zwischen ihnen, 104ff
– ihre Werke: »A History of Women«, 285; 1897 diary, 256–270 passim, 276–278, 280–294 passim, 297f, 299f, 303ff; »Das Tagebuch der Mistress Joan Martyn«, 317ff; »Old Bloomsbury«, 45; »Reminiszenzen«, 85ff, 146, 255; »A Terrible Tragedy in a Duckpond«, 286, 307ff; »The Antiquary«, 268, 270f; »The Eternal Miss Jan«, 293, 299; »The Intellectual Status of Women«, 337; »The Leaning Tower«, 337, 347f; »The Magic Garden«, 362f; »The Midnight Ride«, 167f; »Hyde Park Gate 22«, 88, 128, 147, 152; The Warboys Journal, 301–303, 305, 307f, 331.
– ihre Zusammenbrüche, 83, 255ff, 278f, 283f; und Inzest, Miller darüber, 7f; und Leslie Stephen, 262ff, 267
Siehe unter den Titeln der jeweiligen Werke

Zimmer für sich allein, Ein (Woolf), 260, 336, 355
Zweiter Weltkrieg, 122, 153f, 162
Zwischen den Akten (Woolf), 198f, 242–250; Jugend darin, 312; *Pointz Hall* Fassung, 311

Angelica Garnett

Freundliche Täuschungen
Eine Kindheit in Bloomsbury

Aus dem Englischen
und mit einem einführenden Essay von
Kyra Stromberg
Band 11428

Selten dürfte die Künstlergruppe um Virginia und Leonard Woolf, berühmt geworden unter dem Namen *Bloomsbury*, aus einer so intimen und ungewöhnlichen Perspektive beschrieben worden sein wie in diesem Buch. Angelica Garnett schrieb es nicht nur, um ihre Kindheit inmitten berühmter und exzentrischer Menschen zu beschreiben, sondern auch, um sich davon zu befreien. Schon die Konstellation bei ihrer Geburt erzählt einiges über die Belastungen, unter denen diese Kindheit von Anfang an stand: Geboren wurde Angelica Garnett als Tochter von Vanessa Bell, der Schwester von Virginia Woolf. Ihr Vater, Duncan Grant, bedeutender Maler und bewunderter Lebensgefährte ihrer Mutter, hatte bei der Geburt seiner Tochter eine Liebesaffäre mit dem jungen Schriftsteller David Garnett, der wiederum zwanzig Jahre später Angelica heiratete. Mittelpunkt dieser Erinnerungsarbeit ist das Porträt von Vanessa Bell – eindrucksvoll als Frau und Künstlerin, schwierig in ihrer Rolle als Mutter eines geplanten Wunderkinds und als Schwester der berühmten Virginia. Die problematische Beziehung dieser beiden Frauen ist einer der Leitfäden durch eine scheinbar unbeschwerte Kindheit und eine gefährdete Biographie.

Fischer Taschenbuch Verlag

fi 1636 / 1

Virginia Woolf
Gesammelte Werke
Herausgegeben von Klaus Reichert

»Um eine neue Bahn einzuschlagen, muß ein Romanautor nicht nur große Gaben besitzen, sondern auch eine große Unabhängigkeit des Geistes. Virginia Woolfs Stil ist von erstaunlicher Schönheit. Ihre Art zu beobachten setzt eine unermeßliche und angespannte Arbeit voraus. Sie erleuchtet nicht nur durch plötzliche Blitze, sondern verbreitet ein ruhiges und sanftes Licht.« *T.S. Eliot*

Zur Ausgabe

Virginia Woolf ist vielleicht die bedeutendste, gewiß ist sie die fruchtbarste Schriftstellerin dieses Jahrhunderts gewesen. Sie hat die Form des Romans von Grund auf erneuert, und ohne sie und James Joyce hätte die Entwicklung des Romans einen anderen Verlauf genommen. Sie hat die in England hochentwickelte Form des Essays auf neue, ungeahnte Höhen geführt, und sie hat mit ihrem großen Tagebuch ein Dokument der *condition humaine* geschaffen, das nur mit den großen Beispielen der Gattung – Pepys, John Evelyn, Saint-Simon – zu vergleichen ist. Nicht zuletzt ist Virginia Woolf eine der ersten Autorinnen, die sich konsequent um Geschichte und Zukunft weiblichen Schreibens in unserer Gesellschaft gekümmert haben. Durch diesen Aspekt ihres Werkes wurde sie zur zentralen, nicht unumstrittenen Figur der internationalen Frauenbewegung. Bisher war nur ein kleiner Teil des Werkes Virginia Woolfs zugänglich: die Romane bis auf einen, die kurze Erzählprosa etwa zu einem Drittel, von den über tausend Essays rund eine Handvoll, ein paar autobiographische Texte, nichts von dem ebenfalls opulenten Briefwerk. Mit der geplanten Ausgabe soll das Werk der Autorin in angemessener Vollständigkeit vor dem deutschen Publikum ausgebreitet werden.

Editionsplan

Virginia Woolf
Gesammelte Werke

bereits erschienen

Das Mal an der Wand. Gesammelte Kurzprosa
Die Fahrt hinaus. Roman
Zum Leuchtturm. Roman
Orlando. Eine Biographie
Die Wellen. Roman
Zwischen den Akten. Roman
Flush. Eine Biographie
Tagebücher. Band 1 (1915–1919)
Tagebücher. Band 2 (1920–1924)

in Vorbereitung

Nacht und Tag. Roman
Jakobs Zimmer. Roman
Mrs. Dalloway. Roman
Die Jahre. Roman

Tagebücher 1915–1941 in fünf Bänden
Briefe 1888–1941 in drei Bänden
Gesammelte Essays in vier Bänden
Roger Fry. Biographie

Neben der Edition der *Gesammelten Werke* erscheinen einige ausgewählte Titel als englische Broschur und werden zu einem späteren Zeitpunkt in die Ausgabe integriert:

bereits erschienen

Der gewöhnliche Leser. Band 1
Essays
Der gewöhnliche Leser. Band 2
Essays
Frauen und Literatur
Essays

in Vorbereitung

Tagebuch einer Schriftstellerin
Ein eigenes Zimmer
Drei Guineen

S. Fischer

889/7b

Virginia Woolf

Die Fahrt hinaus
Roman
Hg.v. Klaus Reichert
Band 10694

Orlando
Eine Biographie
Hg.v. Klaus Reichert
Band 11331

Ein verwunschenes Haus. Erzählungen
Hg.v. Klaus Reichert
Band 9464

Phyllis und Rosamond
Frühe Erzählungen und zwei Essays
Hg.v. Klaus Reichert
Band 10170

Blau & Grün
Erzählungen
Hg.v. Klaus Reichert
Band 10553

Lappin und Lapinova
Fünf Erzählungen
Hg.v. Klaus Reichert
Band 11027

Frauen und Literatur
Essays
Hg.v. Klaus Reichert
Band 10920

Die Kunst der Biographie
Essay
Hg.v. Klaus Reichert
Band 11422

Augenblicke
Skizzierte Erinnerungen
Band 5789

Die Dame im Spiegel und andere Erzählungen
Band 1984

Flush
Die Geschichte eines berühmten Hundes. Band 2122

Die Fahrt zum Leuchtturm
Roman. Band 12019

Jacobs Raum
Roman. Band 5870

Die Jahre
Roman. Band 2120

Mrs. Dalloway
Roman. Band 1982

Nacht und Tag
Roman. Band 5869

Die Wellen
Roman. Band 2121

Ein Zimmer für sich allein. Bd. 2116

Zwischen den Akten
Roman. Band 1983

Fischer Taschenbuch Verlag

fi 195 / 12

»Eine meisterliche Biographie von jener intuitiv-einfühlsamen Art, wie Virginia Woolf sie selbst schätzte.«
(The Times Higher Education Supplement)

Virginia Woolf

Das Leben einer Schriftstellerin

Beschrieben von Lyndall Gordon

420 Seiten und 8-seitigem Bildteil mit 10 Abb., Leinen

Lyndall Gordons Biographie versteht sich als Ergänzung zu Quentin Bells – er war der Neffe von Virginia Woolf – auf Fakten konzentrierte Lebensbeschreibung. Gordon differenziert sehr genau zwischen dem inneren und dem äußeren Leben Virginia Woolfs: Während das äußere öffentliche Leben durch die Funktion als Leitfigur des Bloomsbury-Kreises gekennzeichnet war, zeigen ihre Tagebücher, Briefe und Memoiren, daß private Ereignisse ihr Werk formten – die Kindheitserinnerungen, die Todesfälle in der Familie, die endgültig ihre Jugend besiegelten und ihre Gefühle für das Vergangene schärften, die ungewöhnliche Erziehung durch den exzentrischen Vater, die Bindung an ihre Schwester, die heftige Gefährdung durch den Wahnsinn, ihre phantasievolle und inspirierende Ehe und, wichtiger vielleicht als alles andere, ihre Hingeneigtheit zum Tod.

S. Fischer

fi 599/2

Vita Sackville-West

Die Erbschaft des Peregrinus Chase
Zwei Erzählungen
Aus dem Englischen von Irmela Erkenbrecht
Band 9562

Eine Frau unterwegs nach Teheran
Reiseerzählungen
Aus dem Englischen von Irmela Erkenbrecht
Band 11295

Die Herausforderung
Roman. Aus dem Englischen von Irmela Erkenbrecht
Mit einem Vorwort von Nigel Nicolson
Band 10655

Schloß Chevron
Roman. Aus dem Englischen von
Käthe Rosenberg und Hans B.Wagenseil
Band 5880

Der Teufel von Westease
Roman. Aus dem Englischen von V. C. Harksen
Band 9142

Weg ohne Weiser
Roman. Aus dem Englischen von Ingeborg Stricker
Band 5048

Zwölf Tage in den Bakhtiari-Bergen
Eine Reiseerzählung
Aus dem Englischen von Irmela Erckenbrecht
Band 9141

Fischer Taschenbuch Verlag

fi 840 / 2

Die Frau in der Gesellschaft

Maya Angelou
Ich weiß, daß der gefangene Vogel singt. Band 4742

Mariama Bâ
Der scharlachrote Gesang
Roman. Band 3746

G. Brinker Gabler
Deutsche Dichterinnen vom 16. Jahrhundert bis zur Gegenwart
Gedichte und Lebensläufe
Band 3701

Janina David
Leben aus zweiter Hand
Roman. Band 4744

M. Rosine De Dijn
Die Unfähigkeit
Band 3797

Anna Dünnebier
Eva und die Fälscher
Roman. Band 4728

A. Dünnebier (Hg.)
Mein Genie
Haßliebe zu Goethe & Co.
Band 10836

Ursula Eisenberg
Tochter eines Richters
Roman. Band 10622

Oriana Fallaci
Brief an ein nie geborenes Kind
Band 3706

M. Gabriele Göbel
Amanda oder Der Hunger nach Verwandlung
Erzählungen
Band 3760

A.-M. Grisebach
Eine Frau Jahrgang 13
Roman einer unfreiwilligen Emanzipation. Band 4750
Eine Frau im Westen
Roman eines Neuanfangs
Band 10467

Helga Häsing
Unsere Kinder, unsere Träume
Band 3707

Helga Häsing/ I. Mues (Hg.)
Du gehst fort, und ich bleib da
Gedichte und Geschichten von Abschied und Trennung
Band 4722

Fischer Taschenbuch Verlag

fi 20 / 23 a

Die Frau in der Gesellschaft

Helga Häsing/ I. Mues (Hg.)
Vater und ich
Eine Anthologie
Band 11080

Bessie Head
Die Farbe der Macht
Roman. Band 11679

B. Head/ E. Kuzwayo/ N. Gordimer u. a.
Wenn der Regen fällt
Erzählungen aus Südafrika
Band 4758

Jutta Heinrich
Alles ist Körper
Extreme Texte
Band 10505
Das Geschlecht der Gedanken
Roman. Band 4711

Irma Hildebrandt/ Eva Zeller (Hg.)
Das Kind, in dem ich stak
Gedichte und Geschichten über die Kindheit
Band 10429

Sibylle Knauss
Erlkönigs Töchter
Roman. Band 4704

Rosamond Lehmann
Aufforderung zum Tanz
Roman. Band 3773
Der begrabene Tag
Roman. Band 3767
Dunkle Antwort
Roman. Band 3771
Der Schwan am Abend
Fragmente eines Lebens
Band 3772

Rosamond Lehmann
Wie Wind in den Straßen
Roman. Band 10042

M. Lohner (Hg.)
Was willst du, du lebst
Trauer und Selbstfindung in Texten von Marie Luise Kaschnitz
Band 10728

Audre Lorde
Zami
Ein Leben unter Frauen
Band 11022

Monika Maron
Flugasche
Roman. Band 3784

Johanna Moosdorf
Die Andermanns
Roman. Band 11191

Fischer Taschenbuch Verlag

fi 20 / 25 b

Die Frau in der Gesellschaft

Johanna Moosdorf
Die Freundinnen
Roman. Band 4712
Jahrhundert-träume
Roman. Band 4739
Fahr hinaus in das Nachtmeer
Gedichte. Bd. 10217
Die Tochter
Geschichten aus vier Jahrzehnten
Band 10506
Franziska an Sophie
Erzählung
Band 11861
Ronnith Neumann
Nirs Stadt
Erzählung
Band 10574
Die Tür
Erzählungen
Band 11055

Maria Nurowska
Postscriptum für Anna und Miriam
Roman. Band 10309

Carme Riera
Selbstsüchtige Liebe
Novelle. Band 11096

Karin Rüttimann
Schwalbensommer
Roman. Band 4749
Warten auf L.
Sylter Winterballade
Band 10885

Marlene Stenten
Albina
Monotonie um eine Weggegangene
Band 10994
Puppe Else
Band 3752

M. Tantzscher (Hg.)
Die süße Frau
Erzählungen aus der Sowjetunion
Band 3779

Miriam Tlali
Soweto Stories
Band 10558

Johanna Walser
Die Unterwerfung
Erzählung
Band 11448

Charlotte Wolff
Flickwerk
Roman. Band 4705

Yvette Z'Graggen
Zerbrechendes Glas
Roman. Band 4737

Fischer Taschenbuch Verlag

fi 20 /13 c

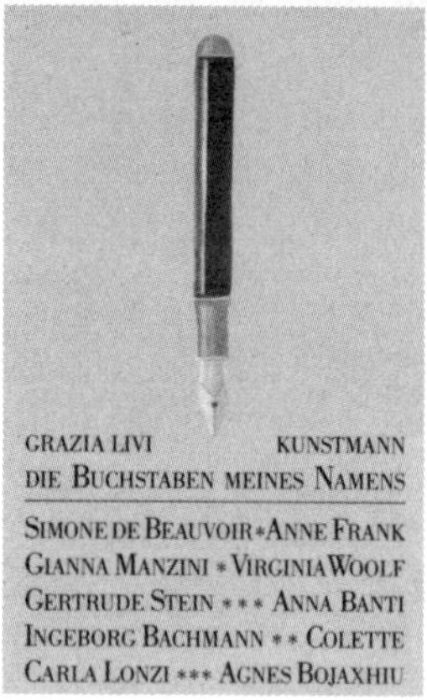

Grazia Livi

Die Buchstaben meines Namens

Aus dem Italienischen von Maja Pflug,
392 Seiten, gebunden, DM 48,–

Schreiben als Risiko, als Widerstand gegen die Konvention. Schreiben wie mit der Sonde, die ins Zentrum der eigenen Erfahrung dringt – so außergewöhnlich wie die Wege, die Schriftstellerinnen unseres Jahrhunderts verfolgt haben, sind die literarischen Porträts, die Grazia Livi in diesem Buch von ihnen zeichnet: von Colette, die mit fünfzig Jahren zum ersten Mal ihren Namen unter einen ihrer Romane setzte, zur avantgardistischen Unbedingtheit einer Gertrude Stein, von der hochsensiblen Virginia Woolf zur Zerrissenheit Ingeborg Bachmanns. »Mitreißend und engagiert schildert Grazia Livi die Intellektuellen, die repräsentativ für bestimmte Phasen der Frauenbewegung stehen. Ihr ist ein einmaliges literarisches Experiment gelungen. Ein vielschichtiges Buch, in dem Literaturgeschichte und Poesie, Autobiographisches und erzählerisches Talent eine wunderbare Symbiose eingehen.«
(Deutsches Allgemeines Sonntagsblatt)

Verlag Antje Kunstmann

Georgenstraße 123 · 80797 München